Stefan Schröcker

Datenschutz und Universalsukzession bei Verschmelzungen nach dem Umwandlungsgesetz

DuD-Fachbeiträge

Herausgegeben von Andreas Pfitzmann, Helmut Reimer, Karl Rihaczek und Alexander Roßnagel

Die Buchreihe ergänzt die Zeitschrift *DuD – Datenschutz und Datensicherheit* in einem aktuellen und zukunftsträchtigen Gebiet, das für Wirtschaft, öffentliche Verwaltung und Hochschulen gleichermaßen wichtig ist. Die Thematik verbindet Informatik, Rechts-, Kommunikations- und Wirtschaftswissenschaften.

Den Lesern werden nicht nur fachlich ausgewiesene Beiträge der eigenen Disziplin geboten, sondern sie erhalten auch immer wieder Gelegenheit, Blicke über den fachlichen Zaun zu werfen. So steht die Buchreihe im Dienst eines interdisziplinären Dialogs, der die Kompetenz hinsichtlich eines sicheren und verantwortungsvollen Umgangs mit der Informationstechnik fördern möge.

Die Reihe wurde 1996 im Vieweg Verlag begründet und wird seit 2003 im Deutschen Universitäts-Verlag fortgeführt. Die im Vieweg Verlag erschienenen Titel finden Sie unter www.vieweg-it.de.

Stefan Schröcker

Datenschutz und Universalsukzession bei Verschmelzungen nach dem Umwandlungsgesetz

Mit einem Geleitwort von Prof. Dr. Alexander Roßnagel

Deutscher Universitäts-Verlag

Bibliografische Information Der Deutschen Nationalbibliothek
Die Deutsche Nationalbibliothek verzeichnet diese Publikation in der
Deutschen Nationalbibliografie; detaillierte bibliografische Daten sind im Internet über
<http://dnb.d-nb.de> abrufbar.

Dissertation Universität Kassel, 2006
Fachbereich 7 / Wirtschaftsrecht
Datum der Disputation: 11.07.2006

1. Auflage November 2006

Lektorat: Brigitte Siegel / Britta Göhrisch-Radmacher

Der Deutsche Universitäts-Verlag ist ein Unternehmen von Springer Science+Business Media.
www.duv.de

Umschlaggestaltung: Regine Zimmer, Dipl.-Designerin, Frankfurt/Main
Druck und Buchbinder: Rosch-Buch, Scheßlitz
Gedruckt auf säurefreiem und chlorfrei gebleichtem Papier
Printed in Germany

ISBN-10 3-8350-0434-4
ISBN-13 978-3-8350-0434-4

Geleitwort

Der internationale Wettbewerb bewirkt für die teilnehmenden Unternehmen einen ständig ansteigenden Konzentrationsdruck. Darauf reagierende Übernahmen und Umwandlungen von Unternehmen im nationalen und internationalen Bereich sollen zu einer Verbesserung der Wettbewerbsfähigkeit führen. Eine Form des Zusammenschlusses ist die Verschmelzung, die durch die Rechtsfolge der Universalsukzession den Unternehmenszusammenschluss erleichtern soll. An Stelle einer Vielzahl umständlicher Einzelübertragungen von Sacheigentum und Forderungen sowie anschließender Liquidation des übertragenden Unternehmens geht bei einer Verschmelzung das gesamte Vermögen des übertragenden Unternehmens in einem Akt auf das übernehmende Unternehmen über und das übertragende Unternehmen erlischt, ohne dass es einer Liquidation bedarf.

Verschmelzungen sind ein praktisch effektives Mittel, um neue Kunden-, Markt- und Produktpotenziale zu erschließen. Sie sind ohne den Übergang von personenbezogenen Daten nicht vorstellbar. Die Daten von Mitarbeitern, Lieferanten und Kunden besitzen einen beträchtlichen wirtschaftlichen Wert. Ihr Übergang ist für Verschmelzungen von hoher wirtschaftlicher Bedeutung, bisweilen sogar ihr vorrangiges Ziel.

An personenbezogenen Daten hat das Unternehmen jedoch kein Eigentum, sie sind nicht Teil des Vermögens im rechtlichen Sinn. Es hat zwar Eigentum an den Datenträgern. Auch die Vertragsverhältnisse, aus denen die Daten in der Regel stammen, und die aus ihnen abzuleitenden Forderungen sind Teil des Vermögens. Die unkörperlichen personenbezogenen Daten sind jedoch nicht exklusiv dem Unternehmen oder dem Betroffenen zugeordnet, sondern unterliegen einer durch das Datenschutzrecht ausgeformten Kommunikationsordnung, die bestimmt, wer zu welchem Zweck mit diesen Daten umgehen darf. Diese Ordnung ist im Grundsatz durch die informationelle Selbstbestimmung des Betroffenen, nicht durch eine originäre Verfügungsbefugnis der speichernden Stelle geprägt.

Aus der gesellschaftsrechtlichen Sicht der Verschmelzung erscheinen die Mitarbeiter, Lieferanten und Kunden als Datenobjekte, aus der Sicht des Datenschutzrechts sind sie aber als mit umfassenden Rechten ausgestattete Informationssubjekte zu beachten. Dadurch entsteht ein hohes Spannungsverhältnis zwischen den unternehmerischen Erfordernissen wirtschaftlicher Neustrukturierungen und der Wahrung der Rechte der Betroffenen. Dieses Spannungsverhältnis muss zu dogmatisch tragbaren und praktisch umsetzbaren Verfahrensweisen in der Verschmelzung hin aufgelöst werden.

In der Rechtspraxis haben diese Fragen in der Vergangenheit meist nur dann eine Rolle gespielt, wenn Argumente des Datenschutzes einer feindlichen Übernahme entgegengehalten werden konnten. Ansonsten werden Verschmelzungen, auch wenn sensitive Daten im Banken-, Versicherungs- oder Gesundheitsbereich betroffen sind, ohne Augenmerk auf datenschutzrechtliche Fragen durchgeführt. In der rechtswissenschaftlichen Literatur gibt es zwar breite Untersuchungen von Rechtsfragen sowohl der Verschmelzung als auch des Datenschutzes in der wirtschaftlichen Verwendung personenbezogener Daten. Die Beachtung des Datenschutzrechts bei Verschmelzungen ist aber erst in jüngerer Zeit in die Aufmerksamkeit des rechtswissenschaftlichen Schrifttums geraten, ohne dass die bisherige Befassung mit diesem Thema zu einer einhelligen Auffassung geführt hätte.

Mit der hier vorgelegten Untersuchung füllt Herr Schröcker eine Lücke in der Bearbeitung von Fragen des Gesellschafts- und des Datenschutzrechts. Indem er die Phasen eines Verschmelzungsvorgangs detailliert auf ihre datenschutzrechtliche Relevanz hin untersucht und die datenschutzrechtlichen Grundsätze, Anforderungen und Rechte auf die praktischen Fragen einer Unternehmensverschmelzung hin konkretisiert, greift er sowohl im Gesellschaftsrecht als auch im Datenschutzrecht Fragen auf, die bisher in der erforderlichen Vollständigkeit und Gründlichkeit noch nicht untersucht worden sind. Am Beispiel der Verschmelzung von Aktiengesellschaften gelingt es ihm, den scheinbar unauflösbaren Widerspruch zwischen Verschmelzungs- und Datenschutzrecht in einen interessen- und sachgerechten Ausgleich zu bringen und ein praktisch umsetzbares Ergebnis zu erlangen.

Er zeigt auf, welche Rechtsregelungen des Datenschutzrechts in den jeweiligen Phasen einer Verschmelzung zu beachten sind, wie die datenschutzrechtlichen Grundsätze und Rechte der Betroffenen im Verschmelzungsvorgang berücksichtigt werden können und wie die datenschutzrechtlichen Anforderungen jeweils so zu konkretisieren sind, dass sie mit dem Recht der Verschmelzung kompatibel sind und zu praktikablen Ergebnissen führen.

Kassel, August 2006 *Prof. Dr. Alexander Roßnagel*

Vorwort

Das wissenschaftlich wie praktisch bedeutsame Thema dieser Arbeit wurde angeregt durch die „Expertenrunde zum Datenschutz", die am 5. April 2001 in Frankfurt a.M. zur Rolle des Datenschutzrechts bei Unternehmensumwandlungen auf Einladung der Zeitschrift für das gesamte Handelsrecht und Wirtschaftsrecht (ZHR) abgehalten wurde.

Das Datenschutzrecht stellt eine – immer noch – stiefmütterlich behandelte Rechtsmaterie dar, wenngleich der Datenschutz aufgrund der aktuellen Diskussionen um Anti-Terror-Dateien und den genetischen Fingerabdruck verstärkt in das präsente Bewusstsein der Bevölkerung gerufen wird.

Insbesondere die Schnittstelle des Datenschutzrechts zum Gesellschaftsrecht allgemein und dem Verschmelzungssachrecht des Umwandlungsgesetzes im Speziellen ist bislang wissenschaftlich nicht genauer untersucht. Dies verwundert umso mehr, als dass der Datenschutz eines der - zahlreichen - beachtenswerten Rechtsgebiete bei der Vorbereitung und Abwicklung von Verschmelzungen im nationalen und transnationalen Kontext darstellt. Die rechtswissenschaftliche Diskussion der mit einer Verschmelzung verbundenen Problemkreise, insbesondere im transnationalen Bereich, beschränkt auf spezifische gesellschaftsrechtliche, verschmelzungssachrechtliche und mitbestimmungsrechtliche Punkte geriete zu eng, stellt doch das Verschmelzungssachrecht insbesondere mit der Universalsukzession ein interessantes und zugleich komplexes rechtliches Instrument zur Verfügung, das es auch sub specie des Datenschutzrechts einzuordnen gilt.

Die Expertenrunde diskutierte die Bedeutung des Datenschutzes bei Umwandlungen für sämtliche zur Verfügung stehenden Umwandlungsarten nach dem Umwandlungsgesetz – ein aufgrund der Komplexität der Materie und der unterschiedlichen rechtstechnischen Ansätze des Umwandlungsgesetzes schier unerschöpfliches Thema. Ich habe mich daher nicht zuletzt aufgrund der besonderen Praxisrelevanz dazu entschieden, aus dem Kreis der Umwandlungstechniken nach dem Umwandlungsgesetz diejenige der Verschmelzung unter Aufnahme herauszugreifen. Soweit Parallelen zu den übrigen Umwandlungsarten gezogen werden können, wird in der Arbeit entsprechend hierauf hingewiesen.

Ziel meiner Arbeit war es ferner, eine nicht nur wissenschaftlich exakte Bewertung vorzunehmen, sondern auch zu für die Verschmelzungspraxis interessen- und sachgerechten Ergebnissen zu kommen.

Die vorliegende Arbeit wurde im Juli 2006 der Universität Kassel als Dissertation vorgelegt und befindet sich auf dem Stand Juli 2006.

Mein Dank gilt vorab Herrn Dr. Wolfgang Servatius, der mir den erstmaligen Hinweis auf dieses komplexe und interessante Thema gab. Herzlicher Dank gilt ferner Herrn Dr. Benno Heussen, der mir gerade in der Anfangsphase meiner Arbeit mit zahlreichen Gesprächen und Anregungen hilfreich zur Seite stand.

Danken möchte ich meinem Doktorvater, Herrn Prof. Dr. Alexander Roßnagel, für die zahlreichen äußerst fruchtbaren Gespräche, seine steten konstruktiv-kritischen Anregungen und die rasche und unkomplizierte Betreuung der Arbeit im Gesamten, sowie Herrn Prof. Dr. Bernhard Nagel für die Betreuung der gesellschaftsrechtlichen Aspekte der Arbeit.

Für ihre unermüdliche Bereitschaft zur fachlichen Diskussion und die abschließende Hilfe bei der Durchsicht meiner Arbeit möchte ich ferner Frau Verena van der Auwera herzlichst danken.

Mein abschließender und ganz besonderer Dank gilt meinen Eltern, Frau Ulrike und Herrn Dipl. Ing. Anton Schröcker, die mich auf meinem Weg stets vorbehaltlos unterstützt haben.

München, August 2006 *Stefan Schröcker*

Inhaltsübersicht

Abkürzungsverzeichnis

a.A.	anderer Ansicht
a.a.O.	am angegebenen Ort
ABl. EG	Amtsblatt der Europäischen Gemeinschaften
Abs.	Absatz
AcP	Archiv für die civilistische Praxis
a.E.	am Ende
a.F.	alte Fassung
AG	Aktiengesellschaft, Die AG (Zeitschrift für das gesamte Aktienwesen)
AktG	Aktiengesetz
Alt.	Alternative
Anh.	Anhang
Anm.	Anmerkung
Art.	Artikel
Artt.	Artikel (Plural)
Az.	Aktenzeichen
BAG	Bundesarbeitsgericht
BayObLG	Bayerisches Oberstes Landgericht
BB	Betriebsberater
BDSG	Bundesdatenschutzgesetz
Bearb.	Bearbeiter
Begr.	Begründung
BerufsO	Berufsordnung
BGB	Bürgerliches Gesetzbuch
BGH	Bundesgerichtshof
BGBl.	Bundesgesetzblatt
BGHZ	Entscheidungen des Bundesgerichtshofs in Zivilsachen
BR-Drucks.	Bundesratsdrucksache
BT-Drucks.	Bundestagsdrucksache
B.V.	Besloten Vennootschap
BVerfG	Bundesverfassungsgericht
BVerfGE	Entscheidungen des Bundesverfassungsgerichts
bzw.	beziehungsweise
c.i.c.	culpa in contrahendo

Corp.	Corporation
CR	Computer und Recht
DB	Der Betrieb
ders.	derselbe
dies.	dieselben
Diss.	Dissertation
d.h.	das heißt
DNotZ	Deutsche Notar-Zeitschrift
DÖV	Die Öffentliche Verwaltung
DStR	Deutsches Steuerrecht
DZWiR	Deutsche Zeitschrift für Wirtschaftsrecht
EGBGB	Einführungsgesetz zum Bürgerlichen Gesetzbuch
EG	Vertrag zur Gründung der Europäischen Gemeinschaften
EG-Richtlinie	Richtlinie der Europäischen Gemeinschaften
Einf.	Einführung
Einl.	Einleitung
EMRK	Europäische Menschenrechtscharta
etc.	et cetera
EU	Europäische Union
EuGH	Europäischer Gerichtshof
EuZW	Europäische Zeitschrift für Wirtschaftsrecht
EWIV	Europäische Wirtschaftliche Interessenvereinigung
EWiR	Entscheidungssammlung zum Wirtschaftsrecht
EWR	(Abkommen über den) Europäischen Wirtschaftsraum
f., ff.	folgende Seite (n)
FN	Fußnote
FS	Festschrift
GbR	Gesellschaft bürgerlichen Rechts
GBO	Grundbuchordnung
GesR	Gesellschaftsrecht
ggf.	gegebenenfalls
GmbH	Gesellschaft mit beschränkter Haftung
GmbHG	Gesetz betreffend die Gesellschaft mit beschränkter Haftung
GmbHR	GmbH-Rundschau

GS	Gedächtnisschrift
Halbs.	Halbsatz
HGB	Handelsgesetzbuch
h.L.	herrschende Lehre
h.M.	herrschende Meinung
Hrsg.	Herausgeber
i.d.F.	in der Fassung
i.d.R.	in der Regel
i.E.	im Ergebnis
Int.	International(es)
ip	international-privatrechtlich
IPR	Internationales Privatrecht
IPRax	Zeitschrift für internationales Privatrecht
IPRSpr.	Rechtsprechung zum Internationalen Privatrecht
i.S.d.	im Sinne des / der
i.S.v.	im Sinne von
IStR	Internationales Steuerrecht
i.ü.	im Übrigen
i.V.m.	in Verbindung mit
JuS	Juristische Schulung
JW	Deutsches Recht (DR)
JZ	Juristenzeitung
Kap.	Kapitel
KG	Kommanditgesellschaft; Kammergericht
KOM	Kommission der Europäischen Gemeinschaften
K & R	Kommunikation und Recht
LG	Landgericht
lit.	litera
m. Anm.	mit Anmerkung
MDR	Monatsschrift für Deutsches Recht
MünchKomm	Münchner Kommentar zum Bürgerlichen Gesetzbuch
m.w.N.	mit weiteren Nachweisen
n. F.	neue Fassung
NJW	Neue Juristische Wochenschrift

NJW-RR	Neue Juristische Wochenschrift Rechtsprechungs-Report
Nr.	Nummer
NZA	Neue Zeitschrift für Arbeitsrecht
NZG	Neue Zeitschrift für Gesellschaftsrecht
o.ä.	oder ähnliche
o.g.	oben genannt
OGH	(österreichischer) Oberster Gerichtshof
OLG	Oberlandesgericht
OVG	Oberverwaltungsgericht
plc	public limited company
pFV	positive Forderungsverletzung
R	Report
RabelsZ	Rabels Zeitschrift für ausländisches und internationales Recht
RdA	Recht der Arbeit
Rdnr.	Randnummer
RDV	Recht der Datenverarbeitung
RdW	Recht der Wirtschaft
RegE	Regierungsentwurf
RG	Reichsgericht
RGZ	Entscheidungen des Reichsgerichts in Zivilsachen
RIW	Recht der internationalen Wirtschaft
Rs.	Rechtssache
S.	Seite; Satz
s.	siehe
S.A.	Societé Anonyme
SE	Societas Europaea
SE-VO	Verordnung des Rates vom 8.10.2001 über das Statut der Europäischen Gesellschaft (SE)
Slg.	Sammlung der Rechtsprechung des Gerichtshofes der Europäischen Gemeinschaften
sog.	sogenannt(e)
st. RSpr.	ständige Rechtsprechung
TDDSG	Teledienstedatenschutzgesetz
TKG	Telekommunikationsgesetz

Tz.	Textziffer
u.a.	unter anderem
u.ä.	und ähnliche
Überbl.	Überblick
UmwG	Umwandlungsgesetz
UmwStG	Umwandlungssteuergesetz
Urt.	Urteil
u.U.	unter Umständen
v.	vom
vgl.	vergleiche
Vor.	Vorbemerkung
WM	Wertpapier-Mitteilungen
z.B.	zum Beispiel
ZEuP	Zeitschrift für Europäisches Privatrecht
ZGR	Zeitschrift für Unternehmens- und Gesellschaftsrecht
ZHR	Zeitschrift für das gesamte Handels- und Wirtschaftsrecht
Zif.	Ziffer
ZIP	Zeitschrift für Wirtschaftsrecht
zit.	zitiert
ZPO	Zivilprozessordnung
z.T.	zum Teil

Ergänzend wird verwiesen auf *Kirchner, H.*, Abkürzungsverzeichnis der Rechtssprache, 4. Auflage, Berlin u.a. 1993.

1. Einführung in die Thematik

Die Märkte stehen im Zeichen der Globalisierung. Das Fusionsfieber steigt wieder. Dies belegen die Zahlen in Deutschland aus dem Jahre 2004 mit 1200 Transaktionen. Dies bedeutet eine Steigerung um ca. 20 % im Vergleich zum Vorjahresniveau.[1] Zugleich nimmt der Anteil grenzüberschreitender Transaktionen auf über 50 % zu.[2] Der zunehmende Wettbewerb erhöht den wirtschaftlichen Konzentrationsdruck und zwingt zu pan-europäischer Wettbewerbsfähigkeit. Für viele betroffene Unternehmen bedeutet dies den schlichten Kampf ums Überleben. Dieser Tatsache wird durch die stetig steigende Zahl an Unternehmensübernahmen und Umwandlungen im nationalen und internationalen Bereich, insbesondere in Form von Verschmelzungen, Ausdruck verliehen. Unternehmen versuchen auf diese Weise, sich den wandelnden Anforderungen des Wettbewerbs und der Märkte des 21. Jahrhunderts anzupassen.[3] Die Wettbewerbsfähigkeit kleiner und mittelständischer, aber auch großer nationaler Betriebe ist heute in weiten Bereichen der Wirtschaft nicht mehr gewährleistet. Unternehmen tendieren zu transkontinentalen / globalen Systemen und Zusammenschlüssen, um unter dem steigenden Wettbewerbsdruck neue Märkte zu erschließen.[4] Der technologische Fortschritt und die digitale Kommunikation vereinfachen die Schaffung weiträumiger Unternehmensstrukturen.

Grundlegende Strukturänderungsentscheidungen im Unternehmen, die Einfluss auf die korporativen Gefüge nehmen, wie exemplarisch die Verschmelzung, basieren regelmäßig auf einem Bündel unterschiedlicher Kriterien. Neben wettbewerbliche Faktoren treten rechtliche und insbesondere steuerliche Erwägungen, die einen mittelbaren Zwang auf die Unternehmensleitung ausüben und das Streben nach den optimalen Strukturen bedingen. Das wirtschaftliche Bild ist nicht nur in Deutschland von einer Vielzahl an Umwandlungen in jüngerer Vergangenheit sowohl im Bereich der Großunternehmen als auch im mittelständischen Segment geprägt. Die Fusionen und Übernahmen der jüngeren Zeit erwecken den Eindruck eines beschleunigten Konzentrationsprozesses.

Insbesondere im Bankenbereich ereignen sich seit den 50er Jahren permanent Fusionen, deren Ausmaß in anderen Wirtschaftszweigen nicht erreicht wird.[5] Dies wird deutlich, wenn man sich vor Augen hält, dass es Ende 1957 in der damaligen Bundesrepublik Deutschland noch

---

1 *Picot*, RIW 2005, 1.

2 *Picot*, a.a.O.

3 Vgl. die Übernahme der Hypovereinsbank AG durch die italienische Unicredito, Süddeutsche Zeitung vom 7.6.2005, S.2. In den 90er Jahren scheiterte eine Reihe von nationalen Fusionsvorhaben im Bankenbereich, so etwa der Zusammenschluss von Commerzbank und Dresdner Bank und die Fusion von Deutscher Bank und Dresdner Bank, jeweils aus unterschiedlichen Gründen. In der Folge übernahm der Allianz Versicherungskonzern die Dresdner Bank. Im europäischen Raum kaufte 1992 der französische Credit Lyonnais die Gewerkschaftsbank BfG, die heute als SEB firmiert. Die niederländische ING Gruppe übernahm 1999 die BHF Bank sowie später die Direktbank DiBa. Die BHF Bank wurde jedoch 2004 wieder an die Privatbank Sal. Oppenheimer verkauft; die Fusion scheiterte im Ergebnis. Hieraus wird deutlich: Die Fusion zweier Großunternehmen wirft generell mit zunehmender Größe der beteiligten Unternehmen zahlreiche Schwierigkeiten auf.

4 *Picot*, Teil I Rdnr. 1.

5 *Hansen*, AG (Report) 2000, R 362.

13.359 Kreditinstitute gab, es dagegen Ende 2000 im wiedervereinigten Deutschland nur noch 2.912 waren[6] - mithin um 78 % weniger.

Diese Entwicklungstendenz lässt sich auch in der jüngeren Vergangenheit beobachten[7] und ist keineswegs auf den Bereich des Bankwesens beschränkt. Die tragenden ökonomischen und rechtlichen Gründe liegen auf der Hand und variieren je nach der konkreten Art der Umwandlung.

1.1 Verschmelzungen und informationelles Selbstbestimmungsrecht

Zweifellos gewinnt das rechtliche Instrument der Verschmelzung nach dem Umwandlungsgesetz – als eine Umwandlungsform nach dem deutschen Umwandlungsgesetz – infolge der wachsenden Herausforderungen der fortschreitenden europäischen Integration sowie mit Blick auf neue europäische Gesellschaftsformen[8] und Bestrebungen zur Vereinheitlichung grenzüberschreitender Verschmelzungen[9] zunehmende wirtschaftliche Bedeutung.[10] Die gesetzliche Gestaltungsfreiheit und Formenvielfalt ermöglicht es, den passenden, auf die jeweiligen wirtschaftlichen Bedürfnisse zugeschnittenen Gesellschaftstyp im Einzelfall – ex ante wie ex post – zu wählen. Das nationale Verbandsrecht ist insoweit bedeutsamer Faktor im internationalen Standortwettbewerb. Wirtschaftliche Verhältnisse sind indes von stetigen Schwankungen und einer Diskontinuität geprägt. Sie verändern sich stetig im Laufe der Zeit.[11] Dies gilt im Besonderen für die Wettbewerbsfähigkeit auf den regionalen oder globalen Märkten.

---

6 *Hansen*, a.a.O.

7 Vgl. die Verschmelzung einzelner Hypothekenbanktöchter der Dresdner Bank AG 1989 und 1998, die Verschmelzung der Deutschen Centralbodenkredit-AG und der Lübecker Hypothekenbank AG auf die Frankfurter Hypothekenbank AG (jetzt EUROHYPO AG / Europäische Hypothekenbank AG) der Deutschen Bank 1995 bzw. 1997, die Verschmelzung der Bayerischen Hypotheken und Wechselbank AG auf die Bayerische Vereinsbank AG 1998 zur Hypovereinsbank AG oder die Ausgliederung des Privat- und Geschäftskundenbereichs der Deutschen Bank AG auf die Deutsche Bank 24 AG 1999; *Marsch-Barner/Mackenthun*, ZHR 165 (2001), 427, sowie die Übernahme der Dresdner Bank durch den Allianz Versicherungskonzern im Jahre 2001 durch den Erwerb einer absoluten Mehrheitsbeteiligung von 96,4 % des Aktienbesitzes an der Dresdner Bank.

8 Etwa die *EWIV* (Europäische Wirtschaftliche Interessenvereinigung), *Verordnung* der *EG, Nr.2137/85* vom 25.7.1985, ABl. EG Nr. L 199, S. 1 ff., nebst dem nationalen EWIV Ausführungsgesetz sowie die *SE* (Societas Europaea) als Europäische Aktiengesellschaft auf Grundlage der VO (EG) Nr.2157/2001 über das Statut der SE, die am 8.10.2004 in Kraft trat.

9 *Dritte Richtlinie 78/855/EWG* des Rates vom 9.10.1978 betreffend die Verschmelzung von Aktiengesellschaften (EG-Verschmelzungsrichtlinie), ABl. EG Nr. L 295/36 vom 20.10.1978, die bereits im UmwG 1994 umgesetzt wurde sowie die *EG-Richtlinie 2005/56/EG* vom 26.10.2005 über die Verschmelzung von *Kapitalgesellschaften* aus verschiedenen Mitgliedstaaten (EG-Fusionsrichtlinie), ABl. EG Nr. L 310/1 vom 25.11.2005. Die EG-Fusionsrichtlinie ist gemäß Art. 19 von den Mitgliedstaaten bis spätestens Dezember 2007 in nationales Recht zu transformieren.

10 *Sagasser/Ködderitzsch* in: Sagasser/Bula/Brünger, Kap. I, Rdnr. 2; *Bayer*, AG 1988, 323; *Grunewald in*: Geßler/Hefermehl/Eckardt/Kropff, AktG, § 339 Rdnr. 6; *Henn*, Rdnr. 1337; *Büllesbach* in: Roßnagel, Handbuch Datenschutzrecht, Kap. 7.1 Rdnr. 49.

11 *Hennrichs*, 14 f.

1.1.1 Motive einer Verschmelzung

Unter einer generalisierenden Betrachtung dient die Verschmelzung in erster Linie der rechtlichen Zusammenführung zweier (oder mehrerer) Gesellschaften, die bislang rechtlich selbständig waren und wirtschaftlich wie organisatorisch nur soweit unter einheitlicher Leitung zusammengefasst werden konnten, wie es das Konzernrecht gestattete.[12] Dabei kennt das Verschmelzungssachrecht einen doppelten, mit den allgemeinen Lehren des Bürgerlichen Rechts korrespondierenden Bezugspunkt: den Rechtsträger und das Vermögen.[13]

Eine Verschmelzung vollzieht sich stets unter Beteiligung mindestens zweier verschmelzungsfähiger Rechtsträger. Mit dem Vollzug der Verschmelzung geht das Vermögen des übertragenden auf den übernehmenden Rechtsträger über. Der übertragende Rechtsträger erlischt, ohne dass eine Liquidation erforderlich wäre. Anteilsinhaber am übertragenden Rechtsträger werden automatisch in dem ermittelten, angemessenen Verhältnis Anteilsinhaber am übernehmenden Rechtsträger. Tragende *ratio legis* des Verschmelzungssachrechts ist es, die auch außerhalb des Umwandlungsgesetzes eröffnete Möglichkeit zu Verschmelzungen im untechnischen Sinne über die umständliche Konstruktion umfassender Singularsukzessionen und unter Liquidation des übertragenden Verbandes entbehrlich zu machen. Den Beteiligten soll ein vermeintlich schneller und einfacher Weg an die Hand gegeben werden, derartige Transaktionen abzuwickeln.[14] Die Bestimmungen des Umwandlungsgesetzes sollen jedoch die Verschmelzung nicht erst ermöglichen, sondern sie lediglich *erleichtern*.[15] Das Gesetz will eine Kontinuität der Rechtszuordnung vom übertragenden auf den übernehmenden Verband gewährleisten.[16]

1.1.1.1 Bündelung von Ressourcen

Die bisher rechtlich selbständigen Teile des Unternehmensverbundes werden über die Verschmelzung zu rechtlich unselbständigen Teilbetrieben *eines* Unternehmens oder verlieren gar im Zuge weiterer innerer Neuorganisation diese Eigenschaft.[17] So wurde die Thyssen AG auf die Friedrich Krupp AG zur Thyssen Krupp AG verschmolzen und dies u.a. mit der Globalisierung des Anlagenbaus und der Stahlindustrie begründet, die es erforderlich machten, in den bedeutenden Marktregionen präsent zu sein.[18]

---

12 *Raiser*, § 46 Rdnr. 3.

13 *K. Schmidt*, AcP 191 (1991), 502. Das „*Unternehmen*" als ursprünglich im Diskussionsentwurf des Bundesjustizministeriums vorgesehener Anknüpfungspunkt wurde aufgrund erheblicher rechtlicher wie praktischer Bedenken in der wirtschaftlichen Umsetzung durch die rechtlichen termini technici „*Rechtsträger*" und „*Vermögen*" ersetzt; *K. Schmidt*, GesR, § 13 I 2. a) sowie *K. Schmidt*, ZGR 1990, 593 ff.

14 Erfahrungsbericht von *Rixen/Böttcher*, GmbHR 1993, 573 ff. zur Abwicklung einer transnationalen Verschmelzung.

15 Zutreffend der Hinweis von *K. Schmidt*, AcP 191 (1991), 502.

16 *Hennrichs*, 17.

17 So bei der Verschmelzung von Konzerngesellschaften, vgl. *Raiser*, § 46 Rdnr. 3.

18 *OLG Düsseldorf*, ZIP 1999, 793 und *OLG Hamm*, ZIP 1999, 798.

Aufgrund des gesetzlich in § 20 Abs. 1 Nr. 1 UmwG angeordneten Übergangs des Vermögens des übertragenden auf den übernehmenden Rechtsträger führt die Verschmelzung zu einer Bündelung der Ressourcen der beteiligten Rechtsträger.[19] Diese Konzentrationswirkung kann auf bestimmten Märkten eine Machtstellung begründen, die der Sicherung des Absatz- oder Beschaffungsmarktes dient oder die Finanzierungsbasis des Unternehmens erweitert. Weitere Synergieeffekte können sich aus der gemeinsamen Verwertung von Patenten, der Vereinheitlichung des Produktionsprogramms, der erleichterten Durchführung von Rationalisierungsmaßnahmen oder schlicht der Erschließung neuer Märkte – sei es im räumlich-geographischen oder produktbezogenen Sinne – ergeben.[20] Nicht zuletzt stehen in der Verschmelzungspraxis *steuerliche Motive* im Vordergrund.

1.1.1.2 Zusammenführung von Konzerngesellschaften

Soweit die Verschmelzung zwischen zwei Konzerngesellschaften, d.h. konzernintern vollzogen wird, bildet sie regelmäßig die Grundlage für eine stufenweise intensivierte Unternehmensverbindung.[21] Dabei wird eine erworbene Unternehmensbeteiligung zunächst faktisch in den Erwerber eingebunden und später über den Abschluss eines Beherrschungsvertrages in einen Vertragskonzern gewandelt, der schließlich in der Verschmelzung der Tochter- auf die Muttergesellschaft mündet. Diese Form der konzerninternen Up-Stream-Merger stellt den wohl praktisch bedeutendsten Teil der Verschmelzungsfälle dar.[22] Bei Verschmelzungen unter Beteiligung nicht konzernierter Gesellschaften oder Gesellschaften mit unterschiedlichem Gesellschafterkreis stehen die Konzentrationsfunktion und die Erzeugung von wirtschaftlicher wie marktübergreifender Synergieeffekte im Vordergrund. Die Verschmelzung von Unternehmen stellt daneben eine praktisch wirksame Maßnahme dar, um drohende und unerwünschte feindliche Übernahmen („Hostile Takeovers“) durch andere Gesellschaften oder Konzerne abzuwehren. Die hinter den übrigen Arten von Umwandlungen – Spaltung[23], Vermögensübertragung und Formwechsel[24] – stehende Motivation entspricht im Kern den wirt-

---

19 *Ossadnik/Maus*, DB 1995, 105 f.; *Grunewald* in: Geßler/Hefermehl/Eckardt/Kropff, AktG, § 339 Rdnr. 6.

20 *Sagasser/Ködderitzsch* in: Sagasser/Bula/Brünger, Handbuch Umwandlungsrecht, Kap. I Rdnr. 2; *K. Schmidt*, AcP 191 (1991), 502.

21 *Küting/Zündorf*, BB 1994, 1383.

22 *Küting/Zündorf*, a.a.O.

23 Die Spaltung hat systematisch eine spiegelbildliche Funktion zur Verschmelzung. Zu den Motiven einer Spaltung vgl. *Hahn*, GmbHR 1991, 242 f.; *Widmann/Mayer*, UmwG, Rdnr. 2915; *Raiser*, § 46 Rdnr. 5; *Sagasser/Sickinger* in: Sagasser/Bula/Brünger, Handbuch Umwandlungsrecht, Kap. M Rdnr. 2 ff.; zu den steuerlichen Motiven vgl. *Crezelius*, Steuerrecht II, § 6 Rdnr. 42.

24 Zu den Motiven eines Formwechsels vgl. *Sagasser/Sickinger* in: Sagasser/Bula/Brünger, Handbuch Umwandlungsrecht, Kap. Q Rdnr. 1 ff.; *Raiser*, § 46 Rdnr. 2; zum Leverage Buy-Out- oder Roll-Over-Modell vgl. *Streck*, DB 1992, 685 ff.; *Otto*, DB 1989, 1389 ff. Ein Formwechsel kann indiziert sein, wenn die ursprünglich gewählte Rechtsform nicht mehr die Zweckmäßigste ist, sei es aufgrund von Änderungen in der inneren Unternehmensstruktur oder den äußeren Wirtschaftsbedingungen; vgl. *Sagasser/Sickinger* in: Sagasser/Bula/Brünger, Handbuch Umwandlungsrecht, Kap. Q Rdnr. 1 ff. Regelmäßig stehen steuerliche Erwägungen im Vordergrund, *Sagasser/Sickinger* in: Sagasser/Bula/Brünger, Handbuch Umwandlungsrecht, Kap. Q, Rdnr. 5. Daneben wird der Formwechsel maßgeblich zur Erschließung neuer Finanzierungsquellen, sei es über Private Equity, ein Going Public oder der Optimierung des Cash-Flow's bei Unterneh-

schaftlich und praktisch tragenden Gründen einer Verschmelzung – können jedoch aufgrund der strukturellen Besonderheiten variieren. Hierauf soll nicht näher eingegangen werden.

1.1.1.3 Informationelle Motive

In den vergangenen Jahren ließen sich eine Reihe von Verschmelzungen auf dem deutschen Markt, insbesondere unter Beteiligung von Banken und Versicherungen, beobachten. Fragen des Datenschutzes wurden bei keiner dieser Verschmelzungen, die z.T. noch nach dem Aktiengesetz 1965 abgewickelt wurden, erörtert.[25] Erst seit der Verschmelzung der Bayerischen Hypotheken- und Wechselbank AG auf die Bayerische Vereinsbank AG[26] sowie der Ausgliederung des Privat- und Geschäftskundenbereichs der Deutschen Bank AG auf die Deutsche Bank 24 AG[27] wird dies intensiver diskutiert.

Dass jedenfalls bei übertragenden Umwandlungsvorgängen schützenswerte Drittinteressen in erheblichem Maße tangiert sein können, liegt auf der Hand und ist im übrigen unbestritten. Verdeutlichen lässt sich diese These anhand der von *Zöllner*[28] pointierten Beispiele der Verschmelzung einer Anwalts-GmbH mit einer Anwalts-GbR oder dem Zusammenschluss einer Klinik AG mit einem Lifestyle-Unternehmen.[29] Während im erstgenannten Beispiel die Problematik dadurch abgefedert sein mag, dass eine Anwalts-GmbH aus standesrechtlichen Gründen wiederum nur mit einer Anwaltsgesellschaft fusionieren kann, wird die Schutzwürdigkeit von Drittinteressen im zweitgenannten Beispiel evident. Auch bei der Fusion von Banken untereinander oder mit einem Versicherungsunternehmen kommen zahlreiche Szenarien in Betracht, die schutzwürdige Interessen der Kunden beider beteiligter Rechtsträger derart berühren können, dass diese einem Zusammenschluss – aus Sicht der betroffenen *natürlichen Person* – entweder entgegenstehen oder jedenfalls Sekundärrechte auszulösen vermögen.[30]

Die schutzwürdigen Interessen resultieren maßgebend aus dem Bereich des Datenschutzes. Der Mandant, der sich einem Rechtsanwalt aufgrund seiner Expertise und des ihm gegenüber bestehenden persönlichen Vertrauens in einem wirtschaftsstrafrechtlichen Mandat anvertraute, will diese sensiblen Informationen einem möglichst engen Personenkreis zugänglich wissen, der nicht etwa im Wege der Verschmelzung der Kanzlei mit einer personalstarken Anwaltssozietät erheblich ausgeweitet werden soll. Der Kunde einer Bank mag gute Gründe haben, sein Vermögen und seine Versicherungspolicen zu splitten oder ein gewichtiges Interesse

mensakquisitionen verwendet, vgl. *Streck*, DB 1992, 685 ff.; *Otto*, DB 1989, 1389 ff. Umgekehrt kann der Formwechsel einer AG in eine GmbH oder GmbH & Co. KG – verbunden mit einem Delisting – geboten sein, wenn sich die mit einem Börsengang verbundenen Erwartungen nicht erfüllt haben („Going Private“).

25 *Marsch-Barner/Mackenthun*, ZHR 165 (2001), 427; *Büllesbach* in: Roßnagel, Handbuch Datenschutzrecht, Kap. 7.1 Rdnr. 49.

26 Vgl. die Beschlüsse der Hauptversammlungen vom 19.5.1998 und 26.5.1998; *Marsch-Barner/Mackenthun*, ZHR 165 (2001), 427.

27 Vgl. den Beschluss der Hauptversammlung vom 17.5.1999; *Marsch-Barner/Mackenthun*, ZHR 165 (2001), 427.

28 *Zöllner*, ZHR 165 (2001), 441.

29 *Zöllner*, a.a.O.

30 *Marsch-Barner/Mackenthun*, ZHR 165 (2001), 427; *Zöllner*, a.a.O.

vorweisen, dass die betreffende Bank nicht auf eine weitere Bank oder Versicherung des Kunden verschmolzen wird – jedenfalls nicht ohne seine Kenntnis oder die Möglichkeit der Geltendmachung weiterer Rechte im Vorfeld der Verschmelzung.

1.1.2 Informationelles Selbstbestimmungsrecht – quo vadis?

Das Datenschutzrecht fand und findet in diesem Kontext regelmäßig keine Beachtung. Dies verwundert umso mehr, hält man sich die rechtsdogmatische und verfassungsrechtliche Verankerung des Datenschutzrechts in Art. 1 Abs. 1 i.V.m. Art. 2 Abs. 1 GG, dem informationellen Selbstbestimmungsrecht als Ausfluss aus dem allgemeinen Persönlichkeitsrecht, vor Augen.

1.1.2.1 Historische Wurzeln des Datenschutzrechts

Das *Volkszählungsurteil* des *BVerfG* aus dem Jahre 1983[31] stellt neben den europarechtlichen Vorgaben[32] die Wurzel des heutigen Datenschutzrechts dar. Erstmalig wurde im Kontext einer Volkszählung auf Grundlage des Volkszählungsgesetzes von 1983[33], dessen Verfassungsmäßigkeit zur Beurteilung stand, das Recht des einzelnen auf informationelle Selbstbestimmung aus dem allgemeinen Persönlichkeitsrecht nach Art. 2 Abs. 1 GG i.V.m. Art. 1 Abs. 1 GG entwickelt. Auf europäischer Ebene ist der Datenschutz im Wesentlichen in Art. 8 der Charta der Grundrechte der Europäischen Union[34], Art. 8 Abs. 2 und Art. 10 Abs. 2 der EMRK[35], im Übereinkommen 108 des Europarats von 1981[36], primärrechtlich in Art. 286 EGV sowie sekundärrechtlich in der EG-Datenschutzrichtlinie[37] verankert. Die national verfassungsrechtliche Verbürgung des Datenschutzrechts ergibt zugleich, dass juristische Personen nicht in den Schutzbereich der Art. 2 Abs. 1 iVm. Art. 1 Abs. 1 GG fallen, da das Recht auf informationelle Selbstbestimmung gemäß Art. 19 Abs. 3 GG nicht seinem Wesen nach auf diese anwendbar ist.[38]

Die praktischen Möglichkeiten der Erlangung von Informationen, gleich ob über natürliche und juristische Personen, Gesellschaften oder sonstige Verbände, sind seit dem Grundsatzur-

---

[31] *BVerfGE* 65, 1 ff. = NJW 1984, 419 – *Volkszählung*.

[32] *Richtlinie 95/46/EG* des Europäischen Parlaments und des Rates vom 24.10.1995 zum Schutz natürlicher Personen bei der Verarbeitung personenbezogener Daten und zum freien Datenverkehr (im Folgenden: *EG-Datenschutzrichtlinie*), abgedruckt in ABl. EG Nr. L 281 vom 23.11.1995, 31.

[33] Gesetz über eine Volks-, Berufs-, Wohnungs- und Arbeitsstättenzählung im Jahre 1983 vom 25.3.1982, abgedruckt in BGBl. I, 369.

[34] ABl. EG vom 18.12.2000, C 364/1, 2000/1.

[35] Konvention zum Schutze der Menschenrechte und Grundfreiheiten.

[36] Von der Bundesrepublik Deutschland am 19.6.1985 ratifiziert; abgedruckt in BGBl. II 1985, 539.

[37] *Richtlinie 95/46/EG* des Europäischen Parlaments und des Rates vom 24.10.1995 zum Schutz natürlicher Personen bei der Verarbeitung personenbezogener Daten und zum freien Datenverkehr, abgedruckt in ABl. EG Nr. L 281 vom 23.11.1995, 31.

[38] *OLG Karlsruhe*, DuD 1983, 229. Ungeachtet dessen kann sich für juristische Personen ein Schutz aus Art. 12 Abs. 1 GG am eingerichteten und ausgeübten Gewerbebetrieb sowie ein allgemeiner Geheimnisschutz ergeben. Hierauf soll indes nicht näher eingegangen werden.

teil des BVerfG exponentiell gestiegen – und mit Ihnen das Gefährdungspotential für den einzelnen in Bezug auf seine persönlichen Informationen. Diese Entwicklung hat der Gesetzgeber auf nationaler wie auf europäischer Ebene erkannt und mit umfassender, wenngleich nicht stets akribisch perfektionistischer Tätigkeit reagiert. Die zahlreichen Regelungen zum Datenschutz und deren Verhältnis zueinander sind heute kaum mehr überschaubar.[39]

1.1.2.2 Der Datenschutz als Funktionsbedingung eines demokratischen Gemeinwesens

Nach dem Verständnis des *BVerfG* ist Datenschutz Grundrechtsschutz und Funktionsbedingung eines demokratischen Gemeinwesens zugleich.[40] Der Datenschutz ist notwendiger Bestandteil einer freiheitlichen Kommunikationsordnung. Er soll die Teilnahme und Teilhabe am freien Wirtschaftverkehr, für die ein Handeln aufgrund freier Willensbildung und -betätigung unabdingbar ist, sichern und gewährleisten. Der Datenschutz ist ferner ein gewichtiger Akzeptanzfaktor in der heutigen Informationsgesellschaft.[41]

Seine rechtliche Ausgestaltung beeinflusst die Entwicklungen in der Wirtschaft in nicht unerheblichem Maße.[42] Diese These spiegelt sich auch auf dem Gebiet der Verschmelzungen wieder, fand nach dem zuvor Gesagten der Datenschutz in der Verschmelzungspraxis bislang kaum Beachtung.[43] Seit einiger Zeit rückt er jedoch verstärkt ins Zentrum wissenschaftlicher Diskussionen und praktischer Überlegungen.

Die Reflexionen über die Bedeutung des Datenschutzes bei Umwandlungen wurden, wie bereits von *Simitis*[44] festgestellt, nicht zufällig in erster Linie durch die Umwandlungsbestrebungen im Banken- und Versicherungsbereich ausgelöst. Beide Branchen sind von umfassenden Beständen an personenbezogenen Informationen aus nahezu allen Lebensbereichen der Kunden geprägt. Die bei einer Gesellschaft gespeicherten personenbezogenen Informationen verkörpern heute weit mehr als ein bloßes Hilfsmittel für die Durchführung der konkreten Transaktion. Sie sind als Informationskapital Teil des wirtschaftlichen Kapitals der Unternehmen. Die Datenbestände vermitteln eine informationelle Grundlage über den Lieferanten- und Kundenstamm eines Unternehmens und bieten zugleich die Option für eine Vielzahl neuer Verwendungs- und Verwertungsmöglichkeiten, losgelöst vom ursprünglichen Verwendungszusammenhang.[45] Mit den potentiellen Möglichkeiten der Datenverarbeitung geht ein Anstieg des Gefährdungspotentials für die Daten Hand in Hand.

39 Kritisch zu Recht *Roßnagel*, RDV 2002, 61.
40 *BVerfGE* 65, 1 ff.
41 *Simitis*, NJW 1984, 398 ff.
42 *Roßnagel*, RDV 2002, 61.
43 *Büllesbach* in: Roßnagel, Handbuch Datenschutzrecht, Kap. 7.1 Rdnr. 49.
44 *Simitis*, ZHR 165 (2001), 456.
45 *Simitis*, a.a.O.

1.1.3 Wechselwirkung von Datenschutz- und Verschmelzungssachrecht

„Verschmelzungen – ein blinder Fleck im Datenschutz?“[46] Immer neue Wege der Generierung personenbezogener Informationen werden erschlossen, um das eigene Kundenportofolio zu erweitern oder gezieltes, personalisiertes Marketing zu betreiben. Diese Entwicklung trägt dem steigenden Informationsbedürfnis und der zunehmenden Bedeutung von Informationen als geldwertem Faktor Rechnung. Die Verschmelzung zweier Unternehmen stellt ein praktisch effektives Mittel dar, um neue Kunden-, Markt- und Produktpotentiale zu erschließen. Nicht selten ergeben sich speziell im Banken- und Versicherungsbereich aus der Zusammenführung zweier Unternehmen aus unterschiedlichen, sich ergänzenden Branchen erhebliche Synergieeffekte und -potentiale. Verschmelzungen sind dabei ein mögliches Instrument der Datenakquisition. Letzteres ist oftmals nicht nur *ein*, sondern *das* tragende Motiv einer Verschmelzung.[47]

Je weiter die Akquisition neuer Kundendaten in der Vordergrund einer Verschmelzung rückt, desto mehr misst sich der Wert einer Verschmelzung am rechtlich wie tatsächlich reibungslosen Übergang der Informationen auf den neuen Inhaber. Als Rechtsreflex rückt das Datenschutzrecht weiter ins Zentrum des rechtlichen Blickwinkels. Naturgemäß entspricht es den Interessen der beteiligten Rechtsträger, den Ablauf einer Verschmelzung so weit als möglich zu formalisieren und die Beteiligung der Kunden – als schwer kalkulierbaren und den Verschmelzungsvorgang letztlich damit belastenden Faktor – soweit wie rechtlich möglich auszuschalten. Dieses Formalisierungsargument – mit *Simitis*[48] – auf die Spitze getrieben, werden Kunden nur noch als *Informationsobjekte* wahrgenommen. Eine solche Betrachtungsweise konfligiert indes mit dem datenschutzrechtlichen Leitbild des mit umfassenden Rechten ausgestatteten Informationssubjektes, angelehnt an den verfassungsrechtlichen Schutz der Menschenwürde und entsprechend der *Objektformel* des *BverfG.*[49] Sie begründet erhebliches Spannungspotential mit dem Datenschutzrecht.

Die Kontroverse um die Rolle des Datenschutzes bei Umwandlungen begann seinerzeit fast unbemerkt und unter gänzlich anderen Vorzeichen.[50] Das Datenschutzrecht wurde erstmalig im Zusammenhang mit feindlichen Übernahmeversuchen als zweckentfremdetes Abwehrinstrument eingesetzt. Die Geschäftsleitung der betroffenen Unternehmen konfrontierte potentielle Übernahmeinteressenten bei ihren Versuchen, sich möglichst detailliert über die personelle Zusammensetzung des Unternehmens und ihre Aktionärsstruktur zu informieren, mit einer unvermuteten und bis dato völlig neuartigen Informationsbarriere: dem Datenschutz.[51] Wurden bislang gegen feindliche Übernahmeversuche in erster Linie Einwendungen aus dem

---

46 So der gleichnamige Titel des Beitrags von *Simitis*, ZHR 165 (2001), 453 ff.

47 So auch *Simitis*, ZHR 165 (2001), 457; *K. Schmidt*, AcP 191 (1991), 503.

48 *Simitis*, ZHR 165 (2001), 458.

49 Erstmals *BVerfGE* 9, 167 ff., 171; präzisiert in *BVerfGE* 30, 1 ff. – *Abhörurteil*; *BVerfGE* 87, 209 ff., 228 – *Tanz der Teufel*.

50 *Simitis*, ZHR 165 (2001), 453.

51 *Simitis*, a.a.O.

klassischen Bereich des Gesellschaftsrechts ins Feld geführt, tauchte mit dem formaljuristischen Einwand des Datenschutzes ein völlig neuer und bislang nicht zur Kenntnis genommener Argumentationsmechanismus auf. Bemerkenswert an dieser Entwicklung ist, dass insoweit nicht der Schutz des einzelnen Betroffenen in seinem Recht auf informationelle Selbstbestimmung – entsprechend dem verfassungsrechtlichen Leitbild des Datenschutzrechts – im Vordergrund stand, sondern das Datenschutzrecht zweckentfremdet und instrumentalisiert als Abwehrmittel eines Unternehmens gegen feindliche Übernahmeversuche eingesetzt wurde.

Nachdem der Datenschutz auf diesem Umweg seinen Einzug in das klassische Gesellschafts- und Umwandlungsrecht gehalten hatte, dauerte es nicht lange, bis er – diesmal unter den richtigen Vorzeichen – zurückkehrte. Zur Disposition stand, ob sich der Kunde eines Kreditinstituts im Falle der Ausgliederung einzelner Geschäftssegmente oder der Verschmelzung mit anderen Gesellschaften mit dem Transfer und der weiteren Nutzung seiner gespeicherten personenbezogenen Daten durch die neue Gesellschaft ohne weiteres abzufinden hatte.

1.2 Datenschutz und Verschmelzungen – unlösbarer Konflikt oder Scheinproblem?

Die Problematik der gegensätzlichen Anknüpfungspunkte von Datenschutz- und Verschmelzungsrecht spiegelt das enorme Spannungsverhältnis zwischen den unternehmerischen Erfordernissen wirtschaftlicher Strukturmaßnahmen einerseits und der Wahrung der Rechte der Betroffenen andererseits wieder.[52] Nahezu kein Rechtsgeschäft im wirtschaftlichen Verkehr, gleich welcher Art und auf welchem Gebiet, vermag ohne die gleichzeitige Bewegung personenbezogener Daten – und der damit verbundenen Beachtlichkeit des Datenschutzrechts – abgewickelt zu werden. Der Abschluss eines zivilrechtlichen Vertrages erfordert kraft geltenden Rechts, dass die Identität der Parteien als ein Bestandteil der *Essentialia Negotii* bekannt sein muss. Die Zession einer Forderung ist zwangsläufig mit der Offenlegung persönlicher Informationen über den Schuldner verbunden. Je komplexer die Rechtsgeschäfte und die daran beteiligte Personenstruktur, desto erheblicher ist deren datenschutzrechtliche Ausstrahlungswirkung.

Nichts anderes gilt für den Bereich der Verschmelzungen. Eine pauschalierende Regel wie: *„Bei Umwandlungsvorgängen findet kein Datenschutz statt"* kommt unter der gesetzlichen Systematik nicht in Frage.[53] Jede Verschmelzung oder Spaltung von Unternehmen betrifft jedenfalls *auch* personenbezogene Daten, die bei den beteiligten Rechtsträgern gespeichert sind. Dies gilt in besonderem Maße für die Verschmelzung, bei der kraft Gesamtrechtsnachfolge das gesamte Vermögen des übertragenden Rechtsträgers auf den übernehmenden Rechtsträger übergeht. Die im Zusammenhang mit einer Verschmelzung anfallenden Datenbestände werden in aller Regel von den beteiligten Unternehmen in vielfacher Weise genutzt. Oftmals liegt sogar der primäre Beweggrund für die Verschmelzung in der Erlangung und Zusammenführung branchenübergreifender Datenbestände, die auf dem Markt einen nicht zu unterschätzenden wirtschaftlichen Wert darstellen können. Betroffen sind dabei nicht nur allgemeine Geschäftsinformationen, sondern insbesondere auch personenbezogene Daten von Kunden, Zulieferern, Abnehmern und Arbeitnehmern. Sind Kreditinstitute oder Versicherungsunternehmen an der Verschmelzung beteiligt, enthalten die Daten der Kunden u.U. zahlreiche Angaben zu ihren finanziellen Verhältnissen. Bei Kranken- und Lebensversicherungen umfassen sie sensible medizinische Daten, die datenschutzrechtlich in besonderem Maße[54] schutzwürdig sind.[55]

52 *Zöllner*, ZHR 165 (2001), 440.
53 *Zöllner*, a.a.O.; andere bezeichnen den Datenschutz hingegen als „Scheinproblem", so etwa *Lüttge*, NJW 2000, 2464.
54 Vgl. § 3 Abs. 9 BDSG.
55 *Marsch-Barner/Mackenthun*, ZHR 165 (2001), 427.

1.2.1 Status quo der Verschmelzungspraxis

Trotz des aufgezeigten Spannungsverhältnisses von Datenschutz- und Umwandlungsrecht spiegelt sich die rechtliche Problematik im unternehmerischen Bewusstsein der an einer Verschmelzung beteiligten Gesellschaften in der bisherigen Verschmelzungspraxis nicht wieder. Im Vordergrund der rechtlichen Beratung bei Verschmelzungsvorgängen stehen andere Rechtsbereiche, bei Großunternehmen allen voran das Kartellrecht. Sind an einer Verschmelzung zwei Unternehmen beteiligt, die zusammengenommen in ihrem wirtschaftlichen Betätigungsfeld – aus Sicht des Kartellrechts: auf dem relevanten Produktmarkt – eine gewichtige Stellung einnehmen oder hat bereits der aufnehmende Rechtsträger eine beherrschende Stellung auf dem für ihn relevanten Markt inne, die infolge der Verschmelzung mit dem zweiten Rechtsträger intensiviert werden würde, ergeben sich in erster Linie kartellrechtliche Zulässigkeitsschranken für die Verschmelzung. Das Datenschutzrecht ist – im Gegensatz hierzu – im Bewusstsein der Entscheidungsträger der einzelnen Unternehmen kaum präsent, da es sich in der Regel nicht auf die akzessorisch mit der Verschmelzung verbundenen wirtschaftlichen Faktoren auswirkt. Das Datenschutzrecht stellt nach dem bisherigen Bewusstsein vielmehr einen untergeordneten rechtlichen Begleitfaktor dar.

Besorgniserregend an diesem status quo ist nicht etwa, dass derzeit – soweit ersichtlich – keine einhellige Auffassung in *Lehre* und *Schrifttum* über die Rolle des Datenschutzes bei Umwandlungen allgemein und Verschmelzungen im Speziellen existiert.[56] Alarmierend ist vielmehr, dass der Datenschutz größtenteils keinerlei Beachtung findet. Verschmelzungen werden, auch soweit sensible Kundendaten im Banken- oder Versicherungsbereich betroffen sind, ohne Augenmerk auf datenschutzrechtliche Problemstellungen und Lösungsansätze vollzogen.[57]

1.2.2 Meinungsstand in der Wissenschaft

So umstritten die Kontroverse über die Bedeutung des Datenschutzes bei Umwandlungen von Unternehmensträgern in einzelnen Punkten sein mag, so einhellig erscheint auf der anderen Seite die Meinung im Gesamten. Das Datenschutzrecht dürfe und wolle die Nutzung der umwandlungsrechtlichen Instrumentarien nicht verhindern. Dieses Ergebnis wird von allen Beteiligten[58] an der „Expertenrunde zum Datenschutz" aus dem Jahre 2001 auf Einladung der Zeitschrift für das gesamte Handels- und Wirtschaftsrecht (ZHR) einhellig bekräftigt.[59] Ge-

---

56 *Büllesbach* in: Roßnagel, Handbuch Datenschutzrecht, Kap. 7.1 Rdnr. 49 ff.; *Lüttge*, NJW 2000, 2463 ff.; *Dieckmann/Eul/Klevenz*, RDV 2000, 149 ff.; *Marsch-Barner/Mackenthun*, ZHR 165 (2001), 426 ff.; *Wengert/Widmann/Wengert*, NJW 2000, 1289 ff. = RDV 2000, 47 ff.; *Zöllner*, ZHR 165 (2001), 440 ff.; *Simitis*, ZHR 165 (2001), 453 ff.; *Teichmann/Kießling*, ZGR 2001, 33 ff.; *Eul* in: Roßnagel, Handbuch Datenschutzrecht, Kap. 7.2 Rdnr. 68 ff. (im Bereich Fusionen von Banken, IV.); *Früh*, WM 2000, 501 ff.; *Schaffland*, NJW 2002, 1539 ff.

57 Dies gilt nach der *lex lata* entsprechend für die übrigen Umwandlungsarten.

58 *Marsch-Barner, Zöllner, Simitis*, abgedruckt in ZHR 165 (2001), 462 ff.

59 *Schneider*, Diskussionsbericht, ZHR 165 (2001), 465.

meinsamer Ausgangspunkt der Diskussion war die Frage nach der Rolle des Datenschutzes bei Unternehmensumwandlungen.

Diese Prämisse ist rechtlich wie wirtschaftlich grundsätzlich einleuchtend; ihr ist zuzustimmen. Sie darf jedoch nicht darüber hinwegtäuschen, dass der Faktor Datenschutz einen nicht unerheblichen Einfluss auf den Ablauf von Verschmelzungen nehmen kann. Dass bei Verschmelzungen nahezu in jedem Fall personenbezogene Daten betroffen sind und das Datenschutzrecht damit als beachtenswerter Faktor heranzuziehen ist, steht ebenso außer Frage. Betont wird, dass der verantwortungsvolle Umgang mit dem Datenschutzrecht viel Erfahrung und Fingerspitzengefühl[60] erfordere, wenn dabei nicht entweder der von der gesetzlichen Regelung bezweckte Persönlichkeitsschutz oder die Möglichkeit sinnvoller wirtschaftlicher Strukturveränderungen auf der Strecke bleiben sollen. Zweckmäßig sei es ferner, eine nicht pauschalierende Betrachtungsweise anzustreben, die nach den einzelnen Phasen eines Verschmelzungsvorgangs differenziere, da auch die Intensität der datenschutzrechtlichen Problemstellungen variieren könne.[61] Gleiches gelte für die differenzierte Betrachtung der einzelnen Umwandlungsarten, tendiert die einhellige Auffassung im *Schrifttum* doch zu Recht dazu, den bloßen Rechtsformwechsel ohne Vermögensübertragung – im Gegensatz zu den übrigen Umwandlungsarten – als datenschutzrechtlich neutral einzustufen.[62]

Ungeachtet dieser prima facie einhelligen Auffassung im Schrifttum stellt der Faktor Datenschutz die umwandlungsrechtliche Wissenschaft und Praxis vor derzeit ungelöste Probleme. Der Brennpunkt der rechtlichen Diskussion[63], angefacht durch die „schlagzeilenträchtige Veröffentlichung“[64] von *Wengert/Wiedmann/Wengert*[65] sowie das Symposium der ZHR[66], liegt indes im generellen Verhältnis des Datenschutzrechts zum Verschmelzungsrecht, insbesondere zur verschmelzungsrechtlichen Universalsukzession.[67] Aufgrund der unmittelbar ver-

60 Nach *Zöllner* kommt die einfache und manchem wünschenswerte Regel: „Bei Umwandlungsvorgängen findet kein Datenschutz statt“ keinesfalls in Betracht; vgl. *Zöllner*, ZHR 165 (2001), 441.

61 *Zöllner*, ZHR 165 (2001), 441.

62 *Schneider*, Diskussionsbericht ZHR 165 (2001), 465; so auch *Büllesbach* in: Roßnagel, Handbuch zum Datenschutzrecht, Kap. 7.1 Rdnr. 49; *Lüttge*, NJW 2000, 2463 ff.; *Dieckmann/Eul/Klevenz*, RDV 2000, 149 ff.; *Marsch-Barner/Mackenthun*, ZHR 165 (2001), 426 ff.; *Wengert/Widmann/Wengert*, NJW 2000, 1289 ff. = RDV 2000, 47 ff.; *Zöllner*, ZHR 165 (2001), 440 ff.; *Simitis*, ZHR 165 (2001), 453 ff.; *Teichmann/Kießling*, ZGR 2001, 33 ff.; *Eul* in: Roßnagel, Handbuch Datenschutzrecht, Kap. 7.2 Rdnr. 68 ff.; *Früh*, WM 2000, 501 ff.

63 Ausführlich hierzu *Teichmann/Kießling*, ZGR 2001, 33 ff.; *Lüttge*, NJW 2000, 2463 ff.; *Früh*, WM 2000, 501 ff.; *Dieckmann/Eul/Klevenz*, RDV 2000, 149 ff.; *Marsch-Barner/Mackenthun*, ZHR 165 (2001), 426 ff.; *Wengert/Widmann/Wengert*, NJW 2000, 1289 ff. = RDV 2000, 47 ff.; *Zöllner*, ZHR 165 (2001), 440 ff.; *Simitis*, ZHR 165 (2001), 453 ff.; *Büllesbach* in: Roßnagel, Handbuch zum Datenschutzrecht, Kap. 7.1 Rdnr. 49; *Eul* in: Roßnagel, Handbuch Datenschutzrecht, Kap. 7.2 Rdnr. 68 ff.

64 *Eul* in: Roßnagel, Handbuch Datenschutzrecht, Kap. 7.2 Rdnr. 74 f.; Handelsblatt Nr. 86 vom 4.05.2000, S.8.

65 *Wengert/Wiedmann/Wengert*, NJW 2000, 1289 ff. = RDV 2000, 47 ff.

66 Auf Einladung der Zeitschrift für das gesamte Handels- und Wirtschaftsrecht (ZHR) im Jahre 2001, vgl. *Schneider*, Diskussionsbericht, ZHR 165 (2001), 462 ff.

67 Parallel stellt sich die Problematik der Behandlung personenbezogener Informationen, die im Vorfeld oder Vollzug einer Verschmelzung offen gelegt bzw. weitergegeben werden sowie die hiermit akzessorisch verknüpften datenschutz- und verfassungsrechtlich verankerten Rechten der Betroffenen.

fassungsrechtlichen Ableitung des Datenschutzrechts aus dem allgemeinen Persönlichkeitsrecht kann die Bedeutung des Datenschutzes im Kontext der Verschmelzungen nicht schlichtweg – wie teilweise versucht – rechtlich bagatellisiert werden. Vielmehr ist ein umfassender und interessengerechter Ausgleich zu suchen, der den Interessen der an einer Verschmelzung beteiligten Gesellschaften, der Funktionsfähigkeit des Umwandlungsrechts per se sowie den schutzwürdigen Interessen der Betroffenen gleichermaßen gerecht wird. Die betroffenen Rechtspositionen sind *in summa* im Wege der praktischen Konkordanz miteinander in Einklang zu bringen. Die Schwierigkeit wird zusätzlich dadurch erhöht, dass derzeit weder höchstrichterliche noch instanzielle Rechtsprechung zur genannten Thematik existiert. Von Rechtssicherheit für die Verschmelzungspraxis kann somit keine Rede sein.

Die wissenschaftliche Kontroverse greift zahlreiche rechtliche Aspekte im Rahmen des technisch durch das Umwandlungsgesetz vorgegebenen Ablaufs einer Verschmelzung auf. Während ein Teil des Schrifttums die Anwendung der datenschutzrechtlichen Grundsätze reklamiert[68], sprechen andere von einem künstlich erzeugten „*Scheinproblem*".[69] Je dezidierter der Geltungsanspruch des Bundesdatenschutzgesetzes betont wird, desto nachdrücklicher fällt der Hinweis auf eine Vorrangstellung des Umwandlungsgesetzes aus.[70] Zugleich wird deutlich, dass sich Verschmelzungen unter Datenschutzgesichtspunkten nicht in ein starres Schema fassen lassen. Welchen Anforderungen der Umgang mit personenbezogenen Daten im Einzelfall genügen muss, kann erst unter exakter Kenntnis des konkreten Verwendungszusammenhangs und dessen typischer Merkmale entschieden werden. *Simitis* betont in diesem Zusammenhang zu Recht, dass sich eines trotz der unterschiedlichen Standpunkte nicht ändert: Die Zugriffs- und Verwendungsmodalitäten mögen variieren, personenbezogene Daten dürfen jedoch ungeachtet dessen stets nur unter Beachtung der Datenschutzgrundsätze, insbesondere des Grundsatzes der Verhältnismäßigkeit und der Zweckbindung, genutzt und weiterverarbeitet werden.[71] Schärfer formuliert bedeutet dies: Der Wechsel des Verwendungszusammenhangs mag die Verwendungsvoraussetzungen modifizieren, berechtigt aber nicht zur Begründung eines datenschutzfreien Verwendungsspielraums ohne Rücksicht darauf, wer welche Daten wann und zu welchem Zweck verarbeiten will.

In diesem Sinne hat auch das *BVerfG* in seinem *Volkszählungsurteil*[72] die Existenz „*freier Daten*" kategorisch abgelehnt. Nicht weniger deutlich betonen die EG-Datenschutzrichtlinie[73] in Art. 3 Abs. 2 und im Anschluss an diese das reformierte Bundesdatenschutzgesetz in § 1 Abs. 1 Nr. 3 den umfassenden Geltungsanspruch der Datenschutzvorschriften. „*Datenschutzfrei*" sind nur Verarbeitungen für persönliche und familiäre Tätigkeiten.[74]

---

68 *Wengert/Wiedmann/Wengert*, RDV 2000, 47 ff. = NJW 2000, 1289 ff.
69 *Lüttge*, NJW 2000, 2464.
70 *Simitis*, ZHR 165 (2001), 454; *Diekmann/Eul/Klevenz*, RDV 2000, 150 ff.
71 *Simitis*, ZHR 165 (2001), 455.
72 *BVerfGE* 65, 1 ff. = NJW 1984, 419 – *Volkszählung*.
73 ABl. EG Nr. L 281 vom 23.11.1995, 31.
74 *Simitis*, ZHR 165 (2001), 455.

1.3 Umriss des Vorhabens

Das Spannungsverhältnis zwischen Umwandlungssach- und Datenschutzrecht ist bedingt durch die diametral gegensätzlichen Ansätze der kollidierenden Rechtsmaterien. Aufgrund der enormen rechtlichen und wirtschaftlichen Bedeutung dieser Problemstellung für die Verschmelzungspraxis ist es vorrangiges Ziel der folgenden Untersuchung, diesen scheinbar unlösbaren Widerspruch in einen interessen- und sachgerechten Ausgleich zu bringen, um ein praktisch umsetzbares Ergebnis zu erlangen, das sowohl dem geltenden Verschmelzungs- als auch dem Datenschutzrecht abschließend gerecht wird.

1.3.1 Spannungsverhältnis: Datenschutz und verschmelzungsrechtliche Gesamtrechtsnachfolge

Das Hauptaugenmerk gilt im Folgenden der verschmelzungsrechtlichen Vermögensuniversalsukzession, die grundlegendes Konfliktpotential mit den datenschutzrechtlichen Grundsätzen zur Datenübermittlung aufwirft. Primär wird zu klären sein, ob die personenbezogenen Daten von der verschmelzungsrechtlichen Universalsukzession erfasst werden und ob personenbezogene Daten unter den verschmelzungsrechtlichen Vermögensbegriff fallen. Hierfür wird eine umfassende rechts- und begriffsdogmatische Betrachtung des rechtlichen Instrumentes der Gesamtrechtsnachfolge, wie sie § 20 Abs. 1 Nr. 1 UmwG im Verschmelzungsrecht anordnet, erforderlich. Damit verbunden ist die höchst umstrittene Frage, ob es bei der Universalsukzession *gleichzeitig* zu einer Datenübermittlung im gesetzestechnischen Sinne kommt.[75] Umgekehrt ist die isolierte Betrachtung der Vollzugsphase der Verschmelzung, verbunden mit der gesetzlichen Universalsukzession, selbstredend nicht ausreichend. Im Folgenden wird daher – aus Sicht des Datenschutzrechts – notwendig zwischen den einzelnen Phasen eines Verschmelzungsvorgangs zu differenzieren und diese jeweils gesondert zu beleuchten sein.

[75] Selbstredend wird zugleich zu klären sein, ob und unter welchen Prämissen eine etwaige Datenübermittlung in den weiteren Phasen einer Verschmelzung de lege lata gerechtfertigt oder mangels einschlägigen Erlaubnistatbestandes nicht oder nur unter erheblichen Einschränkungen zulässig ist.

1.3.2 Einzelne Phasen einer Verschmelzung

Die Darstellung der datenschutzrechtlichen Problemstellungen erfolgt differenzierend nach den einzelnen Phasen eines Verschmelzungsvorgangs. Grundlegend ist dabei zwischen der Planungsphase (1), der Vorbereitungsphase, in deren Kontext die Due Diligence-Prüfung und Bewertung erfolgt (2), der Phase nach Beschlussfassung *vor* Eintragung der Verschmelzung (3) sowie der Vollzugsphase (4) mit der Eintragung der Verschmelzungsbeschlüsse in das Handelsregister am Sitz des übernehmenden Rechtsträgers, verbunden mit den hierdurch hervorgerufenen Rechtsfolgen, zu differenzieren.

In der Planungs- und Vorbereitungsphase einer Verschmelzung besteht die gesetzliche Verpflichtung der Geschäftsleitungen der beteiligten Rechtsträger, das eigene Unternehmen im Rahmen einer Due Diligence zu bewerten sowie die Bewertung des anderen Unternehmens zu begleiten und zu überprüfen. Diese Verpflichtung resultiert aus den organschaftlichen Pflichten der Geschäftsleitung gegenüber dem Verband, dient der Aufdeckung etwaiger Risiken sowie der Ermittlung des angemessenen Austauschverhältnisses für die betroffenen Aktionäre oder der Höhe einer angemessenen Barabfindung. Die Due Diligence erfordert die umfassende Offenlegung wirtschaftlich relevanter Informationen, die in aller Regel auch personenbezogene Daten als einen bewertungs- und entscheidungserheblichen Faktor enthalten. Die Beachtlichkeit des Datenschutzrechts hierbei ist evident.

In der *Zwischenphase – nach* Beschlussfassung der hierzu berufenen Organe der beteiligten Verbände und *vor* Eintragung der Verschmelzung in die entsprechenden Handelsregister – besteht ein praktisches Bestreben der beteiligten Rechtsträger, die vormals isolierten Geschäftstätigkeiten zusammenzuführen, bestehende Prozesse zu konsolidieren und umfassend Informationen auszutauschen. Auch hier ergibt sich ein nicht von der Hand zu weisendes, nachhaltiges praktisches Bedürfnis, personenbezogene Informationen noch vor Wirksamwerden der Verschmelzung weiterzureichen. Dies kann indes nur unter Beachtung der datenschutzrechtlichen Grundsätze erfolgen.

In der *Vollzugsphase* einer Verschmelzung geht das Vermögen des übertragenden Rechtsträgers ispo iure und uno acto auf den übernehmenden Rechtsträger im Wege der verschmelzungsrechtlichen Universalsukzession über. Die Wirkung tritt gemäß § 20 Abs. 1 Nr. 1 UmwG automatisch mit Eintragung der Verschmelzung ein, ohne dass es weitergehender (Einzel-)Übertragungsakte bedürfte. Gleichzeitig erlischt der übertragende Rechtsträger ohne weitere Abwicklung, § 20 Abs. 1 Nr. 2 UmwG, und besteht ggf. als rechtlich unselbständige Zweigniederlassung des übernehmenden Rechtsträgers fort. Dieses spezifisch umwandlungsrechtliche Konstrukt der Vermögensgesamtrechtsnachfolge unter gleichzeitigem Erlöschen des übertragenden Rechtsträgers wirft die datenschutzrechtliche Kernfragestellung auf, ob und inwieweit hierin ein Datenübermittlungstatbestand gesehen werden kann, der in der zwingenden Folge ein gesetzliches Rechtfertigungserfordernis hervorrufen würde. Die Systematik des Datenschutzrechts scheint *prima facie* für die Beantwortung dieser Fragestellung überfordert. Dies unterstreicht das Erfordernis einer wissenschaftlichen Aufarbeitung der Thematik.

1.3.3 Nationale und transnationale Verschmelzungen

Die praktische Bedeutung der Verschmelzung nach dem Umwandlungsgesetz als ein privilegiertes Instrument der Zusammenführung mehrerer Verbände unter einem Dach ist keineswegs geographisch beschränkt auf den deutschen Rechtsraum. Insbesondere im transnationalen Kontext erlangt die Verschmelzung von Gesellschaften aus unterschiedlichen Staaten – sowohl innerhalb der EU als auch international – erhebliche wirtschaftliche Relevanz. Die Märkte stehen im Zeichen der Globalisierung. Dies spiegelt sich auch in der Verschmelzungspraxis wieder. Um dieser tatsächlichen Entwicklung in vorliegender Untersuchung Rechnung zu tragen, sollen die spezifischen datenschutzrechtlichen Problemstellungen nicht beschränkt auf die Verschmelzung im rein innerdeutschen Rechtsraum beleuchtet werden. Die Betrachtung ist auf transnationale Verschmelzungen auszuweiten, die kraft Natur der Sache komplexe kollisionsrechtliche Fragestellungen – sowohl im Verschmelzungs- als auch im Datenschutzsachrecht – aufwerfen.

Die grenzüberschreitende Umstrukturierung von Gesellschaften, sei es mittels einer Sitzverlegung oder einer grenzüberschreitenden Verschmelzung, steht seit einiger Zeit im Fokus der gesellschaftsrechtlichen Diskussion. Die Tendenzen in der Entwicklung des Gesellschaftsrechts weisen in Richtung Europa.[76] Die von der nationalen Rechtsprechung über Jahrzehnte aufrechterhaltenen Beschränkungen für die Verlegung des Verwaltungssitzes einer Gesellschaft ins In- oder Ausland[77] (sog. Sitztheorie) könnte infolge der jüngst ergangenen Entscheidungen des *EuGH*[78] zur Vereinbarkeit der Sitztheorie mit der Niederlassungsfreiheit nach Artt. 43, 48 EG (Gründungstheorie) sowie der Entscheidung des *EuGH* in der Rs. *Sevic Systems*[79] zur Vereinbarkeit des § 1 Abs.1 UmwG mit der Niederlassungsfreiheit und *innoventiv*[80] überholt sein. Derzeit zeichnet sich auch eine Konsolidierung der nationalen Rechtspre-

---

76 *Lutter*, BB 2004, 1.

77 Zur Sitztheorie vgl. *BGHZ* 25, 144 = NJW 1957, 1433; *BGHZ* 51, 28 = NJW 1969, 188; *BGHZ* 53, 183 = NJW 1970, 998; *BGHZ* 78, 334 = NJW 1981, 522; *BGHZ* 97, 272 = NJW 1986, 2194; *BGH*, NJW 1992, 618; *BGHZ* 118, 167 = NJW 1992, 2026; *BGH*, NJW 1993, 2745; *BGH*, NJW 1994, 940; *BGH*, NJW 1995, 1032; *BGH*, NJW 1996, 55; *BGHZ* 134, 118 = NJW 1997, 658; *BGH*, DB 2000, 1114; *BayObLG*, GmbHR 2004, 490; *OLG Frankfurt a.M.*, NJW 1964, 2355; *OLG Nürnberg*, WM 1985, 259; *OLG München*, NJW 1986, 2197; *OLG Zweibrücken*, NJW 1990, 3092; *LG Hamburg*, RIW 1990, 1021; *Staudinger* in: Staudinger/Großfeld, Int. GesR, Rdnr. 24; *Soergel/Schurig*, Internationales Privatrecht, § 17 II 2, S.508; *Stratz* in: Schmidt/Hörtnagl/Stratz, UmwG, § 1 Rdnr. 5; *Kindler* in: MünchKomm/BGB, Int. GesR, Rdnr. 5 (FN 13), 264 (m.w.N. in FN 343, 344).

78 *EuGH*, Rs. 81/87 – *Daily Mail*, Tz.19, Slg. 1988, 5483 ff. = NJW 1989, 2186; *EuGH*, Rs. C-212/97 – *Centros*, Slg. 1999, 1459 ff. = NJW 1999, 2027; *EuGH*, Rs. C-208/00 – *Überseering*, ZIP 2002, 2037 ff. = MDR 2003, 96 = GmbHR 2002, 1137 = AG 2003, 37 = BB 2002, 2402; *EuGH*, Rs. C-167/01 – *Inspire Art*, GmbHR 2003, 1260 = MDR 2003, 1303 = BB 2003, 2195.

79 *EuGH*, Urt. v. 13.12.2005, Rs C-411/03 (LG Koblenz, ZIP 2003, 2210), ZIP 2005, 2311 ff.; Hierzu *Hoffmann*, RIW 2006, 1; *Leible/Hoffmann*, RIW 2006, 161 ff.

80 *EuGH*, Urt. v. 1.06.2006, Rs C-453/04 (LG Berlin, ZIP 2005, 1278), ZIP 2006, 1293 ff.

chung durch den *BGH* ab.[81] Überdies spiegelt die beispiellose Vielzahl an Beiträgen im wissenschaftlichen Schrifttum die Relevanz der Thematik für Theorie und Praxis wieder.[82]

Von grundlegendem Interesse ist vorliegend, ob es auch bei transnationalen Verschmelzungen zu einer Vermögensgesamtrechtsnachfolge nach dem Vorbild des § 20 Abs. 1 Nr. 1 UmwG kommt. Dieser Weichenstellung könnten elementare Auswirkungen auf die datenschutzrechtliche Einschätzung auch im internationalen Rechtsraum zukommen. Die Beantwortung richtet sich nach dem im Wege des IPR und Gesellschaftskollisionsrechts zu bestimmenden, anwendbaren nationalen Gesellschaftssachrechts. Soweit kollisionsrechtlich das deutsche Umwandlungsgesetz berufen wird, stellt sich die Folgefrage, inwieweit das deutsche Verschmelzungssachrecht seinerseits Beschränkungen enthält, die einer transnationalen Verschmelzung *per se* entgegenzustehen vermögen. Parallel wird zu klären sein, welche Verbände überhaupt nach deutschem Umwandlungssachrecht verschmelzungsfähig sind, was sich wiederum nach dem maßgebenden Gesellschaftsstatut richtet. Die für die Beantwortung dieser Fragestellung einschlägige Regelung stellt § 1 Abs. 1, 1. Halbs. UmwG dar. Er knüpft an das Erfordernis eines *inländischen Sitzes* an, ohne den zugrunde gelegten Sitzbegriff im Sinne des (statutarischen) Satzungssitzes oder (tatsächlichen) Verwaltungssitzes näher zu konkretisieren. *Prima facie* scheint eine grenzüberschreitende Verschmelzung damit ausgeschlossen. Hinzu kommt, dass die Vorschrift des § 1 Abs. 1, 1. Halbs. UmwG im Kontext der nationalen kollisionsrechtlichen Rechtsprechung zur *Sitztheorie* sowie im Lichte der neuesten Rechtsprechung des *EuGH*[83] zu betrachten ist. Diese komplexe verschmelzungsrechtliche Problematik wird nachfolgend genau herauszuarbeiten sein. Richtungsweisend für die datenschutzrechtliche Beurteilung ist, ob es auch bei transnationalen Verschmelzungen zu einer Gesamtrechtsnachfolge in das Vermögen des übertragenden Rechtsträgers kommt, die umfassende Singularsukzessionen entbehrlich machen würde.

---

81 *BGH*, RIW 2004, 787; mit kritischer Anmerkung *Ebke*, RIW 2004, 740 ff.

82 Vgl. nur *Bayer*, BB 2003, 2357 ff.; *Behrens*, IPRax 2004, 20 ff.; *Behrens*, IPRax 2000, 384 ff.; *Binz/Mayer*, GmbHR 2003, 249 ff.; *Dorr/Stukenborg*, DB 2003, 647 ff.; *Dreissig*, DB 2000, 893 ff.; *Dubovizkaja*, GmbHR 2003, 694 ff.; *Ebke*, RIW 2004, 740 ff.; *Maul/Schmidt*, BB 2003, 2297 ff.; *Lutter*, BB 2003, 10; *Ebke*, BB 2003, 1; *Ebke*, RIW 2004, 740 f.; *Eidenmüller*, JZ 2004, 24 ff.; *Eidenmüller*, ZIP 2002, 2233; *Forsthoff*, DB 2003, 979 ff.; *Geyrhalter/Gänßler*, NZG 2003, 409 ff.; *Hasenauer*, RdW 2003, 357 ff.; *Henze*, DB 2003, 2159 ff.; *Horn*, DB 2005, 147 ff.; *Jaeger*, NZG 2000, 918 ff.; *Kallmeyer*, DB 2002, 2521 ff.; *Kleinert/Probst*, DB 2003, 2425 ff.; *Leible/Hoffmann*, RIW 2002, 925 ff.; *Lutter*, BB 2003, 7 ff.; *Lutter*, BB 2004, 1; *Meilicke*, GmbHR 2003, 793 ff.; *Merkt*, RIW 2003, 458 ff.; *Paefgen*, DZWIR 2003, 441 ff. *Paefgen*, EWiR 2004, 919 ff.; *Paefgen*, IPRax 2004, 132 ff.; *Paefgen*, GmbHR 2004, 463 ff.; *Picot*, RIW 2005, 1; *Roth*, IPRax 2003, 117 ff.; *Schulz*, NJW 2003, 2705 ff.; *Schwarz*, NZG 2001, 613 ff.; *Spindler*, RIW 2003, 850 ff.; *Stieb*, GmbHR 2000, R 213 ff.; *Triebel/v. Hase*, BB 2003, 2409 ff.; *Zimmer*, BB 2003, 1 ff.

83 *EuGH*, Urt. v. 13.12.2005, Rs C-411/03 – *Sevic Systems* (LG Koblenz, ZIP 2003, 2210), ZIP 2005, 2311 ff.; Hierzu *Hoffmann*, RIW 2006, 1; *Leible/Hoffmann*, RIW 2006, 161 ff. sowie *EuGH*, Urt. v. 1.06.2006, Rs C-453/04 – *innoventiv* (LG Berlin, ZIP 2005, 1278), ZIP 2006, 1293 ff.

1.3.4 Datenschutz- und Datenschutzkollisionsrecht

Neben dem Gesellschafts(kollisions)recht ist das bei Verschmelzungen mit Auslandsbezug anwendbare Datenschutzrecht kollisionsrechtlich zu bestimmen. In Europa herrscht dank der Datenschutzrichtlinie ein nahezu einheitlicher Schutzstandard. Nichts desto trotz können die Vorschriften der jeweils berufenen Rechtsordnungen in einzelnen Punkten variieren. Von grundlegend größerer Bedeutung ist die Bestimmung des maßgebenden Datenschutzkollisionsrechts, soweit Rechtsordnungen von Drittstaaten (Nicht-EU-Staaten) betroffen sind, da diese nicht unerheblich von den europäischen Schutzstandards abweichen und in der Folge nachhaltigen Einfluss auf den Verschmelzungsvorgang nehmen können. Ferner wird herauszuarbeiten sein, welche rechtlichen Vorgänge im Ablauf einer Verschmelzung, differenzierend nach deren einzelnen Phasen, datenschutzrechtlich überhaupt von Interesse sind und inwieweit das nationale Datenschutzsachrecht, insbesondere das Bundesdatenschutzgesetz als dessen *lex generalis*[84], auf die Verschmelzung von Rechtsträgern im nationalen und internationalen Rechtsraum anwendbar ist. Teilweise wird dem Umwandlungsgesetz eine Spezialitätswirkung aufgrund der Universalsukzession zugesprochen. Inwieweit dem gefolgt werden kann, bedarf einer genaueren Untersuchung.

Im Anschluss hieran ist zu klären, ob es bei Verschmelzungen *infolge* der verschmelzungsrechtlichen Universalsukzession sowie in den übrigen, zeitlich vorgelagerten Phasen, zu einer tatbestandlichen Datenübermittlung kommt. Bejaht man dies für die Vollzugsphase, hätte dies weit reichende Konsequenzen für die Verschmelzungspraxis. Das Bündel von Datenübermittlungen bedürfte in Hinblick auf die datenschutzrechtliche Unbedenklichkeit zwingend eines – gesetzlichen oder gewillkürten – Erlaubnistatbestands. Ob eine solche Rechtfertigung aus dem einschlägigen Umwandlungssachrechts resultieren kann oder subsidiär aus dem Datenschutzrecht abzuleiten ist, wird im Schrifttum kontrovers diskutiert – ohne dass eine einheitliche Lösung erkennbar ist. Einigkeit besteht lediglich darin, dass die Einholung einer Einzeleinwilligung von jedem einzelnen Betroffenen aus praktischen Gründen nicht in Betracht kommt. Schließlich ist bislang im Dunkeln, welche Sekundärfolgen sich aus den genannten Problemstellungen, resultierend aus der Kollision der beiden Rechtsmaterien Datenschutz- und Umwandlungsrecht, für den Verschmelzungsvorgang an sich sowie hiermit verbunden für die Rechte des Betroffenen ergeben können. Die genannten rechtlichen Problemstellungen sind erst seit jüngerer Zeit Gegenstand vertiefter Diskussion im *Schrifttum*. Eine einheitliche Linie oder gar ein praktisch verwertbares Ergebnis zeichnet sich nicht ab.

---

[84] *Roßnagel*, RDV 2002, 61.

1.4 Eingrenzungen der Themenstellung

Die Arbeit behandelt aus dem Spektrum möglicher Umwandlungsarten nach dem Umwandlungsgesetz ausschließlich den Ausschnitt der *Verschmelzung* nach § 1 Abs. 1 Nr. 1 i.V.m. §§ 2 ff. UmwG. Nicht Gegenstand dieser Arbeit sind sonstige Umwandlungsarten des Umwandlungsgesetzes sowie korporativ-strukturändernde Maßnahmen außerhalb des Umwandlungsgesetzes, die einer Verschmelzung unter wirtschaftlicher Betrachtung entsprechen mögen. In Bezug auf die abstrakt nach § 3 UmwG aktiv wie passiv *verschmelzungsfähigen Rechtsträger* wird exemplarisch auf die juristische Person im Sinne der Kapitalgesellschaften nach deutschem Recht gemäß § 3 Abs. 1 Nr. 2 UmwG - als in der Praxis bedeutendste Fallgruppe - Bezug genommen. Sämtliche Erörterungen zur Rechtslage sind an dieser ausgerichtet, gelten jedoch weitestgehend entsprechend für die übrigen, nach dem Umwandlungsgesetz verschmelzungsfähigen Gesellschaftsformen.

Die datenschutzrechtliche Beurteilung erfolgt ausschließlich anhand der Vorschriften des *Bundesdatenschutzgesetzes (BDSG)*. Auf bereichsspezifische Normen (insbesondere TDDSG und TKG) wird aufgrund der verschwindend geringen Relevanz nicht näher eingegangen. Soweit im Folgenden von einer *Verschmelzung* die Rede ist, bezieht sich dies aus Gründen der Übersichtlichkeit ausschließlich auf die Art der *Verschmelzung im Wege der Aufnahme* nach § 2 Nr. 1 UmwG als praktisch häufigsten Fall der Verschmelzung. Die gefundenen Ergebnisse sind jedoch auf die Verschmelzung *im Wege der Neugründung* nach § 2 Nr. 2 UmwG weitgehend übertragbar.

Aufgrund der erheblichen praktischen Bedeutung grenzüberschreitender Transaktionen soll sich vorliegende Arbeit dieser Tatsache nicht verschließen auch die verschmelzungs- sowie datenschutzrechtlichen Aspekte einer transnationalen Verschmelzung unter Beteiligung eines deutschen Rechtsträgers behandelt werden. Im Vordergrund steht dabei die Klärung der Frage, inwieweit es auch bei transnationalen Verschmelzungen zu einer Gesamtrechtsnachfolge im Vermögen nach dem Vorbild des § 20 Abs. 1 Nr. 1 UmwG kommen kann. Die Betrachtung der transnationalen Verschmelzungen bleibt indes auf eine *generell-abstrakte* Analyse der kollisionsrechtlichen Rechtslage aus dem Blickwinkel des deutschen Rechts beschränkt. Eine rechtsvergleichende Stellungnahme, insbesondere unter exemplarischer Bezugnahme auf einzelne Staaten nach Gesellschafts- und Datenschutzrecht kann nicht erfolgen.

2. Phasen einer Verschmelzung nach dem Umwandlungsgesetz

Die Verschmelzung zweier Rechtsträger vollzieht sich in einem komplexen Vorgang.[85] Die zeitliche Abfolge der Verschmelzung wird durch § 17 Abs. 2 UmwG de lege lata weitgehend vorgegeben. Der Verschmelzungsvorgang lässt sich grundlegend in *vier Phasen* unterteilen: Die Planungsphase (1), die Vorbereitungs- und Prüfungsphase (2), die Phase der Beschlussfassung (3) und die Vollzugsphase (4) mit der registergerichtlichen Eintragung der Verschmelzung. Diese Differenzierung gilt primär für innerstaatliche Verschmelzungen, d.h. unter ausschließlicher Beteiligung von Rechtsträgern mit Sitz im Inland. Für transnationale Verschmelzungen unter Beteiligung ausländischen Gesellschaften, die ihren Sitz in einem anderen Mitgliedstaat der EU oder einem Drittstaat haben, findet ein weitgehend identisches Ablaufschema Anwendung, das jedoch aufgrund divergierender Personalstatute und im Einzelfall kollisionsrechtlich zu entwickelnder Lösungen variieren kann.[86] Dieser grundlegenden Fragestellung wird im Anschluss genauer nachzugehen sein. Vorab soll die datenschutzrechtliche Bedeutung der einzelnen Phasen der Verschmelzung kurz skizziert werden.

2.1 Bedeutung der Differenzierung

Die Differenzierung nach den einzelnen Phasen der Verschmelzung ist für die datenschutzrechtliche Beurteilung des gesamten Verschmelzungsvorgangs in Hinblick auf die bei den beteiligten Gesellschaften gespeicherten personenbezogenen Informationen von grundlegender Bedeutung. In allen genannten Phasen können Informationen über Kunden, Geschäfts- und Vertragspartner, Arbeitnehmer oder sonst schutzwürdige Dritte, die mit den beteiligten Gesellschaften in Verbindung stehen, betroffen sein. In der Vollzugsphase ist dies in Hinblick auf die gesetzliche Vermögensuniversalsukzession evident. Ferner ist insbesondere in der Vorbereitungsphase die Offenlegung interner Informationen für eine ordnungsgemäße Unternehmensbewertung der beteiligten Gesellschaften im Rahmen der Due Diligence und die Ermittlung eines angemessenen Anteilstauschverhältnisses (oder eines angemessenen Barabfindungsangebots für ausscheidende Altgesellschafter) erforderlich. Die Geschäftsleitung ist hier zu einer sorgfältigen Prüfung kraft der gesellschaftsrechtlichen Vorgaben verpflichtet. Soweit diese Informationen Personenbezug aufweisen, ist das Datenschutzrecht als flankierender rechtlicher Faktor des Verschmelzungsvorgangs zwingend zu beachten. Die Interessen der betroffenen Personen sind mit den Interessen der beteiligten Rechtsträger abzuwägen und in Einklang zu bringen.

Mit Vollzug der Verschmelzung erlischt der übertragende Rechtsträger, ohne dass er der Abwicklung oder Liquidation bedürfte. Das Vermögen geht auf den übernehmenden oder neu

---

[85] *Sagasser/Ködderitzsch* in: Sagasser/Bula/Brünger, Handbuch Umwandlungsrecht, Kap. J Rdnr. 9.

[86] Insbesondere die Frage nach der Anwendbarkeit des verschmelzungsrechtlichen Prinzips der Vermögensgesamtrechtsnachfolge entsprechend § 20 Abs. 1 Nr. 1 UmwG auf grenzüberschreitende Verschmelzungen im internationalen Rechtsraum kann sich nicht unerheblich auf die Techniken grenzüberschreitender Verschmelzungen sowie die datenschutzrechtliche Rechtslage auswirken.

gegründeten Rechtsträger über – aber mit ihm auch die personenbezogenen Daten?[87] Die an die unterschiedlichen Phasen einer Verschmelzung anknüpfenden, sekundären Fragestellungen des Datenschutzrechts machen schnell eines deutlich: Es bedarf vorab der Klärung, wie eine Verschmelzung gesellschafts- und datenschutzrechtlich in einzelne Phasen unterteilt werden kann und welche datenschutzrechtlichen Fragestellungen sich in diesen einzelnen Phasen ergeben können. Entscheidend wird insbesondere sein, ob und inwieweit personenbezogene Daten jeweils betroffen sind oder sein können.

2.2 Die Phasen im Einzelnen und ihre datenschutzrechtliche Relevanz

Dementsprechend sollen die einzelnen Phasen der Verschmelzung im Folgenden in der gebotenen Kürze dargestellt und daraufhin untersucht werden, inwieweit ihnen eine grundsätzliche datenschutzrechtliche Bedeutung zuzukommen vermag.

2.2.1 Planungsphase

Die Planungsphase wird initiiert durch den *Entschluss* der beteiligten Rechtsträger, die Verschmelzung der Gesellschaft auf eine weitere Gesellschaft durchzuführen. Grundlage dieses Entschlusses sind in der Praxis wirtschaftliche und rechtliche Überlegungen, die eine derart grundlegende korporative Strukturänderung erfordern oder indizieren.[88] Ausgehend von der in § 17 Abs. 2 UmwG vorgegebenen Acht-Monatsfrist ist ein Zeitplan für den Verschmelzungsablauf zu erstellen, zu dem in der Praxis möglichst alle Beteiligten, insbesondere Wirtschaftsprüfer und Notare, frühzeitig einzubeziehen sind. Dabei stellt die Schlussbilanz des übertragenden Rechtsträgers zum Ende des Wirtschaftsjahres aufgrund der zu beachtenden gesetzlichen Frist regelmäßig den Ausgangspunkt für sämtliche Planungsüberlegungen dar. Wird das Umtauschverhältnis auf die Wertrelationen und Ertragsverhältnisse im Zeitpunkt der Erstellung der Schlussbilanz des übertragenden Rechtsträgers gestützt, ist daneben die Aufstellung und Prüfung der Schlussbilanz des übernehmenden Rechtsträgers – oder einer Zwischenbilanz bei abweichenden Wirtschaftsjahren – mit einzustellen.[89]

---

87 Hierzu sogleich unter *3.*; zum Vermögensbegriff *Stratz* in: Schmitt/Hörtnagl/Stratz, UmwG, § 20 Rdnr. 20; *Grunewald* in: Lutter, UmwG, § 20 Rdnr. 8; *Bermel* in: Goutier/Knopf/Tulloch, UmwG, § 20 Rdnr. 36; *Hennrichs*, 82 f.; *Vossius* in: Widmann/Mayer, § 20 Rdnr. 32; *Dehmer*, UmwG, § 20 Rdnr. 19.

88 *Ossadnik/Maus*, DB 1995, 105 f.; *Sagasser/Ködderitzsch* in: Sagasser/Bula, Handbuch Umwandlungsrecht, Kap. I Rdnr. 2; *Raiser*, § 46 Rdnr. 3; zu den tragenden Motiven einer Verschmelzung siehe zuvor unter *1.1.1.*

89 *Sagasser/Ködderitzsch* in: Sagasser/Bula/Brünger, Handbuch Umwandlungsrecht, Kap. J. Rdnr. 12.

Personenbezogene Daten der beteiligten Rechtsträger werden in dieser Phase der Verschmelzung in aller Regel weder berührt noch der Gegenseite offen gelegt. Die Planungsphase weist daher aus datenschutzrechtlicher Sicht keine besondere Relevanz auf und ist im Folgenden nicht weiter zu behandeln.

2.2.2 Vorbereitungs- und Prüfungsphase (Due Diligence)

Zu Beginn der Vorbereitungsphase wird zunächst die Schlussbilanz des übertragenden Rechtsträgers erstellt und geprüft. Über § 17 Abs. 2 S. 2 UmwG finden die Vorschriften über die Jahresbilanz und -prüfung entsprechende Anwendung. In der Praxis wird parallel zur Vorbereitung der Unternehmensbewertung des übernehmenden Rechtsträgers dessen Jahresabschluss oder Zwischenbilanzen erstellt und geprüft.[90] Anschließend erfolgt die konkrete Unternehmensbewertung der beteiligten Rechtsträger als Grundlage für die Ermittlung des Umtauschverhältnisses und des angemessenen Barabfindungsangebotes.

2.2.2.1 Initiierung der Due Diligence

Im Schrifttum findet sich der zutreffende Hinweis, dass Veränderungen in dem Bestand und der Struktur eines Unternehmens, insbesondere in Form der Verschmelzung, einer sorgfältigen Vorbereitung im Vorfeld bedürfen, um den nachhaltigen wirtschaftlichen wie rechtlichen Erfolg der Maßnahme zu garantieren.[91] Unter der Zielsetzung einer Risikominimierung für die beteiligten Gesellschaften ist eine qualifizierte Untersuchung und Bewertung der beteiligten Rechtsträger erforderlich, sog. *„Due Diligence"*.[92] Gemeint ist – abweichend vom eigentlichen Wortsinn des Begriffs aus dem amerikanischen Rechtsraum mit *„gebührender Sorgfalt"* – die gründliche Durchleuchtung eines Unternehmens durch (i.d.R.) externe Prüfer in Hinblick auf die geplante Strukturänderungsmaßnahme.[93]

2.2.2.2 Ratio und Erforderlichkeit einer Due Diligence

Die an einer Verschmelzung beteiligten Gesellschaften bedürfen hinreichend detaillierter Informationen über den wirtschaftlichen wie rechtlichen status quo sowie das zukünftige Entwicklungspotential des jeweils anderen, um ein angemessenes Anteilstauschverhältnisses sowie eine angemessene Barabfindung für ausscheidende Gesellschafter des übertragenden Rechtsträgers festlegen zu können, aber auch in Hinblick auf die qualifizierte Beurteilung der sonstigen wirtschaftlichen und rechtlichen Risiken im Zusammenhang mit der geplanten Verschmelzungsmaßnahme. Für diese Beurteilung genügen die publizitätspflichtigen Unterneh-

---

90 *Sagasser/Ködderitzsch in:* Sagasser/Bula/Brünger, Handbuch Umwandlungsrecht, Kap. J Rdnr. 13.

91 *Stoffels*, ZHR 165 (2001), 363.

92 *Lenz*, Due Diligence Handbuch, 2000; *Scott*, Due Diligence in der Praxis, 1999; *Berens/Brauner*, Due Diligence bei Unternehmensakquisitionen, 14; *Stoffels*, ZHR 165 (2001), 363.

93 *Kittner*, DB 1997, 2286; *Loges*, DB 1997, 965; *Pollanz*, BB 1997, 1353; *Schwerdtfeger/Kreuzer*, BB 1998, 1801; *Fleischer/Körber*, BB 2001, 841; *Stoffels*, ZHR 165 (2001), 363.

mensdaten und öffentlich bekannten Informationen in aller Regel nicht. Sie lassen nur stark eingeschränkt Rückschlüsse auf die Ertragskraft und das künftige Potential zu.[94] Die Due Diligence stellt insoweit ein geeignetes und notwendiges Verfahren dar, um eine hinreichende Informationslage zu gewährleisten.[95] Daneben ist die sorgfältige Ermittlung und Prüfung der wirtschaftlichen Verhältnisse und Schlussbilanzen des jeweils anderen Rechtsträgers eine wesentliche korporative Pflicht der Geschäftsleitung.[96] Der Vorstand einer Aktiengesellschaft auf übertragender Seite hat kraft seiner Sorgfaltspflichten gegenüber der eigenen Gesellschaft und den eigenen Aktionären die wirtschaftlichen Verhältnisse des übernehmenden Rechtsträgers qualifiziert zu überprüfen.[97]

2.2.2.3 Ablauf der Due Diligence

Praktisch wird die Due Diligence eröffnet, indem der jeweils anderen Seite (i.d.R.) in einem abgeschlossenen Raum im Unternehmen, sog. „Data Room", die Möglichkeit eingeräumt wird, in die dort bereit gestellten Unternehmensinformationen Einsicht zu nehmen. Die Begutachtung der bereitgestellten und ggf. sukzessiv zu ergänzenden Informationen erfolgt in der Praxis regelmäßig durch ein Team von Rechtsanwälten, Wirtschaftsprüfern, Steuerberatern, Notaren sowie ggf. im Beisein der eigenen Mitarbeiter.[98] Die Due Diligence ist von einem ganzheitlichen Untersuchungsansatz geprägt.[99] Die Untersuchung erstreckt sich auf sämtliche rechtlichen, organisatorischen und finanziellen Grundlagen des zu durchleuchtenden Unternehmens. Der genaue Inhalt richtet sich jeweils nach den Umständen des Einzelfalles. Den Prüfern werden umfangreiche Dokumente zur Verfügung gestellt, Gespräche mit der Firmenleitung und Mitarbeitern in Schlüsselpositionen geführt und Produktionsstätten besichtigt. Die generierten Informationen werden analysiert und nach Absprache mit dem Management in einem abschließenden Bericht, dem *Due Diligence Report*, aufbereitet. Dieser wird anschließend den zur Entscheidung berufenen Organen der beteiligten Rechtsträger (etwa der Vorstand und die Hauptversammlung einer Aktiengesellschaft) übergeben und erläutert.[100]

---

94 *Lutter*, ZIP 1997, 613 f.; *Wegmann/Koch*, DStR 2000, 1032; *Stoffels*, ZHR 165 (2001), 362 ff.; *Marsch-Barner/Mackenthun*, ZHR 165 (2001), 428.

95 Zum praktischen Verfahrensablauf einer Due Diligence vgl. *Stoffels*, ZHR 165 (2001), 362 ff.

96 *Zöllner*, ZHR 165 (2001), 451; *Stoffels*, ZHR 165 (2001), 367 ff.

97 *Zöllner*, ZHR 165 (2001), 451.

98 *Stoffels*, ZHR 165 (2001), 365.

99 *Stoffels*, ZHR 165 (2001), 366.

100 Umfassend *Stoffels*, ZHR 165 (2001), 366 f. (m.w.N.).

2.2.2.4 Sorgfaltspflichten der Handlungsorgane in der Due Diligence

Ebenfalls zutreffend wird darauf hingewiesen, dass der Umfang einer Due Diligence an den Sorgfaltspflichten eines ordentlichen und gewissenhaften Geschäftsleiters, etwa de lege lata an § 93 Abs. 1 AktG und § 43 Abs. 1 GmbHG, auszurichten ist.[101] Die Geschäftsleitung ist der eigenen Gesellschaft sowie den Gesellschaftern rechenschaftspflichtig. Über der Verletzung der Sorgfaltspflichten schwebt das Damoklesschwert einer persönlichen (Innen-) Haftung nach § 93 Abs. 2 S. 1 AktG und § 43 Abs. 2 GmbHG. Insoweit stellte auch der *BGH* in seiner *ARAG-Entscheidung* in Konkretisierung des Sorgfaltsmaßstabes heraus, dass sorgfaltsgerechtes unternehmerisches Handeln stets der sorgfältigen Ermittlung der Entscheidungsgrundlagen bedarf.[102]

Dabei ist jedoch stets auch das Unternehmensinteresse an der Durchführung einer Verschmelzung mit einzustellen. Die beteiligten Gesellschaften versprechen sich in aller Regel[103] wirtschaftliche oder wettbewerbliche Vorteile auf dem Markt, so dass die Weitergabe von Informationen an die andere Seite einen wesentlichen Schritt für den Vollzugserfolg im wohlverstandenen, übergeordneten Unternehmensinteresse darstellt, dem zu dienen die Geschäftsleitung im Rahmen ihrer Sorgfaltspflichten verpflichtet ist. Die im Rahmen der Verschmelzung konstitutiv durchzuführende Verschmelzungsprüfung samt der Berichtspflicht geht sachlich in Bezug auf weiter gehende Risiken nicht weit genug. Es bedarf mithin zusätzlicher Maßnahmen in Form der Due Diligence.[104]

2.2.2.5 Datenschutzrechtliche Relevanz der Due Diligence

Angesichts des zuvor geschilderten Ablaufs einer Due Diligence sowie der hierbei erfolgenden, umfassenden Offenlegung der prüfungsrelevanten Informationen liegt es auf der Hand, dass mitunter oder gezielt – zumindest auch – personenbezogene Informationen betroffen sein können.

2.2.2.5.1 Notwendigkeit eines begrenzten Informationsaustausches

Nicht selten stellen Informationen über den Kundenstamm, einzelne Großkunden, Lieferanten oder die eigenen Arbeitnehmer und Führungskräfte einen erheblichen wirtschaftlichen Faktor dar, der in Hinblick auf bestehende Sorgfaltspflichten der Organe zwingend in die Due Diligence Bewertung einzustellen ist. Ungeachtet der unternehmerischen Interessen an der Verschmelzung und der in diesem Kontext erforderlichen Due Diligence werden zugleich gänzlich andere Rechtspositionen berührt: Das Recht der Betroffenen auf informationelle Selbstbestimmung, deren Daten im Vorfeld der Verschmelzung gegenüber Dritten ohne vorherige ausdrückliche Einwilligung offen gelegt werden sollen. Diese genießen national den Schutz

---

101 *Kiethe*, NZG 1999, 976 ff.; *Werner*, ZIP 2000, 990 f.; *Stoffels*, ZHR 165 (2001), 368.
102 *BGHZ* 135, 252.
103 Abgesehen von einer Konzernverschmelzung.
104 Zutreffend *Zöllner*, ZHR 165 (2001), 451.

des Grundgesetzes über Art. 2 Abs. 1 GG i.V.m. Art. 1 Abs. 1 GG[105] sowie im europäischen Rechtsraum Schutz über Art. 8 der Charta der Grundrechte der Europäischen Union[106], Art. 8 Abs. 2 und Art. 10 Abs. 2 der EMRK sowie sekundärrechtlich in der EG-Datenschutzrichtlinie[107].

Neben dem in der Praxis erheblichen Interesse einer Gesellschaft, das sich gar zu deren Recht verdichtet, auf eine andere oder neu zu gründende Gesellschaft zu verschmelzen, eröffnet sich auch aus den zuvor dargelegten Sorgfaltspflichten der Geschäftsleitung ein weiteres Spannungsfeld zum Datenschutz. Dabei darf nicht übersehen werden, dass die Durchführung einer Due Diligence nach heutigem Verständnis und im Lichte der Rechtsprechung[108] eine notwendige Voraussetzung für den Vollzug einer Verschmelzung verkörpert.[109] *Stoffels* hat herausgearbeitet, dass die *de lege lata* bestehende Verschwiegenheitspflicht des Vorstandes einer Aktiengesellschaft nach § 93 Abs. 1 S. 2 AktG und § 404 Abs. 1 Nr. 1 AktG die rechtlichen Grenzen der Befugnis zur Informationsweitergabe statuieren, die jedoch dann nicht als verletzt angesehen werden können, wenn die Offenlegung der Unternehmensdaten den *objektiven Interessen der Gesellschaft* – im Einzelfall – besser entspricht als deren Geheimhaltung.[110] Entgegen *Lutter*[111], der sich entsprechend dem gesetzlichen Regel/Ausnahme-Verhältnis für eine restriktive Politik der Informationsweitergabe ausspricht, die nur in Ausnahmefällen bei einem überragend wichtigen, nicht anders erreichbaren Unternehmensinteresse zulässig sein soll, kommt *Stoffels* zu dem Ergebnis, dass die Chancen und Risiken der Informationsweitergabe für die Ermittlung des überwiegenden Unternehmensinteresses gegeneinander und miteinander abzuwägen sind und letztlich zu einer konditionierten und im Einzelfall anzupassenden Gestattung der Due Diligence führen sollen.[112]

Ungeachtet der Richtigkeit der genannten Ansichten[113] beschränken sich diese auf eine Analyse der Rechte und Pflichten der Geschäftsleitung gegenüber dem eigenen Unternehmen sowie auf die Ermittlung der unternehmerischen Interessen an einer Informationsweitergabe. Soweit *Lutter*[114] fordert, dass eine Prüfung nur durch sachverständige Dritte erfolgen solle und der anderen Seite lediglich die Ergebnisse der Auswertung, nicht aber die Einzeldaten mitgeteilt werden dürften, entspricht dies der geltenden Systematik des Datenschutzrechts gemäß § 4 Abs. 1 BDSG.

---

105 Grundlegend: *BVerfGE* 65, 1 ff.

106 ABl. EG vom 18.12.2000, C 364/1, 2000/1.

107 *Richtlinie 95/46/EG* des Europäischen Parlaments und des Rates vom 24.10.1995 zum Schutz natürlicher Personen bei der Verarbeitung personenbezogener Daten und zum freien Datenverkehr, abgedruckt in ABl. EG Nr. L 281 vom 23.11.1995, 31.

108 *BGHZ* 136, 252.

109 So auch *Kiethe*, NZG 1999, 976 ff.; *Werner*, ZIP 2000, 990 f.; *Stoffels*, ZHR 165 (2001), 368.

110 So auch *Roschmann/Frey*, AG 1996, 452; *Schroeder*, DB 1997, 2162; *Mertens*, AG 1997, 541 ff.; *Kiethe*, NZG 1999, 979; *Müller*, NJW 2000, 3453 f.; *Stoffels*, ZHR 165 (2001), 368.

111 *Lutter*, ZIP 1997, 617.

112 *Stoffels*, ZHR 165 (2001), 374 f.

113 *Lutter*, ZIP 1997, 617; *Stoffels*, ZHR 165 (2001), 374 f.

114 *Lutter*, ZIP 1997, 617.

2.2.2.5.2 Grenzen der Informationsfreiheit aus geltendem Datenschutzrecht

Dem Vorstand einer Aktiengesellschaft obliegt die Aufgabe, den Informationsfluss zu kanalisieren und zu kontrollieren. So stellt auch *Stoffels*[115] an späterer Stelle fest, dass die Informationsweitergabe zum Schutze der Arbeitnehmer inhaltlichen Beschränkungen unterliege, die es zu beachten gelte. In der Praxis scheint es weit verbreitet, im Data Room elektronisch erstellte Mitarbeiterlisten auszulegen, die zahlreiche personenbezogene Daten enthalten, ohne dass – wie teilweise vermutet wird aus Gründen der Bequemlichkeit – eine Anonymisierung dieser Daten vorgenommen wird. Dementsprechend wird – im Sinne einer *petitio principii* – statuiert, dass diese Praxis eindeutig rechtswidrig sei und gegen die im Bundesdatenschutzgesetz normierten Beschränkungen der Übermittlung personenbezogener Daten verstoße.[116] Eine weitergehende rechtsdogmatische und systematische Begründung bleibt allerdings offen.

Praktisch wird ferner darauf verwiesen, dass der Erwerbsinteressent eines Unternehmenskaufes, was gleichermaßen für die Beteiligten einer Verschmelzung gilt, derartiger Detailinformationen zu konkreten, namentlich bekannten Mitarbeitern regelmäßig nicht bedürfe, soweit es sich hierbei nicht um Führungskräfte handele, die eine Schlüsselrolle für die künftige Unternehmensentwicklung einnähmen.[117] Dem Erwebersinteressenten solle vielmehr bereits mit einer *anonymisierten* Mitarbeiterliste oder statistisch aufbereiteten Daten ausreichend gedient sein.[118] In diesem Sinne gelangt auch die oberste Landesdatenschutzaufsichtsbehörde *Baden-Württemberg*[119] zu der Erkenntnis, dass ein an der Übernahme einer anderen Gesellschaft interessierter Rechtsträger grundsätzlich ein berechtigtes Interesse daran haben kann, vor der Fusionsentscheidung Kunden- und Arbeitnehmerdaten umfassend zu prüfen. Auf der anderen Seite hätten die betroffenen Kunden und Arbeitnehmer ein schutzwürdiges Interesse daran, dass ihre Daten nicht ohne ihre Einwilligung offen gelegt und übermittelt werden dürften, bevor die Fusionsentscheidung unwiderruflich von den Beschlussgremien der Anteilseigner der beteiligten Gesellschaften bestätigt wurde. Vor diesem Zeitpunkt stehe der Übermittlung § 28 Abs. 1 Satz 1 Nr. 2 BDSG entgegen, da regelmäßig davon auszugehen sei, dass die schutzwürdigen Interessen der betroffenen Kunden die berechtigten Interessen der beteiligten Rechtsträger überwiegten. Als Datenbasis für Fusionsverhandlungen kämen daher regelmäßig nur zusammengefasste *strukturelle Daten* sowie *anonymisierte Einzeldaten* in Frage. Erforderlichenfalls sei ein Datentreuhänder einzuschalten, der die Korrektheit der anonymisierten Unterlagen gewährleistet.[120]

---

115 *Stoffels*, ZHR 165 (2001), 377.

116 *Stoffels*, ZHR 165 (2001), 377; *Müller*, NJW 2000, 3454; *Krüger/Kalbfleisch*, DStR 1999, 177, zum Spannungsverhältnis zwischen Arbeitnehmer-Datenschutz und Due Diligence.

117 *Stoffels*, ZHR 165 (2001), 377 f.; *Diller/Deutsch*, K&R 1998, 19.

118 *Stoffels*, a.a.O.

119 Bekanntmachung des Innenministeriums Baden-Württemberg (Nr. 38) über Hinweise zum Bundesdatenschutzgesetz für die private Wirtschaft vom 18.1.2000, Az.: 2-0552.1/14, Staatsanzeiger für Baden-Württemberg Nr. 2/2000 vom 18.1.1999, S. 12, 13 = RDV 2000, 83; *Eul* in: Roßnagel, Handbuch Datenschutzrecht, Kap. 7.2 Rdnr. 71.

120 Bekanntmachung des Innenministeriums Baden-Württemberg (Nr. 38) über Hinweise zum Bundesdatenschutzgesetz für die private Wirtschaft vom 18.1.2000, Az.: 2-0552.1/14, Staatsanzeiger für Baden-

Ob und inwieweit die Offenlegung personenbezogener Informationen in der Phase der Due Diligence einer Verschmelzung datenschutzrechtlich zulässig ist, wird im Folgenden näher zu untersuchen sein. Wenn *Zöllner*[121] statuiert, dass eine Zugänglichmachung personenbezogener Daten, soweit diese prägende Elemente der Due Diligence betreffen, unerlässlich und dann datenschutzrechtlich auch nicht zu beanstanden sei, kann diese Aussage nicht unreflektiert aufrechterhalten werden. Auch der Hinweis, die andere Seite sei rechtlich verpflichtet, über die ihr bekannt gewordenen Informationen Schweigen zu bewahren und die Daten gegebenenfalls bei notwendiger Speicherung getrennt und besonders gesichert zu speichern, um sie im Falle des Scheiterns der Verschmelzung wieder zu löschen, was sich von selbst verstehe, stellt mehr eine petitio principii, als eine juristische Begründung dar. Fest steht, dass es für die datenschutzrechtliche Beurteilung *keine Pauschallösung*[122] gibt und der Datenschutz als gewichtiger Faktor in der Due Diligence zwingend zu berücksichtigen ist.

2.2.2.6 Abschluss der Due Diligence

Im Anschluss an die Unternehmensbewertungen sind die Entwürfe des Verschmelzungsvertrags und des Verschmelzungsberichts zu erstellen, über die in den anschließenden Gesellschafterversammlungen Beschluss gefasst wird. Soweit es das UmwG ausdrücklich vorsieht, ist ein Verschmelzungsprüfer zu bestellen; so etwa bei Beteiligung einer Aktiengesellschaft nach §§ 9 Abs. 1, 48 UmwG. Die Arbeitnehmervertretung ist durch Übersendung des Verschmelzungsvertrages von den Auswirkungen der Verschmelzung auf die Arbeitnehmer zu unterrichten. Diese Unterrichtung hat gemäß § 5 Abs. 3 UmwG spätestens einen Monat vor der Gesellschafterversammlung zu erfolgen.

Die im Verschmelzungsvertrag angegebenen Umtauschverhältnisse und Barabfindungen sind im Falle eines abweichenden Ergebnisses nach der Verschmelzungsprüfung zu korrigieren. Soweit für die Verschmelzung beim übernehmenden Rechtsträger eine Kapitalerhöhung – wie regelmäßig – erforderlich ist, wird diese parallel vorbereitet und ist nach §§ 53, 66 UmwG vor der Verschmelzung ins Handelsregister einzutragen. Sie unterliegt jedoch vereinfachten Bedingungen. Schließlich sind alle Anteilseigner unter Angabe des Tagesordnungspunktes „*Verschmelzung*" zur Gesellschafterversammlung auf Seiten beider beteiligter Rechtsträger zu laden. Mit der Ladung ist, je nach Gesellschaftsform, der Verschmelzungsvertrag sowie der Bericht zu versenden, so etwa bei Personengesellschaften oder der GmbH. Im Falle der AG wird die Versendung ersetzt durch die Bekanntmachung der Ladung in den Gesellschaftsblättern oder die Auslegung in den Geschäftsräumen gemäß § 61 UmwG.

Württemberg Nr. 2/2000 vom 18.1.1999, 12, 13 = RDV 2000, 83; *Eul* in: Roßnagel, Handbuch Datenschutzrecht, Kap. 7.2 Rdnr. 71.

121 *Zöllner*, ZHR 165 (2001), 451.

122 *Zöllner*, a.a.O.

2.2.3 Beschlussphase

An die Vorbereitungs- und Prüfungsphase schließt sich gesetzessystematisch die Phase der Beschlussfassung nach §§ 13, 14 UmwG an.

2.2.3.1 Beschlussfassungen

In den beteiligten Gesellschaften ist jeweils gesondert der Zustimmungsbeschluss der Anteilseigner in der Hauptversammlung zu fassen. Dabei ist eine Mehrheit von ¾ des erschienenen Kapitals oder der erschienenen Gesellschafter notwendig. Soweit es sich bei dem aufnehmenden Rechtsträger um eine Kapitalgesellschaft handelt, ist gemäß §§ 55, 69 UmwG zusätzlich die Beschlussfassung über eine Kapitalerhöhung erforderlich. Vor Beginn der Gesellschafterversammlung haben die Vertretungsorgane die Verschmelzung sowie den Verschmelzungsvertrag teils obligatorisch, teils nach Aufforderung durch einzelne Gesellschafter, entsprechend §§ 64, 49 Abs. 3 UmwG zu erläutern. Die Auslegung des Verschmelzungsvertrages, des Berichts sowie der Bilanzen und Lageberichte der vergangenen Wirtschaftsjahre hat auch während der Versammlung fortzudauern. Abschließend bedarf der Beschluss sowie etwaig erforderliche Zustimmungserklärungen besonders betroffener Aktionäre, Gesellschafter oder Dritter der notariellen Beurkundung, § 13 Abs. 3 UmwG. Gleiches gilt für den Vertrag, über den Beschluss gefasst wurde.[123]

2.2.3.2 Konsolidierung der Geschäftsprozesse inter temporis

Aus der Natur der Verschmelzung als dynamischer Vorgang der Unternehmensumstrukturierung ergibt sich, dass die Umstellung der Geschäftsprozesse der beteiligten Gesellschaften nicht erst mit Vollzug der Verschmelzung durch konstitutiv wirkende Eintragung im Handelsregister binnen *einer juristischen Sekunde* erfolgen kann, sondern sukzessive an diesen Zeitpunkt hinzuführen ist. Die übertragende Gesellschaft erlischt mit Eintragung der Verschmelzung, deren Geschäfte müssen ab diesem Zeitpunkt notwendig von der übernehmenden Gesellschaft fortgeführt werden, § 20 Abs. 1 Nr. 2 UmwG. Hieraus ergebe sich nach einigen Stimmen im *Schrifttum*[124] die zwingende Notwendigkeit, in dieser Zeitspanne zwischen der Fusionsentscheidung und dem Übergang der Vertragsbeziehungen mit den Kunden auf den übernehmenden Rechtsträger zur Vorbereitung und Konsolidierung der Geschäftsprozesse die personalisierten Kunden- und Arbeitnehmerinformationen bereits vor Eintragung der Verschmelzung an die andere Seite weiterzugeben. Das Datenschutzrecht könne diesem berechtigten Interesse insoweit nicht entgegenstehen, andernfalls werde eine sinnvolle Vorbereitung und Abwicklung entsprechend der wirtschaftlichen Realität, die eine kontinuierliche Fortfüh-

---

[123] *BGHZ* 82, 188, 194.

[124] *Eul* in: Roßnagel, Handbuch Datenschutzrecht, Kap. 7.2 Rdnr. 73; Bekanntmachung des Innenministeriums Baden-Württemberg (Nr. 38) über Hinweise zum Bundesdatenschutzgesetz für die private Wirtschaft vom 18.1.2000, Az.: 2-0552.1/14, Staatsanzeiger für Baden-Württemberg Nr. 2/2000 vom 18.1.1999, 12, 13 = RDV 2000, 83.

rung der Geschäftsprozesse auch im Interesse der Kunden und Arbeitnehmer erfordere, verhindert. Diese Übermittlung müsse daher auch ohne Einwilligung der betroffenen Kunden zulässig sein.[125] *Eul* führt zur Verdeutlichung ein Beispiel an: im Falle der Fusion zweier Kreditinstitute sei es erforderlich, die Kontoführung zu vereinheitlichen oder den Kunden neue Kontonummern zuzuordnen. Als Vertragspartner des Kunden habe das Kreditinstitut ein berechtigtes Interesse an der Vorbereitung der verschmelzungsbedingten Umstellung des Geschäftsbetriebs. Schutzwürdige Belange des Betroffenen seien hier nicht erkennbar, zumal sein Interesse regelmäßig auf die problemlose Fortführung seiner Vertragsbeziehungen mit dem übernehmenden Rechtsträger gerichtet sei. Die Zulässigkeit der Übermittlung ergebe sich ipso iure aus § 28 Abs. 1 S. 1 Nr. 2 BDSG.[126]

Zuzugeben ist, dass ein erhebliches praktisches Erfordernis besteht, die Geschäftsprozesse der am wirtschaftlichen Verkehr beteiligten Rechtsträger einer Verschmelzung bereits vor dem Zeitpunkt der Registereintragung zu konsolidieren bzw. diese Phase jedenfalls zu initiieren. Die laufenden Geschäfte müssen reibungslos fortgeführt werden, andernfalls können erhebliche negative wirtschaftliche Auswirkungen drohen. Eine Umstellung in der juristischen Sekunde der Registereintragung wird dem nicht gerecht und ist praktisch nicht umsetzbar. Dem Interesse der beteiligten Gesellschaften gleichwohl pauschal den Vorrang vor datenschutzrechtlich schutzwürdigen Interessen der Betroffenen einzuräumen, erscheint zu undifferenziert und entspricht nicht den gesetzlichen Erfordernissen nach einer einzelfallbezogenen und mit der gebotenen Sorgfalt durchzuführenden Interessenabwägung. Das Recht auf informationelle Selbstbestimmung stellt einen erheblichen und beachtenswerten Faktor dar, dem hinreichend Rechnung zu tragen ist. Allein die wirtschaftliche Sinnhaftigkeit vermag einen Eingriff in dieses Recht nicht ohne nähere Überlegungen zu rechtfertigen.

2.2.4 Vollzugsphase: Registereintragung

Die Verschmelzung wird durch *konstitutiv wirkende* Eintragung in die Register der beteiligten Rechtsträger bewirkt. Erst mit dieser werden die gesetzlichen Rechtsfolgen herbeigeführt. Dabei ist die Verschmelzung gemäß § 19 UmwG zunächst in das Register am Sitz der übertragenden, anschließend in jenes am Sitz der aufnehmenden Gesellschaft einzutragen. Erst mit der Eintragung der Verschmelzung in das Handelsregister am Sitz des aufnehmenden Rechtsträgers wird die Verschmelzung rechtswirksam und deren Rechtsfolgen herbeigeführt.

Nach § 20 Abs. 1 Nr. 1 UmwG tritt ispo iure und uno actu die Gesamtrechtsnachfolge des übernehmenden Rechtsträgers in das Vermögen des übertragenden Rechtsträgers als Ganzes ein. Der übertragende Rechtsträger erlischt ohne weitere Abwicklung oder Liquidation, § 20 Abs. 1 Nr. 2 S. 2 UmwG. Gleichzeitig werden die Anteilseigner des erloschenen übertragenden Rechtsträgers Anteilseigner am neuen Rechtsträger, soweit sie nicht gegen Barabfindung auf eigenen Wunsch ausscheiden, § 20 Abs. 1 Nr. 3 UmwG. Insbesondere die de lege lata

---

125 *Eul*, a.a.O.

126 *Eul*, a.a.O.

angeordnete vermögensrechtliche Universalsukzession stellt die *Wissenschaft* und *Verschmelzungspraxis* vor bislang ungelöste rechtliche Schwierigkeiten in Betreff der rechtlichen Einordnung personenbezogener Daten des übertragenden Verbandes. Diskutiert wird einerseits, ob personenbezogene Informationen unter das verschmelzungsrechtlich *übergehende Vermögen* fallen[127], was prima facie nach § 20 Abs. 1 Nr. 1 UmwG der Fall zu sein scheint. Daran anknüpfend stellen sich die *Folgefragen*, inwieweit das Bundesdatenschutzgesetz in der Vollzugsphase einer Verschmelzung überhaupt Anwendung finden kann[128], es *infolge der Universalsukzession* zugleich zu einer tatbestandsmäßigen *Datenübermittlung* im gesetzestechnischen Sinne des Bundesdatenschutzgesetzes kommt[129] und ob dieser Vorgang, soweit man dies bejahen möchte, über Vorschriften des Umwandlungsgesetzes als spezialgesetzliche Erlaubnisnormen[130] oder das Bundesdatenschutzgesetz selbst *zu rechtfertigen* ist. Diskutiert werden ebenfalls die Auswirkungen datenschutzrechtlicher Verstöße auf den Verschmelzungsvorgang. Hierauf wird an den entsprechenden Stellen ausführlich zurückzukommen sein.

---

127 Für einen weiten Vermögensbegriff: *Stratz* in: Schmitt/Hörtnagl/Stratz, UmwG, § 20 Rdnr. 20; *Grunewald* in: Lutter, UmwG, § 20 Rdnr. 8; *Bermel* in: Goutier/Knopf/Tulloch, UmwG, § 20 Rdnr. 36; *Hennrichs*, 82 f.; inzident vorausgesetzt, dass personenbezogene Daten unter den Vermögensbegriff fallen, von *Teichmann/Kießling*, ZGR 2001, 33 ff.; *Lütge*, NJW 2000, 2463 ff.; *Wengert/Wiedmann/Wengert*, RDV 2000, 47 ff. = NJW 2000, 2463 ff.; *Dieckmann/Eul/Klevenz*, RDV 2000, 149 ff.; *Marsch-Barner/Mackenthun*, ZHR 165 (2001), 426 ff.; *Simitis*, ZHR 165 (2001), 453 ff.; *Zöllner*, ZHR 165 (2001), 440 ff.; *Eul* in: Roßnagel, Handbuch Datenschutzrecht, Kap.7.2 Rdnr. 74 ff.; *Büllesbach* in: Roßnagel, Handbuch Datenschutzrecht, Kap. 7.1 Rdnr. 49 ff.; Bemerkenswerterweise finden sich in der gesellschaftsrechtlichen (Kommentar-) Literatur zu dieser Fragestellung keine expliziten Aussagen; siehe etwa *Grunewald* in: Lutter, UmwG, § 20 Rdnr. 10; *Kraft* in: Kraft/Kreutz, GesR, § 346 Rdnr. 23; *Vossius* in: Widmann/Mayer, UmwG, § 20 Rdnr. 217.

128 Gegen eine Vorrangigkeit des UmwG vor dem BDSG: *Lütge*, NJW 2000, 2464; *Wengert/Wiedmann/Wengert*, RDV 2000, 48 f. = NJW 2000, 2463 f.; *Teichmann/Kießling*, ZGR 2001, 40 f.; *Simitis*, ZHR 165 (2001), 455 f.; *Zöllner*, ZHR 165 (2001), 442 f.; dahingehend auch *Eul* in: Roßnagel, Handbuch Datenschutzrecht, Kap.7.2 Rdnr. 74 ff.; *Büllesbach* in: Roßnagel, Handbuch Datenschutzrecht, Kap. 7.1 Rdnr. 49 ff.; für eine Vorrangstellung: *Marsch-Barner/Mackenthun*, ZHR 165 (2001), 429; so auch der 13. Tätigkeitsbericht der *Datenschutzaufsichtsbehörde in Hessen* über ihre Tätigkeit im nicht-öffentlichen Bereich vom 30.8.2000, Hessischer Landtag Drucks. 15/1539 vom 30.8.2000, 10 sowie *Bericht des Bundesbeauftragten* für den Datenschutz vom 6.4.2001, BT-Drucks. 14/5555, 182 (Nr. 31.2.); *Diekmann/Eul/Klevenz*, RDV 2000, 151.

129 Für die Annahme einer tatbestandlichen Übermittlung obgleich der gesetzlichen Gesamtrechtsnachfolge nach § 20 Abs. 1 Nr. 1 UmwG *Zöllner*, ZHR 165 (2001), 442 f.; *Wengert/Wiedmann/Wengert*, RDV 2000, 49 f. = NJW 2000, 2463 ff.; *Teichmann/Kießling*, ZGR 2001, 49 f.; *Büllesbach* in: Roßnagel, Handbuch Datenschutzrecht, Kap. 7.1 Rdnr. 49 ff.; a.A. *Marsch-Barner/Mackenthun*, ZHR 165 (2001), 432; *Simitis*, ZHR 165 (2001), 458 f.; *Lüttge*, NJW 2000, 2464 f.; *Diekmann/Eul/Klevenz*, RDV 2000, 151 f.

130 Für eine vorrangige Gestattung nach § 20 Abs. 1 Nr. 1 UmwG: *Marsch-Barner/Mackenthun*, ZHR 165 (2001), 431 f.; *Simitis*, ZHR 165 (2001), 459 (der sich schon gegen eine tatbestandliche Datenübermittlung infolge der Gesamtrechtsnachfolge ausspricht und die Problematik über den Grundsatz der Zweckbindung lösen will); *Dieckmann/Eul/Klevenz*, RDV 2000, 151; *Teichmann/Kießling*, ZGR 2001, 57 f.; *gegen* eine generelle Vorrangstellung: *Zöllner*, ZHR 165 (2001), 445 f.; *Lüttge*, NJW 2000, 2464 (der hierauf nicht explizit eingeht); *Wengert/Wiedmann/Wengert*, RDV 2000, 50 = NJW 2000, 2464.

2.3 Ablauf transnationaler Verschmelzungen

Für grenzüberschreitende Verschmelzungen zweier Gesellschaften gilt das zuvor aufgezeigte Ablaufschema in Anlehnung an die Vorgaben des Umwandlungsgesetzes jedenfalls für den *deutschen Rechtsträger* gleichermaßen, vorbehaltlich der international-privatrechtlichen Berufung des Umwandlungsgesetzes und abweichender Ergebnisse aufgrund kollidierender Personalstatute. Aufgrund der Komplexität der Thematik entzieht sich diese Rechtsmaterie einer pauschalierenden Betrachtung. Der Ablauf einer transnationalen Verschmelzung kann nur anhand der im Einzelfall zu ermittelnden, individuellen Anforderungen des zur Beurteilung stehenden Verschmelzungsvorgangs ermittelt werden. Im Rahmen dieser Arbeit können hierzu nur allgemein gültige Regeln formuliert werden, die rechtliche Schwierigkeiten und deren Lösungswege in abstracto aufzeigen. Eine Lösung in concreto ist Sache des jeweiligen Einzelfalles.

2.4 Zwischenergebnis

Die *Planungsphase* einer Verschmelzung wirft aus datenschutzrechtlicher Sicht regelmäßig keine besonderen Schwierigkeiten auf, da es nicht zu datenschutzrechtlich relevanten Geschäftsvorfällen kommt.

Anders verhält es sich in der *Vorbereitungsphase* der Verschmelzung. Infolge der gesellschaftsrechtlichen Anforderungen und Sorgfaltspflichten der Geschäftleitung bezüglich der ordnungsgemäßen Unternehmens- und Risikobewertung im Rahmen der Due Diligence kann die Offenlegung mitunter personenbezogener Daten der Lieferanten, Kunden oder Arbeitnehmer eine tragende Rolle einnehmen. Soweit diese personenbezogenen Daten im Vorfeld des Vollzugs offen gelegt werden, muss sich dieser Vorgang einer anschließenden datenschutzrechtlichen Beurteilung stellen.

Gleiches gilt für die Weitergabe personenbezogener Daten in der *Zwischenphase* der Verschmelzung – nach Beschlussfassung und vor registergerichtlicher Eintragung. Die Weitergabe von Daten stellt insbesondere für die möglichst frühzeitige Konsolidierung bestehender Kundenbeziehungen noch vor Vollzug der Verschmelzung ein erhebliches Interesse des übernehmenden Rechtsträgers dar.

Kraft der bestehenden Gesetzessystematik geht das Vermögen des übertragenden Verbandes mit Eintragung der Verschmelzungsbeschlüsse im Handelsregister, zuletzt am Sitz des übernehmenden Rechtsträgers, auf diesen über, sog. *Vollzugsphase.* Wie sich dies auf die datenschutzrechtliche Situation auswirkt, wird ebenfalls im Anschluss zu behandeln sein. Die datenschutzrechtliche Einordnung der verschmelzungsrechtlichen Universalsukzession wirft dabei die weitaus größten Schwierigkeiten auf. Verallgemeinern lässt sich das Problem unter der Bezeichnung *„Schicksal personenbezogener Daten in der Universalsukzession"*.[131] Bevor

[131] Da es sich nicht um eine *spezifisch verschmelzungsrechtliche* Problematik handelt, sondern eine allgemeine Rechtsfrage, die sich universell bei allen gesetzlichen Universalsukzessionen – unter besonderer Berücksichtigung derer einzelnen Ausgestaltungen – stellt.

aus Sicht des Datenschutzrechts hinterfragt werden kann, ob die Vermögensuniversalsukzession einen Unterfall einer Datenübermittlung nach dem Bundesdatenschutzgesetz darstellt und in der zwingenden Folge einer Rechtfertigung bedürfte, muss vorab feststehen, dass personenbezogene Daten überhaupt von der Gesamtrechtsnachfolge erfasst werden und auf welche Art und Weise dies rechtstechnisch geschieht.

3. Der Übergang personenbezogener Daten in der verschmelzungsrechtlichen Universalsukzession

Das Umwandlungsgesetz knüpft gemäß § 20 Abs. 1 Nr. 1 UmwG an den rechtlichen Vollzug der Verschmelzung die Rechtsfolge der Universalsukzession des übernehmenden Verbandes in das Vermögen des übertragenden Rechtsträgers. Diese Gesamtrechtsnachfolge wird in ihren Rechtswirkungen auf personenbezogene Daten des übertragenden Rechtsträgers datenschutzrechtlich kontrovers diskutiert. Es stellt sich die grundlegende Frage nach dem Schicksal der beim übertragenden Rechtsträger gespeicherten personenbezogenen Daten.

Konkret ist zu klären, ob und inwieweit personenbezogene Daten von der verschmelzungsrechtlichen Universalsukzession erfasst werden, ob die personenbezogenen Daten rechtlich als Bestandteil des übergehenden Vermögens des übertragenden Verbandes einzuordnen sind, was zentral von der Auslegung des verschmelzungsrechtlichen Vermögensbegriffes abhängt, oder ob die Daten in Ausnahme zu § 20 Abs. 1 Nr. 1 UmwG einer gesonderten Übertragung bedürfen und ob es sonstige datenschutzrechtliche Begleitfaktoren zu beachten gilt, die personenbezogene Daten als möglichen Bestandteil des übergehenden Vermögens von den übrigen Vermögensgegenständen unterscheiden.

In der Verschmelzungspraxis scheint anerkannt zu sein, dass personenbezogene Daten *im Ergebnis* von der Universalsukzession des § 20 Abs. 1 Nr. 1 UmwG erfasst werden und auf den übernehmenden Verband mit Eintragung der Verschmelzung übergehen, ohne dass dies auf besondere Bedenken stoßen würde. Dieser in abstracto logische Schluss scheint bereits notwendig dadurch bedingt, dass zivilrechtliche Rechtsverhältnisse, die mit den personenbezogenen Daten *untrennbar* verbunden sein oder diesen zugrunde liegen mögen, zwingend von der Gesamtrechtsnachfolge erfasst werden und übergehen. Würde man die verbundenen personenbezogenen Daten abweichend beurteilen, ergäbe sich ein perplexes Ergebnis. Vertragsverhältnisse könnten, obwohl sie selbst übergehen, nicht fortgeführt werden; Forderungen wären nicht mehr beitreibbar.

Neben den personenbezogenen Daten, die an zugrunde liegende Rechtsverhältnisse geknüpft sind, gibt es indes auch solche, die sich zwar im „Besitz" des übertragenden Verbandes befinden, die jedoch nicht an ein – wie auch immer geartetes – zivilrechtliches Rechtsverhältnis geknüpft sind.[132] Hier fällt die Einschätzung des Schicksals unter der Universalsukzession nicht mehr derart vermeintlich eindeutig aus.

Entscheidend wird es darauf ankommen, auf welchem Wege personenbezogene Daten von der verschmelzungsrechtlichen Universalsukzession entsprechend ihrem rechtlichen Konstrukt erfasst sein können. Dies hängt zum einen von der rechtsdogmatischen und rechtssystematischen Einordnung der Gesamtrechtsnachfolge im Gesamtsystem der zivilrechtlichen Übertragungstatbestände ab. Inhalt, Reichweite und Funktionsweise der Universalsukzession sind dahingehend zu untersuchen und auf das Schicksal personenbezogener Daten zu übertra-

---

132 So etwa Marketingdaten, die von Adressbrokern erstanden wurden.

gen. So könnte schon der Rechtscharakter der Gesamtrechtsnachfolge einer Erstreckung auf personenbezogene Daten entgegenstehen. Zum anderen fragt sich, ob personenbezogene Daten *in abstracto* unter den verschmelzungsspezifischen Vermögensbegriff subsumierbar sind, knüpft doch die Universalsukzession maßgebend an den Übergang *des Vermögens* des übertragenden Verbandes an. Nur wenn und soweit personenbezogene Daten auch diesem Vermögen unterfallen, werden sie in der Folge von der Gesamtrechtsnachfolge erfasst.

Im Unterschied zu sonstigen zivilrechtlichen und öffentlich-rechtlichen Rechten, Rechtsverhältnissen, Gegenständen und Gestattungen liegt die besondere Schwierigkeit in der Beurteilung personenbezogener Daten darin, dass sie nicht körperlich greifbar sind, sich prima facie der Einordnung in die hergebrachten Singularsukzessionstatbestände entziehen und das Datenschutzrecht einen gänzlich unterschiedlichen Anknüpfungspunkt aufweist, als das geltende Zivilrecht: Das informationelle Selbstbestimmungsrecht des Betroffenen nach Art. 1 Abs. 1 GG i.V.m. Art. 2 Abs. 1 GG und dessen freie Entfaltung in einer demokratisch orientierten Kommunikationsordnung.[133]

Hinzu kommt, dass von der Universalsukzession wiederum Ausnahmen im Einzelfall anerkannt sind, die sich möglicherweise auch auf den Übergang personenbezogener Daten übertragen lassen oder jedenfalls Rückschlüsse zulassen könnten.

3.1 Begriffe der Verschmelzung und Universalsukzession

De lege lata nicht näher definiert sind schon die Begrifflichkeiten der Umwandlung im Allgemeinen und der Verschmelzung im Speziellen, sowie der Universalsukzession nach § 20 Abs. 1 Nr. 1 UmwG. Dem entsprechend wird die Verschmelzung nach dem Umwandlungsgesetz als Rechtsinstrument definiert, um die rechtliche Zusammenführung zweier (oder mehrerer) rechtlich selbständiger Verbände mit ihrem gesamten Vermögen und sämtlichen akzessorisch verbundenen Rechten und Rechtsverhältnissen auf einen Verband (den übernehmenden Rechtsträger) zu bewerkstelligen. Die gesetzlichen Mechanismen dienen nicht dem Zweck, Verschmelzungen erst zu ermöglichen, sondern *lediglich* deren Vereinfachung.[134] Historisch betrachtet existierten bereits weit vor Inkrafttreten des Umwandlungsgesetzes 1994 zahlreiche andere Möglichkeiten, vermögensübertragende korporative Maßnahmen zu verwirklichen, die einer Verschmelzung nach dem Umwandlungsgesetz (weitestgehend) wirtschaftlich entsprachen. Diese sind auch unter Geltung des Umwandlungsgesetzes nach wie vor zulässig. Außerhalb des Umwandlungsgesetz finden sich insbesondere die aktienrechtliche Eingliederung, der Abschluss von Gewinnabführungs- und Unternehmensbeherrschungsverträgen, das ge-

---

133 *Roßnagel/Pfitzmann/Garstka*, Gutachten zur Modernisierung des Datenschutzrechts vom 12.11.2001, 21.

134 So schon *Wiener*, ZHR 27 (1882), 333 ff.; *K. Schmidt*, AcP 191 (1991), 503 ff. E contrario bedeutet dies, dass sich die wirtschaftlichen Effekte der Verschmelzung nach §§ 2 ff. UmwG ebenso durch sonstige korporativ-strukturändernde Maßnahmen verwirklichen lassen, wie dies auch vor Inkrafttreten des UmwG der Fall war.

samte Konzernrecht, die Errichtung einer *Societas Europaea*[135] oder von Dual-Headed-Companies[136] sowie spezifische Strukturänderungen im Bereich der Personengesellschaften, Personenhandelsgesellschaften und kaufmännischen Einzelbetriebe.[137] Diese richten sich allein nach dem einschlägigen anwendbaren Sachrecht der jeweiligen Gesellschaftsform.

Das Umwandlungsgesetz ist als abschließende Spezialregelung insoweit weder direkt noch (gesamthaft) analog anwendbar.[138] Prima facie muss sich dies auch auf die verschmelzungsrechtliche Universalsukzession auswirken. Diese knüpft spezifisch an den Vollzug einer Verschmelzung nach dem Umwandlungsgesetz an und ist damit systematisch nicht auf Vorgänge außerhalb des Umwandlungsgesetzes übertragbar. Das Umwandlungsgesetz ist gemäß § 1 Abs. 2 UmwG *abschließend* und *nicht analogiefähig*.[139] Ob und inwieweit demnach eine Universalsukzession auch bei korporativen Transaktionen außerhalb des Umwandlungsgesetzes eintritt, richtet sich einzig nach deren sachrechtlichen Vorgaben. Dies ist jedenfalls im deutschen Gesellschaftsrecht an keiner weiteren Stelle expressis verbis vorgesehen. Eine privatautonome Vereinbarung der Universalsukzession ist ebenfalls nicht zulässig, weshalb der verschmelzungsrechtlichen Universalsukzession ihre grundsätzliche Bedeutung im Gesellschaftsrecht zukommt.

Anstatt einer Legaldefinition der Verschmelzung beschränkt sich das Umwandlungsgesetz auf eine abschließende[140] Aufzählung der möglichen Umwandlungsarten.[141] Nach der zuvor dargestellten Definition des ungeschriebenen Verschmelzungsbegriffes wird der Gesamtrechtsnachfolge gemäß § 20 Abs. 1 Nr. 1 UmwG gemeinhin die Bedeutung als wesenstypisches

135 Vgl. Art. 70 der Verordnung (EG) Nr. 2157/2001 des Rates vom 8.10.2001 über das Statut der Europäischen Gesellschaft (SE), EG ABl. v. 12.11.2001, L 294/I sowie das Gesetz zur Einführung der Europäischen Gesellschaft (SE) vom 12.12.2004, BGBl. 2004, Teil I Nr.73, 3675 ff.; hierzu *Neye/Teichmann*, AG 2003, 170 ff.; *Wenz*, AG 2003, 185 ff.; *Reichert/Brandes*, ZGR 2003, 773; *Horn*, DB 2005, 147 ff.; *Lenering/Simon*, NJW-Spezial, Heft 2/2005, 75 ff.; *Lutter/Kollmorgen/Feldhaus*, BB 2005, 2473 ff.; *Walden/Meyer-Landrut*, DB 2005, 2119 ff.

136 *Stengel* in: Semler/Volhard, § 17 Rdnr. 356 ff.; *Harbarth*, AG 2004, 573 ff.

137 Ausführlich zu alternativen Gestaltungsmöglichkeiten *Stöcker*, 357 ff.

138 *Amtl. Begründung*, BT. Drucks. 12/6699, S.178; *Kallmeyer*, UmwG, § 1 Rdnr. 9; *Lutter* in: Lutter, UmwG, Einl. Rdnr. 35; *Stratz* in: Schmitt/Hörtnagl/Stratz, UmwG, § 1 Rdnr. 26. Die genannten Maßnahmen außerhalb des Anwendungsbereiches des Umwandlungsgesetzes sind nicht Gegenstand der nachfolgenden Untersuchung.

139 *Gegen* eine analoge Anwendbarkeit sprechen des Weiteren gewichtige dogmatische und systematische Gründe. Zum einen fehlt es bereits an einer planwidrigen Regelungslücke in den sonstigen Gesellschaftssachrechten. Die Verschmelzung nach dem UmwG stellt gerade eine gesetzliche Privilegierung von Unternehmenszusammenschlüssen nach den spezifischen Vorgaben des UmwG gegenüber sonstigen Maßnahmen außerhalb des UmwG dar. Das spezifische Verschmelzungssachrecht des UmwG ist ferner *abschließend* ausgestaltet und unterliegt einem *gesetzlichen Analogieverbot*, soweit hierdurch die abschließenden Regelungen des UmwG unterlaufen würden (§ 1 Abs.2 UmwG). Auch sind die sonstigen korporativstrukturändernden Maßnahmen bereits ablaufsystematisch nicht mit einem umwandlungsrechtlichen Verschmelzungsvorgang vergleichbar.

140 *Wiener*, ZHR 27 (1882), 333 ff.; *K. Schmidt*, AcP 191 (1991), 503 ff.

141 *Kallmeyer*, UmwG, § 1 Rdnr. 1; *Lutter* in: Lutter, UmwG, § 1 Rdnr. 2; *Stratz* in: Schmitt/Hörtnagl/Stratz, UmwG, § 1 Rdnr. 1.

Merkmal der Verschmelzung beigemessen, das die Verschmelzung zum einen qualifiziert, zum anderen im Vergleich zu sonstigen korporativen Maßnahmen privilegiert.[142]

In diesem Kontext weitgehend ungeklärt sind zudem der Begriff, die Reichweite, die Funktionsweise und rechtsdogmatische Einordnung der verschmelzungsrechtlichen Universalsukzession. Sub specie der personenbezogenen Daten des übertragenden Verbandes erlangen diese indes eine herausragende Bedeutung.

Personenbezogene Daten entziehen sich kraft Natur der Sache einer rechtlichen Subsumtion unter bekannte zivilrechtsdogmatische Übertragungstatbestände, gleich ob Singular- oder Universalsukzession. Sie sind umgekehrt mit dem Übergang zivilrechtlicher Rechte und Rechtsverhältnisse und der Übertragung von Besitz und Eigentum an körperlichen Gegenständen in der Regel untrennbar verbunden.[143] Eine rechtlich differenzierte Betrachtung von Datenschutz- und Zivilrecht ist damit schon aufgrund der unterschiedlichen rechtsdogmatischen Ansätze der Rechtsmaterien geboten. Das Datenschutzrecht knüpft an einen strukturell wie rechtsdogmatisch anderen Punkt an, als das geltende Zivilrecht: den Tatbestand einer Datenübermittlung und dessen *Rechtfertigung*. Dieser ist mit der zivilrechtlichen Übertragung einer Sache weder verwandt, noch vergleichbar und kann insbesondere zu der Rechtsnachfolge im Wege der Singular- oder Universalsukzession in Konkurrenz stehen. Das Datenschutzrecht zielt auf eine an freier Entfaltung und demokratischer Entwicklung orientierte Kommunikationsordnung.[144] Anders das zivilrechtliche Eigentumsrecht, das auf eine ausschließliche und abschließende Zuordnung von Sachen zu Personen ausgerichtet ist. Diese rechtliche Differenzierung obgleich der praktischen Einheitlichkeit des Übergangs bedingt die besondere Schwierigkeit der Materie. Dem wird im Anschluss näher nachzugehen sein.

Aus Sicht des Verschmelzungsrechts ist bislang nicht näher erläutert worden, auf welchem rechtstechnisch exakten Wege personenbezogene Daten von der Gesamtrechtsnachfolge erfasst werden. Daher ist das Institut der verschmelzungsrechtlichen Gesamtrechtsnachfolge in Hinblick auf dessen genaue Funktionsweise näher zu untersuchen.

---

142 *Stratz* in: Schmitt/Hörtnagl/Stratz, UmwG, § 1 Rdnr. 1; *Grunewald* in: Lutter, UmwG, § 20 Rdnr. 7.

143 So z.B. Akten, in denen die Daten festgehalten sind, elektronischen Speichermedien etc.

144 *Roßnagel/Pfitzmann/Garstka*, Gutachten zur Modernisierung des Datenschutzrechts vom 12.11.2001, 21.

3.2 Verschmelzungsrechtliches Prinzip der Gesamtrechtsnachfolge

Die Verschmelzung ist gesetzessystematisch mit der Nachfolge des übernehmenden Rechtsträgers in das Vermögen des übertragenden Rechtsträgers verbunden. Diese Nachfolge vollzieht sich kraft der gesetzlichen Anknüpfung *automatisch* mit Eintragung des Verschmelzungsbeschlusses im Handelsregister. Ist diese Gesamtrechtsnachfolge jedoch notwendiges Wesensmerkmal einer jeden Verschmelzung oder unterliegt sie – in Grenzen – der Parteidispositivität? Welche Merkmale charakterisieren die Gesamtrechtsnachfolge und ergeben sich hieraus Rückschlüsse für das Schicksal personenbezogener Daten in der Universalsukzession?

3.2.1 Succedere per universitatem – notwendiges Wesensmerkmal einer jeden Verschmelzung?

Das de lege lata in § 20 Abs. 1 Nr. 1 UmwG statuierte Prinzip der Vermögensgesamtrechtsnachfolge gilt für alle Verschmelzungen, die nach dem Umwandlungsgesetz abgewickelt werden – und nur für diese. Der Umwandlungsgesetzgeber verfolgte mit dieser Regelung die Intention, Verschmelzungen nach dem Umwandlungsgesetzgegenüber sonstigen korporativen Maßnahmen außerhalb des Umwandlungsgesetzes zu *privilegieren*, auch wenn diese der Verschmelzung wirtschaftlich weitgehend entsprechen mögen. Die Regelungen der §§ 2 ff. UmwG sollen Verschmelzungen *erleichtern*, indem umfassende, langwierige und rechtlich zum Teil schwierig abzuwickelnde Singularsukzessionen entfallen und durch das „Surrogat" der Gesamtrechtsnachfolge ersetzt werden.[145] Das Umwandlungsgesetz knüpft die Wirkungen der Verschmelzung an den Übergang *des Vermögens* des übertragenden auf den übernehmenden Rechtsträger im Ganzen, ipso iure und uno actu im Wege der ungeteilten Gesamtrechtsnachfolge.

Die Gesamtrechtsnachfolge ist eine *rechtsgeschäftliche*, basierend auf einem Willensakt der Parteien – dem Abschluss des Verschmelzungsvertrages.[146] Sie vollzieht sich ipso iure mit Eintragung der Verschmelzung und bedarf der gesetzlichen Anordnung. Die privatautonome Vereinbarung der Rechtswirkungen einer Gesamtrechtsnachfolge im Wege eines Rechtsgeschäfts scheidet aufgrund des sachenrechtlichen numerus clausus aus.[147] In Ermangelung einer expliziten gesetzlichen Regelung können Vermögensgegenstände nur nach den jeweiligen Vorschriften der Singularsukzession übertragen werden. Die Universalsukzession hat im Verschmelzungsrecht eine „rechtsgeschäftliche" Grundlage: den Verschmelzungsvertrag.[148] Sie hängt so gesehen vom rechtsgeschäftlichen Willen der Parteien ab, liegt es doch in ihrer Hand, die Verschmelzung überhaupt stattfinden zu lassen. Insoweit unterscheidet sich die verschmelzungsrechtliche Universalsukzession vom Erbrecht, wo die Anordnung der Univer-

---

145 Grundlegend: *K. Schmidt*, AcP 191 (1991), 498 f.
146 *Wiener*, ZHR 27 (1882), 333 ff.; *K. Schmidt*, AcP 191 (1991), 503 ff.
147 *Lennerz*, 20; *K. Schmidt*, AcP 191 (1991), 498.
148 *K. Schmidt*, AcP 191 (1991), 503 ff.; *Oetker*, VersR 1992, 8 f.; *Hennrichs*, 36 und *Mertens*, 66.

salsukzession in § 1922 Abs. 1 BGB ausschließlich an den Tod des Erblassers als rein tatsächliches Ereignis anknüpft und den Willen des Erblassers hinsichtlich des „Ob" der Gesamtrechtsnachfolge ebenso unbeachtet lässt, wie den Willen der Erben als neue Zuordnungssubjekte des Vermögens des Erblassers.[149] Indem die verschmelzungsrechtliche Universalsukzession an die Eintragung im Handelsregister als Wirkung eines *förmlichen Rechtsgeschäfts* anknüpft, wird der rechtsgeschäftliche Charakter deutlich.[150] Hierfür spricht ferner eine Vergleichsziehung zur partiellen Gesamtrechtsnachfolge im Spaltungsrecht, die hinsichtlich ihres Umfanges der Parteidisposition unterliegt. Eine divergierende rechtsdogmatische Qualifikation der einzelnen Gesamtrechtsnachfolgen des Umwandlungsgesetzes, differenzierend nach den einzelnen Umwandlungsformen, kann dem Gesetzgeber nicht als gewollt unterstellt werden.[151] Die rechtsgeschäftliche Natur der Universalsukzession wird flankiert von den zwingenden gesetzlichen Vorgaben. Es steht nicht in der Dispositivität der Parteien, die Rechtsfolge oder Reichweite der verschmelzungsrechtlichen Universalsukzession nach § 20 Abs. 1 Nr. 1 UmwG durch privatautonome Vereinbarungen herbeizuführen oder abzuändern. Die Gesamtrechtsnachfolge ist auch nicht ein bloßer Annex zum Verschmelzungsvertrag, sondern wesentlicher gesetzlicher Bestandteil der Verschmelzung.

Die verschmelzungsrechtliche Universalsukzession tritt *automatisch* mit Eintragung des Verschmelzungsbeschlusses in das Register am Sitz des übernehmenden Rechtsträgers ein, ohne dass es weiterer Singularsukzessionen oder eines sonstigen rechtsgeschäftlichen Aktes der Beteiligten bedürfte.[152] Sie stellt insoweit eine typische, vom Umwandlungsgesetzgeber intendierte Privilegierung sowie ein Wesensmerkmal der Verschmelzung nach dem Umwandlungsgesetz dar.[153]

Um über das Schicksal personenbezogener Daten unter diesem gesetzlichen Rechtsinstitut befinden zu können, bedarf es in erster Linie des grundlegenden Verständnisses, wie sich die Gesamtrechtsnachfolge rechtssystematisch und rechtsdogmatisch vollzieht, welches ihre genauen Merkmale sind. Im Anschluss wird zu klären sein, inwieweit sich personenbezogene Daten unter diese Mechanismen einordnen lassen.

---

149 Abgesehen von der Möglichkeit der Ausschlagung der gesamten Erbschaft.

150 Zutreffend: *Rieble*, ZIP 1997, 303.

151 *Rieble*, ZIP 1997, 303.

152 *Hennrichs*, 37, weist zutreffend darauf hin, dass die dingliche Übertragung des Eigentums an einem Grundstück de lege lata ebenfalls an die Eintragung des Erwerbers im Grundbuch geknüpft ist, gleichwohl ein rechtsgeschäftlicher Übertragungsakt vorliege.

153 *Grunewald* in: Lutter, UmwG, § 20 Rdnr. 7; *Stratz* in: Schmitt/Hörtnagl/Stratz, UmwG, § 20 Rdnr. 2. Sie ist weder systematisch noch dogmatisch auf sonstige strukturändernde Maßnahmen übertragbar. Letzteren liegt in der Regel eine ausschließlich rechtsgeschäftliche Konzeption über eine schuldrechtliche wie dingliche Einzelübertragung und Einzelrechtsnachfolge (successio in rem – etwa nach §§ 398 ff., 873 ff., 929 ff. BGB) – entsprechend dem gesetzlichen Regel-Ausnahme Prinzip – zugrunde.

3.2.2 Begriffsdogmatische Interpretation – Inhalt und Umfang der Gesamtrechtsnachfolge

Der Begriff der Vermögensgesamtrechtsnachfolge, wie er vom Umwandlungsgesetz verwendet wird, wurde bereits von *Karsten Schmidt*[154] eingehend untersucht. Er umschreibt diese als vollständige Nachfolge in mehrere Rechte oder Rechtsverhältnisse im Sinne einer einheitlichen Wirkung eines Tatbestandes und mit der h.M. in Form der *succedere per universitatem.*[155] Im Unterschied zur Singularsukzession (*successio in rem*) bezieht sich die Gesamtrechtsnachfolge auf einen Komplex von Rechten. § 20 Abs. 1 Nr. 1 UmwG knüpft an den automatischen Übergang des Vermögens *uno actu* an. Er bewirkt eine umfassende Änderung der Rechtszuordnung.[156]

Wie noch aufzuzeigen sein wird,[157] setzt die Gesamtrechtsnachfolge keineswegs begriffsnotwendig voraus, dass sich der Übergang auf das *Vermögen als Ganzes* erstrecken muss. Erfasst wird das gesamte Vermögen, soweit einzelne Vermögensgegenstände ihrer Natur nach von Gesetzes wegen übertragbar ausgestaltet sind. Von der verschmelzungsrechtlichen Gesamtrechtsnachfolge sind einzelne – freilich eng zu fassende – Ausnahmen anerkannt, die sich aus unterschiedlichen Motiven für einzelne Rechte und Rechtspositionen herausgebildet haben.[158]

3.2.2.1 Ungeschriebene Merkmale der Universalsukzession

Während die Sonderrechtsnachfolge als terminus technicus Einzug ins Bürgerliche Gesetzbuch gefunden hat, ist der Begriff der Gesamtrechtsnachfolge nicht eindeutig vorgeprägt. Verschmelzungsvorgänge und die damit verbundene Gesamtrechtsnachfolge müssen insbesondere nicht mit zivilrechtsdogmatischen Standardvorstellungen übereinstimmen.[159] Der Begriff der Universalsukzession wird mit einem Rechtsverständnis verbunden, dass sich an einem Paradigma orientiert: dem Erbfall. Das geltende Privatrecht versucht, die Entstehung subjektloser Rechte zu vermeiden.[160] Der Tod lässt die Rechtsfähigkeit als Anknüpfungspunkt für die Fähigkeit, Träger von Rechten und Pflichten zu sein, enden. Der Gesetzgeber hatte daher keine andere Möglichkeit, als eine Universalsukzession anzuordnen, wollte er das Entstehen subjektloser Rechte vermeiden. Er knüpfte diese an einen Direktanfall des Nachlasses an die Erben.[161]

Zugleich verbindet der Zivilrechtler mit dem Begriff der Universalsukzession die Vorstellung, dass diese eine gesetzliche, eine zwingende sowie das gesamte Aktiv- wie Passivvermögen umfassende Nachfolge ist.[162] Richtig hieran ist, dass es sich um jeweils typische Merkmale

---

154 *K. Schmidt*, AcP 191 (1991), 495 ff.

155 Im Gegensatz zum *„succedere in universitatem"*, hierzu *K. Schmidt*, AcP 191 (1991), 501 f.; *Hasse*, AcP 5 (1822), 19 ff.; *Larenz*, Allgemeiner Teil, § 13 V b.

156 *Hennrichs*, 35.

157 Siehe sogleich unter *3.3.2.*

158 So schon *RGZ* 136, 313; *Grunewald* in: Lutter, UmwG, § 20 Rdnr. 13.

159 *K. Schmidt*, AcP 191 (1991), 497.

160 *Enneccerus/Nipperdey*, § 75 III; *Köhler*, § 5 II 1; *Hohner*, 63 ff.; *K. Schmidt*, AcP 191 (1991), 497.

161 Zu den Motiven vgl. *Mugdan*, 2.

162 *K. Schmidt*, AcP 191 (1991), 498 f. (m.w.N.).

der Gesamtrechtsnachfolge handelt, die insbesondere auf die erbrechtliche Universalsukzession zutreffen; begriffsnotwendig sind diese indes keineswegs.[163] Die Gesamtrechtsnachfolge ist eine gesetzliche, soweit das geltende Recht die rechtsgeschäftliche Übertragung von Vermögensgegenständen dem Spezialitätsprinzip unterwirft.[164] Ausnahmen hierzu sind nur zugelassen, soweit sie die lex lata ausdrücklich vorsieht – so bei der verschmelzungsrechtlichen Universalsukzession.[165] Sie ist zugleich eine zwingende, soweit sie mit dem Erlöschen eines Rechtsträgers einher geht und an dieses anknüpft.[166]

Das geltende Gesellschaftsrecht beschreitet nun beide Wege. Kapitalgesellschaften enden erst durch Löschung im Handelsregister, wenn kein Aktivvermögen mehr vorhanden ist. Es zwingt im Übrigen, soweit Aktivvermögen noch vorhanden ist, zur Nachtragsliquidation. Personengesellschaften erlöschen, wenn sämtliche Anteile in einer Person zusammenfallen. Das Erlöschen ist wiederum akzessorisch an die Folge einer Universalsukzession geknüpft. Soweit die Gesamtrechtsnachfolge mit dem Erlöschen eines Rechtsträgers einhergeht, umfasst sie das gesamte Aktiv- und Passivvermögen desselben. Das Rechtsinstitut der Gesamtrechtsnachfolge setzt indes den ungeteilten Übergang eines Gesamtvermögens nicht notwendig voraus, wie die Sondererbfolge in Personengesellschaftsanteile[167] als automatische Teilauseinandersetzung ex lege verdeutlicht.[168] Gleiches gilt für die Gesamtrechtsnachfolge im Gesamtgut der Gütergemeinschaft gemäß § 1416 BGB, die unstreitig ebenfalls nicht das Gesamtvermögen umfasst.[169] Diese Erkenntnis kann für vorliegende Beurteilung der verschmelzungsrechtlichen Gesamtrechtsnachfolge erhebliche Bedeutung erlangen, sollte sich herausstellen, dass auch personenbezogene Daten nicht notwendig von der Gesamtrechtsnachfolge erfasst sein müssen.

3.2.2.2 Spezifische Charakteristika der verschmelzungsrechtlichen Universalsukzession

Nach heutiger Zivilrechtsdogmatik besteht weitgehend Einigkeit, dass die Gesamtrechtsnachfolge die Nachfolge in mehrere Rechte oder Rechtsverhältnisse als einheitliche Wirkung eines Tatbestandes beschreibt. Demgegenüber ist die Einzelrechtsnachfolge auf die Nachfolge in ein einzelnes Recht oder Rechtsverhältnis gerichtet.[170] Der Übergang des Vermögens erfolgt automatisch und erstreckt sich auf das gesamte Vermögen. Beides sind jedoch nur akziden-

163 *Gernhuber*, Bürgerliches Recht, § 39 I; *K. Schmidt*, AcP 191 (1991), 498.

164 *K. Schmidt*, AcP 191 (1991), 498.

165 Siehe zuvor unter *3.2.1.*; *Hennrichs*, 36 f.; *Mertens*, 66; *K. Schmidt*, AcP 191 (1991), 500; a. A. *Lennerz*, 20; *Oetker*, VersR 1992, 8 f.

166 Um die Entstehung subjektloser Rechte zu vermeiden, muss das Erlöschen eines Rechtsträgers entweder von dessen Vermögenslosigkeit (Aktiva wie Passiva) abhängig gemacht oder mit einer Universalsukzession quasi akzessorischen verbunden werden.

167 Als Nachlassgegenstände, vgl. *BGHZ* 98, 51 ff.; *BGH* NJW 1983, 2377; *K. Schmidt*, Gesellschaftsrecht, § 45 V 3 c; *K. Schmidt*, AcP 191 (1991), 500.

168 *K. Schmidt*, AcP 191 (1991), 500.

169 *Palandt/Brudermüller*, BGB, § 1416 Rdnr. 3; *Gernhuber*, Familienrecht, § 38 III 2; *K. Schmidt*, AcP 191 (1991), 500.

170 *Wolff*, Allgemeiner Teil des Bürgerlichen Rechts, § 6 II c; *K. Schmidt*, AcP 191 (1991), 501 f.

tielle Merkmale der Gesamtrechtsnachfolge.[171] Der gesetzliche, zwingende und totale Anfall des Vermögensübergangs muss nicht in den Begriff der Gesamtrechtsnachfolge, gleich auf welchem Zivilrechtsgebiet, gehören, obgleich diese Merkmale vollständig auf das Erbrecht passen.[172] § 20 Abs. 1 Nr. 1 UmwG spricht davon, dass *„das Vermögen der übertragenden Rechtsträger ... einschließlich der Verbindlichkeiten auf den übernehmenden Rechtsträger (übergeht)"*. Die Gesamtrechtsnachfolge wird im Umwandlungsgesetz notwendig angeordnet, die Begleitmerkmale im Übrigen bleiben jedoch weitgehend offen. Die zuvor angestellten und an das Erbrecht angelehnten Gedanken lassen sich jedoch weitgehend auf die Verschmelzung übertragen.

§ 20 Abs. 1 Nr. 2 UmwG ordnet an, dass der übertragende Rechtsträger mit Eintragung der Verschmelzung ohne weitere Abwicklung erlischt. Um auch in dieser Konstellation die Entstehung subjektsloser Rechte zu vermeiden, musste in § 20 Abs. 1 Nr. 1 UmwG die Gesamtrechtsnachfolge festgeschrieben werden. Verschmelzungsvorgänge weisen einen mit den allgemeinen Lehren des Bürgerlichen Rechts korrespondierenden doppelten Bezugspunkt auf: den *Rechtsträger* und das *Vermögen* desselben.[173] Die im Gesetz ihren Niederschlag findende rechtliche Bewältigung des Verschmelzungsproblems begründet sich durch die Zuordnungsverhältnisse zwischen Rechtsobjekten und Rechtssubjekt im Unternehmensrecht. Das Unternehmen ist als solches nicht rechtsfähig,[174] weshalb ihm das Gesetz notwendig einen Unternehmensträger als rechtsfähiges Rechtssubjekt zur Seite stellt.[175] Die Verschmelzung kann somit nur die Verschmelzung von Rechtsträgern, der Formwechsel nur die Überführung von einem Rechtsträger der einen auf einen Rechtsträger der anderen Form sein. Das nicht rechtsfähige Unternehmen des Rechtsträgers bleibt hiervon unberührt.[176] Der gesetzliche Ansatz ist geprägt von dem Gedanken der *Kontinuität des Unternehmens*. In concreto sind Verschmelzungs- und Umwandlungsfälle die Überführung von *Vermögensgesamtheiten* auf den Träger eines anderen Unternehmens oder auf einen Unternehmensträger anderer Rechtsform.[177] Maßgebende ratio legis der spezialgesetzlichen Regelungen zur Verschmelzung – im Vergleich zu den bekannten zivilrechtlichen Singularsukzessionstatbeständen – ist, wie bereits festgestellt, Verschmelzungen zu erleichtern, nicht jedoch, diese erst zu ermöglichen.[178] Man-

171 So schon *Hasse*, AcP 5 (1822), 22 ff.

172 *K. Schmidt*, AcP 191 (1991), 502.

173 *K. Schmidt*, ZGR 1990, 592 ff.; *K. Schmidt*, AcP 191 (1991), 502. Das ursprüngliche Vorhaben im Diskussionsentwurf des Bundesjustizministeriums zum Umwandlungsgesetz, an das *„Unternehmen"* als Bezugspunkt für die Umwandlung anzuknüpfen, wurde infolge erheblicher Kritik aus der Wissenschaft aufgegeben; hierzu *K. Schmidt*, GesR, § 13 I 2. a).

174 *K. Schmidt*, Handelsrecht, § 4 IV, 1. Das *„Unternehmen"* stellt sich vielmehr als *„sozialer und ökonomischer Verbund von wirtschaftenden Personen und sachlichen Mitteln"* dar.

175 Näher: *K. Schmidt*, Handelsrecht, § 4 IV, 1.

176 *K. Schmidt*, AcP 191 (1991), 502.

177 So zutreffend *K. Schmidt*, a.a.O.

178 *Wiener*, ZHR 27 (1882), 333 ff.; *K. Schmidt*, AcP 191 (1991), 503 ff. Auch ohne besondere Verschmelzungsvorschriften können und konnten Unternehmen durch Liquidation und Einzeleinbringung in eine neue Gesellschaft oder durch Liquidation einer beteiligten Gesellschaft und Übertragung ihres Vermögens im Wege der Einzelrechtsnachfolge in eine andere Gesellschaft miteinander verschmolzen werden.

che bescheinigen daher dem Verschmelzungsrecht gar eine Schrittmacherrolle für das Institut der Gesamtrechtsnachfolge,[179] insbesondere weil es sich bei der Letzteren um eine Nachfolge in mehrere Rechte oder Rechtsverhältnisse, *succedere per universitatem*, handelt und nicht um einen ispo iure eintretenden, totalen Anfall des Gesamtvermögens, *succedere in universitatem*.[180]

Die Universalsukzession verkörpert einen einheitlichen Übergangsmodus, *Unimodalität* der Universalsukzession.[181] Der Übergangsmodus ist für alle Bestandteile des Vermögens der übertragenden Gesellschaft ein und derselbe. Die Gegenstände gehen nach § 20 Abs. 1 Nr. 1 UmwG als Ganzes und nicht etwa einzeln über. Dies bedeutet den Übergang in ganz einheitlicher Weise, sog. *Unimodalität*.[182] Die Rechtsnachfolge für sämtliche übergangsfähigen Rechte und Verbindlichkeiten ist ein selbständiger und vollständiger Erwerbstatbestand, der grundsätzlich unabhängig von der Zustimmung Dritter oder dem Willen und Wissen der beteiligten Rechtsträger in Bezug auf einzelne Gegenstände ist. Konsequenz der Unimodalität ist, dass es nicht auf die Einhaltung der Vorschriften der einzelnen Übergangstatbestände der Singularsukzession ankommt. Sie bedeutet zudem, dass die Schranken der Singularsukzession in Bezug auf die Übertragbarkeit einzelner Gegenstände nicht ohne weiteres auch in der Gesamtrechtsnachfolge gelten. Letztlich zeitigt die Universalsukzession z.T. gänzlich von den Singularsukzessionen abweichende Rechtsfolgen.[183] Hierauf wird im Folgenden noch näher einzugehen sein; an dieser Stelle sei es bei dem grundsätzlichen Hinweis belassen.[184]

Die Gesamtrechtsnachfolge ist ferner geprägt von der Gesamtheit des Übergangsobjekts (*Universalität* im engeren Sinne).[185] Der Übergang des Vermögens als Ganzes meint in diesem

179 *K. Schmidt*, AcP 191 (1991), 505.

180 *Hasse*, AcP 5 (1822), 19, 22 f.; *v. Schwerin*, 10; *K. Schmidt*, AcP 191 (1991), 501. Im Gegensatz zur Verschmelzung stellt der Formwechsel keinen Unterfall der Gesamtrechtsnachfolge dar. Ziel des Formwechsels ist die vollkommene Kontinuität des Rechtsträgers bei gleichzeitiger Diskontinuität seiner Verfassung. Diesem Ziel entspricht nicht ein Rechtsübergang, sondern eine Verfassungsänderung des Rechtsträgers als rein gesellschaftsinterner Organisationsakt in Form einer qualifizierten Satzungsänderung bzw. aus umwandlungsrechtlicher Sicht: eines Formwechsels. Vgl. zum Formwechsel als Fall der Satzungsänderung bereits *Kreifels*, GmbHR 1957, 16. Das geltende Umwandlungsrecht lässt in § 202 Abs. 1 UmwG die vollständige Kontinuität der Zurechnungs- und Vermögensverhältnisse unter gleichzeitiger Änderung der Rechtsform zu, so dass nicht um des Wechsels der Rechtsform Willen eine Gesamtrechtsnachfolge – anders als im Falle der Verschmelzung – konstruiert werden muss. Dem heutigen Formwechsel nach §§ 190 ff. UmwG liegt entsprechend der gesetzgeberischen Intention dieses *Identitätskonzept* zugrunde; *Sagasser/Sickinger* in: Sagasser/Bula/Brünger, Handbuch Umwandlungsrecht, R. I. Rdnr. 4; *Stratz* in: Schmitt/Hörtnagl/Stratz, UmwG, § 202 Rdnr. 2; *K. Schmidt*, AcP 191 (1991), 502; BT-Drucks. 12/6699, 136.

181 *Muscheler*, 29 (für die erbrechtliche Universalsukzession).

182 Zutreffend *Muscheler*, 30.

183 So ist etwa der gutgläubige Erwerb umfassend ausgeschlossen, da kein Verkehrsgeschäft vorliegt, sondern ein gesetzlicher Erwerbstatbestand; *Muscheler*, 33.

184 Weiteres prägendes Merkmal der Universalsukzession ist – auch im Verschmelzungsrecht – die *Unitemporalität* (Einheitlichkeit des Übergangszeitpunktes). Alle Vermögensbestandteile gehen in demselben Zeitpunkt, der juristischen Sekunde der Registereintragung der Verschmelzung, auf den übernehmenden Verband über; vgl. *Muscheler*, 30.

185 Zutreffend *Muscheler*, 5.

Sinne den Übergang des *ganzen Vermögens.*[186] Im Kontext des Erbrechts ist anerkannt, dass einzelne Vermögensgegenstände, die nicht vererbbar sind, auch nicht auf den Erben übergehen. Sie werden trotz Totalität der Gesamtrechtsnachfolge nicht von ebendieser erfasst. Dies bedeutet indes keine rechtsdogmatische Einschränkung der Universalsukzession. Die Nichtvererbbarkeit ist vielmehr der rechtlichen Struktur des jeweiligen Gegenstandes immanent und dieser zuzuschreiben. Universalsukzession meint den Übergang des ganzen *übergangsfähigen Vermögens.*[187] Ob und inwieweit ein Gegenstand vererbbar ist, muss vorrangig anhand des Gesetzes überprüft werden. Fehlt es an einer eindeutigen gesetzlichen Aussage hierzu, kann sich die Unvererbbarkeit im Einzelfall aus dem Zweck des betreffenden Vermögensgegenstandes oder dem Sinn der zugrunde liegenden Absprachen ergeben.[188] Die Unvererbbarkeit eines Gegenstandes oder Rechtsverhältnisses im Sinne der Ausklammerung aus der – im übrigen zwingenden - Universalsukzession bedeutet keine Einschränkung derselben, sondern ergibt sich aus deren zweiten Anknüpfungspunkt: *dem Vermögen.* Sind einzelne Vermögensbestandteile ihrer Natur nach nicht vererbbar oder allgemeiner: *nicht übertragbar*, so führt auch der Geltungsanspruch der Universalsukzession zu keinem abweichenden Ergebnis. Übertragungshindernisse, die eine Einzelübertragung ausschließen oder erschweren, müssen jedoch nicht notwendig auch in der Gesamtrechtsnachfolge gelten. Ergibt sich indes aus der *Natur des Vermögensgegenstandes*, dass dieser im Wege der Universalsukzession nicht übertragbar ist, findet deren Mechanismus insoweit keine Anwendung.

Der eigentliche Problemkern liegt damit nicht in der Rechtsdogmatik der Universalsukzession, sondern dem zugrunde liegenden Vermögensbegriff und dessen Zusammenspiel mit der Gesamtrechtsnachfolge. Vorrangig klärungsbedürftig ist damit, ob personenbezogene Daten als Bestandteil des verschmelzungsrechtlichen Vermögens des übertragenden Verbandes anzusehen sind.

Die Rechtsdogmatik der Universalsukzession legt prima facie keinen Schluss dahingehend nahe, dass personenbezogene Daten nicht von dieser erfasst würden. Sowohl die Qualifikation als Gesamtrechtsnachfolge *kraft Rechtsgeschäfts* als auch die Merkmale der Unimodalität und Universalität des Übergangsmodus stellen anheim, auch personenbezogene Daten in den einheitlichen Übergangsvorgang einzubeziehen. Gründe für eine rechtsdogmatisch zu begründende Ausnahme für das Datenschutzrecht sind an dieser Stelle nicht ersichtlich und im übrigen auch sonst im Verschmelzungssachrecht gesamthaft nicht anerkannt. Soweit Ausnahmen zugelassen werden, wird der Begründungsweg über den Vermögensbegriff beschritten.

---

186 Im Erbrecht bezweckt dieses Institut etwa sicherzustellen, dass der Erblasser bei Testierung nicht einzelne Gegenstände vergisst. Diese würden in der Folge herrenlos, Forderungen würden erlöschen. Hierzu *Muscheler*, 5.

187 Der Erbe erwirbt damit nicht notwendigerweise das ganze Vermögen, aber das (übergehende) Vermögen als Ganzes; *Muscheler*, 6; *Windscheid-Kipp*, Lehrbuch des Pandektenrechts, § 187 Anm. 5.

188 *Muscheler* leitet hieraus die Schlussfolgerung ab, die Universalsukzession sehe im Zweifel vor, dass vermögenswerte Rechte des Erblassers im Zweifel vererbbar sind; *Muscheler*, 6.

3.2.3 Nachfolge in das Vermögen

Der übertragende Rechtsträger tritt im Wege der Universalsukzession vollständig in sämtliche Rechtspositionen des übertragenden Rechtsträgers ein.[189] Die Aktiva und Passiva gehen automatisch auf den übernehmenden Verband über, ohne dass es weiterer Übertragungsakte bedürfte. Akzessorisch hiermit verbunden ist die unbeschränkte Haftung des übernehmenden Rechtsträgers für sämtliche Verbindlichkeiten des übertragenden Verbandes mit seinem gesamten Aktivvermögen.[190] Das Gesetz schweigt jedoch über den genauen Umfang des Vermögensübergangs und insbesondere die vorliegend relevante Frage, ob personenbezogene Daten als Bestandteil des Vermögens ohne weiteres von der Vermögensnachfolge erfasst werden.

Prima facie scheint die Gesamtrechtsnachfolge und der zugrunde liegende Vermögensbegriff mit seiner ratio legis, Verschmelzungen möglichst weitgehend zu simplifizieren, weit gefasst zu sein. Der Vermögensbegriff ist jedoch seinerseits wiederum nicht legaldefiniert. Auch im *Schrifttum* finden sich keine expliziten Hinweise darauf, ob personenbezogene Daten in abstracto von der verschmelzungsrechtlichen Gesamtrechtsnachfolge als Teil des übergehenden Vermögens erfasst werden.[191] Bereits zuvor wurde herausgearbeitet, dass die Gesamtrechtsnachfolge zwar an den Übergang des Vermögens als Ganzes anknüpft, dies indes als Übergang des ganzen *übertragbaren* und *übergangsfähigen* Vermögens zu verstehen ist. Der Universalität der Gesamtrechtsnachfolge steht dies nicht entgegen, da die Universalsukzession dogmatisch hierdurch nicht beschränkt wird. Sind einzelne Vermögensgegenstände als Gegenstand der umfassenden Nachfolge ihrer Natur nach *generell* nicht übertragbar, scheidet auch ein Übergang im Wege der Universalsukzession zwangsläufig aus.[192] *Ein* Kernpunkt der rechtlichen Fragestellung ist somit die Interpretation des verschmelzungsrechtlichen Vermögensbegriffs. Dabei ist jedoch folgende Begleitüberlegung mit anzustellen. Die Gesamtrechtsnachfolge ist, wie bereits dargelegt, von den – von *Hasse*[193] als akzidentiell bezeichneten – Merkmalen der gesetzlichen, zwingenden und das gesamte Vermögen umfassenden

---

[189] So schon *K. Schmidt*, AcP 191 (1991), 514; *Hennrichs*, ZIP 1995, 794 ff.; *Raiser*, § 46 II. 3. Rdnr. 25; nicht explizit hierzu Stellung nehmend: *Grunewald* in: Lutter, UmwG, § 20 Rdnr. 7; a.A. *Stratz* in: Schmitt/Hörtnagl/Stratz, UmwG, § 20 Rdnr. 18; *Kraft* in: Köln Komm/AktG, § 346 Rdnr. 18; *Werner/Kindermann*, ZGR 1981, 48.

[190] § 20 Abs. 1 Nr. 1 UmwG ist insoweit *lex specialis* zu §§ 398 ff., 414, 419 BGB, § 25 HGB sowie den Grundsätzen zur Vertragsübernahme; vgl. *Raiser*, § 46 II. 3. Rdnr. 25 ff.; *Sagasser/Ködderitzsch* in: Sagasser/Bula/Brünger, Handbuch Umwandlungsrecht, J. III. 1. c) Rdnr. 145; *Stratz* in: Schmitt/Hörtnagl/Stratz, UmwG, § 20 Rdnr. 19 ff., 20, 23; *Grunewald* in: Lutter, UmwG, § 20 Rdnr. 6 ff.

[191] Ohne explizite Stellungnahmen: *Grunewald* in: Lutter, UmwG, § 20 Rdnr. 6 ff.; *Stratz* in: Schmitt/Hörtnagl/Stratz, UmwG, § 20 Rdnr. 19 ff.; *Raiser*, § 46 II. 3. Rdnr. 25 ff.; *Sagasser/Ködderitzsch* in: Sagasser/Bula/Brünger, Handbuch Umwandlungsrecht, J. III. 1. c) Rdnr. 145; dies ohne nähere Begründung bejahend *Lütge*, NJW 2000, 2463 ff.; *Dieckmann/Eul/Klevenz*, RDV 2000, 149 ff.; *Marsch-Barner/Mackenthun*, ZHR 165 (2001), 426 ff.; *Wengert/Widmann/Wengert*, NJW 2000, 1289 ff. = RDV 2000, 47 ff.; *Zöllner*, ZHR 165 (2001), 440 ff.; *Simitis*, ZHR 165 (2001), 453 ff.; *Teichmann/Kießling*, ZGR 2001, 33 ff.; *Eul* in: Roßnagel, Handbuch Datenschutzrecht, Kap. 7.2 Rdnr. 68 ff. (zur Fusion von Banken); *Früh*, WM 2000, 501 ff.

[192] *Muscheler*, 6 ff.

[193] *Hasse*, AcP 5 (1822), 22 f.

Nachfolge geprägt.[194] Auch wenn dies nicht für alle gesetzlich vorgesehenen Gesamtrechtsnachfolgen im Gegensatz zur successio in rem gelten mag, sind diese Merkmale jedoch nach ganz h.M. für die verschmelzungsrechtliche Universalsukzession anerkannt.[195] Da der übertragende Rechtsträger zugleich erlischt, muss diese Überlegung auch für die Beurteilung des Schicksals personenbezogener Daten bei Verschmelzungen Beachtung finden. Diese können weder ohne weiteres „herrenlos" werden, noch mit dem erlöschenden Rechtsträger untergehen. Sie sind – soweit vorhanden – zudem untrennbar mit zugrunde liegenden zivilrechtlichen Rechten und Rechtsverhältnissen verbunden, so dass eine isolierte datenschutzrechtliche Betrachtung losgelöst von den jeweiligen Rechtsverhältnissen nicht zielführend sein kann.

Man mag nun versucht sein, es sich allzu einfach zu machen, indem man unter Hinweis auf den umfassenden Geltungsanspruch der Gesamtrechtsnachfolge annimmt, auch personenbezogene Daten fielen ohne weitere Einschränkungen *per se* unter das übergehende Vermögen. Dies wird jedoch der komplexen Rechtslage nicht gerecht. Der terminus technicus der Gesamtrechtsnachfolge und des Vermögens sind in erster Linie ausgehend von ihrer Zweckbestimmung auszulegen. Ratio legis des § 20 Abs. 1 Nr. 1 UmwG ist, wie bereits zuvor herausgearbeitet, Verschmelzungsvorgänge zu privilegieren und zu simplifizieren. Die Gesamtrechtsnachfolge soll gerade dazu dienen, für die beteiligten Rechtsträger umfassende Singularsukzessionen entbehrlich zu machen. Die Schwierigkeit der Kollision mit dem Datenschutzrecht liegt in den unterschiedlichen Ansätzen beider Rechtsmaterien. Das Datenschutzrecht zielt auf eine an freier Entfaltung und demokratischer Entwicklung orientierten Kommunikationsordnung ab;[196] das geltende Zivil- und hierbei insbesondere das Eigentumsrecht bezweckt die ausschließlich Zuordnung von Sachen an bestimmte Personen. Personenbezogene Daten als nicht körperliche Gegenstände sind damit prima facie abstrakt nicht unter den bekannten zivilrechtlichen Übertragungstatbeständen übertragbar. Das Datenschutzrecht knüpft infolge seines unterschiedlichen Ansatzes an andere Faktoren an und regelt insbesondere die „Zulässigkeit" des Übergangs personenbezogener Informationen. Dem wird sogleich näher nachzugehen sein.

Soweit herausgearbeitet wurde, dass die Vermögensnachfolge nicht notwendig das gesamte Vermögen umfassen muss, gilt dies unter zweierlei Einschränkungen: Der übertragende Rechtsträger besteht auch nach dem Vermögensübergang fort, so dass die Entstehung subjektloser Rechte ausgeschlossen wird[197] oder das geltende Recht sieht alternative Gestaltungsmöglichkeiten vor, die einzelne Rechte oder Rechtsverhältnisse von der Gesamtrechtsnachfolge ausklammern. Neben der dogmatischen Interpretation der Universalsukzession ist zugleich deren primäre Funktion zu berücksichtigen: umfassende Singularsukzessionen sollen

---

194 *Hasse*, AcP 5 (1822), 22 f.; *v. Schwerin*, 10; *K. Schmidt*, AcP 191 (1991), 501.

195 So auch *Raiser*, § 46 II. 3. Rdnr. 25 ff.; *Sagasser/Ködderitzsch* in: Sagasser/Bula/Brünger, Handbuch Umwandlungsrecht, J. III. 1. c) Rdnr. 145; *Stratz* in: Schmitt/Hörtnagl/Stratz, UmwG, § 20 Rdnr. 19 ff.; *Grunewald* in: Lutter, UmwG, § 20 Rdnr. 6 ff.

196 *Roßnagel/Pfitzmann/Garstka*, Gutachten zur Modernisierung des Datenschutzrechts vom 12.11.2001, 21.

197 *Mugdan*, 2; *Gernhuber*, § 39 I; *K. Schmidt*, AcP 191 (1991), 498.

vermieden werden, die gesetzlichen Vorschriften zur Einzelübertragung finden in der Gesamtrechtsnachfolge keine Anwendung. Soweit die Übertragbarkeit einzelner Vermögensgegenstände in der successio in rem ausgeschlossen sein sollte, gilt dies nicht ohne weiteres für die Universalsukzession gleichermaßen. Rechtstechnisch vollzieht sich der Vermögensübergang durch einen Wechsel des rechtlichen Bezugsobjekts des Vermögens. Der übernehmende Rechtsträger tritt an die Stelle des übertragenden Rechtsträgers, ohne dass das Vermögen gesamthaft in eine Richtung „bewegt" werden würde. Der übertragende Rechtsträger wird dabei rechtlich unselbständiger Betriebsteil des übernehmenden Rechtsträgers.

3.3 Verschmelzungsrechtlicher Vermögensbegriff

Die Lösung der Problemstellung ist daher primär auf Ebene des verschmelzungsrechtlichen Vermögensbegriffs zu suchen.

3.3.1 Umfang der gesetzlichen Vermögensnachfolge

Der vom Umwandlungsgesetz verwendete Vermögensbegriff wird gesetzlich nicht näher definiert. Unstreitig ist, dass von der Gesamtrechtsnachfolge sämtliche Aktiva und Passiva des übertragenden Rechtsträgers erfasst werden, einschließlich nicht bilanzierter oder bilanzierbarer Vermögensgegenstände.[198] Das Umwandlungsgesetz orientiert sich bewusst nicht an betriebswirtschaftlichen Grundsätzen. Die Gesamtrechtsnachfolge wirkt sich sowohl auf schuldrechtliche Rechtsbeziehungen des übertragenden Rechtsträgers mit Dritten als auch auf dingliche Rechtspositionen aus. Forderungen und Schuldverhältnisse gehen automatisch über, das Eigentum an beweglichen Sachen und Immobilien wechselt, ohne dass es eines formbedürftigen Übertragungsaktes bedürfte (Unimodalität). Das gleiche gilt für gewerbliche Schutzrechte und den Besitz an Sachen. Soweit ein Register infolge der Rechtsnachfolge unrichtig wird, kann dieses auf einfachem Wege formlos berichtigt werden.

Der Begriff des Vermögens ist bewusst weit gefasst und nicht anhand wortlautgetreuer Interpretation, sondern der zugrunde liegenden Zweckbestimmung einzelner Vermögensgegenstände auszulegen. Diese *normative Prägung* bedingt zugleich, dass eine begriffliche Ausklammerung einzelner Bestandteile nicht aus dem Blickwinkel des Vermögensbegriffs, sondern jenem des einzelnen Gegenstandes herauszuarbeiten ist. Der Gesetzgeber hat nicht sämtliche hypothetisch denkbaren Vermögensbestandteile auf deren Nachfolgefähigkeit hin analysiert, sondern vielmehr eine *petitio principii* geschaffen. Das ganze Vermögen geht im Wege der Universalsukzession über, soweit nicht der Zweck einzelner Vermögensbestandteile oder der Sinn einzelner Abreden dem entgegenstehen.[199] Von der Gesamtrechtsnachfolge sind alle materiellen, immateriellen, aktiven wie passiven, gegenständlichen und nichtgegenständlichen Bestandteile des Vermögens des übertragenden Rechtsträgers erfasst. Der übernehmende Rechtsträger tritt auf rechtstechnisch einfachem Wege vollständig in die Rechtsposition des übertragenden und gleichzeitig erlöschenden Rechtsträgers ein. Umfassende Singularsukzessionen werden entbehrlich. Nach dem zugrunde liegenden Regel-Ausnahme Prinzip – oder nach *Muscheler*: in dubio pro Übertragbarkeit des Gegenstandes[200] – müssten auch personenbezogene Daten ohne Einschränkungen unter die Vermögensnach-

---

[198] *Stratz* in: Schmitt/Hörtnagl/Stratz, UmwG, § 20 Rdnr. 20.

[199] Der ursprüngliche Diskussionsentwurf des Bundesjustizministeriums zum UmwG 1994 wollte nicht an die Begriffe des „Rechtsträgers" und des „Vermögens" anknüpfen, sondern das „Unternehmen" als solches in den Vordergrund rücken, was dem Kontinuitätsgedanken Nachdruck verleiht. Hierzu *K. Schmidt*, GesR, § 13 I. 2. a); dies wurde jedoch infolge erheblicher Kritik aus der Wissenschaft letztlich aufgegeben.

[200] Vgl. *Muscheler*, 6 (allerdings zur erbrechtlichen Universalsukzession).

folge fallen, soweit sich nicht aus deren Zweckbestimmung oder der besonderen Schutzwürdigkeit des einzelnen Betroffenen Abweichendes ergeben sollte.[201]

Möglicherweise vermag eine vergleichende Betrachtung mit anderen, unstreitig von der Gesamtrechtsnachfolge erfassten Vermögensbestandteilen weiterzuhelfen. Umfassend untersucht in der Wissenschaft wurden bislang jedoch nur einzelne zivilrechtliche und öffentlich-rechtliche Rechte und Rechtsverhältnisse in Hinblick auf ihre Nachfolgefähigkeit unter der verschmelzungsrechtlichen Gesamtrechtsnachfolge. Zu dem Schicksal personenbezogener Daten fehlen explizite Stellungnahmen.

3.3.1.1 Vergleichend-exemplarische Betrachtung einzelner Vermögensbestandteile

Unbestritten ist, dass der übertragende Rechtsträger in bestehende *Verträge* an Stelle des übernehmenden Rechtsträgers eintritt, ohne dass es einer Zustimmung des Dritten – in Abweichung zu den entwickelten Grundsätzen zur Vertragsübernahme[202] – bedürfte. *Forderungen* gehen ohne rechtsgeschäftliche Zession automatisch über.[203] Für *Verbindlichkeiten* bedarf es abweichend zu den allgemeinen Vorschriften der §§ 414 ff. BGB *nicht* der Zustimmung des Gläubigers, dessen ursprünglicher Schuldner infolge der Verschmelzung erlischt. Das Umwandlungsrecht geht unter dem Prinzip der Gesamtrechtsnachfolge dem allgemeinen Zivilrecht umfassend vor.[204] Für den Gläubiger erweitert sich zudem (in der Regel) die Haftungsmasse aufgrund des Vermögensübergangs. Von der Gesamtrechtsnachfolge werden ferner *öffentlich-rechtliche Rechtsverhältnisse*[205] erfasst, sofern diese nicht an eine bestimmte Person (Handlungsstörer) oder an persönliche Qualifikationen anknüpfen.[206] Aus dem Prinzip der Gesamtrechtsnachfolge ergibt sich zugleich, dass einzelne Vermögensobjekte des übertragenden Rechtsträgers im Verschmelzungsvertrag nicht kraft Individualvereinbarung vom Rechts-

---

201 Die einschlägige *Literatur* gibt hierüber keine weiteren Aufschlüsse, vgl. nur *Grunewald* in: Lutter, UmwG, § 20 Rdnr. 6 ff.; *Stratz* in: Schmitt/Hörtnagl/Stratz, UmwG, § 20 Rdnr. 19 ff.; *Raiser*, § 46 II. 3. Rdnr. 25 ff.; *Sagasser/Ködderitzsch* in: Sagasser/Bula/Brünger, Handbuch Umwandlungsrecht, J. III. 1. c) Rdnr. 145; bejahend *Lüttge*, NJW 2000, 2463 ff.; *Dieckmann/Eul/Klevenz*, RDV 2000, 149 ff.; *Marsch-Barner/Mackenthun*, ZHR 165 (2001), 426 ff.; *Wengert/Widmann/Wengert*, NJW 2000, 1289 ff. = RDV 2000, 47 ff.; *Zöllner*, ZHR 165 (2001), 440 ff.; *Simitis*, ZHR 165 (2001), 453 ff.; *Teichmann/Kießling*, ZGR 2001, 33 ff.; *Eul* in: Roßnagel, Handbuch Datenschutzrecht, Kap. 7.2 Rdnr. 68 ff. (zur Fusion von Banken); *Früh*, WM 2000, 501 ff.

202 Hierzu *BGH* 95, 94; *Larenz*, § 35 III; *Palandt/Heinrichs*, BGB, § 398 Rdnr. 10 ff.

203 Ein etwaiges Zessionsverbot soll, gleich ob auf Gesetz oder Rechtsgeschäft begründet, nach h.M. dem Forderungsübergang nicht gemäß § 399 BGB entgegenstehen, vgl. *Westermann* in: Erman, BGB, § 412 Rdnr. 2; *Zeiss* in: Soergel, BGB, § 412 Rdnr. 1; *RGZ* 136, 315; *Bermel* in: Goutier/Knopf/Tulloch, UmwG, § 20 Rdnr. 19; *Grunewald* in: Geßler/Hefermehl/Eckardt/Kropff, AktG, § 346 Rdnr. 19; *Heidenhain*, ZIP 1995, 801 ff.; *Hennrichs*, 45 f.; *Kraft* in: Kraft/Kreutz, GesR, § 346 Rdnr. 25; *Picot/Müller-Eising*, B 229; *Roth* in: MünchKomm/BGB, § 412 Rdnr. 15 (Anwendung erwägenswert); *Palandt/Heinrichs*, BGB, § 412 Rdnr. 1 (für die Gesamtrechtsnachfolge unter „Lebenden" bejahend).

204 *Raiser*, § 46 II. 3. Rdnr. 25 ff.; *Sagasser/Ködderitzsch* in: Sagasser/Bula/Brünger, Handbuch Umwandlungsrecht, J. III. 1. c) Rdnr. 145; *Stratz* in: Schmitt/Hörtnagl/Stratz, UmwG, § 20 Rdnr. 19 ff.; *Grunewald* in: Lutter, UmwG, § 20 Rdnr. 6 ff.

205 *Grunewald* in: Lutter, UmwG, § 20 Rdnr. 8; *Bermel* in: Goutier/Knopf/Tulloch, UmwG, § 20 Rdnr. 36; *Hennrichs*, 82 f.

206 *Hennrichs*, 82 ff.

übergang ausgenommen werden können.[207] Ausnahmsweise können die Parteien der Verschmelzung Abweichendes erreichen, wenn das betreffende Objekt *vorher* dinglich aus dem Vermögen des übertragenden Rechtsträgers wirksam ausgegliedert wird.[208] Eine successio in rem ist hingegen weder notwendig noch zugelassen.

Von der Vermögensnachfolge werden auch *Immobilien* und *Grundpfandrechte* erfasst, ohne dass eine Auflassung gemäß §§ 873, 925 BGB erforderlich wäre. Das insoweit unrichtig werdende Grundbuch kann auf vereinfachtem Wege unter Vorlage des Umwandlungsbeschlusses berichtigt werden, §§ 22, 29 GBO.[209] Ist für eine bestellte Grundschuld oder Hypothek ein Brief ausgestellt worden, so bedarf es für den wirksamen Rechtsübergang in Abweichung zu § 1117 Abs. 1 i.V.m. § 1192 Abs. 1 BGB nicht der Briefübergabe.[210] Der Besitz, den der übertragende Rechtsträger an dem Brief innehat, geht automatisch auf den übernehmenden Rechtsträger über. Umgekehrt vermag der übertragende Rechtsträger auch nicht mehr zu erwerben, als im Vermögen des übertragenden Rechtsträgers vorhanden ist. Ein gutgläubiger Erwerb fremder Vermögensbestandteile scheidet – soweit dieser überhaupt gesetzlich vorgesehen ist[211] – trotz der dogmatischen Einordnung als rechtsgeschäftliche Universalsukzession[212] aus.[213] Ferner spielt es nach einhelliger Auffassung keine Rolle, ob und inwieweit Verbindlichkeiten der beteiligten Rechtsträger diesen bekannt waren und ob die Schuldner und Gläubiger der Rechtsträger mit der Verschmelzung einverstanden sind.[214] Im Ausgleich hierzu sieht das Umwandlungsgesetz umfassende Schutzmechanismen zugunsten der Gläubiger und Anteilsinhaber der beteiligten Rechtsträger vor. Diese beschränken sich indes weitestgehend auf deren vermögenswerte Interessen.

Dass auch personenbezogene Daten von der Vermögensnachfolge des § 20 Abs. 1 Nr. 1 UmwG erfasst werden, wird im Schrifttum als immanent vorausgesetzt, ohne dass dies im

---

207 *Grunewald* in: Geßler/Hefermehl/Eckardt/Kropff, AktG, § 339 Rdnr. 3; *Kraft* in: Kraft/Kreutz, GesR, § 339 Rdnr. 36; *Vossius* in: Widmann/Mayer, § 20 Rdnr. 32; *Stratz* in: Schmitt/Hörtnagl/Stratz, UmwG, § 20 Rdnr. 21.

208 Dies ist indes mit erheblichen steuerlichen Nachteile verbunden und daher praktisch unerwünscht; vgl. *Dehmer*, UmwG, § 20 Rdnr. 19; *Grunewald* in: Geßler/Hefermehl/Eckardt/Kropff, AktG, § 339 Rdnr. 3; *Schilling* in: GroßKomm AktG, § 346 Rdnr. 13.

209 *Grunewald* in: Lutter, UmwG, § 20 Rdnr. 10; *Grunewald* in: Geßler/Hefermehl/Eckardt/Kropff, AktG, § 346 Rdnr. 9; *Kraft* in: Kraft/Kreutz, GesR, § 346 Rdnr. 23; *Vossius* in: Widmann/Mayer, UmwG, § 20 Rdnr. 217; *Stratz* in: Schmitt/Hörtnagl/Stratz, UmwG, § 20 Rdnr. 63.

210 *Grunewald* in: Lutter, UmwG, § 20 Rdnr. 10; *Stratz* in: Schmitt/Hörtnagl/Stratz, UmwG, § 20 Rdnr. 64.

211 Wie etwa bei Forderungen in Ermangelung eines Rechtsscheinsträgers (mit Ausnahme des § 405 BGB).

212 Siehe zuvor unter *3.2.1.*; vgl. hierzu *K. Schmidt*, AcP 191 (1991), 514 (Gesamtrechtsnachfolge *kraft Rechtsgeschäfts*); *Hennrichs*, ZIP 1995, 794 ff.; *Raiser*, § 46 II. 3. Rdnr. 25; nicht explizit hierzu Stellung nehmend: *Grunewald* in: Lutter, UmwG, § 20 Rdnr. 7; a.A. *Stratz* in: Schmitt/Hörtnagl/Stratz, UmwG, § 20 Rdnr. 18 (Gesamtrechtsnachfolge *kraft Gesetz*); *Kraft* in: Köln Komm/AktG, § 346 Rdnr. 18; *Werner/Kindermann*, ZGR 1981, 17 ff.

213 *Bermel* in: Goutier/Knopf/Tulloch, UmwG, § 20 Rdnr. 8; *Dehmer*, UmwG, § 20 Rdnr. 19, 24; *Kraft* in: Kraft/Kreutz, GesR, § 346 Rdnr. 18; *K. Schmidt*, AcP 191 (1991), 520; *Vossius* in: Widmann/Mayer, UmwG, § 20 Rdnr. 27 f; *Grunewald* in: Lutter, UmwG, § 20 Rdnr. 11.

214 *Grunewald* in: Geßler/Hefermehl/Eckardt/Kropff, AktG, § 346 Rdnr. 10; *Grunewald* in: Lutter, UmwG, § 20 Rdnr. 11; *Stratz* in: Schmitt/Hörtnagl/Stratz, UmwG, § 20 Rdnr. 20; *K. Schmidt*, AcP 191 (1991), 517.

Einzelfall explizit Erwähnung, geschweige denn eine genauere Begründung findet.[215] Es darf jedoch nicht übersehen werden, dass sich personenbezogene Daten eben nicht ohne weiteres unter die vorrangig zivilrechtliche Sukzessionensystematik fassen lassen.

3.3.1.2 Personenbezogene Daten als Teil des übergehenden Vermögens

Dem Umwandlungsgesetz liegt ein denkbar weiter und nicht dispositiver Vermögensbegriff zugrunde. Die Gesamtrechtsnachfolge erfasst das *gesamte* Vermögen des übertragenden Rechtsträgers und durchbricht insoweit das gesetzliche Regelsystem der Einzelrechtsnachfolgen. Personenbezogene Daten werden demzufolge *prima facie* ebenfalls von der Vermögensnachfolge erfasst. Informationen besitzen heute einen eigenständigen wirtschaftlichen Wert.[216] Will man den Vermögensbegriff rein anhand seines sprachlichen Sinngehalt verstehen, müssten personenbezogene Daten schon aus diesem Grund darunter fallen.

Legt man indes die ratio legis der Gesamtrechtsnachfolge zugrunde,[217] verlangt diese nach einem dogmatischen Ansatz. Zu klären wäre in einem ersten Schritt, ob personenbezogene Daten ihrerseits tauglicher Gegenstand einer (zivilrechtlichen) Singularsukzession sein können und in einem Rückschluss hieraus damit letztlich auch der Gesamtrechtsnachfolge – als Surrogat für ein Bündel von Singularsukzessionen – unterfallen können. Soweit dies nicht der Fall ist, kann die Universalsukzession aufgrund ihrer rechtlichen Eigenart dennoch personenbezogene Daten als umfassender Übergangstatbestand erfassen. Unstreitig ist, dass personenbezogene Daten weder als Gegenstände im zivilrechtlichen Sinne gemäß §§ 90 ff. BGB, noch als Waren im wirtschaftlichen Sinne zu qualifizieren sind.[218]

3.3.1.2.1 Anwendbarkeit zivilrechtsdogmatischer Übertragungstatbestände auf personenbezogene Daten?

Personenbezogene Daten stellen abstrakt betrachtet unkörperliche Informationen über die persönlichen oder sachlichen Verhältnisse einer bestimmten oder bestimmbaren natürlichen Person dar.[219] Sie sind weder (unkörperliche) Gegenstände noch Waren im handelsrechtlichen

---

215 *Grunewald* in: Lutter, UmwG, § 20 Rdnr. 6 ff.; *Stratz* in: Schmitt/Hörtnagl/Stratz, UmwG, § 20 Rdnr. 19 ff.; *Raiser*, § 46 II. 3. Rdnr. 25 ff.; *Sagasser/Ködderitzsch* in: Sagasser/Bula/Brünger, Handbuch Umwandlungsrecht, J. III. 1. c) Rdnr. 145; bejahend *Lüttge*, NJW 2000, 2463 ff.; *Dieckmann/Eul/Klevenz*, RDV 2000, 149 ff.; *Marsch-Barner/Mackenthun*, ZHR 165 (2001), 426 ff.; *Wengert/Widmann/Wengert*, NJW 2000, 1289 ff. = RDV 2000, 47 ff.; *Zöllner*, ZHR 165 (2001), 440 ff.; *Simitis*, ZHR 165 (2001), 453 ff.; *Teichmann/Kießling*, ZGR 2001, 33 ff.; *Eul* in: Roßnagel, Handbuch Datenschutzrecht, Kap. 7.2 Rdnr. 68 ff.; *Früh*, WM 2000, 501 ff.

216 *Roßnagel/Pfitzmann/Garstka*, 23 f.

217 Nochmals: die verschmelzungsrechtliche Universalsukzession dient primär der *Erleichterung* der Abwicklung von Verschmelzungen, indem sie Singularsukzessionen einzelner Vermögensgegenstände entbehrlich macht und deren einzelne Vorschriften für unanwendbar erklärt; *Wiener*, ZHR 27 (1882), 333 ff.; *K. Schmidt*, AcP 191 (1991), 503 ff.; siehe zuvor unter *3.2.*

218 *Wehlau*, OLG Report (Kommentar), K27 f.; *OLG Karlsruhe*, NJW 1996, 200 = CR 1996, 352 (zu der Frage, inwieweit Datenbestände unter den Schutzbereich des § 823 Abs. 1 BGB fallen können).

219 Legaldefinition nach § 3 Abs. 1 BDSG.

Definitionssinne[220] und infolgedessen nicht abstrakt eigentumsfähig, sondern allenfalls in Verbindung mit den zugrunde liegenden körperlichen Speichermedien.[221] Die informationelle Selbstbestimmung darf nicht als Herrschaftsrecht über die personenbezogenen Daten und als eine eigentumsähnliche Ausschluss- und Verfügungsposition verstanden werden.[222] Ein solches Verständnis würde den objektivrechtlichen Gehalt der informationellen Selbstbestimmung als Funktionsvoraussetzung für eine Gesellschaft verkennen, die auf individueller Selbstbestimmung und freier demokratischer Willensbildung ruht. Es würde ferner verkennen, dass personenbezogene Daten mehrrelational sind und nicht allein einem Objekt, sondern stets dem Autor und einem Objekt zugeordnet werden können.[223] Nichts desto trotz können Informationen ohne weiteres geldwerter Gegenstand eines Kaufvertrages sein. Datenschutzrechtlich im Vordergrund steht indes die Verteilung der Verfügungsrecht (Property Rights) an personenbezogenen Daten sowie deren Begründung.[224] Vorliegend interessiert der exakte Weg der Informationsübertragung und die Auswirkungen auf das Verfügungsrecht an den personenbezogenen Daten. Sie sind in der verschmelzungsrechtlichen Rechtsnachfolge abstrakt von der dinglichen Rechtsnachfolge im Eigentum und Besitz an den Speichermedien zu betrachten.

Diese Differenzierung wird durch die rechtsdogmatische Einordnung personenbezogener Daten anhand des geltenden Datenschutzrechts vorgeprägt. Im Vordergrund des Datenschutzes steht nicht die vergegenständlichte Information oder deren besitz- und eigentumsrechtliche Lage, sondern das dahinter stehende Recht auf informationelle Selbstbestimmung, dessen Schutz und Gewährleistung wiederum das Datenschutzrecht zu dienen bestimmt ist. Das Datenschutzrecht knüpft nicht an einen zivilrechtsdogmatisch zugrunde liegenden Übertragungsakt, sondern einen spezialgesetzlich *eigenen Rechtsbegriff* an: die Datenübermittlung. Diese setzt wiederum nicht notwendig den Wechsel des Eigentums am Speichermedium voraus, sondern ist von der zivilrechtlichen Rechtslage losgelöst. Informationen können sowohl durch bloße Übergabe (im Sinne eines Besitzwechsels) an Datenträgern „übermittelt" werden als auch im Wege des unkörperlichen „Weitersagens", ohne dass die Daten vor oder nach der Übermittlung verkörpert und gespeichert sein müssten.

Personenbezogene Daten unterliegen, anders als das zivilrechtliche Eigentum an Sachen, weder rechtlich noch kraft Natur der Sache einer Ausschließlichkeit. Die Übertragung des Eigentums an einer beweglichen Sache lässt diese vom Veräußerer auf den Erwerber übergehen, der fortan das ausschließliche (Eigentums-)Recht an der Sache innehat. Der Erwerber kann insbesondere Dritte von der Nutzung der Sache ausschließen. Werden personenbezogene Daten an einen Dritten übermittelt, verdoppeln sich in der Regel die Informationen. Sowohl die übermittelnde als auch die empfangende Stelle sind in „Besitz" der Informationen und können

220 *Wehlau*, OLG Report Kommentar, K27 f.
221 Disketten, Festplatten, Server, Bänder, Akten in Papierform etc.
222 *Roßnagel/Pfitzmann/Garstka*, 37.
223 *Roßnagel/Pfitzmann/Garstka*, 37.
224 *Kilian*, FS Büllesbach 2002, 152 f.

diese weiterhin nutzen sowie darüber verfügen. Es liegt gerade keine ausschließliche Zuordnung vor. Bereits aus diesem Grund sind personenbezogene Daten und bewegliche Sachen hinsichtlich der (zivilrechtlichen) Übertragungsmechanismen nur schwerlich vergleichbar.

Mit diesen Schwierigkeiten, personenbezogene Informationen infolge ihrer Unkörperlichkeit unter die zivilrechtlichen Begrifflichkeiten des Eigentums und Besitzes zu fassen, die wiederum den Singularsukzessionstatbeständen zugrunde liegen, sieht sich auch die Rechtsprechung zur deliktischen Haftung wegen Datenverlusts konfrontiert. Sie bedient sich für die Begründung der deliktischen Haftung nach § 823 Abs. 1 BGB einer Hilfskonstruktion. Der Datenträger wird – insoweit zutreffend – als körperliche Sache verstanden, auf dem die unkörperlichen Informationen abgelegt sind. Gehen diese Daten nun verloren, liegt zwar keine Sachsubstanzverletzung vor, da der Datenträger nach wie vor körperlich betrachtet unversehrt ist. Infolge des Datenverlustes wird jedoch die *spezifische Funktionstauglichkeit* des Datenträgers beeinträchtigt, da diese nicht nur die Möglichkeit erfasst, Informationen zu speichern, sondern ebenso, diese wiederzugeben oder aufzubewahren.[225]

Ungeachtet der Praxistauglichkeit dieser Konstruktion wird deutlich, dass sich personenbezogene Daten nur mit großen Schwierigkeiten unter die bekannten zivilrechtsdogmatischen Instrumente fassen lassen. Dies wirkt sich zwangsläufig auch im Rahmen der verschmelzungsrechtlichen Vermögensnachfolge aus.

Eigentum und Besitz an der Hardware gehen unstreitig infolge der Gesamtrechtsnachfolge auf den übernehmenden Rechtsträger über, ohne dass es eines weiteren Übertragungsaktes bedürfte. Der übertragende Rechtsträger erwirbt sowohl den Besitz an den Speichermedien analog § 857 BGB[226], wie die dingliche Berechtigung. Eine tatsächliche Besitzergreifung ist aufgrund der Fiktionswirkung des § 857 BGB nicht erforderlich. Dass auch der Besitz einen Bestandteil des Vermögens darstellt und folglich von der Gesamtrechtsnachfolge erfasst wird, ergibt sich systematisch bereits aus der Tatsache, dass der Erwerb bestimmter Rechte unmittelbar und untrennbar mit der Besitzerlangung verbunden ist; dies ist im Übrigen unbestritten.

Von der possesorischen und petitorischen Rechtslage unberührt bleibt die datenschutzrechtliche Zuständigkeit und Berechtigung an den personenbezogenen Informationen. Allein der zivilrechtlich wirksame Übergang einer Rechtsposition sagt in abstracto noch nichts darüber aus, inwieweit der übernehmende Rechtsträger zugleich in die Zuständigkeit bzw. den datenschutzrechtlichen Zuweisungsgehalt der personenbezogenen Informationen als neue verantwortliche Stelle und „Herrin der Daten“ nachfolgt. Indem das Datenschutzrecht in § 3 Abs. 4 S. 2 Nr. 3 BDSG die Datenübermittlung als Unterfall der Verarbeitung regelt, wird deutlich,

---

225 *OLG Karlsruhe*, NJW 1996, 200 = CR 1996, 352; *Wehlau*, OLG Report (Kommentar), K27 f. Diese „*Hilfskonstruktion*“ wird jedoch zu Recht als ungenügend kritisiert. Sie versagt, wenn die Person des Berechtigten an den Datenbeständen und des Eigentümers der Speichermedien auseinanderfallen. Eine befriedigende Lösung der Haftungsfrage ergibt sich eher über eine direkte Anwendung des § 823 Abs. 1 BGB auf (personenbezogene) Daten als „*sonstiges Recht*“, vgl. *Wehlau*, OLG Report, K 27 f.

226 *Stratz* in: Schmitt/Hörtnagl/Stratz, UmwG, § 20 Rdnr. 65; *Palandt/Bassenge*, BGB, § 857 Rdnr. 3; *Joost* in: MünchKomm/BGB, § 857 Rdnr. 14.

dass eine differenzierte Betrachtung notwendig ist und die Nachfolge in die Berechtigung an den personenbezogenen Daten vorrangig aus Sicht des geltenden Datenschutzrechts zu beurteilen ist. Wird beispielsweise eine Forderung abgetreten und die für die Geltendmachung erforderlichen personenbezogenen Daten an den Zessionar mitgeteilt, liegt hierin zugleich ein relevanter Übermittlungsvorgang.[227] Wie genau sind personenbezogene Daten jedoch nun unter der Gesamtrechtsnachfolge einzuordnen?

3.3.1.2.2 *Succedere per universitatem* – mehr als nur ein Surrogat für ein Bündel von Singularsukzessionen?

Die Übertragung personenbezogener Informationen im Wege der successio in rem ist aus gesetzessystematischen und begriffsdogmatischen Gründen ausgeschlossen. Die bekannten Übertragungsmechanismen in die besitz- oder eigentumsrechtliche Rechtsnachfolge versagen von vorne herein aufgrund der Unkörperlichkeit der Daten. Auch eine Parallele zur Forderungszession gemäß §§ 398 ff. BGB als zivilrechtsdogmatisches Instrument zur Übertragung unkörperlicher Rechte ist nicht geeignet, um die Übertragung personenbezogener Daten zu erfassen. Soweit § 413 BGB die Zession als tauglichen Übertragungstatbestand auch für „andere Rechte“ ausweitet, werden personenbezogene Daten hiervon nicht erfasst. Diese sind kein „anderes Recht“ in diesem Sinne. § 413 BGB kommt zwar insoweit eine Auffangfunktion zu, als dass alle Rechte, die nicht unter § 398 BGB fallen, erfasst werden sollen – so insbesondere das Urheberrecht, gewerbliche Schutzrechte, Familien- und Erbrecht, Mitgliedschaftsrechte und Gestaltungsrechte. Dies steht jedoch unter dem Vorbehalt, dass keine spezialgesetzliche Regelung existiert, die entweder die Übertragung dieser Rechte expressis verbis regelt oder diese ausschließt.[228] Dementsprechend ist die praktische Bedeutung des § 413 BGB infolge der regelmäßigen Subsidiarität gering;[229] erfasst werden in erster Linie Gestaltungsrechte. Personenbezogene Informationen sind indes keine „Rechte“ im zivilrechtsdogmatischen Sinne. Sie werden weder durch Rechtsgeschäft, noch per Gesetz begründet. Sie unterliegen dem Schutz des geltenden Datenschutzrechts, indem der Betroffene umfassend über den Inhalt, Umfang und Adressaten der Weitergabe autonom bestimmen können soll.

Soweit eine Übertragung personenbezogener Daten analog der Singularsukzession nach den bekannten zivilrechtlichen Instituten ausscheidet, könnte man annehmen, dass eine Rechtsnachfolge im Wege der Universalsukzession ebenso ausscheiden muss. Dies jedenfalls unter der Prämisse, dass man den Gehalt der Universalsukzession auf die bloße Bündelung von Singularsukzessionen reduziert. Zutreffend wird im Schrifttum darauf hingewiesen, dass der

---

[227] Tätigkeitsbericht des Innenministeriums Baden-Württemberg 2001, 90 ff.

[228] Als umfassende leges speciales sind die sachenrechtlichen Übertragungstatbestände gemäß §§ 873 ff., 925 ff., 929 ff. BGB anzusehen, die auch auf die Übertragung des Anwartschaftsrechts Anwendung finden, vgl. *BGHZ* 28, 21; *BGH*, NJW 1970, 699. Das Urheberrecht und gewerbliche Schutzrechte sind nach der lex lata nicht übertragbar, sondern untrennbar mit dem Urheber verbunden und unterfallen daher nicht § 413 BGB; vgl. *Palandt/Heinrichs*, BGB, § 413 Rdnr. 3.

[229] *Palandt/Heinrichs*, BGB, § 413 Rdnr. 2.

Unterschied zwischen einer successio in rem und einer successio per universitatem einzig darin begründet liegt, dass sich ein Erwerbstatbestand nicht auf einzelne Rechte und Rechtsverhältnisse unter Beachtung des sachenrechtlichen Spezialitätsprinzips bezieht, sondern ein Bündel von Rechten und Rechtsverhältnissen, gleich welchen Gegenstands, übergeht.[230] Dass die Gesamtrechtsnachfolge im übrigen als gesetzliche, zwingende und umfassende ausgestaltet sein mag, ist hierbei unerheblich.

Ein abweichendes Ergebnis würde sich jedoch ergeben, wenn und soweit die Gesamtrechtsnachfolge weiter ginge, als die Summe möglicher Singularsukzessionen. Es wird darauf verwiesen, dass die Gesamtrechtsnachfolge eine Verschmelzung nicht ermöglichen, sondern lediglich vereinfachen soll.[231] Die ratio der gesetzestechnischen und zugleich dogmatischen Konstruktion liegt gerade darin, umfassende Einzelübertragungen auszuklammern und diese in deren Summe durch das rechtliche Institut der Universalsukzession zu ersetzen. Demnach würden personenbezogene Daten auch nicht von der Universalsukzession erfasst.

3.3.1.2.3 Notwendig akzessorische Verbindung der Daten mit übergehenden Rechtsverhältnissen?

Personenbezogene Informationen sind zwar losgelöst von den übergehenden Rechtsverhältnissen zu betrachten und entziehen sich einer dogmatischen Einordnung unter die bekannten rechtlichen Mechanismen. Umgekehrt sind sie notwendig mit den zugrunde liegenden (öffentlich-rechtlichen wie zivilrechtlichen) Rechtsverhältnissen bzw. dem Eigentum und Besitz an den Speichermedien verbunden. Folgt der übernehmende Rechtsträger kraft Universalsukzession in ein Recht oder Rechtsverhältnis (gleich ob schuldrechtlich, petitorisch oder possesorisch) nach, ist diese Nachfolge untrennbar mit der gleichzeitig – rechtlich wie tatsächlich – notwendigen Nachfolge in die dem Rechtsverhältnis zugrunde liegenden bzw. „anhaftenden“ Informationen verbunden. Wird eine Forderung im Wege der Singularzession an den Zessionar abgetreten, müssen diesem zugleich notwendig durch den Zedenten alle personenbezogenen Informationen über den Schuldner mitgeteilt werden, die für eine ordnungsgemäße Geltendmachung des Anspruchs erforderlich sind. Andernfalls würde das rechtliche Konstrukt der Zession wirtschaftlich ins Leere gehen; die Forderung wäre endgültig nicht realisierbar, obgleich wirksam auf den Zessionar übergegangen.

Zwar liegt im Falle der Forderungszession zweifellos eine Datenübermittlung nach dem Bundesdatenschutzgesetz vor; diese muss jedoch in der zwingenden Folge zulässig sein, will man das Zessionsrecht nicht zur Funktionslosigkeit degradieren.[232] Gleiches gilt für Fälle der Rechtsnachfolge in Verträge auf Seiten des Schuldners oder Gläubigers im Wege der Vertragsübernahme. Jeweils ist die Kenntnis der Person des Gläubigers bzw. Schuldners sowie des Vertragsinhalts mit ggf. personenbezogenem Charakter notwendige Voraussetzung für die

---

230 *K. Schmidt*, AcP 191 (1991), 501 f.; *Hasse*, AcP 5 (1822), 19 ff.; *Larenz*, Allgemeiner Teil, § 13 V b.
231 *Wiener*, ZHR 27 (1882), 333 ff.; *K. Schmidt*, AcP 191 (1991), 503 ff.
232 Zur datenschutzrechtlichen Zulässigkeit der Zession einer Forderung siehe ausführlich unter *9.2.5.1*.

Realisierung der Rechte und Pflichten aus dem übergehenden Rechtsverhältnis. Dies mag nicht für alle bei der Verschmelzung betroffenen Vermögensbestandteile gelten, verdeutlicht jedoch den grundsätzlichen Mechanismus: Die personenbezogenen Daten gehen *notwendig akzessorisch* und *akzidentiell* mitsamt dem übergehenden bzw. zu übertragenden Rechtsverhältnis über bzw. müssen jedenfalls notwendig mitgeteilt werden, sollen die zivilrechtlichen Übertragungsmechanismen nicht vollständig leer laufen. Dort, wo bereits bei Singularsukzessionen die notwendige Weitergabe personenbezogener Informationen untrennbar mit dem zivilrechtlichen Übergang des Rechts oder Rechtsverhältnisses verbunden ist, kann für die Universalsukzession nichts anderes gelten. Andernfalls entfiele der maßgeblich vom Gesetzgeber angestrebte und vom wissenschaftlichen Schrifttum attestierte Rationalisierungseffekt der Gesamtrechtsnachfolge[233] in weiten Teilen. Das Gleiche gilt für die Betrachtung der eigentums- und besitzrechtlichen Neuzuweisung an den Speichermedien. Die personenbezogenen Daten folgen diesen akzessorisch.

Für die personenbezogenen Daten bedeutet dies insgesamt, dass die datenschutzrechtliche Verantwortung wechselt. Der übernehmende Verband tritt im Wege der Universalsukzession als neue verantwortliche Stelle an die Stelle des übertragenden Verbandes. Es kommt somit auch hier zu einer Änderung der Rechtszuordnung infolge Gesamtrechtsnachfolge,[234] was dem Ergebnis für Vermögensgegenstände entspricht. Datenschutzrechtlich erscheint diese Erkenntnis unbedenklich, sagt sie doch nichts darüber aus, inwieweit in dem Übergang der personenbezogenen Daten zugleich eine Datenübermittlung im Sinne des Bundesdatenschutzgesetzes liegt und welche weiteren (ggf. flankierenden) datenschutzrechtlichen Anforderungen zu stellen sind.[235]

Diese Erkenntnis gilt jedoch beschränkt auf jene personenbezogenen Daten, denen tatsächlich ein im Wege der Universalsukzession übergehendes Rechtsverhältnis zugrunde liegt. Nur in diesem Fall können die Daten akzessorisch und untrennbar mitsamt dem Rechtsverhältnis übergehen. Keine eindeutige Lösung ergibt sich hieraus für Datenbestände, denen kein zivil- oder öffentlich-rechtliches Rechtsverhältnis zugrunde liegt, obgleich diese beim übertragenden Verband vorgehalten werden. Hier bedarf es weiterer Überlegungen.

3.3.1.2.4 Verfügungsrecht und Rechtsbeziehungen mit dem Betroffenen als Rechtsverhältnisse in der Universalsukzession

Die datenschutzrechtlichen Rechtsbeziehungen zwischen dem Betroffenen, seinen personenbezogenen Informationen und der verantwortlichen Stelle sowie das Verfügungsrecht des Betroffenen an seinen Daten könnten ein Rechtsverhältnis im weiteren Sinne darstellen, das

---

233 *Wiener*, ZHR 27 (1882), 333 ff.; *K. Schmidt*, AcP 191 (1991), 503 ff.

234 *Hennrichs*, S. 35 (allgemein zur Gesamtrechtsnachfolge).

235 Der Betroffene sieht sich jedoch im Ergebnis nach Vollzug der Verschmelzung einer „neuen" verantwortlichen Stelle, dem übernehmenden Rechtsträger, gegenüber, der insbesondere in Rechtsform, Firmierung und gesamthaft strategischem Geschäftsfeld von dem ursprünglich übertragenden Rechtsträger abweichen kann.

seinerseits wiederum von der Universalsukzession erfasst wird. *Creifelds*[236] definiert das Rechtsverhältnis als eine rechtlich bedeutsame, durch Normen des objektiven Rechts geregelte Lebensbeziehung zwischen Personen untereinander oder zwischen Personen und Sachen. Zweifellos regelt das geltende Datenschutzrecht das rechtliche Verhältnis zwischen dem Betroffenen, seinen personenbezogenen Informationen und der verantwortlichen Stelle im Sinne eines umfassenden autonomen Selbstbestimmungsrechts. Das Rechtsverhältnis ist ferner negativ abzugrenzen von einer rein tatsächlichen Beziehung, an die keine weitere rechtliche Relevanz geknüpft wird.

Indem das Bundesdatenschutzgesetz umfassende Regelungen für die Erhebung, Verarbeitung und Nutzung personenbezogener Daten für die verantwortliche Stelle aufstellt, wird zweifellos ein gesetzlich geprägtes Rechtsverhältnis begründet. Obgleich der Begriff des Rechtsverhältnisses im verschmelzungsspezifischen Kontext vordergründig auf die zivilrechtlich Rechtsbeziehungen des übertragenden Rechtsträgers mit Personen oder Sachen zugeschnitten zu sein scheint, werden von der Rechtsnachfolge nach h.M. auch öffentlich-rechtliche Rechtsverhältnisse erfasst, soweit diese nicht aufgrund ihrer höchstpersönlichen Natur unübertragbar sind.[237] Etwaige Genehmigungen gehen ebenso wie behördliche Auflagen auf den übernehmenden Rechtsträger über, soweit diese nicht spezifisch an eine bestimmte Person anknüpften. Für personenbezogene öffentlich-rechtliche Erlaubnisse ist indes umstritten, inwieweit diese von der Universalsukzession erfasst werden. Vertreten wird, dass diese – entsprechend der Systematik des öffentlichen Rechts – erlöschen und nicht von der Universalsukzession erfasst werden.[238] Ebenso wird vertreten, dass die personengebundenen Erlaubnisse dann übergingen, wenn jedenfalls die Person, an die die Gestattung anknüpft, ebenfalls mit wechselt.[239] Letztlich wird vertreten, dass auch personengebundene öffentlich-rechtliche Erlaubnisse grundsätzlich mit übergingen, der Übergang jedoch anzeigepflichtig bei der zuständigen Genehmigungsbehörde sei, die daraufhin über die Voraussetzungen einer Rücknahme entscheiden könne.[240] Richtig erscheint unter der Systematik des öffentlichen Rechts einzig, den Übergang personengebundener öffentlich-rechtlicher Gestattungen unter der verschmelzungsrechtlichen Gesamtrechtsnachfolge zu verneinen.[241] Dem übernehmenden Rechtsträger bleibt es unbenommen, unter Erfüllung der gesetzlichen Voraussetzungen einen neuerlichen Antrag auf Erteilung der Gestattung zu stellen, auf die in den meisten Fällen ein Anspruch i.S.e. subjektiv öffentlichen Rechts bestehen wird.

Der Datenschutz ist seinerseits Bestanteil des öffentlichen Rechts. Er wurde im Bundesdatenschutzgesetz zugleich vom Gesetzgeber mit *unmittelbarer horizontaler Direktwirkung* im

236 *Creifelds*, S. 1008.
237 *Stratz* in: Schmitt/Hörtnagl/Stratz, UmwG, § 20 Rdnr. 68 f.
238 *Dehmer*, UmwG, § 20 Rdnr. 68; *Marsch-Barner* in: Kallmeyer, UmwG, § 20 Rdnr. 26; *Vossius* in: Widmann/Meyer, UmwG, § 20 Rdnr. 251.
239 *Grunewald* in: Lutter, UmwG, § 20 Rdnr. 7.
240 *Bermel* in: Goutier/Knopf/Tulloch, UmwG, § 20 Rdnr. 36; *Mertens*, S. 172 ff.
241 So auch *Gaiser*, DB 2000, 364.

privatrechtlichen Bereich einfachgesetzlich ausgestattet.[242] Das Gesetz knüpft an die Verantwortlichkeit für gespeicherte personenbezogene Daten bei einer verantwortlichen Stelle eine Reihe von Rechten und Pflichten. Die Beziehung zwischen Betroffenem und verantwortlicher Stelle verdichtet sich insoweit über die Regelungsmaterie des Datenschutzes, die es ex lege zwingend zu beachten gilt, zu einem gesetzlichen Rechtsverhältnis. Unter dieser Betrachtungsweise liegt der Schluss nahe, die mit den personenbezogenen Daten verknüpften Rechtsbeziehungen – ungeachtete der datenschutzrechtlichen Zulässigkeit – als übergehendes Rechtsverhältnis in der Universalsukzession unter ihrem universalen und unimodalen Ansatz zu begreifen. Rechtlich eindeutig ist dieser Schluss indes nicht. Anders als behördliche Genehmigungen, die regelmäßig an eine bestimmte Person oder den Zustand einer Sache anknüpfen, bezieht sich das Datenschutzrecht auf die personenbezogenen Daten des Betroffenen im Verhältnis zur verantwortlichen Stelle oder dem Dritten. Es knüpft an die Herrschaft über diese an, mithin das Rechtsverhältnis zur jeweils verantwortlichen Stelle oder dem Dritten. Das Rechtsverhältnis, will man die Rechtsbeziehung zwischen dem Betroffenen und der verantwortlichen Stelle als solches begreifen, ist insoweit neutral. Hierin liegt zugleich der zentrale Unterschied zu einem weitgehend vorgeprägten Verständnis eines Rechtsverhältnisses in der verschmelzungsrechtlichen Universalsukzession. Der Begriff orientiert sich an den zivilrechtlichen Beispielsfällen. Dies muss für die Einordnung der rechtlichen Beziehung des Betroffenen mit der verantwortlichen Stelle nichts bedeuten, unterscheidet sich jedoch vom bislang herausgebildeten Verständnis. Gehen die personenbezogenen Daten im Wege der Gesamtrechtsnachfolge unabhängig von zugrunde liegenden Rechtsverhältnissen auf den übernehmenden Verband über, werden zugleich die datenschutzrechtlichen Beziehungen neu begründet.

Unter der gesetzlichen Systematik des Vermögensbegriffes und der ratio legis der Universalsukzession sind die aus dem Datenschutzrecht resultierenden Rechtsbeziehungen zwischen dem Betroffenen, der verantwortlichen Stelle und seinen personenbezogenen Daten als *eigenständiges Rechtsverhältnis* im weiteren Sinne, definiert durch die unabdingbaren Rechte des Betroffenen und die Pflichten sowie Grenzen der Verwendungsbefugnis der verantwortlichen Stelle an den Daten, zu begreifen, das selbst von der Gesamtrechtsnachfolge als eigener Vermögensbestandteil erfasst wird. Die Gesamtrechtsnachfolge beschränkt sich nicht auf Gegenstände oder zivilrechtliche Rechte und Rechtspositionen, sondern ist insoweit offen ausgestaltet. Entscheidend ist der universelle Ansatz. Alle in Person des übertragenden Verbandes vorhandenen Gegenstände und Rechtspositionen sollen erfasst werden. Dies impliziert zugleich der Begriff des Vermögens, der bewusst nicht an zivilrechtliche Paradigmen angelehnt ist.

Diese Erkenntnis gilt jedoch nicht schrankenlos und unter einem entscheidenden Vorbehalt. Bereits zuvor wurde herausgearbeitet, dass ein Vermögensbestandteil in der Universalsukzession nur insoweit übergangsfähig ist, wie dies die spezifische Natur des Vermögensbe-

[242] *Simitis* in: Simitis/Dammann/Geiger/Mallmann/Walz, BDSG, § 1 Rdnr.178; *Wengert/Wiedmann/ Wengert*, RDV 2000, 49; so schon *BVerfGE* 65, 1 ff. – *Volkszählung*.

standteils zulässt. Für personenbezogene Daten und die rechtliche Beziehung zwischen Betroffenem, verantwortlicher Stelle und seinen personenbezogenen Daten ist zu hinterfragen, ob deren Rechtsnatur – generell-abstrakt oder konkret-individuell – dem Übergang der Rechtsbeziehungen und personenbezogenen Daten entgegenzustehen vermag. Auch hier bietet sich vorab eine vergleichende Betrachtung zu allgemein anerkannten Ausnahmen der Gesamtrechtsnachfolge an, um hieraus in der Folge eine Lösung für personenbezogene Daten entwickeln zu können.

3.3.2 Ausnahmen von der Gesamtrechtsnachfolge – Rückschlüsse für den Übergang personenbezogener Daten

So weit der Grundsatz der Gesamtrechtsnachfolge auch reichen mag, sind Ausnahmen von diesem im Einzelfall anerkannt. Rechtsdogmatisch betrachtet handelt es sich dabei, wie bereits aufgezeigt, nicht um immanente Beschränkungen der Universalsukzession, sondern Ausnahmen auf Ebene der übergehenden Vermögensgegenstände – des Vermögensbegriffs. Der Universalsukzession liegt der Grundsatz der Universalität und Unimodalität zugrunde. Von der Vermögensnachfolge werden indes nur Gegenstände erfasst, die ihrerseits übertragbar und übergangsfähig sind.[243] Würde sich für die datenschutzrechtlich geprägte Rechtsbeziehung des Betroffenen mit der verantwortlichen Stelle – an dieser Stelle ungeachtet der datenschutzrechtlichen Zulässigkeit – eine Unübertragbarkeit aus der Natur des zivilrechtlichen Rechtsverhältnisses ergeben, führte dies zu einer rechtlichen Aufspaltung zwischen dem zugrunde liegenden Rechtsverhältnis und den diesem zugrunde liegenden personenbezogene Daten. Die Folge wäre eine unauflösbare Inkonsistenz zweier Rechtmaterien. Bereits aus diesem Grund liegt es nahe, dass eine Ausnahme für personenbezogene Daten isoliert betrachtet kaum in Frage kommen kann.

Schon das *Reichsgericht*[244] hat seinerzeit festgestellt, dass vom Eintritt in die Rechte und Pflichten des übertragenden Rechtsträgers solche ausgeklammert sind, die ihrer Natur nach nicht auf einen Gesamtrechtsnachfolger übergehen. Dies ist insbesondere in Fällen anerkannt, in denen Interessen Dritter betroffen sind, die dem Einrücken des übertragenden Rechtsträgers in ein bestehendes Rechtsverhältnis entgegenstehen können.[245] Dieses – freilich in anderem Kontext ergangene – Postulat des Reichsgerichts[246] ist insoweit verallgemeinerungsfähig, als es verdeutlicht, dass der Gesamtrechtsnachfolge dort Grenzen gesetzt sind, wo diese in Rechte oder Rechtspositionen Dritter in unverhältnismäßiger Weise eingreift.[247] Nach den zuvor dargestellten Grundsätzen gehen personenbezogene Daten entweder akzessorisch mit der Nach-

243 *Muscheler*, 6 (zur erbrechtlichen Universalsukzession).
244 *RGZ* 136, 313.
245 *Grunewald* in: Lutter, UmwG, § 20 Rdnr. 13.
246 *RGZ* 136, 313.
247 Zwar werden Dritte von finanziellen Nachteilen über die umwandlungsrechtlichen Schutzmechanismen abgesichert. Dieser Schutz betrifft indes ausschließlich die Kompensation für finanziell nachteilige Folgen und lässt sonstige Nachteile (insbesondere in Bezug auf Immaterialrechte der Betroffenen) außen vor; vgl. *Grunewald* in: Lutter, UmwG, § 20 Rdnr. 13.

folge in die zivilrechtlichen Rechtspositionen an den zugrunde liegenden Speichermedien im Wege der Gesamtrechtsnachfolge über oder werden als eigenständige Rechtsverhältnisse von der Universalsukzession erfasst. Ausnahmen hierzu könnten sich in erster Linie anhand einer vergleichenden Betrachtung zu anerkannten geschriebenen oder ungeschriebenen Ausnahmen ergeben.

3.3.2.1 Ausnahmen de lege lata

Das Umwandlungsgesetz selbst beschränkt sich in seinem Regelungsgehalt auf den Schutz von Vermögensinteressen Dritter.[248] Sonderrechte von Anteilsinhabern am übertragenden Rechtsträger setzen sich am übernehmenden Rechtsträger fort, § 23 UmwG. Neben dem Anspruch auf Sicherheitsleistung können sich Schadensersatzansprüche der Gläubiger gegen die Rechtsträger infolge Verletzung von Pflichten bei Prüfung der Vermögenslage und Abschluss des Verschmelzungsvertrags ergeben.[249] Eine weitere Sonderregelung stellt § 132 UmwG dar. Er sieht vor, dass allgemeine Vorschriften, welche die Übertragbarkeit eines bestimmten Gegenstandes ausschließen, an bestimmte Voraussetzungen knüpfen oder nach denen die Übertragung eines bestimmten Gegenstandes einer staatlichen Genehmigung bedarf, durch die Wirkungen der Eintragung, insbesondere der partiellen Gesamtrechtsnachfolge nach § 131 Abs. 1 Nr. 1 UmwG, unberührt bleiben.[250] Derartige in Bezug genommene allgemeine Vorschriften könnten sich eben aus dem geltenden Datenschutzrecht ergeben. Dies kann jedoch dahinstehen, soweit die Vorschrift des § 132 UmwG von vorne herein nicht auf Verschmelzungen übertragbar ist und der Begriff des „Gegenstandes" sich ferner als nicht passend für personenbezogene Daten herausstellen sollte.

Ungeachtet der näheren dogmatischen Qualifikation findet § 132 UmwG im Bereich der Verschmelzung aus *systematischen* Gründen keine, auch nicht analoge Anwendung. § 132 UmwG stellt eine lex specialis des Spaltungsrechts dar, wie die systematische Stellung eindeutig erkennen lässt. § 132 UmwG tritt nach § 125 UmwG neben die bereits für Verschmelzungen bestehenden Grenzen der Gesamtrechtsnachfolge und weist eine spaltungsspezifische Zwecksetzung auf. Dies lässt sich auch rechtsdogmatisch verifizieren. Da das Umwandlungsgesetz vermögens- und nicht unternehmensorientiert angelegt ist[251] und den Transfer im Wege der partiellen Gesamtrechtsnachfolge von Vermögens- oder Betriebsteilen gestattet, besteht die erhebliche Gefahr, dass für bestimmte Gegenstände die partielle Gesamtrechtsnach-

---

248 § 22 Abs.1 UmwG. Den Dritten ist, Ihnen ist, soweit sie keine Befriedigung erlangen können, Sicherheit zu leisten.

249 *Raiser*, § 46 V. Rdnr. 78 ff.; *Grunewald* in: Lutter, UmwG, § 20 Rdnr. 23 ff.; *Sagasser/Ködderitzsch* in: Sagasser/Bula/Brünger, Handbuch Umwandlungsrecht, J. III. 1. c) aa) Rdnr. 145; *Stratz* in: Schmitt/Hörtnagl/Stratz, UmwG, § 20 Rdnr. 34 ff.

250 Der Umwandlungsgesetzgeber verfolgt mit der Regelung des § 132 UmwG das Ziel, ein Korrektiv zu der in §§ 126 Abs. 1 Nr. 5, 131 Abs. 1 Nr. 1 UmwG gewährten handelsrechtlichen Vermögensaufteilungsfreiheit zu implementieren, um der Gefahr einer Umgehung von bei einer Einzelrechtsnachfolge bestehenden Hindernissen über das Prinzip der partiellen Gesamtrechtsnachfolge entgegenzuwirken; *Teichmann* in: Lutter, UmwG, § 132 Rdnr. 3; *Hörtnagl* in: Schmitt/Hörtnagl/Stratz, UmwG, § 132 Rdnr. 2.

251 *K. Schmidt*, ZGR 1990, 596 ff.; *Teichmann* in: Lutter, UmwG, § 132 Rdnr. 3; *K. Schmidt*, GesR, § 13 I.2.a.

folge als rechtlicher Mechanismus anstelle von Singularsukzessionen gewählt wird, weil eine Einzelübertragung nicht bzw. nur mit Zustimmung Dritter möglich wäre.[252] § 132 UmwG zieht somit der Umgehung des allgemeinen Zivilrechts über das Spaltungsrecht enge Grenzen. Die Vorschrift greift insoweit jedoch ein *rein spaltungsspezifisches* Problem auf. Im argumentum e contrario kommt eine analoge Anwendung auf die Verschmelzung – mangels Regelungslücke wie auch Vergleichbarkeit der Interessenlagen – nicht in Betracht.

Ferner ist gemeinhin anerkannt, dass unter den verwendeten Begriff des „Gegenstandes", der im zivilrechtlichen Sinne[253] zu begreifen ist, Sachen i.S.v. § 90 BGB, Forderungen, Immaterialgüterrechte und sonstige Vermögensrechte fallen, nicht aber Persönlichkeitsrechte, unselbständige Gestaltungsrechte sowie Verbindlichkeiten.[254] Personenbezogene Daten sind mangels Gegenständlichkeit somit ausgeklammert. Auch eine analoge Anwendung auf personenbezogene Daten ist weder erforderlich, noch zielführend.

Aus § 132 UmwG lässt sich indes umgekehrt der verallgemeinerungsfähige Rechtsgedanke entnehmen, dass es in Einzelfällen Durchbrechungen des Prinzips der Gesamtrechtsnachfolge für einzelne Rechte oder Rechtsverhältnisse geben mag. Nichts anderes hat eben auch das *Reichsgericht*[255] seinerzeit festgestellt. Dies ist im *Schrifttum* für einzelne Vermögensbestandteile anerkannt.[256] Sinn und Zweck der Regelung des § 132 UmwG ist es, zwischen den Interessen der beteiligten Rechtsträger unter Beibehaltung der wirtschaftlichen Unternehmens- bzw. Betriebskontinuität und den Interessen derjenigen, die in Rechtsbeziehungen zu den Rechtsträgern stehen, einen sachgerechten Ausgleich zu schaffen, ohne das tragende Grundprinzip der partiellen Gesamtrechtsnachfolge auszuhöhlen.[257] Die weiteren Ausnahmen sind allerdings ungeschriebener Natur.

3.3.2.2 Ungeschriebene Ausnahmen

Der übernehmende Rechtsträger tritt in bestehende Schuldverhältnisse des übertragenden Rechtsträgers mit Dritten ein, ohne dass es einer Vertragsübernahme oder Vertragsänderung nach den allgemeinen Grundsätzen in jedem einzelnen Fall bedürfte. Die Gesamtrechtsnachfolge entfaltet auch hier eine Spezialitätswirkung;[258] eine Mitwirkung oder Zustimmung des Dritten ist nicht erforderlich. Soweit in Einzelfällen schutzwürdige Interessen des Dritten dem

[252] *Teichmann* in: Lutter, UmwG, § 132 Rdnr. 3.

[253] Begr. RegE, BR-Drucks. 75/94 zu § 126 UmwG.

[254] *Holch* in: MünchKomm/BGB, § 90 Rdnr. 4; *Palandt/Heinrichs*, BGB, Überbl. v. § 90, Rdnr. 2; *Hörtnagl* in: Schmitt/Hörtnagl/Stratz, UmwG, § 132 Rdnr. 16 ff.; *Mayer* in: Widmann/Mayer, UmwG, § 132 Rdnr. 24; *Heidenhain*, ZIP 1995, 804; *Sagasser/Sickinger* in: Sagasser/Bula/Brünger, Umwandlungen, N 48; in Bezug auf Verbindlichkeiten a.A. *Teichmann* in: Lutter, UmwG, § 132 Rdnr. 4; *Kallmeyer*, UmwG, § 132 Rdnr. 2.

[255] *RGZ* 136, 313.

[256] *Grunewald* in: Lutter, UmwG, § 20 Rdnr. 11 ff.; *Stratz* in: Schmitt/Hörtnagl/Stratz, UmwG, § 20 Rdnr. 18 ff.; *Sagasser/Ködderitzsch* in: Sagasser/Bula/Brünger, Handbuch Umwandlungsrecht, J.III. 1. c) aa) Rdnr. 145; *Raiser*, § 46 V. Rdnr. 74 ff.

[257] *Rieble*, ZIP 1997, 303; *Teichmann* in: Lutter, UmwG, § 132 Rdnr. 14; *Müller*, DB 2000, 365.

[258] *Möschel* in: MünchKomm/BGB, § 414 Rdnr. 8; *Stratz* in: Schmitt/Hörtnagl/Stratz, UmwG, § 20 Rdnr. 27.

Übergang des Schuldverhältnisses entgegenstehen, etwa die Fähigkeit zur Erbringung der Leistung infolge der Verschmelzung gefährdet erscheint oder eine bestehende Vertrauensgrundlage entfallen ist, wird dies nicht über eine Ausnahme vom Prinzip der Gesamtrechtsnachfolge im Wege einer teleologischen Reduktion gelöst, sondern über die Anwendung allgemeiner zivilrechtlicher Rechtsinstitute.[259]

3.3.2.2.1 Zivilrechtliche Sonderkündigungsrechte und Institut der Störung der Geschäftsgrundlage

Bestehende Verträge können in Ausnahmefällen über die nunmehr in § 313 Abs. 1 BGB gesetzlich kodifizierte *Störung der Geschäftsgrundlage* angepasst bzw. im Falle der Unzumutbarkeit eines Festhaltens am Vertrag über ein Recht zur *außerordentlichen Kündigung* nach § 313 Abs. 3, 314 BGB aufgelöst werden. Alternativ soll es möglich sein, für den Fall der Verschmelzung ein Erlöschen der Forderung zu vereinbaren.[260] Besteht indes kein gewichtiges Interesse an einer sofortigen Vertragsauflösung, kommt allenfalls ein ordentliches Kündigungsrecht (bei Dauerschuldverhältnissen) in Betracht.

Dieses flexible System der Vertragsanpassung bzw. Auflösung über ein Sonderkündigungsrecht ist gegenüber einer starren Ausnahme vorzugswürdig. Der Dritte hat es selbst in der Hand, das Schuldverhältnis fortbestehen zu lassen oder über seine Kündigungserklärung zu Fall zu bringen. Soweit kritisch eingewendet wird, die Kündigung sei de lege lata an bestimmte objektive Voraussetzungen, etwa die Unzumutbarkeit des Festhaltens am Vertrag, die Unmöglichkeit der Vertragsanpassung oder das Vorliegen eines wichtigen Grundes gebunden und stehe daher nicht im freien Belieben des Dritten, ist diese Einschränkung in Hinblick auf das System der Gesamtrechtsnachfolge wie auch die zivilrechtlichen Vorgaben sach- und interessengerecht. Darüber hinaus bleibt es den „neuen" Vertragsparteien unbenommen, den Vertrag einvernehmlich – ohne weitere sachliche Erfordernisse – aufzulösen bzw. aufzuheben, was ggf. sogar konkludent in der widerspruchslosen Hinnahme einer an sich unberechtigten Kündigung liegen kann. Aus dieser von der h.M. favorisierten Lösung wird erneut die Intensität des Regel-Ausnahme-Prinzips deutlich. Dieses muss infolgedessen auch auf die datenschutzrechtliche Einschätzung ausstrahlen. Eine Ausnahme vom Prinzip der Gesamtrechtsnachfolge sub specie des Datenschutzrechts kommt nur als „ultima ratio" in Betracht; im Übrigen ist eine Lösung über alternative Gestaltungsmöglichkeiten zu suchen.

Für personenbezogene Daten bedeutet dies, dass diese grundsätzlich in der Universalsukzession – mitsamt den zugrunde liegenden Rechtsverhältnissen – übergehen. Besteht im Einzelfall ein Sonderkündigungsrecht und macht der Betroffene hiervon Gebrauch, sind die personenbezogenen Daten anschließend selbstredend zu löschen. Im Rahmen bestehender Rechts-

---

259 *Kraft* in: KölnerKomm/AktG, § 246 Rdnr. 16, 19; *Rieble*, ZIP 1997, 301; *Stratz* in: Schmitt/Hörtnagl/Stratz, UmwG, § 20 Rdnr. 27.

260 *Mertens*, S. 179; *Bermel* in: Goutier/Knopf/Tulloch, UmwG, § 20 Rdnr. 25; *Grunewald* in: Lutter, UmwG, § 20 Rdnr. 31.

verhältnisse kommt ein Ausschluss des Übergangs aus dem Inhalt der personenbezogenen Daten nicht in Betracht. Liegt den personenbezogenen Daten kein Rechtsverhältnis zugrunde, gilt im Grundsatz nichts Abweichendes. Korrektive können sich im Einzelfall aus begleitenden datenschutzrechtlichen Vorgaben ergeben; dies wird an späterer Stelle aufzugreifen sein.

3.3.2.2.2 Ausschluss des Übergangs bei *höchstpersönlichen Rechten*

Im *Schrifttum* wird weiter vertreten, dass höchstpersönliche Rechte, die ausschließlich in Anbetracht einer bestimmten Person eingeräumt wurden, grundsätzlich nicht auf den Rechtsnachfolger übergehen. Die Frage, wann ein solches höchstpersönliches Recht vorliegt, das eine Ausnahme vom Prinzip der Gesamtrechtsnachfolge in diesem Sinne rechtfertigt, soll durch Auslegung des jeweiligen Rechtsverhältnisses mit persönlichem Einschlag zu ermitteln sein.[261] Im Vordergrund stehen dabei Rechtsverhältnisse, die zentral auf der persönlichen Beziehung des übertragenden Rechtsträgers zu einer bestimmten Person basieren. Soweit Rechtsverhältnisse wie Treuhänder, Vermögensverwalter, Testamentsvollstrecker, Berater oder Bevollmächtigte betroffen sind und auf beiden Seiten – d.h. sowohl auf Seiten des übertragenden wie auch des übernehmenden Rechtsträgers – eine juristische Person steht, ergibt die Auslegung des Parteiwillens regelmäßig, dass die Rechte und Pflichten aus diesen Rechtsverhältnissen übergehen sollen, da die persönliche Bindung hier nicht im Vordergrund stehen kann.[262] Eine abweichende Beurteilung kann indiziert sein, soweit – wie im Falle des Datenschutzrechts – auf einer Seite der betroffene als natürliche Person steht.

Rechtsdogmatisch wird eine Ausnahme vom Prinzip der Gesamtrechtsnachfolge unter dem Aspekt des höchstpersönlichen Rechtsverhältnisses zudem nur im Wege einer teleologischen Reduktion aufgrund des übergeordneten Parteiwillens zu bewerkstelligen sein. Letztlich steht hinter dieser Überlegung das Prinzip von Treu und Glauben („*bona fides*", § 242 BGB), da in bestimmten Fällen (die im Schrifttum mit der Bezeichnung der „höchstpersönlichen Rechte" zusammengefasst und nicht näher kategorisiert werden) die gegebene Interessenlage eine Ausnahme erforderlich macht. Soweit die höchstpersönlichen Rechte aus einer Vertragsbeziehung zwischen dem Dritten und dem übertragenden Rechtsträger resultieren, ist überlegenswert, ob nicht vorrangig und abschließend die zuvor genannten Möglichkeiten der Vertragsanpassung und Sonderkündigung eingreifen, so dass eine Ausnahme von der Gesamtrechtsnachfolge auf jene höchstpersönlichen Rechte beschränkt ist, die nicht aus vertraglichen, sondern sonstigen Beziehungen resultieren. Jedoch muss auch hier gelten, dass ein Bestehen etwaiger besonderer höchstpersönlicher Rechte grundsätzlich nicht den Übergang des Rechtsverhältnisses als solches sowie den Übergang der personenbezogenen Daten hindert.

Die Rechtsbeziehungen des Betroffenen zu seinen personenbezogenen Daten und der verantwortlichen Stelle stellen im Grundsatz nicht schon allein deshalb ein höchstpersönliches

---

[261] *Stratz* in: Schmitt/Hörtnagl/Stratz, UmwG, § 20 Rdnr. 66.
[262] *Grunewald* in: Lutter, UmwG, § 20 Rdnr. 24; *Bermel* in: Goutier/Knopf/Tulloch, UmwG, § 20 Rdnr. 21; *Stratz* in: Schmitt/Hörtnagl/Stratz, UmwG, § 20 Rdnr. 66.

Rechtsverhältnis in diesem Sinne dar, weil es sich um personenbezogene Daten des Betroffenen handelt. Der höchstpersönliche Einschlag erfordert weit mehr als den Übergang personenbezogener Informationen. Maßgebend ist die spezifische Beeinträchtigung höchstpersönlicher Interessen. Diese Frage ist jedoch keine spezifisch datenschutzrechtliche, sondern dem jeweiligen (schuldrechtlichen) Rechtsverhältnis durch Auslegung zu entnehmen. Auch hier zeigt sich wieder die Parallelität des allgemeinen Zivilrechts mit dem Datenschutzrecht. Ist der Übergang des Rechtsverhältnisses ausnahmsweise nach § 242 BGB grob unbillig, gehen auch die zugrunde liegenden personenbezogenen Daten nicht im Wege der Gesamtrechtsnachfolge über. Umgekehrt kommt ein Ausschluss des Rechtsübergangs aufgrund etwaiger „Unbilligkeit" des Übergangs der personenbezogenen Daten nicht in Betracht. Dass sich aus Sicht des Datenschutzrechts durchaus schutzwürdige Interessen der Betroffenen ergeben können, die insoweit gegen einen Übergang der persönlichen Informationen auf den übernehmenden Rechtsträger sprechen mögen, steht außer Frage. Dies ist jedoch keine Frage, die mit der begrifflichen Auslegung des Prinzips der Gesamtrechtsnachfolge zusammenhängt, sondern ist eine Frage der datenschutzrechtlichen Begleitfaktoren des Übergangs der Daten, die an anderer Stelle aufzugreifen sein wird.

3.4 Zwischenergebnis

In der Verschmelzungspraxis scheint ohne größere Bedenken anerkannt zu sein, dass personenbezogene Daten per se von der verschmelzungsrechtlichen Universalsukzession erfasst werden und auf diesem Wege auf den übernehmenden Verband übergehen. Begründet wird dies mit dem schlichten Hinweis auf den umfassenden Geltungsanspruch der Universalsukzession, der Ausnahmen insoweit nicht vorsehe. Eine genauere Betrachtung des rechtlichen Charakters der Universalsukzession zeigt indes, dass die Frage nach dem Schicksal personenbezogener Daten in der Gesamtrechtsnachfolge von zwei maßgebenden Faktoren abhängig ist: dem rechtsdogmatischen und rechtssystematischen Verständnis der Universalsukzession und dem zugrunde liegenden Vermögensbegriff.

Die verschmelzungsrechtliche Universalsukzession ist eine rechtsgeschäftliche, obgleich sie per Gesetz vorgesehen wird. Sie basiert auf einem Willensentschluss der Parteien in Form des Verschmelzungsvertrages und der Eintragung ins Handelsregister als förmliches Rechtsgeschäft. Sie ist zwingende Folge der Registereintragung und von den Parteien privatautonom weder abänderbar noch abdingbar. Aufgrund des zwingenden Charakters ist sie zugleich wesenstypisches Merkmal einer jeden Verschmelzung nach dem Umwandlungsgesetz. Die Gesamtrechtsnachfolge dient dem primären Zweck, Verschmelzungen zu erleichtern. Das Gesetz sieht die Gesamtrechtsnachfolge in das Vermögen des übertragenden Rechtsträgers als Ganzes als Surrogat für ein Bündel von – andernfalls erforderlichen – Singularsukzessionen vor. Diese Systematik erfasst personenbezogene Daten im Grundsatz gleichermaßen. Genauere Erläuterungen zur Ablaufsystematik der Universalsukzession finden sich indes beschränkt auf zivilrechtsdogmatische Rechte und Rechtsverhältnisse sowie einzelne öffentlich-rechtliche Rechtsverhältnisse und Gestattungen.

Personenbezogene Daten entziehen sich in abstracto einer Unterordnung unter die bekannten zivilrechtsdogmatischen Tatbestände für (unkörperliche) Gegenstände. Sie unterfallen insoweit nicht der Gesamtrechtsnachfolge, soweit man diese lediglich als Bündelung von Singularsukzessionen begreifen würde. Die Universalsukzession ist jedoch zugleich geprägt von den Eigenschaften der Universalität und Unimodalität. Der Vermögensübergang vollzieht sich einheitlich aufgrund eines einheitlichen Übertragungsaktes und erfasst universell sämtliche Vermögensbestandteile des übertragenden Verbandes. Sie ist somit mehr, als nur ein Bündel von Singularsukzessionen. Einschränkungen der Universalsukzession auf rechtsdogmatischer Ebene sind weder anerkannt, noch erforderlich. Demnach fallen auch personenbezogene Daten ohne weiteres unter die verschmelzungsrechtliche Gesamtrechtsnachfolge.

Die Universalsukzession wählt indes als Anknüpfungspunkt das Vermögen des übertragenden Rechtsträgers. Einschränkungen mögen sich insoweit zwar nicht aus der Rechtsnatur der Universalsukzession ergeben. Es steht jedoch außer Frage, dass die Universalität der Gesamtrechtsnachfolge nur so weit reichen kann, wie dies die Natur der zugrunde liegenden Vermögensgegenstände zulässt. Mit anderen Worten: Schließt die Rechtsnatur des Vermögensgegenstandes dessen Übergangsfähigkeit aus, kommt auch eine Rechtsnachfolge in der gesetzlichen Universalsukzession nicht in Betracht. Eine vergleichende Betrachtung zu sonstigen Vermögensgegenständen zeigt, dass sich personenbezogene Daten einer kategorisierenden Einordnung entziehen. Gleichzeitig ist eine parallele Betrachtung der zivilrechtlichen Situation erforderlich. Von der Gesamtrechtsnachfolge wird die eigentums- und besitzrechtliche Neuzuweisung der Speichermedien erfasst, mit denen die unkörperlichen personenbezogenen Informationen akzessorisch verbunden sind, sowie die zugrunde liegenden schuldrechtlichen Rechtsbeziehungen, in deren Rahmen die personenbezogenen Daten erhoben wurden. Die personenbezogenen Daten gehen insoweit als notwendiger Bestandteil in Form von gespeicherten Informationen auf den neuen Rechtsinhaber über. Andernfalls würde das Institut der Gesamtrechtsnachfolge zu einer wirtschaftlich leeren Hülle degradiert.

Für personenbezogene Daten, die nicht im Zusammenhang mit bestehenden (zivil- oder öffentlich-rechtlichen) Rechtsverhältnissen gespeichert sind, gilt ein weiterer Ansatz. Die rechtliche Beziehung zwischen dem Betroffenen, der verantwortlichen Stelle und seinen personenbezogenen Daten ist als Rechtsverhältnis im weiteren Sinne zu qualifizieren – definiert durch die unabdingbaren gesetzlichen Rechte des Betroffenen, die korrespondierenden Pflichten sowie die Grenzen der Verwendungsbefugnis der verantwortlichen Stelle – , das ebenfalls notwendig von der Universalsukzession erfasst wird, auch wenn es sich dem entwickelten Verständnis eines zivilrechtlichen Rechtsverhältnisses weitgehend entziehen mag. Die Beziehung zwischen Betroffenen und verantwortlicher Stelle ist objektiv-rechtlich geprägt durch das Datenschutzrecht, welches mit unmittelbarer horizontaler Drittwirkung einfachgesetzlich ausgestattet wurde. Fest steht damit, dass personenbezogene Daten als Bestandteil des verschmelzungsrechtlichen Vermögens von der Universalsukzession erfasst werden. Ausnahmen zur Universalsukzession mögen in Einzelfällen anerkannt sein, greifen indes für die hier zur Beurteilung stehenden personenbezogenen Daten nicht durch. Geschriebene Ausnahmen nach dem Umwandlungsgesetz sind weder direkt, noch analog anwendbar. Zivilrechtliche Rechtsinstitute, die eine sofortige Lösung aus einem bestehenden Vertragsverhältnis im Wege der außerordentlichen Kündigung gewähren, bleiben auf ihre zivilrechtliche Wirkung beschränkt und können nicht isoliert auf das Datenschutzrecht übertragen werden. Es versteht sich von selbst, dass personenbezogene Daten aus einem aufgekündigten Vertragsverhältnis nach geltendem Datenschutzrecht zu löschen sind.

Auch eine Ausnahme des Rechtsübergangs aufgrund der höchstpersönlichen Natur des Rechtsverhältnisses kommt vorliegend nicht in Betracht. Allein die Tatsache, dass personenbezogene Daten von der Gesamtrechtsnachfolge erfasst werden, begründet keinen Schluss dahingehend, dass gleichzeitig höchstpersönliche Rechtspositionen betroffen sind. Dies ist in ganz engen Grenzen nur dann der Fall, wenn eine bestehende Rechtsbeziehung gerade an die besondere Person des Vertragspartners anknüpfte, der sich mit Vollzug der Verschmelzung ändert. In allen übrigen Fällen gilt der Grundsatz der Universalsukzession uneingeschränkt.

Personenbezogene Daten gehen in summa umfassend nach § 20 Abs. 1 Nr. 1 UmwG über. Mit dieser Erkenntnis ist jedoch nichts über die weiteren Streitfragen im Zusammenhang mit der Gesamtrechtsnachfolge ausgesagt. Insbesondere wird es datenschutzrechtlich darauf ankommen, ob und inwieweit § 20 Abs. 1 Nr. 1 UmwG als lex specialis zum Datenschutzrecht einzustufen ist, der das Datenschutzrecht bereits auf Ebene des Anwendungsbereiches verdrängt, in dem Übergang personenbezogener Daten im Wege der vermögensrechtlichen Universalsukzession zugleich ein tatbestandlicher Datenübermittlungsvorgang liegt, der in der Folge ein zwingendes Rechtfertigungserfordernis auslöst und ob es weitere datenschutzrechtliche Einschränkungen im Zusammenhang mit dem universalsukzessiven Übergang der Daten zu beachten gilt, um die Rechte der Betroffenen hinreichend zu schützen. Im Vorfeld dieser Fragestellungen und von elementarer Bedeutung für die Verschmelzungspraxis stellt sich jedoch ein weiteres Kernproblem. Die verschmelzungsrechtliche Universalsukzession ist ein Phänomen des deutschen Umwandlungsgesetzes, angeordnet in § 20 Abs. 1 Nr. 1 UmwG. Daher fragt es sich, ob es auch im transnationalen Bereich einer Verschmelzung zu einer Universalsukzession in das Vermögen und die personenbezogenen Daten des übertragenden Verbandes kommt und wie sich ein etwaig abweichendes Ergebnis auf die datenschutzrechtliche Einschätzung auszuwirken vermag.

4. Verschmelzungsrechtliche Universalsukzession und transnationale Verschmelzungen

In der Verschmelzungspraxis liegt der Fokus zunehmend auf transnationalen[263], die Grenzen eines Staates überschreitenden Unternehmenszusammenschlüssen.[264] Die Bedeutung dieser korporativen Maßnahmen nimmt infolge des wachsenden Wettbewerbs- und Konzentrationsdrucks stetig zu. Die Verschmelzungspraxis sieht sich dabei mit zahlreichen grundlegenden rechtlichen Fragestellungen konfrontiert, die erheblichen Einfluss auf die Abwicklung derartiger Transaktionen nach den Vorgaben des Umwandlungsgesetzes nehmen. Die Schwierigkeit der rechtssicheren Abwicklung wird neben dem internationalen Gesellschaftskollisionsrecht und nationalen Verschmelzungssachrecht durch den Einfluss des Europarechts weiter erhöht.

Für die vorliegende Arbeit ist von grundlegender Bedeutung, ob und inwieweit es auch bei einer grenzüberschreitenden Verschmelzung zu einer *Universalsukzession* in das Vermögen des übertragenden Rechtsträgers nach dem Vorbild des § 20 Abs. 1 Nr. 1 UmwG kommen kann. Die Tatsache der Universalsukzession kann sich grundlegend auf die datenschutzrechtliche Einschätzung der Verschmelzungsmaßnahme auswirken. Insbesondere kann die Vermögensgesamtrechtsnachfolge nicht *privatautonom* von den Verschmelzungsparteien vereinbart werden, sondern ist auf die gesetzlich abschließend geregelten Fallgruppen begrenzt. Das Institut der Universalsukzession ist, wie gezeigt, ein *rechtsgeschäftliches*, wenngleich es auf einer gesetzlichen Anordnung beruht.[265] Es steht nur in den abschließend *de lege lata* zugelassenen Fällen zur Verfügung. Für die Verschmelzungspraxis ist damit von erheblicher Bedeutung, ob es auch im Falle einer grenzüberschreitenden Herein- oder Heraus-Verschmelzung zu einer Gesamtrechtsnachfolge in das Vermögen des übertragenden Verbandes kommt. Dies gilt insbesondere unter dem vorliegend interessierenden Aspekt des Datenschutzrechts.

Die Beantwortung dieser im internationalen Kollisionsrecht fußenden Fragestellung hängt im Vorfeld von einer Reihe gesellschaftsrechtlicher Begleitfaktoren ab. Primär ist das für eine transnationale Verschmelzung anzuwendende nationale Sachrecht nach den Regeln des IPR zu bestimmen. Zentral wird es darauf ankommen, ob die berufene(n) Rechtsordnung(en) das rechtliche Institut der Gesamtrechtsnachfolge überhaupt kennt(/en). Beruft das IPR das deutsche Verschmelzungssachrecht, könnte sich die Gesamtrechtsnachfolge entweder für den gesamten Verschmelzungsvorgang einheitlich oder jedenfalls für den inländischen Teil aus § 20 Abs. 1 Nr. 1 UmwG ergeben. Für die kollisionsrechtliche Statutenanknüpfung werden im Wesentlichen zwei Ansätze vertreten: Einer Ansicht nach bleiben die betroffenen Gesellschaftsstatute jeweils für ihren nationalen Rechtsträger bestimmend und sind in der Folge

---

263 Transnationale Verschmelzung als begrifflich exaktere Bezeichnung für die grenzüberschreitende oder internationale Verschmelzung, vgl. *Kindler* in: MünchKomm/BGB, Int. GesR, Rdnr. 644.

264 Die Zahl grenzüberschreitender Transaktionen in Relation zur Gesamtzahl nahm 2004 etwa 50 % ein und wird weiter steigen, vgl. *Picot*, RIW 2005, 1; hierzu bereits unter *1.1.*

265 *Lennerz*, S. 20; hierzu bereits zuvor unter *3.2.1.*

miteinander zu kumulieren, wobei sich die Vorschriften der strengeren Rechtsordnung im Kollisionsfall durchsetzen sollen, sog. *Vereinigungstheorie*.[266] Nach anderer Auffassung ist ein transnationaler Verschmelzungsvorgang ausschließlich nach den Vorgaben jeweils nur einer Rechtsordnung, i.d.R. derjenigen des übertragenden Rechtsträgers, abzuwickeln und das Gesellschaftsstatut des anderen Rechtsträgers gänzlich auszublenden, sog. *Einzeltheorien*.[267] Welcher dieser Vorgehensweisen international-privatrechtlich der Vorzug zu gewähren ist, wird im Folgenden zu untersuchen sein.

Soweit das deutsche Umwandlungsgesetz für die Beurteilung der Verschmelzung heranzuziehen ist, ist weiter von grundlegender Bedeutung, welche rechtlichen Limitierungen sich aus dem nationalen Sachrecht für grenzüberschreitende Verschmelzungen ergeben können. Mit anderen Worten: Gestattet das Umwandlungsgesetz transnationale Verschmelzungen überhaupt, schließt es diese gesamthaft aus oder klammert sie jedenfalls aus seinem Anwendungsbereich aus? Ausgangspunkt der hierzu entbrannten rechtlichen Diskussion ist § 1 Abs. 1 UmwG, der den Anwendungsbereich des Umwandlungsgesetzes auf *„Rechtsträger mit Sitz im Inland“* beschränkt. Umstritten ist dabei zum einen, welche Rechtsträger nach dem zugrunde zu legenden, indifferenten Sitzbegriff (Satzungs- oder Verwaltungssitz der Gesellschaft?) überhaupt beteiligungsfähig nach deutschem Umwandlungsgesetz sind. Zum anderen, ob die Beschränkung auf einen *„inländischen“* Sitz – ungeachtet der Interpretation des Sitzbegriffes an sich – dahingehend auszulegen ist, dass das Umwandlungsgesetz entweder grenzüberschreitende Umwandlungen *verbietet*, auf diese insgesamt nicht anwendbar ist oder sich sein Regelungsgehalt auf den inländischen Teil der Umwandlung beschränkt.

Da § 1 Abs. 1 UmwG nicht zwischen dem statutarischen und dem Verwaltungssitz einer Gesellschaft differenziert, deren unterschiedliche Anknüpfungspunkte grundlegende gesellschaftsrechtliche Fragestellungen aufwerfen, ist der in Bezug genommene Sitzbegriff in Hinblick auf die beteiligungsfähigen Gesellschaften zu hinterfragen. Im deutschen IPR wird seit jeher die *Sitztheorie*[268] vertreten. Diese knüpft die kollisionsrechtliche Bestimmung des maßgebenden Gesellschaftsstatuts an den *tatsächlichen Verwaltungssitz* der Gesellschaft. Sie muss sich indes von der jüngeren Rechtsprechung des *EuGH*[269] am Maßstab der Niederlas-

---

266 *Spindler*, S. 78 ff.; *Beitzke*, FS für Hallenstein, S. 14, 25; *Großfeld* in: Staudinger EGBGB/IPR, Int. GesR, Rdnr. 628, 683; *Kindler* in: MünchKomm/BGB, Int. GesR, Rdnr. 661 ff.; *Kallmeyer*, ZIP 1996, 536; *Lennerz*, S. 46 ff.; *Assmann* in: GroßkommAktG, Einl. Rdnr. 655.

267 So die *Aufnahmetheorie* (hierzu *Beitzke*, FS Hallenstein, 1966, S. 20; *Kronke*, ZGR 1994, 31 f.) und *Übertragungstheorie* (hierzu *BayObLG*, OLG Rspr. 14, 357); *Kindler* in: MünchKomm/BGB, Int. GesR, Rdnr. 657; österreichischer *OGH*, ZIP 2003, 1086; kritisch hierzu *Paefgen*, IPRax 2004, 132 ff.; *Paefgen*, GmbHR 2004, 467.

268 *BGHZ* 25, 134, 144 = NJW 1957, 1433; *BayObLG*, GmbHR 2004, 490; weitere Nachweise bei *Kindler* in: MünchKomm/BGB, Int. GesR, Rdnr. 5 (FN 13) und 264; *Staudinger* in: Staudinger/Großfeld, Int. GesR, Rdnr. 24; *Lüderitz* in: Soergel/EGBGB, Art. 10 Rdnr. 8; *Großfeld*, AG 1996, 302 f.; *Lennerz*, S. 44 f.; *Palandt/Heldrich*, EGBGB, Anh. zu Art. 12 EGBGB Rdnr. 2 ff.

269 *EuGH*, Rs. 81/87 – *Daily Mail*, Slg. 1988, 5483 ff. = NJW 1989, 2186; *EuGH*, Rs. C-212/97 – *Centros*, Slg. 1999, I-1459 ff. = NJW 1999, 2027; *EuGH*, Rs. C-208/00 – *Überseering*, ZIP 2002, 2037 ff. = MDR 2003, 96 = GmbHR 2002, 1137 = AG 2003, 37 = BB 2002, 2402; *EuGH*, Rs. C-167/01 – *Inspire Art*, GmbHR 2003, 1260 = MDR 2003, 1303 = BB 2003, 2195.

sungsfreiheit gemäß Artt. 43, 48 EG messen lassen. Deren grundsätzlicher primärrechtlicher Anwendungsvorrang könnte zu einer Derogation des nationalen Kollisions- oder Sachrechts führen.[270]

Die folgende Darstellung beschränkt sich auf die kritische Würdigung des derzeitigen status quo und erhebt nicht den Anspruch einer vollständig detaillierten Abhandlung der transnationalen Verschmelzungsproblematik.[271] Diese ist nicht zentraler Gegenstand der vorliegenden Arbeit. Aufgrund der eminenten Bedeutung transnationaler Verschmelzungen für die Verschmelzungspraxis sowie für die anschließende datenschutzrechtliche Beurteilung darf dieser Teilaspekt indes ebenso wenig fehlen und ist in der gebotenen Kürze herauszuarbeiten.

4.1 Transnationale Verschmelzungen nach nationalem Gesellschaftskollisionsrecht

Das auf einen transnationalen Verschmelzungsvorgang unter Beteiligung eines Rechtsträgers mit Sitz im Ausland, mithin eines Sachverhalts mit Auslandsberührung anzuwendende Gesellschaftsstatut bestimmt sich nach den Regeln des Gesellschaftskollisionsrechts.[272] Das deutsche IPR gibt die Regelungen vor, nach denen zu entscheiden ist, welches Recht eines Staates auf ein bestimmtes Rechtsverhältnis oder eine bestimmte Rechtsfrage bei der Kollision mehrerer Rechtsordnungen heranzuziehen ist. Bezogen auf das Gesellschaftsrecht bedeutet dies, dass dem Gesellschaftskollisionsrecht zu entnehmen ist, welchem Gesellschaftsstatut eine Gesellschaft unterliegt und welcher Rechtsordnung die Antwort auf eine bestimmte gesellschaftsrechtliche Fragestellung zu entnehmen ist. Das Kollisionsrecht ist dabei Bestandteil des nationalen Rechts[273], so dass auch international-gesellschaftsrechtliche Fragestellungen in aller Regel aus der Perspektive einer bestimmten oder aller beteiligter Rechtsordnungen zu beantworten sind.[274]

Vorab ist festzustellen, dass die kollisionsrechtliche Anknüpfung transnationaler Verschmelzungen nicht gesetzlich kodifiziert ist.[275] Weder das geschriebene IPR in den Art. 3 ff. EGBGB, noch das Umwandlungsgesetz, insbesondere § 1 Abs. 1 UmwG, geben Anhaltspunkte für die international-privatrechtliche Anknüpfung her. Deren Bestimmung erfolgt a priori de lege ferenda.

---

270 *Palandt/Heldrich*, EGBGB, Anh. zu EGBGB, Art. 12 Rdnr. 2 ff.

271 Umfassend hierzu, wenngleich nach den Entscheidungen des EuGH in den Rs. *Centros*, *Überseering* und *Inspire Art* (aaO. FN 263) sowie jüngst *Sevic* (*EuGH*, Urt. v. 15.12.2005, Rs. C-411/03, ZIP 2005, 2311 ff.) teilweise überholt: *Lennerz*.

272 *Paefgen*, GmbHR 2004, 463; zum nationalen Kollisionsrecht aus international-privatrechtlicher Sicht *Palandt/Heldrich*, EGBGB, Einl. v. Art. 3 EGBGB, Rdnr. 2.

273 Zum nationalen Charakter des IPR vgl. *Palandt/Heldrich*, EGBGB, Einl. v. Art. 3 EGBGB, Rdnr. 2.

274 *Behrens*, ZGR 1994, 5. Für die Verschmelzungspraxis bedeutet dies die herausforderungsvolle Aufgabe, bereits in der Phase der Planung einer grenzüberschreitenden Transaktion sorgsam zu analysieren, welches Kollisionsrecht zu beachten ist, um die rechtlichen und wirtschaftlichen Risiken im Vorfeld abwägen zu können.

275 *Kindler* in: MünchKomm/BGB, Int. GesR, Rdnr. 655; *Palandt/Heldrich*, EGBGB, Einl. v. Art. 3 Rdnr. 17; Anh. zu Art. 12 Rdnr. 1; vgl. auch den Vorschlag von *Lennerz*, S. 264 f. über die Formulierung einer besonderen Kollisionsnorm.

4.1.1 § 1 Abs. 1 UmwG: International-privatrechtliche Kollisions- oder Sachnorm?

Die normtypologische Einordnung des § 1 Abs. 1 UmwG als international-privatrechtliche Kollisions- oder nationale Sachnorm wird kontrovers diskutiert.[276] Sie ist durch Auslegung der Regelung zu ermitteln. Das IPR differenziert gemäß Art. 3 EGBGB strikt zwischen Kollisionsnormen und Sachnormen und trifft die Unterscheidung von der Rechtsfolgenseite her. Kollisionsnormen regeln als Verweisungs- oder Anknüpfungsregeln, welche Rechtsordnung auf einen bestimmten Sachverhalt mit Auslandsberührung Anwendung finden soll. Sachnormen regeln auf der Rechtsfolgenseite die Sachentscheidung im Nachrang zum Kollisionsrecht, indem sie gewähren, verbieten oder autorisieren.

Bei § 1 Abs. 1, 1. Halbs. UmwG handelt es sich nach richtigem Verständnis nicht um eine international-privatrechtliche Kollisionsnorm, sondern eine *nationale Sachnorm*,[277] die ihren räumlich-persönlichen Anwendungsbereich autonom festlegt und als nachrangiger Bestandteil des international-privatrechtlich berufenen Personalstatuts gilt.[278] § 1 Abs. 1 UmwG gibt vor, dass Rechtsträger auf unterschiedliche Weise nach den Vorschriften des Umwandlungsgesetzes umgewandelt werden können. Er trifft damit eine *sachrechtliche* Regelung. Er besagt ferner, dass die Möglichkeit zur Umwandlung nur eröffnet ist, wenn die beteiligten Rechtsträger ihren Sitz im Inland haben. Er knüpft an einen Auslandssachverhalt an, obwohl sich die Rechfolgen – notwendig – auf den inländischen Sachverhaltsteil beschränken. § 1 Abs. 1 UmwG bestimmt damit seinen räumlichen Geltungsbereich selbst, was u.a. die Schwierigkeit der typologischen Einordnung mit sich bringt.

Der deutsche Gesetzgeber hat bewusst bislang auf eine kollisionsrechtliche Normierung des internationalen Gesellschafts(kollisions)rechts verzichtet und diese der Rechtsprechung und dem Schrifttum überlassen.[279] Dies spricht ebenfalls gegen eine Interpretation des § 1 Abs. 1 UmwG als international-privatrechtliche Kollisionsnorm. Ferner wird aus der Gesetzesbegründung deutlich, dass der Gesetzgeber die maßgebende Anknüpfung an den Gesellschaftssitz – unter seinerzeit einhelliger Geltung der Sitztheorie, mithin den tatsächlichen Verwaltungssitz – zugrunde legte. Er ging selbst davon aus, nur das auf den inländischen Rechtsträger *anwendbare* Recht regeln zu können, nicht jedoch eine kollisionsrechtliche Bestimmung vorzusehen, die erst das anwendbare Recht determiniert. Der Normbestandteil „Sitz" hat keine umwandlungsrechtlich-spezifische kollisionsrechtliche Bedeutung, sondern darf nur als Hinweis auf eine ungeschriebene, allgemeine und vorausgesetzte Kollisionsnorm verstanden werden.[280] § 1 Abs. 1 UmwG setzt in summa die kollisionsrechtlich zu bestimmende Anwendbarkeit des Umwandlungsgesetzes voraus, ohne diese selbst zu regeln.[281]

---

276 Umfassend hierzu *Lennerz*, 53 ff. (m.w.N.).

277 *Kronke*, ZGR 1994, 35; *Kropholler*, 86 f.

278 *Kronke*, ZRG 1994, 35; *Kindler* in: MünchKomm/BGB, Int. GesR, Rdnr. 655; ablehnend *Dötsch*, DB 1998, 1029.

279 *Lennerz*, 56.

280 *Neye*, ZIP 1994, 917 ff.; *Lennerz*, 56.

281 *Kindler* in: MünchKomm/BGB, Int. GesR, Rdnr. 655; *Lennerz*, 65.

Soweit vom maßgebenden Gesellschaftskollisionsrecht deutsches Recht berufen wird, können sich jedoch aus § 1 Abs. 1 UmwG sachrechtliche Grenzen für transnationale Verschmelzungen ergeben.[282] Die kollisionsrechtliche Bestimmung der anwendbaren Personalstatute hat daher ungeachtet des § 1 Abs. 1 UmwG nach den einzig maßgebenden ungeschriebenen Vorgaben des IPR zu erfolgen.

4.1.2 Kollisionsrechtliche Anknüpfung

Das deutsche Kollisionsrecht hat für die Anknüpfung des Personalstatuts juristischer Personen keine gesetzliche Regelung getroffen.[283]

4.1.2.1 International-privatrechtlicher Bezugspunkt: *lex societatis*

Das Gesellschaftsstatut determiniert als Bezugspunkt der kollisionsrechtlichen Anknüpfung einheitlich die gesellschaftlichen Rechtsbeziehungen vom Beginn bis zum Ende eines Verbandes. Nach ihm bestimmt sich, unter welchen Voraussetzungen die Gesellschaft „entsteht, lebt und vergeht".[284] Dies gilt für all diejenigen sachrechtlichen Regelungen, nach denen sich die Rechtsstellung und die Rechtsverhältnisse der Gesellschaft richten,[285] mithin auch für das Umwandlungsgesetz als wesentlichen Bestandteil des Personalstatuts.

Nach dem Prinzip international-privatrechtlicher Gerechtigkeit ist auf diejenige Rechtsordnung abzustellen, mit der der betreffende Sachverhalt die *engste Berührung* aufweist.[286] Dem IPR stehen demnach drei grundsätzlich gangbare Wege offen, das maßgebende Gesellschaftsstatut zu ermitteln: Entweder wird die Verschmelzung insgesamt nur einer Rechtsordnung – eben derjenigen des übertragenden oder des übernehmenden Verbandes – unterworfen, oder die betroffenen Rechtsordnungen gelangen zu *kumulativer* Anwendung.[287]

4.1.2.2 Kumulierung der betroffenen Personalstatute

Das deutsche IPR hat sich für die letztgenannte Anknüpfung entschieden. Im Falle der Verschmelzung zweier Gesellschaften über die Grenze eines Staates hinweg ist die Frage des

---

282 Diskutiert wird insbesondere, ob § 1 Abs. 1, 1. Halbs. UmwG transnationale Verschmelzungen als autolimitierende Sachnorm *per se auszuschließen* vermag oder lediglich eine indifferente Regelung enthält, nach der das deutsche UmwG jedenfalls keine Anwendung auf den ausländischen Teil der Verschmelzung findet; hierzu *Lennerz*, 40 ff. (m.w.N.). Ausführlich hierzu sogleich unter *4.2.*

283 *Palandt/Heldrich*, EGBGB, Einl. v. Art. 3 Rdnr. 17; Anh. zu Art. 12 Rdnr. 1.

284 *BGHZ* 25, 134, 144 = NJW 1957, 1433; *Großfeld* in: Staudinger/BGB, Int. GesR, Rdnr. 16, 42; *Kindler* in: MünchKomm/BGB, Int. GesR, Rdnr. 6; so schon *RG* JW 1884, 271 Nr.24.

285 Rechtsfähigkeit, Vertretung, Organisationsverfassung, Haftung der Gesellschafter und Geschäftsführer etc.; *Eidenmüller*, ZIP 2002, 2233 f. sowie der Überblick bei *Palandt/Heldrich*, EGBGB, Anh. zu Art. 12 Rdnr. 6 ff.

286 *Palandt/Heldrich*, EGBGB, Einl. v. Art. 3 Rdnr. 1; *Schack*, FS Kegel (2002), 179; *Schurig*, RabelsZ 95, 229.

287 Zu den unterschiedlichen Methoden der Ermittlung des anwendbaren Rechts auf die transnationale Verschmelzung vgl. *Lennerz*, 28 ff. (m.w.N.).

anwendbaren Sachrechts nach der auf *v. Spindler*[288] zurückzuführenden und von *Beitzke*[289] näher konkretisierten *Vereinigungstheorie*[290] zu beantworten. Nach ihr gilt für jeden beteiligten Rechtsträger dessen jeweiliges nationales Sachrecht als bestimmendes Personalstatut. So ist bei einer Verschmelzung einer deutschen GmbH auf eine französische SA auf die beteiligte GmbH das deutsche Umwandlungsgesetz und auf die beteiligte SA das französische Umwandlungssachrecht anzuwenden. Die unterschiedlichen Gesellschaftsstatute treten zueinander in Wechselwirkung. Sie gelangen zu gegenseitig ergänzender Anwendung.[291] Diese Anknüpfungsregel entspricht, indem sie auf den Schwerpunkt des jeweiligen Gesellschaftsverhältnisses aller beteiligten Gesellschaften abstellt, auch dem von *Savigny* geprägten ersten Axiom des IPR.[292] Die ehemals vertretenen Einzeltheorien, wonach entweder das Gesellschaftsstatut des übertragenden Verbandes („Übertragungstheorie") oder des aufnehmenden Rechtsträgers („Aufnahmetheorie") alleinig und abschließend berufen sein sollten,[293] sind heute überholt.[294]

Die Vereinigungstheorie darf indes nicht zu einer unreflektierten Kumulierung sämtlicher sachrechtlicher Erfordernisse aus den einschlägigen Rechtsordnungen führen. Dies würde transnationale Verschmelzungen zu rechtlich unüberschaubaren Konstrukten werden lassen. Sie wären im Ergebnis undurchführbar. Für den Bereich kollidierender gemeinsamer Anforderungen müssen sich daher die strengeren Bestimmungen der jeweiligen Rechtsordnung durchsetzen. Die national-sachrechtlichen Bestimmungen zum Schutz bestimmter Interessensgruppen dürfen nicht allein aufgrund der transnationalen Ausrichtung der Verschmelzung ausgehebelt werden.[295] Die Vereinigungstheorie ist daher unter einem *differenzierenden Ansatz* anzuwenden. Es muss sorgfältig zwischen den einzelnen Stufen einer transnationalen Verschmelzung nach Voraussetzungen, Verfahren und Wirkungen unterschieden werden, um die jeweils anwendbaren national-sachrechtlichen Erfordernisse herauszuarbeiten.[296] Das materielle Sachrecht ist strikt von den international-privatrechtlichen Fragestellungen zu trennen. Auch wenn das IPR keine größeren Schwierigkeiten bei der Bestimmung der anwendbaren

---

288 *Spindler*, 78 ff.

289 *Beitzke*, FS für Hallenstein, 14, 25.

290 *Großfeld* in: Staudinger EGBGB/IPR, Int. GesR, Rdnr. 628, 683; *Kindler* in: MünchKomm/BGB, Int. GesR, Rdnr. 661 ff.; *Kallmeyer*, ZIP 1996, 535 f.; *Lennerz*, 46 ff.; *Assmann* in: GroßkommAktG, Einl. Rdnr. 655.

291 *Beitzke*, FS Hallenstein, 20; *Westermann*, ZGR 1975, 83; *Großfeld* in: Staudinger/BGB, Int. GesR, Rdnr. 683; *Kindler* in: MünchKomm/BGB, Int. GesR, Rdnr. 657.

292 *Savigny*, S. 24 ff., 108, 118; *Neuhaus*, RabelsZ 15 (1949/1950), 364 ff.; *Paefgen*, GmbHR 2004, 463 f.; *Lennerz*, 30.

293 Zur Aufnahmetheorie: *Beitzke*, FS Hallenstein, 20; *Kronke*, ZGR 1994, 31 f.; zur Übertragungstheorie: *BayObLG*, OLG Rspr. 14, 357; Überblick bei *Kindler* in: MünchKomm/BGB, Int. GesR, Rdnr. 657.

294 Anders indes der österreichische *OGH* in seiner Entscheidung vom 20.3.2002, ZIP 2003, 1086, in der er die Übertragungstheorie zugrunde legte und die grenzüberschreitende Verschmelzung einer österreichischen Gesellschaft auf eine deutsche GmbH abschließend nach österreichischem Recht beurteilte; kritisch hierzu zu Recht *Paefgen*, IPRax 2004, 132 ff.; *Paefgen*, GmbHR 2004, 467.

295 *Kindler* in: MünchKomm/BGB, Int. GesR, Rdnr. 661.

296 *Koppensteiner*, S. 268 ff.; *Behrens*, ZGR 1994, 13; *Lüderitz* in: Soergel/EGBGB, Art. 10 Rdnr. 53; *Großfeld* in: Staudinger/BGB, Int. GesR, Rdnr. 628, 683; *Kallmeyer*, ZIP 1998, 535 f.; *Kindler* in: MünchKomm/BGB, Int. GesR, Rdnr. 663; *Lennerz*, 46 ff.; *Assmann* in: GroßkommAktG, Einl. Rdnr. 655.

Rechtsordnungen aufwerfen mag, sind es die z.T. miteinander unvereinbaren sachrechtlichen Vorgaben der zu kumulierenden Rechtsordnungen, die einer transnationalen Verschmelzung bislang entgegenstanden.[297] Für die jeweiligen Gesellschaftsstatute ist insbesondere im Vorfeld jeweils getrennt festzustellen, ob das Institut der Verschmelzung den Rechtsordnungen aller beteiligten Gesellschaften bekannt ist; ob Verbote nach der jeweiligen lex lata bestehen, so dass Verschmelzungen nicht transnational oder nur für bestimmte Gesellschaftsformen zugelassen sind; ob aktive und passive Verschmelzungsfähigkeit *kumulativ*, d.h. nach sämtlichen betroffenen Rechtsordnungen für die beteiligten Rechtsträger besteht; ob die Voraussetzungen und Wirkungen der Verschmelzung (erforderliche Publizitätsakte, Gesamtrechtsnachfolge in das Vermögen des übertragenden Rechtsträgers, Erlöschen des übertragenden Verbandes ohne Liquidation) deckungsgleich sind oder einer international-privatrechtlichen Anpassung bedürfen.[298]

Kennt etwa die Rechtsordnung des ausländischen aufnehmenden Verbandes, wie im Falle der Heraus-Verschmelzung, das Institut der Verschmelzung nicht, ist diese von vorne herein aufgrund erheblicher Divergenz der materiellen Rechte undurchführbar. Dies stellt indes kein kollisionsrechtliches, sondern ein rein materiell-rechtliches Problem dar, [299] das sich jedenfalls für die Verschmelzung von Kapitalgesellschaften nach Umsetzung der Richtlinie 2005/56/EG vom 26.10.2005 über die Verschmelzung von Kapitalgesellschaften aus verschiedenen Mitgliedstaaten[300] weitestgehend relativieren wird. Auf eine transnationale Verschmelzung unter Beteiligung von Kapitalgesellschaften ist dann das jeweils nationale Sachrecht am Sitz der beteiligten Gesellschaften anzuwenden ist, modifiziert durch die spezifischen Vorgaben der Richtlinie. Insbesondere wird in Art. 14 Abs.1 Buchst. a) der Richtlinie das Institut der Gesamtrechtsnachfolge auch für grenzüberschreitende Verschmelzungen vorgegeben.

Der international-privatrechtliche Schwerpunkt der Maßnahme kann indes weder per se bei der überragenden und in diesem Zuge nach unseren nationalen Vorgaben erlöschenden, noch bei der aufnehmenden Gesellschaft gesehen werden. Die Einzeltheorien sind daher im Ergebnis als nicht sach- und interessengerecht abzulehnen.[301] Das Statut des übertragenden Verbandes – im Falle der Heraus-Verschmelzung – mag zwar die Strukturänderung für den beteiligten deutschen Verband beherrschen, nicht aber den Verschmelzungsvorgang *insgesamt*. Die Vorgaben des Personalstatuts der aufnehmenden Gesellschaft sind in den zuvor genannten Stadien stets parallel im Auge zu behalten. Spätestens bei der Frage nach den rechtlichen

---

[297] *Lennerz*, 39 ff. und 141 ff.; *Stöcker*, 334.

[298] *Rixen/Böttcher*, GmbHR 1993, 572 f.

[299] Alternativ bleibt nur die Möglichkeit, die gewünschte Transaktion durch wirtschaftlich gleichgestellte Verfahren – etwa die Auflösung des Verbandes unter gleichzeitiger Übertragung des Vermögens und der Anteile im Wege der Singularsukzession – abzuwickeln, mögen diese auch einen erheblich höheren Aufwand im Einzelfall bedeuten; ausführlich zu alternativen Gestaltungsmöglichkeiten *Stöcker*, S. 357 ff.

[300] Abgedruckt in ABl. EG vom 25.11.2005, L 310/1. Die Richtlinie ist gemäß Art. 19 bis spätestens Dezember 2007 in nationales Recht zu transformieren. Vgl. hierzu den Entwurf zu einem Zweiten Gesetz zur Änderung des Umwandlungsgesetzes vom 13.02.2006.

[301] So aber wohl *Kronke*, ZGR 1994, 31; *Wiedemann*, S. 877 f.; *Koppensteiner*, FS Hefermehl, S. 305.

Wirkungen der Verschmelzung sowie deren Eintrittsvoraussetzungen ist eine Lösung über eine *Statutenkumulierung* zu suchen, die die grundsätzliche Vereinbarkeit der berufenen Gesellschaftsstatute vorausgesetzt. Diese kollisionsrechtlichen Erkenntnisse gilt es im Folgenden auf die grenzüberschreitende Verschmelzung, insbesondere in Hinblick auf den Geltungsanspruch des Prinzips der Universalsukzession im transnationalen Bereich, zu übertragen.

4.1.2.2.1 Voraussetzungen der Verschmelzung

Die Voraussetzungen einer transnationalen Verschmelzung sind nach dem zuvor Gesagten für jede der beteiligten Gesellschaften isoliert nach deren jeweiligen Personalstatut zu bestimmen, sog. *distributive Rechtsanwendung*.[302] Zwingende Voraussetzung der Durchführbarkeit ist, dass die jeweiligen Rechtsordnungen beider Rechtsträger die Verschmelzung als rechtliches Instrument kennen. Das jeweilige Sachrecht muss darüber hinaus die konkreten Rechtsträger zur Verschmelzung als *aktiv* verschmelzungsfähig zulassen und die jeweils andere Gesellschaft als *passiv* beteiligungsfähigen Verschmelzungspartner ansehen.

Im deutschen Sachrecht ist das Institut der Verschmelzung spezialgesetzlich im Umwandlungsgesetz vorgesehen. Die Verschmelzungsfähigkeit von Gesellschaften ausländischer Rechtsform wird nicht expressis verbis geregelt. Das Umwandlungsgesetz beschränkt sich in dem Katalog des § 3 Abs. 1, 2 UmwG auf die Aufzählung von Rechtsträgern deutscher Rechtsform. Inwieweit unter dieser Prämisse eine Zulassung ausländischer Gesellschaften als nach deutschem Sachrecht *aktiv* wie *passiv* verschmelzungsfähig in Betracht kommt, bleibt offen. Die Frage wird indes nur relevant, wenn und soweit das Umwandlungsgesetz überhaupt transnationalen Verschmelzungen offen stünde, was vorrangig und im Anschluss zu klären wäre. Für den beteiligten Rechtsträger auf deutscher Seite gilt es jedenfalls, die Vorgaben der §§ 2 ff. UmwG uneingeschränkt zu beachten.[303]

4.1.2.2.2 Verfahren der Verschmelzung

Die Vorgaben für das Verschmelzungsverfahren ergeben sich ebenfalls nach den zu kumulierenden Personalstatuten beider Rechtsträger.[304] Jeder betroffenen Interessengruppe der an einer transnationalen Verschmelzung beteiligten Gesellschaften muss hinreichend Rechnung getragen werden. Diese Anknüpfung führt im Ergebnis dazu, dass sich die Bestimmungen der jeweils strengeren Rechtsordnung durchsetzen. Etwaig auftretende Regelungslücken sind durch ergänzende Heranziehung der sachrechtlichen Bestimmungen zu schließen.[305] Nur so

[302] *Beitzke*, FS Hallenstein, 20; *Lüderitz* in: Soergel/EGBGB, Art. 10 Rdnr. 53; *Großfeld* in: Staudinger/BGB, Int. GesR, Rdnr. 683; *Picot/Land*, DB 1998, 1606; *Kindler* in: MünchKomm/BGB, Int. GesR, Rdnr. 665.

[303] *Kronke*, ZGR 1994, 37.

[304] *Beitzke*, FS Hallenstein, S. 20; *Großfeld* in: Staudinger/BGB, Int. GesR, Rdnr. 683; *Kindler* in: MünchKomm/BGB, Int. GesR, Rdnr. 668.

[305] *Koppensteiner*, 269; *Beitzke*, FS Hallenstein, S. 20; *Großfeld* in: Staudinger/BGB, Int. GesR, Rdnr. 683; *Kindler* in: MünchKomm/BGB, Int. GesR, Rdnr. 668; *Lüderitz* in: Soergel/EGBGB, Art. 10 Rdnr. 53; *Rixen/Böttcher*, GmbHR 1993, 572 f.

kann dem Gedanken des *effet-utile*, dem adäquaten Schutz aller betroffenen Interessengruppen, hinreichend Rechnung getragen werden.

Zum Verfahren zählt der Abschluss des Verschmelzungsvertrages unter Beachtung der jeweils strengsten Formvorschriften, die Erstellung des Verschmelzungsberichts, die Prüfung des Verschmelzungsvertrages, die Beschlussfassung über den Verschmelzungsvertrag sowie die Offenlegung der Verschmelzung.[306] Soweit sich Divergenzen zwischen den einzelnen Rechtsordnungen ergeben, z.B. das deutsche Umwandlungsrecht in § 16 Abs. 1 UmwG die Wirksamkeit der Verschmelzung an die Eintragung im Handelsregister des übernehmenden Rechtsträgers anknüpft und – wie etwa im französischen Recht – das Sachrecht der übernehmenden Gesellschaft eine Registereintragung nicht kennt, kann dem über das kollisionsrechtliche Mittel der Substitution abgeholfen werden, wenn sich die Funktionen und peripheren Pflichten beider Eintragungsinstitute entsprechen. Für die Herbeiführung der Verschmelzungswirkungen reicht es dann aus, wenn den Publizitätserfordernissen nach dem Recht des übernehmenden Rechtsträgers, etwa der französischen S.A., genügt wird.[307] Sieht die Rechtsordnung des aufnehmenden ausländischen Verbandes keine entsprechende Publizitätspflicht vor, wie sie nach deutschem Umwandlungsgesetz vorgeschrieben ist, kommt eine Anpassung nicht in Betracht. Die Verschmelzung ist undurchführbar und scheitert an den divergierenden materiell-rechtlichen Vorgaben.

Die transnationale Verschmelzung einer deutschen Gesellschaft auf eine ausländische Gesellschaft scheiterte bislang oftmals an dem ungelösten Problem der Arbeitnehmermitbestimmung, soweit die ausländische Rechtsordnung des übernehmenden Verbandes ein Mitbestimmungsrecht nicht kennt. Insbesondere wurde hier der Vorwurf der „Umgehung“ mitbestimmungsrechtlicher Regelungen laut. Dieser wird spätestens mit Umsetzung der *zehnten Verschmelzungsrichtlinie*[308] vom 26.10.2005 entfallen.

4.1.2.2.3 Rechtswirkungen der Verschmelzung

An die Publizierung der Verschmelzung in der jeweils erforderlichen Form ist nach deutschem Recht die primäre Rechtsfolge des Vermögensübergangs im Wege der Universalsukzession sowie das Erlöschen des übertragenden Verbandes ohne Abwicklung geknüpft.[309] Zu der Problemstellung, ob es bei einer transnationalen Verschmelzung zu einer *Vermögensgesamtrechtsnachfolge* nach dem Vorbild des § 20 Abs. 1 Nr. 1 UmwG kommen kann, sind wiederum die Personalstatute beider beteiligter Gesellschaften zu befragen. Sieht eines der berufenen Sachrechte das Institut der Gesamtrechtsnachfolge nicht vor, ist zu überlegen, ob über das Rechtsinstrument der *international-privatrechtlichen Anpassung* Alternativlösungen

---

306 Vgl. Art. 5 bis 10 der *Richtlinie 2005/56/EG* vom 26.10.2005, in ABl. EG vom 25.11.2005, L 310/1; *Kindler* in: MünchKomm/BGB, Int. GesR, Rdnr. 670.

307 *Kindler* in: MünchKomm/BGB, Int. GesR, Rdnr. 671.

308 *Richtlinie 2005/56/EG* vom 26.10.2005 über die Verschmelzung von Kapitalgesellschaften aus verschiedenen Mitgliedstaaten, abgedruckt in ABl. EG vom 25.11.2005, L 310/1.

309 Entsprechend Art. 19 Abs. 1 Lit. a) der zehnten Verschmelzungsrichtlinie, aaO.

entwickelt werden können, die den Anliegen sämtlicher betroffenen Rechtsordnungen gerecht werden.[310] Rechtssystematisch betrachtet sind ungeschriebene Normen zu entwickeln, die auf die Bedürfnisse der konkreten transnationalen Verschmelzung besonders zugeschnitten sind und dem Regelungsanliegen der beteiligten Rechtsordnungen weitestgehend gerecht werden.[311]

Inwieweit Verschmelzungen nach den vorstehenden Ausführungen im Lichte der Vereinigungstheorie durchführbar sind, hängt damit in erster Linie davon ab, ob die zu vereinigenden Gesellschaftsstatute im Kern vergleichbare *materiell-rechtliche* Regelungen aufweisen. Dass sich Voraussetzungen, Verfahren und Wirkungen der grenzüberschreitenden Verschmelzung für jede beteiligte Gesellschaft nach ihrem jeweiligen Gesellschaftsstatut richten, ist kollisionsrechtlich zunächst unkritisch.[312] Der eigentliche Problemkern liegt in der Kumulierung der divergierenden materiell-rechtlichen Vorgaben der berufenen Personalstatute. Weichen einzelne Regelungen hinsichtlich Voraussetzungen und Verfahren der Verschmelzung voneinander ab, ist kein Grund ersichtlich, nicht von jeder der beteiligten Gesellschaften die Einhaltung *sämtlicher* Erfordernisse zu verlangen, die nach ihrem eigenen Gesellschaftsstatut erfüllt sein müssen. Kollidieren sachrechtliche Anforderungen, setzt sich die strengere durch. Dies mag zu einem erhöhten Aufwand führen, steht aber der Verschmelzung als solcher – und das ist letztlich entscheidend – nicht entgegen.

Etwas anderes muss hinsichtlich der Rechtswirkungen der Verschmelzung sowie deren Eintrittsvoraussetzungen gelten. Das deutsche System der Gesamtrechtsnachfolge in das Vermögen des übertragenden Verbandes ist untrennbar mit dem Gedanken der Gläubigersicherung verbunden. So ist die Universalsukzession gesetzlich an den gleichzeitigen Mitübergang der Verbindlichkeiten des übertragenden Rechtsträgers, der Forthaftung des Vermögens des übertragenden Rechtsträgers unter gleichzeitiger Mithaftung des aufnehmenden Verbandes bzw. die vorherige Sicherheitsleistung oder Befriedigung der Gläubiger geknüpft. Dieses System kann nicht allein infolge des grenzüberschreitenden Bezugs einer Verschmelzung aus den Angeln gehoben werden und muss weiterhin seine volle Geltung beanspruchen können. Sieht jedoch die gleichzeitig berufene Rechtsordnung des übernehmenden Verbandes weder eine Gesamtrechtsnachfolge, noch die hiermit verbundenen Instrumente der Gläubigersicherung vor, bestehen *unlösbare materielle Divergenzen.* Die Verschmelzung ist zum Scheitern verurteilt.

Mit dem Eintritt der Wirkungen der transnationalen Verschmelzung kommt es aus Sicht der übertragenden Gesellschaft zu einem Wechsel des Personalstatuts. Ab diesem Zeitpunkt wird

310 *Palandt/Heldrich*, EGBGB, Einl. v. Art. 3, Rdnr. 36; *Lennerz*, 145 ff. und 165 ff.; *Horn*, GS Lüderitz, 2000, 316 ff.; *Paefgen*, GmbHR 2004, 464; *Kindler* in: MünchKomm/BGB, Int. GesR, Rdnr. 672, 675; *Koppensteiner*, 219 und 269 ff.; *Beitzke*, FS Hallenstein, 23 f.

311 *Kindler* in: MünchKomm/BGB, Internat. GesR, Rdnr. 675; *Großfeld* in: Staudinger EGBGB/IPR, Internationales Gesellschaftsrecht, Rdnr. 683; *Lennerz*, 145 ff. und 165 ff.; *Horn*, GS Lüderitz, 202 und 316 f.; *Paefgen*, GmbHR 2004, 464.

312 *Behrens*, ZGR 1994, 13.

das Statut der aufnehmenden Gesellschaft für den weiteren Fortbestand des Verbandes maßgeblich.[313] Zum Schutze der Sonderrechte der Gesellschafter, Arbeitnehmer und Gläubiger sind, soweit dieser nach dem Sachrecht der aufnehmenden Gesellschaft nicht (mehr) vorgesehen sein sollte, die Personalstatute der beteiligten Gesellschaften auch nach Vollzug der Verschmelzung kumulativ anzuwenden. Aus dem Blickwinkel des nationalen Kollisionsrechts müssen sich, wie gezeigt, stets die strengeren Vorschriften der beteiligten Rechtsordnungen durchsetzen, insbesondere um eine Rechtlosstellung der von der Verschmelzung betroffenen einzelnen Interessengruppen zu vermeiden.[314]

Zutreffend wurde bereits in der Vergangenheit darauf hingewiesen, dass es von zentraler Wichtigkeit für die Akzeptanz grenzüberschreitender Verschmelzungen ist, ob die erstrebte Rechtsfolge der Universalsukzession unter Auflösung des inländischen Rechtsträgers ohne Gefährdung der materiellen Regelungsziele des Anteilsinhaber- und Gläubigerschutzes international erreichbar ist.[315] Rein international-privatrechtlich betrachtet gibt sich das Umwandlungsgesetz für grenzüberschreitende Strukturveränderungen offen.[316] Inwieweit dies jedoch auch unter den hiervon differenziert zu betrachtenden, *materiell-rechtlichen* Gesichtspunkten der berufenen Gesellschaftsstatute zutrifft[317], ist keine Frage des IPR. Eine international-privatrechtliche Anpassung wird aus diesem Grund – Divergenz der materiellen Rechte – bei der Frage nach der Universalsukzession gerade daran scheitern, dass diese nicht privatautonom von den Parteien der transnationalen Verschmelzung vereinbart werden kann, sondern eben nur in den gesetzliche vorgesehenen Fällen zur Verfügung steht. In summa heißt dies, dass international-privatrechtlich eine Gesamtrechtsnachfolge nicht eintreten kann, wenn nicht beide beteiligten Rechtsordnungen dieses Institut kennen und anordnen. Eine Lösung

313 *Beitzke*, FS Hallenstein, 20; *Großfeld* in: Staudinger/BGB, Int. GesR, Rdnr. 688; *Kindler* in: MünchKomm/BGB, Int. GesR, Rdnr. 674.

314 *Beitzke*, FS Hallenstein, 20; *Großfeld* in: Staudinger/BGB, Int. GesR, Rdnr. 688; *Kindler* in: MünchKomm/BGB, Int. GesR, Rdnr. 674; *Großfeld/Jasper*, RabelsZ 53(1989), 52, 64. Die Regelungen des Verschmelzungssachrechts sind zwar für alle europäischen Gesellschaften, die ihrer Rechtsform nach einer deutschen Aktiengesellschaft entsprechen, über Art. 19 Abs. 1 c) der dritten gesellschaftsrechtlichen Richtlinie (Richtlinie 78/855/EWG betreffend die Verschmelzung von Aktiengesellschaften vom 9.10.1978, abgedruckt mit nachfolgenden Änderungen bei *Habersack*, Europäisches Gesellschaftsrecht, 194 ff.) umgesetzt in nationales Recht durch das Verschmelzungsrichtliniengesetz vom 25.10.1982 vereinheitlicht, so dass es hier zu keiner divergierenden Rechtslage in Gesamteuropa kommt. Dies gilt aber eben beschränkt auf die Verschmelzung von Gesellschaften der einer deutschen AG entsprechenden Rechtsform. Die am 15.12.2005 in kraft getretene zehnte Verschmelzungsrichtlinie (*Richtlinie 2005/56/EG* vom 26.10.2005 über die Verschmelzung von Kapitalgesellschaften aus verschiedenen Mitgliedstaaten, abgedruckt in ABl. EG vom 25.11.2005, L 310/1) vereinheitlicht die Rechtslage weiter für alle Kapitalgesellschaftsformen in der EU. Sie ist jedoch noch nicht in nationales Recht transformiert. Für die Verschmelzung von Gesellschaften anderer Rechtsform besteht indes derzeit noch keine europaeinheitliche Regelung. Auch die Möglichkeit der Gründung einer SE wird dem wirtschaftlichen Anliegen nach rechtssicheren grenzüberschreitenden Unternehmenszusammenschlüssen nicht hinreichend gerecht.

315 *Kronke*, ZGR 1994, 38.

316 So auch *Kronke*, ZGR 1994, 38.

317 Grundlegend zur Differenzierung zwischen kollisionsrechtlicher Anknüpfung und materiell-rechtlicher Durchführbarkeit einer transnationalen Verschmelzung *Behrens*, ZGR 1994, 25 ff.

über das international-privatrechtliche Instrument der Anpassung kommt nicht in Betracht.[318] Auch hier wird erst die Umsetzung der zehnten Verschmelzungsrichtlinie[319], die in § 11 Ziffer 1 a) einheitlich das Institut der Gesamtrechtsnachfolge festschreibt, eine Harmonisierung bewirken.

Mit dem Lösungsansatz der international-privatrechtlichen Normanpassung ist ferner ein erhebliches Maß an Rechtsunsicherheit für die Verschmelzungspraxis verbunden. Der Hinweis, es bedürfe mutiger Firmenbuch- und Registerrichter, um eine transnationale Verschmelzung nach dem derzeitigen Rechtsstand praktisch zu realisieren, kann derzeit nur (noch) unterstrichen werden.[320]

4.1.2 Schlussfolgerungen für das Prinzip der Gesamtrechtsnachfolge

Nach dem zuvor Gesagten lässt sich für das Prinzip der verschmelzungsrechtlichen Gesamtrechtsnachfolge im kollisionsrechtlichen Kontext Folgendes festhalten. Das deutsche Umwandlungsgesetz sieht in § 20 Abs. 1 Nr. 1 UmwG die umfassende Vermögensnachfolge ispo iure und uno actu vor. Kollisionsrechtlich beruft das nationale IPR – über die wohl herrschende Vereinigungstheorie – für einen grenzüberschreitenden Verschmelzungsvorgang mit Auslandsberührung für den beteiligten deutschen Rechtsträger nationales Sachrecht, für den ausländischen umfassend dessen Gesellschaftsstatut. Eine Verschmelzung unter vermögensrechtlicher Gesamtrechtsnachfolge ist international-privatrechtlich damit ohne weiteres möglich. Materiell-rechtliche Voraussetzung ist, dass beide berufenen Gesellschaftsstatute die Universalsukzession gleichermaßen vorsehen – oder das ausländische IPR auf das deutsche Umwandlungsgesetz zurückverweist.[321]

In allen übrigen Fällen, soweit das Institut der Gesamtrechtsnachfolge nicht zugleich in der ausländischen Rechtsordnung vorgesehen ist oder insoweit keine Rückverweisung auf deutsches Sachrecht erfolgt, scheitert eine Verschmelzung nach Maßgabe des Umwandlungsge-

---

318 *Großfeld/Jaspers*, RabelsZ 53 (1989), 64 ff. Dies gilt jedenfalls, soweit es sich um eine Heraus-Verschmelzung einer deutschen auf eine ausländische Gesellschaft handelt, vgl. *Behrens*, ZGR 1994, 14.

319 *Richtlinie 2005/56/EG* vom 26.10.2005 über die Verschmelzung von Kapitalgesellschaften aus verschiedenen Mitgliedstaaten, abgedruckt in ABl. EG vom 25.11.2005, L 310/1.

320 *Paefgen*, IPRax 2004, 137. So wurde etwa bei der Verschmelzung einer französischen S.A. auf eine deutsche GmbH die rechtsgeschäftliche Konstruktion einer aufschiebend bedingten Verschmelzung gewählt, um die Kollision der Anknüpfung des Wirksamwerdens der Verschmelzung nach dem jeweiligen nationalen Sachrecht an die Registereintragung am Sitz des jeweiligen Rechtsträgers als perplexe Regelung aufzulösen. Die Verschmelzung wurde unter der aufschiebenden Bedingung der Eintragung im übernehmenden deutschen Handelsregister vereinbart, woraufhin das französische Registergericht dem deutschen Registergericht eine Bestätigung ausstellte, in der die Eintragung der Verschmelzung im französischen Handelsregister unmittelbar nach Vorliegen der Bestätigung der Eintragung im deutschen Register zugesichert wurde; siehe bei *Dorr/Stukenborg*, DB 2003, 652 f; *Paefgen*, GmbHR 2004, 464. Zutreffend jedoch der Hinweis von *Paefgen*, dass dieses Vorgehen einer „gewissen Courage" aller Beteiligten bedürfe, *Paefgen*, GmbHR 2004, 464 f. Vgl. auch einen weiteren Fall des österreichischen OGH, ZIP 2003, 1086, mit Anm. *Paefgen* in IPRax 2004, 132 ff.

321 Soweit ersichtlich, bestehen diesbezüglich jedenfalls im europäischen Rechtsraum homogene Sachrechte; *Kronke*, ZGR 1994, 42 (unbeschadet terminologischer und geringwiegender konstruktiver Unterschiede bestehe weitgehend ein „Gemeinschaftsrecht").

setzes an der *materiellen Divergenz* der Rechtsordnungen. Eine kollisionsrechtliche Anpassung ist nicht möglich. Ebenso scheidet eine privatautonome Vereinbarung der Rechtsfolge der Gesamtrechtsnachfolge aus. Die Zusammenführung der betroffenen Unternehmen kann nur über sonstige korporative Maßnahmen außerhalb des Umwandlungsgesetzes bewerkstelligt werden. Die Möglichkeit der transnationalen Verschmelzung bleibt verschlossen, solange keine einheitliche materielle Rechtslage herbeigeführt wird. Innerhalb der EU obliegt es nunmehr den Mitgliedstaaten, diese einheitliche Rechtslage auf Basis der Richtlinie *2005/56/EG* vom 26.10.2005 über die Verschmelzung von Kapitalgesellschaften aus verschiedenen Mitgliedstaaten[322] durch eine zeitnahe Transformation der Richtlinie in nationales Recht zu schaffen.

Gleichwohl steht das gefundene Ergebnis unter einer weiteren einschränkenden Prämisse: Das nationale Umwandlungssachrecht muss die grenzüberschreitende Verschmelzung *erlauben.*[323] Anders gesagt: Nationale Vorschriften dürfen die transnationale Verschmelzung weder verbieten, noch aus dem Regelungsbereich des Umwandlungsgesetz ausklammern. Dies wird jedoch gerade in Hinblick auf die Regelung des § 1 Abs. 1, 1. Halbs. UmwG vehement diskutiert.[324]

---

322 Abgedruckt in ABl. EG vom 25.11.2005, L 310/1.

323 *Paefgen*, IPRax 2004, 137; *Lennerz*, 147 f.

324 Die dritte gesellschaftsrechtliche Richtlinie (abgedruckt bei *Habersack*, Europäisches Gesellschaftsrecht, 194 ff.) hat insoweit keine fundamentalen Fortschritte gebracht. Sie bewirkte lediglich die Koordinierung der nationalen Vorschriften der einzelnen Mitgliedstaaten für die Verschmelzung von Gesellschaften in einer der deutschen Aktiengesellschaft entsprechenden Rechtsform. Die national-sachrechtlichen Differenzen wurden durch sie weder beseitigt, noch vereinheitlicht; so auch *Rixen/Böttcher*, GmbHR 1993, 573.

4.2 Kreis der beteiligungsfähigen Rechtsträger „mit Sitz im Inland“

Neben der international-privatrechtlichen Bestimmung des auf transnationale Verschmelzungen anwendbaren Verschmelzungssachrechts, die wie gezeigt, wenig Schwierigkeiten bereitet,[325] besteht die zentrale Fragestellung, ob die berufenen Gesellschaftsstatute ihrerseits grenzüberschreitende Verschmelzungen zulassen, oder kraft limitierender sachrechtlicher Regelungen diese beschränken oder insgesamt ausschließen. Zutreffend wird in diesem Zusammenhang festgestellt, dass sich die eigentlichen Problemstellungen in der Abwicklung transnationaler Verschmelzungen aus der kollisionsrechtlich notwendigen Kumulation mehrerer unterschiedlicher Gesellschaftsstatute ergeben, die zu unlösbaren *materiell-rechtlichen* Widersprüchen führen kann.[326]

Die Darstellung im Folgenden beschränkt sich auf das deutsche Umwandlungssachrecht. Es sei jedoch darauf hingewiesen, dass die sorgfältige Prüfung im Einzelfall, ob und inwieweit sich zusätzliche Beschränkungen aus dem Gesellschaftsstatut des beteiligten ausländischen Rechtsträgers ergeben können, nicht übersehen werden darf.

Nach der Vereinigungstheorie ist auf jeden der beteiligten Rechtsträger dessen Gesellschaftsstatut anzuwenden; welches dies ist, richtet sich nach den national sachrechtlichen Vorschriften und wird von der Vereinigungstheorie nicht näher bestimmt. Für den beteiligten deutschen Rechtsträger enthält § 1 Abs. 1, 1. Halbs. UmwG eine kontrovers diskutierte, sachrechtliche Regelung.[327] Die Norm wirft, indem sie undifferenziert auf Rechtsträger mit *„Sitz im Inland“* abstellt, zwei grundlegende Problemstellungen auf. Zum einen fragt sich, welcher Sitzbegriff vom Wortlaut zugrunde gelegt wird. Nach ihm bestimmt sich die Beteiligungsfähigkeit einzelner Gesellschaften.

---

325 So auch *Stöcker*, S. 327.

326 *Kronke*, ZGR 1994, 13.

327 Hierzu *Stöcker*, 331; *Kronke*, ZGR 1994, 35; *Lennerz*, 64 ff.; *Behrens*, ZGR 1994, 25 ff.; *Paefgen*, IPRax 2004, 137; *Paefgen*, IPRax 2004, 137.

Zum anderen wird diskutiert, inwieweit § 1 Abs. 1, 1.Halbs. UmwG einen Ausschluss für grenzüberschreitende Verschmelzungen enthält bzw. den Anwendungsbereich des Umwandlungsgesetzes auf rein nationale Sachverhalte limitiert. Letzterem Punkt soll im Anschluss nachgegangen werden.

Der Wortlaut des § 1 Abs. 1, 1. Halbs. UmwG lässt keine weitergehenden Rückschlüsse auf den zugrunde zu legenden Sitzbegriff zu.[328] Dabei kommen zwei grundsätzlich denkbare Ansätze für die Anknüpfung in Betracht: der (statutarische) *Satzungssitz*[329] oder der *effektive Verwaltungssitz*[330] der Gesellschaft. Wiederum ist international-privatrechtlich danach zu fragen, welcher der beiden Sitze die Gesellschaft enger mit einer Rechtsordnung verbindet. Für die unterschiedlichen Ansätze haben sich die Begriffspaare *Sitztheorie* und *Gründungstheorie* herausgebildet. Die anfängliche Sitzwahlentscheidung ist dabei in Abhängigkeit des Kollisionsrechts geeignet, das berufene Gesellschaftsstatut nachhaltig zu beeinflussen.

4.2.1 Rechtsdogmatische Interpretation des Sitzbegriffs in § 1 Abs. 1 UmwG

In Anbetracht der indifferenten Regelung des § 1 Abs. 1, 1. Halbs. UmwG verwundert es kaum, dass der zugrunde zu legende Sitzbegriff kontrovers beurteilt wird.[331] Ein eindeutiges Normverständnis lässt sich weder aus dem Wortlaut noch der Entstehungsgeschichte der Vorschrift entnehmen.[332] Für die Maßgeblichkeit des Satzungssitzes sprechen gesetzessystematische Überlegungen. Das Umwandlungsgesetz rekurriert vielfach auf den Sitz als *zuständigkeitsbegründendes Merkmal*.[333] Dies ist stets im Sinne des Satzungssitzes der Gesellschaft zu verstehen. Den Sitzbegriff des § 1 Abs. 1, 1. Halbs. UmwG insoweit bedeutungsgleich zu verwenden, wäre Ausdruck eines homogenen Normverständnisses.[334] Rechtsdogmatisch zwingend ist dieser Schluss indes nicht. Die begriffsjuristische Auslegung kann nur unter

---

328 Der Sitz einer Gesellschaft ist dabei nach allen Rechtsordnungen grundlegender Anknüpfungspunkt für die Bestimmung der lex societatis als maßgebendes Gesellschaftsstatuts. Er gibt vor, nach welcher Rechtsordnung die Gesellschaft entsteht, lebt und vergeht; vgl. *BGHZ* 25, 134, 144 = NJW 1957, 1433; *Großfeld* in: Staudinger/BGB, Int. GesR, Rdnr. 16, 42; *Kindler* in: MünchKomm/BGB, Int. GesR, Rdnr. 6.

329 So etwa *Kindler* in: MünchKomm/BGB, Int. GesR, Rdnr. 685; *Bermel* in: Goutier/Knopf/Tulloch, UmwG, § 1 Rdnr. 6; *Bungert*, AG 1995, 502; *Schaumburg*, GmbHR 1996, 502; *Lutter* in: Lutter, UmwG, § 1 Rdnr. 7 f.; *Dötsch*, BB 1998, 1030; *Dehmer*, UmwG, § 1 Rdnr. 5; *Kronke*, ZGR 1994, 33.

330 So *Stratz* in: Schmitt/Hörtnagl/Stratz, UmwG, § 1 Rdnr. 5; *Großfeld* in: Staudinger EGBGB/IPR, Int. GesR, Rdnr. 699; *Großfeld*, AG 1996, 302 f.; *Kallmeyer*, UmwG, § 1 Rdnr. 14; *Kallmeyer*, ZIP 1996, 535; *Stratz* in: Schmidt/Hörtnagl/Stratz, UmwG, § 1 Rdnr. 5; *Lennerz*, 44 f.

331 *Paefgen*, GmbHR 2004, 464; *Großfeld* in: Staudinger EGBGB/IPR, Int. GesR, Rdnr. 699; *Großfeld*, AG 1996, 302 f.; *Kallmeyer*, UmwG, § 1 Rdnr. 14; *Kallmeyer*, ZIP 1996, 535; *Stratz* in: Schmidt/Hörtnagl/Stratz, UmwG, § 1 Rdnr. 5; *Lennerz*, 44 f.; *Lutter* in: Lutter, UmwG, § 1 Rdnr. 2; *Bermel* in: Goutier/Knopf/Tulloch, UmwG, § 1 Rdnr. 16; *Kindler* in: MünchKomm/BGB, Int. GesR, Rdnr. 687 f.; *Bungert*, AG 1995, 502; *Dötsch*, BB 1998, 1030; *Kronke*, ZGR 1994, 33.

332 In der Gesetzesbegründung ist hingegen zu lesen, dass die Beschränkung der Umwandlungsmöglichkeiten auf Rechtsträger mit Sitz im Inland in fast allen Fällen (*Kronke*, ZGR 1994, 27 hinterfragt zu Recht, an welche anderen Fälle die Verfasser gedacht haben mögen) dem geltenden Recht entspreche, vgl. BT-Drucks. 75/94, 71, 80; *Großfeld*, AG 1996, 302; *Lennerz*, 50. Dies wird mitunter als versteckter Hinweis auf die – seinerzeit – absolut vorherrschende Sitztheorie verstanden.

333 So etwa in §§ 16, 19 Abs. 1, 26 Abs. 1, 306 Abs. 1 UmwG.

334 So *Kindler* in: MünchKomm/BGB, Int. GesR, Rdnr. 685.

gleichzeitiger Heranziehung der kollisionsrechtlichen Theorien zur Bestimmung des an den Sitzbegriff anknüpfenden Gesellschaftsstatuts aufgelöst werden.

4.2.2 Rückschlüsse aus der kollisionsrechtlichen Statutenanknüpfung

Das deutsche Gesellschaftskollisionsrecht hat für die Anknüpfung des Personalstatuts juristischer Personen *keine gesetzliche* Regelung getroffen.[335] Diese Fragen wurden vom kodifizierten IPR gemäß Art. 37 S. 1 Nr. 2 EGBGB vielmehr ausdrücklich ausgenommen.[336] Für die Bestimmung der Anknüpfungsmomente, anhand derer in Fallgestaltungen mit Auslandsberührung das maßgebende Gesellschaftsstatut[337] zu ermitteln ist, werden gegenwärtig zwei Grundkonzeptionen vertreten, die unter den Begriffen *Gründungs-* und *Sitztheorie* allgemeinkundig sind.[338]

Im deutschen internationalen Gesellschaftsrecht wurde seit jeher an den Ort des *tatsächlichen Verwaltungssitzes* der Gesellschaft als objektives Kriterium für die Bestimmung des maßgebenden Gesellschaftsstatuts angeknüpft, sog. *Sitztheorie*.[339] Diese ist gewohnheitsrechtlich verankert [340] und lässt den statutarischen Gesellschaftssitz als Ausdruck einer subjektiven Rechtswahlentscheidung der Gesellschafter außen vor. Der terminus technicus des tatsächlichen Verwaltungssitzes[341] beschreibt dabei den Tätigkeitsort der Geschäftsführung bzw. der zur Vertretung berufenen Leitungsorgane einer Gesellschaft. Er ist der Ort, an dem die grundlegenden Entscheidungen der Unternehmensleitung effektiv in laufende Geschäfte umgesetzt werden.[342] Bereits per definitionem bereitet die Bestimmung des tatsächlichen Verwaltungs-

---

335 *Palandt/Heldrich*, EGBGB, Anh. zu Art. 12 Rdnr. 1.

336 Vgl. *Palandt/Heldrich*, a.a.O.

337 Unter dieses fallen zweifelsohne auch die sachlichen Vorschriften zur Verschmelzung nach dem UmwG; *Eidenmüller*, ZIP 2002, 2234; Überblick bei *Palandt/Heldrich*, EGBGB, Anh. zu Art. 12 Rdnr. 6 ff.

338 Vgl. nur *Kindler* in: MünchKomm/BGB, Int. GesR, Rdnr. 7 ff.

339 *BGHZ* 25, 134, 144 = NJW 1957, 1433; *BGHZ* 51, 27, 28 = NJW 1969, 188; *BGHZ* 53, 181, 183 = NJW 1970, 998; *BGHZ* 78, 318, 334 = NJW 1981, 522; *BGHZ* 97, 269, 272 = NJW 1986, 2194 = GmbHR 1986, 351; *BGH*, NJW 1992, 618; *BGHZ* 118, 151, 167 = NJW 1992, 2026; *BGH*, NJW 1993, 2744, 2745; *BGH*, NJW 1994, 939, 940; *BGH*, NJW 1995, 1032; *BGH*, NJW 1996, 54, 55; *BGHZ* 134, 116, 118 = NJW 1997, 657, 658; *BayObLG*, NJW-RR 1993, 43; *BayObLG*, GmbHR 1999, 299; *BayObLG*, GmbHR 2004, 490; *OLG Frankfurt* a.M., NJW 1964, 2355; *OLG Nürnberg*, WM 1985, 259; *OLG München*, NJW 1986, 2197; *OLG Zweibrücken*, NJW 1990, 3092; *LG Hamburg*, RIW 1990, 1020, 1021; *Kindler* in: MünchKomm/BGB, Int. GesR, Rdnr. 5 (FN 13), 264; *Michalski/Leible*, GmbHG, Syst. Darst. 2, Rdnr. 4; *Staudinger* in: Staudinger/Großfeld, Int. GesR, Rdnr. 24; *Lüderitz* in: Soergel/BGB, EGBGB, Art. 10 Rdnr. 8; *Ebke*, ZGR 1987, 245; *Ebenroth/Auer*, GmbHR 1994, 16; *Großfeld/Jasper*, RabelsZ 53 (1989), 58; *Großfeld/König*, RIW 1992, 433 ff.; *Soergel/Schurig*, Internationales Privatrecht, S. 508; *Scholz/Westermann*, Einl. Rdnr. 122; *Großfeld*, AG 1996, 302 f.; *Kallmeyer*, UmwG, § 1 Rdnr. 14; *Kallmeyer*, ZIP 1996, 535; *Stratz* in: Schmidt/Hörtnagl/Stratz, UmwG, § 1 Rdnr. 5; *Lennerz*, S. 44 f.; Michalski, NZG 1998, 672; *Palandt/Heldrich*, EGBGB, Anh. zu Art. 12 Rdnr. 2 ff.; *Triebel/von Hase*, BB 2003, 2411; *Behrens*, IPRax 2000, 390; *Jaeger*, NZG 2000, 919; *K. Schmidt*, ZGR 1999, 22; *Roth*, ZIP 2000, 1599.

340 *Kindler* in: MünchKomm/BGB, Int. GesR, Rdnr. 5.

341 Alias siège réel, siège social, place of effective connection, real seat.

342 Maßgeblich ist das Tagesgeschäft der zuständigen Mitglieder des Verwaltungsorgans, da von dort aus Weisungen erteilt und die effektive Kontrolle der Gesellschaft ausgeübt werden; vgl. *BGHZ* 97, 269, 272 = NJW 1986, 2194, 2195 in Anschluss an *Sandrock*, FS für Beitzke, 669 und 683. Diese Anknüpfung hat insbesondere für die Verwaltungssitzbestimmung von Konzerngesellschaften Bedeutung, da beherrschte Tochtergesellschaften damit nicht den Verwaltungssitz am Sitz der Muttergesellschaft haben, sondern im

sitzes infolge der unscharfen Kriterien praktische Schwierigkeiten, was nicht zuletzt einen grundlegenden Kritikpunkt an der Sitztheorie darstellt. Nach der Sitztheorie muss neben dem Erfordernis einer wirksamen Gesellschaftsgründung der Verband seinen Verwaltungssitz zwingend im Land der Inkorporation *haben* und *dauerhaft beibehalten*.[343] Da nach den sachrechtlichen Anforderungen der Satzungssitz ebenfalls zwingend im Gründungsstaat zu wählen ist,[344] da er zuständigkeitskonstituierend wirkt und die Gesellschaft andernfalls „in der Luft“[345] hinge, bedeutet dies, dass ein in Deutschland gegründeter Verband sowohl seinen Satzungssitz als auch seinen tatsächlichen Verwaltungssitz in Deutschland *haben* und *beibehalten* muss. Wird der tatsächliche Verwaltungssitz bereits bei Gründung im Ausland errichtet, ist der Verband nach deutschem Recht nicht eintragungsfähig. Eine anfängliche *Statutenspaltung* ist dem Gesellschaftsrecht fremd. Wird der Verwaltungssitz nachträglich in einen anderen Staat verlegt, führt dies zu einem Statutenwechsel.

Die *Gründungstheorie* hingegen knüpft das anwendbare Gesellschaftsstatut nicht an objektive Gegebenheiten, sondern unterwirft die Gesellschaft der Rechtsordnung des Staates der Inkorporation. Sie respektiert vollumfänglich die Rechtswahlentscheidung der Gründungsgesellschafter.[346] Der anfängliche oder nachträgliche Schwerpunkt der Geschäftstätigkeit oder der Sitz der Unternehmensleitung hat auf die Rechtsanwendung keine Auswirkungen.

Hinter den unterschiedlichen Überlegungen zur Bestimmung des maßgebenden Gesellschaftsstatutes nach dem IPR[347] stehen rechtsdogmatische und rechtspolitische Überlegungen. Die Rechts- und Handlungsfähigkeit einer Gesellschaft sowie die Privilegien der beschränkten

jeweiligen Land, in denen sie ihre Geschäftstätigkeit in Umsetzung der Geschäftsführungsakte entfalten, vgl. *Behrens*, ZGR 1994, 6; des weiteren *OLG Frankfurt*, IPRspr. 1984, Nr. 21; *OLG München*, NJW 1986, 2198; *BayObLGZ* 1985, 279 = IPRax 1986, 161 m. Anm. *Großfeld* sowie in RIW 1986, 295 m. Anm. *Deville*; *OLG Hamm*, NJW-RR 1995, 470 = DB 1995, 137; *Lüderitz* in: Soergel/BGB, EGBGB, Art. 10 Rdnr. 8; *Kindler* in: MünchKomm/BGB, Int. GesR, Rdnr. 316; *Triebel/von Hase*, BB 2004, 2409; *Großfeld* in: Staudinger/BGB, Int. GesR, Rdnr. 227; *OLG Hamburg*, IPRspr. 1974, Nr.11 A = MDR 1976, 402. Die Einzelmerkmale des tatsächlichen Verwaltungssitzes sind anhand der *lex fori* zu bestimmen, d.h. im Verfahren vor deutschen Gerichten nach deutschem Recht; vgl. *Großfeld* in: Staudinger/BGB, Int. GesR, Rdnr. 226; *Kindler* in: MünchKomm/BGB, Int. GesR, Rdnr. 318. Entsprechend unerheblich ist, welche Bestimmungen die Rechtsordnung des Gründungsstaates trifft und was diese unter dem Verwaltungssitz verstehen mag; ausführlich hierzu *Kindler* in: MünchKomm/BGB, Int. GesR, Rdnr. 318 ff.

343 *Kindler* in: MünchKomm/BGB, Int. GesR, Rdnr. 312 ff (m.w.N. – FN 491).

344 St. RSpr. seit *RGZ* 7, 68, 69; *RGZ* 107, 94, 97; *BGHZ* 19, 102, 105 f. = NJW 1956, 184; *BGHZ* 25, 134, 144; *BGHZ* 29, 320, 328 = NJW 1959, 1127; *BayObLG*, GmbHR 2004, 490 f.; *Rowedder/Schmidt-Leithoff*, GmbHG, § 4a Rdnr. 4; *Großfeld* in: Staudinger/BGB, Int. GesR, Rdnr. 94, 243; *Baumbach/Hueck/Fastrich*, GmbHG, § 4a Rdnr. 3; a.A. *Lutter/Hommelhoff*, GmbHG, § 4a Rdnr. 13.

345 *Triebel/v. Hase*, BB 2003, 2414.

346 Da nahezu alle Rechtsordnungen verlangen, dass die gegründete Gesellschaft im Gründungsstaat auch ihren Satzungssitz haben muss, wird die Kernaussage der Gründungstheorie zumeist darauf reduziert, dass sie auf den in der Satzung der Gesellschaft festgelegten Sitz abstellt. Die Gründungstheorie dominiert den anglo-amerikanischen Rechtskreis; ihr folgen etwa das Vereinigte Königreich, die Niederlande, die Schweiz und Dänemark, vgl. *Eidenmüller*, ZIP 2002, 2233 f.; *Großfeld* in: Staudinger/BGB, Int. GesR, Rdnr. 153 ff.; *Kindler* in: MünchKomm/BGB, Int. GesR, Rdnr. 266. Der Satzungssitz richtet sich im deutschen Recht der Kapitalgesellschaften nach den Vorgaben des § 4a GmbHG bzw. § 5 AktG, ist im Übrigen jedoch von den Gesellschaftern frei wählbar; *Lutter/Bayer* in: Lutter/Hommelhoff, GmbHG, § 4a Rdnr. 4; BGH 29, 328; *Baumbach/Hueck/Fastrich*, GmbHG, § 4a Rdnr. 3; a.A. im Lichte der Niederlassungsfreiheit *Eidenmüller*, JZ 2004, 32.

347 Vgl. *Palandt/Heldrich*, EGBGB, Einl. v. Art. 3 Rdnr. 1.

Haftung von Gesellschaftern und Geschäftsführern knüpfen an die Inkorporierung durch konstitutiv wirkende Eintragung der Gesellschaft im Register an. Für die Bestimmung der Zuständigkeit des Registergerichts ist in allen Rechtsordnungen der Satzungssitz der Gesellschaft maßgebend.[348] Nach der Anknüpfung über die Gründungstheorie besteht daher ein hohes Maß an Rechtssicherheit, da sie einheitliche Kriterien für die unzweideutige Ermittlung des Personalstatuts anbietet. Das Land der Inkorporation ist anhand der Gründungsdokumente und Registrierung einfach feststellbar.[349] Diesen Vorteilen stehen jedoch ebenso Bedenken in Bezug auf die Missbrauchsgefahr und Umgehung sachrechtlicher Schutznormen gegenüber. Die Kritiker und zugleich Verfechter der Sitztheorie halten entgegen, dass die volle Ausschöpfung der durch die Gründungstheorie eröffneten Möglichkeiten dazu führen kann, dass die Gründer einer juristischen Person diejenige Rechtsordnung wählen, in deren Rahmen der Schutz nationaler und individueller Interessen deutlich schwächer ausgeprägt ist, als in der Rechtsordnung, in dem sie ihre wesentlichen gesellschaftsrechtlichen Aktivitäten entfalten.[350] Damit werde die Entstehung sog. *Pseudo-Foreign-Corporations* begünstigt. Im Ergebnis soll dies zu einem schädlichen Wettbewerb der einzelnen Gesellschaftsrechte im Sinne eines „*Race-To-The-Bottom*“ führen. Dem folgte auch der *VII. Zivilsenat* des *BGH*, wenn er in seinem Vorlagebeschluss an den EuGH wie folgt formulierte: *„Es ist zu befürchten, dass sich im dergestalt eröffneten ‚Wettbewerb der Rechtsordnungen' gerade die Rechtsordnung mit dem schwächsten Schutz dritter Interessen durchsetzen würde (‚race to the bottom').“*[351]

Vor dem Hintergrund, dass die nationale Rechtsprechung seit jeher der Sitztheorie folgte und auch die Gesetzesbegründung zu § 1 Abs. 1, 1. Halbs. UmwG auf das *„entsprechende geltende Recht“* abstellt, liegt es nahe, den Sitzbegriff in § 1 Abs. 1, 1. Halbs. UmwG im Sinne der Sitztheorie als *tatsächlichen Verwaltungssitz* zu verstehen. Sowohl die historische als auch systematische Auslegung der Norm legt diesen Schluss nahe.

Inwieweit dem allerdings auch heute noch in Hinblick auf die Niederlassungsfreiheit nach Artt. 43, 48 EG gefolgt werden kann, bedarf einer genaueren Betrachtung.

4.2.3 Europarechtlicher Einfluss der Niederlassungsfreiheit – *lex superior derogat legi inferiori*?

Die Differenzierung zwischen Satzungs- und Verwaltungssitz im verschmelzungsrechtlichen Kontext der Beteiligungsfähigkeit von Gesellschaften erlangt im europäischen Rechtsraum

[348] *Behrens*, ZGR 1994, 5. Historisch wurde die Gründungstheorie aus anderen Motiven entwickelt. Sie ermöglichte es englischen Kolonialgesellschaften, Gesellschaften nach englischem Recht im vertrauten Rechtskreis zu gründen und anschließend den Sitz in die Kolonialstaaten zu verlegen, ohne dass dies mit rechtlichen Wirkungen für das Gesellschaftsstatut verbunden gewesen wäre; vgl. *Kindler* in: MünchKomm/BGB, Int. GesR, Rdnr. 8.

[349] *Koppensteiner*, S. 121; *Kindler* in: MünchKomm/BGB, Int. GesR, Rdnr. 267.

[350] *Großfeld* in: Staudinger/BGB, Int. GesR, Rdnr. 52; *Kindler* in: MünchKomm/BGB, Int. GesR, Rdnr. 269 m.w.N. (FN 365).

[351] *BGH*, ZIP 2000, 968; *Eidenmüller*, ZIP 2002, 2235.

unter der primärrechtlichen Niederlassungsfreiheit nach Artt. 43, 48 EG, insbesondere in Hinblick auf die jüngeren Entscheidungen des *EuGH*[352] nachhaltige Bedeutung.

„Die Würfel sind gefallen" – nach *Ebke*[353] sind, dem *EuGH*[354] folgend, die Sanktionen der Sitztheorie final europarechtswidrig und nicht mit der Niederlassungsfreiheit vereinbar. Es gelte der uneingeschränkte Anwendungsvorrang jeglichen Europarechts – lex superior derogat legi inferiori. Der *EuGH* betonte wiederholt in seinen Entscheidungen in den Rs. *Centros*[355], *Überseering*[356] und *Inspire Art*[357], dass Zuzugsbeschränkungen für Gesellschaften aus anderen EU-Mitgliedstaaten aufgrund national sachrechtlicher Vorgaben nicht mit der Niederlassungsfreiheit vereinbar sind. Indes offen geblieben ist, ob und inwieweit nationale Wegzugsbeschränkungen an der Niederlassungsfreiheit zum Scheitern verurteilt sind. An dieser Stelle beschränkt sich das Interesse auf die Vereinbarkeit der Kernaussagen der Sitztheorie mit der Niederlassungsfreiheit in deren Auswirkungen für die Auslegung des Sitzbegriffes in § 1 Abs. 1, 1. Halbs. UmwG.

4.2.3.1 Nationale Zuzugsbeschränkungen und Niederlassungsfreiheit

Die Abkehr von der Sitztheorie und damit verbunden einer der wohl grundlegendsten Umbrüche der nationalen gesellschaftsrechtlichen Rechtsprechung kam nicht überraschend und auch keineswegs von heute auf morgen. Die Frage nach dem *„quo vadis"*[358] der Sitztheorie ist insoweit für nationale Zuzugsbeschränkungen abschließend beantwortet. Soweit der *EuGH* in der Rs. *Daily Mail*[359] als Ausgangspunkt der Diskussion um die Sitz- bzw. Gründungstheorie daran festhielt, dass nationale Wegzugsbeschränkungen[360] nicht hinter der Niederlassungsfreiheit zurücktreten müssten, wurde dem für Zuzugsbeschränkungen in der Folgezeit umfassend entgegengetreten. Nach dem *EuGH* besaßen Gesellschaften, die nach einer Rechtsordnung wirksam gegründet wurden, jenseits dieser Rechtsordnung, die ihre Gründung und Exis-

---

352 *EuGH*, Rs. 81/87 – *Daily Mail*, Slg. 1988, 5483 ff. = NJW 1989, 2186; *EuGH*, Rs. C-212/97 – *Centros*, Slg. 1999, I-1459 ff. = NJW 1999, 2027; *EuGH*, Rs. C-208/00 – *Überseering*, ZIP2002, 2037 ff. = MDR 2003, 96 = GmbHR 2002, 1137 = AG 2003, 37 = BB 2002, 2402; *EuGH*, Rs. C-167/01 – *Inspire Art*, GmbHR 2003, 1260 = MDR 2003, 1303 = BB 2003, 2195.

353 *Ebke*, BB 2003, 1.

354 *EuGH*, Rs. C-208/00 – *Überseering*, ZIP2002, 2037 ff. = MDR 2003, 96 = GmbHR 2002, 1137 = AG 2003, 37 = BB 2002, 2402.

355 *EuGH*, Rs. C-212/97 – *Centros*, Slg. 1999, I-1459 ff. = NJW 1999, 2027.

356 *EuGH*, Rs. C-208/00 – *Überseering*, ZIP2002, 2037 ff. = MDR 2003, 96 = GmbHR 2002, 1137 = AG 2003, 37 = BB 2002, 2402.

357 *EuGH*, Rs. C-167/01 – *Inspire Art*, GmbHR 2003, 1260 = MDR 2003, 1303 = BB 2003, 2195.

358 So der gleichnamige Beitrag von *Maul/Schmidt*, BB 2003, 2297 ff.

359 In der Entscheidung scheiterte eine englische public limited company (plc) mit ihrem Versuch, den Geschäftssitz in die Niederlande zu verlegen, an der vom örtlichen Fiskus verweigerten Genehmigung des Wegzugs; *EuGH*, Rs. 81/87 – *Daily Mail*, Slg. 1988, 5483 ff. = NJW 1989, 2186; hierzu *Triebel/von Hase*, BB 2003, 2409.

360 In der Entscheidung scheiterte eine englische public limited company (plc) mit ihrem Versuch, den Geschäftssitz in die Niederlande zu verlegen, an der vom örtlichen Fiskus verweigerten Genehmigung des Wegzugs; *Triebel/von Hase*, BB 2003, 2409.

tenz regelt, keine rechtliche Realität.[361] Die Niederlassungsfreiheit wurde nicht als Recht für Gesellschaften interpretiert, ihren Sitz der Geschäftsleitung unter gleichzeitiger Bewahrung der rechtlichen Identität als Gesellschaften des Gründungsstaates in einen anderen Mitgliedstaat zu verlegen.[362] Aus diesem Grund ist eine Gesellschaft in dem Bezugspunkt der Niederlassungsfreiheit auch nur beschränkt mit einer natürlichen Person vergleichbar.

In sämtlichen Folgeentscheidungen ging es fortan jeweils um die Vereinbarkeit der Sitztheorie mit der – primären wie sekundären – Niederlassungsfreiheit für *Zuzugsbeschränkungen*. In der Rs. *Überseering*[363] sah es der EuGH als unvereinbar mit der Niederlassungsfreiheit an, einer in den Niederlanden wirksam gegründeten und im Register von Amsterdam eingetragenen BV[364] die Rechts- und Parteifähigkeit im deutschen Zivilprozess aufgrund der faktischen Sitzverlegung vom Ausland (Niederlanden) nach Deutschland dem deutschen Sachrecht folgend abzusprechen.[365] Derartige Beschränkungen aufgrund nationalen Sachrechts könnten unter der Niederlassungsfreiheit keinen Bestand haben. Tatsächliche Gründe für eine Rechtfertigung nach Art. 46 EG waren in concreto nicht ersichtlich. Die lex societatis sei umfassend vom Aufnahmestaat zu achten, die Frage der Rechts- und Parteifähigkeit abschließend nach dieser zu beurteilen.[366] Insbesondere konnten die von den Beklagten (einer deutschen GmbH und der Bundesrepublik Deutschland) ins Feld geführten Argumente nicht überzeugen. Art. 293 EG stand der Anwendung der Niederlassungsfreiheit nicht entgegen, da Art. 293 EG keinen Rechtssetzungsvorbehalt zugunsten der Mitgliedstaaten enthält, der in einem argumentum e contrario die Anwendbarkeit der Artt. 43, 48 EG auszuschließen vermöge.[367] Das Gebrauchmachen von der Niederlassungsfreiheit kann nicht vom Abschluss solcher Übereinkünfte abhängen.[368]

Auch die Entscheidung des EuGH in der Rs. *Daily Mail* gibt keine zielführenden Argumente für die Aufrechterhaltung der Sitztheorie her. Der zugrunde liegende Sachverhalt wich in ent-

---

361 *EuGH*, Rs. 81/87 – *Daily Mail*, Tz.19, Slg. 1988, 5483 ff. = NJW 1989, 2186.

362 *EuGH*, Rs. 81/87 – *Daily Mail*, Tz.25, Slg. 1988, 5483 ff. = NJW 1989, 2186.

363 *EuGH*, Rs. C-208/00 – *Überseering*, ZIP2002, 2037 ff. = MDR 2003, 96 = GmbHR 2002, 1137 = AG 2003, 37 = BB 2002, 2402.

364 „Besloten Vennootschap“ (diese entspricht in ihrer niederländischen Rechtsform einer deutschen GmbH).

365 So aber die Vertreter der Sitztheorie, *RGZ* 117, 217; *RGZ* 153, 205 f.; *BGH*, ZIP 1991, 1582; *BGH*, DB 2000, 1114; *BFH*, BStBl. II 1992, 263, 720; *BayObLG*, NJW-RR 1993, 43; *BayObLG*, GmbHR 1999, 299; *BayObLG*, GmbHR 2004, 490; *OLG Frankfurt* a.M., NJW 1964, 2355; *OLG Nürnberg*, WM 1985, 259; *OLG München*, NJW 1986, 2197; *OLG Zweibrücken*, NJW 1990, 3092; *Kindler* in: MünchKomm/BGB, Int. GesR, Rdnr. 5, 264; *Michalski/Leible*, GmbHG, Syst. Darst. 2, Rdnr. 4; *Staudinger* in: Staudinger/Großfeld, Int. GesR, Rdnr. 24; *Ebke*, ZGR 1987, 245; *Ebenroth/Auer*, GmbHR 1994, 16; *Großfeld/Jasper*, RabelsZ 53 (1989), 58; *Großfeld/König*, RIW 1992, 433 ff.; *Soergel/Schurig*, Internationales Privatrecht, § 17 II 2, S. 508; *Scholz/Westermann*, Einl. Rdnr. 122; *Großfeld*, AG 1996, 302 f.; *Kallmeyer*, UmwG, § 1 Rdnr. 14; *Kallmeyer*, ZIP 1996, 535; *Stratz* in: Schmidt/Hörtnagl/Stratz, UmwG, § 1 Rdnr. 5; *Lennerz*, S. 44 f.; a.A. *Behrens*, ZGR 1994, 9 ff.; *Hachenburg/Behrens*, GmbHG, Einl. Rdnr. 170; *Knobbe-Keuk*, ZHR 154 (1990), 334 f.; *Lutter*, UmwG, § 1 Rdnr. 9 f.; *Lutter/Hommelhoff*, GmbHG, § 3 Rdnr. 6; *Bermel* in: Goutier/Knopf/Tulloch, UmwG, § 1 Rdnr. 16; *Bungert*, AG 1995, 502; *Dötsch*, BB 1998, 1030; *Kronke*, ZGR 1994, 33.

366 *Ebke*, RIW 2004, 740 f.

367 *Lutter*, BB 2003, 7 f.; *Ebke*, BB 2003, 1.

368 *EuGH*, Rs. C-208/00 – *Überseering*, Tz. 55, ZIP2002, 2037 ff. = MDR 2003, 96 = GmbHR 2002, 1137 = AG 2003, 37 = BB 2002, 2402.

scheidenden Punkten ab. In der Rs. *Daily Mail* folgten beide betroffenen Staaten der Gründungstheorie. Die Bestimmung des Gesellschaftsstatuts hätte nach dem Gründungsrecht keine Probleme bereitet. Zudem ging es in Daily Mail nicht um ein Problem der Einwanderung, sondern des Wegzugs bzw. deren Beschränkung durch das englische Steuerrecht. Hieraus lässt sich in einem argumentum a-majore-ad-minus lediglich der Schluss ziehen, dass wenn die Artt. 43, 48 EG dem nationalen Verbot einer Auswanderung nicht entgegenstehen, es sich bei der Verhinderung der Einwanderung durch Absprache der Rechtsfähigkeit kaum anders verhalten darf. Einem solchen Verständnis stehen jedoch gerade die Aussagen des EuGH in der Rs. Daily Mail entgegen.[369] Unter dem Vorrang der Niederlassungsfreiheit ist es daher inakzeptabel, einer ausländischen Gesellschaft, die ihren Verwaltungssitz nach Deutschland verlegt, die Rechtsfähigkeit, die ihr nach dem Gründungsstatut zusteht, unter Hinweis auf das nationale Sachrecht abzusprechen. Das Erfordernis, dieselbe Gesellschaft in Deutschland neu zu gründen, käme einer *Negation der Niederlassungsfreiheit* gleich.[370] Eine Rechtfertigung der Beschränkungen über Art. 46 EG aufgrund zwingender Gründe des Allgemeinwohls, wie etwa dem Schutz der Interessen der Gläubiger, der Minderheitsgesellschafter, der Arbeitnehmer oder des Fiskus, käme allenfalls unter dem Umstand des *offensichtlichen Rechtsmissbrauchs* in Betracht, was vorliegend ebenfalls nicht ersichtlich war. Von der Niederlassungsfreiheit bliebe im Ergebnis nichts übrig, wenn die Gesellschaften beim Überschreiten der Grenze sterben würden. Ferner würde es auch einen missverstandenen Gläubigerschutz darstellen, wenn ausländische Gesellschaften ihre berechtigten Ansprüche mangels Rechts- und Parteifähigkeit nicht mehr gerichtlich durchsetzen könnten.[371]

Interessant erscheint zugleich das zwischenzeitlich entwickelte Verständnis der nationalen Rechtsprechung. Der *BGH* selbst griff der Entscheidung des *EuGH* in der Rs. *Überseering* voraus. Die Überseering-Entscheidung basierte historisch auf einem Vorlagebeschluss des VII. Zivilsenats des BGH.[372] Inter temporis entwickelte der für das Gesellschaftsrecht zuständige II. Zivilsenat eine scheinbar elegante Alternativ-Lösung, indem er mit der Grenzüberschreitung eine ipso iure eintretende Statutenspaltung der zuziehenden Gesellschaft annahm.[373] Mit Überschreitung der Grenze sollte die zuziehende Gesellschaft zwar nicht die Rechtsfähigkeit nach dem Gründungsstatut erlangen. Der BGH unterstellte diese jedoch dem „passenden“ deutschen Sachrecht. Infolge dieses Kunstgriffes waren auf nahezu alle zuziehenden ausländischen Gesellschaften, die ein Gewerbe betrieben, entweder die Vorschriften

---

369 *EuGH*, Rs. C-208/00 – *Überseering*, Tz. 71, 72; ZIP2002, 2037 ff. = MDR 2003, 96 = GmbHR 2002, 1137 = AG 2003, 37 = BB 2002, 2402; so auch *Lutter*, BB 2003, 7, 8.

370 *EuGH*, Rs. C-208/00 – *Überseering*, Tz. 81; ZIP2002, 2037 ff. = MDR 2003, 96 = GmbHR 2002, 1137 = AG 2003, 37 = BB 2002, 2402.

371 So zutreffend *Lutter*, BB 2003, 9.

372 *BGH*, GmbHR 2000, 715; dazu *Stieb*, GmbHR 2000, R 213.

373 Vgl. die *Jersey-Entscheidung* des *BGH* vom 1.7.2002, *BGHZ* 151, 204 = RIW 2002, 877 = BB 2002, 2031 = ZIP 2002, 1763 ff. = NJW 2002, 3539 = DNotI-Report 2002, 157 = GmbHR 2002, 1021 = DB 2002, 2033 (m. Anm. *Gronstedt*) und DB 2002, 2203 (mit Bespr. *Leible/Hoffmann*); so auch *BayObLG*, RIW 2003, 387, 388; *Henze*, DB 2003, 2164.

über die oHG oder subsidiär die GbR[374] anwendbar. Damit wurde im konkreten Fall das Problem der fehlenden Rechtsfähigkeit umschifft. Unter diesen Prämissen hätte der VII. Zivilsenat in der Folge seine Vorlagefrage zurückziehen und die angefochtene Entscheidung des OLG Düsseldorf[375] aufheben können,[376] da die niederländische BV in jedem Fall als rechts- und parteifähig in Deutschland gegolten hätte. Die rechtlichen Schwachstellen der Lösung des *II. Zivilsenats* über einen Statutenwechsel – von *Forsthoff* auch als Wechselbalgtheorie[377] bezeichnet – liegen indes auf der Hand. Nicht nur die Rechtsfähigkeit einer ausländischen Gesellschaft, sondern auch das gesamte übrige Gesellschaftsstatut hätte sich in der Folge nach dem Recht der oHG bzw. GbR beurteilt. Dies gilt insbesondere für die akzessorische, unmittelbare und unbeschränkt persönliche Außenhaftung der Gesellschafter. Die Gesellschafter einer niederländischen BV[378] einer unbeschränkten persönlichen Haftung entgegen dem Gründungsstatut zu unterstellen, ist schon prima facie mit dem gesunden Rechtsempfinden unvereinbar und missachtet ebenso das Gründungsstatut, wie die Absprache der Rechtsfähigkeit insgesamt. Die Entscheidung des EuGH in der Rs. *Überseering* stellt insoweit einen *„Meilenstein"* in der Entwicklung des europäischen Gesellschaftsrechts dar.[379]

Grundlegend ist ferner, dass der EuGH sich nicht auf die abstrakte Feststellung beschränkt hat, der Aufnahmestaat sei zur Achtung der lex societatis unter dem Gesichtspunkt der Rechtsfähigkeit verpflichtet. Vielmehr wird expressis verbis klargestellt, dass eine wirksam gegründete BV unter Artt. 43, 48 EG das Recht genieße, *„als Gesellschaft niederländischen Rechts"* in Deutschland von ihrer Niederlassungsfreiheit Gebrauch zu machen.[380]

Fest steht damit, dass der Zuzug von Gesellschaften im Sinne der Verlegung des tatsächlichen Verwaltungssitzes nach Deutschland innerhalb der EU nicht (mehr) unter Berufung auf die

374 Deren Rechtsfähigkeit mittlerweile anerkannt war; grundlegend: *BGH*, NJW 2001, 1056.

375 *BGH*, JZ 2002, 203 (m. Anm. *Ebke)*.

376 *Lutter*, BB 2003, 7 f.

377 *Forsthoff*, BB 2002, 2476.

378 Die in ihrer Rechtsform einer deutschen GmbH entspricht.

379 So auch *Ebke*, RIW 2004, 740 f.; *Lutter*, BB 2003, 7 f.

380 *EuGH*, Rs. C-208/00 – *Überseering*, Tz. 80, ZIP2002, 2037 ff = MDR 2003, 96 = GmbHR 2002, 1137 = AG 2003, 37 = BB 2002, 2402; vgl. hierzu auch *Zimmer*, BB 2003, 1 ff. sowie *Lutter*, BB 2003, 9. Dem konnte sich in der Folge auch der *VII. Zivilsenat des BGH* nicht mehr verschließen, vgl. *BGH*, Urt. v. 13.3.2003, IPrax 2003, 344. Die getroffenen Aussagen gelten entsprechend für den gleich gelagerten Fall, dass eine Gesellschaft nicht erst nach wirksamer Errichtung mit ihrem Verwaltungssitz nachträglich verzieht, sondern bereits im Zuge ihrer Gründung den effektiven Verwaltungssitz *von Beginn an* nicht im Gründungsstaat, sondern in einem anderen Mitgliedstaat der EU wählt; *EuGH*, Rs. C-212/97 – *Centros*, Slg. 1999, I-1459 ff. = NJW 1999, 2027 = RIW 1999, 447; *Ebke*, RIW 2004, 742. Das Votum des EuGH zugunsten der Niederlassungsfreiheit steht lediglich unter dem Vorbehalt des offenkundigen Rechtsmissbrauchs. Allein die Umgehung strengerer sachrechtlicher Gründungsanforderungen oder eines höheren Gründungsaufwands nach den Vorgaben des Sachrechts im Staate des Verwaltungssitzes rechtfertigen es nicht, die Niederlassungsfreiheit einzuschränken; *EuGH*, Rs. C-167/01 – *Inspire Art*, GmbHR 2003, 1260 = MDR 2003, 1303 = BB 2003, 2195. Es gilt ferner für weitere Zuzugsbeschränkungen nach dem jeweiligen nationalen Sachrecht des Zuzugstaates. Will eine englische Limited eine Zweigniederlassung in den Niederlanden errichten, deren Zuzug über gesetzliche Erfordernisse für formal ausländische Gesellschaften in Bezug auf ein bestimmtes Mindestkapital sowie die gesamtschuldnerische Haftung der Geschäftsführer blockiert wird, ist dies mit der Niederlassungsfreiheit unvereinbar; *EuGH*, Rs. C-167/01 – *Inspire Art*, GmbHR 2003, 1260 = MDR 2003, 1303 = BB 2003, 2195; *Eidenmüller*, JZ 2004, 25.

Sitztheorie blockiert werden darf. Die Niederlassungsfreiheit zwingt zur Anerkennung des Gründungsstatuts. Dies gilt für all jene Merkmale der lex societatis, welche die Identität der Gesellschaft prägen.[381] Die Gesellschaft existiert als Gesellschaft in der ausländischen Rechtsform und ist als solche in das nationale Handelsregister einzutragen.

Damit sind indes nicht alle mit der grenzüberschreitenden Verlegung des Verwaltungssitzes zusammenhängenden Fragen geklärt. Offen sind die exakte Reichweite der gebotenen Gründungsanknüpfung sowie die Präzisierung der Bedingungen, unter denen das Recht des Aufnahmestaates zur Verhinderung von Missbrauch und Betrug im Einzelfall das Gründungsstatut und die allgemeine Regelungskompetenz des Gründungsstaates überlagern kann.[382] Hierauf kann jedoch vorliegend nicht näher eingegangen werden, so dass es bei diesem Hinweis belassen sei.

4.2.3.2 Nationale Wegzugsbeschränkungen und Niederlassungsfreiheit

Vom EuGH bislang nicht entschieden ist die Vereinbarkeit der Sitztheorie als nationale Wegzugsbeschränkung mit den europarechtlichen Vorgaben. In der Rs. *Daily Mail* wurde noch statuiert, dass nationale Wegzugsbeschränkungen nicht am Maßstab der Niederlassungsfreiheit vom europäischen Primärrecht derogiert würden. Gesellschaften, die nach einer nationalen Rechtsordnung gegründet wurden, besäßen jenseits dieser Rechtsordnungen, die ihre Gründung und Existenz umfassend regeln, keine Realität. Insbesondere gewähre die Niederlassungsfreiheit den Gesellschaften nationalen Rechts kein Recht, den Sitz ihrer Geschäftsleitung unter Bewahrung ihrer Eigenschaft als Gesellschaften des Gründungsstaates in einen anderen Mitgliedstaat zu verlegen. Auf diese Kernaussage wurde noch in den Folgeentscheidungen Überseering und Inspire Art rekurriert, wenngleich dies dort nicht entscheidungserheblich war.

Einzig richtig ist jedoch ein Verständnis dahingehend, dass auch die aus der Sitztheorie gefolgerten Wegzugsbeschränkungen hinter den Vorgaben der Niederlassungsfreiheit zurücktreten müssen[383] und nur in engen Grenzen gerechtfertigt sind. Der EuGH selbst bestätigt diese Aussage wiederholt im Kontext der Niederlassungsfreiheit natürlicher Personen, indem er feststellt, diese verbiete es dem Herkunftsstaat, die Niederlassung in einem anderen Mitgliedstaat zu beeinträchtigen. Die Niederlassungsfreiheit würde völlig ihrer Substanz beraubt, wenn der Herkunftsstaat seinen Staatsangehörigen verbieten könnte, sein Hoheitsgebiet zu verlassen, um sich in einem anderen Mitgliedstaat niederzulassen.[384] Unzulässig wäre es jedenfalls, den Wegzug gänzlich zu verbieten.[385] Ein *absolutes* Wegzugsverbot war letztlich auch nicht Ge-

[381] *Eidenmüller*, JZ 2004, 24 f.

[382] *Eidenmüller*, a.a.O.

[383] So auch *Binz/Mayer*, GmbHR 2003, 255; *Kallmeyer*, DB 2002, 2522; *Leible/Hoffmann*, RIW 2002, 932; *Lutter*, BB 2003, 9; *Bayer*, BB 2003, 2363.

[384] *EuGH*, Rs. 81/87 – *Daily Mail*, Slg. 1988, 5483 ff. = NJW 1989, 2186; bestätigt durch *EuGH*, Urteil vom 15.12.1995 – Rs. C-415/93 – *Bosmann*, Slg. 1996, 218 ff. = NJW 1996, 505.

[385] *Dubovizkaja*, GmbHR 2003, 696; *Eidenmüller*, ZIP 2002, 2243; *Meilicke*, GmbHR 2003, 803.

genstand der Rs. *Daily Mail*. Allerdings ist mit einer vorschnellen Vergleichsziehung und unreflektierten Übertragung der Aussagen zur Niederlassungsfreiheit natürlicher Personen Zurückhaltung geboten. Maßgebend ist, dass Kapitalgesellschaften nur jenes Maß an Rechtsfähigkeit besitzen können, das ihnen die jeweilige Rechtsordnung des Inkorporationsstaates „einhaucht". Dieser Leben spendende Atem kann nur soweit reichen, wie ihn das nationale Sachrecht ausgestaltet.[386] Der EuGH nahm eben dies in der Rs. *Daily Mail* hin.[387]

Ein weiterer Denkansatz könnte indes sein, die Beschränkung der Verlegung des Verwaltungssitzes mittelbar als Beschränkung der Niederlassungsfreiheit der Organe der Gesellschaft und damit der betroffenen natürlichen Personen in ihrer Organfunktion zu begreifen.[388] Dieser Kunstgriff erweist sich jedoch im Ergebnis ebenfalls als nicht tragfähig. Beschränkt man eine Gesellschaft in der Möglichkeit, den Satzungs- sowie Verwaltungssitz über die Grenze hinweg zu verlegen, so gehen damit zwangsläufig auch mittelbare Beschränkungen unterschiedlichen Gewichts für die Betroffenen Arbeitnehmer, Organe der Geschäftsleitung und ggf. Anteilsinhaber einher. Würde man nun auf diese abstellen, um eine Europarechtswidrigkeit der Wegzugsbeschränkung für die Gesellschaft als solche zu begründen, liefe die Differenzierung zwischen natürlichen Personen und Gesellschaften, wie sie die Artt. 43, 48 EG vorgeben und wie sie durch den EuGH selbst in der Rs. *Daily Mail* betont werden, weitestgehend leer. Allein aus dem Versuch einer Interpretation der Daily Mail Entscheidung lassen sich somit keine weitergehenden Schlüsse ziehen.

Denkbar ist ein weiterer Begründungsweg über das IPR. An den Wegzug des Verwaltungssitzes einer deutschen Gesellschaft ins Ausland knüpfte die Rechtsprechung sowie die wohl *h.M.* im *Schrifttum*[389] seit jeher die Rechtsfolge der Auflösung der Gesellschaft nach nationalem Recht, da nach der Sitztheorie eine Statutenspaltung nicht möglich ist.[390] Dies ähnelte jedoch eher einer *petitio principii*, als einer juristischen Begründung. Denn die Sitztheorie wurde als nationales Gesellschaftskollisionsrecht zur Bestimmung des Personalstatuts einer

---

386 *Triebel/von Hase*, BB 2003, 2410.

387 Soweit sich *Kleinert/Probst*, DB 2003, 2217 f. eine europarechtliche Klärung der gesellschaftsrechtlichen Wegzugsproblematik durch das anhängige Verfahren in der Rs. Hughes de Lasteyrie du Saillant (Rs. C-9/02, EG Abl. 2002, C 56, S.11) erhofften, sind sie enttäuscht worden. Auch die Rs. De Lasteryrie du Saillant betraf nur den Verzug einer natürlichen Person unter dem Aspekt nationalen Steuerrechts und trägt insoweit nicht zur Erhellung der gesellschaftsrechtlichen Rechtslage bei; vgl. *EuGH*, Rs. C-9/02, GmbHR 2004, 504. Vertreten wird dennoch, dass nach der Entscheidung in der Rechtssache *Lasteyrie du Saillant* viel dafür spräche, dass der EuGH nationale Bestimmungen, die den Wegzug einer in einem Mitgliedsstaat wirksam errichteten Gesellschaft in einen anderen Mitgliedsstaat generell verhindern, heute als sachlich nicht gerechtfertigte Beschränkung der Niederlassungsfreiheit ansehen würde.

388 So *Triebel/von Hase*, BB 2003, 2410. Sie sind sich dieses Ergebnisses letztlich aber nicht sicher, wenn sie zusammenfassend feststellen, dass Wegzugsbeschränkungen für deutsche Gesellschaften jedenfalls *„nicht mehr sinnvoll"* seien, vgl. *Triebel/von Hase*, BB 2003, 2411.

389 *BGHZ* 97, 271 f. = GmbHR 1986, 351; *BGH*, ZIP 1991, 1582; *BGH*, DB 2000, 1114; *BFH*, BStBl. II 1992, 263, 720; *BayObLG*, NJW-RR 1993, 43; *BayObLG*, GmbHR 1999, 299; *BayObLG*, Beschl. v. 11.2.2004, GmbHR 2004, 490; *OLG Zweibrücken*, NJW 1990, 3092; *Kindler* in: MünchKomm/BGB, Int. GesR, Rdnr. 5, 264; *Michalski/Leible*, GmbHG, Syst. Darst. 2, Rdnr. 4; *Staudinger* in: Staudinger/Großfeld, Int. GesR, Rdnr. 24.

390 *Behrens*, ZGR 1994, 7.

Gesellschaft entwickelt.[391] Der Ansatz der Sitztheorie stellt somit die Regelungsbefugnis eines Staates für alle von seinem Staatsgebiet aus geführten Aktivitäten auf, unabhängig vom statutarischen Sitz der Gesellschaft sowie der marktbezogenen Stellung.

Entscheidend ist, sich nochmals die Zusammenhänge vor Augen zu führen, in deren Rahmen die Sitztheorie ursprünglich entwickelt wurde: den Zuzug einer ausländischen Gesellschaft durch alleinige Verlegung de Verwaltungssitzes nach Deutschland unter Beibehaltung des ausländischen Satzungssitzes. Dies wurde ihr nach der Sitztheorie nicht gestattet. Rechtssystematisch betrachtet erfolgte ein zwingender Statutenwechsel; die Gesellschaft wurde mit Überschreiten der Grenze dem deutschen Recht unterstellt.[392] Bedeutsam ist ferner, dass es in den wenigen bislang zur Entscheidung gestandenen Wegzugsfällen stets um die gleichzeitige Verlegung des Satzungs- und Verwaltungssitzes ging. Erstere ist nach der Rechtsprechung nicht identitätswahrend über die Grenze möglich. Die wohl *h.M.* verknüpft den Beschluss über die Sitzverlegung überdies mit der zwingenden Folge der Auflösung der Gesellschaft.[393]

Einzig das *OLG Hamm* widmete sich in seiner Entscheidung vom 1.2.2001[394] einer näheren Begründung, obgleich auch hier der Fall der gleichzeitigen Verlegung von Satzungs- und Verwaltungssitz zur Beurteilung stand. International-privatrechtlich sei grundlegend danach zu differenzieren, ob die Sitzverlegung in einen Staat erfolge, welcher der Gründungs- oder Sitztheorie[395] folgt. Verlegt eine deutsche Gesellschaft ihren Verwaltungssitz unter Beibehaltung des statutarischen Sitzes im Inland in einen anderen Mitgliedstaat, der seinerseits der Gründungstheorie folgt, gilt nach der Sitztheorie das Recht des Zuzugsstaates. Die im Zuzugsstaat geltende Gründungstheorie verweist sogleich im Wege eines international-privatrechtlichen *Renvoi* zurück auf deutsches Recht. Diese Rückverweisung wird angenommen und ist endgültig, Art. 4 Abs. 1 S. 2 EGBGB. Aus dieser rein gesetzessystematischen Auslegung folgt, dass auf die verziehende deutsche Gesellschaft deutsches Recht weiterhin

391 *Behrens*, IPRax 2000, 384; *Jaeger*, NZG 2000, 919; *K. Schmidt*, ZGR 1990, 22; *Roth*, ZIP 2000, 1599; *Triebel/von Hase*, BB 2003, 2411; a.A. *Großfeld/Luttermann*, JZ 1989, 386 f.

392 Ausländische Kapitalgesellschaften genügten dabei in aller Regel nicht den strengen Anforderungen des deutschen Kapitalgesellschaftsrechts, so dass sie sprichwörtlich an der Grenze „totgeschlagen" wurden und in Deutschland nicht existenzberechtigt waren. Rechtsdogmatischer Hintergrund war dabei, die deutschen Schutzvorschriften zugunsten der Minderheitsgesellschafter, Gläubiger und Anteilseigner hoch zu halten und nicht durch laxere Vorschriften nach dem ausländischen Gesellschaftsstatut unterlaufen zu sehen; vgl. *Triebel/von Hase*, BB 2004, 2411. Die Regelungsbefugnis sollte allein dem am meisten betroffenen Staat vorbehalten sein; dies war nach Annahme der Rechtsprechung derjenige Staat, in dem sich die Geschäftsleitung der Gesellschaft – unabhängig vom statutarischen Sitz – befindet; vgl. *BGH*, BB 2000, 1106 = NZG 2000, 927; *BayObLG*, NJW-RR 1993, 43.

393 *OLG Düsseldorf*, NZG 2001, 506; *OLG Hamm*, NJW 2001, 2183 (Sitzverlegung in die Niederlande); *OLG Hamm*, NJW-RR 1998, 615 (Sitzverlegung nach Luxemburg); *BayObLG*, Urt. v. 7.5.1992, NJW-RR 1993, 43 (Sitzverlegung nach England). Als Begründung wird angeführt, dass die Verlegung des Verwaltungssitzes ins Ausland zu einer Änderung des Personalstatuts führe, es mithin zu einem Statutenwechsel komme, der die Auflösung der Gesellschaft nach deutschem Recht nach sich ziehen muss – ohne dies, abgesehen von Verweisen auf Urteile des BGH zum umgekehrten Fall des Zuzugs von ausländischen Gesellschaften, rechtsdogmatisch wie systematisch zu begründen; hierzu *Triebel/von Hase*, BB 2003, 2411.

394 *OLG Hamm*, NJW 2001, 2183.

395 Der Sitztheorie folgen (noch) Österreich, Belgien, Griechenland, Luxemburg, Portugal, Frankreich und Spanien (sowie Polen und die Türkei); vgl. *Staudinger/Großfeld*, Int. GesR, Rdnr. 153; *Lutter*, BB 2003, 10.

anwendbar bleibt. Es findet *kein* Wechsel des Personalstatuts statt, was in summa zu dem gleichen Ergebnis führt, als wenn man die Gründungstheorie bereits nach deutschem Recht anwendet.[396] Aus systematischen Überlegungen des IPR ist ein abweichendes Ergebnis für den IP-Rechtler undenkbar, mag es auch dem Gesellschaftsrechtler auf den ersten Blick nur schwerlich einleuchten. Soweit eine deutsche Gesellschaft ihren Verwaltungssitz in einen Staat verlegt, der seinerseits der Sitztheorie folgt, so verweist das deutsche Sachrecht in Form der Sitztheorie gemäß Art. 4 Abs. 1 S. 1 EGBGB auf das Sachrecht des Zuzugsstaates. Dieser Verweis würde angenommen, es käme zu keinem Renvoi.

Da die Sitztheorie vom EuGH für Zuzugsbeschränkungen abschließend für Unvereinbar mit der Niederlassungsfreiheit erklärt wurde, hat der Zuzugsstaat die ausländischen Gesellschaften nach deren Gründungsrecht anzuerkennen.[397] Ist der Zuzugsstaat verpflichtet, das Gründungsstatut anzuerkennen, kommt dies einer Anwendung der Gründungstheorie gleich. Diese verweist zurück auf das Personalstatut des Gründungsstaates, wie soeben dargestellt wurde. Dieser Renvoi ist endgültig, Art. 4 Abs. 1 S. 2 EGBGB, so dass für alle Gesellschaften, die in andere europäische Mitgliedstaaten verziehen, weiterhin das deutsche Gründungsstatut maßgebend bleibt. Aufgrund dieser Erkenntnisse kann die bislang vorherrschende Ansicht, die Gesellschaft würde mit Überschreiten der Grenze aufgelöst, nicht mehr Aufrecht erhalten werden. Die Sitztheorie steht einer grenzüberschreitenden Sitzverlegung (Wegzug) nicht mehr im Wege.

4.2.4 Rechtslage im drittstaatlichen Kontext

Die zuvor herausgearbeiteten Ansätze beschränken sich in ihrem Gehalt auf den europäischen Rechtsraum. Soweit Gesellschaften aus Drittstaaten beteiligt sind, gelten jedenfalls die Vorgaben der Niederlassungsfreiheit gemäß Artt. 43, 48 EG nicht. In diesem Verhältnis ist und bleibt prima facie das gewohnheitsrechtlich entwickelte nationale Kollisionsrecht in Form der Sitztheorie weiterhin uneingeschränkt maßgebend.

Die ausländische Gesellschaft, die unter Beibehaltung des Satzungssitzes im Drittstaat ihren Siège Réel nach Deutschland verlegt, ist nach wie vor nicht nach deren lex societatis zu beurteilen, sondern ausschließlich nach den deutschen sachrechtlichen Vorgaben. Nach der Sitz-

---

396 So auch *Dreissig*, DB 2000, 893; *Ebert*, NZG 2002, 941; *Kindler* in: MünchKomm/BGB, Int. GesR, Rdnr. 391 ff; *Ebenroth/Auer*, DNotZ 1993, 193; *Sagasser* in: Sagasser/Bula/Brünger, Umwandlungen, B 32, Fn. 31; *Schwarz*, NZG 2001, 613 f.; *Triebel/von Hase*, BB 2003, 2411 f.; abweichend *Staudinger/Großfeld*, Int. GesR, Rdnr. 629. Da sich das OLG Hamm mit der gleichzeitigen Verlegung von Verwaltungs- und Satzungssitz auseinanderzusetzen hatte, kam es zu einem abweichenden Ergebnis; *OLG Hamm*, NJW 2001, 2183.

397 Eine niederländische Gesellschaft muss in Deutschland „als Gesellschaft niederländischen Rechts" anerkannt werden, eine Umqualifizierung kommt nicht (mehr) in Betracht; *EuGH*, Rs. C-167/01 – *Inspire Art*, GmbHR 2003, 1260 = MDR 2003, 1303 = BB 2003, 2195; *Eidenmüller*, JZ 2004, 24 f.; *Binz/Mayer*, GmbHR 2003, 255; *Eidenmüller*, ZIP 2002, 2238 f.; *Forsthoff*, DB 2002, 2474 f.; *Geyrhalter/Gänßler*, NZG 2003, 411; *Lutter*, BB 2003, 9; *Meilicke*, GmbHR 2003, 796; *Roth*, IPRax 2003, 123; *Schulz*, NJW 2003, 2706; *Triebel/von Hase*, BB 2003, 2412; a.A. *Kindler*, NJW 2003, 1076; *Zimmer*, BB 2003, 4; *BGH*, Urt. v. 13.3.2003, BB 2003, 915 ff. = NZG 2003, 431 ff.

theorie kommt es zu einem Statutenwechsel; fortan wird das Personalstatut am Ort des (neuen) Verwaltungssitzes maßgebend. Die ausländische Gesellschaft wird im Inland nur insoweit anerkannt, wie sie den national sachrechtlichen Gründungserfordernissen gerecht wird. Die in der *Jersey-Entscheidung* des *BGH*[398] entwickelte Theorie des Statutenwechsels gilt für diese Gesellschaften weiterhin fort. Nichts anderes kann für den Verzug deutscher Gesellschaften in Drittstaaten gelten. Der damit verbundene Statutenwechsel bewirkt, dass die Gesellschaft nach nationalem Recht nicht mehr anerkannt und aufgelöst wird. Die hierfür maßgebenden Argumente sind seit langem erörtert; hierauf kann an dieser Stelle nicht näher eingegangen werden. Die Fortgeltung der Sitztheorie im drittstaatlichen Kontext steht jedoch unter der Prämisse, dass keine der Niederlassungsfreiheit vergleichbare, völkerrechtliche Regelung eingreift, die eine abweichende Beurteilung gebietet.

Im Verhältnis zu den USA stellt Art. XXV Abs. 5 S. 2 FHSV 1954[399] eine vorrangig zu beachtende Regelung dar. Dies wurde jüngst durch den *BGH* in seiner *Delaware-Entscheidung*[400] vom 5.7.2004 für den Zuzug nach amerikanischem Recht (des Bundesstaates Delaware) wirksam gegründeter Gesellschaften entschieden. In Auslegung des Art. XXV Abs. 5 S. 2 FHSV 1954 wird dieser im Wesentlichen der Niederlassungsfreiheit gleichgestellt, mit der rechtlichen Folge, dass sich die Rechts- und Parteifähigkeit sowie das Gründungs- und Haftungsstatut der nach US-amerikanischen Recht gegründeten und in Deutschland ihre Geschäftstätigkeit ausübenden Gesellschaft abschließend nach deren *lex societatis*, mithin amerikanischem Recht des Bundesstaates Delaware, beurteilt. Obgleich der geäußerten Kritik[401] an dieser Entscheidung in Bezug auf die rechtliche Interpretation des Art. XXV Abs. 5 S. 2 FHSV ist die Entscheidung zu begrüßen und für nationale Gerichte in ihrer Rechtsfindung bindend.[402]

Ergänzend sei darauf hingewiesen, dass sich der Fokus der rechtlichen Diskussion auf einen anderen Punkt verlagert hat. Nach wie vor verlangt die Rechtsprechung, dass die zuziehende US-amerikanische Gesellschaft einen *„Genuine Link"* zum Gründungsstaat haben und beibehalten muss. Die Anerkennung des Gründungsstatuts wird etwa versagt, wenn die Gesellschaft über keine zum Gründungsstaat – über das formale Band der Gründung hinausgehende – tatsächliche Beziehung (sog. *„Genuine Link"*) verfügt und ihre geschäftlichen Aktivitäten allein in Deutschland entfaltet.[403] Dieses Erfordernis eines Genuine Link darf jedoch nicht dahingehend missverstanden werden, dass sich der tatsächliche Verwaltungssitz einer Gesell-

398 *BGH*, ZIP2002, 1763 ff. = BGHZ 151, 204 = NJW 2002, 3539 = DNotI-Report 2002, 157 = GmbHR 2002, 1021.

399 Freundschafts-, Handels- und Schifffahrtsvertrag zwischen der Bundesrepublik Deutschland und den Vereinigten Staaten von Amerika (FHSV) vom 29.10.1954, BGBl. II 1956, 487.

400 *BGH*, RIW 2004, 787.

401 *Ebke*, RIW 2004, 740 ff. (Anm. zu *BGH*, Urt. v. 5.7.2004).

402 Entsprechendes gilt für die Anerkennung von Gesellschaften, die in Lichtenstein gegründet wurde, über Art. 31 EWR, *BGH*, ZIP 2005, 1869 ff. = NJW 2005, 3351 ff. = AG 2005, 896 ff = GmbHR 2005, 1483 ff.

403 *BGH*, ZIP 2004, 2230 f.; *OLG, Düsseldorf*, ZIP 1995, 1009 = NJW-RR 1995, 1124; hierzu *Ebenroth/Willburger*, EWiR 1995, 583; *MünchKomm/Kindler*, Int. GesR, Rdnr. 250; *Kindler*, BB 2003, 812; *Mankowski*, EWiR 2003, 661 f.; *BGH*, ZIP 2004, 1549 f.

schaft im Gründungsstaat befinden muss. Ausreichend ist vielmehr, dass die Gesellschaft *irgendwelche* geschäftlichen Aktivitäten in den USA[404] entfaltet.[405] In der Gerichtspraxis ist eine *extensive Auslegung* dieses Erfordernisses zu beobachten. Ein Genuine Link wird bereits dann angenommen, wenn die Gesellschaft nur eine geringe wirtschaftliche Tätigkeit im Gründungsstaat ausübt, wofür eine marginal werbende Tätigkeit ausreichen soll.[406] Dem ist zuzustimmen. Die Anforderungen an einen Genuine Link zu überspannen, würde mit einem Wiederaufleben der Sitztheorie für diese Fälle gleichkommen. Dies ist weder intendiert, noch praktisch erforderlich. Eine Ausnahme muss insoweit auf offensichtliche Missbrauchsfälle beschränkt bleiben.

Im Ergebnis führt die unterschiedliche kollisionsrechtliche Behandlung von europäischen und drittstaatlichen Fallgestaltungen jedoch das internationale Gesellschaftsrecht *ad absurdum*. Je nach dem, ob der Weg- oder Zuzug aus/in einen anderen Mitgliedstaat der EU oder einen Drittstaat erfolgt, finden entweder Sitz- oder Gründungstheorie Anwendung. Dieses Ergebnis ist nicht sachgerecht und führt in der Praxis zu erheblicher Rechtsunsicherheit. Einzig zielführend ist die Forderung an die nationale Rechtsprechung, respektive den deutschen Gesetzgeber, die Sitztheorie insgesamt – de lege lata oder de lege ferenda – aufzugeben und durch geeignete Begleitmaßnahmen sicherzustellen, dass kein Schutzdefizit für die im Einzelnen betroffenen Interessensgruppen entsteht. Das Gesellschaftskollisionsrecht muss einheitlich auch die Rechtsbeziehungen mit Gesellschaften aus Drittstaaten regeln, um eine sinnvolle Rechtsanwendung zu ermöglichen.

4.2.5 Schlussfolgerungen für transnationale Verschmelzungen

Die vorgenannten Überlegungen wurden angestellt, um den exakten Kreis der beteiligungsfähigen Rechtsträger sub specie des Inlandssitzerfordernisses nach § 1 Abs. 1, 1. Halbs. UmwG zu ermitteln. Für den europäischen Rechtsraum lässt sich festhalten, dass der Sitzbegriff des § 1 Abs. 1, 1. Halbs. UmwG nunmehr im Sinne des *Satzungssitzes* auszulegen ist. Nach der hier vertretenen Auffassung gilt in Gesamteuropa die Gründungstheorie. Das internationalprivatrechtlich maßgebende Personalstatut beurteilt sich abschließend nach der lex societatis, der Rechtsordnung des Staates der Inkorporation. Die anfängliche Divergenz von Satzungssitz und effektivem Verwaltungssitz sowie dessen nachträgliche Verlegung wirken sich nicht auf das Personalstatut der Gesellschaft aus.

Zum Gesellschaftsstatut, d.h. jenen Vorschriften eines Staates, nach denen der Verband entsteht, lebt und vergeht, zählen auch die Normen des Umwandlungsgesetzes im verschmelzungsrechtlichen Kontext. Daher muss § 1 Abs. 1, 1. Halbs. UmwG in diesem Sinne – und unter der Rechtsprechung des EuGH zur Vereinbarkeit der kollisionsrechtlichen Anknüp-

---

404 Dabei nicht notwendig im Gründungsstaat, vgl. *BGH*, ZIP 2004, 2230 f.

405 *BGH*, ZIP 2004, 1549 f.; *BGH*, ZIP 2004, 2230 f.; *Kindler* in: MünchKomm/BGB, Int. GesR, Rdnr. 245; *Mankowski*, EWiR 2003, 661; *Paefgen*, DZWIR 2003, 443.

406 *BGH*, ZIP 2004, 2232.

fungstheorien mit der Niederlassungsfreiheit – auf den *statutarischen Sitz* rekurrieren. Der Sitzbegriff ist in diesem Sinne *europarechtskonform* zu interpretieren. Dieses Ergebnis ist auch nach dem Verständnis eines *einheitlichen Sitzbegriffes* innerhalb des Umwandlungsgesetzes selbst sachgerecht. Wird der Satzungssitz ins Ausland verlegt, geht dies notwendig mit einem Statutenwechsel einher. Hieran ändert auch die Niederlassungsfreiheit nichts, solange die identitätswahrende Sitzverlegung nicht europaweit einheitlich ausgestaltet wird.

Im Verhältnis zu Drittstaaten findet die Sitztheorie indes nach wie vor Anwendung. Dies würde im Ergebnis jedoch bedeuten, dass der Sitzbegriff des § 1 Abs. 1, 1. Halbs. UmwG – je nach Ort des Sitzes der beteiligten ausländischen Gesellschaft – unterschiedlich auszulegen wäre. Eine divergierende rechtliche Interpretation des Sitzbegriffes ist weder sach- noch interessengerecht. § 1 Abs. 1, 1. Halbs. UmwG ist daher auch im internationalen (nicht EU-) Rechtsraum dahingehend auszulegen, dass er auf den *statutarischen Sitz* der Gesellschaften Bezug nimmt. An die Rechtsprechung bleibt der dringende Appell, den Sitzbegriff de lege ferenda neu zu definieren, solange nicht der Gesetzgeber regelnd eingreift.

Mit diesen Erkenntnissen hat es jedoch noch nicht sein Bewenden. Geklärt wurde lediglich die konkrete Auslegung des in § 1 Abs. 1, 1. Halbs. UmwG verwendeten Sitzbegriffs. Die Anforderung an einen *inländischen* Sitz wirft jedoch eine weitere zentrale Frage auf: Gestattet das Umwandlungsgesetz überhaupt transnationale Verschmelzungen oder wird hierdurch der Intention des Umwandlungsgesetzgebers Ausdruck verliehen, transnationale Verschmelzungen nicht nur vom Regelungsbereich des Umwandlungsgesetzes auszunehmen, sondern diese gänzlich nach deutschem Recht zu untersagen?

4.3 Inlandssitzerfordernis – per se Ausschluss grenzüberschreitender Verschmelzungen?

Beruft das internationale Privat- bzw. Gesellschaftskollisionsrecht das deutsche Umwandlungsgesetz für die rechtliche Beurteilung des Verschmelzungsvorgangs, könnte § 1 Abs. 1 UmwG per se einen Ausschluss transnationaler Verschmelzungen enthalten.[407] Der Wortlaut ist auch diesbezüglich indifferent und bedarf einer näheren Auslegung.[408] Bereits zuvor wurde herausgearbeitet, dass es sich um keine Kollisionsnorm handelt, auch soweit sie die Umwandlungsfähigkeit speziell an den Sitz des Rechtsträgers knüpft.[409] Im Wesentlichen sind für die Auslegung des § 1 Abs. 1 UmwG zwei konträre Auffassungen auszumachen. Einerseits wird der Norm der Charakter einer schlichten *Nichtregelung* der transnationalen Verschmelzungen attestiert, andererseits wird ihr unterstellt, dass sie den Anwendungsbereich des Umwandlungsgesetzes auf *rein innerstaatliche* Verschmelzungsvorgänge beschränkt.[410]

---

407 Streitig, vgl. *Stöcker*, S. 331; *Großfeld*, AG 1996, 302; *Hoffmann*, NZG 1999, 1079; *Kronke*, ZGR 1994, 35; *Kropholler*, S. 86 f.; *Schaumburg*, GmbHR 1996, 501 f.; *Kindler* in: MünchKomm/BGB, Int. GesR, Rdnr. 681 ff. (m.w.N.).

408 So zutreffend auch *Kronke*, ZGR 1994, 35; *Kropholler*, 86 f. In der Praxis haben sich aufgrund der erheblichen Rechtsunsicherheit verbunden mit der rechtlichen Interpretation des UmwG im transnationalen Kontext gesellschaftsrechtliche Ausweichkonstruktionen über vergleichbare strukturändernde Maßnahmen herausgebildet, die einer Verschmelzung weitgehend entsprechen. So werden grenzüberschreitende Zusammenschlüsse großer Unternehmen oftmals über Holdingkonstruktionen verbunden mit Umtauschangeboten abgewickelt (hierzu *Hoffmann*, NZG 1999, 1079; *Horn*, ZIP 2000, 477; *Kallmeyer*, UmwG, § 1 Rdnr. 13) und die Einbringung eines Unternehmens in eine existierende oder speziell zu diesem Zweck gegründete ausländische Gesellschaft gegen Gewährung von Anteilen durch Einzelübertragung aller Aktiva und Passiva vollzogen. Alternativ besteht die Möglichkeit, dass einer der beiden Partner eines Zusammenschlusses eine Mehrheitsbeteiligung an der anderen Gesellschaft erwirbt und zukünftig als Mutter- / Obergesellschaft agiert. Der andere Partner wird als Tochtergesellschaft darunter aufgehängt. So ist z. B. die US-amerikanische Chrysler Corp. eine Tochtergesellschaft der deutschen Daimler Chrysler AG.

409 *Kronke*, ZRG 1994, 35; *Kindler* in: MünchKomm/BGB, Int. GesR, Rdnr. 655; ablehnend *Dötsch*, DB 1998, 1029.

410 Hierzu auch *Lennerz*, 39 ff.

4.3.1 Indifferenz des § 1 Abs. 1 UmwG

Den Ausgangspunkt der Bestimmung des normativen Gehalts einer jeden Norm bildet ihr Wortlaut. Nach ihm können nur Rechtsträger *„mit Sitz im Inland"* umgewandelt werden. Kurz nach Inkrafttreten des Umwandlungsgesetzes wurde vertreten, dass grenzüberschreitenden Umwandlungen mit Einführung des § 1 Abs. 1 UmwG der Boden entzogen worden sei. Diese ablehnende Auffassung wurde mit der Zeit relativiert und der Norm eine *unparteiische* Haltung gegenüber der Zulässigkeit transnationaler Umwandlungen attestiert. Das Umwandlungsgesetz klammere transnationale Umwandlungen aus seinem Regelungsgehalt aus. Es verbiete sie nicht, führe sie jedoch umgekehrt auch keiner Regelung zu.[411] Vertreten wurde ferner, § 1 Abs. 1 UmwG enthalte eine bloße Bezugnahme auf die kollisionsrechtliche Sitztheorie mit der Folge, dass das Umwandlungsgesetz auf Rechtsträger mit Sitz im Ausland keine Anwendung finde.[412]

4.3.1.1 Wortlautgetreue Auslegung

Der Wortlaut des § 1 Abs. 1 UmwG stützt die unterschiedlichen Auslegungsvarianten gleichermaßen. Für eine Auslegung als *autolimitierende Sachnorm*, die lediglich einen Geltungsanspruch für den *inländischen Teil* der Verschmelzung erhebt, könnte sprechen, dass jedenfalls *ein* Rechtsträger mit Sitz im Inland umgewandelt wird. Dass ein weiterer Rechtsträger mit ausländischem Sitz beteiligt ist, steht dem Wortlaut nicht entgegen. Der gegenläufige historische Wille des Gesetzgebers sei nach *Kallmeyer* nicht entscheidend, da der Regelungsgehalt durch *objektive* Auslegung der Norm zu ermitteln sei.[413] Auch die Entstehungsgeschichte ergebe kein Verbot grenzüberschreitender Verschmelzungen, da sie lediglich als vorläufiger Verzicht auf eine positive Regelung zu verstehen sei.[414] Die Verwendung des Plurals („Rechtsträger mit Sitz im Inland *können*") wird von dieser Ansicht nicht als notwendiges Erfordernis dahingehend interpretiert, dass *alle* beteiligten Rechtsträger ihren Sitz im Inland haben müssen. Ausreichend sei, dass zumindest *einer* der beteiligten Verbände einen inländischen Sitz aufweise – gleich, ob es sich hierbei um den übertragenden oder aufnehmenden Verband handelt. Eine so verstandene Auslegung hätte ferner den Vorteil, dass sie mit den Ergebnissen der international-privatrechtlichen Vereinigungstheorie übereinstimmte.[415] Folgte man dieser Auffassung, würde § 1 Abs. 1 UmwG indes eine reine Selbstverständlichkeit zum Ausdruck bringen, für die es schon aufgrund des bestehenden Kollisionsrechts keiner Regelung bedurft hätte. Der deutsche Gesetzgeber beansprucht nicht, Regelungen zu treffen, die

411 *Lutter*, UmwG, § 1 Rdnr. 5 ff. (unter Aufgabe seiner früheren Auffassung, vgl. noch *Lutter*, ZGR 1994, 87 ff.); *Kallmeyer*, ZIP 1996, 535 ff. (ebenfalls unter Aufgabe seiner früheren Auffassung, siehe noch *Kallmeyer*, ZIP 1994, 1746 ff.); *Bungert*, AG 1995, 489 ff.; *Lennerz*, 40.

412 *Kallmeyer*, ZIP 1996, 535 ff.; *ders.*, UmwG, § 1 Rdnr. 12 ff.

413 *Kallmeyer*, ZIP 1996, 535 ff.

414 *Lawall*, IStR 1998, 345 ff.

415 *Großfeld* in: Staudinger EGBGB/IPR, Int. GesR, Rdnr. 628 und 683; *Kindler* in: MünchKomm/BGB, Int. GesR, Rdnr. 661 ff.; *Kallmeyer*, ZIP 1996, 535 f.; *Lennerz*, S. 46 ff.; *Horn*, ZIP 2000, 477.

auch für im Ausland ansässige Verbände gelten.[416] Nicht sinnvoll erklärbar wäre ferner der Hinweis in der Gesetzesbegründung auf die *Daily Mail*-Entscheidung des EuGH. Dies spricht ebenfalls für die weitere Auslegungsvariante, dass § 1 Abs. 1 UmwG grenzüberschreitende Umwandlungen unterbinden will.

Umgekehrt liegt es nahe, die Verwendung des Plurals („Rechtsträger mit Sitz im Inland *können*") dahingehend zu interpretieren, dass notwendig *alle* beteiligten Verbände ihren Sitz im Inland haben müssen. Für diese Auslegungsvariante sprechen zudem der historische Wille des Gesetzgebers sowie die Entstehungsgeschichte der Norm. Der Gesetzgeber wollte den Anwendungsbereich des Umwandlungsgesetz bewusst auf Rechtsträger mit Sitz im Inland beschränken.[417] In summa erscheint daher eine Auslegung dahingehend einzig sinnvoll, dass die Bestimmungen des Umwandlungsgesetzes nur Anwendung finden sollen, wenn *alle* beteiligten Rechtsträger einen inländischen Sitz aufweisen.

4.3.1.2 Kollisionsrechtliche Interpretation

Würde § 1 Abs. 1 UmwG dahingehend zu verstehen sein, dass er nur den deutschen (inländischen) Teil einer transnationalen Verschmelzung regeln wollte, käme ihm rein deklaratorische Bedeutung zu. Dies wäre konkret der Fall, wenn der in Bezug genommene „Sitzbegriff" lediglich als eigenständiges kollisionsrechtliches Anknüpfungsmoment zu verstehen wäre, das an deutsches Recht anknüpft. Der Sitzbegriff im internationalen Gesellschaftsrecht ist, wie zuvor unter 4.1 gezeigt, seit geraumer Zeit in der Kontroverse. Nach der hier vertretenen Auffassung zwingt im europäischen Rechtsraum die Niederlassungsfreiheit nunmehr zu einer (überholenden) Interpretation dahingehend, dass auf den (statutarischen) Satzungssitz abzustellen ist. Wie gezeigt, wird die unterschiedliche Interpretation des Sitzbegriffs ohnehin nur relevant, soweit Satzungs- und Verwaltungssitz einer Gesellschaft auseinanderfallen, was bis vor kurzem im deutschen Gesellschaftsrecht undenkbar war. Aus der seinerzeitigen Bezug-

---

416 Dies wird von den Vertretern dieser Auffassung selbst eingeräumt, vgl. *Kallmeyer*, ZIP 1994, 1746 ff.; *Kronke*, ZGR 1994, 26 ff.; hierzu auch *Lennerz*, 42.

417 In der Gesetzesbegründung heißt es hierzu: „*Die Beschränkung der Umwandlungsmöglichkeiten auf Rechtsträger mit Sitz im Inland entspricht in fast allen Fällen dem geltenden Recht. Angesichts der Bemühungen der Europäischen Gemeinschaften um eine Regelung grenzüberschreitender Vorgänge, insbesondere der internationalen Fusion, sollte eine Regelung dieses Komplexes zurückgestellt werden. Überdies würde die Ausdehnung des Gesetzes auf internationale Fälle politisch wie rechtstechnisch erhebliche Probleme aufwerfen.*", amtl. Begr., BT-Drucks. 12/6699, 80. Die genaue Fassung des Wortlauts war in diesem Punkt vor Inkrafttreten des UmwG 1994 Gegenstand heftiger Diskussionen, in der auf die Folgen der Inlandssitz-Restriktion hingewiesen wurde; hierzu *Neye*, ZIP 1994, 919 f.; *Kronke*, ZGR 1994, 26 ff. Dass diese Hinweise vom Gesetzgeber letztlich wahrgenommen, aber nicht umgesetzt wurden, unterstreicht die Interpretationsalternative, wonach das deutsche Umwandlungssachrecht transnationale Verschmelzungsvorgänge entweder generell ausschließen oder jedenfalls nicht regeln will. Mit anderen Worten müssten bei einer Verschmelzung, die nach deutschem Recht abgewickelt werden soll, alle beteiligten Rechtsträger ihren (Satzungs-)Sitz im Inland haben; *Lutter*, UmwG, § 1 Rdnr. 2 und 6; *Lutter*, ZGR 1994, 87 f.; *Großfeld*, AG 1996, 302; *Großfeld* in: Staudinger EGBGB/IPR, Int. GesR, Rdnr. 677; *Kindler* in: MünchKomm/BGB, Int. GesR, Rdnr. 681 ff.; *Ebenroth/Offenloch*, RIW 1997, 11; *Schaumburg*, GmbHR 1996, 501 f.; *Heckschen* in: Heckschen/Simon, Umwandlungsrecht, Rdnr. 17; *Stratz* in: Schmidt/Hörtnagl/Stratz, UmwG, § 1 Rdnr. 3; *Horn*, GS Lüderitz, 303 und 315.

nahme der Gesetzesbegründung auf die *Daily Mail*-Entscheidung des EuGH lässt sich entnehmen, dass der Gesetzgeber die innerstaatlichen Normen des Umwandlungsgesetzes als unpassend für grenzüberschreitende Sachverhalte hielt. Die Regelung der grenzüberschreitenden Umwandlungsvorgänge sollte einer einheitlichen Lösung im gesamteuropäischen Raum vorbehalten bleiben. Mit anderen Worten: Der Gesetzgeber wollte grenzüberschreitende Verschmelzungen nicht regeln, diese nicht ermöglichen. Die Regelungskompetenz ist international-privatrechtlich beschränkt auf Gesellschaften deutschen Personalstatuts. Damit muss der Anwendungsbereich des Umwandlungsgesetzes sachrechtlich auf deutsche Rechtsträger beschränkt sein. Rechtliche Risiken und Schwierigkeiten der grenzüberschreitenden Verschmelzung ergeben sich nicht aus dem Kollisionsrecht, sondern der Divergenz der materiellen Sachrechte. Sowohl die ratio legis als auch die Gesetzesbegründung sprechen – ebenso wie der Wortlaut – für eine solche Interpretation des § 1 Abs. 1 UmwG. Die Bestimmungen des Umwandlungsgesetzes finden damit nur Anwendung, wenn *alle beteiligten* Rechtsträger ihren *Sitz im Inland* haben.[418]

Der Gesetzgeber hat den Zusatz „Rechtsträger mit Sitz im Inland“ entgegen den Anregungen im Gesetzgebungsverfahren nicht gestrichen, so dass auch dies den Rückschluss nahe legt, dass keine rein deklaratorische Regelung, sondern eine bewusst normativ-konstitutive Regelung getroffen werden sollte, deren Bedeutung im nationalen Sachrecht liegt.

Gegen ein solches Normverständnis wird eingewandt, dass dieses zu einer unlösbaren Disharmonie des IPR mit dem nationalen Sachrecht führe, die im Ergebnis unhaltbar sei.[419] Das deutsche Gesellschaftskollisionsrecht berufe nach der Vereinigungstheorie deutsches Umwandlungssachrecht auf den deutschen Tatbestandsteil einer transnationalen Verschmelzung, mithin den deutschen Rechtsträger. Dieser international-privatrechtliche Rechtsanwendungsbefehl stoße auf die sachrechtliche Selbstweigerung in § 1 Abs. 1 UmwG, das IPR würde quasi leer laufen. Diese Kritik stößt indes auf systematische Bedenken. Wird die Beschränkung transnationaler Verschmelzungen zutreffend im nationalen Sachrecht – und nicht im Kollisionsrecht – verankert, sagt der kollisionsrechtliche Verweis auf deutsches Sachrecht indes nichts darüber aus, ob die transnationale Verschmelzung kraft der nationalsachrechtlichen Bestimmungen durchführbar ist. Das IPR setzt nicht einmal die Existenz nationalen Sachrechts voraus. Die Ebenen des IPR und nationalen Sachrechts sind strikt voneinander zu trennen.[420] Offen ist damit nach wie vor, ob es sich um eine schlichte *Nichtregelung* oder ein *transnationales Umwandlungsverbot* handelt.

418 So auch *Lennerz*, 45.
419 *Kronke*, ZGR 1994, 26 ff.
420 *Behrens*, ZGR 1994, 13; so auch *Lennerz*, 46.

4.3.1.3 § 1 Abs. 1 UmwG als Umwandlungsverbotsnorm?

Teilweise wird § 1 Abs. 1 UmwG die Bedeutung als *Verbotsnorm* für grenzüberschreitende Umwandlungen attestiert – er schließe diese aus.[421] Gestützt wird diese Ansicht auf den Willen des Gesetzgebers. Dieser habe internationale Umwandlungen aufgrund erheblicher rechtstechnischer Probleme ausschließen wollen. So seien etwa als verschmelzungsfähige Rechtsträger nur Verbände deutscher Rechtsform in § 3 UmwG benannt, die im Sinne eines *numerus clausus* abschließend sind. Heraus-Verschmelzungen seien unzulässig, da sich § 1 Abs. 1 UmwG nur auf die abschließenden Umwandlungsarten des Umwandlungsgesetzes beziehe.[422]

Diese Argumente vermögen nicht zu überzeugen. Die Ansicht unterliegt – unter ergänzender Heranziehung des IPR – einem Zirkelschluss. Unter der zuvor aufgestellten Prämisse, dass der deutsche Gesetzgeber nur Regelungen für den international-privatrechtlich berufenen, inländischen Teil der grenzüberschreitenden Umwandlungsvorgänge treffen kann, da in Bezug auf den ausländischen Teil das IPR ausländisches Sachrecht beruft, hat die Beschränkung des Katalogs in § 3 UmwG auf Rechtsträger deutscher Rechtsform keine weitergehende Bedeutung für transnationale Verschmelzungen und die Beteiligungsfähigkeit ausländischer Rechtsträger. Gleiches gilt für das Argument, § 1 Abs. 1 UmwG beziehe sich nur auf Umwandlungsformen nach deutschem Recht. § 3 UmwG kann allenfalls dahingehend interpretiert werden, dass er unterschiedslos wirkende, allgemeine Anforderungen an die Beteiligungsfähigkeit eines Verbandes – auch ausländischer Rechtsform – aufstellt. Inwieweit ein Verband ausländischer Rechtsform nach deutschem Umwandlungsrecht beteiligungsfähig ist, richtet sich dann nach einer Beurteilung anhand des international-privatrechtlichen Instituts der *Substitution*. Entspricht die ausländische Rechtsform einer der im Katalog des § 3 UmwG abschließend normierten Rechtsformen für inländische Gesellschaften, steht einer Beteiligung des ausländischen Verbandes nichts im Wege.[423] In die umfassende Betrachtung ist ferner der Gesamtkontext der Regelung einzubeziehen. Die systematische Stellung des § 1 *Abs. 1* UmwG – sowohl im Kontext des § 1 UmwG als auch an der Spitze aller umwandlungsrechtlichen Bestimmungen – verdeutlicht, dass der Gesetzgeber der Regelung grundsätzliche Bedeutung beigemessen hat.[424] § 1 Abs. 1 UmwG ist als *vollständige* und *abschließende* Regelung zu betrachten, die sich einer Interpretation als kodifikatorische Teilregelung auf einen inländischen Sachverhaltsteil verschließt.

Der deutsche Gesetzgeber überschreitet dabei mit Nichten seine kompetenzrechtlichen Grenzen. Richtig ist zwar, dass er Rechtsträger im Ausland sachrechtlich nicht erreichen kann. Eine Regelung für die beteiligten inländischen Rechtsträger im Falle eines Sachverhaltes mit

---

421 *Großfeld*, AG 1996, 302 ff.; *Dehmer*, UmwG, § 1 Rdnr. 3. Herein-Verschmelzungen seien aufgrund der Binnenorientierung des UmwG als unzulässig zu werten, Heraus-Verschmelzungen als Auflösung; vgl. *Schaumburg*, GmbHR 1996, 501 ff.

422 *Kindler* in: MünchKomm/BGB, Int. GesR, Rdnr. 683.

423 Eine ausländische Gesellschaft mit einer der deutschen GbR entsprechenden Rechtsform ist somit nicht beteiligungsfähig. Die Substitution hilft hier nicht weiter, da auch die deutsche GbR nicht verschmelzungsfähig nach § 3 UmwG ist.

424 So zutreffend *Lennerz*, 49.

Auslandsberührung ist hingegen ohne weiteres möglich. Im Ergebnis stellt der deutsche Gesetzgeber inländischen Rechtsträgern im Falle einer grenzüberschreitenden Umwandlung die Vorschriften und Techniken des Umwandlungsgesetzes *nicht* zur Verfügung. Insbesondere eine Verschmelzung unter Gesamtrechtsnachfolge ist damit ausgeschlossen.

Dieses Ergebnis steht in Einklang mit der Gesetzesbegründung zu § 1 Abs. 1 UmwG.[425] Hier ist zu lesen, dass die Beschränkung der Umwandlungsmöglichkeiten auf Rechtsträger mit Sitz im Inland in fast allen Fällen dem geltenden Recht entspreche. Dabei sollten international gesellschaftsrechtliche Vorgänge nicht durch einen Staat alleine, sondern einheitlich auf gesamteuropäischer Ebene geregelt werden – dies ist bis dato nicht erfolgt. Die mögliche Alternative, die Beschränkung auf Rechtsträger mit Sitz im Inland nicht aufzunehmen und eine besondere Regelung für transnationale Umwandlungsfälle zu implementieren, wurde als nationaler Alleingang als nicht zielführend angesehen. Dies stützt die Einschätzung, dass unabhängig von § 1 Abs. 1 UmwG nationales Umwandlungssachrecht international-privatrechtlich berufen sein kann.[426] Die gewählte terminologische Beschränkung spiegelt insoweit die Einsicht wieder, dass der deutsche Gesetzgeber nur soweit Regelungen treffen kann, wie sie sich an inländische Rechtsträger richten.[427]

In summa ist in dem Inlandssitzerfordernis eine Weigerung des deutschen Gesetzgebers zu sehen, die national-sachrechtlichen Bestimmungen des Umwandlungsgesetzes im Falle von Umwandlungen mit Auslandsberührung zur Verfügung zu stellen. Die Selbstweigerung ist *kein Verbot*, sondern eine *schlichte Nichtregelung*.[428]

Bei diesem bisherigen Auslegungsergebnis wurde der Einfluss des Europarechts außen vor gelassen. Es drängt sich indes die weitere Frage auf, inwieweit die national-sachrechtliche Beschränkung des § 1 Abs. 1 UmwG mit der Niederlassungsfreiheit nach Artt. 43, 48 EG im europäischen Rechtsraum vereinbar ist.

4.3.2 Europarechtlicher Einfluss der Niederlassungsfreiheit

Der deutsche Gesetzgeber ging bei Schaffung des § 1 Abs. 1 UmwG von den Grundsätzen der Daily-Mail-Entscheidung[429] aus. Er schloss aus dieser, dass es das Gemeinschaftsrecht den Mitgliedstaaten freistelle, grenzüberschreitende Umwandlungen zuzulassen oder nicht.[430] Diese Prämisse trifft jedoch unter Berücksichtigung der neueren Rechtsprechung des EuGH zur Vereinbarkeit der Sitztheorie mit der Niederlassungsfreiheit, wie gezeigt, nicht (mehr) zu.

---

425 BT-Drucks. 12/6699, 80.
426 *Lennerz*, S. 50 f.
427 Zuzugeben ist, dass die Gesetzesbegründung keine eindeutigen Rückschlüsse über den exakten Normtypus des § 1 Abs. 1 UmwG zulässt.
428 *Lennerz*, 52.
429 *EuGH*, Rs. 81/87 – *Daily Mail*, Slg. 1988, 5483 ff. = NJW 1989, 2186.
430 *BT-Drucks*. 12/6699, 79; *Neye*, ZIP 1994, 920; *Großfeld*, AG 1996, 302.

4.3.2.1 Keine Institutsgarantie für grenzüberschreitende Verschmelzungen

Vorausgeschickt sei, dass sich aus der Niederlassungsfreiheit der Artt. 43, 48 EG nach richtigem Verständnis keine primärrechtliche Institutsgarantie für grenzüberschreitende Verschmelzungen ableiten lässt, welche die Mitgliedstaaten zur einfachgesetzlichen Ermöglichung derselben verpflichten würde.[431] Die Zulassung grenzüberschreitender Verschmelzungen erweist sich nicht als Fundamentalprinzip des Privatrechts, vergleichbar mit der Privatautonomie oder der Garantie des Privateigentums, die untrennbar mit der einfachgesetzlichen Begründung grenzüberschreitender Niederlassungen verknüpft wäre und mit dieser steht und fällt.[432] Die Niederlassungsfreiheit entfaltet ihre Wirkungen „beschränkt" auf ihre eigentliche rechtliche Konzeption als primärrechtliches Diskriminierungs- und Beschränkungsverbot. Sie verbietet es den Mitgliedstaaten, grenzüberschreitende Sachverhalte innerhalb der EU durch unmittelbare oder mittelbare Anknüpfungen an die Staatsangehörigkeit ohne sachlichen Grund unterschiedlich zu behandeln. Sie gebietet zugleich, das Gründungsstatut einer ausländischen Gesellschaft umfassend zu achten. Das deutsche Umwandlungsgesetz ermöglicht umfassende Transaktionen für inländische Rechtsträger. Diese Gestaltungsmöglichkeiten müssen sich für den Fall der Beschränkung der Beteiligungsmöglichkeit ausländischer Gesellschaften mit Sitz in einem anderen Mitgliedstaat an den primärrechtlichen Vorgaben der Artt. 43, 48 EG messen lassen. Internationale Verschmelzungen sind zwar angesichts des Art. 293 EG im primären Gemeinschaftsrecht verankert.[433] Die Artt. 43, 48 EG begründen jedoch weder eine primärrechtliche Normsetzungspflicht für die Mitgliedstaaten, noch räumen sie den betroffenen Gesellschaften ein subjektives Recht gegen den Staat ein, ihnen ein Normenwerk zur Verfügung zu stellen, das ihnen die grenzüberschreitende Verschmelzung ermöglicht.[434]

---

431 So zutreffend *Paefgen*, GmbHR 2004, 468; *Lennerz*, 93 ff. Auch die Fusionsrichtlinie sowie die zehnte Verschmelzungsrichtlinie verpflichten die Mitgliedstaaten nur zur Umsetzung auf nationale Fälle.

432 *Wilmowsky*, JZ 1996, 592 ff.; *Spindler*, RIW 2003, 858; *Lennerz*, 91. Die innereuropäische Rechtsangleichung vollzieht sich insoweit schrittweise über die dritte Verschmelzungsrichtlinie (Dritte Richtlinie 78/855/EWG des Rates vom 9.10.1978 gemäß Artikel 54 Abs. 3 Buchst. g EGV betreffend die Verschmelzung von Aktiengesellschaften, ABl. EG Nr. L 295/36 vom 20.10.1978), die sechste Spaltungsrichtlinie (Sechste Richtlinie 82/891/EWG des Rates vom 17.12.1982 gemäß Artikel 54 Abs. 3 Buchst. g EGV betreffend die Spaltung von Aktiengesellschaften, ABl. EG Nr. L 378 47 vom 31.12.1982), die am 8.10.2004 in Kraft getretene SE-Verordnung (Verordnung EG Nr. 2157/2001 über das Statut der Europäischen Aktiengesellschaft (Societas Europaea / SE) vom 8.10.2004, ABl. EG Nr. L 294/1) sowie die *EG-Richtlinie 2005/56/EG* vom 26.10.2005 über die Verschmelzung von *Kapitalgesellschaften* aus verschiedenen Mitgliedstaaten (EG-Fusionsrichtlinie), ABl. EG Nr. L 310/1 vom 25.11.2005. Die EG-Fusionsrichtlinie ist gemäß Art. 19 von den Mitgliedstaaten bis spätestens Dezember 2007 in nationales Recht zu transformieren.

433 *Steindorff*, 219.

434 Insbesondere überzeugt der Hinweis auf die steuerliche Fusionsrichtlinie i.V.m. Art. 293 EG und Art. 10 EG, deren Zielvorgaben sich zu einer Normsetzungsverpflichtung verdichtet haben sollen, nicht, da in der Richtlinie keine Vorgaben zu den gesellschaftsrechtlichen Grundlagen getroffen werden; *Becht*, 503 ff. unter Kritik von *Lennerz*, S. 95.

4.3.2.2 Transnationale Verschmelzung als tatbestandliche Sitzverlegung?

Sind an einer grenzüberschreitenden Verschmelzung Rechtsträger mit Sitz in einem anderen Mitgliedstaat der EU beteiligt, garantiert die Niederlassungsfreiheit die freie Gründung sowie die Sitzverlegung von Gesellschaften innerhalb der EU und untersagt zugleich nationale Beschränkungen dieser Grundfreiheiten.[435] Daneben verpflichtet Art. 10 EG die Mitgliedstaaten, geeignete Maßnahmen zur Erfüllung der Aufgaben, insbesondere aus dem Kernaufgabenkatalog des Art. 3 Abs. 1, 2 EG zu treffen und alle Maßnahmen zu unterlassen, welche die Verwirklichung der Ziele des EG-Vertrages gefährden könnten.[436]

In den angeführten Entscheidungen des EuGH wurde festgestellt, dass die Niederlassungsfreiheit dahingehend auszulegen ist, dass sie nationalen einfachgesetzlichen Beschränkungen entgegensteht, welche dem Recht des Gründungsstaates zuwider laufen.[437] Das Gründungsstatut der betreffenden Gesellschaften ist umfassend zu respektieren. Jeder wirksam errichteten Gesellschaft ist es innerhalb des europäischen Rechtsraumes freigestellt, Zweigniederlassungen in anderen Mitgliedstaaten zu errichten (sekundäre Niederlassungsfreiheit) oder den tatsächlichen Verwaltungssitz zu verlegen (primäre Niederlassungsfreiheit), ohne dass dies auf nationale Restriktionen im jeweiligen Mitgliedstaat stoßen darf, soweit diese nicht gerechtfertigt sind. Dies steht lediglich unter dem Vorbehalt des offensichtlichen Rechtsmissbrauchs, der im Einzelfall eine abweichende Beurteilung rechtfertigen kann.

Noch vor der Überseering-Entscheidung des EuGH wurde vertreten, die Verschmelzung einer ausländischen Gesellschaft auf einen deutschen Rechtsträger sei mit der Verlegung des tatsächlichen Verwaltungssitzes gleich zu stellen.[438] Mit dem Vollzug der Verschmelzung würde der übertragende Rechtsträger aufgelöst und sei im Aufnahmestaat quasi neu zu gründen, was einer grenzüberschreitenden Verschmelzung im Wege stehe.[439] Nichts anderes als dieses schon unter der Sitztheorie geltende Ergebnis bringe die Beschränkung in § 1 Abs. 1 UmwG in Hinblick auf das Erfordernis eines inländischen Verwaltungssitzes zum Ausdruck. Dem kann nicht mehr gefolgt werden.

Soweit es im Zuge der Verschmelzung über die Grenze eines Staates hinweg zu einer Sitzverlegung einer der beteiligten Gesellschaften oder der Errichtung einer Zweigniederlassung kommt, könnten die vom EuGH in seinen Entscheidungen Centros, Überseering, Inspire Art und jüngst Sevic entwickelten Grundsätze entsprechend gelten.

---

435 *Troberg* in: v. d. Groeben/Thiesing/Ehlermann, EWG-Vertrag, Art. 52 (jetzt Art. 43) Rdnr. 40 und Art. 58 (jetzt: Art. 48) Rdnr. 10; *Behrens* in: Dauses, E III Rdnr. 10; *Behrens*, ZGR 1994, 15 ff.; *Lutter*, UmwG, § 1 Rdnr. 9.

436 *Steindorff*, ZHR 139 (1975), 249, 255; W.H. *Roth*, ZEuP 1994, 5, 19 ff.; *Zulegg* in: v. d. Groeben/Thiesing/Ehlermann, EWG-Vertrag, Art. 5 Rdnr. 9, 11; *Geiger*, EG-Vertrag, Art. 5 Rdnr.4.

437 *Paefgen*, GmbHR 2004, 463.

438 *Großfeld*, AG 1996, 305 f.

439 *Großfeld*, a.a.O.

Der österreichische OGH etwa nahm in seiner Entscheidung vom 20.3.2002[440] an, die Verschmelzung einer österreichischen GmbH auf eine deutsche GmbH, die zugleich deren Alleingesellschafterin ist, richte sich allein nach dem österreichischen Umwandlungsgesetz. Rechtstechnisch vollziehe der übertragende österreichische Rechtsträger in dieser Konstellation einen der Sitzverlegung entsprechenden „Umzug". Daher habe der Aufnahmestaat das Gründungsstatut des übertragenden Rechtsträgers nach den europarechtlichen Vorgaben umfassend zu respektieren. Auf den Verschmelzungsvorgang wurde in der Konsequenz abschließend österreichisches Recht angewendet.

Diese Entscheidung begegnet jedoch erheblichen rechtlichen Bedenken. Der OGH lässt unberücksichtigt, dass der übertragende Rechtsträger (auch nach österreichischem Umwandlungsrecht) mit dem Vollzug der Verschmelzung *erlischt* und nicht mit eigener Rechtssubjektivität fortbesteht. Die Verlegung des Satzungs- bzw. Verwaltungssitzes einer Gesellschaft ist nicht mit dem automatischen Vermögensübergang unter gleichzeitigem Erlöschen des übertragenden Rechtsträgers nach Vollzug einer Verschmelzung vergleichbar. Es findet damit kein grenzüberschreitender *„Umzug"* der übertragenden Gesellschaft im Zuge einer Verschmelzung statt. Der übertragende Rechtsträger verzieht nicht, sondern begibt sich seiner rechtlichen Existenz mit Eintragung der Verschmelzung. Er begeht *„Corporate Suicide"*,[441] bevor es überhaupt zu einem grenzüberschreitenden Ortswechsel kommen kann. Mit diesem Verlust der eigenen Rechtssubjektivität geht zugleich der Schutz der Niederlassungsfreiheit verloren. Dieser knüpft notwendig daran an, dass der betreffende Rechtsträger auch nach seiner Sitzverlegung rechtlich fortbesteht. Hieran fehlt es bei der Verschmelzung. Die grenzüberschreitende Verschmelzung kann daher nicht mit der grenzüberschreitenden Sitzverlegung, gleich ob man auf den statutarischen oder tatsächlichen Verwaltungssitz rekurrieren will, gleichgestellt werden.[442] Die Verschmelzung stellt ein Konstrukt der auflösenden Übertragung dar. Die Niederlassungsfreiheit kann umgekehrt ebenso wenig von Rechtsträgern in Anspruch genommen werden, die erst infolge des Verschmelzungsvorgangs durch Neugründung entstehen. Art. 48 EG stellt in seinem Anwendungsbereich expressis verbis auf *bereits gegründete* Gesellschaften ab.[443]

4.3.2.3 Berührtheit der sekundären Niederlassungsfreiheit?

Daneben besteht jedoch ein weiterer Anknüpfungspunkt für die Niederlassungsfreiheit, dessen Tragfähigkeit sich im Folgenden erweisen muss. Neben dem übertragenden Rechtsträger

---

440 *OGH*, ZIP 2003, 1086 f.; *Hasenauer*, RdW 2003, 357; *Paefgen*, IPRax 2004, 132 ff.; *Paefgen*, GmbHR 2004, 467.

441 *Eyles*, 116 f.; *Lennerz*, 78 f.; *Dorr/Stukenborg*, DB 2003, 649; *Paefgen*, IPRax 2004, 132 ff.; *Paefgen*, GmbHR 2004, 467.

442 *Kindler* in: MünchKomm/BGB, Internat. GesR, Rdnr. 688; *Paefgen*, GmbHR 2004, 467.

443 *Lennerz*, 76 ff.; *Eyles*, 118; *Dorr/Stukenborg*, DB 2003, 649; *Kruse*, 66; *Kloster*, GmbHR 2003, 4 f.; *Paefgen*, GmbHR 2004, 468. Im Zuge der Verschmelzung neu zu gründende Gesellschaften (wie im Falle der Verschmelzung durch Neugründung) fallen damit von vorne herein nicht in den Schutzbereich der Niederlassungsfreiheit.

besteht der übernehmende Rechtsträger im Aufnahmestaat auch nach der Verschmelzung fort. Dessen Gesellschaftsstatut ist nicht weniger schutzwürdig, als jenes des übertragenden Rechtsträgers. Da nur solche, an einer grenzüberschreitenden Verschmelzung beteiligten Rechtsträger in den Genuss der Niederlassungsfreiheit kommen, die bereits vor dem Verschmelzungsvorgang bestanden haben und auch nach dessen Vollzug noch fortbestehen, kann abschließend nur der übernehmende Rechtsträger in den Genuss der (sekundären) Niederlassungsfreiheit kommen. Der übertragende Rechtsträger mag mit Vollzug der grenzüberschreitenden Umwandlung erlöschen; nichts desto trotz besteht das Unternehmen de facto als unselbständige Zweigniederlassung im Übertragungsstaat des nunmehr aufnehmenden Rechtsträgers fort. Das kollisionsrechtliche Gebot, die Verschmelzungsfähigkeit des übertragenden Rechtsträgers zu respektieren und zu gewährleisten, ergibt sich als Rechtsreflex aus dem Schutze der Niederlassungsfreiheit für den aufnehmenden Rechtsträger.[444] Infolge der grenzüberschreitenden Verschmelzung verliert der übertragende Verband seine eigenständige Rechtspersönlichkeit und geht in der aufnehmenden Gesellschaft auf. Zugleich entsteht im Übertragungsstaat eine – fortan unselbständige – Zweigniederlassung in Form des fortbestehenden Geschäftsbetriebs des (ehemals) übertragenden Rechtsträgers. Sub specie der Niederlassungsfreiheit ist dieses Recht der aufnehmenden Gesellschaft, Zweigniederlassungen nach dem Gründungsstatut in anderen Mitgliedstaaten zu errichten, umfassend zu respektieren.[445] Dieses Recht wird dem ausländischen Rechtsträger im Falle einer Heraus-Verschmelzung durch die Restriktion des § 1 Abs. 1 UmwG, der die Beteiligungsfähigkeit auf Rechtsträger mit Sitz im Inland beschränkt, genommen.[446] Die Diskriminierung ist weder über geschriebene Rechtfertigungsgründe des Art. 46 EG, noch ungeschriebene Rechtfertigungsgründe nach der Cassis-de-Dijon-Doktrin[447] zu rechtfertigen.

Im umgekehrten Falle der Herein-Verschmelzung enthält das Umwandlungsgesetz für den inländischen Rechtsträger gleichermaßen eine Beschränkung der Verschmelzungsmöglichkeit mit einem ausländischen Rechtsträger. Ihm ist im Ergebnis untersagt, Zweigniederlassungen in anderen Mitgliedstaaten, die als Rechtsreflex infolge des Erlöschens des übertragenden Rechtsträgers entstehen,[448] zu gründen. Das deutsche Umwandlungsrecht erlaubt die Verschmelzung zweier Rechtsträger nur aus dem gleichen Mitgliedstaat. Im Falle der grenzüberschreitenden Verschmelzung den Kreis der umwandlungsberechtigten Rechtsträger auf solche mit Sitz im Inland zu beschränken, verstößt damit ebenso gegen die Niederlassungsfreiheit, indem sie auch hier die ausländischen Umwandlungspartner diskriminiert.[449] Zwar ist aus der

444 *Paefgen*, GmbHR 2004, 469.

445 So explizit der EuGH in seinen Entscheidungen *Centros* und *Inspire Art*, a.a.O.

446 *Großfeld*, AG 1996, 302; *Großfeld* in: Staudinger EGBGB/IPR, Internationales Gesellschaftsrecht, Rdnr. 690 ff.; *Bermel* in: Goutier/Knopf/Tulloch, UmwG, § 1 Rdnr. 10 ff.

447 *EuGH*, Rs. C-120/78 – *„Cassis de Dijon"*, Slg. 1979, 649 ff.; ferner *EuGH*, Rs. C-55/94 – *„Gebhard"*, Slg. 1991, I-4007 Rdnr. 35; *Kruse*, 141; *Kloster*, GmbHR 2003, 1413; *Paefgen*, GmbHR 2004, 470; a.A. *Lennerz*, 98 ff. (jedoch mit dem gleichen Ergebnis).

448 Soweit dies durch das berufene ausländische Statut vorgesehen ist.

449 So auch *Paefgen*, GmbHR 2004, 469; *Kloster*, GmbHR 2003, 1413; a.A. *Lennerz*, 93 ff. (kein Verstoß des § 1 Abs. 1 UmwG gegen die Niederlassungsfreiheit für Fälle der Herein-Verschmelzung).

Niederlassungsfreiheit, wie gezeigt, *keine Institutsgarantie* abzuleiten, welche die Mitgliedstaaten verpflichten würde, die transnationale Verschmelzung (im europäischen Rechtsraum) normativ zu ermöglichen. Dieses Ergebnis gebietet jedoch die Niederlassungsfreiheit bereits in ihrer originären normativen Funktion als Diskriminierungs- und allgemeines Beschränkungsverbot.

4.3.3 Schlussfolgerungen für die Rechtsanwendung des § 1 Abs. 1 UmwG

Damit steht fest, dass § 1 Abs. 1 UmwG mit der sekundären Niederlassungsfreiheit unvereinbar ist. In der weiteren Rechtsfolge ist § 1 Abs. 1 UmwG daher nach dem Grundsatz des Anwendungsvorrangs jeglichen Gemeinschaftsrechts[450] europarechtkonform auszulegen.[451] Der Grundsatz der Gemeinschaftstreue sowie das Prinzip des effet-utile gebieten es, das Erfordernis des Inlandssitzes für grenzüberschreitende Umwandlungen im Bereich der europäischen Union *zu ignorieren.*[452]

§ 1 Abs. 1 UmwG ist dahingehend zu interpretieren, dass das Inlandssitzerfordernis transnationalen Verschmelzungen nicht entgegensteht.[453] Der Wortlaut steht dabei einer dahin gehenden europarechtskonformen Auslegung offen – er ist interpretationsfähig und trifft keine abschließende Regelung.[454]

4.3.4 Die Entscheidung des EuGH vom 15.12.2005 in der Rs. *Sevic*

Dieses Ergebnis wurde unlängst durch eine wegweisende Entscheidung des *EuGH* in der Rs. *Sevic*[455] bestätigt. Nach dem EuGH stehen die Artt. 43, 48 EG dem entgegen, dass in einem Mitgliedstaat die Eintragung einer Verschmelzung durch Auflösung ohne Abwicklung einer Gesellschaft und durch Übertragung ihres Vermögens als Ganzes auf eine andere Gesellschaft in das nationale Handelsregister generell verweigert wird, wenn eine der beiden Gesellschaften ihren Sitz in einem anderen Mitgliedstaat hat, während eine solche Eintragung möglich ist, wenn beide an der Verschmelzung beteiligten Gesellschaften ihren Sitz im erstgenannten Mitgliedstaat haben.[456] Konkret stand § 1 Abs. 1 UmwG auf dem Prüfstand und wurde vom EuGH im Ergebnis als unvereinbar mit der primärrechtlichen Niederlassungsfreiheit qualifiziert.

---

450 *EuGH*, Rs. 6/64, Slg. 1964, 1251 – *„Costa/ENEL"*; *EuGH*, Rs. 11/70, Slg. 1970, 1125 – *„Internationale Gemeinschaft"*; *EuGH*, Rs. 106/77, Slg. 1978, 629 – *„Simmental II"*; so auch *BVerfGE* 73, 339 – *„Solange II"*; *BVerfGE* 89, 155 – *„Maastricht"*; *BVerfG* in NJW 2000, 3124 – *„Bananen-Beschluss"*.

451 *Franzen*, 458 ff.; *Schwarze*, Art. 10, Rdnr. 27 ff.; *Streinz/Leible*, EuZW 2000, 466; vgl. auch *EuGH*, Rs. C-180/95 – *„Draehmpahl"*, Slg. 1997, I-2195 Rdnr. 24 ff.; *EuGH*, Rs. C-264/96 – *„ICI"*, Slg. 1998, 4695, Rdnr. 31 ff.

452 *Paefgen*, GmbHR 2004, 471; so auch *Kraft/Bron*, RIW 2005, 642.

453 *Lennerz*, 114 f.; *Meilicke*, GmbHR 2003, 802; *Dorr/Stukenborg*, DB 2003, 649.

454 Soweit *Kloster* für eine europarechtskonforme Erweiterung plädiert, diese jedoch dem deutschen Gesetzgeber vorbehalten will, ist dieser Vorbehalt mit dem effet-utile Gedanken nicht vereinbar und abzulehnen; *Kloster*, GmbHR 2003, 1413.

455 *EuGH*, Rs. C-411/03 – *Sevic*, ZIP 2005, 2311 ff.

456 *EuGH*, Rs. C-411/03 – *Sevic*, Rdnr. 31, ZIP 2005, 2311 ff.

Der Entscheidung lag ein Vorabentscheidungsersuchen des *LG Koblenz* nach Art. 234 EG als Beschwerdegericht im registergerichtlichen Eintragungsverfahren zugrunde. Das *AG Neuwied* als zuständiges Registergericht lehnte die Eintragung einer Herein-Verschmelzung der in Luxemburg ansässigen Security Vision Concept SA auf die SEVIC Systems AG mit Sitz in Neuwied (Deutschland) unter Berufung auf das gesetzliche Erfordernis eines inländischen Sitzes gemäß § 1 Abs. 1 UmwG ab.

Die Entscheidung des EuGH ist zu begrüßen, wenngleich der Begründungsaufwand nur wenig zu überzeugen vermag. Der EuGH entnimmt der Regelung des § 1 Abs. 1 UmwG, der das Umwandlungsgesetz ausschließlich auf innerstaatliche Verschmelzungen für anwendbar erklärt, dass innerstaatliche und grenzüberschreitende Verschmelzungen unterschiedlich behandelt würden und attestiert § 1 Abs.1 UmwG einen diskriminierenden Charakter hinsichtlich der Teilnahmemöglichkeit ausländischer Gesellschaften an Verschmelzungen nach dem Umwandlungsgesetz.[457] Die Artt. 43, 48 EG seien damit jedenfalls anwendbar. Dem ist im Ergebnis zuzustimmen.

Der EuGH führt weiter aus, dass die Artt. 43 Abs. 2, 48 EG das Recht der genannten Gesellschaften auf Gründung und Leitung nach den Bestimmungen des Aufnahmestaates umfassten. Mit anderen Worten: Der übertragenden, luxemburgischen Gesellschaft wird von der Niederlassungsfreiheit garantiert, sich im Aufnahmestaat (Deutschland) nach den dort geltenden Bestimmungen zu gründen und zu leiten. Da das deutsche Umwandlungsgesetz in § 1 Abs. 1 UmwG die Verschmelzung als effizientes und effektives Mittel zur Umwandlung jedoch ausschließlich Gesellschaften mit Sitz im Inland zur Verfügung stelle, werden, indem diese Möglichkeit Gesellschaften mit Sitz im Ausland verschlossen bleibt, beide Gesellschaften unterschiedlich behandelt. Das Gesetz differenziere zwischen rein innerstaatlichen und grenzüberschreitenden Verschmelzungen. Insbesondere würden Anträge auf Eintragung grenzüberschreitender Verschmelzungen aufgrund der Vorschrift des § 1 Abs. 1 UmwG *allgemein* zurückgewiesen.[458]

Eine solche unterschiedliche Behandlung stelle eine Diskriminierung im Sinne der Artt. 43, 48 EG dar. Geschriebene Rechtfertigungsgründe nach Art. 46 EG sowie zwingende Gründe des Allgemeinwohls, die eine derartige Beschränkung rechtfertigen mögen[459], konnte der EuGH nicht erkennen. Insbesondere sei europäisches Sekundärrecht zur Harmonisierung der materiellen Rechte keine Vorbedingung für die Durchführung der in Artt. 43, 48 EG verankerten Niederlassungsfreiheit.[460] Die generelle Weigerung eines Mitgliedstaates, die Verschmelzung einer nationalen Gesellschaft mit einer im europäischen Ausland ansässigen Gesellschaft in das nationale Handelsregister einzutragen, verkörpere eine generelle Verhinde-

[457] *EuGH*, aaO., Rdnr. 12.
[458] *EuGH*, aaO., Rdnr. 20.
[459] Bemerkenswert ist, dass der EuGH auch eine Möglichkeit der Rechtfertigung einer Diskriminierung über zwingende Gründe des Allgemeinwohls prüft, was die endgültige Abkehr von der jahrzehntelangen Cassis-Formel darstellen dürfte.
[460] *EuGH*, aaO., Rdnr. 26.

rung transnationaler Verschmelzungen ungeachtet der Frage, ob zwingende Gründe des Allgemeinwohls der Maßnahme im Einzelfall entgegenzustehen vermögen.[461]

Diese im Ergebnis zutreffende Begründung lässt indes zwei wichtige Aspekte vermissen. Zum einen wird die Reflexwirkung der Entstehung einer unselbständigen Betriebsstätte in Person des übertragenden Verbandes nicht näher thematisiert. Zum anderen lässt sich der Entscheidung keine – auch nicht indirekte – Aussage zu Heraus-Verschmelzungen entnehmen. Da der EuGH letztlich über die Weigerung der nationalen Registergerichte, grenzüberschreitende Verschmelzungen in das Handelsregister einzutragen zu befinden hatte, soll dies jedoch an dieser Stelle nicht weiter thematisiert werden.

4.3.5 Rechtliche Situation im drittstaatlichen Kontext

Das soeben gefundene Ergebnis ist grundsätzlich nicht auf die transnationale Verschmelzung eines deutschen Rechtsträgers mit einer Gesellschaft mit Sitz in einem Drittstaat übertragbar. In Ermangelung einer mit der Niederlassungsfreiheit vergleichbaren Regelung, etwa eines völkerrechtlichen Abkommens zwischen Deutschland und dem Drittstaat, ist das Erfordernis eines Inlandssitzes nach § 1 Abs. 1 UmwG systematisch aufrecht zu erhalten. Dieses Ergebnis kann auch in Hinblick auf die abermalige Divergenz der rechtlichen Anwendung des § 1 Abs. 1 UmwG je nach dem, ob eine Gesellschaft mit Sitz in einem anderen Mitgliedstaat der EU oder einem Drittstaat an der Verschmelzung beteiligt ist, nicht überzeugen.[462]

4.3.6 Bedeutung des Analogieverbotes nach § 1 Abs. 2 UmwG

Vertreten wird ferner, das in § 1 Abs. 2 UmwG normierte Analogieverbot stehe einer transnationalen Umwandlung insoweit entgegen, als es diese nur unter der Bedingung für zulässig erkläre, dass eine gesetzliche Bestimmung diese eindeutig regele.[463] Teilweise wird das Analogieverbot auch als ergänzende Begründung für die Interpretation des § 1 Abs. 1 UmwG insoweit herangezogen, als dieser nur die Umwandlung im Sinne des deutschen Umwandlungsgesetzes regeln könne, e contrario transnationale Umwandlungen unzulässig seien.[464]

Dem kann nicht gefolgt werden. Die Anwendbarkeit des Umwandlungsgesetzes auf transnationale Umwandlungen resultiert aus dem international-privatrechtlichen Rechtsanwendungsbefehl. Dieser geht in seiner Anwendung dem berufenen nationalen Sachrecht vor. Ferner wollte der Gesetzgeber über das Inlandssitzerfordernis nach der hier vertretenen Auffassung transnationale Umwandlungen nicht verbieten, sondern lediglich nicht seinen Regelungen unterstellen. Das Analogieverbot des § 1 Abs. 2 UmwG muss sich dem systematisch unterordnen und findet keine Anwendung auf internationale Sachverhalte mit Auslandsberührung. Seiner klassischen Funktion nach verbietet § 1 Abs. 2 UmwG lediglich die Schaffung neuer

---

461 *EuGH*, aaO., Rdnr. 26.
462 Siehe hierzu schon zuvor die Kritik unter 4.2.4 und 4.2.5.
463 *Kruse*, 138.
464 *Kindler* in: MünchKomm/BGB, Int. GesR, Rdnr. 683.

Gestaltungsformen für Umwandlungen im Sinne einer Gesamtanalogie.[465] Er enthält ein Rechtsfortbildungsverbot. Die international-privatrechtliche Bestimmung des anwendbaren Sachrechts stellt jedoch keine Rechtsfortbildung contra legem, sondern vielmehr die Anwendung bestehenden Rechts dar.[466] Weder der Kreis umwandlungsfähiger Rechtsträger (bezogen auf die beschränkten Verbandsformen), noch die abschließend normierten Umwandlungstypen werden hierdurch erweitert.[467]

4.3.7 Nichtanwendung des § 1 Abs. 1 UmwG de lege ferenda

Rechtspolitisch wäre es wünschenswert, die mit der Regelung des § 1 Abs. 1 UmwG verbundene, erhebliche Rechtsunsicherheit für die Verschmelzungspraxis aufzuheben, indem die Beschränkung der Umwandlungen nach dem Umwandlungsgesetz auf „Rechtsträger mit Sitz im Inland" gestrichen wird. Dies würde allein den Herausforderungen einer zunehmenden Europäisierung des Gesellschaftsrechts sowie den tatsächlichen Bedürfnissen der internationalen Verschmelzungspraxis gerecht werden.[468]

Dass das Umwandlungsgesetz das Institut der Verschmelzung zur Verfügung stellt, dieses jedoch auf die mittlerweile überwiegende Vielzahl an Fusionen deswegen keine Anwendung findet, weil diese im grenzüberschreitenden Kontext abgewickelt werden, ist nicht hinnehmbar. Dem kann auch nicht mit dem schlichten Hinweis auf das Erfordernis einer europaeinheitlichen Regelung durch den europäischen Gesetzgeber entgegen getreten werden.

Es mag Aufgabe des europäischen Gesetzgebers sein, einheitliche Bedingungen und Strukturen in den einzelnen Mitgliedstaaten zu formulieren, die eine rechtssichere Abwicklung grenzüberschreitender Umwandlungen im Europäischen Rechtsraum ermöglichen.[469] Das Inlandssitzerfordernis in § 1 Abs. 1 UmwG stünde dem indes nach wie vor entgegen. Zudem würde sich die Parallelproblematik der Umwandlungen unter Beteiligung von Drittstaaten hierdurch nicht lösen. Das IPR sieht mit der (modifizierten) Vereinigungstheorie einen adäquaten Ansatz vor, unterschiedliche Rechtsordnungen auf einen gemeinsamen Nenner zu bringen, soweit dies materiell-rechtlich möglich ist. Unter dieser Prämisse ist nicht einleuchtend, warum das nationale Sachrecht grenzüberschreitende Transaktionen blockiert.

---

465 *K. Schmidt*, FS Kropff, 260 ff.

466 *K. Schmidt*, a.a.O.

467 *Lennerz*, 64.

468 Anders allerdings der Ansatz des Entwurfs zu einem Zweiten Gesetz zur Änderung des Umwandlungsgesetzes vom 13.02.2006, der einen besonderen Abschnitt für grenzüberschreitende Umwandlungen – in Reaktion auf die Sevic-Entscheidung des EuGH – in den neuen §§ 122 a ff. UmwG vorsieht.

469 So bereits geschehen durch die dritte und zehnte Verschmelzungsrichtlinie, allerdings beschränkt auf die Rechtsformen der Kapitalgesellschaften.

4.4 Zwischenergebnis

Das anwendbare nationale Sachrecht (Gesellschafts- oder Personalstatut), nach dem sich der Vollzug einer transnationalen Verschmelzung richtet, bestimmt sich kollisionsrechtlich nach dem Schwerpunkt der betroffenen Sachverhalte. Die Personalstatute der beteiligten Rechtsträger sind miteinander zu vereinigen, sog. Vereinigungstheorie. Im Falle der Kollision einzelner Bestimmungen setzt sich die jeweils strengere Bestimmung durch. Sind einzelne Bestimmungen nicht miteinander zu vereinbaren, ist eine adäquate Lösung über das kollisionsrechtliche Instrument der Normanpassung zu suchen. Es sind ungeschriebene Normen zu entwickeln, die dem Regelungsanliegen der betroffenen Gesellschaftsstatute im Einzelfall möglichst weitgehend entsprechen. Die transnationale Verschmelzung unter Beteiligung ausländischer Gesellschaften bereitet damit international-privatrechtlich wenig Schwierigkeiten. Probleme ergeben sich indes aus der möglichen Divergenz der materiellen Rechte.

Eine transnationale Verschmelzung ist aus Sicht des deutschen Umwandlungsrechts nur insoweit vollziehbar, wie das berufene ausländische Sachrecht das Rechtsinstitut der Verschmelzung kennt und sich das Verfahren sowie die Rechtswirkungen, insbesondere die verschmelzungsrechtliche Gesamtrechtsnachfolge, entsprechen. Kennt die ausländische Rechtsordnung etwa das Institut der Gesamtrechtsnachfolge nicht, ist eine Verschmelzung nach dem Umwandlungsgesetz von vorne herein undurchführbar. Eine privatautonome Vereinbarung der Rechtsfolge einer Universalsukzession scheidet aus. Soweit ersichtlich, ist jedenfalls im europäischen Rechtsraum diesbezüglich eine weitgehend einheitliche Rechtslage gewährleistet.

Die Vereinigungstheorie beruft für den beteiligten deutschen Rechtsträger das nationale Umwandlungsgesetz als Teil des Gesellschaftsstatuts. § 1 Abs. 1 UmwG fordert dem eindeutigen Wortlaut nach, dass *alle* beteiligten Rechtsträger ihren Sitz im Inland haben müssen. Der Sitzbegriff ist nach der neueren Rechtsprechung des EuGH zur Niederlassungsfreiheit dahingehend auszulegen, dass er auf den *Satzungssitz* der Gesellschaft Bezug nimmt. Die ehemals von der Rechtsprechung vertretene Sitztheorie ist überholt. Beteiligungsfähig nach dem Umwandlungsgesetz sind damit alle Gesellschaften, die ihren Satzungssitz in Deutschland haben – unabhängig von ihrem tatsächlichen Verwaltungssitz. Da ein inländischer Satzungssitz notwendig voraussetzt, dass die Gesellschaft im Inland gegründet wurde, sind alle wirksam in Deutschland errichteten Gesellschaften nach dem Umwandlungsgesetz an der Verschmelzung beteiligungsfähig. Für Gesellschaften, die in einem anderen Staat inkorporiert wurden, gilt für die Frage der Beteiligungsfähigkeit an der transnationalen Verschmelzung deren jeweiliges Gesellschaftsstatut am Sitz der Gesellschaft.

In seiner umstrittenen Rolle als „Hindernis“ oder „Verbot“ grenzüberschreitender Verschmelzungen ergibt die Auslegung des § 1 Abs. 1 UmwG anhand des Wortlauts, der Gesetzesbegründung sowie der historischen Entstehungsgeschichte der Norm, dass diese transnationale Verschmelzungen zwar nicht verbieten, jedoch ebenso wenig regeln will. § 1 Abs. 1 UmwG stellt eine schlichte Nichtregelung dar, mit der Konsequenz, dass das Umwandlungsgesetz auf transnationale Verschmelzungen keine Anwendung findet – auch nicht für den beteiligten deutschen Rechtsträger.

Im europäischen Rechtsraum ist diese Beschränkung des § 1 Abs. 1 UmwG nicht mit der Niederlassungsfreiheit vereinbar. Dies muss richtigerweise für Fälle der Heraus-Verschmelzung wie der Herein-Verschmelzung gleichermaßen gelten. Die Artt. 43, 48 EG gebieten es, das Erfordernis eines inländischen Sitzes zu ignorieren und das Umwandlungsgesetz auch für grenzüberschreitende Verschmelzungen zu öffnen – freilich entsprechend den international-privatrechtlichen Vorgaben auf den inländischen Tatbestandsteil. Für die Weigerung der deutschen Registergerichte in Hinblick auf die Eintragung einer grenzüberschreitenden Herein-Verschmelzung wurde dieses Ergebnis auch jüngst vom EuGH in seiner Entscheidung *Sevic*[470] bestätigt.

Rechtspolitisch erscheint es wünschenswert, den Wortlaut des § 1 Abs. 1 UmwG zeitnah zu korrigieren, indem das Inlandssitzerfordernis schlicht gestrichen wird.[471] Die Anwendbarkeit des Umwandlungsgesetzes ergibt sich dann abschließend aus der international-privatrechtlichen Berufung. Aufgabe des europäischen Gesetzgebers wird es im Anschluss hieran sein, die materiell-rechtlichen Divergenzen, die nach wie vor einer grenzüberschreitenden Verschmelzung entgegenstehen, durch einheitliche Vorgaben zu beseitigen. Dies gebietet schon das erhebliche praktische Bedürfnis nach rechtssicheren und einfachen Abwicklungsmethoden grenzüberschreitender Transaktionen und wurde auf europäischer Ebene durch die Verabschiedung der dritten und zehnten Verschmelzungsrichtlinie in die Wege geleitet.

Für das vorliegend interessierende verschmelzungsrechtliche Prinzip der Gesamtrechtsnachfolge bedeutet dies, dass dieses Anwendung findet, soweit es von beiden international-privatrechtlich berufenen Rechtsordnungen spezialgesetzlich für den Verschmelzungsvorgang vorgesehen ist und das Umwandlungsgesetz (sowie spiegelbildlich die ausländische Rechtsordnung) auf die transnationale Verschmelzungen Anwendung finden. Nach dem zuvor Gesagten ist dies jedenfalls im Europäischen Rechtsraum der Fall. Im internationalen Kontext bedarf dies indes einer sorgfältigen Einzelfallprüfung.

---

470 *EuGH*, Rs. C-411/03 – *Sevic*, ZIP 2005, 2113 ff.

471 Anders allerdings der Ansatz des Entwurfs zu einem Zweiten Gesetz zur Änderung des Umwandlungsgesetzes vom 13.02.2006, der einen besonderen Abschnitt für grenzüberschreitende Umwandlungen – in Reaktion auf die Sevic-Entscheidung des EuGH – in den neuen §§ 122 a ff. UmwG vorsieht.

5. Kollisionsrechtliche Geltung des Bundesdatenschutzgesetzes bei transnationalen Verschmelzungen

Das Bundesdatenschutzgesetz[473] gilt als Bundesgesetz auf gesamtnationaler Ebene, ohne das dies einer expliziten Regelung bedurft hätte. Den international räumlich-geographischen Anwendungsbereich regelt die Kollisionsvermeindungsnorm[474] des § 1 Abs. 5 BDSG. Sie verkörpert eine im Gefüge des internationalen Privatrechts spezialgesetzliche Regelung, welche die Vorschriften des Internationalen Privatrechts verdrängt.[475] Die Bestimmung des maßgebenden Datenschutzrechts in den einzelnen Phasen einer grenzüberschreitenden Verschmelzung richtet sich damit vorrangig nach § 1 Abs. 5 BDSG.

5.1 Datenschutzrechtliches Sitzprinzip

Das Bundesdatenschutzgesetz[476] geht in seinem Rechtsanwendungsbefehl vom *datenschutzrechtlichen Sitzprinzip*[477] aus. Für die Erhebung, Verarbeitung und Nutzung personenbezogener Daten ist das nationale Sachrecht am Sitz der verantwortlichen, speichernden Stelle maßgebend.[478] Irrelevant ist, wo die Datenerhebung, Verarbeitung oder Nutzung tatsächlich unter territorialer Betrachtung erfolgt. Die Datenverarbeitung an einer anderen Stelle als dem Sitz der verantwortlichen Stelle wird dieser qua Gesetz zugerechnet. Das Bundesdatenschutzgesetz differenziert in seinem kollisionsrechtlichen Gehalt zwischen dem grenzüberschreitenden Datenverkehr im Bereich der EU und unter Beteiligung von Drittstaaten (Nicht-EU-Staaten).[479] Während in Europa infolge der EG-Datenschutzrichtlinie ein weitgehend harmonisiertes Datenschutzniveau besteht, stellt sich die Rechtslage im internationalen Rechtsraum grundlegend anders dar. Dementsprechend verfolgt das Gesetz hier einen anderen Ansatz,[480] wie sogleich zu zeigen sein wird.

§ 1 Abs. 5 BDSG beruft dasjenige Recht, welches am Sitz der verantwortlichen Stelle als nationales Sachrecht gilt. Er findet hingegen keine Anwendung, sofern eine in einem anderen Mitgliedstaat der Europäischen Union oder in einem anderen Vertragsstaat des Abkommens über den Europäischen Wirtschaftsraum gelegene verantwortliche Stelle personenbezogene

---

473 BDSG in der Neufassung vom 14.1.2003, BGBl. I/2003, 67 f.

474 *Dammann*, RDV 2002, 70.

475 *Dammann*, RDV 2002, 73; *Elger*, 584 ff.; *Bergmann*, 230 ff.; *Däubler*, CR 1999, 50 f.

476 Sowie Art. 4 der EG-Datenschutzrichtlinie, ABl. EG Nr. L 281 vom 23.11.1995, 31 ff.

477 *Dammann*, RDV 2002, 70; *Gola/Schomerus*, BDSG, § 1 Rdnr. 26 ff.

478 Art. 4 Abs. 1 Lit. a) der EG-Datenschutzrichtlinie, ABl. EG Nr. L 281 vom 23.11.1995, 31 ff.

479 Der Hintergrund der Regelung wird unter Heranziehung der EG-Datenschutzrichtlinie (a.a.O.) deutlich: Diese dient maßgebend der Rechtsvereinheitlichung auf europäischer Ebene, vgl. *Dammann*, RDV 2002, 73 ff. Sie beansprucht als *europäischer Sekundärrechtsakt* grundsätzlich keine unmittelbare Geltung in den einzelnen Mitgliedstaaten und bedurfte daher notwendig der Umsetzung in national-einfaches Recht. Sie ist jedoch hinsichtlich der verankerten Ziele für die Mitgliedstaaten verbindlich, Art. 243 Abs. 3 EG. Die Richtlinie wurde von allen Mitgliedstaaten in nationales Recht transformiert. Damit besteht europaweit ein *einheitliches Datenschutzniveau*, *Gola/Schomerus*, BDSG, § 1 Rdnr. 27.

480 *Dammann*, RDV 2002, 73.

Daten im Inland erhebt, verarbeitet oder nutzt, es sei denn, dies geschieht durch eine *Zweigniederlassung*.[481]

Der Sitzbegriff des Datenschutzrechts ist ein anderer, als jener des Verschmelzungsrechts. Die Differenzierung zwischen Verwaltungs- und Satzungssitz wird hier nicht weiter relevant, obgleich der Wortlaut des § 1 Abs. 5 BDSG ebenso indifferent ist. Aus Sicht des Bundesdatenschutzgesetzes ist einzig entscheidend, in welchem Staat die verantwortliche Stelle ihren *Satzungssitz* hat, mithin, in welchem Land die betreffende Gesellschaft inkorporiert ist. Nicht entscheidend ist, wo der tatsächliche Schwerpunkt der Datenverarbeitung belegen ist, was sich bereits aus der § 1 Abs. 5 BDSG immanenten Systematik zwangsläufig ergibt. Die hieraus resultierende kollisionsrechtliche Anwendungssystematik des Bundesdatenschutzgesetzes sei kurz anhand eines Beispiels verdeutlicht: Werden personenbezogene Daten von einer GmbH mit Sitz in Berlin verarbeitet, findet das Bundesdatenschutzgesetz uneingeschränkte Anwendung. Erfolgt die Datenverarbeitung durch eine französische S.A.[482] mit Sitz in Paris, ist zu differenzieren. Werden die personenbezogenen Daten direkt im Inland erhoben, ohne dass dies durch eine inländische Zweigniederlassung erfolgt, findet ausschließlich französisches Recht Anwendung. Werden die personenbezogenen Daten durch eine Zweigniederlassung der französischen S.A. in Deutschland erhoben, findet das Bundesdatenschutzgesetz auf den Erhebungsvorgang Anwendung. Für die weitere Datenverarbeitung bei der S.A. nach einer etwaigen Datenübermittlung in ihre Richtung gilt wiederum französisches Recht.

5.2 Ausnahmen nach dem Territorialitätsprinzip

Der dargestellte Grundsatz des Sitzprinzips gilt indes nicht uneingeschränkt. Das Bundesdatenschutzgesetz selbst sieht in § 1 Abs. 5 BDSG Ausnahmen vor, indem es nicht an den Sitz der verantwortlichen Stelle, sondern den *örtlichen Schwerpunkt der Datenverarbeitung* für die Bestimmung des auf eine Datenerhebung oder Verarbeitung anwendbaren Rechts anknüpft, sog. *Territorialitätsprinzip*. Erhebt beispielsweise eine amerikanische public limited company (plc) personenbezogene Daten in Deutschland, findet deutsches Recht auf diesen Erhebungsvorgang uneingeschränkt Anwendung. Dies gilt unabhängig davon, ob die personenbezogenen Daten direkt oder über eine Zweigniederlassung erhoben werden. Das Bundesdatenschutzgesetz gilt ferner für die grenzüberschreitende Übermittlung in Richtung des Drittstaates. Erst für die weitere Datenverarbeitung am Sitz der verantwortlichen Stelle gilt abschließend deren dortiges Sachrecht.

---

481 Damit trägt das Gesetz dem in Art. 4 der EG-Datenschutzrichtlinie verankerten Sitzprinzip Rechnung; vgl. *Gola/Schomerus*, BDSG, § 1 Rdnr. 27. Sinn und Zweck des § 1 Abs. 5 BDSG sowie Art. 4 der EG-Datenschutzrichtlinie ist die Verwirklichung eines europaweit einheitlichen Datenschutzrechtsniveaus; vgl. *Gola/Schomerus*, BDSG, § 1 Rdnr. 27.

482 Societé Anonyme.

5.2.1 Datenverarbeitung im Inland durch (Zweig-) Niederlassungen

Nach § 1 Abs. 5 S. 1, 2. Halbs. BDSG gilt das Territorialitätsprinzip uneingeschränkt für Rechtsträger, die mit Sitz in einem Mitgliedstaat der EU oder des EWR eine unselbständige (Zweig-) Niederlassung im Inland betreiben und durch diese personenbezogene Daten im Inland erheben, verarbeiten oder nutzten. Diese Datenverarbeitungen der inländischen Niederlassung unterfallen uneingeschränkt dem nationalen Datenschutzrecht am Ort der Niederlassung. Sie werden nicht der Hauptgesellschaft zugerechnet. Das anwendbare Recht richtet sich nach dem Ort der Datenverarbeitung – unabhängig vom Sitz der verantwortlichen Stelle, der die Zweigniederlassung als rechtlich unselbständige Einheit rechtlich zuzuordnen ist.

Der Begriff der Niederlassung wird im Bundesdatenschutzgesetz indes nicht näher definiert und bedarf der Auslegung. Nach Erwägungsgrund 19 der EG-Datenschutzrichtlinie[483], der als Auslegungshilfe heranzuziehen ist, stellt die *„effektive und tatsächliche Ausübung einer Tätigkeit mittels einer festen Einrichtung"* das prägende Merkmal des Niederlassungsbegriffs dar.[484] Dieses Verständnis, gestützt auf eine richtlinienkonforme Begriffsbestimmung,[485] entspricht auch dem national juristischen Verständnis der Niederlassung im Sinne des deutschen Sachrechts in anderem Regelungszusammenhang gemäß § 21 ZPO [486] und § 42 GewO. Die Rechtsform der Niederlassung, die eine Agentur oder Zweigniederlassung sein kann, ist dabei unerheblich.[487] Für Gesellschaften mit Sitz[488] in einem anderen Mitgliedstaat der EU oder des EWR und einer inländischen Niederlassung[489] unterfallen die datenschutzrechtlichen Aktivitäten der Niederlassung damit uneingeschränkt dem deutschen Bundesdatenschutzgesetz.

5.2.2 Gesellschaften mit Sitz in Drittstaaten

Soweit eine Gesellschaft mit Sitz in einem Drittstaat personenbezogene Daten im Inland erhebt, verarbeitet oder nutzt, findet das Bundesdatenschutzgesetz gemäß § 1 Abs. 5 S. 3 BDSG auf diese Vorgänge uneingeschränkt Anwendung ungeachtet dessen, ob dies durch eine Zweigniederlassung oder unmittelbar erfolgt. Maßgebend ist nach Art. 4 Abs. 1 Buchst. c) der EG-Datenschutzrichtlinie,[490] dass die zur Erhebung und Verarbeitung verwendeten sachlichen wie personellen Mittel im Inland belegen sein müssen. Um die Effektivität der Kontrolle zu gewährleisten, hat die Gesellschaft einen Vertreter im Inland zu benennen. Das Territorialitätsprinzip für ausländische Gesellschaften gilt *a-majore-ad-minus* für die Erhebung, Verar-

483 ABl. EG Nr. L 281 vom 23.11.1995, 31 ff.; *Gola/Schomerus*, BDSG, § 1 Rdnr. 28.
484 *Dammann*, RDV 2002, 71.
485 *Klug*, RDV 2001, 266 f.; *Dammann*, RDV 2002, 70; *Gola/Schomerus*, BDSG, § 1 Rdnr. 28.
486 *Thomas/Putzo*, ZPO, § 21 Rdnr. 2.
487 Erwägungsgrund 19 zur EG-Datenschutzrichtlinie, ABl. EG Nr. L 281 vom 23.11.1995 31 ff.; *Gola/Schomerus*, BDSG, § 1 Rdnr. 28.
488 Entsprechend dem *„Sitzprinzip"* nach Art. 4 der EG-Datenschutzrichtlinie, hierzu *Gola/Schomerus*, BDSG, § 1 Rdnr. 27.
489 Entsprechend dem „Territorialitätsprinzip", vgl. *Gola/Schomerus*, BDSG, § 1 Rdnr. 27.
490 Unter ergänzender Heranziehung als europarechtskonforme Auslegungshilfe, vgl. *Klug*, RDV 2001, 266 ff.; *Tinnefeld*, NJW 2001, 3078 ff.

beitung und Nutzung inländischer Daten durch eine nationale Zweigniederlassung der ausländischen Gesellschaft.[491]

Den Hintergrund dieser Differenzierung erhellt ein Blick auf die EG-Datenschutzrichtlinie. Während in Europa infolge der Umsetzung der EG-Datenschutzrichtlinie in den einzelnen Mitgliedstaaten ein weitestgehend harmonisiertes Datenschutzniveau vorherrscht, stellt sich die Rechtslage im internationalen Rechtsraum grundlegend anders dar. Dementsprechend verfolgt auch das nationale Gesetz einen anderen Ansatz.[492] Es unterstellt, dass in Drittstaaten grundsätzlich kein adäquates, kohärentes Schutzniveau – entsprechend den europarechtlichen Vorgaben der EG-Datenschutzrichtlinie – vorherrscht. Das Schutzbedürfnis des Betroffenen, dessen personenbezogene Daten aus dem europäisch einheitlichen Schutzraum hinaus transferiert werden, steht im Vordergrund der Regelung. Der Europäischen Kommission ist nach Art. 25 Abs. 6 der EG-Datenschutzrichtlinie die Entscheidung darüber vorbehalten, ob ein Drittstaat ein angemessenes Datenschutzniveau aufweist. Die Entscheidung hat indes keinen Einfluss auf die Anwendbarkeit des Bundesdatenschutzgesetzes, sondern lediglich auf die Frage der Zulässigkeit der Datenübermittlung in Richtung des betreffenden Drittstaates.[493]

---

491 Werden personenbezogene Daten von einer Gesellschaft mit Sitz in einem Drittstaat nicht im Inland mittels automatisierter oder nicht automatisierter Einrichtungen erhoben, verarbeitet oder genutzt, sondern lediglich durch das Inland transportiert, sog. „Datentransfer" oder „Datentransit", gilt wiederum das Sitzprinzip. Die Anwendbarkeit des maßgebenden nationalen Rechts beurteilt sich anhand des Sitzes der Gesellschaft, konkret dem Recht des Drittstaates; hierzu *Wuermeling*, S. 79 ff.; *Gola/Schomerus*, BDSG, § 1 Rdnr. 30.

492 *Dammann*, RDV 2002, 73.

493 Bislang wurde die Angemessenheit des Schutzniveaus für die Drittstaaten *Ungarn* (Entscheidung der Kommission Nr. 2000/519/EG), *Schweiz* (Entscheidung der Kommission Nr. 2000/518/EG vom 26.7.2000, ABl. EG L 215/1 vom 25.8.2000) und *Kanada* (Entscheidung der Kommission Nr. 2002/2/EG vom 20.12.2001, ABl. EG L 2/13 vom 4.1.2002), *Guernsey* (Entscheidung der Kommission vom 21.11.2003, ABl. EG L 308 vom 25.11.2003), *Insel Man* (Entscheidung der Kommission 2004/411/EC vom 28.4.2004, ABl. EG L 151) und *Argentiniern* (Entscheidung der Kommission C(2003)1731 vom 30.6.2003 - Abl. L 168, 5.7.2003) sowie in den *USA* über die Safe-Harbor Lösung (Entscheidung der Kommission 2000/520/EG vom 26.7.2000 - ABl. L 215/7 vom 25.8.2000) festgestellt. Entscheidungen jeweils abrufbar unter www.europa.eu.int / comm / internal_market / privacy / adequacy_de.htm; hierzu *Büllesbach*, RDV 2002, 59 ff.; *Klug*, RDV 2000, 212 ff.; *Dammann*, RDV 2002, 73; *Elger*, 584 ff.; *Bergmann*, 230 ff.; *Däubler*, CR 1999, 50 f. Ausführlich hierzu unter *13.2.2.*

5.3 Bedeutung für grenzüberschreitende Verschmelzungen

Die dargestellte Systematik der Bestimmung des maßgebenden nationalen Sachrechts nach der Kollisionsnorm des § 1 Abs. 5 BDSG gilt uneingeschränkt für die Beurteilung grenzüberschreitender Verschmelzungen. Zu differenzieren ist – kraft der vorgegebenen Systematik – zwischen Verschmelzungen im Europäischen Raum und transnationalen Verschmelzungen unter Beteiligung von Gesellschaften in Drittstaaten.

5.3.1 Transnationale Verschmelzungen in Europa

Sind an der transnationalen Verschmelzung ein deutscher Rechtsträger und ein Rechtsträger mit Sitz in einem anderen Mitgliedstaat der EU oder des EWR beteiligt, ist für die Bestimmung des anwendbaren Datenschutzrechts auf einen etwaigen Übermittlungsvorgang maßgebend, in welche Richtung die personenbezogenen Daten bewegt werden. Den Ausgangspunkt bildet stets die verantwortliche, speichernde Stelle. Werden personenbezogene Daten im Rahmen einer – aus Sicht des deutschen Rechtsträgers – übertragenden Verschmelzung auf eine Gesellschaft eines anderen Mitgliedstaates an den ausländischen Rechtsträger übertragen, richtet sich die Zulässigkeit dieser Datenübermittlung abschließend nach deutschem Sachrecht. Die Zulässigkeit der Speicherung, Verarbeitung und Nutzung der übermittelten personenbezogenen Daten im Anschluss an den Vollzug der Übermittlung durch den empfangenden (übernehmenden) Rechtsträger beurteilt sich anschließend nach dem dortigen Sachrecht des übernehmenden Verbandes. Der empfangende Rechtsträger wird neue verantwortliche Stelle für die übermittelten Daten. Das Bundesdatenschutzgesetz ist auf die sekundäre Datenverarbeitung und Nutzung an dessen Sitz nicht (mehr) anwendbar; es gilt das jeweilige Sachrecht der lex societatis.

Werden personenbezogene Daten im Falle der Herein-Verschmelzung in entgegengesetzter Richtung vom ausländischen Rechtsträger an den deutschen Verband übermittelt, richtet sich die Frage der Zulässigkeit der Übermittlung abschließend nach ausländischem Sachrecht.[494] Entsprechend bestimmt sich die Zulässigkeit der weiteren Verarbeitung und Nutzung nach deutschem Sachrecht.

Damit lässt sich festhalten: Bei der Heraus-Verschmelzung ist die Zulässigkeit einer etwaigen Datenübermittlung nach den Vorschriften des Bundesdatenschutzgesetzes zu beurteilen. Der übertragende Verband ist verantwortliche Stelle im Sinne des Bundesdatenschutzgesetzes für den Übermittlungsvorgang. Es gilt das Recht an dessen Sitz, § 1 Abs. 5 BDSG. Im Falle der Herein-Verschmelzung richtet sich die Zulässigkeit einer etwaigen Datenübermittlung abschließend nach dem Sachrecht, das für den ausländischen Rechtsträger an dessen Sitz gilt. Erst für die Frage der Zulässigkeit einer sekundären Verarbeitung und Nutzung der zur Verfügung gestellten personenbezogenen Daten ist deutsches Sachrecht heranzuziehen.

---

494 Dieses weicht aufgrund des *europaweit einheitlichen Schutzniveaus* nach Ratifizierung der EG-Datenschutzrichtlinie in allen Mitgliedstaaten nicht wesentlich von den nationalen Regelungen ab.

5.3.2 Transnationale Verschmelzungen unter Beteiligung von Gesellschaften aus Drittstaaten

Kein abweichendes Ergebnis ergibt sich für transnationale Verschmelzungen unter Beteiligung eines Rechtsträgers mit Sitz in einem Drittstaat. Die Zulässigkeit einer etwaigen Datenübermittlung im Zusammenhang mit der Verschmelzung beurteilt sich auch hier primär aus Sicht der speichernden Stelle, mithin der Rechtsordnung des Sitzstaates.

In summa bedeutet dies: Wird ein deutscher Verband im Wege der Heraus-Verschmelzung auf einen drittstaatlichen Rechtsträger verschmolzen, beurteilt sich die Zulässigkeit einer hierbei erfolgenden Datenübermittlung abschließend nach deutschem Sachrecht. Wird ein ausländischer Verband auf eine inländische Gesellschaft im Wege der Herein-Verschmelzung verschmolzen, richtet sich die Zulässigkeit einer etwaigen Datenübermittlung nach dem Sachrecht am Sitz der übertragenden Gesellschaft, mithin dem Recht des Drittstaates.

5.4 Zwischenergebnis

Die kollisionsrechtliche Bestimmung des – in abstracto – auf einen transnationalen Verschmelzungsvorgang anwendbaren Datenschutzrechts beurteilt sich – aus Sicht des deutschen Rechtsträgers – nach § 1 Abs. 5 BDSG, der speziellen datenschutzrechtlichen Kollisionsnorm. Dabei ist notwendig zwischen der Herein- und Heraus-Verschmelzung sowie Verschmelzungen im europäischen Rechtsraum und unter Beteiligung von Gesellschaften mit Sitz in einem Drittstaat zu differenzieren. Auf die grenzüberschreitende Datenverarbeitung findet nach der gesetzlichen Systematik das Recht am Sitz der verantwortlichen Stelle Anwendung, bei der die betreffenden personenbezogenen Daten gespeichert sind. Das deutsche Bundesdatenschutzgesetz ist somit kollisionsrechtlich für die Beurteilung einer im Zuge der Verschmelzung etwaig stattfindenden Datenübermittlung berufen, wenn die Datenübermittlung vom deutschen Rechtsträger über die Grenze ins Ausland erfolgt (Heraus-Verschmelzung).

Für die weitere Verarbeitung und Nutzung der übermittelten personenbezogenen Daten durch den ausländischen Rechtsträger gilt anschließend ausländisches Recht. Spiegelbildlich verhält es sich für die Übermittlung personenbezogener Daten vom ausländischen an den deutschen Verband (Herein-Verschmelzung), soweit nicht das ausländische Kollisionsrecht über einen Renvoi auf deutsches Recht zurückverweisen sollte.[495] Nichts Abweichendes ergibt sich, soweit an der transnationalen Verschmelzung ein Rechtsträger mit Sitz in einem Drittstaat beteiligt ist. Die in § 1 Abs. 5 BDSG getroffene, feinsinnige Differenzierung wirkt sich insoweit nicht aus. Die international-datenschutzrechtliche Beurteilung der Zulässigkeit einer etwaigen Datenübermittlung wird, differenzierend nach den einzelnen Phasen eines Verschmelzungsvorgangs, an gegebener Stelle im Anschluss vorgenommen.

[495] Dies ist im Datenschutzrecht nicht ersichtlich.

6. Datenschutz in der Abwicklung einer Verschmelzung - Anwendbarkeit des Bundesdatenschutzgesetzes in abstracto

Das Bundesdatenschutzgesetz folgt in seiner Systematik gemäß § 4 Abs. 1 BDSG dem Verbot der Erhebung, Verarbeitung und Nutzung personenbezogener Daten unter dem Vorbehalt der – gesetzlichen oder gewillkürten – Gestattung. Eine Übermittlung personenbezogener Daten ist ohne Einwilligung des Betroffenen nur zulässig, wenn und soweit das Bundesdatenschutzgesetz selbst oder eine andere Rechtsvorschrift die Übermittlung erlauben oder anordnen, § 4 Abs. 1, 2. Halbs. BDSG.

Das Erfordernis eines gesetzlichen oder gewillkürten Erlaubnistatbestandes ist dabei für jede einzelne Verwendung gesondert zu ermitteln.[496]

6.1 Datenschutz und Gesamtrechtsnachfolge – ein unauflösbarer Widerspruch?

Viel diskutiert ist, inwieweit das Bundesdatenschutzgesetz in den einzelnen Phasen der Verschmelzung Anwendung findet und Auswirkungen auf die praktische wie rechtliche Abwicklung der Verschmelzung zu entfalten vermag.[497] Die zahlreichen vertretenen Positionen im *Schrifttum* könnten gegensätzlicher nicht sein, wobei sich der Kern der Kontroverse auf die Vollzugsphase konzentriert.

Vertreten wird, das Bundesdatenschutzgesetz *uneingeschränkt* auf Verschmelzungsvorgänge, insbesondere die Vollzugsphase und die dabei übergehenden personenbezogenen Daten anzuwenden. Eine spezialgesetzliche Erlaubnis könne insbesondere nicht aus dem Umwandlungsgesetz[498] aufgrund der Universalsukzession des § 20 Abs. 1 Nr. 1 UmwG entnommen werden.[499] Ebenso wird vertreten, aus dem verschmelzungsrechtlichen Prinzip der Gesamtrechtsnachfolge zu folgern, dass dieses eine tatbestandskongruente Regelung im Sinne einer *lex specialis* zum Bundesdatenschutzgesetz verkörpere, die eine Anwendung der datenschutzrechtlichen Regelsystematik auf die Vollzugsphase von Verschmelzungen *generell* ausschließe. Der mit der Universalsukzession notwendig verbundene Übergang der personenbezogenen Daten müsse jedenfalls im Ergebnis ohne weiteres auch sub specie des Datenschutzrechts zulässig sein.[500] Insbesondere erfolge keine Weitergabe von Daten als tatbestandsmäßige Übermittlung. Das Vermögen des übertragenden Rechtsträgers gehe als Ganzes und ohne weiteren rechtsgeschäftlichen Übertragungsakt auf den übernehmenden

---

496 *Gola/Schomerus*, BDSG, § 4 Rdnr. 5.

497 Hierzu *Teichmann/Kießling*, ZGR 2001, 33 ff.; *Lüttge*, NJW 2000, 2463 ff.; *Wengert/Wiedmann/Wengert*, RDV 2000, 47 ff. = NJW 2000, 2463 ff.; *Dieckmann/Eul/Klevenz*, RDV 2000, 149 ff.; *Marsch-Barner/Mackenthun*, ZHR 165 (2001), 426 ff.; *Simitis*, ZHR 165 (2001), 453 ff.; *Zöllner*, ZHR 165 (2001), 440 ff.; *Eul* in: Roßnagel, Handbuch Datenschutzrecht, Kap.7.2 Rdnr. 74 ff.; *Büllesbach* in: Roßnagel, Handbuch Datenschutzrecht, Kap. 7.1 Rdnr. 49 ff.; *Schaffland*, NJW 2002, 1539 ff.; *Däubler*, RDV 2004, 55 ff. (zum Parallelproblem des Betriebsübergangs im Kontext der Arbeitnehmerdaten); *Duisberg*, RDV 2004, 104 ff. (zum Fortbestand einer Einwilligung).

498 Diskutiert für § 20 Abs. 1 Nr. 1 UmwG als spezialgesetzliche Gestattung nach § 4 Abs. 1 2. Alt BDSG.

499 *Wengert/Wiedmann/Wengert*, RDV 2000, 48 f. = NJW 2000, 2463 ff.

500 *Dieckmann/Eul/Klevenz*, RDV 2000, 150.

Rechtsträger über. Personenbezogene Daten seien notwendiger Bestandteil des übergehenden Vermögens. Diese spezifisch verschmelzungsrechtliche „Gestattung" lasse keinen Raum für eine parallele Anwendung des Bundesdatenschutzgesetzes. Die übergehenden personenbezogenen Daten würden tatsächlich ebenso wenig bewegt, wie die übrigen Vermögensbestandteile. Insoweit fehle es an einer tatbestandsmäßigen Datenübermittlung. Die Vermögensnachfolge sei nicht das Ergebnis einer rechtsgeschäftlichen oder tatsächlichen Transferhandlung, sondern eines rein fiktiven rechtlichen Konstruktes, nämlich der ipso iure eintretenden Gesamtrechtsnachfolge.[501] Zu demselben Ergebnis gelangen auch die Datenschutzaufsichtsbehörden, wenngleich auf einem abweichenden Begründungsweg.[502] Bei einer Verschmelzung würden nicht die Daten eines Vertragspartners auf einen *Dritten* im datenschutzrechtlichen Sinne transferiert. Es ändere sich vielmehr lediglich die rechtliche Identität des Vertragspartners. Selbst wenn im Rahmen einer Verschmelzung ein Datentransfer auf einen anderen, rechtlich nicht identischen Rechtsträger erfolge, so könne dies jedenfalls nach verschmelzungsrechtlichen Gesichtspunkten ohne Zustimmung der jeweiligen Vertragspartner vollzogen werden, so dass der übernehmende Rechtsträger als Rechtsnachfolger frei über die Daten verfügen können muss. Eine Schranke aus dem Bundesdatenschutzgesetz sei hierbei nicht ersichtlich.[503]

Wie zuvor dargestellt,[504] besteht im Rahmen der Abwicklung einer Verschmelzung bereits frühzeitig das praktische Bedürfnis, weit reichende Informationen mit (u.a.) personenbezogenem Charakter für die Abwicklung der Transaktion und Konsolidierung der Geschäftsprozesse offen zu legen. Spätestens im Zeitpunkt des Vollzugs der Verschmelzung und der damit verbundenen Vermögensnachfolge sind datenschutzrechtlich schutzwürdige Interessen der betroffenen Personengruppen sowohl auf Seiten des übertragenden als auch des übernehmenden Verbandes berührt. Mit dem Vollzug geht das Vermögen des übertragenden Verbandes – und mit ihm die gespeicherten personenbezogenen Daten[505] – auf den übernehmenden Verband *ispo iure* und *uno actu* über. Der übertragende Rechtsträger erlischt von Rechts wegen ohne weitere Abwicklung. Für den Betroffenen bedeutet dies, dass sich die Rechtsperson der verantwortlichen Stelle ändert, ohne dass dies notwendig mit seiner Kenntnis bzw. Billigung verbunden ist. Der Betroffene sieht sich nach Vollzug der Verschmelzung einem anderen Verband mit ggf. abweichender oder erweiterter Geschäftstätigkeit gegenüber. Dass hieraus erhebliches datenschutzrechtliches Konfliktpotential resultieren kann, bedarf keiner näheren Erläuterung.

---

501 *Lüttge*, NJW 2000, 2465; *Dieckmann/Eul/Klevenz*, RDV 2000, 150 f.; *Schaffland*, NJW 2002, 1340 f.

502 13. Tätigkeitsbericht der *Datenschutzaufsichtsbehörde in Hessen* über ihre Tätigkeit im nicht-öffentlichen Bereich vom 30.8.2000, Hessischer Landtag Drucks. 15/1539 vom 30.8.2000, 10; Bericht des *Bundesbeauftragten für den Datenschutz* vom 6.4.2001, BT-Drucks. 14/5555, 182 (Nr. 31.2.); so auch *Teichmann/Kießling*, ZGR 2001, 40; *Wengert/Wiedmann/Wengert*, RDV 2000, 48 = NJW 2000, 2463.

503 13. Tätigkeitsbericht der *Datenschutzaufsichtsbehörde in Hessen* über ihre Tätigkeit im nicht-öffentlichen Bereich vom 30.8.2000, Hessischer Landtag Drucks. 15/1539 vom 30.8.2000, 10; Bericht des *Bundesbeauftragten für den Datenschutz* vom 6.4.2001, BT-Drucks. 14/5555, 182 (Nr. 31.2.).

504 Siehe zuvor unter *2.*

505 Hierzu zuvor unter *3.*

Entscheidend für die grundsätzliche Anwendbarkeit des Bundesdatenschutzgesetzes ist, ob es in den einzelnen Phasen eines rechtlich wie tatsächlich komplexen Verschmelzungsvorgangs zu tatbestandsmäßigen Datenübermittlungen als gesetzlichen Unterfall der Datenverarbeitung kommt. Dies unterstellt, bestünde – entsprechend der gesetzlichen Systematik – im Ergebnis eine Erlaubnispflicht für die Datenverarbeitung. Insbesondere die Vollzugsphase der Verschmelzung wirft mit der gesetzlichen Anordnung der Universalsukzession in das Vermögen eine bislang unter datenschutzrechtlichen Gesichtspunkten ungelöste Problemstellung auf.

Als Vorfrage zu den genannten Problemstellungen ist zu klären, ob das Bundesdatenschutzgesetz überhaupt in abstracto anhand der objektiven und subjektiven Anwendungsvoraussetzungen auf Verschmelzungen Anwendung findet. Im Anschluss hieran werden die verschmelzungsspezifischen Problemstellungen aufzugreifen sein.

6.2 Abstrakte Anwendbarkeit des Bundesdatenschutzgesetzes auf Verschmelzungsvorgänge

Die Anwendbarkeit des Bundesdatenschutzgesetzes wird insbesondere wegen der in § 20 Abs. 1 Nr. 1 UmwG angeordneten Vermögensnachfolge im Vollzugsstadium der Verschmelzung kontrovers diskutiert.[506] Im Vordergrund stehen dabei dogmatische und systematische Probleme der Einordnung des § 20 Abs. 1 Nr. 1 UmwG in das datenschutzrechtliche System der lex lata, insbesondere mit Blick auf die Subsidiaritätsklausel des § 1 Abs. 3 S. 1 BDSG. Spiegelbildlich unkritisch erscheint die Anwendbarkeit des Bundesdatenschutzgesetz in den übrigen Phasen vor Vollzug der Verschmelzung sowie dessen generelle Anwendbarkeit im übrigen.

6.2.1 Verschmelzungsfähige Rechtsträger als Normadressaten

Der personelle Anwendungsbereich des Bundesdatenschutzgesetzes bereitet in Hinblick auf die an einer Verschmelzung beteiligungsfähigen Rechtsträger keine besonderen Schwierigkeiten. Nach § 1 Abs. 2 BDSG gilt das Bundesdatenschutzgesetz für die Erhebung, Verarbeitung und Nutzung personenbezogener Daten durch öffentliche Stellen des Bundes und nicht-öffentliche Stellen, soweit sie die Daten unter Einsatz von Datenverarbeitungsanlagen erheben, verarbeiten oder nutzen oder die Daten in oder aus nicht automatisierten Dateien erheben, verarbeiten oder nutzen. Eine Legalausnahme besteht, soweit die Erhebung, Verarbeitung oder Nutzung der Daten ausschließlich für persönliche oder familiäre Tätig-

---

506 *Teichmann/Kießling*, ZGR 2001, 33 ff.; *Lüttge*, NJW 2000, 2463 ff.; *Wengert/Wiedmann/Wengert*, RDV 2000, 47 ff. = NJW 2000, 2463 ff.; *Dieckmann/Eul/Klevenz*, RDV 2000, 149 ff.; *Marsch-Barner/Mackenthun*, ZHR 165 (2001), 426 ff.; *Simitis*, ZHR 165 (2001), 453 ff.; *Zöllner*, ZHR 165 (2001), 440 ff.; *Eul* in: Roßnagel, Handbuch Datenschutzrecht, Kap. 7.2 Rdnr. 74 ff.; *Büllesbach* in: Roßnagel, Handbuch Datenschutzrecht, Kap. 7.1 Rdnr. 49 ff.

keiten erfolgt.[507] Nicht-öffentliche Stellen sind dabei – im Rahmen einer Negativabgrenzung und entsprechend der Legaldefinition des § 2 Abs. 4 BDSG – alle natürlichen und juristischen Personen, Gesellschaften und andere Personenvereinigungen des privaten Rechts, soweit sie nicht als öffentliche Stellen des Bundes und der Länder anzusehen sind.[508]

Die nach § 3 UmwG abstrakt verschmelzungsfähigen Rechtsträger sind als juristische Personen bzw. Personenvereinigungen des privaten Rechts als nicht-öffentliche Stellen gemäß § 2 Abs. 4 BDSG zu qualifizieren.[509] Das Bundesdatenschutzgesetz gilt ferner systematisch unmittelbar und horizontal zwischen Privatrechtssubjekten, obgleich der Datenschutz seine verfassungsrechtlichen Wurzeln im Grundrecht auf informationelle Selbstbestimmung hat.[510] Der Gesetzgeber hat insoweit von seinem verfassungsrechtlichen Regelungsauftrag Gebrauch gemacht und umfassende Regelungen erlassen, die zum Schutze des Rechtes auf informationelle Selbstbestimmung auch unter Privatrechtssubjekten unmittelbar gelten und damit dem Grundrecht eine mittelbare Drittwirkung verleihen.[511] Das Bundesdatenschutzgesetz findet somit uneingeschränkt auf Verschmelzungen dieser Rechtsträger Anwendung.[512]

---

507 Ausgenommen sind ferner öffentliche Stellen der Länder, soweit der Datenschutz *spezialgesetzlich* in einem entsprechenden Landesdatenschutzgesetz geregelt ist; *Gola/Schomerus*, BDSG, § 1 Rdnr. 19. Das BDSG gilt jedoch über § 2 Abs. 2 i.V.m. § 1 Abs. 1 Nr. 2 BDSG *subsidiär*; vgl. *Simitis* in: Simitis/Dammann/Geiger/Mallmann/Walz, BDSG, § 1 Rdnr. 210; *Auernhammer*, BDSG, § 7 Rdnr. 2.

508 *Gola/Schomerus*, BDSG, § 1 Rdnr. 20; *Simitis* in: Simitis/Dammann/Geiger/Mallmann/Walz, BDSG, § 1 Rdnr. 185.

509 Eine Sonderrolle im Bankenbereich nehmen insoweit die Sparkassen ein. Sie sind zwar in der Regel öffentliche Stellen (*Fischer/Klanten*, Rdnr. 1.22 und 1.43; *Claussen*, 7), werden jedoch aufgrund des Erfordernisses der Gleichbehandlung im Wettbewerb bezüglich des Faktors Datenschutz den nicht-öffentlichen Stellen gleichgestellt, vgl. *Simitis* in: Simitis/Dammann/Geiger/Mallmann/Walz, BDSG, § 27 Rdnr. 8; *Bergmann/Möhrle/Herb*, BDSG, § 27 Rdnr. 6; *Tinnefeld/Ehmann*, S. 166; *Fischer/Klanten*, Rdnr. 1.22 und 1.43; *Claussen*, S. 7.

510 Grundlegend: *BVerfGE* 65, 1 ff. = NJW 1984, 419 – *Volkszählung*.

511 *Simitis* in: Simitis/Dammann/Geiger/Mallmann/Walz, BDSG, § 1 Rdnr. 178; *Wengert/Wiedmann/Wengert*, RDV 2000, 49; *BVerfGE* 25, 256 ff. – *Blinkfüer*; *BVerfGE* 65, 1 ff. = NJW 1984, 419.

512 So im Ergebnis auch *Lüttge*, NJW 2000, 2464; *Wengert/Wiedmann/Wengert*, RDV 2000, 48 f. = NJW 2000, 2463 ff.; *Dieckmann/Eul/Klevenz*, RDV 2000, 150; *Teichmann/Kießling*, ZGR 2001, 40 f.; *Marsch-Barner/Mackenthun*, ZHR 165 (2001), 429; *Simitis*, ZHR 165 (2001), 455 f.; *Zöllner*, ZHR 165 (2001), 442; *Eul* in: Roßnagel, Handbuch Datenschutzrecht, Kap. 7.2 Rdnr. 74 ff.; *Büllesbach* in: Roßnagel, Handbuch Datenschutzrecht, Kap. 7.1 Rdnr. 49 ff.

6.2.2 Verarbeitung *personenbezogener Daten*

Das Kriterium der „Personenbezogenheit" von Informationen ist im Rahmen von Verschmelzungen – ebenso wie im Datenschutzrecht insgesamt – einzelfallbezogen zu beurteilen. Kraft Natur der Sache sind beim übertragenden Verband eine Fülle von Informationen gespeichert. Jedenfalls einzelne Informationen aus diesem Spektrum weisen i.d.R. Bezug zu einer *bestimmten* oder *bestimmbaren natürlichen Person* auf. Das Erfordernis personenbezogener Informationen ist notwendige Voraussetzung für die sachliche Anwendbarkeit des Bundesdatenschutzgesetzes. Entsprechend der verfassungsdogmatischen Zwecksetzung – Schutz des Einzelnen vor Beeinträchtigungen seines Persönlichkeitsrechts[513] durch den Umgang mit seinen persönlichen Informationen – gilt das Bundesdatenschutzgesetz gemäß § 1 Abs. 1 BDSG nur für die Erhebung, Verarbeitung und Nutzung personenbezogener Daten.[514] Rein sachbezogene Informationen sind von vorne herein jedenfalls vom nationalen Datenschutzrecht ausgeklammert.[515] Per definitionem sind personenbezogene Daten nach § 3 Abs. 1 BDSG sämtliche „*Einzelangaben über persönliche oder sachliche Verhältnisse einer bestimmten oder bestimmbaren natürlichen Person (Betroffener)*". Einzelangaben sind Informationen, die sich auf eine bestimmte oder bestimmbare natürliche Person beziehen oder geeignet sind, einen Bezug zu ihr herzustellen.[516] E contrario sind rein unternehmensbezogene Daten vom Anwendungsbereich des Bundesdatenschutzgesetzes ausgeschlossen. Anknüpfungspunkt de lege lata sind die *persönlichen oder sachlichen Verhältnisse* der natürlichen Person.[517] Diese begriffsjuristisch anmutende Formulierung soll verdeutlichen, dass der terminus technicus umfassend zu verstehen ist.[518] Angaben über die persönlichen Verhältnisse sind alle Informationen, die eine Identifizierung und Charakterisierung des

513 *Gola/Schomerus*, BDSG, § 1 Rdnr. 6; *Simitis*, DuD 2000, 719; *Auernhammer*, BDSG, § 1 Rdnr. 6; *Tinnefeld/Ehmann*, BDSG, Einf. 31 f. und 47 f.

514 *Vogelsang*, CR 1995, 554; vgl. Art. 1 Abs. 1 der EG-Datenschutzrichtlinie mit einer umfassenderen Definition des datenschutzrechtlichen Schutzziels: „*Die Mitgliedstaaten gewährleisten nach den Bestimmungen dieser Richtlinie den Schutz der Grundrechte und Grundfreiheiten und insbesondere den Schutz der Privatsphäre natürlicher Personen bei der Verarbeitung personenbezogener Daten.*" Das BDSG enthält mit dieser Festlegung des Gesetzeszwecks zugleich eine Art Legaldefinition des Begriffs Datenschutz; *Gola/Schomerus*, BDSG, § 1 Rdnr. 2. Dabei ist das BDSG auf einen präventiven Schutz im Vorfeld von Beeinträchtigungen des Persönlichkeitsrechts ausgelegt, vgl. *Zöllner*, S. 6; *Ehmann*, RDV 1988, 178; *Denninger*, CR 1988, 51 f.; *Gola/Schomerus*, BDSG, § 1 Rdnr. 6.

515 Abweichendes kann in anderen Rechtsordnungen gelten. So unterstellt die lex lata einzelner Mitgliedstaaten (z.B. Luxemburg) auch unternehmensbezogene Daten über juristische Personen dem Datenschutzrecht.

516 *Gola/Schomerus*, BDSG, § 3 Rdnr. 3 (z.B. Name, Ausweis-Nr., Versicherungs-Nr., Telefon-Nr.); *BAG*, NJW 1987, 674 = RDV 1986, 199 zur Nummer der betrieblichen Telefonnebenstelle als personenbezogenes Datum.

517 *Gola/Schomerus*, BDSG, § 3 Rdnr. 4.

518 *Dammann* in: Simitis/Dammann/Geiger/Mallmann/Walz, BDSG, § 3 Rdnr. 41 ff.; *Gola/Schomerus*, BDSG, § 3 Rdnr. 4 f.

Betroffenen zulassen. Erfasst werden ferner alle Angaben über einen auf den Betroffenen beziehbaren Sachverhalt.[519]

Die Arten und Kategorien der betroffenen personenbezogenen Daten variieren dabei in Abhängigkeit vom Geschäfts- und Tätigkeitsfeld der beteiligten Rechtsträger. In abstracto können personenbezogene Informationen über Kunden, Geschäftspartner und Lieferanten, die eigenen Arbeitnehmer und Angestellten sowie Dienstleister des übertragenden Rechtsträgers, Schuldner und Gläubiger, Sicherungsgeber und Sicherungsnehmer oder sonstige in geschäftlichen Kontakt mit dem übertragenden Rechtsträger stehende Personen sein. Die datenschutzrechtliche Betrachtung darf insbesondere nicht auf den übertragenden Rechtsträger beschränkt werden. Auch auf Seiten des übernehmenden Rechtsträgers ist eine Beeinträchtigung von schutzwürdigen Interessen der Kunden, Lieferanten oder Arbeitnehmer grundsätzlich denkbar und in die datenschutzrechtliche Beurteilung mit einzustellen.[520]

In der Verschmelzungspraxis sind personenbezogene Daten ohne Zweifel betroffen. Im Zuge der Verschmelzung gehen bestehende Arbeitsverhältnisse gemäß § 613a BGB i.V.m. § 324 UmwG auf den übernehmenden Rechtsträger über. Hiermit ist notwendig der Übergang sämtlicher persönlicher Informationen des Arbeitgebers über die betreffenden Arbeitnehmer verbunden. Für die Erfüllung der übergehenden Vertragsverhältnisse mit Kunden und Lieferanten ist die Kenntnis derer personenbezogener Informationen ebenfalls zwingende Voraussetzung.

Ist die einzelne Person anhand der Informationen nicht mehr identifizierbar und individualisierbar, liegen keine Einzelangaben mehr vor. Das Bundesdatenschutzgesetz ist insoweit nicht anwendbar, was auch dem zugrunde liegenden Schutzgedanken entspricht.[521] So liegt es etwa bei *anonymisierten Daten* nach § 3 Abs. 6 BDSG,[522] soweit eine *Reanonymisierung* ausgeschlossen oder nur mit unverhältnismäßigem Aufwand möglich ist. Gleiches gilt für Sammelangaben über Gruppen.[523] Mangels Personenbezogenheit bzw. -beziehbarkeit fallen auch *rein unternehmensbezogene* Daten, die keinerlei unmittelbaren oder mittelbaren Bezug zu einer natürlichen Person aufweisen, nicht unter den sachlichen Anwendungsbereich.[524]

---

519 Etwa der Grundbesitz einer Person (*Gola/Schomerus*, BDSG, § 3 Rdnr. 6; *BVerfG* RDV 1991, 31) oder vertragliche und sonstige Beziehungen zu Dritten (*Gola/Schomerus*, BDSG, § 3 Rdnr. 6; *BAG*, NJW 1987, 674 = RDV 1986, 199; *BAG*, NZA 1987, 515 = RDV 1987, 136).

520 *Schneider*, Diskussionsbericht, ZHR 165 (2001), 462 ff.

521 *Auernhammer*, BDSG, § 3 Rdnr. 4.

522 *BFH*, NJW 1994, 2246.

523 *Gola/Schomerus*, BDSG, § 3 Rdnr. 3. Dies gilt indes nur, soweit die gruppenbezogenen Informationen nicht auf Einzelmitglieder durchschlagen, vgl. *BAG*, RDV 1986, 138; *BAG*, RDV 1995, 29 = NZA 1995, 185.

524 Dies ist mit Blick auf Art. 19 Abs. 3 GG keine Selbstverständlichkeit. Auch juristische Personen können die Geltung von Grundrechten beanspruchen, soweit diese ihrem Wesen nach auf sie anwendbar sind, *Leibholz/Rinck*, GG, Art. 19 Anm. III; *Gola/Schomerus*, BDSG, § 3 Rdnr. 11. Andere Länder haben die juristischen Personen in den Schutzbereich in ihre Datenschutzgesetze mit einbezogen. Gleichwohl sind *inländische* juristische Personen, Personengesellschaften und sonstige Rechtsgemeinschaften mit eigener Rechtspersönlichkeit als solche abstrakt nicht vom geltenden Datenschutzrecht geschützt. Ihnen fehlt es an der wesensmäßigen Vergleichbarkeit zur natürlichen Person, vgl. *OLG Karlsruhe*, DuD 1983, 229. Im

An der Betroffenheit *personenbezogener Daten* bei Verschmelzungen bestehen damit keine Zweifel. Ausnahmen sind stets anhand besonderer Fallgestaltungen im Einzelfall theoretisch denkbar, praktisch indes nahezu ausgeschlossen.

6.2.3 Daten *in oder aus Dateien*

Das Bundesdatenschutzgesetz fordert ferner in § 1 Abs. 2 Nr. 3 BDSG, dass personenbezogene Daten entweder unter Einsatz von Datenverarbeitungsanlagen erhoben, verarbeitet oder genutzt werden müssen oder dies in oder aus nicht automatisierten Dateien geschieht. Auch hieran dürfte es bei der Verschmelzung zweier Unternehmen i.d.R. nicht fehlen. Naturgemäß sind die personenbezogenen Daten heute umfassend EDV-technisch erfasst und digital gespeichert. Soweit parallel hierzu noch analoge Akten angelegt werden, ist dies nicht weiter von Relevanz.

Werden nicht einzelne Daten in oder aus Dateien oder unter Einsatz von Datenverarbeitungsanlagen, sondern Dateien insgesamt übermittelt, steht dies entgegen dem ersten Anschein der Anwendbarkeit des Bundesdatenschutzgesetzes ebenfalls nicht entgegen. Entsprechend der ratio legis des Bundesdatenschutzgesetzes wird im Wege eines a-majore-ad-minus-Schlusses auch die Übermittlung ganzer Dateien erfasst.[525] Soweit das Bundesdatenschutzgesetz den eigenen Anwendungsbereich einschränkt (vgl. „soweit"), gilt dies beschränkt auf jene personenbezogenen Daten, die weder in Dateien erfasst sind, noch mittels Datenverarbeitungsanlagen erhoben bzw. verarbeitet werden. Die Summe an personenbezogenen Daten, die in einer Datei zusammengefasst sind, kann jedoch keiner abweichenden Regelung unterliegen, als das einzelne Datum selbst.[526] Entscheidend für den Dateibegriff ist in Anlehnung an die Legaldefinition in § 3 Abs. 2 S. 2 BDSG die Möglichkeit, Datensammlungen nach bestimmten Kriterien und Vorgaben abzurufen. Die automatisierten Dateien fallen bereits unter den Begriff des Einsatzes von Datenverarbeitungsanlagen. Der

Einzelfall ist jedoch denkbar, dass juristische Personen und ihre Organe den Datenschutz aus dem allgemeinen Persönlichkeitsrecht über zivilrechtliche Einfallstore ableiten können, *OLG Frankfurt*, RDV 1990, 84; *BGH*, RDV 1994, 181. So werden einzelne Mitglieder der juristischen Person oder deren Organe in ihrer Eigenschaft als natürliche Personen geschützt, soweit Angaben über die Rechtsgemeinschaft unmittelbar auf die Person durchschlagen, *Simitis* in: Simitis/Dammann/Geiger/Mallmann/Walz, BDSG, § 3 Rdnr. 9; *Gola/Schomerus*, BDSG, § 3 Rdnr. 11; *BAG*, RDV 1986, 138; *BAG*, RDV 1995, 29 = NZA 1995, 185. Dies gilt insbesondere, wenn abstrakte Angaben über eine GmbH Bezug zu einzelnen Gesellschaftern oder Geschäftsführern aufweisen, soweit zwischen der GmbH und den dahinter stehenden natürlichen Personen eine enge finanzielle, wirtschaftliche und personelle Verflechtung besteht, *LG Bonn*, ZIP 1984, 181. Die Rechtsprechung vermutet etwa im Falle einer Ein-Mann-GmbH oder Einzelfirma den Bezug zu der hinter der Firma bzw. juristischen Person stehenden natürlichen Person mit der Folge, dass das Datenschutzrecht auch in Ansehung der juristischen Person Anwendung findet, *Gola/Schomerus*, BDSG, § 3 Rdnr. 11; *BGH*, NJW 1986, 2505 = RBV 1986, 81; zur Einzelfirma vgl. *KG*, DB 1980, 1062. Soweit das Datenschutzrecht eines Drittstaates auch den Schutz von Daten über juristische Personen umfasst, ist hierauf im Rahmen der Verschmelzung besonderes Augenmerk zu legen.

525 Zutreffend *Roßnagel*, NJW 1989, 2304.

526 *Roßnagel*, a.a.O.

Begriff ist weit auszulegen.[527] Nicht-automatisierte Dateien setzen demgegenüber die Gleichartigkeit des Aufbaus voraus. Diese Voraussetzung ist ebenfalls weit zu verstehen und liegt bereits dann vor, wenn die Sammlung nach Formularen oder in gleichartiger Reihenfolge geschieht.[528]

Die an einer Verschmelzung beteiligten Rechtsträger – gleich aus welchem wirtschaftlichen Betätigungsfeld – verfügen regelmäßig über weitläufige Bestände an automatisierten und nicht-automatisierten Dateien. Betroffen sind in concreto Arbeitnehmerdaten[529], Kundendaten[530] und Lieferantendaten sowie sonstige personenbeziehbare Informationen, die aufgrund der heutigen Möglichkeiten der modernen Datenverarbeitung umfassender Systematisierungs- und Auswertungsmöglichkeiten unterworfen sind. Die Unternehmen verfügen regelmäßig über enorme Datenpools, die eine Vielzahl von personenbezogenen Daten beinhalten.

6.3 Zwischenergebnis

An der generellen sachlichen und personellen Anwendbarkeit des Bundesdatenschutzgesetzes unter den zuvor genannten Gesichtspunkten der Verarbeitung personenbezogener Daten in oder aus Dateien im Rahmen des Vollzugs einer Verschmelzungsmaßnahme bestehen in summa ebenso wenig Zweifel, wie an der Adressierung der nach dem Umwandlungsgesetz gemäß § 3 UmwG verschmelzungsfähigen Rechtsträger durch das Bundesdatenschutzgesetz. Den Kernpunkt der datenschutzrechtlichen Problematik bildet indes die Frage, ob es in den einzelnen Phasen einer Verschmelzung zu einer *Datenverarbeitung*, insbesondere in der Alternative der *Übermittlung* kommt.

---

527 *Teichmann/Kießling*, ZGR 2001, 43; *Dammann* in: Simitis/Dammann/Geiger/ Mallmann/Walz, § 3 Rdnr. 60, 67 ff.; *Bergmann/Möhrle/Herb*, BDSG, § 3 Rdnr. 34 ff.; *Tinnefeld/Ehmann*, 190.

528 *Dammann* in: Simitis/Dammann/Geiger/Mallmann/Walz, BDSG, § 3 Rdnr. 79 ff.; *Bergmann/Möhrle/Herb*, BDSG, § 3 Rdnr. 36; *Tinnefeld/Ehmann*, 192 f.; *Auernhammer*, BDSG, § 3 Rdnr. 12; *Gola/Schomerus*, BDSG, § 3 Rdnr. 15 ff.; *Teichmann/Kießling*, ZGR 2001, 43.

529 *Däubler*, RDV 2004, 55 ff.

530 *Duisberg*, RDV 2004, 104 ff.

7. Tatbestandsmäßige Datenübermittlungen in der Vorbereitungsphase

Die Notwendigkeit eines begrenzten Informationsaustausches in der Vorbereitungsphase einer Verschmelzung, insbesondere bei Durchführung der Due Diligence, wurde bereits eingehend unter *2.2.2.5.* behandelt. Die Sorgfaltspflichten der betroffenen Leitungsorgane gebieten es, sich ein umfassendes Bild von der wirtschaftlichen und rechtlichen Positionierung des anderen Rechtsträgers zu machen. Dabei stellen Informationen über den Kundenstamm, einzelne Großkunden, Lieferanten, Arbeitnehmer und Führungskräfte einen nicht unerheblichen wirtschaftlichen Faktor dar, den es sub specie dieser Sorgfaltspflicht notwendig in die Due Diligence einzustellen gilt. Die ordnungsgemäße Bewertung der Rechtsträger ist ferner in Hinblick auf die – zumal der gerichtlichen Kontrolle unterworfenen – Bestimmung des angemessenen Anteilstauschverhältnisses sowie die Festlegung einer angemessenen Barabfindung unabdingbar.

Weisen die hierfür relevanten Informationen – abhängig von der Art und dem Geschäftsfeld der beteiligten Unternehmen – Personenbezug bzw. eine Personenbeziehbarkeit auf, ist im Vorfeld der Offenlegung das Datenschutzrecht ein zwingend beachtenswerter Faktor. Werden die personenbezogenen Daten der anderen Seite oder deren Repräsentanten in der Due Diligence offen gelegt, liegt darin ein nach der gesetzlichen Systematik des Bundesdatenschutzgesetzes *rechtfertigungsbedürftiger Übermittlungsvorgang* gemäß § 3 Abs. 4 S. 2 Nr. 3 BDSG.[531] Entsprechend der gesetzlichen Legaldefinition des § 3 Abs. 4 S. 2 Nr. 3 Buchst. a) und b) BDSG werden personenbezogene Daten, die beim jeweils anderen Rechtsträger gespeichert sind, an einen Dritten bekannt gegeben, indem sie an diesen *weitergegeben* oder *zur Einsicht bzw. dem Abruf bereit gehalten* werden, soweit sie *tatsächlich eingesehen oder abgerufen werden.* Die Weitergabe der Informationen erfolgt in aller Regel in verkörperter Form.[532] Die an der Verschmelzung beteiligten Rechtsträger sind in dieser Phase der Verschmelzung im Verhältnis zueinander ohne weiteres als *Dritte* im Sinne des § 3 Abs. 8 S. 2 BDSG zu qualifizieren.[533] Sie verkörpern gegenüber den Betroffenen zwei rechtlich selbständige Rechtspersonen.

Obgleich dieser datenschutzrechtlich simpel anmutenden Subsumtion bedarf es dennoch einer genaueren Betrachtung, da an der Verschmelzung nicht natürliche, sondern juristische Personen beteiligt sind, für die die datenschutzrechtlichen Begriffe prima facie historisch nicht zugeschnitten zu sein scheinen.

---

531 *Däubler*, RDV 2004, 56; *Däubler*, Gläserne Belegschaften?, Rdnr. 489a; *Schaffland*, NJW 2002, 1541; *Zöllner*, ZHR 165 (2001), 442.

532 Akten, Prüfungsberichte, elektronische Speichermedien.

533 So auch *Zöllner*, ZHR 165 (2001), 451 f.; *Marsch-Barner/Mackenthun*, ZHR 165 (2001), 427 f.; Bekanntmachung des Innenministeriums Baden-Württemberg (Nr. 38) über Hinweise zum Bundesdatenschutzgesetz für die private Wirtschaft vom 18.1.2000, Az.: 2-0552.1/14, Staatsanzeiger für Baden-Württemberg Nr. 2/2000 vom 18.1.1999, 12 f. = RDV 2000, 83; *Eul* in: Roßnagel, Handbuch Datenschutzrecht, Kap. 7.2 Rdnr. 71.

7.1 Bekanntgabe personenbezogener Daten an einen Dritten

Die Übermittlung der personenbezogenen Daten erfolgt zwischen juristischen Personen und deren Prüfdelegierten. Der gesetzliche Begriff der Bekanntgabe orientiert sich jedoch am Leitbild der Beteiligung *natürlicher Personen,* d.h. ist insoweit hierauf nicht ausgelegt, so dass im Folgenden genauer zu untersuchen ist,

- auf welchem exakten Wege und
- zu welchem exakten Zeitpunkt

die Bekanntgabe personenbezogener Daten in der Due Diligence einer Verschmelzung unter Beteiligung *juristischer Personen* erfolgt. Die Frage der *Rechtfertigungsfähigkeit* einer Datenübermittlung in der Vorbereitungsphase wird im Anschluss unter *10.* genauer beleuchtet.

7.1.1 Begriff und Zeitpunkt der Bekanntgabe

Der Begriff der Bekanntgabe wird datenschutzrechtlich weit interpretiert. So genügt für die Bekanntgabe von Informationen deren Anschlag am „Schwarzen Brett" zur Kenntnisnahme durch die Belegschaft.[534] In der Veröffentlichung von Daten einer Behörde[535] oder dem Einstellen personenbezogener Informationen in das Internet wird zudem die intensivste Form der Übermittlung gesehen.[536] In letztgenannten Fällen ist jedoch nicht die Veröffentlichung oder das Einstellen der Informationen in das Internet entscheidend für die Verwirklichung des Tatbestandes einer Datenübermittlung. Diese ist erst vollzogen, wenn die Informationen tatsächlich durch wenigstens *einen Dritten* eingesehen oder abgerufen wurden.[537] Für eine tatbestandsmäßige Übermittlung im Sinne des § 3 Abs. 4 S. 2 Nr. 3 BDSG ist jedenfalls erforderlich, dass die personenbezogenen Daten zum Empfänger gelangen. Dies bestätigen auch die – nicht abschließenden – Präzisierungen des Bekanntgabebegriffs in § 3 Abs. 4 S. 2 Nr. 3 Buchst. a) und b) BDSG.

Die genauen Anforderungen an die rechtliche Qualität der Bekanntgabe gegenüber dem Empfänger, mithin, ob eine tatsächliche Kenntnisnahme erforderlich ist oder der bloße *Eingang* der personenbezogenen Daten in den Kenntnis- und Machtbereich des Dritten – entsprechend dem *Zugang* von Willens- und Wissenserklärungen unter Abwesenden – ausreicht, werden gesetzlich nicht näher definiert. Vertreten wird daher eine parallele Betrachtungsweise von Datenschutz- und Zivilrecht.[538]

Rechtliche Besonderheiten der Bekanntgabe ergeben sich ferner aufgrund der Beteiligung juristischer Personen. Die juristische Person ist zwar ex lege rechtsfähig. Sie ist jedoch selbst

---

534 *Gola/Schomerus*, BDSG, § 3 Rdnr. 33.

535 *OVG Lüneburg*, NJW 1992, 192.

536 *Gola*, NJW 2000, 3752; *Gola/Schomerus*, BDSG, § 3 Rdnr. 33; *Schild* in: Roßnagel, Handbuch Datenschutzrecht, Kap. 4.2 Rdnr. 72.

537 Vgl. § 3 Abs. 4 S. 2 Nr. 3 Buchst. b) BDSG; *Schild* in: Roßnagel, Handbuch Datenschutzrecht, Kap. 4.2 Rdnr. 72.

538 *Teichmann/Kießling*, ZGR 2001, 44; hierzu sogleich unter *7.1.2.*

nicht handlungsfähig im Rechtsverkehr und wird durch ihre Organe oder deren Unterbevollmächtigte vertreten. Aufgrund dieser rechtsstrukturellen Besonderheiten passt der Begriff der Bekanntgabe im Sinne des § 3 Abs. 4 S. 2 Nr. 3, 1. Halbs. BDSG nicht unmittelbar auf die Übermittlung personenbezogener Daten an eine *juristische Person* – als maßgebendes Rechtssubjekt der Verschmelzung – als Empfänger. Diese kann als solche weder Kenntnis von den Inhalten erlangen, noch die verkörperten Daten entgegennehmen. Ihr kann lediglich die Kenntnis und Inhaberschaft an den personenbezogenen Daten durch die rechtlich relevanten Personenkreise im Organisationsgefüge *zugerechnet* werden. Daher bedarf es einer differenzierteren Betrachtung.

7.1.2 Vergleichsziehung zum zivilrechtlichen Zugang von Willenserklärungen

Im Rahmen des Rechts der Willenserklärungen wird strikt zwischen der *Abgabe* der Erklärung im Sinne der Entäußerung im rechtlichen Verkehr und deren *Zugang* beim Empfänger, an den regelmäßig das Wirksamwerden eines (einseitigen oder zweiseitigen) Rechtsgeschäfts geknüpft ist, differenziert. Die Willenserklärung ist abgegeben, wenn sie vom Erklärenden in den Rechtsverkehr entäußert und in Richtung des Erklärungsempfängers auf den Weg gebracht wurde.[539] Sie geht zu, wenn sie – unter Anwesenden – vom Erklärungsempfänger tatsächlich vernommen wird[540] bzw. unter Abwesenden sowie bei verkörperten Erklärungen unter Anwesenden[541], wenn sie derart in den Kenntnis- oder Machtbereich des Empfängers gelangt ist, dass unter gewöhnlichen Umständen vernünftigerweise mit einer tatsächlichen Kenntnisnahme zu rechnen ist.[542] Auf die tatsächliche Kenntniserlangung selbst kommt es nicht an.[543]

Die Tatbestandsalternativen der Weitergabe sowie der tatsächlichen Einsichtnahme oder dem Abruf personenbezogener Daten könnten damit strukturell den zivilrechtlichen Regelungen zum Zugang empfangsbedürftiger Willenserklärungen gleichgestellt werden.[544]

7.1.2.1 Zugang einer Willenserklärung bei juristischen Personen

Bezogen auf die juristische Person wird eine Willenserklärung gegenüber dieser ebenfalls mit Zugang im Sinne des § 130 Abs. 1 S. 1 BGB wirksam. Insoweit gelten keine Besonderheiten. Die tatsächliche Kenntnisnahme vom Inhalt der Erklärung ist irrelevant. Es genügt der Eingang der Erklärung in den Macht- und Kenntnisbereich der juristischen Person, [545] mithin in den für die Entgegennahme von Erklärungen seitens der juristischen Person getroffenen Vorrichtungen. Die Erklärung gilt in dem Zeitpunkt als zugegangen, in dem unter gewöhnlichen

539 *BGH* 65, 13; *Palandt/Heinrichs*, BGB, § 130 Rdnr. 4.
540 *BGH*, WM 1989, 652; *Palandt/Heinrichs*, BGB, § 130 Rdnr. 14.
541 *BGH*, NJW 1998, 3344; *Palandt/Heinrichs*, BGB, § 130 Rdnr. 13.
542 *BGH*, 67, 271; *BGH*, NJW 1980, 990; *Palandt/Heinrichs*, BGB, § 130 Rdnr. 5 ff.
543 *Palandt/Heinrichs*, BGB, § 130 Rdnr. 5 f.
544 So auch *Teichmann/Kießling*, ZGR 2000, 44 f; hierzu sogleich unter *7.1.2.2*.
545 *Palandt/Heinrichs*, § 130 Rdnr. 5.

Umständen mit einer Kenntnisnahme unter Berücksichtigung der Verkehrsauffassung zu rechnen ist.[546] Im argumentum e contrario stellt die tatsächliche Kenntnisnahme vom Inhalt der Erklärung stets deren Zugang dar.[547] Die juristische Person hat im Rahmen ihrer Sorgfaltsobliegenheiten dafür Sorge zu tragen, dass etwaige Erklärungen, die in ihren Machtbereich gelangt sind, zeitnah tatsächlich von den hierzu berufenen Organen oder Organvertretern zur Kenntnis genommen werden.

7.1.2.2 Übertragbarkeit auf den datenschutzrechtlichen Bekanntgabebegriff

Das Bundesdatenschutzgesetz selbst lässt keine weitergehenden Rückschlüsse über die räumlich-zeitlichen Anforderungen an die Bekanntgabe personenbezogener Daten zu. Insoweit besteht eine *gesetzliche Regelungslücke*, die eine entsprechende Heranziehung der zivilrechtlichen Grundsätze zur Willenserklärung ermöglicht. Dies setzt indes die Vergleichbarkeit der Interessenslagen voraus.[548]

Grundgedanke der zivilrechtlichen Systematik des Zugangsbegriffes ist die sach- und interessensadäquate Risikoverteilung. Ein Absender, der seinerseits alles Erforderliche getan hat, um den Eingang der Willenserklärung beim Empfänger sicherzustellen, soll nicht mit dem Risiko des exakten Zeitpunktes der tatsächlichen Kenntnisnahme durch diesen belastet werden, da das Gesetz mitunter weit reichende Rechtsfolgen an den exakten Zeitpunkt des Zugangs einer Willenserklärung knüpft. Dieser ist zudem in der gerichtlichen Praxis oftmals nicht nachweisbar. Damit ist es sachgerecht, den Zugang zivilrechtlich in dem Zeitpunkt zu fingieren, in dem unter gewöhnlichen Umständen mit einer Kenntnisnahme unter Berücksichtigung der Verkehrsauffassung zu rechnen ist.[549] Notwendige Voraussetzung ist, dass die Erklärung derart in den Macht- und Herrschaftsbereich des Empfängers gelangt ist, dass für diesen die zumutbare Möglichkeit der tatsächlichen Kenntnisnahme unschwer besteht.[550] Befindet sich der Brief im Briefkasten des Empfängers oder die E-Mail im Posteingangsfach auf dem betreffenden Server, unterfällt sie ab diesem Zeitpunkt dem Risikobereich des Empfängers;[551] die Erklärung ist zugegangen. Der Empfänger hat im Rahmen seiner Sorgfaltsobliegenheiten dafür Sorge zu tragen, dass er etwaige Erklärungen, die in seinen Machtbereich gelangt sind, zeitnah tatsächlich zur Kenntnis nimmt.

Dieser Gedanke der sach- und interessensadäquaten Risikoverteilung ist auf das Datenschutzrecht weitgehend übertragbar. Bringt die übermittelnde Stelle personenbezogene Daten auf den Weg in Richtung Empfänger (Dritten) und gelangen die Informationen in dessen räum-

546 St. RSpr., vgl. *BGHZ* 67, 271; *BGH*, NJW 1980, 990; *BGH*, NJW 1983, 929; *BAG*, NJW 1984, 1651; *BAG*, NJW 1993, 1093.

547 *Palandt/Heinrichs*, BGB, § 130 Rdnr. 5. Sie ist der spätest mögliche Zeitpunkt des Zugangs verkörperter Willenserklärungen und zugleich der rechtliche Zugangszeitpunkt bei unverkörperten Erklärungen.

548 *Palandt/Heinrichs*, Einl. Rdnr. 40.

549 St. RSpr., vgl. *BGHZ* 67, 271; *BGH*, NJW 1980, 990; *BGH*, NJW 1983, 929; *BAG*, NJW 1984, 1651; *BAG*, NJW 1993, 1093.

550 *Palandt/Heinrichs*, § 130 Rdnr. 5.

551 *Palandt/Heinrichs*, BGB, § 130 Rdnr. 5 ff.

lich-gegenständlichen Macht- oder Herrschaftsbereich, entspricht dies strukturell dem Zugang von Willenserklärungen.[552] Der Absender hat alles seinerseits Erforderliche getan, um die Übermittlung zu vollziehen. Er hat fortan keinen Einfluss mehr über das weitere Schicksal der personenbezogenen Daten in der Sphäre des Empfängers. Die interessensgerechte Risikoverteilung bezogen auf das weitere Schicksal der personenbezogenen Daten erfordert es, diese nicht mehr ausschließlich dem Absender zuzuordnen. Er hat sich seiner ausschließlichen Herrschaft über die Daten begeben.

Zwar knüpft die Datenübermittlung an andere Rechtsfolgewirkungen an, als der Zugang einer Willenserklärung im Zivilrecht. Mit erfolgter Datenübermittlung liegt systematisch ein Unterfall der Datenverarbeitung nach § 3 Abs. 4 S. 2 BDSG vor, der in der Folge für seine gesetzliche Zulässigkeit einer geschriebenen oder gewillkürten Erlaubnis bedarf. Der Empfänger ist fortan verantwortliche Stelle für die erhaltenen Daten im Sinne des Datenschutzrechts; gegenüber ihm sind vom Betroffenen die gesetzlichen Rechte geltend zu machen, er untersteht der Datenschutzaufsicht in Bezug auf die neu hinzugewonnenen Datenbestände. Der exakte Zeitpunkt des „Zugangs" der personenbezogenen Daten ist indes datenschutzrechtlich weitgehend irrelevant, knüpfen an ihn – anders als im Zivilrecht – keine derart weit reichenden Rechtsfolgen an. Ungeachtet dessen macht das Bedürfnis nach Rechtssicherheit es erforderlich, den exakten Zeitpunkt des „Vollzugs" einer Übermittlung zu kennen.

Trotz dieser unterschiedlichen Rechtsfolgenwirkungen ist beiden Konstellationen gemein, dass das Gesetz sowohl in § 130 Abs. 1 S. 1 BGB als auch in § 3 Abs. 4 S. 2 Nr. 3 BDSG eine Regelung zur sach- und interessengerechten Risikotragung vorsieht.[553] Befinden sich die personenbezogenen Daten im rechtlichen Machtbereich des Empfängers, indem Sie auf dessen Servern gespeichert oder in den Posteingangsvorrichtungen angelangt sind, müssen diese als gegenüber dem Dritten bekannt gegeben gelten. Die Person des Dritten ist dabei über dessen rechtliche Herrschaftssphäre zu definieren, in die die personenbezogenen Daten gelangen müssen. Der Begriff der Bekanntgabe ist damit im Ergebnis in Hinblick auf die genauen inhaltlichen Anforderungen den zivilrechtlichen Grundsätzen zum Zugang empfangsbedürftiger Willenserklärungen gleichzusetzen. Die Übermittlung ist in dem Moment vollendet, in dem die personenbezogenen Daten in den Machtbereich des Empfängers gelangen und unter gewöhnlichen Umständen mit einer Kenntnisnahme durch diesen zu rechnen ist.[554] Auf die tatsächliche Kenntnisnahme kommt es gleichsam nicht an.

7.1.2.3 Bestimmung des rechtlichen Machtbereichs der juristischen Person

Besondere Schwierigkeiten bereitet das Merkmal der (Möglichkeit zur) Kenntnisnahme bei juristischen Personen. Sind juristische Personen als rechtsfähige Verbände Empfänger der personenbezogenen Daten, können diese nicht selbst Kenntnis vom Inhalt der Daten erlangen.

---

552 Zutreffend *Teichmann/Kießling*, ZGR 2001, 44.
553 *Teichmann/Kießling*, a.a.O.
554 *Teichmann/Kießling*, a.a.O.

Die Kenntnis muss ihnen rechtlich über natürliche Personen vermittelt werden; die Kenntnis der natürlichen Person wird der juristischen Person unter bestimmten Voraussetzungen rechtstechnisch zugerechnet. Dabei kann es nicht auf die (Möglichkeit der) Kenntnisnahme durch eine *beliebige Person* im Organisationsgefüge der Gesellschaft ankommen. Die juristische Person soll grundsätzlich nicht besser, aber auch nicht schlechter stehen, als die einzelne natürliche Person. Es müssen daher qualifizierte rechtliche Anforderungen gelten, die eine weitere Differenzierung ermöglichen.

Die Grundsätze über den Zugang empfangsbedürftiger Willenserklärungen sind primär auf Grundlage von Erklärungen entwickelt worden, die zwischen natürlichen Personen ausgetauscht werden. Steht jedoch auf einer Seite ein Verband bzw. eine juristische Person als Erklärender oder Erklärungsempfänger, gelten aufgrund der rechtlich vorgeprägten Besonderheiten juristischer Personen abweichende Regeln. Der Zugangsbegriff bedarf einer Modifikation. Die juristische Person besitzt im geschäftlichen Verkehr keine Handlungsfähigkeit, obgleich sie eigenständiges Rechtssubjekt ist. Sie muss notwendig durch ihre Organe bzw. Unterbevollmächtigte vertreten werden. Für den Zugang von Willenserklärungen ergibt sich hieraus nichts grundlegend Abweichendes. Die Erklärung geht gemäß § 164 Abs. 3 BGB der juristischen Person in dem Moment zu, wie sie einem Vertreter[555] zugeht. Die Voraussetzungen des Zugangs müssen in Person des Vertreters erfüllt sein.[556] Die Vollmacht zur Vornahme eines Rechtsgeschäfts umfasst dabei i.d.R. auch die Vollmacht zur Entgegennahme von Erklärungen.[557] Ist ein *Empfangsbote* eingesetzt oder nach der Verkehrsanschauung als solcher anzusehen, geht die Erklärung der juristischen Person zu, wenn nach dem regelmäßigen Verlauf der Dinge eine Weiterleitung an den Adressaten zu erwarten ist.[558] Für verkörperte Erklärungen gelten indes zuvor genannte Grundsätze unmittelbar. Die Bestimmung des Machtbereichs einer juristischen Person bereitet insoweit keine besonderen Schwierigkeiten. Eine Erklärung ist zugegangen, wenn sie in die entsprechenden *Empfangseinrichtungen* der juristischen Person gelangt ist und nach der Verkehrsauffassung mit einer tatsächlichen Kenntnisnahme durch die empfangsberechtigten Vertreter bzw. Organe zu rechnen ist.

Diese Betrachtungsweise geriete indes für die Frage der Bekanntgabe personenbezogener Daten zu eng. Sie versagt, wenn die Daten an eine Person im Verband des Empfängers bekannt gegeben werden, die keine Vertretungsmacht besitzt oder der Zugang nicht verkörperter Informationen zur Disposition steht. Datenschutzrechtlich kann es nicht auf die zivilrechtliche Legitimation der Person innerhalb des Organisationsgefüges der empfangenden Stelle ankommen. An die Bekanntgabe personenbezogener Daten sind keinerlei verbindliche Erklärungswirkungen – vergleichbar der Willenserklärung – geknüpft. Die Bekanntgabe ist kein Akt der Willensbekundung, sondern ein rein *tatsächlicher Vorgang*, der jedoch zugleich in

---

555 Passiv vertretungsberechtigt, wie ein Mitglied des Vorstands, Geschäftsführer, Prokurist, (Art- und Einzel) Handlungsbevollmächtigter, Unterbevollmächtigter.

556 *Palandt/Heinrichs*, BGB, § 130 Rdnr. 8.

557 *Einsele* in: MünchKomm/BGB, § 130 Rdnr. 27; *Palandt/Heinrichs*, BGB, § 130 Rdnr. 8.

558 *BGH*, NJW-RR 1989 757.

das Verfügungsrecht des Betroffenen über seine personenbezogenen Daten eingreift, in dem er den Kreis der Kenntnis erlangenden Personen erweitert. Im Vordergrund steht die Erlangung der Informationen, denen in abstracto kein rechtsgeschäftlicher Erklärungswert zukommt. Die Bekanntgabe personenbezogener Daten ist daher eher mit der Übermittlung von *Wissenserklärungen* und der *Wissenszurechnung* innerhalb juristischer Personen vergleichbar.[559] Auf Erstgenannte sind die entwickelten Grundsätze zum Zugang von Willenserklärungen entsprechend anzuwenden.

7.1.3 Vergleichsziehung zur zivilrechtlichen Bekanntgabe von Wissenserklärungen

Ob und wann eine juristische Person ein bestimmtes Wissen erlangt oder ihr dieses zugerechnet werden kann, wenn eine Einzelperson im Organisationsgefüge oder ein externer Berater eine bestimmte Information zur Kenntnis genommen hat, entzieht sich einer pauschalierenden Betrachtung. Es leuchtet ein, dass nicht jede an irgendeiner Stelle des Unternehmens durch einen beliebigen Mitarbeiter erlangte zivilrechtliche Information per se für und gegen die juristische Person in Analogie zu § 164 Abs. 3 BGB wirken kann.

7.1.3.1 Rechtsfigur des Wissensvertreters

Rechtsprechung und *Literatur* haben hierzu die Rechtsfigur des sog. *Wissensvertreters* entwickelt, um die genauen Anforderungen an den Zugang von Wissenserklärungen zu definieren.[560] Unter einer Wissenserklärung wird eine tatsächliche Erklärung verstanden, die den Empfänger in einen Wissensstand versetzt, an den bestimmte Rechtsfolgen geknüpft sind. Sie hat indes keinen auf die rechtliche Regelung eines bestehenden Zustands gerichteten, rechtsgeschäftlichen Erklärungsgehalt. Dies gilt ungeachtet des tatsächlichen Willens des Adressaten.[561] Der Empfänger muss sich dabei am Wissensstand seines Wissensvertreters festhalten lassen. Der Begriff des Wissensvertreters ist weiter auszulegen, als jener eines Bevollmächtigten.[562] Er unterlag in der Kasuistik der Rechtsprechung wiederholten Veränderungen. Die Rechtsprechung[563] qualifizierte zunächst Personen als Wissensvertreter, die nach der Arbeitsorganisation des Geschäftsherrn dazu berufen waren, im Rechtsverkehr als dessen *Repräsen-*

---

559 So auch *Teichmann/Kießling*, ZGR 2001, 44 f.

560 *BGHZ* 83, 293, 296; *BGHZ* 117, 104, 106 m.w.N.; *Palandt/Heinrichs*, Einf. v. § 164 Rdnr. 14; *Palandt/Heinrichs*, § 166 Rdnr. 6; *Richardi*, AcP 169 (1969), 398 ff.; *Schultz*, NJW 1990, 479; *BGHZ* 102, 320; *BGH*, NJW 1993, 1067; *BGHZ* 135, 202; *BGH*, NJW 1984, 1954; *BGHZ* 41, 20. Insbesondere wird auch der Berater des Käufers bei einer Due Diligence Prüfung als Wissensvertreter qualifiziert, vgl. *Weitnauer*, NJW 2002, 2516. Zu den Ausnahmen vgl. *BGH*, NJW 1995, 2550 sowie *KG*, WM 1996, 362 (ausdrückliches Handeln nur im eigenen Namen).

561 *Schramm* in: MünchKomm/BGB, Vor. § 116 Rdnr. 34 ff.; *Leptien* in: Soergel/BGB, § 164 Rdnr. 11; *Ermann/Brox*, vor § 164 Rdnr. 27; *Palandt/Heinrichs*, Einf. v. § 164, Rdnr. 14; *Richardi*, AcP 169 (1969), S. 386 ff.

562 Dogmatisch wurde die Zurechnung über eine Analogie zu § 166 Abs. 1 BGB gelöst; *st. RSpr.*, *BGHZ* 83, 296; *BGHZ* 117, 106; *Palandt/Heinrichs*, BGB, § 166 Rdnr. 6.

563 *BGHZ* 83, 293, 296; *BGHZ* 117, 104, 106 (m.w.N.); *Palandt/Heinrichs*, BGB, Einf. v. § 164 Rdnr. 14 und *Palandt/Heinrichs*, BGB, § 166 Rdnr. 6. (m.w.N.).

tanten bestimmte Aufgaben in eigener Verantwortung zu erledigen und die dabei anfallenden Informationen zur Kenntnis zu nehmen sowie gegebenenfalls weiterzuleiten. Rechtsgeschäftliche Vertretungsmacht war ebenso wenig erforderlich wie eine ausdrückliche Bestellung zum Wissensvertreter.[564] Dies wurde im Schrifttum als zu weit reichend zu Lasten des Empfängers kritisiert. In der Folge stellt der Bundesgerichtshof[565] nunmehr maßgebend auf das Kriterium der Verfügbarkeit des Wissens ab. Entscheidend soll mithin sein, ob bei einer ordnungsgemäßen internen Organisation des Geschäftsbetriebs die Informationen an die Entscheidungsträger tatsächlich weitergegeben würden oder wenigstens infolge einer Sorgfaltsobliegenheit aktenmäßig erfasst sind. Werden Informationen entgegen diesen Regeln nicht aktenmäßig erfasst, muss sich der betreffende Verband infolge einer Sorgfalts- bzw. Organisationspflichtverletzung *fiktiv* so behandeln lassen, als habe er tatsächlich Kenntnis von den betreffenden Tatsachen gehabt.

Speziell Berater im Rahmen einer Due Diligence werden als Wissensvertreter eingestuft, soweit sie als eigenverantwortliche Repräsentanten auftreten.[566]

7.1.3.2 Notwendigkeit einer erweiternden Betrachtung im Datenschutzrecht

Diese Grundsätze zur Wissenserklärung lassen sich auf die Auslegung des datenschutzrechtlichen Übermittlungsbegriffes übertragen. Die übermittelnde Stelle, die personenbezogene Daten in den Machtbereich des Empfängers weitergibt, verliert die Herrschaft über diese Daten. Sie hat fortan keine Kontrolle mehr über das weitere Schicksal der übermittelten Daten. Sie kann insbesondere nicht ausschließen, dass weitere Dritte – berechtigter oder unberechtigter Weise – Kenntnis von den Daten erlangen.[567] Werden die verkörperten Informationen an den Empfänger weitergegeben, etwa als Hardcopy von Bilanzen oder Abschlussberichten, sind sie gemäß § 130 Abs. 1 BGB und § 166 S. 1 BGB *analog* in dem Zeitpunkt als übermittelt anzusehen, in dem sie in den räumlich gegenständlichen Machtbereich des Empfängers gelangen. Hierfür genügt die Weitergabe an die vom Empfänger eingeschalteten Repräsentanten. Für die Weitergabe nicht verkörperter Informationen gilt nichts Abweichendes. Sie sind in dem Zeitpunkt als übermittelt anzusehen, in dem sie einem Wissensvertreter analog der Rechtsprechung zur Wissenserklärung zur Kenntnis gelangen, mithin von dieser Person eingesehen oder abgerufen werden.

Für eine Einschränkung des Kreises der Wissensvertreter entsprechend der jüngeren Rechtsprechung des BGH besteht indes im Datenschutzrecht kein Erfordernis. Hintergrund der Einschränkungen ist es, die an die Erlangung von zivilrechtlich relevantem Wissen anknüpfenden Rechtsfolgen bereits an dieser Stelle zu reglementieren. Hierfür wurde die Organisations-

---

564 *BGHZ* 83, 293, 296; *BGHZ* 117, 104, 106 (m.w.N.); *Palandt/Heinrichs*, Einf. v. § 164 Rdnr. 14; *Palandt/Heinrichs*, § 166 Rdnr. 6; *Richardi*, AcP 169 (1969), 398 ff.; *Schultz*, NJW 1990, S.479; *BGHZ* 102, 320; *BGH*, NJW 1993, 1067; *BGHZ* 135, 202; *BGH*, NJW 1984, 1954; *BGHZ* 41, 20.

565 *BGHZ* 132, 20, 35 ff.; *Palandt/Heinrichs*, § 166 Rdnr. 6, 6a (m.w.N.).

566 *Weitnauer*, NJW 2002, 2516; *Fleischer/Körber*, BB 2001, 847; *Palandt/Heinrichs*, BGB, § 166 Rdnr. 6 ff.

567 *Teichmann/Kießling*, ZGR 2001, 44.

pflicht bei typischerweise aktenmäßig erfasstem Wissen entwickelt. Im Datenschutzrecht geht es indes nicht um die Rechtsfolgen für den Empfänger, die mit der Kenntniserlangung des Inhaltes der personenbezogenen Daten insbesondere in zeitlicher Hinsicht verbunden sind. Aus Sicht des Betroffenen kann es datenschutzrechtlich keinen Unterschied machen, ob seine personenbezogenen Daten durch ein vertretungsberechtigtes Organ, einen rechtsgeschäftlich bestellten Vertreter oder einen sonstigen Repräsentanten im Organisationsgefüge des Empfängers für diesen entgegen genommen werden. Der Begriff des Wissensvertreters ist in diesem Kontext daher *extensiv* auszulegen. Der empfangenden Stelle sind datenschutzrechtlich alle Personen als Repräsentanten zuzurechnen, die im Vorfeld der Verschmelzung mit deren Vorbereitung und Abwicklung betraut wurden. Dies gilt insbesondere für externe Prüfer und Berater, soweit diese nicht aufgrund besonderer vertraglicher Gestaltungen von beiden beteiligten Rechtsträgern objektiv als Datentreuhänder eingesetzt sind und eine Weitergabe der personenbezogenen Informationen an den jeweils anderen Rechtsträger ausgeschlossen ist. Die Datenübermittlung ist damit vollzogen, sobald personenbezogene Daten in der Vorbereitungsphase (Due Diligence) an die von der anderen Seite eingesetzte Prüfungsdelegation weitergegeben bzw. durch diese eingesehen oder abgerufen werden.

7.2 Ausnahme: Weitergabe anonymisierter Informationen

Nach der bestehenden Systematik des Bundesdatenschutzgesetzes löst ein tatbestandlicher Übermittlungsvorgang notwendig das Erfordernis einer Rechtfertigung nach § 4 Abs. 1 BDGS aus. Diese zwingende Rechtsfolge kann im Vorbereitungsstadium der Verschmelzung *einzig* dadurch vermieden werden, dass die betreffenden personenbezogenen Daten *anonymisiert* zur Verfügung gestellt und weitergegeben werden.[568] Nur dann erübrigt sich die weitere datenschutzrechtliche Prüfung. Nach § 3 Abs. 6 BDSG müssen die personenbezogenen Daten derart verändert werden, dass die Einzelangaben nicht mehr oder nur mit einem unverhältnismäßig großen Aufwand an Zeit, Kosten und Arbeitskraft einer bestimmten natürlichen Person zugeordnet werden können.

Soweit es im Rahmen der Due Diligence nicht auf die spezifische Person hinter den Datensätzen notwendig ankommt, stehen einer Anonymisierung keine praktischen Hindernisse entgegen. Umgekehrt ist ein Vorgehen nach § 3 Abs. 6 BDSG dann kein probates Mittel, wenn es entscheidend auf die Kenntnis einer bestimmten (natürlichen) Person ankommt, deren persönliche Informationen ausschlaggebend sind für die Erfüllung der gesetzlichen Sorgfaltspflichten. So können bestimmte Personen des leitenden Managements und deren vertraglicher Situation, Know-how-Träger oder sonstige Personen mit einer Schlüsselposition im Einzelfall von besonderem persönlichem Interesse sein.[569] In der Folge wird eine Rechtfertigung der Offenlegung dieser Informationen im Einzelfall zu prüfen sein. Das berechtigte Interesse des Übernahmeinteressenten an der Korrektheit der anonymisierten kundenrelevanten Daten und an

[568] *Däubler*, RDV 2004, 56; *Gola/Schomerus*, BDSG, § 28 Rdnr. 42.

[569] *Stoffels*, ZHR 165 (2001), 377; *Gola/Schomerus*, BDSG, § 28 Rdnr. 42; *Däubler*, RDV 2004, 56.

deren betriebswirtschaftlich zutreffenden Bewertung kann über die Einschaltung *unabhängiger Wirtschaftsprüfer* sichergestellt werden. Diese agieren als Datentreuhänder zwischen den betroffenen Stellen, ohne dass personalisierbare Bestandteile der Informationen nach außen gelangen. Ist eine Anonymisierung aus wirtschaftlichen Gründen nicht oder nur mit unverhältnismäßigen Mitteln möglich, kann ein Austausch der wirtschaftlich relevanten Daten ebenfalls über einen dazwischen geschalteten Treuhänder vollzogen werden. Dieser gewährleistet die Korrektheit der anonymisierten Unterlagen als Grundlage der Fusionsverhandlungen.[570]

[570] So auch die Bekanntmachung des Innenministeriums Baden-Württemberg (Nr. 38) über Hinweise zum Bundesdatenschutzgesetz für die private Wirtschaft vom 18.1.2000, Az.: 2-0552.1/14, Staatsanzeiger für Baden-Württemberg Nr. 2/2000 vom 18.1.1999, Seite 12, 13 = RDV 2000, 83; *Eul* in: Roßnagel, Handbuch Datenschutzrecht, Kap. 7.2 Rdnr. 71; *Büllesbach* in: Roßnagel, Handbuch Datenschutzrecht, Kap. 7.1 Rdnr. 49 ff.; *Zöllner*, ZHR 165 (2001), 451; *Marsch-Barner/Mackenthun*, ZHR 165 (2001), 428; *Kallmeyer/Marsch-Barner*, UmwG, § 20 Rdnr. 23 a. Eine pauschale Vorgehensweise lässt sich für die Praxis an dieser Stelle indes nicht entwickeln. Die im Einzelfall sach- und interessensgerechte Lösung ist anhand der jeweiligen Umstände in wechselseitiger Abstimmung der beteiligten Rechtsträger zu suchen; so auch *Zöllner*, ZHR 165 (2001), 451). Soweit personenbezogene Informationen gegenüber dem anderen Beteiligten bekannt gegeben werden, liegt tatbestandsmäßig eine Datenübermittlung vor. Weder das Umwandlungs- noch das geltende Datenschutzrecht lassen eine abweichende Beurteilung zu. Die beteiligten Unternehmen sind in dieser Phase der Verschmelzung im Verhältnis zueinander Dritte. Der Fokus der rechtlichen Diskussion liegt hier auf einem anderen Punkt in der Vorbereitungsphase der Verschmelzung: der *Gestattung* der Datenübermittlung. So im Ergebnis auch *Lüttge*, NJW 2000, 2463 f.; *Wengert/Wiedmann/Wengert*, RDV 2000, 48 f.; *dies.* NJW 2000, 2463 f.; *Teichmann/Kießling*, ZGR 2001, 40 f.; *Simitis*, ZHR 165 (2001), 455 f.; *Zöllner*, ZHR 165 (2001), 442 f.; *Eul* in: Roßnagel, Handbuch Datenschutzrecht, Kap. 7.2 Rdnr. 74 ff.; *Büllesbach* in: Roßnagel, Handbuch Datenschutzrecht, Kap. 7.1 Rdnr. 49 ff.; Bekanntmachung des Innenministeriums Baden-Württemberg (Nr. 38) über Hinweise zum Bundesdatenschutzgesetz für die private Wirtschaft vom 18.1.2000, Az.: 2-0552.1/14, Staatsanzeiger für Baden-Württemberg Nr. 2/2000 vom 18.1.1999, Seite 12, 13 = RDV 2000, 83; *Marsch-Barner/Mackenthun*, ZHR 165 (2001), 428; *Marsch-Barner* in: Kallmeyer, UmwG, § 20 Rdnr. 23 a.

7.3 Zwischenergebnis

Die Weitergabe oder Offenlegung personenbezogener Informationen in der Due Diligence der Verschmelzung stellt zweifellos eine *tatbestandliche Datenübermittlung* nach dem Bundesdatenschutzgesetz dar. Der unpräzise Übermittlungsbegriff des § 3 Abs. 4 S. 2 Nr. 3 BDSG ist dabei hinsichtlich der Frage des exakten Zeitpunktes der Übermittlung sowie des „Vollzugs" der Übermittlung bei der Beteiligung einer juristische Person auf Seiten des Empfängers in Analogie zu den zivilrechtlichen Grundsätzen über den Zugang von Willens- und Wissenserklärungen auszulegen.

Die personenbezogenen Informationen gelten als übermittelt, wenn sie derart in den sachlichen oder personellen Herrschaftsbereich der empfangenden juristischen Person gelangt sind, dass sie von einem organschaftlichen Vertreter oder Wissensvertreter zur Kenntnis genommen werden können.[571] Wann die tatsächliche Kenntnisnahme vom Inhalt der Daten erfolgt, hat keine Bedeutung.

Soweit Informationen in der Due Diligence an externe Prüfer und Berater, etwa Wirtschaftsprüfer, Rechtsanwälte und Steuerberater der jeweils anderen Seite weitergegeben werden, haben diese als Repräsentanten des Empfängers die Stellung eines *Wissensvertreters*[572] mit der rechtlichen Konsequenz, dass die Übermittlung mit Kenntniserlangung durch diese Personen vollendet ist. Dies gilt für alle seitens des Empfängers eingesetzten Repräsentanten, die mit der Vorbereitung der Verschmelzung oder der Durchführung der Due Diligence betraut worden sind. Die Repräsentanten sind dem Kenntnis- und Machtbereich des Empfängers innerhalb dessen Organisationsgefüges in Analogie zur zivilrechtlichen Rechtsfigur des Wissensvertreters zuzurechnen.[573] Eine Ausnahme hierzu gilt, soweit die externen Berater beidseitig als objektive Treuhänder vertraglich eingesetzt werden und eine Weitergabe *personenbezogener* Informationen an den jeweils anderen Rechtsträger ausgeschlossen ist. Dies wird jedoch oftmals nicht den praktischen Bedürfnissen der beteiligten Verbände, insbesondere unter den organschaftlichen Sorgfaltspflichten, entsprechen.

Aus datenschutzrechtlicher Sicht ist ferner nicht weiter von Relevanz, ob die verkörperten Informationen in Dateiform, auf einem Datenträger oder als Liste, Ausdruck, in Aktenordnern oder auf sonstige Weise weitergegeben werden. Die äußere Form der personenbezogenen Daten, in der diese in den Herrschaftsbereich des Empfängers gelangen, ist irrelevant. Sind Informationen in einem nicht verkörperten Zustand, was insbesondere bei der bloßen Einsichtnahme von elektronischen Dateien oder Akten bei der verantwortlichen Stelle der Fall sein kann, liegt eine Übermittlung vor, wenn ein Repräsentant Kenntnis von den Daten erlangt.

---

571 *BGHZ* 67, 271; *BGH*, NJW 1980, 990; *BGH*, NJW 1983, 929; *BAG*, NJW 1984, 1651; *BAG*, NJW 1993, 1093; *Palandt/Heinrichs*, BGB, § 130 Rdnr. 5.

572 *Weitnauer*, NJW 2002, 2516; *Fleischer/Körber*, BB 2001, 847; *Palandt/Heinrichs*, BGB, § 166 Rdnr. 6 ff.

573 *BGH*, WM 1989, 652; *BAG*, ZIP 1982, 1467; *BayObLG*, NJW-RR 1996, 524; *Palandt/Heinrichs*, BGB, § 130 Rdnr. 14.

Werden damit in der Vorbereitungsphase einer Verschmelzung personenbezogene Informationen, die bei einer der beteiligten Personen gespeichert sind, gegenüber Repräsentanten der anderen Seite offen gelegt, liegt hierin stets eine Datenübermittlung im Sinne des § 3 Abs. 4 S. 2 Nr. 3 BDSG. Eine Ausnahme besteht nur unter dem Vorbehalt der *anonymisierten Bereitstellung* der Informationen, § 3 Abs. 6 BDSG, soweit eine Reanonymisierung durch den Empfänger ausgeschlossen ist.

8. Tatbestandsmäßige Datenübermittlung in der Zwischenphase

Für die Zwischenphase der Verschmelzung – *nach* Fassung der maßgebenden Beschlüsse auf Seiten der beteiligten Rechtsträger und *vor* Eintragung der Verschmelzung in das Handelsregister – gelten die soeben zur Vorbereitungsphase entwickelten Grundsätzen entsprechend.[574] Soweit personenbezogene Daten in dieser Phase weitergegeben bzw. ausgetauscht werden, liegt hierin ebenso notwendig ein *tatbestandlicher Übermittlungsvorgang*. Die beteiligten Unternehmen sind vor Eintragung der Verschmelzung im Verhältnis zueinander – nach wie vor – *Dritte*. Eine Privilegierung der Datenweitergabe kommt angesichts des erfüllten Übermittlungsbegriffs nach der datenschutzrechtlichen Systematik nicht in Betracht. Soweit betont wird, die Übermittlung müsse angesichts der erheblichen unternehmerischen Interessen schon vor der Eintragung der Verschmelzung im Handelsregister gestattet sein und überwiegende schutzwürdige Belange des Betroffenen seien nicht erkennbar,[575] mag dies zutreffen. Die Frage nach der *Gestattung* der Übermittlung ist jedoch von deren Tatbestandsmäßigkeit strikt zu trennen. Insbesondere in Hinblick auf die berechtigten Interessen der Betroffenen kann ein sach- und interessengerechter Ausgleich auf Ebene der Rechtfertigung gefunden werden, der ein erheblich höheres Maß an Flexibilität im Einzelfall aufweist. Eine manchem Praktiker wünschenswerte statische Betrachtungsweise ist weder mit der geltenden lex lata, noch mit der rechtsdogmatischen Zwecksetzung des Datenschutzrechts vereinbar. Das Verschmelzungssachrecht vermag hieran jedenfalls an dieser Stelle nichts zu ändern. Insbesondere werden auch die Interessen der an der Verschmelzung beteiligten Rechtsträger weder unverhältnismäßig beeinträchtigt, noch ersichtlich reglementiert. Die Entscheidung für eine Anwendbarkeit des Bundesdatenschutzgesetzes bedingt insbesondere, wie von manchen unterstellt, nicht gleichzeitig das Erfordernis einer ausdrücklichen schriftlichen Einwilligung gemäß § 4a BDSG durch jeden einzelnen Betroffenen. Eine sach- und interessengerechte Auflösung der Problemstellung kann und muss über die gesetzlichen Erlaubnistatbestände erfolgen.

---

574 Unter *2.2.2* wurde bereits ausführlich die Erforderlichkeit einer Datenweitergabe in der Vorbereitungsphase der Verschmelzung dargestellt. Aus der Natur der Verschmelzung als dynamischen Vorgang der Unternehmensumstrukturierung ergibt sich, dass die Umstellung der Geschäftsprozesse der beteiligten Gesellschaften nicht erst mit dem Vollzug der Verschmelzung durch Regsitereintragung und die hieran de lege lata geknüpften Wirkungen *binnen einer juristischen Sekunde* erfolgen kann. Die Geschäftstätigkeiten und internen Organisationsabläufe beider Rechtsträger sind sukzessive auf diesen Zeitpunkt hinzuführen und schrittweise zu konsolidieren. Dies wird notwendig durch die gesetzliche Anordnung des Erlöschens der übertragenden Gesellschaft unmittelbar mit registergerichtlicher Eintragung der Verschmelzung bedingt, § 20 Abs. 1 Nr. 2 UmwG. Die Geschäfte müssen ab diesem Zeitpunkt von der übernehmenden Gesellschaft fortgeführt werden. Aus wirtschaftlicher Sicht ist evident, dass dies möglichst ohne *Kontinuitätsverlust* erfolgen sollte. Gleiches gilt für interne Organisationsabläufe wie die strukturelle Eingliederung der neuen Betriebseinheiten, des Personalwesens und der Produktionsprozesse; hierzu *Zöllner*, ZHR 165 (2001), 451; *Kiethe*, NZG 1999, 976 ff.; *Werner*, ZIP 2000, 990 f.; *Stoffels*, ZHR 165 (2001), 368. Hieraus ergibt sich die Notwendigkeit, personenbezogene Daten bereits im Vorfeld des Vollzugs der Verschmelzung auszutauschen bzw. an den übernehmenden Verband weiterzugeben, sei es, um Geschäftsprozesse bereits frühzeitig zu konsolidieren oder die Umstellung vorzubereiten.

575 *Eul* in: Roßnagel, Handbuch Datenschutzrecht, Kap. 7.2 Rdnr. 73.

In summa unterfällt der Transfer von personenbezogenen Daten in der Zwischenphase der Verschmelzung – nach Beschlussfassung, vor registergerichtlicher Eintragung – dem geltenden Datenschutzrecht als relevanter *Übermittlungsvorgang*, der in der Folge eine Erlaubnispflicht auslöst.

9. Tatbestandliche Datenübermittlung in der Vollzugsphase – *infolge* Vermögensuniversalsukzession?

Die Vollzugsphase weist in der datenschutzrechtlichen Einordnung zwei besonders hervorzuhebende Schwierigkeiten auf. Zum einen wird vertreten, dass die Vorschriften des Umwandlungsgesetzes, im speziellen diejenigen zur gesetzlichen Vermögensnachfolge das Bundesdatenschutzgesetz als *leges specialis* bereits auf Ebene des Anwendungsbereiches über § 1 Abs. 3 S. 1 BDSG verdrängen. Zum anderen fragt es sich, inwieweit in dem automatischen Übergang der personenbezogenen Daten in der verschmelzungsrechtlichen Universalsukzession *zugleich* eine *tatbestandliche Datenübermittlung* im Sinne des § 3 Abs. 4 S. 2 Nr. 3 BDSG liegt, die in der Folge ein Rechtfertigungserfordernis auslösen würde. Beide Rechtsfragen sind im *Schrifttum* kontrovers diskutiert und derzeit keiner einheitlichen Lösung zugeführt.[575] Dies verwundert umso mehr, hält man sich die enorme praktische Bedeutung für eine rechtssichere Abwicklung der Verschmelzung vor Augen.

9.1 Subsidiarität des Bundesdatenschutzgesetzes - Spezialität des Umwandlungsgesetzes

Die grundsätzliche Anwendbarkeit des Bundesdatenschutzgesetzes auf Verschmelzungen steht nach den vorstehenden Erkenntnissen außer Frage. Das Bundesdatenschutzgesetz selbst enthält jedoch in § 1 Abs. 3 S. 1 BDSG eine *Subsidiaritätsklausel*,[576] nach der andere Rechtsvorschriften des Bundes den Vorschriften des Bundesdatenschutzgesetzes vorgehen, soweit sie auf personenbezogene Daten einschließlich deren Veröffentlichung anzuwenden sind und eine *tatbestandliche Kongruenz*[577] als bereichs- oder fachspezifische Datenschutzregelung aufweisen.[578] Für die *Vollzugsphase* der Verschmelzung wird diskutiert, ob § 20 Abs. 1 Nr. 1 UmwG eine derartige spezialgesetzliche Bestimmung enthält, die das Bundesdatenschutzgesetz ispo iure zu verdrängen geeignet ist.[579] Die daraus resultierenden rechtlichen

---

575 Siehe hierzu nur *Lüttge*, NJW 2000, 2464; *Wengert/Wiedmann/Wengert*, RDV 2000, 48 f. = NJW 2000, 2463; *Dieckmann/Eul/Klevenz*, RDV 2000, 150; *Teichmann/Kießling*, ZGR 2001, 40 f.; *Marsch-Barner/Mackenthun*, ZHR 165 (2001), 429; *Simitis*, ZHR 165 (2001), 455 f.; *Zöllner*, ZHR 165 (2001), 442 f.; *Schneider*, Diskussionsbericht, ZHR 165 (2001), 462 ff.; 13. Tätigkeitsbericht der *Datenschutzaufsichtsbehörde in Hessen* über ihre Tätigkeit im nicht-öffentlichen Bereich vom 30.8.2000, Hessischer Landtag Drucks. 15/1539 vom 30.8.2000, 10; Bericht des *Bundesbeauftragten für den Datenschutz* vom 6.4.2001, BT-Drucks. 14/5555, 182 (Nr. 31.2.); *Eul* in: Roßnagel, Handbuch Datenschutzrecht, Kap. 7.2 Rdnr. 74 ff.; *Büllesbach* in: Roßnagel, Handbuch Datenschutzrecht, Kap. 7.1 Rdnr. 49 ff.; *Schaffland*, NJW 2002, 1539 ff.

576 *Gola/Schomerus*, BDSG, § 1 Rdnr. 23 ff.; *Walz* in: Simitis/Dammann/Geiger/Mallmann/Walz, BDSG, § 1 Rdnr. 281 ff.; *Bergmann/Möhrle/Herb*, BDSG, § 1 Rdnr. 49; *Marsch-Barner/Mackenthun*, ZHR 165 (2001), 429.

577 *Walz* in: Simitis/Dammann/Geiger/Mallmann/Walz, BDSG, § 1 Rdnr. 281 ff.; *Gola/Schomerus*, BDSG, § 1 Rdnr. 23; *Marsch-Barner/Mackenthun*, ZHR 165 (2001), 429; *Wengert/Wiedmann/Wengert*, RDV 2000, 49 = NJW 2000, 2463 f.; *Simitis*, ZHR 165 (2001), 456.

578 *Marsch-Barner/Mackenthun*, ZHR 165 (2001), 429; *Gola/Schomerus*, BDSG, § 1 Rdnr. 23; *Walz* in: Simitis/Dammann/Geiger/Mallmann/Walz, BDSG, § 1 Rdnr. 281 ff.

579 *Lüttge*, NJW 2000, 2464; *Wengert/Wiedmann/Wengert*, RDV 2000, 48 f. = NJW 2000, 2463; *Dieckmann/Eul/Klevenz*, RDV 2000, 150; *Teichmann/Kießling*, ZGR 2001, 40 f.; *Marsch-*

Konsequenzen wären weit reichend. Erklärt man das Bundesdatenschutzgesetz auf diesem Wege für unanwendbar[580], so wäre eine nach den gesetzlichen Vorschriften des Umwandlungsgesetzes vollzogene Verschmelzung automatisch datenschutzrechtlich unbedenklich. Das Umwandlungsgesetz würde als lex specialis zum Bundesdatenschutzgesetz die *alleinigen Maßstäbe auch* für die datenschutzrechtliche Komponente der Verschmelzung darstellen. Da § 20 Abs. 1 Nr. 1 UmwG die umfassende Vermögensnachfolge anordnet, jedoch keine weiteren Auflagen enthält, wäre dies datenschutzrechtlich jedenfalls bedenklich. Die weitere rechtliche Problemstellung, ob es im Rahmen des Vollzugs der Verschmelzung zu einer tatbestandsmäßigen Datenverarbeitung infolge der Gesamtrechtsnachfolge kommt und inwieweit diese datenschutzrechtlich zu rechtfertigen ist, würde sich nicht mehr stellen. Der automatische Übergang der personenbezogenen Daten, u.a. bedingt durch die ispo iure eintretende Auflösung des übertragenden Rechtsträgers, wäre nach dem Maßstab des Umwandlungsrechts ohne weitere Einschränkungen zulässig. Das Umwandlungsgesetz regelt jedoch unstreitig nicht, welche datenschutzrechtlichen Rechte dem Betroffenen in der Verschmelzung zustehen und welche Anforderungen an das weitere Schicksal seiner personenbezogenen Daten zu knüpfen sind. Hierfür stünde wieder das Bundesdatenschutzgesetz in ergänzender Anwendung zur Verfügung.

Die Frage der Vorrangstellung des § 20 Abs. 1 Nr. 1 UmwG wird abschließend beschränkt auf die Vollzugsphase eines Verschmelzungsvorgangs und für die damit zusammenhängende Vermögensgesamtrechtsnachfolge relevant. Für die übrigen Phasen der Verschmelzung – vor Registereintragung – ist das Bundesdatenschutzgesetz ohne Einschränkung anwendbar, stets vorausgesetzt, es werden personenbezogene Daten weitergegeben. Eine Derogation im Wege der gesetzlichen Subsidiarität durch das Umwandlungsgesetz entbehrt hier jeder systematischen und rechtsdogmatischen Grundlage.[581] Aus der Sicht des Datenschutzrechts kann es keinen Unterschied machen, ob personenbezogene Daten im Rahmen eines „alltäglichen" Rechtsgeschäfts oder aber im Vorfeld einer Verschmelzung – gleich mit welcher Zweckbestimmung versehen – weitergegeben bzw. offen gelegt werden.

Barner/Mackenthun, ZHR 165 (2001), 429; *Simitis*, ZHR 165 (2001), 455 f.; *Zöllner*, ZHR 165 (2001), 442 f.

580 *Diekmann/Eul/Klevenz*, RDV 2000, 151.

581 *Zöllner*, ZHR 165 (2001), 442 f.; *Schneider*, Diskussionsbericht, ZHR 165 (2001), 462 ff.; 13. Tätigkeitsbericht der *Datenschutzaufsichtsbehörde in Hessen* über ihre Tätigkeit im nicht-öffentlichen Bereich vom 30.8.2000, Hessischer Landtag Drucks. 15/1539 vom 30.8.2000, 10; Bericht des *Bundesbeauftragten für den Datenschutz* vom 6.4.2001, BT-Drucks. 14/5555, 182 (Nr. 31.2.).

9.1.1 Spezifische Anforderungen an eine spezialgesetzliche Regelung nach § 1 Abs. 3 BDSG

Nach der Subsidiaritätsklausel des § 1 Abs. 3 S. 1 BDSG[582] gehen *andere Rechtsvorschriften* des Bundes den Vorschriften des Bundesdatenschutzgesetzes vor, soweit sie eine tatbestandliche Kongruenz zum Bundesdatenschutzgesetz aufweisen,[583] d.h. gleichsam als anderes Bundesgesetz eine bereichs- oder fachspezifische Datenschutzregelung darstellen. Die Norm verdeutlicht den datenschutzrechtlichen Charakter des Bundesdatenschutzgesetzes als Auffanggesetz zu bereichsspezifischen Datenschutzgesetzen.[584] Von der Vorrangigkeit werden indes nur Rechtsvorschriften – im formellen und materiellen Sinn[585] – des Bundes erfasst, die spezifisch den Umgang mit personenbezogenen Daten regeln. Aus dem Wortlaut „soweit" wird deutlich, dass anderweitige Bundesnormen nur Vorrang beanspruchen können, wenn und soweit die einzelnen zu berücksichtigenden Vorschriften spezifisch einen identisch gelagerten Sachverhalt ansprechen, der gleichsam Gegenstand der korrespondierenden Regelung des Bundesdatenschutzgesetzes ist.[586] Erforderlich ist eine *deckungsgleiche* und *tatbestandlich kongruente* Regelung. Die Subsidiaritätswirkung tritt nur bei vollständiger bzw. weit überwiegender Tatbestandskongruenz ein.[587] In diesem Sinne vorrangige Regelungen gelten indes unabhängig davon, ob sie – verglichen mit dem Bundesdatenschutzgesetz – weitergehende oder engere gesetzliche Bestimmungen für die Datenverarbeitung treffen.[588] Der vorrangige Regelungsgegenstand des in Betracht kommenden Gesetzes spielt ebenso wenig eine Rolle wie der Umstand, dass eine spezialgesetzliche Regelung aus datenschutzrechtlicher Sicht ggf. schwächer ausgestaltet ist als die korrespondierende Regelung im Bundesdatenschutzgesetz. Die Vorrangwirkung greift jedoch stets nur beschränkt auf jenen tatbestandlichen Bereich ein, der spezifischer Gegenstand der den Vorrang beanspruchenden Regelung ist. Subsidiär und ergänzend hierzu gilt das Bundesdatenschutzgesetz.[589]

Wann eine dem Bundesdatenschutzgesetz über § 1 Abs. 3 S. 1 BDSG vorrangige bundesgesetzliche Regelung vorliegt, ist im Zweifel nach den hergebrachten Grundsätzen durch *historische*, *systematische* und *teleologische* Auslegung der betreffenden Norm zu ermitteln. Zu fragen ist danach, ob die korrespondierende Regelung einen deckungsgleichen Sachverhalt anspricht und subjektiv ansprechen will.

---

582 *Gola/Schomerus*, BDSG, § 1 Rdnr. 23.

583 *Marsch-Barner/Mackenthun*, ZHR 165 (2001), 429; *Gola/Schomerus*, BDSG, § 1 Rdnr. 23 ff.; *Walz* in: Simitis/Dammann/Geiger/Mallmann/Walz, BDSG, § 1 Rdnr. 281 ff.; *Bergmann/Möhrle/Herb*, BDSG, § 1 Rdnr. 49.

584 *Gola/Schomerus*, BDSG, § 1 Rdnr. 23.

585 *Gola/Schomerus*, a.a.O.

586 *Walz* in: Simitis/Dammann/Geiger/Mallmann/Walz, BDSG, § 1 Rdnr. 281 ff.; *Gola/Schomerus*, BDSG, § 1 Rdnr. 24.

587 *Walz* in: Simitis/Dammann/Geiger/Mallmann/Walz, BDSG, § 1 Rdnr. 281 ff.; *Gola/Schomerus*, BDSG, § 1 Rdnr. 24; *Marsch-Barner/Mackenthun*, ZHR 165 (2001), 429; *Wengert/Wiedmann/Wengert*, RDV 2000, 49 = NJW 2000, 2463 f.; *Simitis*, ZHR 165 (2001), 456.

588 *Gola/Schomerus*, BDSG, § 1 Rdnr. 24; a.A. *Walz* in: Simitis/Dammann/Geiger/Mallmann/Walz, BDSG, § 1 Rdnr. 281, 283.

589 *Gola/Schomerus*, BDSG, § 1 Rdnr. 24.

Für die Verschmelzung ist zu klären, inwieweit § 20 Abs. 1 Nr. 1 UmwG als maßgebliche Bestimmung der verschmelzungsrechtlichen Gesamtrechtsnachfolge eine spezialgesetzliche Regelung verkörpert, die das Bundesdatenschutzgesetz im Wege der Subsidiarität zu verdrängen vermag.[590]

9.1.2 § 20 Abs. 1 Nr. 1 UmwG als bereichsspezifische lex specialis

Die Vorrangfrage beurteilt sich nach der rechtlichen Qualifikation und Auslegung der Norm. Vorab ist festzuhalten, dass § 20 Abs. 1 Nr. 1 UmwG ohne weiteres eine *Rechtsvorschrift des Bundes* darstellt. Rechtlich kritisch ist einzig die Frage, ob zugleich eine offene oder verdeckte Regelung über das Schicksal der personenbezogenen Daten des übertragenden Verbandes in der Universalsukzession getroffen wird.

9.1.2.1 Wortlaut

Der Regelungsgehalt der Norm beschränkt sich *prima facie* darauf, die umfassende Vermögensnachfolge (uno actu und ispo iure) anzuordnen. Dieser Vermögensnachfolge unterfallen auch die personenbezogenen Daten des übertragenden Verbandes, wie bereits ausführlich unter *3.* herausgearbeitet.[591] Im übrigen nimmt § 20 Abs. 1 Nr. 1 UmwG weder *explizit* noch *versteckt* zum Schicksal personenbezogener Daten in der Universalsukzession Stellung. Der Wortlaut beschränkt sich auf die Anordnung einer umfassenden Vermögensgesamtrechtsnachfolge, ohne einzelne spezifische Vermögensbestandteile oder gar personenbezogene Daten aufzugreifen. Allein der Hinweis auf das rechtliche Institut der Universalsukzession genügt indes nicht, um eine Vorrangwirkung vor dem Bundesdatenschutzgesetz zu begründen. Aus dem *Wortlaut* ist eine Vorrangstellung des § 20 Abs. 1 Nr. 1 UmwG damit nicht zu rechtfertigen. Die h.M. verlangt zu Recht, dass die Vorrang beanspruchende Norm eine *tatbestandliche Kongruenz* mit der verdrängten Regelung des Bundesdatenschutzgesetzes aufweisen muss.

---

590 Für eine Subsidiarität des BDSG hinter dem UmwG: *Diekmann/Eul/Klevenz*, RDV 2000, 151, *Datenschutzaufsichtsbehörde Hessen*, 13. Tätigkeitsbericht über die Tätigkeit im nicht-öffentlichen Bereich vom 30.8.2000, Hessischer Landtag Drucks. 15/1539 vom 30.8.2000, 10; Bericht des *Bundesbeauftragten* für den Datenschutz vom 6.4.2001, BT-Drucks. 14/5555, 182 (Nr. 31.2.); *Marsch-Barner/Mackenthun*, ZHR 165 (2001), 429. Dagegen: *Lüttge*, NJW 2000, 2464; *Wengert/Wiedmann/Wengert*, RDV 2000, 48 f. = NJW 2000, 2463 f.; *Teichmann/Kießling*, ZGR 2001, 40 f.; *Simitis*, ZHR 165 (2001), 455 f.; *Zöllner*, ZHR 165 (2001), 442 f.; *Eul* in: Roßnagel, Handbuch Datenschutzrecht, Kap. 7.2 Rdnr. 74 ff.; *Büllesbach* in: Roßnagel, Handbuch Datenschutzrecht, Kap. 7.1 Rdnr. 49 ff.

591 Hierzu ausführlich zuvor *3.*; dies ist dem Grunde nach unstreitig, vgl. *Lüttge*, NJW 2000, 2464; *Wengert/Wiedmann/Wengert*, RDV 2000, 48 f. = NJW 2000, 2463; *Dieckmann/Eul/Klevenz*, RDV 2000, 150; *Teichmann/Kießling*, ZGR 2001, 40 f.; *Marsch-Barner/Mackenthun*, ZHR 165 (2001), 429; *Simitis*, ZHR 165 (2001), 455 f.; *Zöllner*, ZHR 165 (2001), 442 f. Bemerkenswerter weise finden sich in der umwandlungsrechtlichen (Kommentar-) Literatur zu dieser Fragestellung keine expliziten Aussagen, vgl. etwa *Grunewald* in: Lutter, UmwG, § 20 Rdnr. 10; *Grunewald* in: Geßler/Hefermehl/Eckardt/Kropff, AktG, § 346 Rdnr. 9; *Kraft* in: Kraft/Kreutz, GesR, § 346 Rdnr. 23; *Vossius* in: Widmann/Mayer, UmwG, § 20 Rdnr. 217. So auch nach der hier vertretenen Auffassung, jedoch unter dem dargestellten, differenzierteren Ansatz.

9.1.2.2 Kriterien der Tatbestandskongruenz

Der Inhalt und die Auslegung des Erfordernisses einer *tatbestandlichen Kongruenz* der die Vorrangwirkung beanspruchenden Norm sind abschließend nach Maßgabe der die Derogation anordnenden Norm bzw. des betreffenden Gesetzes – mithin des § 1 Abs. 3 S. 1 BDSG – zu beurteilen. Soweit das geltende Datenschutzrecht in abstrakter Form einzelnen unbestimmten Bestimmungen eine Vorrangstellung einräumt, kann und muss es umgekehrt die Anforderungen an die betreffenden Normen festlegen. Dies gebietet schon der verfassungsrechtliche Hintergrund des Bundesdatenschutzgesetzes.

Der Wortlaut des § 1 Abs. 3 S. 1 BDSG lässt insoweit keine weiteren Rückschlüsse zu, so dass auf weitere teleologische und systematische Überlegungen zurückgegriffen werden muss. Erforderlich ist, dass die den Vorrang beanspruchenden Rechtsvorschriften auf personenbezogene Daten einschließlich deren Veröffentlichung Anwendung finden. Dies kann für § 20 Abs. 1 Nr. 1 UmwG weder negiert noch umfassend bejaht werden. Wie gezeigt, werden personenbezogene Daten von der Universalsukzession erfasst. Diese Rechtsfolge ergibt sich jedoch nicht aufgrund einer *unmittelbaren* gesetzlichen Anordnung, sondern als Reflex aus der Rechtsdogmatik der verschmelzungsrechtlichen Gesamtrechtsnachfolge und des Vermögensbegriffes.[592] Der Übergang erfolgt entweder akzessorisch mit den zugrunde liegenden (zivilistischen und öffentlich-rechtlichen) Rechtsverhältnissen oder direkt als Rechtsverhältnis im weiteren Sinne. Auch aus der Tatsache der gesetzlichen Anordnung einer *Universalsukzession* sowie der dieser zugrunde liegenden Intention des Gesetzgebers, die Abwicklung von Verschmelzungen umfassende zu erleichtern,[593] kann gleichfalls nicht auf eine Vorrangstellung des Umwandlungsgesetzes geschlossen werden.[594]

In Ermangelung konkreter gesetzlicher Anknüpfungspunkte kommt es somit entscheidend auf die rechtsdogmatische Auslegung der betroffenen Normen[595] sowie deren Wechselwirkung zueinander an. Weder hatte der Datenschutzgesetzgeber bei Schaffung des § 1 Abs. 3 S. 1 BDSG das Kollisionsverhältnis zum Verschmelzungssachrecht, noch der Umwandlungsgesetzgeber die Kollisionsproblematik des § 20 Abs. 1 Nr. 1 UmwG mit dem Datenschutzrecht im Auge. Ein de lege ferenda sach- und interessengerechter Ausgleich kann daher nur auf Grundlage einer – freilich in diesem Kontext abstrakten – einzelfallbezogenen Untersuchung erfolgen.

---

592 Hierzu ausführlich unter *3.*

593 *Wiener*, ZHR 27 (1882), 333 ff.; *K. Schmidt*, AcP 191 (1991), 503 ff.

594 *Diekmann/Eul/Klevenz*, RDV 2000, 151.

595 § 1 Abs. 3 S. 1 BDSG im verschmelzungsspezifischen Kontext und § 20 Abs. 1 Nr. 1 UmwG im datenschutzspezifischen Kontext.

9.1.2.3 Rückschlüsse aus Vermögensbegriff und Telos der Vermögensuniversalsukzession

Nicht alle Gesetze, die eine Vorrangstellung vor dem Bundesdatenschutzgesetz nach § 1 Abs. 3 S. 1 BDSG beanspruchen, müssen *expliziten* und *unmittelbaren* Bezug zur Verarbeitung und Nutzung personenbezogener Daten aufweisen. Umgekehrt muss die betreffende Rechtsvorschrift nach dem Wortlaut des § 1 Abs. 3 S. 1 BDSG jedoch – *zumindest auch* – auf personenbezogene Daten anwendbar sein und eine dahingehende *mittelbare* Regelung treffen.

Sinn und Zweck des Umwandlungsgesetzes ist es, Verschmelzungsvorgänge nicht nur wirtschaftlich und steuerlich, sondern insgesamt – und damit insbesondere auch *rechtlich* – zu *erleichtern*.[596] Maßgebend hierfür ist die Sicherstellung der Kontinuität der beteiligten Rechtsträger – nach Innen wie nach Außen. Das gesetzliche Instrument für die Erreichung dieser Zwecksetzung ist das de lege lata verankerte Prinzip der Gesamtrechtsnachfolge, mittels dessen die Vermögensübertragung vereinheitlicht und erheblich praktisch vereinfacht wird. Entscheidendes Kennzeichen der Gesamtrechtsnachfolge ist der Verzicht auf die Einhaltung der Vorschriften über die Singularsukzession. Der Vermögensbegriff des § 20 Abs. 1 Nr. 1 UmwG ist nach dieser Zwecksetzung weit auszulegen.[597] Er umfasst sämtliche gegenständlichen und nicht gegenständlichen Rechte und Rechtsverhältnisse, Aktiva und Passiva des übertragenden Rechtsträgers, mit Ausnahme höchstpersönlicher Rechte einzelner Betroffener, deren schutzwürdige Interessen im Einzelfall einer Gesamtrechtsnachfolge entgegenstehen können. Dass dies bei personenbezogenen Daten im Grundsatz nicht und schon gar nicht per se der Fall ist, wurde bereits dargestellt.[598] Sie gehen – mit engen Ausnahmen – in der Universalsukzession über. Anhand dieser vorwiegend verschmelzungsrechtlichen Systematik kann in einem weiten Normverständnis des § 1 Abs. 3 S. 1 BDSG durchaus zu bejahen sein, dass § 20 Abs. 1 Nr. 1 UmwG – *zumindest auch* – auf personenbezogene Daten Anwendung findet.

Gerade aus der Rechtstatsache, dass die personenbezogenen Daten primär *akzidentiell* zusammen mit den notwendig verbundenen zugrunde liegenden Rechtsverhältnissen übergehen, wird deutlich, dass § 20 Abs. 1 Nr. 1 UmwG keine datenschutzrechtlich abschließende Regelung verkörpern kann.[599] Der übernehmende Verband mag mit Vollzug der Verschmelzung umfassend in die Stellung des übertragenden Verbandes eintreten und damit auch in die Berechtigung an den Datenbeständen des übertragenden Rechtsträgers. Diese Grundkonzeption des deutschen Verschmelzungsrechts kann indes nicht unreflektiert auf die datenschutzrechtliche Rechtslage angewendet werden. Das Datenschutzrecht weist einen vollständig un-

---

[596] *Wiener*, ZHR 27 (1882), 333 ff.; *K. Schmidt*, AcP 191 (1991), 503 ff.; siehe zuvor unter *3*.

[597] *K. Schmidt*, AcP 191 (1991), 502 ff.; *Grunewald* in: Lutter, UmwG, § 20 Rdnr. 7; *Stratz* in: Schmitt/Hörtnagl/Stratz, UmwG, § 20 Rdnr. 18

[598] Zu den Ausnahmen siehe zuvor unter 3.*3.2*.

[599] Unzutreffend daher im Ergebnis *Diekmann/Eul/Klevenz*, RDV 2000, 151; 13. Tätigkeitsbericht der *Datenschutzaufsichtsbehörde in Hessen* über ihre Tätigkeit im nicht-öffentlichen Bereich vom 30.8.2000, Hessischer Landtag Drucks. 15/1539 vom 30.8.2000, 10; Bericht des *Bundesbeauftragten für den Datenschutz* vom 6.4.2001, BT-Drucks. 14/5555, 182 (Nr. 31.2.); *Marsch-Barner/Mackenthun*, ZHR 165 (2001), 429.

terschiedlichen Anknüpfungspunkt auf, als das geltende Zivil- bzw. Verschmelzungsrecht. Es dient der Gewährleistung der informationellen Selbstbestimmung und dem Schutz des Betroffenen in seinem informationellen Selbstbestimmungsrecht. Dem Umwandlungsgesetz kann daher nicht, zumal in Ermangelung eines *spezifisch datenschutzrechtlichen* Bezugs, anhand seiner ratio legis der Vorrang gegenüber dem Bundesdatenschutzgesetz zugesprochen werden. Die Regelungsmaterien des Datenschutz- und Umwandlungsrechts stehen nicht in einer Art isoliert zu betrachtendem Stufenverhältnis zueinander dahingehend, dass zuerst nach Maßgabe des Umwandlungsgesetzes zu entscheiden ist, ob die Verschmelzung per se zulässig ist und erst danach das Bundesdatenschutzgesetz dazu zu befragen ist, unter welchen Voraussetzungen die *weitere* Datenverarbeitung und Nutzung durch das „neue" Unternehmen zugelassen ist.[600]

9.1.2.4 Systematische Auslegung und Regelungszusammenhang

§ 20 Abs. 1 Nr. 1 UmwG verkörpert eine vorrangig *spezifisch verschmelzungsrechtliche* Vorschrift. Seine maßgebende Zwecksetzung liegt darin, Verschmelzungsvorgänge umfassend zu erleichtern und langwierige, zum Teil schwierige Singularsukzessionen im Rahmen einer komplexen Transaktion entbehrlich zu machen. Das Umwandlungsgesetz ist dabei Regelungsmaterie des Privatrechts. Anerkannt ist ferner, dass auch *öffentlich-rechtliche* Rechtsverhältnisse von der Gesamtrechtsnachfolge erfasst werden. Für öffentliche Rechtsverhältnisse, die noch in der Person des übertragenden Rechtsträgers begründet wurden, ist im Einzelfall zu hinterfragen, ob und inwieweit das spezifische öffentliche Recht mit dem Gedanken der Universalsukzession auf eine neue Rechtspersönlichkeit vereinbar ist. Für höchstpersönliche (öffentliche) Rechte, die untrennbar mit der Rechtsperson des übertragenden Rechtsträgers oder eines Dritten verbunden sind, wird dies zutreffend verneint.[601]

Das Datenschutzrecht ist systematisch betrachtet Regelungsmaterie des öffentlichen Rechts. Es dient der Konkretisierung und Ausgestaltung des verfassungsmäßigen Rechts des Einzelnen auf informationelle Selbstbestimmung und ist als Schutzrecht eine verbindliche, nicht abdingbare Schutzregelung zugunsten der betroffenen natürlichen Person.[602] Vom Gesetzgeber wurde dieses Grundrecht, das qua der bestehenden Verfassungsdogmatik grundsätzlich keine horizontale Drittwirkung unter Personen des privaten Rechts entfaltet, per Schutzgesetz mit horizontaler Drittwirkung ausgestaltet. Die Vorgaben und Schranken des informationellen Selbstbestimmungsrechts sind damit auch im Rechtsverkehr unter Privaten umfassend zu beachten. Die Rechtsbeziehungen des Betroffenen zu seinen persönlichen Informationen, die bei dem übertragenden Rechtsträger als verantwortliche Stelle gespeichert sind, sind, wie gezeigt,

600 So aber der 13. Tätigkeitsbericht der *Datenschutzaufsichtsbehörde in Hessen* über ihre Tätigkeit im nichtöffentlichen Bereich vom 30.8.2000, Hessischer Landtag Drucks. 15/1539 vom 30.8.2000, 10; im Ergebnis ebenso der *Bericht des Bundesbeauftragten* für den Datenschutz vom 6.4.2001, BT-Drucks. 14/5555, 182 (Nr. 31.2.); *Diekmann/Eul/Klevenz*, RDV 2000, 151; *Marsch-Barner/Mackenthun*, ZHR 165 (2001), 429.

601 *Stratz* in: Schmitt/Hörtnagl/Stratz, UmwG, § 20 Rdnr. 68 f.

602 Grundlegend: *BVerfGE* 65, 1 ff.; *BVerfGE* 80, 367, 373.

nicht als höchstpersönlich im Sinne eines rechtlichen Verständnisses als „unübertragbar“ anzusehen. Dies verdeutlichen schon die gesetzlichen Vorgaben des Bundesdatenschutzgesetzes, wonach eine Übermittlung personenbezogener Daten ohne weiteres möglich ist. Sie sind damit auch einem Übergang im Wege der Universalsukzession zugänglich. Aus den bislang zu § 20 Abs. 1 Nr. 1 UmwG im Schrifttum entwickelten Erkenntnissen über den Übergang einzelner Vermögensgegenstände und Rechtsverhältnisse lassen sich somit keine weiterführenden Schlüsse an dieser Stelle ziehen. Dies gilt umso mehr, als die Frage nach dem Schicksal personenbezogener Daten im Kontext der Gesamtrechtsnachfolge und den rechtlichen Begleitumständen bislang kaum ernsthaft diskutiert wurde und in der einschlägigen umwandlungsrechtlichen Kommentarliteratur jedenfalls unter diesem Gesichtspunkt nicht angesprochen wird. Das Spannungsverhältnis mit dem Datenschutz wurde schlichtweg seinerzeit nicht bedacht, als § 20 Abs. 1 Nr. 1 UmwG ins Leben gerufen wurde. Dies macht die besondere Schwierigkeit der historischen und dogmatischen Auslegung aus.

9.1.2.5 Dogmatische Rückschlüsse aus weiteren umwandlungsrechtlichen Regelungen

Möglicherweise vermögen weitere Vorschriften des Umwandlungsgesetzes Aufschlüsse über die vorliegend zur Beurteilung stehende Fragestellung zu geben.

9.1.2.5.1 Argumentum e contrario zu § 132 UmwG

Nahe läge insoweit, im Umkehrschluss zu § 132 UmwG anzunehmen, dass das Datenschutzrecht der Verschmelzung nicht entgegenstehen könne, was am Einfachsten über eine Spezialitätswirkung zu begründen wäre. Eine solche Argumentation im Wege eines argumentum e contrario zu § 132 UmwG erweist jedoch im Ergebnis als nicht tragfähig.[603] Die Vorschrift stellt eine *abschließende* Regelung des Spaltungsrechts dar und ist weder direkt noch *analog* auf das Verschmelzungssachrecht anwendbar.[604] Der Gesetzgeber begrenzt mit ihr die Gestaltungsfreiheit der Parteien beim Abschluss von Spaltungsverträgen, indem gesetzliche Restriktionen aus Vorschriften der Einzelrechtsnachfolge in der partiellen spaltungsrechtlichen Gesamtrechtsnachfolge – entgegen der Rechtsdogmatik der Universalsukzession – anwendbar bleiben.[605] § 132 UmwG stellt ein Korrektiv zu der in §§ 126 Abs. 1 Nr. 5, 131 Abs. 1 Nr. 1 UmwG gewährten handelsrechtlichen Vermögensaufteilungsfreiheit dar, der einer abstrakten Gefahr der Umgehung von Hindernissen aus der Vermögensübertragung im Wege der Einzelrechtsnachfolge über die Abwicklung einer partiellen Gesamtrechtsnachfolge entgegenzuwirken bestimmt ist. Schon aus dieser spezifisch spaltungsrechtlichen Begründung

[603] So – jedoch unzutreffend – *Diekmann/Eul/Klevenz*, RDV 2000, 151 sowie der 13. Tätigkeitsbericht der *Datenschutzaufsichtsbehörde in Hessen* über ihre Tätigkeit im nicht-öffentlichen Bereich vom 30.8.2000, Hessischer Landtag Drucks. 15/1539 vom 30.8.2000, 10; Bericht des *Bundesbeauftragten für den Datenschutz* vom 6.4.2001, BT-Drucks. 14/5555, 182 (Nr. 31.2.).

[604] *Teichmann* in: Lutter, UmwG, § 132 Rdnr. 3.

[605] *Teichmann* in: Lutter, UmwG, § 132 Rdnr. 3; *Hörtnagl* in: Schmitt/Hörtnagl/Stratz, UmwG, § 132 Rdnr. 2.

ergibt sich, dass der Gedanke des § 132 UmwG nicht auf Verschmelzungen übertragbar und ebenso wenig analogiefähig ist.

Ferner kann hieraus auch kein Umkehrschluss dahingehend gezogen werden, dass in Ermangelung einer vergleichbaren Regelung für das Verschmelzungssachrecht im Ergebnis *keine* gesetzlichen Restriktionen außerhalb des Umwandlungsgesetzes zu beachten wären, die der Gesamtrechtsnachfolge – ggf. über den Vermögensbegriff – grenzen ziehen könnten. Der Grundsatz der Beachtung des *„allgemeinen Rechts“* gilt als ungeschriebene Rechtsregel ebenso für das Verschmelzungssachrecht, soweit sich die Unvereinbarkeit einer Regelung oder Rechtsmaterie mit dem Prinzip der Gesamtrechtsnachfolge aufdrängt. Andernfalls ließe sich schwerlich erklären, wie bereits in anderen Fallgestaltungen Ausnahmen zu § 20 Abs. 1 Nr. 1 UmwG anerkannter Maßen entwickelt wurden.[606] Ferner nimmt § 132 UmwG expressis verbis Bezug auf allgemeine Vorschriften, welche die Übertragbarkeit eines *bestimmten Gegenstandes* ausschließen oder an zusätzliche Voraussetzungen knüpfen. Unabhängig von der exakten dogmatischen Auslegung des Begriffes „Gegenstand“ stellen personenbezogene Daten jedenfalls *in abstracto* unkörperliche Informationen dar, die sich einer rechtlichen Einordnung als Gegenstände oder Waren im zivilrechtlichen bzw. wirtschaftlichen Sinne *per se* entziehen. [607] Im Ergebnis wird das geltende Datenschutzrecht nicht von § 132 UmwG in Bezug genommen, so dass auch aus diesem Grund weitere Rückschlüsse in einem argumentum e contrario für das Verschmelzungsrecht nicht gezogen werden können.

9.1.2.5.2 Argumentum e contrario zu §§ 13, 17 UmwG

Ein weiterer Ansatz wäre, die Unbeachtlichkeit des Datenschutzrechts in einer Verschmelzung aufgrund einer Vorrangstellung der Vorschriften des Umwandlungsgesetzes über einen Umkehrschluss zu §§ 13, 17 UmwG zu erklären.

Gemäß § 13 Abs. 2, Abs. 3 UmwG bedarf es für die Wirksamkeit des Verschmelzungsbeschlusses der vorherigen Zustimmung *bestimmter* Anteilsinhaber, soweit die Anteilszession de lege lata von deren Genehmigung abhängt. Die entsprechenden Zustimmungserklärungen sind notariell zusammen mit dem Verschmelzungsvertrag zu beurkunden und der Anmeldung zur registergerichtlichen Eintragung gemäß § 17 Abs. 1 UmwG beizufügen. In einem argumentum e contrario ließe sich etwa annehmen, dass Zustimmungserfordernisse nach anderen Rechtsvorschriften, insbesondere §§ 4 Abs. 1, 4a BDSG, verschmelzungsrechtlich nicht relevant sein können – da nicht im Umwandlungsgesetz erwähnt, wenn §§ 13, 17 UmwG „nur“ die erforderlichen Zustimmungserklärungen der betroffenen Anteilsinhaber ein-

---

606 So schon *RGZ* 136, 313 für Rechte und Rechtsverhältnisse, die infolge ihrer *(höchstpersönlichen) Natur* nach nicht auf einen Gesamtrechtsnachfolger übergehen können. Hierzu bereits zuvor unter *3.3.2.*

607 Zutreffend *Wehlau*, OLG Report (Kommentar), K 28 f.; *OLG Karlsruhe*, NJW 1996, 200 = CR 1996, 352 (zu der Frage, inwieweit Datenbestände unter den Schutzbereich des § 823 Abs.1 BGB fallen können).

fordern.[608] Man würde § 20 Abs. 1 Nr. 1 UmwG auf diesem Weg eine *formelle Konzentrationswirkung* attestieren.

Eine dahingehende dogmatische Interpretation des Umwandlungsgesetzes erweist sich indes aus mehreren Gründen als unrichtig.[609] Allein dem verschmelzungsrechtlichen Institut der Universalsukzession ist kein Anhaltspunkt zu entnehmen, dass diese eine – wie auch immer geartete – Konzentrationswirkung entfalten soll. Ferner gilt: Findet das Datenschutzrecht auf den Verschmelzungsvorgang grundsätzliche Anwendung, steht damit noch nicht fest, dass hiermit auch notwendig ein ausdrückliches Zustimmungserfordernis jeder einzelnen betroffenen natürlichen Person verbunden ist. Das Gesetz sieht in § 4 Abs. 1 BDSG ein *abgestuftes* und gleichrangiges System von Erlaubnistatbeständen vor. Gibt der Betroffene keine Einwilligung nach § 4a BDSG ab, die strukturell dem Zustimmungserfordernis des § 13 Abs. 2 UmwG entsprechen würde, oder ist eine Einwilligung aus praktischen Gründen uneinholbar, ist die Datenübermittlung deshalb nicht per se unzulässig. Parallel zur Einwilligung bestehen spezialgesetzliche oder sonstige Erlaubnistatbestände nach dem Bundesdatenschutzgesetz. Greifen diese ein, können die betreffenden personenbezogenen Daten auch ohne Einwilligung des Betroffenen verarbeitet werden. Im Verschmelzungsrecht besteht diese Möglichkeit indes nicht; die Wirksamkeit des Verschmelzungsbeschlusses ist notwendig an die Einholung der erforderlichen Zustimmungen nach § 13 Abs. 2 UmwG geknüpft. Ferner statuiert § 13 Abs. 2 UmwG, dass die Wirksamkeit des Verschmelzungsbeschlusses von der Beibringung aller erforderlichen Zustimmungserklärungen der betroffenen Anteilsinhaber abhängt. Diese weitreichende Rechtsfolge ist de lege lata umgekehrt nicht an das Fehlen etwaig erforderlicher datenschutzrechtlicher Einwilligungen gebunden, ohne an dieser Stelle näher auf die Rechtsfolgen einer rechtswidrigen Datenverarbeitung für den Verschmelzungsvorgang eingehen zu wollen.

Die Wirksamkeit der Eintragung des Verschmelzungsbeschlusses wird nach § 13 Abs. 2 UmwG i.V.m. § 17 UmwG einzig an die erforderlichen Zustimmungserklärungen *einzelner Anteilsinhaber* geknüpft. Im Umkehrschluss kann hieraus allenfalls entnommen werden, dass etwaige nach Datenschutzrecht erforderliche und nicht eingeholte Zustimmungserklärungen der Wirksamkeit der Verschmelzung als solcher nicht entgegengehalten werden können. Ein dahingehendes Normverständnis entspräche auch der Grundwertung des § 20 Abs. 2 UmwG.

Das geltende Datenschutzrecht lässt sich ferner nicht auf die Frage nach einem etwaigen Zustimmungsvorbehalt reduzieren, sondern enthält umfassende Bestimmungen zum Schutze des Selbstbestimmungsrechts des Betroffenen. Der Umwandlungsgesetzgeber selbst hat bei Schaffung der §§ 13, 17 und 20 UmwG das datenschutzrechtliche Konfliktpotential nicht erkannt. Der Regelungsgehalt des § 13 Abs. 2 UmwG erschöpft sich dementsprechend in dem Erfordernis spezifischer Zustimmungserklärungen betroffener Anteilsinhaber. Er ist *ab-*

---

608 So *Marsch-Barner/Mackenthun*, ZHR 165 (2001), 429.

609 Die §§ 13, 17 UmwG enthalten spezifisch verschmelzungsrechtliche Vorschriften, deren Kerngehalt weder verallgemeinerungsfähig, noch einem rechtlichen Umkehrschluss zugänglich ist.

schließend und keine Grundlage für einen rechtlichen Umkehrschluss betreffend die datenschutzrechtliche Rechtslage.[610] In summa bleibt somit festzuhalten, dass das Verschmelzungssachrecht allein keine tragfähigen Rückschlüsse über die Beantwortung der Vorrangfrage des Umwandlungsgesetzes nach § 1 Abs. 3 S. 1 BDSG hergibt. Der Umwandlungsgesetzgeber hat bei Schaffung des § 20 Abs. 1 Nr. 1 UmwG die hiermit verbundenen datenschutzrechtlichen Problemstellungen offensichtlich nicht erkannt. Allein die ratio legis des § 20 Abs. 1 Nr. 1 UmwG genügt – entgegen der von praktischen Motiven geprägten Auffassungen mancher – nicht, um eine Tatbestandskongruenz des § 20 Abs. 1 Nr. 1 UmwG und damit im Ergebnis eine Vorrangstellung zu begründen.[611] Im Gegenteil findet das Umwandlungsgesetz über die Universalsukzession keine direkte, sondern allenfalls *indirekte* und *mittelbare* Anwendung auf personenbezogene Daten und ist im übrigen nicht annähernd darauf bedacht, die Verarbeitung personenbezogener Daten zu regeln.[612] Diese rechtliche Betrachtung darf indes nicht einseitig erfolgen. Maßgebend sind neben der Klärung, ob und inwieweit § 20 Abs. 1 Nr. 1 UmwG eine tatbestandskongruente Regelung im Sinne des Bundesdatenschutzgesetzes darstellt, die rechtsdogmatischen Vorgaben des § 1 Abs. 3 S. 1 BDSG selbst – in seiner verschmelzungsspezifischen Auslegung.

9.1.3 Dogmatische Erwägungen aus dem Datenschutzrecht

Systematisch richtiger Ausgangspunkt für die Klärung der Vorrangfrage ist § 1 Abs. 3 S. 1 BDSG. Dieser enthält eine ausdrückliche Regelung dahingehend, dass nur *tatbestandlich kongruente* bundesrechtliche Vorschriften[613] dem Bundesdatenschutzgesetz in seiner Anwendbarkeit vorgehen. Über die dogmatische Auslegung des Begriffs der tatbestandskongruenten Regelung besteht weitgehend Einigkeit. Eine bundesrechtliche Regelung kann nur soweit Vorrang vor dem Bundesdatenschutzgesetz beanspruchen, wie sie eine *äquivalente Regelung* bezogen auf einen *identischen Sachverhalt* trifft.[614] Das Umwandlungsgesetz enthält in § 20 Abs. 1 Nr. 1 UmwG unstreitig keine explizite Regelung über den Umgang mit personenbezogenen Daten. Aus umwandlungsrechtlicher Sicht mag es zutreffen, dass eine Berücksichtigung der datenschutzrechtlichen Anforderungen und Rechtspositionen des Betrof-

---

610 Auch der Hinweis auf §§ 238 ff. HGB, §§ 140 ff. AO, nach denen die Speicherung der Kundenstamm- und Umsatzdaten beim übernehmenden Rechtsträger gesetzlich vorgeschrieben ist, ändert hieran nichts; so aber *Diekmann/Eul/Klevenz*, RDV 2000, 151.

611 So im Ergebnis auch *Lüttge*, NJW 2000, 2464; *Wengert/Wiedmann/Wengert*, RDV 2000, 48 f. = NJW 2000, 2463; *Teichmann/Kießling*, ZGR 2001, 40 f.; *Simitis*, ZHR 165 (2001), 455 f.; *Zöllner*, ZHR 165 (2001), 442 f.; dahingehend auch *Eul* in: Roßnagel, Handbuch Datenschutzrecht, Kap.7.2 Rdnr. 74 ff.; *Büllesbach* in: Roßnagel, Handbuch Datenschutzrecht, Kap. 7.1 Rdnr. 49 ff.

612 *Walz* in: Simitis/Dammann/Geiger/Mallmann/Walz, BDSG, § 1 Rdnr. 281 ff.; *Simitis*, ZHR 165 (2001), 456; so im Ergebnis auch *Lüttge*, NJW 2000, 2464; *Wengert/Wiedmann/Wengert*, RDV 2000, 49 = NJW 2000, 2463 f. (allerdings ohne nähere Begründung).

613 *Walz* in: Simitis/Dammann/Geiger/Mallmann/Walz, BDSG, § 1 Rdnr. 281 ff.; *Gola/Schomerus*, BDSG, § 1 Rdnr. 23; *Marsch-Barner/Mackenthun*, ZHR 165 (2001), 429; *Wengert/Wiedmann/Wengert*, RDV 2000, 49 f. = NJW 2000, 2463 f.; *Simitis*, ZHR 165 (2001), 456.

614 *Gola/Schomerus*, BDSG, § 1 Rdnr. 23 f.; *Walz* in: Simitis/ Dammann/Geiger/Mallmann/Walz, BDSG, § 1 Rdnr. 281 ff. Hierzu bereits zuvor unter *9.1.2.2.*

fenen den Sinn und Zweck der Regelung des § 20 Abs. 1 Nr. 1 UmwG in Frage stellen könnte. Die hierbei geäußerten Bedenken[615] stellen jedoch für die Beantwortung der Vorrangfrage einzig auf die Zwecksetzung des Umwandlungsgesetzes ab. Parallel hierzu kommt insbesondere der ratio legis des Datenschutzrechts für die Auslegung des § 1 Abs. 3 S. 1 BDSG im verschmelzungsspezifischen Kontext entscheidende Bedeutung zu.

9.1.3.1 Verfassungsrechtliche Vorgaben

Das geltende Datenschutzrecht wird von seiner verfassungsrechtlich vorgeprägten Schutzrichtung bestimmt. Soweit § 1 Abs. 3 S. 1 BDSG eine kongruente Regelung fordert, damit diese de lege lata Vorrang beanspruchen kann, muss diese Regelung dem Betroffenen ein adäquates Schutzniveau hinsichtlich seines Rechts auf informationelle Selbstbestimmung bieten. Diese Schlussfolgerung ergibt sich notwendig aus dem Wortlaut des § 1 Abs. 3 S. 1 BDSG („soweit"). Das Bundesdatenschutzgesetz verfolgt damit eine vollständig unterschiedliche Zielsetzung als das Umwandlungsrecht. Es soll den Schutz der personenbezogenen Daten einer einzelnen bestimmten oder bestimmbaren natürlichen Person gewährleisten und inhaltlich ausgestalten. Unerheblich ist, in welcher tatsächlichen oder rechtlichen Beziehung diese Person zum Verschmelzungsvorgang steht. Dieser Schutzzweck des Bundesdatenschutzgesetzes ist insbesondere auch dann zu berücksichtigen, wenn das Umwandlungsgesetz – wie unstreitig – keine *expliziten* Zustimmungsvorbehalte unter Verweis auf §§ 4 Abs. 1, 4a BDSG vorsieht. Die genauen Anforderungen an eine tatbestandkongruente Regelung nach den rechtsdogmatischen Vorgaben des Datenschutzrechts können nur unter Einbezug der zweiten und dritten Ebene der datenschutzrechtlichen Betrachtung – Vorliegen einer Datenübermittlung und Gestattung derselbigen – bestimmt werden.[616] Nach den verfassungsrechtlichen Vorgaben aus Art. 2 Abs. 1 GG i.V.m. Art. 1 Abs. 1 GG[617] muss eine das informationelle Selbstbestimmungsrecht beschränkende oder Vorrang beanspruchende Norm *hinreichend bestimmt*, *klar* und für den Betroffenen *transparent* sein. § 20 Abs. 1 Nr. 1 UmwG stellt dabei keine explizite, von der gesetzgeberischen Intention gedeckte Rechtsgrundlage für eine Beschränkung des Rechtes auf informationelle Selbstbestimmung dar.[618] Das allgemeine Persönlichkeitsrecht und hieraus ausfließend das Recht auf informationelle Selbstbestimmung gewährleistet die aus dem Gedanken der Selbstbestimmung folgende Befugnis des Einzelnen, grundsätzlich selbst zu entscheiden, wann und innerhalb welcher Grenzen persönliche Lebenssachverhalte offenbart werden.[619]

---

615 *Marsch-Barner/Mackenthun*, ZHR 165 (2001), 430; *Diekmann/Eul/Klevenz*, RDV 2000, 151.

616 Unterstellt man die grundsätzliche Anwendbarkeit des BDSG sub specie des § 1 Abs. 3 S. 1 BDSG, werden unmittelbar anschließend die Fragen nach einer tatbestandsmäßigen Datenübermittlung infolge der Gesamtrechtsnachfolge auf zweiter Ebene und auf dritter Ebene die Frage nach einer Rechtfertigung der Datenverarbeitung relevant. Auch hierzu nimmt § 20 Abs. 1 Nr. 1 UmwG keine Stellung.

617 *BVerfGE* 65, 1 ff. = NJW 1984, 419 ff. – *Volkszählung*.

618 *Marsch-Barner/Mackenthun*, ZHR 165 (2001), 430 (allerdings ohne nähere Begründung).

619 *BVerfGE* 65, 1, 41; *BVerfGE* 80, 367.

Dies gilt indes nicht schrankenlos. Einschränkungen können im überwiegenden Allgemeininteresse insbesondere dann erforderlich sein, wenn der Einzelne als in der Gemeinschaft lebender Bürger in Kommunikation mit anderen tritt, durch sein Verhalten auf andere einwirkt und dadurch die persönliche Sphäre seiner Mitmenschen oder die Belange der Gemeinschaft berührt.[620] Die personenbezogenen Daten der Betroffenen, die einem an einer Verschmelzung beteiligten Rechtsträger offen gelegt oder zur Verfügung gestellt werden, sind in der Regel dem allgemeinen Geschäftsbereich des Betroffenen zuzuordnen – freilich abhängig von den rechtlichen und tatsächlichen Beziehungen zum zu verschmelzenden Rechtsträger. Die genaue Grenzziehung zwischen der Privat- und der Allgemeinsphäre kann dabei offen bleiben.

Allein aufgrund der Tatsache, dass personenbezogene Daten im Rahmen des Verschmelzungsvorgangs betroffen sind, muss sich dieser an den verfassungsrechtlichen Maßstäben messen lassen.[621]

9.1.3.2 Tatbestandskongruenz sub specie der verfassungsrechtlichen Vorgaben

Unbestritten verkörpert § 20 Abs. 1 UmwG ein formell verfassungskonformes Gesetz. Zweifel an seiner Eignung als Grundlage für eine Regelung bzw. Beschränkung des Rechts auf informationelle Selbstbestimmung infolge der gesetzlich angeordneten Vermögensnachfolge bestehen jedoch unter mehreren Gesichtspunkten. Da bei einer Verschmelzung personenbezogene Daten betroffen sind, muss eine spezialgesetzliche Rechtsgrundlage für den Betroffenen hinreichend *bestimmt* und *transparent* sein. Sie muss ferner einen *spezifischen Bezug* zum Datenschutzrecht aufweisen. An beiden Merkmalen fehlt es evident. Das Umwandlungs-

---

620 Das *BVerfG* erkennt jedoch einen letzten unantastbaren Bereich privater Lebensgestaltung an, der der öffentlichen Gewalt schlechthin entzogen ist (Intimssphäre). Selbst schwerwiegende Interessen der Allgemeinheit können Eingriffe in diesen Bereich nicht rechtfertigen; eine Abwägung nach Maßgabe des Verhältnismäßigkeitsgrundsatzes findet nicht statt. Die Zuordnung eines Sachverhalts zum unantastbaren Bereich privater Lebensgestaltung oder zu jenem Bereich des privaten Lebens, der unter bestimmten Voraussetzungen dem staatlichen Zugriff offen steht, hängt daher nicht davon ab, ob eine soziale Bedeutung oder Beziehung überhaupt besteht, sondern welcher Art und wie intensiv sie ist; *BVerfG*, 34, 245. Von welcher Intensität der Eingriff im Falle der Verschmelzung ist, beurteilt sich nach der Art der Daten, mithin welchem Lebensbereich des Betroffenen oder welcher „Sphäre" diese zuzuordnen sind. Der unantastbare Kernbereich privater Lebensgestaltung ist dabei nicht betroffen. Die personenbezogenen Daten beinhalten zwar Informationen über den Betroffenen in verschiedensten Lebensbereichen, mitunter auch sensible Informationen über Gesundheit, politische und religiöse Gesinnung. Diese fallen jedoch nicht in den unantastbaren Kernbereich des Persönlichkeitsrechts. Die Abgrenzung richtet sich in erster Linie daran aus, ob der Betroffene einen Lebenssachverhalt geheim halten will oder nicht. Denn dort, wo der Betroffene auf Geheimhaltung selbst keinen Wert legt, ist der Kernbereich schon wegen dieses Umstands in aller Regel nicht berührt; *BVerfGE* 80, 387 – *Tagebuch*.

621 Unzutreffend insoweit die Ansicht von *Marsch-Barner/Mackenthun*, ZHR 165 (2001), 429. Nach ihnen bedürfen Eingriffe in das Recht auf informationelle Selbstbestimmung – richtigerweise – einer eindeutigen und bestimmten gesetzlichen Rechtsgrundlage, welche die Voraussetzungen und den Umfang der Beschränkung für den Betroffenen klar und vorhersehbar vorgibt. Diese Problematik umschiffen die Autoren jedoch durch einen Hinweis darauf, dass ein Vermögensübergang von einem übertragenden auf einen übernehmenden Rechtsträger (noch) keinen Eingriff in das informationelle Selbstbestimmungsrecht darstelle. Damit werde auch die weitergehende Frage nach einer Rechtfertigung nicht relevant. Dem kann nicht zugestimmt werden.

gesetz weist an keiner Stelle einen – wie auch immer gearteten – Bezug zum Datenschutzrecht auf. Auch aus den Gesetzesmaterialien zu § 20 Abs. 1 Nr. 1 UmwG ergibt sich keinerlei Hinweis darauf, dass der Gesetzgeber die Problematik des Mitübergangs personenbezogener Daten als Teil des Vermögens des übertragenden Rechtsträgers erkannt hätte.

Der Umwandlungsgesetzgesetzgeber hatte diesbezüglich keinerlei Regelungsbewusstsein. Ein solches kann ihm auch im Nachhinein nicht untergeschoben werden. Das Umwandlungsgesetz ist insgesamt auch in seinen übrigen Regelungen nicht geeignet, dem Betroffenen ein dem Bundesdatenschutzgesetz annähernd adäquates Schutzniveau zu bieten. Die EG-Datenschutzrichtlinie[622] sowie das Bundesdatenschutzgesetz betonen ausdrücklich den umfassenden Geltungsanspruch der Datenschutzvorschriften. Es gibt, mit Ausnahme der Verarbeitung für „persönliche und familiäre Tätigkeiten", keinen *datenschutzfreien* Raum.[623] Diese Kriterien gilt es auch auf die Beurteilung des Schicksals personenbezogener Daten in der verschmelzungsrechtlichen Gesamtrechtsnachfolge anzulegen. Die Regelungen des Umwandlungsgesetzes wirken sich nur akzidentiell auf personenbezogene Daten aus. Weitergehende oder gar speziellere datenschutzspezifische Anforderungen sind nicht anzutreffen.[624]

Das zutreffende Postulat *„Das Datenschutzrecht dürfe und wolle die Nutzung der umwandlungsrechtlichen Instrumentarien nicht verhindern"*[625], darf nicht dahingehend missinterpretiert werden, dem Bundesdatenschutzgesetz von vorne herein die Anwendbarkeit auf Verschmelzungsvorgänge abzusprechen. Der verantwortungsvolle Umgang mit dem Datenschutzrecht erfordert, worauf ebenfalls zutreffend hingewiesen wird, viel Fingerspitzengefühl[626], wenn dabei nicht entweder der von der gesetzlichen Regelung bezweckte Persönlichkeitsschutz oder die Möglichkeit sinnvoller wirtschaftlicher Strukturveränderungen auf der Strecke bleiben sollen. Die so Manchem wünschenswerte Regel *„Bei Umwandlungen findet kein Datenschutz statt"* kommt daher nicht in Betracht.[627] Die schutzwürdigen Interessen der Betroffenen, wurzelnd im informationellen Selbstbestimmungsrecht, können gerade erst unter Bejahung der Anwendbarkeit des Bundesdatenschutzgesetzes auf Verschmelzungsvorgänge in einen sach- und interessengerechten Ausgleich mit den wirtschaftlichen und unternehmerischen Interessen der beteiligten Rechtsträger gebracht werden. Verschmelzungsvorgänge werden dadurch keineswegs per se blockiert oder deren sinnvolle Abwicklung unmöglich gemacht. Es entspricht jedoch dem Gedanken eines sach- und interessengerechten Ausgleich zwischen allen Betroffenen, die datenschutzrechtlichen Problemstellungen nicht bereits an der Subsidiaritätsklausel des § 1 Abs. 3 S. 1 BDSG zu *„erschlagen"*. Ein flexibler und den Interessen aller Beteiligten gerecht werdender Ausgleich kann nur unter einer fein-

622 EG-Abl. Nr. L 281 vom 23.11.1995, 31ff.

623 *Simitis*, ZHR 165 (2001), 455.

624 *Simitis*, ZHR 165 (2001), 456; *Walz* in: Simitis/Dammann/Geiger/Mallmann/Walz, BDSG, § 1 Rdnr. 281 ff.

625 *Schneider*, Diskussionsbericht, ZHR 165 (2001), 465.

626 *Zöllner*, ZHR 165 (2001), 440.

627 *Zöllner*, ZHR 165 (2001), 441.

fühligen Abwägung und Auflösung des Spannungsverhältnisses beider Rechtsmaterien erfolgen.

9.1.3.3 Parallele zur Datenübermittlung im Rahmen einer Forderungszession

Man könnte nun versucht sein, eine Parallele zu der datenschutzrechtlichen Beurteilung der Weitergabe personenbezogener Daten an den Zessionar einer Forderung im Rahmen der Singularabtretung zu ziehen. Hier wird von der wohl *h.M.*, wenn man diese als solche bezeichnen kann und soweit das Thema überhaupt in der datenschutzrechtlichen Diskussion vertieft wird, vertreten, die Zessionsvorschriften der §§ 398 ff. BGB stellten in der Tat eine tatbestandlich kongruente und über § 1 Abs. 3 S. 1 BDSG vorrangige Regelungen dar, die dem Bundesdatenschutzgesetz im Wege der Spezialität vorgingen.[628] Dieses Ergebnis ist unter den zuvor aufgestellten, verfassungsrechtlichen Anforderungen ebenso bedenklich.

Die datenschutzrechtliche Krux der Singularsukzession ist jedoch – verglichen mit der verschmelzungsrechtlichen Universalsukzession – eine Andere. Die Offenlegung personenbezogener Daten im Kontext einer Forderungszession stellt unstreitig einen *tatbestandsmäßigen Übermittlungsvorgang* dar – anders als die Universalsukzession, wie im Folgenden unter *9.2* noch zu zeigen sein wird. Um nicht das Zessionsrecht über den Umweg des Datenschutzrechts weitgehend auszuhebeln und zu einer inhaltlosen Hülle verkommen zu lassen – und hierin sind sich alle Vertreter der Wissenschaft einig, verbleiben datenschutzrechtlich nur zwei praktikable Begründungswege. Entweder man spricht den §§ 398 ff. BGB eine Vorrangwirkung über § 1 Abs. 3 S. 1 BDSG zu, so dass sich die Problematik der Rechtfertigung einer etwaigen Datenübermittlung von vorne herein nicht stellt, oder man vertritt, dass die §§ 398 ff. BGB jedenfalls spezialgesetzliche Gestattungsnormen i.S.d. § 4 Abs. 1 BDSG verkörpern, die eine etwaige Datenübermittlung im Zuge der Abtretung per se legitimieren, ohne dass es auf eine Gestattung kraft Einwilligung oder nach dem Bundesdatenschutzgesetz ankommt. Die Suche nach einer einzelfallbasierten Rechtfertigung über die §§ 28 ff. BDSG wäre indes wenig praxistauglich und mit einem erheblichen Maß an Rechtsunsicherheit verbunden, wenn der Zedent erst abwägen müsste, ob und welche Daten er weitergeben dürfe, bevor er die geplante Zession vornimmt.

Datenschutzrechtlich wäre ein Begründungsweg über § 4 Abs. 1 BDSG sicherlich zu begrüßen. Er weist indes eine entscheidende *systematische* Schwachstelle auf. § 1 Abs. 3 S. 1 BDSG räumt anderen Rechtsvorschriften *des Bundes* eine Vorrangstellung[629] ein, soweit sie auf personenbezogene Daten Anwendung finden. Nimmt man somit an, die §§ 398 ff. BDSG verkörperten eine spezialgesetzliche Gestattung, gesteht man zugleich ein, dass die betreffenden Vorschriften – als bundesgesetzliche Regelungen des Bürgerlichen Gesetzbuches – auf

---

[628] Erster Tätigkeitsbericht des *Innenministeriums Baden-Württemberg* zum Datenschutz nach § 39 Landesdatenschutzgesetz (2001), 90 ff.

[629] Bezogen auf das Maß der Regelung; die sonstigen datenschutzrechtlichen Regelungen - abgesehen von der Gestattung nach dem BDSG – bleiben daneben anwendbar.

personenbezogene Daten Anwendung finden. Dann aber greift vorrangig der Vorbehalt des § 1 Abs. 3 S. 1 BDSG ein. Auch hierin besteht, soweit ersichtlich, Einigkeit. Mit anderen Worten: Will man die Singularzession einer Forderung nicht an ein jeweiliges Einwilligungserfordernis, resultierend aus dem Bundesdatenschutzgesetz, oder eine im Einzelfall zu prüfende gesetzliche Erlaubnis knüpfen, was schon dem zivilrechtlichen Grundgedanken einer Forderungszession zutiefst widersprechen dürfte, bleibt sub specie des Datenschutzrechts kein anderer Ausweg, als den §§ 398 ff. BGB eine Spezialität vor dem Bundesdatenschutzgesetz über § 1 Abs. 3 S. 1 BDSG zuzusprechen, freilich beschränkt auf den reinen Übermittlungsvorgang.[630]

Eben dieses Bedürfnis besteht in der verschmelzungsrechtlichen Universalsukzession nicht zwangsläufig, steht hier gerade nicht von vorne herein fest, dass es zu einem datenschutzrechtlichen *Übermittlungsvorgang* kommt, an den das Gestattungserfordernis einzig anknüpfen könnte. Insoweit ist allein aufgrund der Parallelbetrachtung zur zivilrechtlichen Forderungszession – dies gilt entsprechend für die sonstigen zivilrechtlichen Singularsukzessionstatbestände – keine Einschränkung des zuvor herausgearbeiteten Ergebnisses, zumal unter den gegebenen verfassungsrechtlichen Vorzeichen, geboten.

9.1.4 Zwischenergebnis

§ 20 Abs. 1 Nr. 1 UmwG stellt *keine tatbestandskongruente*, über § 1 Abs. 3 S. 1 BDSG dem Datenschutzrecht *vorrangige* Spezialregelung dar, die das Bundesdatenschutzgesetz bereits auf Ebene des Anwendungsbereichs zu verdrängen vermag. Zwar werden die beim übertragenden Verband gespeicherten personenbezogenen Daten von der Vermögensuniversalsukzession erfasst. Die Informationen gehen jedoch automatisch mitsamt den zugrunde liegenden Rechtsverhältnissen im Wege der Gesamtrechtsnachfolge über. Eine explizite oder implizite Regelung des Umwandlungsgesetzes zum Schicksal personenbezogener Daten sowie zum Datenschutz insgesamt ist indes – auch unter wohlwollend extensiver Auslegung – nicht zu erlangen.

§ 20 Abs. 1 Nr. 1 UmwG nimmt weder *direkt* noch *indirekt* zum Schicksal personenbezogener Daten in der verschmelzungsrechtlichen Universalsukzession Stellung. Eine Vorrangstellung im Sinne einer lex specialis, die auch auf personenbezogene Daten anwendbar ist und wie von § 1 Abs. 3 S. 1 BDSG gefordert, ist schon aus diesem Grund abzulehnen. Auch nach den verfassungsrechtlichen und rechtsdogmatischen Vorgaben des Datenschutzrechts kann § 20 Abs. 1 Nr. 1 UmwG nicht als spezialgesetzliche Regelung zum Datenschutz begriffen werden. Wird das Datenschutzrecht umfassend von einer Norm verdrängt, muss die den Vorrang beanspruchende Vorschrift den wesentlichen *Kerngehalt* des Datenschutzrechts als Ausfluss aus dem Recht auf informationelle Selbstbestimmung mitregeln. Nur so kann den ver-

630 So auch das *Innenministeriums Baden-Württemberg* in seinem Ersten Tätigkeitsbericht zum Datenschutz nach § 39 Landesdatenschutzgesetz (2001), 90 ff.

fassungsrechtlichen Vorgaben[631] nach einer *klaren*, *bestimmten* und für den Betroffenen in ihrem Regelungsgehalt *transparenten* Vorschrift Rechnung getragen werden. Dies ist bei § 20 Abs. 1 Nr. 1 UmwG insgesamt nicht feststellbar. Sowohl die systematische als auch die historische und teleologische Auslegung der Vorschrift geben keine Erkenntnisse hierüber her.

Steht die grundsätzliche Anwendbarkeit des Bundesdatenschutzgesetzes in der Vollzugsphase damit außer Frage, ist im Folgenden zu klären, inwieweit es in diesem Stadium der Verschmelzung zu einer relevanten Datenverarbeitung insbesondere in dem gesetzlichen Unterfall der Datenübermittlung oder subsidiär der Datennutzung kommt.

9.2 Datenübermittlung *infolge* verschmelzungsrechtlicher Universalsukzession

An die Eintragung einer Verschmelzung in das Handelsregister sind de lege lata weit reichende Rechtsfolgen geknüpft. Der Vorgang ist vom rechtlichen Leitbild der *umfassenden Unternehmenskontinuität* geprägt. Aus Sicht des Datenschutzrechts wirft dies die bedeutsame Frage auf, inwieweit es *infolge* dieser gesetzlichen Universalsukzession zugleich zu einer tatbestandsmäßigen Datenübermittlung nach § 3 Abs. 4 S. 2 Nr. 3 BDSG kommt. Hieran anknüpfend bestünde ein zwingendes Rechtsfertigungserfordernis – entsprechend der allgemeinen Systematik des Bundesdatenschutzgesetzes. Die Fragestellung ist im *Schrifttum* kontrovers diskutiert,[632] ohne dass sich eine einheitliche Lösung abzeichnen würde und im übrigen bislang nicht Gegenstand der Rechtsprechung gewesen.

Betont wird zum einen der uneingeschränkte Geltungsanspruch der gesetzlichen Universalsukzession.[633] Aus dem Sinn und Zweck der successio per universitatem, Verschmelzungen umfassend zu vereinfachen, wird gefolgert, dass dies auch in Hinblick auf das Datenschutzrecht gelten muss. Das Datenschutzrecht dürfe insoweit den Vollzug der Verschmelzung weder erschweren, noch vereiteln, indem es mögliche zusätzliche Erfordernisse aufstelle. Das verschmelzungsrechtliche Prinzip der Gesamtrechtsnachfolge müsse *uneingeschränkten Vorrang* genießen. Begriffsjuristisch komme es schon zu keiner Datenübermittlung, wie sie das Bundesdatenschutzgesetz im Auge habe. Es fehle an einer physischen Weitergabe der personenbezogenen Daten. Der Speicherort ändere sich in aller Regel nicht. Eine Veränderung trete

---

631 *BVerfGE* 65, 1 ff. = NJW 1984, 419 ff.

632 Hierzu *Lüttge*, NJW 2000, 2464; *Wengert/Wiedmann/Wengert*, RDV 2000, 49 f. = NJW 2000, 2463 ff.; *Dieckmann/Eul/Klevenz*, RDV 2000, 151; *Teichmann/Kießling*, ZGR 2001, 49 f.; *Marsch-Barner/Mackenthun*, ZHR 165 (2001), 432 f.; *Simitis*, ZHR 165 (2001), 458 f.; *Zöllner*, ZHR 165 (2001), 442 f.; *Eul* in: Roßnagel, Handbuch Datenschutzrecht, Kap.7.2 Rdnr. 74 ff.; *Büllesbach* in: Roßnagel, Handbuch Datenschutzrecht, Kap. 7.1 Rdnr. 49 ff.; *Schaffland*, NJW 2002, 1539 ff.

633 *Lüttge*, NJW 2000, 2464; *Dieckmann/Eul/Klevenz*, RDV 2000, 151; *Marsch-Barner/Mackenthun*, ZHR 165 (2001), 432 f.; *Simitis*, ZHR 165 (2001), 458 f.; *Eul* in: Roßnagel, Handbuch Datenschutzrecht, Kap.7.2 Rdnr. 74 ff.; *Schaffland*, NJW 2002, 1540 f.

lediglich in Hinblick auf die *Berechtigung* an den Datenbeständen ein, die fortan dem übernehmenden Rechtsträger zufielen.[634]

Dem wird entgegengehalten, dass die verschmelzungsrechtliche Gesamtrechtsnachfolge *keine Regelung* zur datenschutzrechtlichen Rechtslage treffe. Sie nehme lediglich pauschal auf das Vermögen Bezug, um umfassende Singularsukzessionen zu vermeiden. Ob und inwieweit ergänzend Vorgaben aus dem Datenschutzsachrecht zu beachten sind, richte sich vorrangig nach den dort getroffenen Bestimmungen. Der gesetzliche Übermittlungsbegriff sei indes dahingehend auszulegen, dass dieser nicht notwendig eine physische Weitergabe der Daten im Sinne einer Ortsveränderung voraussetze. Entscheidend sei, dass die Rechte der Betroffenen auf informationelle Selbstbestimmung betroffen seien. Das Datenschutzrecht werde insoweit nicht per se von § 20 Abs. 1 Nr. 1 UmwG derogiert – weder über die Subsidiaritätsklausel des § 1 Abs. 3 S. 1 BDSG noch über eine dahingehende Interpretation des Übermittlungsbegriffs.[635] Das Spannungsverhältnis zwischen dem Datenschutz und der verschmelzungsrechtlichen Gesamtrechtsnachfolge sei letztlich im Rahmen der *Rechtfertigung* aufzulösen. Dies impliziert zugleich, der Universalsukzession den Rechtscharakter einer Datenübermittlung zu attestieren.

---

[634] *Lüttge*, NJW 2000, 2464; *Dieckmann/Eul/Klevenz*, RDV 2000, 151; *Marsch-Barner/Mackenthun*, ZHR 165 (2001), 432 f.; *Simitis*, ZHR 165 (2001), 458 f.; *Eul* in: Roßnagel, Handbuch Datenschutzrecht, Kap.7.2 Rdnr. 74 ff.; *Schaffland*, NJW 2002, 1540 f.

[635] *Zöllner*, ZHR 165 (2001), 442 f.; *Wengert/Wiedmann/Wengert*, RDV 2000, 49 f.; *dies*. NJW 2000, 2463 ff.; *Teichmann/Kießling*, ZGR 2001, 49 f.; *Büllesbach* in: Roßnagel, Handbuch Datenschutzrecht, Kap. 7.1 Rdnr. 49 ff.

9.2.1 Gesetzliche Systematik des Übermittlungsbegriffs

Ausgangspunkt der rechtlichen Analyse ist der Übermittlungsbegriff des § 3 Abs. 4 S. 2 Nr. 3 BDSG. Das Bundesdatenschutzgesetz knüpft an den Begriff der Datenübermittlung die *Bekanntgabe* gespeicherter oder durch Datenverarbeitung gewonnener personenbezogener Daten an einen *Dritten*. Der hierbei verwendete terminus technicus der Bekanntgabe wird in den Buchstaben a) und b) weiter konkretisiert. Demnach kann die Bekanntgabe entweder durch die *Weitergabe* personenbezogener Daten an den Dritten erfolgen oder dergestalt, dass diese *zur Einsicht* oder *zum Abruf* bereitgehalten werden, sofern der Dritte die Daten *tatsächlich* einsieht oder abruft.[636] Die Form der Bekanntgabe ist unerheblich.[637] Die Besonderheit in der Vollzugsphase der Verschmelzung liegt darin, dass die betroffenen personenbezogenen Daten *prima facie* – dieser Gesetzessystematik folgend – weder an den übernehmenden Rechtsträger weitergegeben werden, noch ein Abruf oder eine Einsichtnahme durch diesen *infolge* der Registereintragung der Verschmelzung erfolgt. Die Daten gehen als Bestandteil des Vermögens auf den übernehmenden Verband über.[638] Es wechselt, bildlich gesprochen, die Berechtigung an den Daten, ohne dass sich diese bewegen oder die mit der Datenverarbeitung betrauten, natürlichen Personen notwendig ausgewechselt würden. Hierzu bedarf es weder einer zielgerichteten aktiven Tätigkeit des übertragenden Verbandes, noch einer weitergehenden Übertragungshandlung – etwa vergleichbar einer successio in rem. Die Vermögensnachfolge ist de lege lata einzig an die Eintragung des Verschmelzungsbeschlusses in das Handelsregister am Sitz des übernehmenden Rechtsträgers geknüpft. Mit dieser gehen die personenbezogenen Daten automatisch im Rahmen der Gesamtrechtsnachfolge über. Aus dieser gesetzessystematisch zwingenden Rechtsfolge darf indes nicht unreflektiert gefolgert werden, der Übermittlungsbegriff, wie ihn das Bundesdatenschutzgesetz verwendet, könne *per se* nicht auf die verschmelzungsrechtliche Gesamtrechtsnachfolge angewendet werden.[639] Es bedarf einer genaueren rechtsdogmatischen Aufarbeitung.

9.2.1.1 Oberbegriff der Bekanntgabe

Ungeachtet der Frage, inwieweit der übernehmende Rechtsträger in der Vollzugsphase datenschutzrechtlich als „Dritter" im Sinne des § 3 Abs. 8 S. 2 BDSG zu qualifizieren ist,[640] knüpft das Gesetz den sachlichen Anwendungsbereich des Bundesdatenschutzgesetzes an den Oberbegriff der *Bekanntgabe* personenbezogener Daten. Diese Systematik verdeutlicht – ent-

---

636 *Gola/Schomerus*, BDSG, § 3 Rdnr. 32; *Schild* in: Roßnagel, Handbuch Datenschutzrecht, Kap. 4.2 Rdnr. 69; *Gola*, RDV 1987, 225 (zur Einsicht in die Handwerksrolle); *Knüppel*, DÖV 1983, 100; *Hirte*, NJW 1986, 1899; *BVerwG* DVBl. 1986, 731.

637 *Gola/Schomerus*, BDSG, § 3 Rdnr. 32; *Schild* in: Roßnagel, Handbuch Datenschutzrecht, Kap. 4.2 Rdnr.69.

638 Siehe zuvor unter *3*.

639 So im Ergebnis jedoch *Lüttge*, NJW 2000, 2464; *Dieckmann/Eul/Klevenz*, RDV 2000, 151; *Marsch-Barner/Mackenthun*, ZHR 165 (2001), 432 f.; *Simitis*, ZHR 165 (2001), 458 f.; *Eul* in: Roßnagel, Handbuch Datenschutzrecht, Kap.7.2 Rdnr. 74 ff.

640 Hierzu sogleich unter *9.2.4*.

sprechend dem verfassungsrechtlichen Grundgedanken der informationellen Selbstbestimmung, dass personenbezogene Informationen eines Betroffenen nicht an andere Personen oder Gesellschaften weitergegeben werden dürfen, ohne dass der Betroffene zuvor hiervon in *Kenntnis* gesetzt wird und über die Weitergabe sowie weitere Verwendung seiner persönlichen Informationen (mit)*entscheiden* darf. Das Recht auf informationelle Selbstbestimmung, das nach richtigem Verfassungsverständnis nicht als eigenes Grundrecht auf Datenschutz interpretiert werden kann,[641] begründet in abstracto Verarbeitungsbarrieren, die es auch im Verschmelzungssachrecht grundsätzlich zu beachten gilt.[642]

9.2.1.2 Gesetzliche Konkretisierungen

Das Gesetz konkretisiert den Oberbegriff der Bekanntgabe in § 3 Abs. 4 S. 2 Nr. 3 Buchst. a) und b) BDSG. Diese Konkretisierungen können vorrangig – jedoch *nicht abschließend* – für die rechtsdogmatische Interpretation des Bekanntgabebegriffs herangezogen werden. Die Bekanntgabe ist insoweit sowohl anhand dieser Konkretisierungen, als auch originär aus sich heraus im Kontext der Universalsukzession auszulegen.

9.2.1.2.1 Weitergabe personenbezogener Daten

Die Weitergabe von Informationen nach § 3 Abs. 4 S. 2 Nr. 3 Buchst. a) BDSG stellt einen *rein tatsächlichen Vorgang* dar,[643] der mit der zivilrechtlichen Besitzübertragung vergleichbar, jedoch nicht identisch ist. Die auf einem Datenträger oder in einer Datei verkörperten Informationen werden an einen Dritten übergeben, indem dieser die tatsächliche (Sach-)Herrschaft über die Daten erlangt. Obgleich personenbezogene Daten in abstracto nicht eigentums- oder besitzfähig sind,[644] kommt ihnen dennoch in Bezug auf die Person des Berechtigten ein gewisser Zuweisungsgehalt zu.[645] Der Dritte wird in diesen Zuweisungsgehalt des Rechts an den Daten als abstrakte Rechtsposition eingewiesen und ist fortan neuer Berechtigter der Daten sowie neue verantwortliche Stelle. Ohne Bedeutung ist, auf welche Art und Weise die Weitergabe erfolgt.[646] Die personenbezogenen Daten können in verkörperter Form oder unkörperlich weitergegeben werden. Die Weitergabe in körperlicher Form vollzieht sich primär durch die Übergabe der zugrunde liegenden Speichermedien im Sinne der zivilrechtlichen Besitzverschaffung. Die personenbezogenen Daten folgen insoweit als notwendiger akzessorischer Bestandteil dem zivilrechtlichen Besitz an den zugrunde liegenden Speichermedien nach, obgleich sie selbst nicht sachenrechtlich besitzfähig sind. Gegenstand der daten-

---

641 *Simitis*, NJW 1984, 399 f. (m.w.N.).
642 *Simitis*, a.a.O.
643 *Teichmann/Kießling*, ZGR 2001, 44.
644 *LG Konstanz*, CR 1997, 84 = NJW 1996, 2662; offen gelassen von *OLG Karlsruhe*, CR 1996, 352 = NJW 1996, 200 f.; *BGH*, MDR 1997, 26 = CR 1996, 663 = NJW 1996, 2924; *Grützmacher*, ITRB 2004, 260 ff.; *Wehlau*, OLG Report 2004, K 28.
645 *Grützmacher*, ITRB 2004, 260 ff.; *Wehlau*, OLG Report 2004, K 28.
646 *Teichmann/Kießling*, ZGR 2001, 44.

schutzrechtlichen Weitergabe sind somit weder Sachen noch Gegenstände im besitzrechtlichen Sinn des BGB. Im Fokus des Datenschutzrechts stehen die personenbezogenen Daten des Betroffenen sowie sein Recht auf informationelle Selbstbestimmung. Die Weitergabe kann tatbestandlich auch dann erfüllt sein, wenn kein unter den zivilrechtsdogmatischen numerus clausus der Eigentums- und Besitzübertragungsarten fallender Sachverhalt vorliegt und die personenbezogenen Daten in unkörperlicher Form mit ihrem reinen Informationscharakter via e-Mail, Telefax, Telefon oder mündlich weitergegeben werden. Aus Sicht des Betroffenen kann es keine Rolle spielen, in welcher Form seine Daten einem Dritten zur Kenntnis gebracht werden. Andernfalls bestünde die erhebliche praktische Gefahr einer Umgehung des Weitergabebegriffs durch alternative Gestaltungsvarianten, in denen personenbezogene Daten zwar in unkörperlicher Form übermittelt, aber sogleich wieder *rekorporisiert* würden.

Im Vollzug einer Verschmelzung liegt *per se keine Weitergabe* der personenbezogenen Daten nach dem zuvor genannten Begriffsverständnis. Zwar mag der Besitz an den Gegenständen der Vermögensmasse des übertragenden Rechtsträgers infolge der verschmelzungsrechtlichen Universalsukzession analog § 857 BGB auf den übernehmenden Rechtsträger ungeachtet der tatsächlichen Besitzergreifung im Zeitpunkt der registergerichtlichen Eintragung übergehen.[647] Zivilrechtlich besitzfähig sind jedoch stets nur Sachen im Sinne von § 90 BGB.[648] Personenbezogene Daten sind keine körperlichen Gegenstände und damit nicht abstrakt besitzfähig. Die analoge Anwendung des § 857 BGB im Rahmen des § 20 Abs. 1 Nr. 1 UmwG hilft insoweit datenschutzrechtlich nicht weiter. Zudem fingiert § 857 BGB den Übergang des Besitzes auf den Erben, bewirkt aber nicht den Übergang der tatsächlichen Sachherrschaft, sondern nur die Nachfolge in die an die Sachherrschaft des Erblassers geknüpfte *rechtliche* Besitzstellung.[649] Der Erbe folgt – ebenso wie der übernehmende dem übertragenden Rechtsträger – dem Erblasser rechtlich in dessen Besitzstellung mit allen positiven und negativen Folgen nach.[650] Die tatsächliche Sachherrschaft erlangt der Erbe jedoch erst mit faktischer Besitzergreifung.[651] Die Sachen des übertragenden Rechtsträgers werden tatsächlich ebenso wenig bewegt oder übergeben, wie die personenbezogenen Informationen. Die Besonderheit der Verschmelzung liegt gerade darin, dass der übertragende Rechtsträger im Zeitpunkt der Registereintragung erlischt, seine rechtliche Selbständigkeit verliert und im übernehmenden Rechtsträger – samt seines gesamten Vermögens – als fortan unselbständiger Bestandteil aufgeht.

Der Verlust der rechtlichen Selbständigkeit ist indes das einzige verschmelzungsrechtlich zwingend vorgegebene Merkmal. Das Unternehmen bleibt im Übrigen vom Vollzug der Verschmelzung unberührt. Der Ort des Geschäftsbetriebs ändert sich allein aufgrund der

647 *Zöllner*, ZHR 165 (2001), 443 f.; *Palandt/Bassenge*, BGB, § 857 Rdnr. 1.
648 *Palandt/Bassenge*, BGB, Überbl. v. § 854 Rdnr.1.
649 *Palandt/Bassenge*, BGB, § 857 Rdnr. 1.
650 *BGH*, NJW 1993, 935 (zu § 1006 BGB); *Palandt/Bassenge*, BGB, § 857 Rdnr. 5 ff.; *BGH*, JZ 1953, 706.
651 *Palandt/Bassenge*, BGB, § 857 Rdnr. 4.

Registereintragung ebenso wenig, wie der Standort der gespeicherten personenbezogenen Daten. Aus einem selbständigen Verband wird eine unselbständige Zweigniederlassung des übernehmenden Rechtsträgers. Räumlich betrachtet werden die personenbezogenen Daten damit nicht von dem einen (dem übertragenden) an einen anderen (den übernehmenden) Rechtsträger weitergeleitet. Ihr Speicherort bleibt identisch. Diese Erkenntnis gilt für die Differenzierungen der Weitergabe personenbezogener Daten in verkörperter oder unkörperlicher Form gleichermaßen. Mit der Gesamtrechtsnachfolge, die ispo iure im Zeitpunkt der Registereintragung eintritt und der Parteidisposition entzogen ist, werden keine personenbezogenen Daten zielgerichtet von einer auf eine andere Person bewegt oder verschoben. Einzig der übernehmende Rechtsträger folgt rechtlich zwingend in das Vermögen des übertragenden Verbandes – und damit auch dessen Bestände an personenbezogenen Daten – nach. In der Praxis werden zwar sowohl im Vorfeld des Vollzugs als auch nach Abschluss der Verschmelzung umfassend Datenbestände ausgetauscht und bewegt. Dies ist jedoch an dieser Stelle irrelevant, da es einzig darauf ankommt, inwieweit die Gesamtrechtsnachfolge, die sich in einer juristischen Sekunde vollzieht, *gleichzeitig* eine Datenübermittlung bedingt.

Eine Weitergabe im gesetzestechnischen Sinne *infolge* der verschmelzungsrechtlichen Universalsukzession ist in wortlautgetreuer Auslegung *nicht* feststellbar.

9.2.1.2.2 Einsichtnahme oder Abruf von Daten

Die Bekanntgabe personenbezogener Daten kann gemäß § 3 Abs. 4 S. 2 Nr. 3 Buchst. b) BDSG ferner erfolgen, indem die verantwortliche Stelle dem Dritten Einsicht in die Dateien gewährt, ohne dass es zu einer Weitergabe im faktischen Sinne und einer Speicherung beim Empfänger kommen muss.[652] Auch diese zweite Alternative der gesetzlichen Konkretisierungen des Bekanntgabebegriffs passt indes nicht auf den Übergang personenbezogener Daten in der verschmelzungsrechtlichen Universalsukzession. Der übertragende Rechtsträger hält weder *zielgerichtet* Daten zur Einsicht oder zum Abruf bereit, noch ist mit der registergerichtlichen Eintragung der Verschmelzung und den hiermit verbundenen Wirkungen notwendig eine *tatsächliche Einsichtnahme* durch den übernehmenden Rechtsträger verbunden. Die personenbezogenen Daten gehen als Teil der Vermögensmasse des übertragenden Rechtsträgers über. Eine tatsächliche Einsichtnahme in der juristischen Sekunde des Vollzugs der Verschmelzung ist schon aus rechtssystematischen Gründen ausgeschlossen.

Anders mag dies nach dem Vollzug der Verschmelzung sein. Hier kann eine tatsächliche Einsichtnahme in die personenbezogenen Daten durch den „übernehmenden Rechtsträger" ohne weiteres jederzeit erfolgen. Die Daten sind dann bereits rechtlich in sein Vermögen über-

---

[652] *Dammann* in: Simitis/Dammann/Geiger/Mallmann/Walz, BDSG, § 3 Rdnr. 152; *Bergmann/Möhrle/Herb*, BDSG, § 3 Rdnr. 84 f.; *Gola/Schomerus*, BDSG, § 3 Rdnr. 32; eine Information kann auch sprachlos durch eine Geste weitergegeben werden; *Dammann* in: Simitis/Dammann/Geiger/Mallmann/Walz, BDSG, § 3 Rdnr. 152; *Bergmann/Möhrle/Herb*, BDSG, § 3 Rdnr. 84 f.; *Gola/Schomerus*, BDSG, § 3 Rdnr. 32.

gegangen, so dass sich damit nicht mehr zwei Stellen als Dritte[653] gegenüberstehen. Schon aus diesem Grund muss eine tatbestandliche Datenübermittlung ungeachtet der begriffsdogmatischen Interpretation des Übermittlungsbegriffs in diesem Stadium ausscheiden.

In summa bleibt an dieser Stelle festzuhalten: Die termini technici des Bundesdatenschutzgesetzes zur Konkretisierung des Übermittlungsbegriffes passen jedenfalls in wortlautgetreuer Anwendung nicht auf den Übergang personenbezogener Daten in der verschmelzungsrechtlichen Gesamtrechtsnachfolge nach § 20 Abs. 1 Nr. 1 UmwG. Das gesetzliche System der Gesamtrechtsnachfolge entzieht sich einer schematischen datenschutzrechtlichen Betrachtung. In der juristischen Sekunde der Vermögensnachfolge, bewirkt durch die registergerichtliche Eintragung der Verschmelzungsbeschlüsse, erfolgt weder eine Weitergabe personenbezogener Daten, noch werden diese zur Einsicht oder zum Abruf bereitgehalten und vom übernehmenden Rechtsträger in diesem Zeitpunkt tatsächlich eingesehen oder abgerufen. Möglicherweise vermag eine teleologische und rechtsdogmatische Auslegung des Übermittlungsbegriffes im Kontext der Universalsukzession die Situation weiter zu erhellen.

9.2.2 Notwendige Merkmale des Übermittlungsbegriffs

Wie bereits zuvor herausgearbeitet, entzieht sich die Vermögensgesamtrechtsnachfolge jedem Versuch, sie unter die de lege lata vorgegebenen Begriffsmerkmale der Datenübermittlung zu subsumieren. Zu einer *„klassischen" Bewegung* personenbezogener Daten von einer – fortbestehenden – (juristischen) Person auf einen Empfänger kommt es gerade nicht. Für den Übermittlungsbegriff werden indes ungeschriebene Konkretisierungsmerkmale und normativdeskriptive Kriterien diskutiert, die einer exakten Nachschärfung der Konturen des allzu unbestimmten Rechtsbegriffes dienen sollen. Diese könnten auch in vorliegender Fragestellung weiterhelfen.

9.2.2.1 Erfordernis einer Ortsveränderung der Daten

Im *Schrifttum* wird teilweise vertreten, eine Datenübermittlung setze notwendig eine physische Bewegung der personenbezogenen Daten im Sinne einer Ortsveränderung voraus.[654] Dies als zutreffend unterstellt, läge in der Vollzugsphase der Verschmelzung in Ermangelung einer physischen Ortsveränderung der Daten *kein* Vorgang einer Datenübermittlung. Die gespeicherten Informationen des übertragenden Verbandes werden nicht bewegt. Es findet keine physische Weitergabe im Sinne einer Ortsveränderung *allein infolge* der registergerichtlichen Eintragung der Verschmelzung statt. Der übertragende Verband geht im Moment seines Erlöschens als rechtlich unselbständiger Teil im aufnehmenden Rechtsträger auf, ohne dass hiermit eine aktive Bewegung der personenbezogenen Daten verbunden wäre. Es ändert sich lediglich die rechtliche Zuordnung der Vermögensbestandteile sowie die

653 Im Sinne des § 3 Abs. 4 S. 2 Nr. 3, 1. Halbs. BDSG i.V.m. § 3 Abs. 8 S. 2 BDSG.
654 *Lüttge*, NJW 2000, 2465; *Dieckmann/Eul/Klevenz*, RDV 2000, 151.

Berechtigung an den personenbezogenen Daten. Der übernehmende Verband wird in dem Moment des Vollzugs der Verschmelzung datenschutzrechtlich die neue verantwortliche Stelle.

Dem Übermittlungsbegriff des § 3 Abs. 4 S. 2 Nr. 3 BDSG sind indes keine Anhaltspunkte zu entnehmen, die auf eine Ortsveränderung der personenbezogenen Daten als notwendiges Merkmal schließen lassen würden.[655] Aus dem terminus der Bekanntgabe sowie dessen Konkretisierungen wird vielmehr deutlich, dass es ausreicht, wenn die personenbezogenen Daten an einen Dritten *mitgeteilt* werden. Die personenbezogenen Informationen müssen einem Dritten zur Kenntnis gelangen, ohne dass dies notwendig mit einer physischen Bewegung der Daten verbunden wäre. Insbesondere in der Alternative der Einsichtnahme bzw. des Abrufs nach § 3 Abs. 4 S. 2 Nr. 3 Buchst. b) BDSG müssen die personenbezogenen Daten nicht von der übermittelnden Stelle an den Dritten auf den Weg gebracht werden. Die übermittelnde Stelle hält die Daten vielmehr lediglich zum Abruf bereit. Bewegt sich nun der Dritte in Richtung auf die Daten zu und sieht diese anschließend tatsächlich ein, liegt hierin zweifelsohne ein Übermittlungsvorgang, ohne dass die personenbezogenen Daten ihren Speicherort je verlassen hätten.

Die Datenübermittlung ist per definitionem ebenfalls nicht an die Speicherung durch den Dritten geknüpft. Gesetzlich wird es als ausreichend angesehen, dass personenbezogene Daten einem Dritten bekannt gegeben werden. Hierin liegt eine Datenverarbeitung durch die speichernde Stelle. Ob und inwieweit der Dritte die erlangten Daten anschließend selbst speichert und damit verarbeitet, besitzt für die Frage der tatbestandsmäßigen Datenübermittlung keine Relevanz. Anerkannt ist ferner, dass Informationen, die innerhalb eines Konzernverbundes von einzelnen Konzerngesellschaften erhoben werden, nicht ohne weiteres zentral gespeichert bzw. sämtlichen verbundenen Unternehmen zur Verfügung gestellt werden dürfen. Das Datenschutzrecht kennt kein Konzernprivileg.[656] Wirtschaftliche Verflechtungen sind sub specie des Datenschutzrechts irrelevant.[657] Eine ökonomische Einheit begründet nicht zugleich eine Informationseinheit. Damit wird der Gefahr einer intransparenten Datenverarbeitung entgegen getreten.[658] Nach der gesetzlichen Systematik liegt auch konzernintern eine Datenübermittlung vor, wenn eine Tochtergesellschaft auf den Datenpool anderer Gesellschaften zugreift, ohne dass dabei Informationen tatsächlich bewegt werden müssten.

---

655 A.A. *Lüttge*, NJW 2000, 2465; *Dieckmann/Eul/Klevenz*, RDV 2000, 151.

656 Grundlegend hierzu: *Ruppmann*, 29 ff.; *Kilian/Scheja*, RDV 2002, 179; *Dammann* in: Simitis/Dammann/Geiger/Mallmann/Walz, BDSG, § 3 Rdnr. 228; *Bergmann/Möhrle/Herb*, BDSG, § 3 Rdnr. 35; *Auernhammer*, BDSG, § 3 Rdnr. 51.

657 *Wengert/Wiedmann/Wengert*, RDV 2000, 49; *Kilian/Scheja*, RDV 2002, 179; *Ruppmann*, 29 ff.; *Gola/Schomerus*, BDSG, § 28 Rdnr. 6; *Büllesbach*, RDV 2000, 1 ff.; *Simitis* in: Simitis/Dammann/Geiger/Mallmann/Walz, BDSG, § 2 Rdnr. 131.

658 *Büllesbach*, CR 2000, 547; *Steding/Meyer*, BB 2001, 1698 f.; *Teichmann/Kießling*, ZGR 2001, 47; *Kilian/Scheja*, RDV 2002, 179 (m.w.N.).

Auf eine physische Bewegung der Daten im Sinne der tatsächlichen Veränderung des Speicherortes kann es damit für die Definition des Begriffs der Datenübermittlung nicht ankommen. Sie ist *kein prägendes* Merkmal. Wäre der Übermittlungsbegriff in diesem Sinne – der notwendigen Veränderung des (sekundären) Speicherortes – aufzufassen, bedürfte dies einer eindeutigen dahingehenden gesetzlichen Regelung. Dieses Ergebnis überzeugt auch vor dem rechtsdogmatischen Hintergrund des Datenschutzrechts. Das Recht auf informationelle Selbstbestimmung soll es dem Betroffenen ermöglichen, selbst zu entscheiden, welchem Adressatenkreis gegenüber er seine persönlichen Informationen offen legt und an wen diese weitergegeben werden dürfen. Diese verfassungsdogmatisch vorgegebene Zweckbestimmung des Datenschutzrechts gilt undifferenziert für körperliche wie unkörperliche Informationen und unabhängig von der Art und Weise, wie die Daten an Dritte weitergegeben werden.

9.2.2.2 Erfordernis eines zielgerichteten Tätigwerdens i.S.e. elementum activum

Der Begriff der Bekanntgabe fordert sowohl dem Wortlaut wie auch der ratio legis nach ein Mindestmaß zielgerichteter Aktivität bei der Weitergabe personenbezogener Daten an einen bestimmten Dritten. Soweit gefolgert wird, das Gesetz knüpfe hiermit an ein *Übergeben* bzw. ein *Nehmen* oder *Holen* an und in beiden Alternativen sei eine aktive Tätigkeit erforderlich, durch welche die personenbezogenen Daten in den Verfügungsbereich eines außen stehenden Adressaten gelangen,[659] kann dem nicht uneingeschränkt gefolgt werden.

Die Weitergabe nach § 3 Abs. 4 S. 2 Nr. 3 Buchst. a) BDSG enthält schon nach dem begriffsjuristischen Wortverständnis ein gewisses *elementum activum*. Die personenbezogenen Daten müssen grundsätzlich zielgerichtet an eine andere Person oder Stelle übergeleitet werden. Das Gleiche gilt für § 3 Abs. 4 S. 2 Nr. 3 Buchst. b) BDSG, wonach das Bereithalten bestimmter personenbezogener Daten zur Einsicht bzw. zum Abruf durch den Dritten erforderlich ist, soweit der Dritte die Daten tatsächlich einsieht oder abruft. In dieser Alternative ist nach dem Gesetzesverständnis ein aktives Mitwirken sowohl der übermittelnden, als auch der empfangenden Stelle erforderlich. Die übermittelnde Stelle stellt die personenbezogenen Daten zum Abruf bereit, der Dritte muss diese anschließend aktiv abrufen oder einsehen. Die beiden begrifflichen Konkretisierungen der Bekanntgabe sind indes nicht abschließend, sondern rein *deklaratorisch-konkretisierend*. Abschließende Rückschlüsse können hieraus nicht gezogen werden. Eine rein *passive Bekanntgabe* von Informationen führt jedoch bereits begrifflich ad absurdum. Die Bekanntgabe von Informationen knüpft notwendig an ein Mindestmaß an Aktivität – entweder auf Seiten der übermittelnden oder der empfangenden Stelle.

In der Vollzugsphase kommt es zu keiner unmittelbar datenschutzrechtlich relevanten, aktiven Tätigkeit der beteiligten Stellen. Die Vermögensnachfolge vollzieht sich einzig infolge der Bewirkung der Registereintragung. Sie steht außerhalb jeglicher Parteidisposition und

---

659 So *Lüttge*, NJW 2000, 2464 f.

Beeinflussbarkeit.[660] Da der Übergang der personenbezogenen Daten rechtlich untrennbar mit der Vermögensgesamtrechtsnachfolge verbunden ist, liegt an dieser Stelle kein aktives Tun der beteiligten Rechtsträger zugrunde. Diese Betrachtungsweise geriete jedoch zu eng. Die Rechtsfolgen des § 20 Abs. 1 UmwG treten zwar automatisch ein. Sie sind jedoch ihrerseits geknüpft an die registergerichtliche Eintragung der Verschmelzung, die durch die Parteien erst aktiv auf den Weg gebracht werden muss. Im Vorfeld des Vollzugs entscheiden der Abschluss des Verschmelzungsvertrags und die Zustimmung der Anteilsinhaber über das Zustandekommen der Verschmelzung. Diese wird anschließend durch aktive Antragsstellung beim Registergericht des jeweiligen Rechtsträgers auf den Weg gebracht. Diese Maßnahmen betreffen indes nicht unmittelbar die aktive Weitergabe der personenbezogenen Daten. Sie mögen in engem Zusammenhang mit der Vermögensnachfolge stehen, sind jedoch datenschutzrechtlich *abstrakt* von dieser zu betrachten. Die Universalsukzession als solche ist die gesetzliche Konsequenz der umfassenden Vorbereitungsmaßnahmen, um die Verschmelzung letztlich zu bewirken.[661] Mag sie auch für die Beteiligten eine unabdingbare und vorhersehbare, gesetzliche Rechtsfolge darstellen, können die Aktivitäten im Vorfeld der Universalsukzession nicht als ausreichendes Anknüpfungsmoment für eine aktive Weitergabe der personenbezogenen Daten in der Universalsukzession herangezogen werden. Demnach fehlt es der Universalsukzession bereits an dem datenschutzrechtlich notwendigen *Mindestmaß an aktivem Tun*, weshalb man versucht sein kann, der Universalsukzession auch aus diesem Grund die rechtliche Qualität einer Datenübermittlung abzusprechen. Dies ist jedoch durch weitere Überlegungen zu verifizieren.

9.2.2.3 Erfordernis der äußeren Wahrnehmbarkeit einer Datenübermittlung

Soweit angeführt wird, gemeinsames Merkmal der Tätigkeiten des Nehmens oder Holens der personenbezogenen Daten im Rahmen der Datenübermittlung sei die äußere Wahrnehmbarkeit, die Daten müssten in irgendeiner Weise physisch bewegt oder zur Verfügung gestellt werden, was im Rahmen des Vollzugs einer Verschmelzung nicht stattfinde,[662] kann dem nicht gefolgt werden.

Unstreitig dürfte sein, dass der Vollzug der Verschmelzung nicht notwendig zu einer nach außen hin faktisch wahrnehmbaren Überleitung der personenbezogenen Daten führt. Diese ist auch nicht notwendiger Bestandteil des Übermittlungsbegriffs. Gesellschaftsrechtsdogmatisch stützt sich diese Ansicht auf eine dahingehende Interpretation der Gesamtrechtsnachfolge.[663] Deren Wesensmerkmal sei die Ermöglichung des Übergangs von Vermögensinbegriffen ohne

---

660 Freilich haben es die Parteien in der Hand, den Vollzug der Verschmelzung nicht herbeizuführen, indem der Antrag auf registergerichtliche Eintragung nicht gestellt oder zurückgezogen wird. Dies kann jedoch nicht als Begründungsweg für ein *aktives Tun* im Rahmen einer mit der Universalsukzession verbundenen etwaigen Datenübermittlung herangezogen werden.

661 *Wiener*, ZHR 27 (1882), 333 ff.; *K. Schmidt*, AcP 191 (1991), 503 ff.; ausführlich zuvor unter *3.*

662 *Lüttge*, NJW 2000, 2464 f.; *Marsch-Barner/Mackenthun*, ZHR 165 (2001), 432.

663 *Lüttge*, NJW 2000, 2464 f.

Anwendung des sachenrechtlichen Bestimmtheitsgrundsatzes.[664] Durch den Wechsel des Rechtsträgers, der sich mit der Eintragung des Verschmelzungsbeschlusses vollziehe, ändere sich zugleich die vermögensrechtliche Zuordnung, ohne dass es eines weiteren Übereignungs- oder Übernahmeaktes bedürfte. Infolgedessen sei ein Vermögensübergang im Zuge der Gesamtrechtsnachfolge per definitionem nicht das Ergebnis faktischer Transferhandlungen, sondern ein rein rechtliches Konstrukt. Ein durch faktisches Handeln gekennzeichnete Tatbestandsmerkmal („Bekanntgeben") könne damit durch eine Gesamtrechtsnachfolge nicht erfüllt werden, eine Verschmelzung daher keine Datenübermittlung bewirken.[665]

Dem gesetzlichen Begriff der Bekanntgabe ist jedoch nicht zu entnehmen, dass diese in einer *nach außen hin erkennbaren* Art und Weise erfolgen müsste. Für Konzerngesellschaften ist nach der gesetzlichen Systematik anerkannt, dass diese datenschutzrechtlich nicht zu privilegieren sind. Werden personenbezogene Daten innerhalb eines Konzernverbundes unter verschiedenen Tochtergesellschaften bzw. in deren Verhältnis zur Konzernmutter ausgetauscht, liegt hierin nach h.M. ein Übermittlungsvorgang,[666] ohne dass dies notwendig nach außen hin wahrnehmbar sein muss. Konzerngesellschaften sind im Verhältnis zueinander unterschiedliche Rechtspersonen und damit Dritte. Auf die zugrunde liegenden Beteiligungsverhältnisse kommt es datenschutzrechtlich nicht an. Auch ist eine physische Bewegung der Daten, wie gezeigt, weder begriffsnotwendig noch erforderlich. Werden personenbezogene Daten in einem zentralen Datenpool eines Konzerns gesammelt, in den sämtliche Konzerngesellschaften ihre Daten einsteuern und anschließend darauf zugreifen, liegt hierin ebenfalls eine tatbestandliche Datenübermittlung – und keine bloße Nutzung. Rechtlich kann es insoweit keinen Unterschied machen, ob die personenbezogenen Daten auf diesem Wege an eine andere Rechtsperson gelangen, oder vorher physisch bewegt und faktisch weitergegeben werden.

Auch aus Sicht des Betroffenen kann es keine Rolle spielen, ob seine personenbezogenen Daten in einem rein unternehmensinternen Vorgang in datenschutzrechtlich relevanter Weise weitergegeben werden oder ob dies mittels äußerlich wahrnehmbarer Handlungen erfolgt. Das Kriterium der äußeren Wahrnehmbarkeit der Datenweitergabe stellt somit kein begriffsnotwendiges Merkmal eines Übermittlungsvorgangs dar.

---

664 *Grunewald* in: Lutter, UmwG, § 20 Rdnr. 7 ff.; *Mertens*, 79 f.; *K. Schmidt*, AcP 191 (1991), 502 ff.; *Stratz* in: Schmitt/Hörtnagl/Stratz, UmwG, § 20 Rdnr. 18.

665 *Lüttge*, NJW 2000, 2465.

666 *Ruppmann*, 29 ff.; *Wengert/Wiedmann/Wengert*, RDV 2000, 49; *Kilian/Scheja*, RDV 2002, 179; *Gola/Schomerus*, BDSG, § 28 Rdnr. 6; *Büllesbach*, RDV 2000, 1 ff.; *Simitis* in: Simitis/Dammann/Geiger/Mallmann/Walz, BDSG, § 2 Rdnr. 131.

9.2.2.4 Erfordernis der Zielgerichtetheit der Weitergabe an einen bestimmten Empfänger

Inwieweit es erforderlich ist, dass personenbezogene Daten von der übermittelnden Stelle *zielgerichtet* in Richtung auf einen konkreten Empfänger auf den Weg gebracht werden, um den Tatbestand einer Übermittlung zu erfüllen, kann vorliegend dahinstehen. Im Rahmen des Vollzugs der Verschmelzung folgt der übernehmende Rechtsträger spezifisch in das Vermögen und die Datenbestände des übertragenden Verbandes nach. Aus Sicht der übertragenden Gesellschaft liegt hierin jedenfalls eine *zielgerichtete Rechtsnachfolge.*

Darüber hinaus stellt auch die Weitergabe personenbezogener Daten an einen unbestimmten Adressatenkreis, etwa infolge Einstellens personenbezogener Daten im Internet, eine – zudem grenzüberschreitende – Datenübermittlung dar.[667] Dies wird sogar als die intensivste Form der Übermittlung angesehen.[668]

9.2.2.5 Notwendigkeit der tatsächlichen Kenntnisnahme

Der Vollzug der Verschmelzung ist nicht begriffsnotwendig mit der tatsächlichen Einsicht- oder Kenntnisnahme der übernehmenden Gesellschaft von den personenbezogenen Daten verbunden. Der übernehmende Verband hat nahezu uneingeschränkte Möglichkeiten des Zugriffs, der Verarbeitung und Nutzung der personenbezogenen Daten nach dem Vollzug der Verschmelzung – innerhalb der gesetzlichen Grenzen des Bundesdatenschutzgesetzes. Die termini technici der tatsächlichen Einsichtnahme bzw. des Abrufs knüpfen ihrem Wortlaut nach daran an, dass personenbezogene Daten bzw. deren Inhalte dem Empfänger zur tatsächlichen Kenntnis gelangen müssen. Wäre auch der Oberbegriff der Bekanntgabe in diesem Sinne zu interpretieren, läge im Vollzug der Verschmelzung durch Registereintragung kein Übermittlungsvorgang. Allein die registergerichtliche Eintragung bewirkt nicht zugleich die tatsächliche Kenntnisnahme der übernehmenden Gesellschaft[669] vom Inhalt der Daten.

Die personenbezogenen Daten gehen akzessorisch mit dem gesamten Vermögen des übertragenden Verbandes über. Zwar begründet diese rechtliche Neuzuordnung die abstrakte Möglichkeit der Kenntnisnahme. *De facto* wird es in der Folgezeit der Verschmelzung auch zur Einsichtnahme in die Datenbestände kommen. Dies ist indes in dem hier einzig relevanten Vollzugszeitpunkt grundsätzlich nicht von Bedeutung. Soweit umgekehrt die bloße Möglichkeit der Kenntnisnahme als ausreichend angesehen würde, wäre zu klären, inwieweit diese anhand der genauen rechtlichen Anforderungen infolge der registergerichtlichen Eintragung gegeben wäre. Da die übernehmende Gesellschaft in die rechtliche Position des übertragenden Verbandes als verantwortliche Stelle im datenschutzrechtlichen Sinn (§ 3 Abs. 7 BDSG) nachfolgt, sind die ursprünglich bei der übertragenden Gesellschaft gespeicherten personenbezogenen Daten fortan dieser rechtlich zuzuordnen. Mit Eintragung der Verschmelzung gelangen die personenbezogenen Daten in den rechtlichen Machtbereich der übernehmenden

[667] *Gola*, NJW 2000, 3752; *Gola/Schomerus*, BDSG, § 3 Rdnr. 33.
[668] *OVG Lüneburg*, NJW 1992, 192; *Gola/Schomerus*, BDSG, § 3 Rdnr. 33.
[669] Bzw. deren Organe, Arbeitnehmer und sonstigen Repräsentanten.

Stelle. Diese hat die uneingeschränkte Möglichkeit des jederzeitigen tatsächlichen Zugriffs. Bereits zuvor wurde herausgearbeitet, dass es für die teleologische Auslegung des Bekanntgabebegriffs nicht auf die Erlangung der tatsächlichen Kenntnis von den personenbezogenen Daten durch eine Person im Organisationsgefüge des Dritten ankommen kann, sondern es ausreicht, wenn die betreffenden Informationen in den Kenntnis- und Machtbereich des Empfängers dergestalt gelangen, dass eine faktische Möglichkeit der Kenntnisnahme besteht.[670] Die entwickelten Grundsätze zum zivilrechtlichen Zugang von Wissenserklärungen innerhalb juristischer Personen gelten entsprechend im Datenschutzrecht, wenngleich in erweiternder Form. Die Weitergabe personenbezogener Daten ist tatbestandlich wie rechtlich der Übermittlung einer Wissenserklärung ähnlich. Beiden Vorgängen liegt eine vergleichbare Interessenslage zugrunde. Die Spezialitäten des rechtlichen Konstrukts der Universalsukzession sind daher in einer vergleichsweisen Betrachtung von Willenserklärungen zu berücksichtigen.

Für Willens- und Wissenserklärungen, die dem übertragenden Rechtsträger vor Eintragung der Verschmelzung zugegangen waren, ist anerkannt, dass diese auch in der Person des übernehmenden Rechtsträgers fortwirken und im Wege der Universalsukzession übergehen.[671] Ein Vertragsangebot eines Dritten gegenüber dem übertragenden Verband kann somit nach Vollzug der Verschmelzung durch den übernehmenden Rechtsträger angenommen werden und erlischt nicht etwa. Auch hier ändert sich lediglich die rechtliche Zuständigkeit infolge der Verschmelzung. Die ursprünglich gegenüber dem übertragenden Rechtsträger abgegebene Erklärung geht dabei infolge der Verschmelzung nicht etwa dem neuen Verband zu. Vielmehr erweitert sich der abstrakte rechtliche Macht- und Kenntnisbereich der übernehmenden Gesellschaft um das „Vermögen" des übertragenden Verbandes. Nicht die Erklärung gelangt in den Machtbereich eines anderen, sondern der rechtliche Machtbereich erweitert sich auf diese. Vergleicht man die Situation mit derjenigen des Übergangs personenbezogener Daten, kann auch hierein mangels neuerlichem „Zugangs" kein tatbestandlicher Übermittlungsvorgang liegen.

9.2.3 Rückschlüsse aus dem verschmelzungsrechtlichen Prinzip der Gesamtrechtsnachfolge

Nach heutiger Zivilrechtsdogmatik besteht Einigkeit, dass die Gesamtrechtsnachfolge die Nachfolge in mehrere Rechte oder Rechtsverhältnisse als einheitliche Wirkung eines Tatbestandes beschreibt, *Universalität* der *succedere per universitatem.*[672] Demgegenüber ist die Einzelrechtsnachfolge auf die Nachfolge in ein einzelnes Recht oder Rechtsverhältnis gerichtet und von der Anwendbarkeit des *sachenrechtlichen Spezialitätsprinzips* geprägt.[673] Der Übergang des Vermögens in der Universalsukzession erfolgt automatisch, ispo iure und erstreckt sich auf das Vermögen als Ganzes; beides sind jedoch nur akzidentielle Merkmale der

670 Siehe zuvor unter *7.1* (im Kontext der Vorbereitungsphase der Verschmelzung); in Analogie zum Zugang von Willens- und Wissenserklärungen; so auch *Teichmann/Kießling*, ZGR 2001, 44.

671 *Stratz* in: Schmitt/Hörtnagl/Stratz, UmwG, § 20 Rdnr. 27.

672 Hierzu ausführlich zuvor unter *3.2.1.*

673 *Wolff*, § 6 II c; *K. Schmidt*, AcP 191 (1991), 501 f.

Gesamtrechtsnachfolge, wie bereits zuvor gezeigt.[674] Die Regelung des § 20 Abs. 1 Nr. 1 UmwG dient der Erleichterung von Verschmelzungsvorgängen, nicht jedoch dazu, diese erst zu ermöglichen. Umfassende Singularsukzessionen werden entbehrlich, zugleich wird die Entstehung subjektloser Rechte infolge der Erlöschenswirkung nach §§ 19, 2 Abs. 1, 1. Halbs. UmwG ausgeschlossen.[675]

9.2.3.1 Rechtsfolgenwirkungen des § 20 Abs. 1 Nr. 1 UmwG

Die Rechtsfolgenanordnung des Gesetzes ist in § 20 Abs. 1 Nr. 1 UmwG eindeutig. Das gesamte Vermögen des übertragenden Verbandes – und mit ihm sämtliche Informationen – gehen auf den übernehmenden Verband über. Die Vermögensnachfolge ist ein rein rechtliches Konstrukt, das sich den Vorgaben der korrespondierenden Singularsukzessionstatbestände entzieht. Der übernehmende Verband wird qua Gesetz umfassend in die Rechte und Rechtspositionen des übertragenden Verbandes eingewiesen. Dies erfolgt ispo iure und uno actu in der juristischen Sekunde des Vollzugs der Verschmelzung durch Registereintragung. Die einzelnen Vermögensbestandteile werden weder Übergeben, noch räumlich bewegt. Es ändert sich einzig die Zuständigkeit infolge der Auswechslung des rechtlichen Bezugsobjekts. An die Stelle der übertragenden Gesellschaft tritt mit registergerichtlicher Eintragung der übernehmende Rechtsträger. Dies erfolgt umfassend und grundsätzlich ausnahmslos.

Der Besitz an körperlichen Gegenständen, die von der Universalsukzession erfasst werden, geht nicht erst mit der tatsächlichen Besitzergreifung im Sinne der Erlangung der tatsächlichen Sachherrschaft über, sondern in analoger Anwendung des § 857 BGB im Wege gesetzlicher Fiktion zum Zeitpunkt der Gesamtrechtsnachfolge.[676] Der Besitzübergang bedeutet dabei nicht den Übergang der *tatsächlichen Sachherrschaft*, sondern die Nachfolge in die an die Sachherrschaft des Erblassers geknüpfte *Besitzstellung*, insbesondere die hieraus zugunsten und zu Lasten des Erben ableitbaren Rechte.[677] Die tatsächliche Sachherrschaft wird, entsprechend dem sachenrechtlichen System, erst mit faktischer Besitzergreifung erlangt.[678] Besitzfähig im Sinne der §§ 854 ff. BGB sind jedoch nur „Sachen“ im Sinne des § 90 BGB als „körperliche Gegenstände“. Personenbezogene Daten stellen unstreitig keine körperlichen Gegenstände und damit keine Sachen dar, so dass diese grundsätzlich nicht von der Fiktion des § 857 BGB analog erfasst werden. Ferner werden die Sachen des übertragenden Rechtsträgers ebenso wenig tatsächlich bewegt oder übergeben, wie dic personenbezogenen Informationen. Die Besonderheit der Verschmelzung liegt gerade darin, dass der übertragende Rechtsträger im Zeitpunkt der Registereintragung erlischt, seine rechtliche Selbständigkeit verliert und im übernehmenden Rechtsträger – als fortan unselbständiger Betriebsteil – auf-

---

674 Siehe zuvor unter *3.2.2*; So schon *Hasse*, AcP 5 (1822), 22 ff.; *K. Schmidt*, AcP 191 (1991), 502.

675 *Mugdan*, 2; *Gernhuber*, Bürgerliches Recht, § 39 I; *K. Schmidt*, AcP 191 (1991), 498.

676 *Stratz* in: Schmitt/Hörtnagl/Stratz, UmwG, § 20 Rdnr. 65; *Palandt/Bassenge*, BGB, § 857 Rdnr. 3; *Joost* in: MünchKomm/BGB, § 857 Rdnr. 14; Zöllner, ZHR 165 (2001), 443 f.

677 *Palandt/Bassenge*, BGB, § 857 Rdnr. 1 und 5 ff.

678 *Palandt/Bassenge*, BGB, § 857 Rdnr. 4.

geht. Die rechtliche Herrschaftssphäre des übernehmenden Verbandes erstreckt sich nach Vollzug der Verschmelzung auch auf das gesamte Vermögen des übertragenden Rechtsträgers, einschließlich der personenbezogenen Daten.

Führt man den Gedanken der analogen Anwendung des § 857 BGB im Rahmen der Gesamtrechtsnachfolge konsequent fort und wendet diesen *doppelt*[679] *analog* auf den Übergang personenbezogener Daten an, gelangt man zu dem Ergebnis, dass eine tatbestandliche Übermittlung nicht vorliegen kann. Die Besonderheit der Regelung des § 857 BGB ist, dass dieser die Besitzstellung unter allen rechtlichen Gesichtspunkten fingiert, ohne dass es jemals tatsächlich zu einer Besitzergreifung oder eines sonstigen Besitzübertragungsaktes gekommen ist. Eine *tatsächliche Besitzverschaffung* findet nicht statt und ist nicht erforderlich. Im Erbrecht bedarf es nicht einmal der Kenntnis des Erben vom Erbfall. Der dahinter stehende Gedanke des Besitzschutzes für den Erben verkörpert die wesentliche ratio legis des § 857 BGB. Der Erbe kann in der Folge besitzrechtliche Ansprüche geltend machen und über den Besitz frei verfügen, ohne diesen jemals tatsächlich zu ergreifen. Diese Situation ist – jedenfalls eingeschränkt – vergleichbar mit dem Schicksal der personenbezogenen Daten.[680] Der übernehmende Verband kann nach Vollzug der Verschmelzung tatsächlich auf diese zugreifen, diese weiter verarbeiten und nutzen. Die Schranken für die Verarbeitung und Nutzung ergeben sich aus der Zweckbindung i.V.m. den gesetzlichen Vorgaben des Bundesdatenschutzgesetzes. Ebenso wenig, wie es im Rahmen des Besitzübergangs auf die Ergreifung der tatsächlichen Sachherrschaft oder die zielgerichtete Besitzverschaffung ankommt, kommt es datenschutzrechtlich zu einer tatbestandsmäßigen Datenübermittlung. Der Berechtigte an den personenbezogenen Daten sowie den zugrunde liegenden Rechtsverhältnissen wechselt, ohne dass die Daten selbst *übermittelt* würden. Allein der rechtliche *Übergang* auf den übernehmenden Rechtsträger im Wege der Gesamtrechtsnachfolge erfüllt nicht zugleich den gesetzlichen Übermittlungsbegriff. Hätte der Gesetzgeber sämtliche Fälle des Übergangs von personenbezogenen Daten auf einen Dritten – gleich unter welchen zivilrechtlich zugrunde liegenden Konstruktionen – erfassen wollen, hätte er den Wortlaut des § 3 Abs. 4 S. 2 Nr. 3 BDSG abweichend gestalten müssen. Dies ist gerade nicht der Fall.

Die Parallele zu den Auswirkungen der verschmelzungsrechtlichen Gesamtrechtsnachfolge auf die besitzrechtliche Stellung des übernehmenden Rechtsträgers in analoger Anwendung des § 857 BGB ist jedoch nur *ein* Indiz *gegen* die Annahme einer gleichzeitigen Datenübermittlung.

[679] *Einfache* Analogie zu § 857 BGB in der *verschmelzungsrechtlichen* Gesamtrechtsnachfolge, unabhängig vom konkreten Bezugsobjekt. Die Anwendung auf personenbezogene Daten in der verschmelzungsrechtlichen Gesamtrechtsnachfolge bedarf dann eines *doppelten* Analogieschlusses.

[680] Eingeschränkt deshalb, weil es bei einer analogen Anwendung des § 857 BGB auf personenbezogene Daten weniger auf etwaig damit verbundene „Besitzschutzansprüche" ankommt, als dessen Wirkungsweise an sich. Insoweit können der Norm auch nur eingeschränkt Rückschlüsse für das Datenschutzrecht entnommen werden.

9.2.3.2 Ratio legis des § 20 Abs. 1 Nr. 1 UmwG

Soweit der uneingeschränkte vorrangige Geltungsanspruch des § 20 Abs. 1 Nr. 1 UmwG betont wird, der sich zugleich einer datenschutzrechtlichen Hinterfragung entziehen soll, wird zur Begründung primär auf das *Wesen* und die *ratio legis* der Gesamtrechtsnachfolge rekurriert.[681] Dies ähnelt eher einer *petitio principii*, als einer juristischen Begründung und ist zudem von praktischen Erwägungen geprägt. Die Besonderheit der verschmelzungsrechtlichen Gesamtrechtsnachfolge, die es erschwert, den Vermögens- und Datenübergang unter die datenschutzgesetzlichen Begrifflichkeiten zu subsumieren, liegt in folgenden zwei Elementen:

Der übertragende Rechtsträger erlischt mit Vollzug der Verschmelzung. Diese Rechtsfolge ist eine zwingende und stellt eine grundlegende Abweichung vom „klassischen" Verständnis der Datenübermittlung dar, als dass die übermittelnde Stelle gerade *nicht fortbesteht*. Zum zweiten vollzieht sich die *Informationsnachfolge* automatisch, ohne dass es zu einer Ortsveränderung der gespeicherten Datenbestände kommen würde. Diese Rechtsfolgen basieren vorrangig auf einem rein gesellschaftsrechtlich motivierten Telos. § 20 Abs. 1 Nr. 1 UmwG verfolgt den primären Zweck, Verschmelzungsvorgänge, die nach dem Umwandlungsgesetz abgewickelt werden, zu erleichtern.[682] Umfassende Singularsukzessionen werden entbehrlich. Insbesondere sind die gesetzlichen Vorgaben zur Einzelrechtsnachfolge nicht beachtenswert und werden von den Vorschriften des Umwandlungsgesetzes als *leges specialis* verdrängt. Dies gilt jedoch stets nur so weit, wie die Gesamtrechtsnachfolge ihrer Natur nach auf einzelne Vermögensbestandteile passt.[683] In Person des übertragenden Verbandes bestehende Aktivforderungen bedürfen keiner gesonderten Zession; sie gehen automatisch über. Der Übergang der Passivforderungen ist nicht an die Zustimmung der Gläubiger geknüpft, obgleich es sich um eine privative Schuldübernahme handelt. Dies ist jedoch aufgrund des Erlöschens des übertragenden Verbandes eine notwendige Rechtsfolge.[684] Ähnlich verhält es sich mit dem Übergang sonstiger Gegenstände (Sachen und Rechte) sub specie der Gesamtrechtsnachfolge. Die Derogation der Vorschriften über die Singularsukzession über den Weg der gesetzlichen Anordnung einer Gesamtrechtsnachfolge beschränkt sich nicht auf die zivilrechtlichen Vorschriften / Gegenstände, sondern gilt umfassend. Ausgenommen werden

---

681 *Simitis*, ZHR 165 (2001), 458; nach ihm widersetze sich die Gesamtrechtsnachfolge jedem Versuch, den Vermögensübergang als Weitergabe von Daten an einen Dritten im Sinne der Legaldefinition der Datenübermittlung anzusehen; so auch Tätigkeitsbericht der *Datenschutzaufsichtsbehörde in Hessen* über ihre Tätigkeit im nicht-öffentlichen Bereich vom 30.8.2000, Hessischer Landtag Drucks. 15/1539 vom 30.8.2000, 10; Bericht des *Bundesbeauftragten für den Datenschutz* vom 6.4.2001, BT-Drucks. 14/5555, 182 (Nr. 31.2.); *Lüttge*, NJW 2000, 2464; *Dieckmann/Eul/Klevenz*, RDV 2000, 151; *Eul* in: Roßnagel, Handbuch Datenschutzrecht, Kap.7.2 Rdnr. 74 ff.; *Marsch-Barner/Mackenthun*, ZHR 165 (2001), 432.

682 So schon *Wiener*, ZHR 27 (1882), 333 ff.; *K. Schmidt*, AcP 191 (1991), 503 ff.; hierzu ausführlich zuvor unter *3.2.1*.

683 So schon RGZ 136, 313.

684 Hieran zugleich das Erlöschen der Passivforderung zu knüpfen, stellte einen ungerechtfertigten Eingriff in den Zuweisungsgehalt eines fremden Rechts dar. Die Auswechslung des Schuldners durch Überleitung der Forderung auf den übernehmenden Verband ist daher die einzig denklogische Konsequenz. Dass dieser Übergang – in Abweichung zu §§ 414 ff. BGB – nicht an die Zustimmung des Gläubigers geknüpft sein kann, leuchtet vor diesem Hintergrund ein.

lediglich jene Vermögensbestandteile oder höchstpersönliche Rechte, die von vorne herein einer Gesamtrechtsnachfolge nicht zugänglich sind, was, wie gezeigt, jedoch ebenso umstritten ist.[685] Hierzu zählen zunächst alle Rechte und Rechtsverhältnisse, die auch im Wege der Einzelrechtsnachfolge nicht übertragbar wären. Da personenbezogene Daten von der Gesamtrechtsnachfolge erfasst werden und sich nicht per se einem akzessorischen Übergang auch im Wege der Einzelrechtsnachfolge verschließen, zudem auch keine unübertragbaren höchstpersönlichen Rechtspositionen darstellen, müssen auch die Vorschriften des Datenschutzrechts insoweit von der Vorrangwirkung der Gesamtrechtsnachfolge erfasst werden.

Soweit die Weitergabe personenbezogener Daten im Kontext einer Forderungszession noch eine tatbestandliche Übermittlung darstellt,[686] kann dies in der Konsequenz nicht mehr gelten, wenn die Forderung im Wege der Universalsukzession übergeht. Dies bedeutet nicht, dass dem Bundesdatenschutzgesetz neben § 20 Abs. 1 Nr. 1 UmwG kein Anwendungsspielraum mehr verbliebe. Lediglich für die Annahme einer tatbestandlichen Datenübermittlung – verbunden mit der Konsequenz eines gesetzlichen Rechtfertigungserfordernisses – ist kein Raum mehr.

Der verschmelzungsrechtlichen Universalsukzession ist ferner immanent, dass der Übergang der personenbezogenen Daten nicht an einen willentlichen Übertragungsakt geknüpft ist. Dies ist einer der zentralen zivilrechtsdogmatischen Unterschiede zur successio in rem, in deren Rahmen sich die Parteien über den Übergang eines jeden einzelnen Vermögensbestandteils unter Wahrung der entsprechenden Formvorschriften einigen und Eigentum, Besitz bzw. die Berechtigung willentlich übertragen müssen. Dies setzt die Bereitschaft auf übertragender Seite voraus, sich des Gegenstandes zu entledigen, diesen gleichsam weiterzugeben und auf übernehmender Seite, den Gegenstand entgegen- bzw. anzunehmen. Das Bundesdatenschutzgesetz knüpft den Begriff der Übermittlung an die Bekanntgabe personenbezogener Daten an einen Dritten, konkretisiert durch die Weitergabe der personenbezogenen Daten bzw. deren Bereitstellung zur Einsicht / zum Abruf. Sowohl die Weitergabe der Informationen als auch das Bereithalten zur Einsicht / zum Abruf knüpfen begrifflich an ein *Mindestmaß an Aktivität* an.[687] Hieran fehlt es in der Vollzugsphase in der juristischen Sekunde der Registereintragung. Der übertragende Verband hält die betroffenen personenbezogenen Daten nicht „extra" zum Zwecke der Übermittlung bereit, auch werden keine „ausgewählten" Informationen weitergegeben, sondern die Gesamtrechtsnachfolge erfasst grundsätzlich ausnahmslos alle personenbezogenen Daten des übertragenden Rechtsträgers. Die Rechtsfolgen der Verschmelzung, die

---

685 Siehe zuvor unter *3.3.2.* Zutreffend werden etwa personengebundene öffentlich-rechtliche Erlaubnisse nicht vom Rechtsübergang erfasst, sondern müssen neu beantragt werden, da dies durch das System des öffentlichen Rechts so vorgezeichnet ist; *Gaiser*, DB 2000, 361 ff.

686 Erster Tätigkeitsbericht des *Innenministeriums Baden-Württemberg* nach § 39 des Landesdatenschutzgesetzes (2001), 90 ff. Die Weitergabe personenbezogener Daten im Zuge einer Forderungszession stelle eine tatbestandliche Datenübermittlung dar, die jedoch (in der Regel) über § 402 BGB i.V.m. § 1 Abs. 3 S. 1 BDSG spezialgesetzlich gerechtfertigt sei, soweit nicht die Abtretung als solche unwirksam ist.

687 *Teichmann/Kießling*, ZGR 2001, 44; *Dieckmann/Eul/Klevenz*, RDV 2000, 151 f.; *Lüttge*, NJW 2000, 2464 f.; *Wengert/Wiedmann/Wengert*, RDV 2000, 49 f.

ausschließlich auf gesetzlicher Anordnung basieren und der Parteidisposition entzogen sind, mögen zwar auf einem Willensakt der Parteien fußen: dem Abschluss des Verschmelzungsvertrages und der registergerichtlichen Anmeldung. Will man demnach eine zielgerichtete, von einem tatsächlichen Willen getragene Aktivität im Rahmen des Übermittlungsbegriffes verlangen, verschließt sich die Gesamtrechtsnachfolge dem nicht per se. Denn auch sie basiert letztlich auf einem – gesellschaftsrechtlich grundlegenden – Willensentschluss der Parteien. Die Rechtsfolgen einer Verschmelzung, speziell die Universalsukzession, sind jedoch gesetzliche vorgegebene, unabdingbare und zugleich vorhersehbare Bestandteile einer jeden Verschmelzung.[688] Sie basieren a priori nicht auf einem Willensentschluss der Parteien, sondern einer gesetzlichen Rechtsfolgenanordnung. Ein voluntatives Element ist der gesetzlichen Universalsukzession fremd. Eine aktive Weitergabe einzelner Vermögensbestandteile oder der personenbezogenen Daten erfolgt nicht.

Durch die gesetzliche Anordnung der Gesamtrechtsnachfolge soll zugleich vermieden werden, dass infolge der Erlöschenswirkung subjektlose Rechte in Bezug auf die Vermögensbestandteile des übertragenden Rechtsträgers entstehen.[689] Schon aus dieser Zweckbestimmung wird der umfassende Charakter der Universalsukzession deutlich. Dieser Gedanke ist auf das Datenschutzrecht und das Schicksal der personenbezogenen Daten übertragbar. Letztere sollen ebenfalls nicht subjekt- bzw. herrenlos werden.

Es wurde bereits festgestellt, dass personenbezogene Daten des übertragenden Verbandes im Rahmen der Universalsukzession notwendig mit übergehen.[690] Lediglich die zugrunde zu legende rechtliche Konstruktion des Informationsübergangs ist infolge der Kollision des Datenschutz- mit dem Umwandlungsrecht umstritten. Die Zweckbestimmung des § 20 Abs. 1 Nr. 1 UmwG ist somit nicht tangiert und erschöpft sich hierin. Rechtlich ändert sich die *Zuständigkeit* an den Informationen. Diese werden einem neuen Rechtsubjekt zugeordnet, dem übernehmenden Verband. Der übernehmende Verband folgt dem übertragenden Verband in dessen rechtliche Zuständigkeit an den personenbezogenen Daten als verantwortliche Stelle ispo iure nach. Dieses Ergebnis entspricht den Bestrebungen des Verschmelzungsrechts. Es entstehen keine subjektlosen Rechte, die personenbezogenen Daten werden nicht herrenlos oder gehen zusammen mit dem übertragenden Rechtsträger unter. Zwar erfolgt auch innerhalb einer tatbestandsmäßigen Datenübermittlung eine „Auswechslung“ der verantwortlichen Stelle. Auch hier tritt an die Stelle der übermittelnden Person der Empfänger als Dritter, der fortan die Daten verarbeiten und nutzen will. Dieser Übermittlungsvorgang ist jedoch von einem aktiven Tun der übermittelnden Stelle sowie einem willentlichen Element geprägt. Der übermittelnde Rechtsträger bringt die Daten auf den Weg in Richtung Empfänger. Hieran fehlt es grundlegend in der Universalsukzession.

---

688 Nicht selten stellt die Akquisition neuer Datenbestände gerade *das* tragende Motiv der Verschmelzung dar.
689 *Mugdan*, 2; *Gernhuber*, Bürgerliches Recht, § 39 I; *K. Schmidt*, AcP 191 (1991), 498.
690 Siehe zuvor unter *3.* und *9.2.1.*

Sowohl die Rechtsfolgenwirkungen des § 20 Abs. 1 Nr. 1 UmwG – in vergleichender Betrachtung zu den Auswirkungen auf die besitzrechtliche Lage analog § 857 BGB, als auch der Telos der verschmelzungsrechtlichen Vermögensgesamtrechtsnachfolge sprechen somit *gegen* die Annahme einer tatbestandsmäßigen Datenübermittlung in der juristischen Sekunde des Vollzugs der Verschmelzung durch registergerichtliche Eintragung. Fraglich ist, inwieweit sich dem gesetzlichen Übermittlungsbegriff selbst – im konkreten Kontext der verschmelzungsrechtlichen Gesamtrechtsnachfolge – weitere Erkenntnisse entnehmen lassen.

9.2.4 Bekanntgabe an einen Dritten

Weitere begriffsnotwendige Voraussetzung einer tatbestandsmäßigen Datenübermittlung ist, dass die Bekanntgabe der personenbezogenen Daten an einen *Dritten* erfolgt. Der übernehmende Rechtsträger muss im Verhältnis zum übertragenden Rechtsträger im Zeitpunkt des Vollzugs der Verschmelzung, mithin in der juristischen Sekunde der registergerichtlichen Eintragung, Dritter sein. Die Einordnung der verschmelzungsrechtlichen Gesamtrechtsnachfolge sub specie des Datenschutzrechts bereitet Schwierigkeiten, da der übertragende Rechtsträger in der juristischen Sekunde der Regsitereintragung erlischt und rechtlich im übernehmenden Rechtsträger aufgeht.[691]

9.2.4.1 Die juristische Person als verantwortliche Stelle

Dritter ist gemäß der Legaldefinition des § 3 Abs. 8 S. 2 BDSG jede Person oder Stelle außerhalb der verantwortlichen Stelle mit Ausnahme des Betroffenen selbst sowie Personen oder Stellen, die im Inland, in einem anderen Mitgliedstaat der Europäischen Union oder einem anderen Vertragsstaat des EWR personenbezogene Daten im Auftrag erheben, verarbeiten oder nutzen, § 11 BDSG i.V.m. § 3 Abs. 8 S. 3 BDSG. Soweit das Gesetz von *„Stelle“* spricht, wird deutlich, dass es nicht auf die *einzelne natürliche Person* innerhalb des speichernden oder empfangenden Unternehmens ankommen kann.[692] Primär maßgebend ist die rechtliche Selbstständigkeit des Verbandes.[693] Fluktuationen im Personalbestand, d.h. die Auswechslung des mit einer konkreten Datenverarbeitung betrauten Mitarbeiters wirken sich datenschutzrechtlich nicht aus; sie sind datenschutzrechtlich *„neutral“*. Gleiches gilt für Entlassungen und Neueinstellungen. Sie stellen eine originär unternehmerische Entscheidung dar und sind von einer Zustimmung der Betroffenen oder gesetzlichen Gestattung losgelöst. Dies

---

691 Übernehmender Rechtsträger als Dritter im datenschutzrechtlichen Sinn: *Wächter* in: Müller/Wächter, Datenschutz im Unternehmen, Rdnr. 711; *Zöllner*, ZHR 165 (2001), 443 f.; *Wengert/Wiedmann/Wengert*, RDV 2000, 49; *Büllesbach* in: Roßnagel, Handbuch Datenschutzrecht, Kap. 7.1 Rdnr. 53; *Teichmann/Kießling*, ZGR 2001, 49. A.A.: *Marsch-Barner/Mackenthun*, ZHR 165 (2001), 433; *Lüttge*, NJW 2000, 2465; *Dieckmann/Eul/Klevenz*, RDV 2000, 151; *Simitis*, ZHR 165 (2001), 458; *Schild* in: Roßnagel, Handbuch Datenschutzrecht, 4.2 Rdnr. 76; *Eul* in: Roßnagel, Handbuch Datenschutzrecht, Kap. 7.2 Rdnr.75;

692 So auch *Teichmann/Kießling*, ZGR 2001, 47.

693 *Dammann* in: Simitis/Dammann/Geiger/Mallmann/Walz, BDSG, § 3 Rdnr. 228; *Bergmann/Möhrle/Herb*, BDSG, § 3 Rdnr. 35; *Auernhammer*, BDSG, § 3 Rdnr. 51; *Teichmann/Kießling*, ZGR 2001, 47.

gilt ebenso für die Auswechslung des Managements oder des Personals an leitenden Positionen. Auch diese stellen eine rein unternehmensinterne – und datenschutzrechtlich nicht weiter relevante – Entscheidung dar, obgleich sich die Identität einzelner natürlicher Personen innerhalb der rechtlichen Einheit ändert. Selbstredend gilt nichts abweichendes, soweit einzelne Mitarbeiter intern auf andere Positionen „versetzt" werden.

Datenschutzrechtlich beachtlich sind indes die exakten Merkmale, welche den rechtsfähigen Verband als verantwortliche Stelle im Sinne des Datenschutzrechts qualifizieren. Datenschutzrechtlich wird die verantwortliche Stelle, per definitionem die natürliche oder juristische Person, welche die personenbezogenen Daten für sich selbst erhebt, verarbeitet oder nutzt, § 3 Abs. 7 BDSG, als *rechtliche Einheit* gesehen. Die Weitergabe personenbezogener Daten, die sich innerhalb derselben rechtlichen Einheit ereignen, erfüllen i.d.R. *nicht* den Tatbestand einer Datenübermittlung.[694] Verbundene (Konzern-) Unternehmen sind ungeachtet der tatsächlichen Beteiligungsverhältnisse oder der vertragsrechtlichen Unterordnung im Verhältnis zueinander Dritte, da sie im Rechtsverkehr eigene Rechtssubjektivität besitzen. Gesellschaftsrechtliche Beteiligungsverhältnisse sind dem Datenschutzrecht gleichgültig. Das Datenschutzrecht kennt – im Einklang mit der gesetzlichen Systematik – kein Konzernprivileg für die konzerninterne Weitergabe personenbezogener Daten zwischen einzelnen Konzerngesellschaften.[695] Natürliche Personen innerhalb der verantwortlichen Stelle, etwa die dort beschäftigten Mitarbeiter, sind *Nicht-Dritte*.[696] Nehmen diese in Ausübung ihrer betrieblichen Funktion personenbezogene Daten zur Kenntnis, liegt hierin kein Vorgang der Datenübermittlung. Unselbständige Zweigstellen eines Unternehmens sind ebenfalls i.d.R. Nicht-Dritte, da sie der Gesellschaft als unselbständige Betriebsteile angehören und somit *nicht außerhalb* der verantwortlichen Stelle stehen.[697] Eine andere Beurteilung gilt indes aus teleologischen Erwägungen, soweit sich die Zweigniederlassung im EU-Ausland befindet.[698] Im Interesse der Gewährleistung eines einheitlichen Schutzniveaus sind diese als Dritte zu qualifizieren, *argumentum a-majore-ad-minus* zu § 3 Abs. 8 S. 3 BDSG.

Von entscheidender Bedeutung ist somit, wann personenbezogene Daten lediglich innerhalb derselben verantwortlichen Stelle – in datenschutzrechtlich unbeachtlicher Weise[699] – weitergeleitet werden und ob dies bei der Verschmelzung zweier Unternehmen zutrifft.

---

694 *Gola/Schomerus*, BDSG, § 3 Rdnr. 52.

695 *Wengert/Wiedmann/Wengert*, RDV 2000, 49; *Kilian/Scheja*, RDV 2002, 179; *Ruppmann*, 29 ff.; *Gola/Schomerus*, BDSG, § 28 Rdnr. 6; *Dammann* in: Simitis/Dammann/Geiger/Mallmann/Walz, BDSG, § 3 Rdnr. 228; *Bergmann/Möhrle/Herb*, BDSG, § 3 Rdnr. 35; *Auernhammer*, BDSG, § 3 Rdnr. 51; *Büllesbach*, RDV 2000, 1 ff.; *Simitis* in: Simitis/Dammann/Geiger/Mallmann/Walz, BDSG, § 2 Rdnr. 131.

696 *Gola/Schomerus*, BDSG, § 3 Rdnr. 54. Denkbar ist das Vorliegen einer – ebenfalls rechtlich relevanten, subsidiären – *Nutzung* gemäß § 3 Abs. 5 BDSG. Hierzu später unter *9.3*.

697 *Gola/Schomerus*, BDSG, § 3 Rdnr. 52; *Bergmann/Möhrle/Herb*, BDSG, § 3 Rdnr. 126 ff. Datenschutzrechtlich ist jedoch weiter nach den Aufgabenbereichen zu differenzieren, die bei der Erhebung der Daten über den Grundsatz der Zweckbindung einer freien Datenzirkulation innerhalb einer rechtlichen Einheit weitere Grenzen ziehen.

698 *Schomerus*, DuD 1980, 7; *Gola/Schomerus*, BDSG, § 3 Rdnr. 53; *Dammann* in: *Simitis* in: Simitis/Dammann/Geiger/Mallmann/Walz, BDSG, § 3 Rdnr. 243; *Müller* in: Müller/Wächter, Rdnr. 741.

699 D.h. weder Datenübermittlung, noch Nutzung.

9.2.4.2 Übergang der Daten in der verschmelzungsrechtlichen Universalsukzession

Im Vorfeld des Vollzugs der Verschmelzung bereitet die begriffliche Subsumtion des Dritten keine Schwierigkeiten. Übertragender und übernehmender Rechtsträger stehen sich als *zwei unterschiedliche, rechtlich selbständige* zivilrechtliche Rechtssubjekte gegenüber, die auch datenschutzrechtlich eindeutig als unterschiedliche verantwortliche Stellen – und damit Dritte – zu qualifizieren sind.[700] Nach dem Vollzug der Verschmelzung besteht der übertragende Verband als rechtlich unselbständiger Teil innerhalb der Betriebsorganisation der übernehmenden Gesellschaft fort. Er bildet eine Zweigniederlassung, die datenschutzrechtlich nicht als Dritte zu qualifizieren ist.[701] Werden personenbezogene Daten nach Vollzug der Verschmelzung – innerhalb ihrer ursprünglichen Zweckbestimmung – tatsächlich eingesehen oder abgerufen, liegt hierin jedenfalls keine tatbestandliche Datenübermittlung mehr, sondern allenfalls eine *Nutzung* gemäß § 3 Abs. 5 BDSG.

In der Vollzugsphase der Verschmelzung verhält es sich indes anders. Rein gesellschaftsrechtlich betrachtet stehen sich übernehmender und übertragender Rechtsträger in derselben juristischen Sekunde der Registereintragung noch als zwei selbständige Rechtssubjekte gegenüber, die sogleich auf ein Rechtssubjekt (dem übernehmenden Rechtsträger bzw. der neu gegründeten Gesellschaft) verschmelzen. Der übertragende Verband erlischt in demselben Moment ispo iure. Diese rein zivilrechtlichen Vorgänge werden in der *einen juristischen Sekunde* der Registereintragung bewirkt. Mit dieser folgt der übernehmende Verband in das gesamte Vermögen des übertragenden Verbandes einschließlich der personenbezogenen Daten nach. Dieses verschmelzungsspezifische Rechtsfolgensystem unter Berücksichtigung des zeitlichen Elementes lässt somit keine eindeutigen Rückschlüsse darauf zu, ob sich übertragender Verband und übernehmender Rechtsträger just in dem *Moment der Verschmelzung* als Dritte gegenüber stehen. Die übertragende Gesellschaft erlischt gleichzeitig mit der Vermögensnachfolge und dem Übergang der personenbezogenen Daten. Eine rein rechtlich-funktionale Betrachtung hilft nicht weiter.

Es bedarf weitergehender teleologischer und dogmatischer Überlegungen.

Wechsel im Personal oder Management eines Unternehmens berühren, wie gezeigt, die datenschutzrechtliche Rechtslage grundsätzlich nicht. Die verantwortliche Stelle kann somit nicht über deren Personal oder Führungsebene charakterisiert werden. Die Rechtsform oder Firma eines Unternehmens ist ebenfalls kein taugliches Abgrenzungskriterium. Für den Formwechsel ist unstreitig, dass der Wechsel des „rechtlichen Kleides" eines Unternehmens nicht zu einem datenschutzrechtlich relevanten Datentransfer führt.[702] Argumentiert wird zutreffend, dass der Schutzzweck des Bundesdatenschutzgesetzes nicht berührt sei, da keine Daten im Tatsächlichen auf einen *anderen*, mit der speichernden Stelle nicht identischen Rechtsträger

---

700 *Teichmann/Kießling*, ZGR 2001, 49.

701 *Gola/Schomerus*, BDSG, § 3 Rdnr. 53; *Dammann* in: Simitis/Dammann/Geiger/Mallmann/Walz, BDSG, § 3 Rdnr. 243; *Müller* in: Müller/Wächter, Rdnr. 741.

702 *Teichmann/Kießling*, ZGR 2001, 48 f. (m.w.N.).

transferiert würden. Indem letztlich der Begründungsweg über den Schutzzweck des Datenschutzrechts beschritten wird, lässt sich dies auch auf die Beurteilung der verschmelzungsrechtlichen Gesamtrechtsnachfolge (mitunter) übertragen.

Ebenso ist anerkannt, dass die Umfirmierung eines Unternehmens oder die Auswechslung des Unternehmensgegenstandes jedenfalls im spezifischen Kontext des Übermittlungsbegriffs keinen datenschutzrechtlich relevanten Vorgang darstellt,[703] der an die Zustimmung sämtlicher Betroffener gebunden sein kann.[704] All diese Vorgänge stellen primär zivil- bzw. gesellschaftsrechtliche und originär unternehmenspolitische Entscheidungen dar, die nicht vom Willen des Betroffenen beeinflusst sein können und rechtspolitisch dürfen. Diese Erkenntnis bedingt indes nicht, dass die genannten zivilrechtlichen Vorgänge gänzlich datenschutzrechtlich irrelevant wären. Von der verantwortlichen Stelle ist der Kontext der Zweckbestimmung der Daten, der die maßgebenden Grenzen einer weiteren Datenverarbeitung statuiert, zwingend zu achten. Wird der Unternehmensgegenstand geändert und ist nicht mehr mit der ursprünglichen Zweckbestimmung der personenbezogenen Daten zum Erhebungszeitpunkt konform, dürfen die personenbezogenen Daten mangels ausdrücklicher Einwilligung des Betroffenen oder sonstiger gesetzlicher Gestattung grundsätzlich nicht weiter – entgegen ihrer ursprünglichen Zweckbestimmung – genutzt oder verarbeitet werden. Entfällt der ursprüngliche Erhebungszweck vollständig oder ist infolge Unmöglichkeit dauerhaft nicht mehr realisierbar, „sind" die personenbezogenen Daten zu löschen, § 35 Abs. 2 Nr. 3 BDSG. Die Rechte des Betroffenen sind hinreichend geschützt, auch wenn keine tatbestandliche Datenübermittlung zugrunde gelegt wird.

Die verschmelzungsrechtliche Gesamtrechtsnachfolge ist dabei nicht per se mit der Summe der genannten Einzelmaßnahmen gleich zu setzen. Die Besonderheit der Verschmelzung liegt darin, dass sich die zivil- oder gesellschaftsrechtlich mit der Verschmelzung verbundenen Änderungen nicht innerhalb einer rechtlichen Einheit vollziehen, sondern die Maßnahme der Verschmelzung zwei unterschiedliche Rechtssubjekte betrifft. Unterstellt man mit einigen Stimmen im *Schrifttum*,[705] dass sich übernehmender und übertragender Verband im Zeitpunkt des Vollzugs der Verschmelzung als Dritte gegenüberstehen und damit im Übergang der personenbezogenen Daten eine tatbestandliche Übermittlung liegt, darf sich die datenschutzrechtliche Betrachtung jedoch nicht auf die Datenbestände des übertragenden Rechtsträgers beschränken. Sie ist auf die schutzwürdigen Interessen der Betroffenen auf Seiten des übernehmenden Rechtsträgers zu erstrecken. Dieser behält zwar seine Rechtsform bei und besteht weiter. Die Verschmelzungsmaßnahme kann jedoch mitunter zu erheblichen strukturellen Veränderungen beim aufnehmenden Verband führen, die sich auch auf die Interessen der Be-

703 *Wächter* in: Müller/Wächter, Rdnr. 710.

704 So auch *Schneider*, Diskussionsbericht, ZHR 165 (2001), 462 f.; das schutzwürdige Vertrauen der Betroffenen könne sich nicht auf das rechtliche Abstraktum der juristischen Person und deren unveränderten Fortbestand beziehen.

705 *Teichmann/Kießling*, ZGR 2001, 49 f.; *Wächter* in: Müller/Wächter, Rdnr. 711; *Zöllner*, ZHR 165 (2001), 443 f.; *Wengert/Wiedmann/Wengert*, RDV 2000, 49; *Büllesbach* in: Roßnagel, Handbuch Datenschutzrecht, Kap. 7.1 Rdnr. 53.

troffenen des übernehmenden Rechtsträgers auszuwirken vermögen. Dies wird in keinem der Beiträge zu dieser Thematik diskutiert. Die Betrachtung beschränkt sich ausschließlich auf die Datenbestände des übertragenden Rechtsträgers. Wird jedoch zentral mit dem Schutzzweck des Datenschutzrechts argumentiert und der Übermittlungsbegriff unter teleologischen und dogmatischen Erwägungen ausgelegt, muss dies gleichermaßen für den übernehmenden Verband gelten, auch wenn es in Bezug auf dessen Daten zu keiner Datenverarbeitung kommen mag. Daher sind nochmals die einzelnen Auswirkungen des Vollzugs der Verschmelzung auf die unternehmerische Gesamtsituation aufzuarbeiten.

Mit Vollzug der Verschmelzung erlischt der übertragende Verband. Er geht rechtlich im übernehmenden Rechtsträger als fortan unselbständiger Betriebsteil auf. Hiermit verbunden ist die Nachfolge in das gesamte Vermögen, ispo iure und uno actu. Die Betriebsmittel sowie sämtliche anderen Vermögensbestandteile wechseln sowohl possesorisch als auch petitorisch. (Öffentlich-rechtliche) Rechtsverhältnisse und Genehmigungen gehen über, soweit diese nicht personengebunden waren.[706] Unrichtig werdende Register sind zu berichtigen, hindern jedoch die Wirksamkeit des Rechtsübergangs als solchen nicht. Der Betrieb des übertragenden Rechtsträgers wechselt in das identische oder neue rechtliche Kleid des übernehmenden Verbandes und wird dessen Management unterstellt. Die internen Betriebsstrukturen werden konsolidiert und an die Vorgaben des übertragenden Verbandes angepasst. Arbeitsverhältnisse gehen nach § 613 a BGB i.V.m. § 324 UmwG über. Die Firma ändert sich nach den Vorgaben der übernehmenden Gesellschaft; gleiches gilt für den Unternehmensgegenstand. Dieser erweitert sich zugleich notwendig um den Unternehmensgegenstand des übertragenden Rechtsträgers und ist im Gesellschaftsvertrag ggf. dahingehend zu berichtigen. Das gesamte Bild ist vom gesetzlichen Ansatz der *umfassenden Kontinuität* geprägt. Dies gilt sowohl in rechtlicher als auch betrieblich-faktischer Hinsicht. Die einzige *Diskontinuität* liegt im rechtlichen Erlöschen des übertragenden Rechtsträgers. Soweit die einzelnen zivil- bzw. gesellschaftsrechtlichen Maßnahmen datenschutzrechtlich sub specie des Übermittlungsbegriffes nicht von Relevanz sind, kann für die Summe der Maßnahmen gebündelt in der verschmelzungsrechtlichen Gesamtrechtsnachfolge nichts anderes gelten.

Auch diese Erkenntnisse legen den Schluss nahe, in der verschmelzungsrechtlichen Universalsukzession keine gleichzeitige Datenübermittlung zu erblicken.

---

706 Dann ist deren Erlöschen anzunehmen; vgl. *Gaiser*, DB 2000, 364 (m.w.N.).

9.2.5 Vergleichsziehung zu weiteren zivilrechtlichen Sukzessionstatbeständen

Das zuvor gefundene Ergebnis könnte insoweit durch eine vergleichende Betrachtung weiterer zivilrechtlicher Sukzessionstatbestände untermauert werden. Exemplarisch sollen für die Singularsukzessionen die Forderungszession und für die Gesamtrechtsnachfolge die erbrechtliche Universalsukzession herausgegriffen werden.

9.2.5.1 Singular-Zession einer Forderung

Soweit bereits im Rahmen der Singularsukzessionen unter exemplarischer Betrachtung der Forderungszession eine tatbestandsmäßige Datenübermittlung zu verneinen wäre, müsste dies *erst-recht* für die (verschmelzungsrechtliche) Gesamtrechtsnachfolge als Bündel bzw. die Summe von Einzelrechtsübertragungen gelten.

9.2.5.1.1 Zession als tatbestandliche Datenübermittlung?

Tritt der Zedent und Gläubiger seine Forderung gegen den Schuldner an den Zessionar als Neugläubiger ab, ist damit notwendig die Mitteilung persönlicher Informationen über den Schuldner verbunden. Diese stellt datenschutzrechtlich nach wohl *h.M.* eine nach § 402 BGB i.V.m. § 1 Abs. 3 S. 1 BDSG *stets zulässige*[707] *Übermittlung* im Sinne des § 3 Abs. 4 S. 2 Nr. 3 Buchst. a) BDSG dar. Der Zedent gibt dem Zessionar (in der Regel schriftlich) die persönlichen Angaben über den Schuldner weiter. Die Forderungsberechtigung wechselt mit Vollzug der Zession; dies ist dem Schuldner mitzuteilen. Der Zedent hat fortan kein Interesse mehr an den personenbezogenen Daten des Schuldners bezüglich der zedierten Forderung; diese sind zu löschen.

Mit der wirksamen Abtretung einer Forderung tritt der Zessionar umfassend in die Rechtsstellung des Zedenten als dessen *dinglicher Rechtsnachfolger* ein. Die Gläubigerstellung an der Forderung geht vom Zedenten auf den Zessionar über.[708] Von diesem Rechtsübergang ausgenommen sind Gestaltungsrechte[709]; sie stehen nach wie vor dem Zedenten zu, es sei denn, sie wurden konkludent mitübertragen.[710] Ob und inwieweit der Zedent berechtigt ist, die persönlichen Informationen über den Schuldner an den Zessionar weiter zu geben, wird im Zessionsrecht nicht näher geregelt, sondern implizit *vorausgesetzt*. Andernfalls würde die Übertragbarkeit praktisch aufgehoben, dürfte der Zedent die persönlichen Informationen über den Schuldner aufgrund datenschutzrechtlicher Restriktionen nicht an den Zessionar weiterleiten. Schon der dingliche Zessionsvertrag wäre unter Verstoß gegen den *Bestimmtheits-*

---

707 Vgl. Erster Tätigkeitsbericht des *Innenministeriums Baden-Württemberg* zum Datenschutz nach § 39 Landesdatenschutzgesetz (2001), 90 ff.

708 *Palandt/Heinrichs*, BGB, § 398 Rdnr. 18.

709 So etwa das Recht zur Anfechtung, Kündigung oder Rücktritt.

710 *BGH*, NJW 1985, 2641.

grundsatz unwirksam, da es an der Identität des Schuldners als *„essentialia negotii"*[711] des Vertrages (§ 241 Abs. 1 BGB) fehlen würde.

Dass die Zession einer Forderung de lege lata nach §§ 398 ff. BGB vorbehaltlich eines speziellen Zessionsverbotes auch nach dem geltenden Datenschutzrecht zulässig sein muss, dürfte außer Frage stehen.[712] Ebenso, dass die Mitteilung personenbezogener Informationen über einen Dritten eine tatbestandsmäßige Datenübermittlung darstellt. Der gesetzliche Übermittlungsbegriff passt unmittelbar. Das Datenschutzrecht soll und darf die Übertragung von Forderungen nicht blockieren. Dies gilt ungeachtet des konkreten Inhalts der Forderung und der zugrunde liegenden Informationen über die Person des Schuldners. Aus datenschutzrechtlicher Sicht dürfen indes nur jene Informationen über Art der Entstehung, Inhalt der Forderung und Person des Schuldners mitgeteilt werden, die für die Geltendmachung und Durchsetzung der zedierten Forderung erforderlich sind.

Die Auflösung dieses Spannungsverhältnisses der Forderungszession als zivilrechtlicher Singularsukzessionstatbestand mit dem Datenschutzrecht ist damit entweder auf Ebene der Rechtfertigung – differenzierend nach den einzelnen mitzuteilenden Angaben – oder auf konkurrenzrechtlicher Ebene des Anwendungsbereiches des Datenschutzrechts nach § 1 Abs. 3 S. 1 BDSG zu suchen.

9.2.5.1.2 Spezialitätswirkung des Zessionsrechts?

Für eine Spezialitätswirkung der §§ 398 ff. BGB gegenüber den Vorschriften des Bundesdatenschutzgesetzes nach § 1 Abs. 3 S. 1 BDSG könnte es an der erforderlichen *Tatbestandskongruenz* fehlen.[713] Auch die §§ 398 ff. BGB enthalten weder explizit noch implizit eine Regelung, die tatbestandlich jener des Datenschutzrechts entspricht. Sie stellen lediglich aus zivilrechtlicher Sicht klar, dass Forderungen als Gegenstände des Rechtsverkehrs grundsätzlich übertragbar sind und regeln die Voraussetzungen für den Übergang der Forderungsberechtigung. Eine versteckte datenschutzrechtliche Regelung ist hierin nicht zu entdecken. Die Zession bewirkt – mangels dahingehender gesetzlicher Anordnung – insbesondere keine Gesamtrechtsnachfolge. Die §§ 398 ff. BGB setzen den Abschluss eines zivilrechtlichen (Zessions-)Vertrages voraus, kraft dessen dinglicher Rechtswirkung die Forderung auf den Zessionar übergeht.

---

711 *Palandt/Heinrichs*, BGB, § 241 Rdnr. 2; § 398 Rdnr. 4; *RGZ* 85, 291; *BGHZ* 55, 250.

712 So auch *Wächter* in: Müller/Wächter, Rdnr. 704. Er führt jedoch ohne nähere Begründung aus, dass die Rechtsmacht, eine Forderung nach §§ 398 ff. BGB zu zedieren, zugleich das Recht umfasse, dem Zessionar alle Umstände der Entstehung und des Inhaltes der zu zedierenden Forderung, insbesondere auch sensitive personenbezogene Informationen über den Schuldner, weiterzugeben. Dies sei nach dem Regelungsmodell des BDSG auch ohne Kenntnis bzw. Einwilligung des Schuldners rechtmäßig - ohne diese Erkenntnis systematisch näher zu begründen.

713 *Walz* in: Simitis/Dammann/Geiger/Mallmann/Walz, BDSG, § 1 Rdnr. 281 ff.; *Gola/Schomerus*, BDSG, § 1 Rdnr. 24; *Marsch-Barner/Mackenthun*, ZHR 165 (2001), 429; *Wengert/Wiedmann/Wengert*, RDV 2000, 49; *dies.* in NJW 2000, 2463 f.; *Simitis*, ZHR 165 (2001), 456.

Vertreten wird, dass die §§ 398 ff. BGB, vorausgesetzt der Zessionsvertrag ist gemessen an den zivilrechtlichen Maßstäben wirksam, die Erlaubnispflicht nach dem Bundesdatenschutzgesetz über § 1 Abs. 3 S. 1 BDSG im Wege der *Spezialität* verdrängen.[714] Ist der Zessionsvertrag unwirksam, soll die Lösung im Rahmen der Rechtfertigung nach § 4 Abs. 1 BDSG i.V.m. §§ 28 ff. BDSG liegen. Bereits zuvor wurde dargestellt, dass dieses Ergebnis unter verfassungsrechtlichen Gesichtspunkten einer Tatbestandskongruenz durchaus angreifbar ist. Für die Singularsukzessionen stellt dies aufgrund der Tatsache, dass es sich um bundesrechtliche Vorschriften handelt, jedoch die einzig sinnvolle Lösung dar.[715]

Begreift man nun die Gesamtrechtsnachfolge einzig als Surrogat für ein Bündel von Singularsukzessionen, in deren Kontext die Weitergabe personenbezogener Daten nach §§ 398 ff. BGB jedenfalls nicht per se datenschutzrechtlich unbeachtlich ist, dürfte für den Übergang von Forderungen im Kontext der verschmelzungsrechtlichen Gesamtrechtsnachfolge nichts abweichendes gelten. Im Recht der Singularsukzessionen wird jedoch der datenschutzrechtliche Weg über die Spezialität der zivilrechtlichen Vorschriften vor dem Datenschutzrecht beschritten. Dies wurde für die Universalsukzession zuvor – mit guten Gründen – negiert.[716] Dann aber kann im Ergebnis der Übergang personenbezogener Daten in der verschmelzungsrechtlichen Gesamtrechtsnachfolge keinen rechtfertigungsbedürftigen Übermittlungstatbestand darstellen.

9.2.5.1.3 Übergang einer Forderung im Wege der verschmelzungsrechtlichen Universalsukzession

Die Zession einer Forderung und die damit notwendig verbundene Mitteilung sämtlicher für die Geltendmachung der Forderung erforderlichen – mitunter personenbezogenen – Informationen stellt datenschutzrechtlich zweifellos eine Datenübermittlung dar. Diese Erkenntnis lässt indes nicht zugleich automatisch den Rückschluss zu, dass die Gesamtrechtsnachfolge als Surrogat der Summe aller Einzelrechtsübertragungen ebenfalls einen tatbestandlichen Übermittlungsvorgang darstellt.[717] Die Funktion der verschmelzungsrechtlichen Gesamtrechtsnachfolge beschränkt sich darauf, Einzelrechtsübertragungen entbehrlich zu machen. Dies bedeutet nicht nur das Verbot der Übertragung einzelner Vermögensbestandteile im Wege der Singularsukzession, sondern zugleich, dass die Vorschriften über die Singularsukzession sowie z.T. begleitende Normen keine Anwendung finden. Diese gesetzliche Funktionalität ist auf den reibungslosen Übergang der Vermögensbestandteile zugeschnitten

---

714 So das *Innenministerium Baden-Württemberg* in seinem ersten Tätigkeitsbericht zum Datenschutz nach § 39 Landesdatenschutzgesetz (2001), 90 ff., allerdings ohne nähere Begründung in Hinblick auf das Erfordernis einer Tatbestandskongruenz der Regelungen.

715 Hierzu bereits zuvor unter *9.1.3.3*.

716 Siehe zuvor unter *9.1*.

717 So aber etwa *Teichmann/Kießling*, ZGR 2001, 49.

und soll diesen unter allen denkbaren rechtlichen Gesichtspunkten ermöglichen, soweit nicht die Natur des Rechts oder Rechtsverhältnisses dem Übergang entgegenstehen.[718]

So findet ein Zessionsverbot nach § 399 BGB in der Gesamtrechtsnachfolge nach richtiger Ansicht *keine* Anwendung.[719] Ungeachtet der Streitfrage, inwieweit § 399 BGB i.V.m. § 412 BGB im Rahmen der Universalsukzession überhaupt anwendbar ist,[720] steht dieser im Ergebnis dem Übergang einzelner Forderungen in der Gesamtrechtsnachfolge nicht entgegen. Die rechtliche Folge einer abweichenden Betrachtungsweise wäre, dass die betreffende Forderung zusammen mit dem erlöschenden Rechtsträger endgültig untergeht. Dies erscheint weder sach- noch interessengerecht. Das Zessionsverbot geht vielmehr auf den übernehmenden Rechtsträgers über, besteht in dessen Person fort und bindet diesen. Ein solches Verständnis entspricht dem Kerngehalt der Universalsukzession. Interessenkollisionen können im Einzelfall über die Einräumung von Sonderkündigungsrechten de lege ferenda als *ultima ratio* gelöst werden.[721] Dies entspricht auch dem Anspruch an eine *größtmögliche Flexibilität* unter Wahrung des rechtlichen Kerngehaltes der Gesamtrechtsnachfolge. Hieraus wird deutlich, dass selbst grundsätzliche zivilrechtliche Mechanismen dem vorrangigen Umsetzungsanspruch der Gesamtrechtsnachfolge – verbunden mit dem Erlöschen des übertragenden Verbandes – weichen müssen. Der Schluss liegt nahe, dass das Datenschutzrecht ebenso wenig den Übergang der personenbezogenen Daten *blockieren* oder grundlegend *erschweren* darf.[722]

Ebenso unstreitig ist, dass eine einzelne Forderung ungeachtet der datenschutzrechtlichen Anforderungen frei zedierbar ist. Das geltende Datenschutzrecht steht der Wirksamkeit einer Zession auch dann nicht entgegen, wenn sensible Daten über die Person des Schuldners an den Zessionar als Dritten weitergegeben werden.[723] Der Vorgang stellt zweifellos nach der Gesetzessystematik einen Übermittlungsvorgang dar. Gleichwohl wird betont, dass das Datenschutzrecht dem Regelungsmodell des BGB weichen müsse.[724] Diese Erkenntnis muss sich konsequenterweise unter Berücksichtigung der ratio legis der verschmelzungsrechtlichen Gesamtrechtsnachfolge auch in deren Rahmen fortsetzen. Dies gilt in erweiternder Betrach-

---

718 Eine dahin gehende restriktive Rechtsnatur ist personenbezogenen Daten sowie dem Datenschutzrecht allgemein nicht zu entnehmen.

719 *Lutter*, UmwG, § 20 Rdnr. 29 (m.w.N.); *RGZ* 136, 315; *Bermel* in: Goutier/Knopf/Tulloch, UmwG, § 20 Rdnr. 19; *Grunewald* in: Geßler/Hefermehl/Eckardt/Kropff, AktG, § 346 Rdnr.19; *Heidenhain*, ZIP 1995, 801 ff; *Hennrichs*, 45 f.

720 Bejahend für die Verschmelzung: *Westermann* in: Erman, BGB, § 412 Rdnr. 2; *Zeiss* in: Soergel, BGB, § 412 Rdnr. 1; *verneinend*: RGZ 136, 315; *Bermel* in: Goutier/Knopf/Tulloch, UmwG, § 20 Rdnr. 19; *Grunewald* in: Geßler/Hefermehl/Eckardt/Kropff, AktG, § 346 Rdnr.19; *Heidenhain*, ZIP 1995, 801 ff.; *Hennrichs*, 45 f.; undifferenziert: *Lutter*, UmwG, § 20 Rdnr. 29. Die erbrechtliche Gesamtrechtsnachfolge soll nach *Palandt/Heinrichs*, § 412 Rdnr. 1 allerdings nicht von § 412 BGB erfasst sein, so dass dies konsequenterweise auch für die verschmelzungsrechtliche Gesamtrechtsnachfolge gelten muss.

721 *Lutter*, UmwG, § 20 Rdnr. 29 und 47 (m.w.N.).

722 Die Nichtanwendung von Zessionsverboten nach § 399 BGB im Rahmen der verschmelzungsrechtlichen Gesamtrechtsnachfolge verfolgt jedoch eine andere Zweckbestimmung. Sie will primär den vollständigen Untergang der betreffenden Forderungen, bedingt durch das gleichzeitige Erlöschen des übertragenden Rechtsträgers (Zedenten), vermeiden; vgl. *Lutter*, UmwG, § 20 Rdnr. 29.

723 *Wächter* in: Müller/Wächter, Rdnr. 704.

724 *Wächter*, a.a.O.

tung für alle personenbezogenen Daten auch außerhalb der Forderungszession, die vom Rechtsübergang nach § 20 Abs. 1 Nr. 1 UmwG erfasst werden. Eine Lösung auf Ebene der Rechtfertigung nach § 4 Abs. 1 i.V.m. §§ 28 ff. BDSG, der es im Falle der Bejahung einer Datenübermittlung zwangsläufig bedürfte, erweist sich schon deshalb als rechtlich kompliziert zu bewerkstelligen, weil diese nicht pauschal für sämtliche betroffenen personenbezogenen Daten und Rechtsverhältnisse getroffen werden dürfte, sondern nach den einzelnen Rechtsverhältnissen und der Art der betroffenen personenbezogenen Daten im Einzelfall differenzieren müsste. Gerade bei wirtschaftlich betrachtet großvolumigen Transaktionen erscheint dieses Vorgehen praktisch nicht durchführbar.

In summa sprechen sowohl rechtliche als auch praktische Erwägungen im Kontext der Parallelbetrachtung der Forderungssingularsukzession nach §§ 398 ff. BGB sowie dem rechtlichen Schicksal von mit einem Zessionsverbot behafteter Forderungen in der Vermögensgesamtrechtsnachfolge gegen die Annahme einer tatbestandsmäßigen Datenübermittlung. Neben der vergleichsweisen Heranziehung der Forderungszession kommt ein weiterer Bezugspunkt für die Aufhellung vorliegender Fragestellung in Betracht: die vergleichsweise Betrachtung sonstiger de lege lata vorgesehener Gesamtrechtsnachfolgen, allen voran der erbrechtlichen Universalsukzession.

9.2.5.2 Erbrechtliche Universalsukzession

Das geltende Gesetzesrecht kennt das Institut der (partiellen) Gesamtrechtsnachfolge nicht nur im Kontext der Umwandlungen. Das rechtliche Bild der Gesamtrechtsnachfolge orientiert sich vielmehr am Paradigma der erbrechtlichen Universalsukzession des § 1922 Abs. 1 BGB. Die Vergleichbarkeit der beiden gesetzlich angeordneten, totalen Gesamtrechtsnachfolgen des Erb- und Umwandlungsrechts vorausgesetzt, könnten sich aus der erbrechtlichen Gesamtrechtsnachfolge Rückschlüsse für die Behandlung personenbezogener Daten in der verschmelzungsrechtlichen Universalsukzession ergeben.

9.2.5.2.1 Vergleichbarkeit von erbrechtlicher und verschmelzungsrechtlicher Universalsukzession

Nach § 1922 Abs. 1 BGB[725] geht mit Eintritt des Erbfalls das Vermögen des Erblassers (Erbschaft) als Ganzes, unmittelbar und von selbst[726] auf den oder die Erben kraft Gesetzes über.[727] Der Erbe wird ipso iure Rechtsnachfolger des Erblassers, ohne dass es seiner rechtsgeschäftlichen Mitwirkung oder sonstiger Rechtsakte bedürfte. Die Nachfolge vollzieht sich einheitlich und in das gesamte Vermögen des Erblassers. Für den Eintritt der Rechtsnachfolge bedarf es weder einer lebzeitigen, noch post-mortal wirkenden Einigung oder Besitzein-

725 *Palandt/Edenhofer*, BGB, Einl. v. § 1922 Rdnr. 3, 6.

726 Sog. „Vonselbsterwerb“, vgl. *Palandt/Edenhofer*, BGB, Einl. v. § 1922 Rdnr. 3, 6.

727 *Wacke*, JA 1982, 242; *Muscheler*, Jura 1999, 234, 289.

räumung am späteren Nachlass. Der Bezugspunkt der erbrechtlichen Universalsukzession ist, vergleichbar dem Verschmelzungsrecht, ein Doppelter: die Person des Erblassers und dessen Vermögen (Nachlass). Der Vermögensbegriff ist dabei ebenso wie im Verschmelzungsrecht umfassend zu verstehen.[728] Erfasst wird das gesamte Aktiv- wie Passivvermögen des Erblassers, insbesondere Negativvermögen in Form von Verbindlichkeiten, ohne dass den Gläubigern Mitwirkungsrechte – gleich welcher Art – zustünden.[729]

Unter das erbrechtliche Vermögen fallen insbesondere auch personenbezogene Daten Dritter, die in der Rechtssphäre des Erblassers gespeichert oder sonst vorhanden sind. Auch die erbrechtliche Universalsukzession bezweckt primär, die Entstehung subjektloser Rechte zu vermeiden.[730] Der Erblasser als Rechtssubjekt und Anknüpfungspunkt für die Vermögenszuordnung geht mit dem Tod unter. Akzessorisch würde in Ermangelung einer gesetzlichen oder gewillkürten Regelung zu Lebzeiten das gesamte Vermögen des Erblassers subjektlos. Das Gesetz macht von diesem Grundsatz der Gesamtrechtsnachfolge zugunsten der spezifischen Rechtsnachfolge in einzelne Gegenstände nur wenige Ausnahmen aufgrund besonders gelagerter Konstellationen.[731] So sind die Anteile persönlich haftender Gesellschafter einer Personengesellschaft (oHG, KG oder GbR) nicht vererblich und gehen nicht auf die Erben über, sondern bewirken – mangels abweichender Regelung im Gesellschaftsvertrag[732] – das Ausscheiden des Erblassers aus der Gesellschaft mit dessen Tod unter Anwachsung dessen Gesellschaftsanteils pro rata bei den verbleibenden Gesellschaftern[733] verbunden mit der Entstehung eines Abfindungsanspruchs nach § 738 Abs. 1 S. 2 BGB (i.V.m. §§ 105 Abs. 3, 161 Abs. 2 HGB), der als Zahlungsanspruch gegen die übrigen Gesellschafter in die Erbmasse fällt.[734]

Mit dem Erbfall geht ferner der Besitz des Erblassers fiktiv gemäß § 857 BGB auf die Erben über, ohne dass dies an die Kenntnis vom Erbfall oder eine tatsächliche Besitzergreifung geknüpft wäre.[735] Der Besitzübergang bedeutet die Nachfolge in die an die Sachherrschaft des Erblassers geknüpfte Besitzstellung kraft gesetzlicher Fiktion.[736] Die Besitzstellung nach § 857 BGB ist von der tatsächlichen Sachherrschaft über einzelne Gegenstände des Nachlasses

728 *K. Schmidt*, AcP 191 (1991), 498 f. (m.w.N.).

729 *Gernhuber*, § 39 I; *K. Schmidt*, AcP 191 (1991), 498; siehe zuvor unter *3.*

730 *Enneccerus/Nipperdey*, § 75 III; *Köhler*, § 5 II 1; *Hohner*, 63 ff.; *K. Schmidt*, AcP 191 (1991), 497.

731 Zu den Sondererbfolgen vgl. *Palandt/Edenhofer*, BGB, § 1922 Rdnr. 7 ff.

732 Etwa in Form einer (qualifizierten) Nachfolgeklausel, kraft derer der Erbe des Erblassers automatisch als Gesellschafter in die Gesellschaft eintritt, *Palandt/Edenhofer*, BGB, § 1922 Rdnr. 15 ff.; *K. Schmidt*, NJW 1998, 2166. Oder er erwirbt über eine Eintrittsklausel die schuldrechtliche Möglichkeit, seinen Eintritt in die Gesellschaft zu erklären; hierzu *BGHZ* 68, 225; *BGH*, NJW-RR 1987, 989.

733 *Palandt/Sprau*, BGB, § 738 Rdnr. 1; Einzelübertragungen sind weder erforderlich, noch möglich, *BGHZ* 32, 307 und *BGHZ* 50, 309.

734 *Palandt/Edenhofer*, BGB, § 1922 Rdnr. 15; *Palandt/Sprau*, BGB, § 738 Rdnr. 4 ff.

735 *BGH*, JZ 1953, 706.

736 *Palandt/Bassenge*, BGB, § 857 Rdnr. 1. Die *ratio legis* des § 857 BGB liegt in erster Linie in der Vermittlung des besitzrechtlichen Schutzes zugunsten des/der Erben über §§ 859, 861, 862, 867, 812, 823, 1007 BGB sowie der Anknüpfung der Eigentumsvermutung nach § 1006 Abs. 1 BGB; *BGH*, NJW 1993, 935; *Palandt/Bassenge*, BGB, § 857 Rdnr. 6.

zu unterscheiden.[737] Die Sachherrschaft über bestimmte Nachlassgegenstände erlangt der Erbe erst mit deren tatsächlicher Besitzergreifung. Die Besitzfiktion des § 857 BGB in Zusammenspiel mit dem Eigentums- / Forderungsberechtigungserwerb nach § 1922 Abs. 1 BGB legitimiert indes die tatsächliche Besitzergreifung durch den Erben.[738]

Die Besitzerlangung in der juristischen Sekunde des Todes des Erblassers bedeutet, dass der Erbe zugleich den Besitz an etwaigen Speichermedien erlangt – und mit diesem die Herrschaft über die darauf abgelegten personenbezogenen Daten. Die Erben folgen dem Erblasser datenschutzrechtlich in seiner Stellung als „verantwortliche Stelle" i.S.d. § 3 Abs. 7 BDSG nach. Diese Rechtsnachfolge ist eine *gesetzliche*, *zwingende* und *umfassende* und tritt *automatisch* mit dem Erbfall ein.[739]

9.2.5.2.2 Erbrechtliche Universalsukzession als tatbestandliche Datenübermittlung?

Im wissenschaftlichen *Schrifttum* finden sich zu der Frage, ob und inwieweit die erbrechtliche Universalsukzession zugleich eine tatbestandliche Datenübermittlung darstellt – soweit ersichtlich – *keine* Ausführungen.

Nach richtigem Verständnis kann jedoch auch hier von einer Datenübermittlung keine Rede sein. Ausgangspunkt für diese Erkenntnis bildet wiederum der bereits umfassend dargestellte Übermittlungsbegriff. Die erbrechtliche Universalsukzession bewirkt weder eine aktive Weitergabe personenbezogener Daten vom Erblasser an die Erben, noch ist diese notwendig mit der Einsichtnahme oder dem Abruf von personenbezogenen Daten durch den Erben verbunden. Die personenbezogenen Daten werden ferner nicht an den Erben, der zweifellos nicht mit dem Erblasser als verantwortliche Stelle identisch ist, infolge der erbrechtlichen Universalsukzession bekannt gegeben. Die Universalsukzession ist nicht notwendig mit der tatsächlichen Kenntnisnahme durch den Erben akzessorisch verbunden.

Die Berechtigung an und Verantwortung für die personenbezogenen Daten geht ispo iure auf den Erben über, ohne dass dieser vom Erbfall – als maßgebenden Zeitpunkt für den Eintritt der Rechtswirkungen des § 1922 Abs. 1 BGB Kenntnis – erlangt haben muss. Der Erbe erlangt zugleich die konkrete, jederzeitige Zugriffsmöglichkeit auf sämtliche Informationen in der Sphäre des Erblassers. Dies erfolgt in zivilrechtlicher Hinsicht in berechtigter Weise – kraft der legitimierenden Erbenstellung. Das gesamte Erbrecht sieht in §§ 1922 ff. BGB zudem keinerlei Schutz- oder Ausgleichsmechanismen für Dritte vor, gleich ob Schuldner oder Gläubiger des Erblassers. Der Erbe folgt umfassend in die Rechtsstellung des Erblassers unter nahezu allen rechtlichen Gesichtspunkten – mit den wenigen Ausnahmen der erbrechtlichen Sonderrechtsnachfolge – nach.

---

737 *Palandt/Bassenge*, BGB, § 857 Rdnr. 4.
738 *BGH*, JZ 1953, 706; *Palandt/Bassenge*, BGB, § 857 Rdnr. 7.
739 *K. Schmidt*, AcP 191 (1991), 497.

Aus dieser Systematik der Gesamtrechtsnachfolge im Kontext des Erbrechts wird deutlich, dass sich diese einer begriffsjuristischen Subsumtion unter den Übermittlungsbegriff – ebenso – vollständig entzieht. Eine Datenübermittlung kann hier sub specie des gesetzlichen terminus technicus in all seinen zuvor herausgearbeiteten Schattierungen nicht angenommen werden. Dies gilt auch unter Berücksichtigung des gesetzlichen Schutzzwecks des Datenschutzrechts. Der Betroffene wird nicht unverhältnismäßig durch den automatischen Übergang der personenbezogenen Daten in seinen schutzwürdigen Interessen beeinträchtigt. Rechtlich folgt dem Erblasser eine andere natürliche (oder sonst rechtsfähige Person / Erbe) in seine Stellung nach.[740] Für den Betroffenen ändert sich das Zuordnungssubjekt seiner personenbezogenen Daten. Diese werden jedoch in der juristischen Sekunde des Eintritts der Gesamtrechtsnachfolge weder physisch bewegt, noch gelangen sie sonst dem Erben per se in diesem Moment zur Kenntnis. Die personenbezogenen Daten gehen lediglich in dessen rechtliche Herrschaftssphäre über. Da der Erbe im Moment des Anfalls der Vermögensnachfolge nicht einmal Kenntnis von dieser haben muss und regelmäßig nicht haben wird, ist die Einholung einer Einwilligung oder ein entsprechender datenschutzrechtlicher Hinweis an die Betroffenen von vorne herein nicht möglich und würde die erbrechtliche Universalsukzession *ad absurdum* führen.

9.2.5.2.3 Schlussfolgerungen für die verschmelzungsrechtliche Gesamtrechtsnachfolge

Die erbrechtliche Situation ist der Konstruktion der verschmelzungsrechtlichen Gesamtrechtsnachfolge grundsätzlich vergleichbar. Auch im Verschmelzungsrecht erlischt der übertragende Rechtsträger im Moment der Vermögensnachfolge ebenso, wie im Erbrecht der Erblasser verstirbt und damit die Wirkungen des § 1922 Abs. 1 BGB auslöst.[741] Auch die gesetzlichen Mechanismen entsprechen sich weitestgehend. Beide Gesamtrechtsnachfolgen sind zwingende, totale und auf gesetzlicher Anordnung basierende.[742] Dass es sich bei der verschmelzungsrechtlichen Gesamtrechtsnachfolge – im Unterschied zur erbrechtlichen – um eine rechtsgeschäftliche Nachfolge handelt,[743] wirkt sich jedenfalls auf vorliegende Fragestellung nicht weiter aus, da sich die gesetzliche Konstruktion im Ergebnis unabhängig von der Ausgangsbasis nicht ändert. Anders als im Erbrecht haben die Beteiligten einer Verschmelzung Kenntnis vom ungefähren Zeitpunkt des Vollzugs und führen den Vermögens- und Datenübergang insoweit willentlich herbei.

---

740 *Palandt/Edenhofer*, BGB, § 1923 Rdnr. 7.

741 Unterschiede bestehen lediglich in Hinblick auf die Anknüpfungsmomente der Universalsukzessionen: Während die erbrechtliche Universalsukzession an den Tod des Erblassers als vom Willen der Beteiligten unabhängiges Ereignis anknüpft, hat die verschmelzungsrechtliche Universalsukzession die Eintragung in das Handelsregister am jeweiligen Sitz der beteiligten Gesellschaften als rechtlichen Anknüpfungspunkt.

742 Vgl. *K. Schmidt*, AcP 191 (1991), 502; siehe zuvor unter *3.2.1.*

743 *K. Schmidt*, AcP 191 (1991), 514; *Hennrichs*, ZIP 1995, 794 ff.; *Raiser*, § 46 II. 3. Rdnr. 25; nicht explizit hierzu Stellung nehmend: *Grunewald* in: Lutter, UmwG, § 20 Rdnr. 7; a.A. *Stratz* in: Schmitt/Hörtnagl/Stratz, UmwG, § 20 Rdnr.18 (Gesamtrechtsnachfolge *kraft Gesetz*); *Kraft* in: Köln Komm/AktG, § 346 Rdnr.18; *Werner/Kindermann*, ZGR 1981, 48.

Aufgrund der grundsätzlichen Vergleichbarkeit der beiden Universalsukzessionen kann aus dem Erbrecht auch für das Verschmelzungssachrecht der Rückschluss gezogen werden, dass es auch hier *nicht* zu einem Datenübermittlungsvorgang kommen kann.

9.2.6 Flankierende Faktoren aus dem Datenschutzrecht

Entscheidend ist ferner, ob durch die gesetzliche Anordnung der Gesamtrechtsnachfolge der *Schutzzweck des Datenschutzrechts* beeinträchtigt oder unterlaufen wird, so dass die Annahme einer tatbestandsmäßigen Datenübermittlung aus *teleologischen* Erwägungen in erweiternder Auslegung des Übermittlungsbegriffes i.S.e. *Einzelanalogie* geboten ist, um die Rechte der Betroffenen hinreichend zu gewährleisten.

9.2.6.1 Zweckbindung und Verbot der weiteren Verarbeitung und Nutzung

Im Erbrecht führt allein die Auswechslung der verantwortlichen Stelle nicht zu einer Beeinträchtigung der schutzwürdigen Interessen des Betroffenen. Der Kreis der an den personenbezogenen Daten Berechtigten, korrelierend mit der Anzahl der Erben, erweitert sich nicht bzw. nur unwesentlich. Der ursprünglich Berechtigte fällt mit seinem Tode weg. Der rechtsnachfolgende Erbe ist ebenso umfassend an die datenschutzrechtlichen Restriktionen betreffend den weiteren Umgang mit den erlangten Informationen gebunden, wie zuvor der Erblasser selbst. Die datenschutzrechtliche Zweckbestimmung der personenbezogenen Daten zum Zeitpunkt der Erhebung besteht in der Person des Erben fort. Ihr liegt die gleiche *Kontinuität* zugrunde, wie den übrigen Vermögenspositionen der Erbmasse.

Will der Erbe personenbezogene Daten verarbeiten oder nutzen, ist dies grundsätzlich nur innerhalb der ursprünglichen Zweckbestimmung gestattet, § 28 Abs. 1 S. 1 Nr. 1 BDSG. Alle darüber hinaus gehenden Verarbeitungen oder Nutzungen bedürfen einer expliziten datenschutzrechtlichen Ermächtigung – de lege lata oder kraft wirksamer Einwilligung des Betroffenen bezogen auf jeden Einzelfall. Die Nutzung der personenbezogenen Daten in den Grenzen ihrer ursprünglichen Zweckbestimmung zum Erhebungszeitpunkt entspricht insbesondere der ratio legis der Universalsukzession. Um in die Rechtsstellung des Erblassers umfassend nachrücken zu können, dessen Geschäfte und rechtliche wie tatsächliche Angelegenheiten fortzuführen, muss es dem Erben gestattet sein, die personenbezogenen Informationen Dritter entsprechend ihrer Zweckbestimmung zu nutzen. Auch § 28 Abs. 1 S. 1 Nr. 1 BDSG, die gesetzliche Gestattung der Verarbeitung und Nutzung personenbezogener Daten innerhalb der Zweckbestimmung eines Vertrags- oder vertragsähnlichen Verhältnisses, enthält keine Anhaltspunkte darüber, dass der Übergang eines Vertragsverhältnisses im Rahmen der Universalsukzession – und akzessorisch hiermit verbunden der personenbezogenen Daten – nicht zulässig sein soll.

Ist die weitere Verarbeitung und Nutzung der personenbezogenen Daten jedoch kraft der gesetzlichen Systematik umfassend reglementiert, liegt allein im Übergang der Daten im

Wege der erbrechtlichen Gesamtrechtsnachfolge kein Vorgang, der die Interessen der Betroffenen in rechtlich erheblicher Weise tangiert. Die Person des Erblassers wird durch die Erben bzw. die Erbengemeinschaft ersetzt. Dies stellt für den Betroffenen keinen rechtlich erheblichen Vorgang dar. Soweit angeführt wird, dass im Einzelfall eine besondere Interessenlage gegeben sein kann, die ein berechtigtes Interesse des Betroffenen am Ausschluss des Übergangs der Daten auf den bzw. die Erben zu begründen vermag, mag dies zutreffen. Die Ausnahme jedoch als Argumentationsbasis für die Erstellung einer Regel heranzuziehen, überzeugt rechtstechnisch nicht. Im übrigen kann in diesen Fällen ein im Einzelfall sachgerechter Ausgleich auf anderem Wege gefunden werden.

Das Recht auf informationelle Selbstbestimmung steht verfassungsrechtlich in Wechselwirkung mit der *Gemeinschaftsbezogenheit* der betroffenen Informationen. Der Einzelne hat nicht ein Recht im Sinne einer absoluten, uneinschränkbaren Herrschaft über „seine" Daten. Er ist vielmehr eine sich innerhalb der sozialen Gemeinschaft entfaltende, auf Kommunikation angewiesene Persönlichkeit. Information, auch soweit sie personenbezogen ist, stellt ein Abbild sozialer Realität dar, das nicht ausschließlich dem Betroffenen allein zugeordnet werden kann.[744] Das Grundgesetz hat, wie in der Rechtsprechung des Bundesverfassungsgerichts mehrfach hervorgehoben ist[745], das Spannungsverhältnis zwischen Individuum und Gemeinschaft im Sinne der *Gemeinschaftsbezogenheit* und *Gemeinschaftsgebundenheit* der Person entschieden. Grundsätzlich muss der Einzelne daher Einschränkungen seines Rechts auf informationelle Selbstbestimmung im überwiegenden Allgemeininteresse hinnehmen. Beschränkungen bedürfen jedoch einer nach Art. 2 Abs. 1 GG verfassungsmäßigen gesetzlichen Grundlage, aus der sich die Voraussetzungen und der Umfang der Beschränkungen klar und für den Bürger erkennbar ergeben und die damit dem rechtsstaatlichen Gebot der Normenklarheit – abgeleitet aus dem allgemeinen Rechtsstaatsprinzip – entspricht.[746] Soweit § 1922 Abs. 1 BGB die Nachfolge des Erben in die rechtliche Stellung des Erblassers umfassend anordnet, muss dies auch bezogen auf die beim Erblasser gespeicherten personenbezogene Daten gelten. Die Universalsukzession stellt ein gesetzestechnisches Institut dar, um die umfassende rechtliche Nachfolge sicherzustellen. Diesem Geltungsanspruch muss sich das Datenschutzrecht jedenfalls sub specie des Übermittlungsbegriffs an dieser Stelle unterordnen.

Nichts anderes kann für die verschmelzungsrechtliche Gesamtrechtsnachfolge gelten. Der übertragende Verband geht im übernehmenden Rechtsträger rechtlich auf. Damit wechselt die Berechtigung an den personenbezogenen Daten des übernehmenden Rechtsträgers, ohne dass es zu einem tatbestandlichen Übermittlungsvorgang kommt. Soweit die mit der Datenverarbeitung betrauten Personen innerhalb der betrieblichen Organisation des übernehmenden

[744] *BVerfGE* 65, 1 ff. = NJW 1984, 419 ff. – *Volkszählung*.

[745] *BVerfGE* 4, 7 ff. – *Investitionshilfe*; *BVerfGE* 8, 274 ff. – *Preisgesetz*; *BVerfGE* 27, 1 ff. – *Mikrozensus*; *BVerfGE* 27, 344 ff. – *Ehescheidungsakten*; *BVerfGE* 33, 303 ff. – *numerus clausus* I; *BVerfGE* 50, 290 ff. – *Mitbestimmung*; *BVerfGE* 56, 54 ff. – *Fluglärm*.

[746] *BVerfGE* 45, 400 ff., 420 – *Oberstufenreform*.

Verbandes ausgewechselt werden, stellt dies keine datenschutzrechtlich relevante Maßnahme dar. Auch die Erweiterung des Kreises zugriffsberechtigter Personen um den Personalbestand des übernehmenden Verbandes ist datenschutzrechtlich unbeachtlich. Gleiches gilt für den Wechsel der Rechtsform. Schutzwürdige Interessen der Betroffenen werden hierdurch nicht beeinträchtigt. Das schutzwürdige Vertrauen der Kunden, Lieferanten etc. bezieht sich nicht auf den *unveränderten Fortbestand* der juristischen Person, sowohl in rechtlich formeller, als auch in personell struktureller Hinsicht.

Das Umwandlungsgesetz stellt mit § 20 Abs. 1 Nr. 1 UmwG ein gesetzliches Instrument zur Verfügung, das unabhängig vom Parteiwillen die rechtlich simplifizierte Abwicklung von Verschmelzungen ermöglichen soll. Datenschutzrechtliche Grenzen sind über den Grundsatz der Zweckbindung gesetzt. Dieser reglementiert einen uneingeschränkten Datenaustausch zwischen einzelnen Betriebsabteilungen eines Unternehmens[747], soweit diese nach außen entsprechend dem Erhebungs- und Verwendungszweck der Daten eine originäre selbständige Aufgabe wahrnehmen.[748] Allein infolge des Vollzugs der Verschmelzung werden die Rechte des übernehmenden Verbandes in Bezug auf die personenbezogenen Daten der übertragenden Gesellschaft somit keineswegs erweitert. Die Befugnis zur Verarbeitung und Nutzung beschränkt sich auf den Unternehmensgegenstand und die Zweckbestimmung der personenbezogenen Daten beim übertragenden Rechtsträger. Weitere Restriktionen ergeben sich aus umfassenden Unterrichtungs-, Auskunfts- und Löschpflichten – de lege lata oder de lege ferenda, die für die Sicherung der Rechte der Betroffenen ausreichend sind, wie nachfolgend noch zu zeigen sein wird.[749]

9.2.6.2 Menschenwürdegehalt

Der verfassungsrechtliche Grundgehalt des Rechts auf informationelle Selbstbestimmung wird im Ergebnis nicht durch § 20 Abs. 1 Nr. 1 UmwG tangiert. Ebenso kann keine Rede davon sein, dass die Kunden, Lieferanten etc. des übertragenden Rechtsträgers gleich *„Objekten"* im Rahmen des Verschmelzungsvorgangs behandelt würden,[750] so dass der Menschenwürdegehalt des informationellen Selbstbestimmungsrechtes[751] berührt wäre. Durch den – zumal zivilrechtlich zugelassenen – Vorgang einer Verschmelzung samt Vermögens-

747 Dieser erfüllte dann jedenfalls den – subsidiären – Tatbestand einer *Nutzung* nach § 3 Abs. 5 BDSG.

748 *Dammann* in: Simitis/Dammann/Geiger/Mallmann/Walz, BDSG, § 3 Rdnr. 227; *Auernhammer*, BDSG, § 3 Rdnr. 51; *Gola/Schomerus*, BDSG, § 3 Rdnr. 52.

749 Die deskriptiv von *Zöllner* in Feld geführten Szenarien der Verschmelzung einer Beate Uhse-GmbH mit einer Grete Schickedanz-AG, *Zöllner*, ZHR 165 (2001), 441, würden mit Nichten zu einer wechselseitig uneingeschränkten Nutzbarkeit der personenbezogene Daten führen. Die Beurteilung des rechtlichen Schicksals personenbezogener Daten in der verschmelzungsrechtlichen Universalsukzession weist eine hohe Komplexität auf, der sich in einer schrittweisen isolierten Betrachtung einzelner Bestandteile angenähert werden kann, diese jedoch nicht isoliert aufzulösen vermag. Maßgebend ist die datenschutzrechtliche Gesamtkonzeption.

750 So ein Denkansatz, vgl. *Schneider*, Diskussionsbericht, ZHR 165 (2001), 462 ff.

751 *BVerfGE* 61, 126 ff.; *Höfling*, JuS 1995, 857 f.; *Pieroth/Schlink*, Rdnr. 350; zur Menschenwürde vgl. *BVerfGE* 6, 32 ff. – Elfes; *BVerfGE* 27, 1 ff. – *Mikrozensus*.

gesamtrechtsnachfolge werden die Betroffenen nicht zum bloßen Objekt (des Staates) degradiert und ihre Subjektqualität ausgeblendet oder gänzlich in Frage gestellt.[752] Von der Verschmelzung wird schon nicht der *unantastbare Bereich privater Lebensgestaltung* berührt.[753] Die Sphäre des Betroffenen, mit der er sich bereits gegenüber der übertragenden Stelle offenbart hat, wird infolge der Verschmelzungsmaßnahme nicht vertieft. Es werden – weder zwangsweise noch fakultativ – weitergehende Daten des Betroffenen aufgenommen oder erhoben.[754] In der Verschmelzung liegt kein Eindringen in den Persönlichkeitsbereich der Betroffenen durch eine umfassende Einsichtnahme in die persönlichen Verhältnisse. Der unantastbare Innenraum des Betroffenen, in dem er "*sich selbst besitzt*" und "*in den er sich zurückziehen kann, zu dem die Umwelt keinen Zutritt hat, in dem man in Ruhe gelassen wird und ein Recht auf Einsamkeit genießt*", ist nicht berührt.[755]

9.2.7 Zwischenergebnis

In summa ergibt die rechtsdogmatische Auslegung des Übermittlungsbegriffes sowie des rechtlichen Instruments der Universalsukzession, dass der Übergang personenbezogener Daten in der verschmelzungsrechtlichen Vermögensnachfolge *keine gleichzeitige Datenübermittlung* im gesetzestechnischen Sinne darstellt.

Der Tatbestand einer Datenübermittlung wird ausgefüllt durch den Begriff der Bekanntgabe personenbezogener Daten an einen Dritten. Der Bekanntgabebegriff ist seinerseits de lege lata konkretisiert durch die Weitergabe bzw. Einsichtnahme und den Abruf von zu diesen Zwecken bereit gehaltenen Informationen. Der Übergang von Daten in der verschmelzungsrechtlichen Universalsukzession entzieht sich einer Subsumtion unter diese Begrifflichkeiten. Der Wortlaut des Gesetzes lässt ferner unterschiedliche Interpretationsvarianten zu. So verwundert es nicht, dass versucht wird, die gesetzlichen Begrifflichkeiten durch weitere prägende Merkmale zu spezifizieren. Diskutiert wird, inwieweit für eine Bekannt- oder Weitergabe personenbezogener Daten notwendig eine physische Ortsveränderung verbunden ist, diese zielgerichtet auf einen bestimmten Empfänger hin erfolgen muss, ein aktives Tätigwerden erfordert und nach außen hin wahrnehmbar sein muss.

Richtigerweise ist auf mehrere einzelne Anknüpfungspunkte abzustellen. Die Vermögensuniversalsukzession im Vollzugsstadium der Verschmelzung versperrt eine pauschalierende Betrachtung; die gesetzlichen Systematiken sind auf diesen Vorgang nicht zugeschnitten. Es bedarf daher des Rückgriffs auf teleologische und rechtsdogmatische Erwägungen sowohl aus dem Datenschutz- als auch dem Verschmelzungssachrecht. Ein sach- und interessengerechtes

---

[752] So jedoch die *Objektformel* des *BVerfG*; erstmals in *BVerfGE* 9, 167 ff.; präzisiert in *BVerfGE* 30, 1 ff. – *Abhörurteil*; *BVerfGE* 87, 209 ff. – *Tanz der Teufel*.

[753] *BVerfGE* 6, 32 ff. – Elfes; *BVerfGE* 27, 1 ff. – *Mikrozensus*.

[754] Die Situation ist somit nicht mit den zugrunde liegenden Sachverhalten der Entscheidungen *BVerfGE* 5, 85 ff. – *KPD-Verbot* und *BVerfGE* 7, 198 ff. – *Lüth* vergleichbar.

[755] *BVerfGE* 27, 1 ff. – *Mikrozensus*; *Wintrich*, 15 f.; *Dürig* in: Maunz-Dürig, GG, Art. 1 Rdnr. 37.

Ergebnis lässt sich dabei nur durch eine gleichmäßige Gewichtung aller betroffenen Randaspekte erzielen.

Die Vermögensnachfolge und damit verbunden der Übergang der personenbezogenen Daten von der übertragenden auf die übernehmende Gesellschaft bewirkt weder eine Ortsveränderung, noch erfordert sie ein aktives Tun spezifisch in Hinblick auf die übergehenden personenbezogenen Daten. Der Übergang ist ferner ein gesetzlich angeordneter – wenngleich im Ergebnis als rechtsgeschäftlicher zu qualifizieren – und nur mittelbar bedingt durch einen Willensakt der Parteien, der indes nicht spezifisch auf den Übergang der personenbezogenen Daten in der Verschmelzung gerichtet ist. Der Abschluss des Verschmelzungsvertrages sowie die Regsiteranmeldung sind Handlungen, die im Vorfeld der Vermögensuniversalsukzession liegen – und damit auch des Informationsübergangs. Sie bilden keine taugliche Grundlage für die Annahme einer willentlichen Datenübermittlung. Schon die Auslegung des datenschutzrechtlichen Übermittlungsbegriffes spricht unter Berücksichtigung der Systematik der Universalsukzession gegen die Annahme einer tatbestandlichen Datenübermittlung.

Hinzu kommen teleologische Erwägungen aus dem Verschmelzungssachrecht. Die Vermögensuniversalsukzession dient dazu, Verschmelzungen nach dem Umwandlungsgesetz umfassend zu erleichtern und gegenüber sonstigen Maßnahmen außerhalb des Umwandlungsgesetzes zu privilegieren. Der Telos der Universalsukzession ist gerichtet auf den umfassenden Übergang sämtlicher Vermögensbestandteile. Hindernisse aus dem Recht der Singularsukzessionen werden dabei bewusst ausgeblendet. Rückschlüsse aus einzelnen Singularsukzessionstatbeständen, etwa der Forderungszession, sind daher nur in bedingtem Maße weiterführend und können allenfalls Grundlage eines argumentum a-majore-ad-minus bilden. Dieser Telos der verschmelzungsrechtlichen Universalsukzession bedingt zugleich, dass es infolge der Vermögensnachfolge nicht zu einer tatbestandsmäßigen Datenübermittlung im Sinne des Bundesdatenschutzgesetzes kommen kann.

Ein Vergleich der verschmelzungsrechtlichen Universalsukzession zur erbrechtlichen Universalsukzession zeigt die Richtigkeit dieser Erkenntnis. Auch in der erbrechtlichen Universalsukzession folgt der Erbe dem Erblasser umfassend in dessen Rechtsstellung. Auch hier kommt es insoweit zu keiner Datenübermittlung. Die Nachfolge in die datenschutzrechtliche Rechtsposition des Erblassers ist nicht von der Zustimmung der betroffenen Dritten abhängig, sondern vollzieht sich ungeachtet dieser ipso iure. Die Universalsukzession bedingt dabei weder notwendig die Weitergabe von Nachlassgegenständen oder personenbezogenen Daten, noch setzt sie begrifflich voraus, dass der Erbe die personenbezogenen Daten, die im Nachlass enthalten sind, einsieht oder abruft. Von einer Datenübermittlung kann somit keine Rede sein.

Der Betroffene wird durch dieses Ergebnis auch nicht unverhältnismäßig in seinen Rechten beeinträchtigt. Im Falle des Erbrechts folgt der Erbe in die Rechtsstellung des Erblassers – als verantwortliche Stelle im Sinne des Datenschutzrechts – nach. Gleiches gilt im Verschmelzungsrecht. Hier vollzieht sich die Rechtsnachfolge indes weiter abstrahiert auf die rechtliche

Einheit der übernehmenden Gesellschaft. Der Betrieb und die Betriebsmittel des übertragenden Verbandes werden einer neuen Leitung unterstellt. Die personenbezogenen Daten fallen in dessen einheitlichen Herrschaftsbereich, ohne dass diese physisch infolge der Registereintragung der Verschmelzung bewegt oder eingesehen bzw. abgerufen würden. Arbeitnehmer des übertragenden Rechtsträgers werden Arbeitnehmer des übernehmenden Verbandes und sind im Zweifel nach wie vor mit der Verarbeitung derselben Daten betraut. Es ändert sich lediglich das rechtliche Gebilde um diese Daten herum. Der Rechtsnachfolger ist und bleibt an dieselben Restriktionen bezüglich der Verarbeitung der Daten gebunden, wie der Rechtsvorgänger. Der datenschutzrechtliche Spielraum erweitert sich infolge der Universalsukzession nicht.

Im Datenschutzrecht ist unumstritten, dass personelle Veränderungen innerhalb derselben verantwortlichen Stelle ebenso irrelevant sind, wie die Auswechslung des Managements oder sonstige interne korporative Entscheidungen. Im Falle der Erweiterung oder des Austauschs des Unternehmensgegenstandes hängt die Frage, inwieweit personenbezogene Daten auch für die neuen Unternehmenszwecke ohne weiteres verarbeitet werden dürfen, davon ab, ob dieser neue Unternehmensgegenstand durch die ursprüngliche Zweckbestimmung der Daten gedeckt ist. Die Verschmelzung zweier Rechtsträger stellt in der Summe nichts anderes dar, als ein Bündel der soeben beschriebenen Maßnahmen. Sind jedoch die Einzelmaßnahmen jede für sich genommen datenschutzrechtlich unbedenklich, kann für deren Summe nichts anderes gelten. Das rechtliche Konstrukt, unter dem die korporative Änderung erfolgt, kann hierbei keine Rolle spielen.

9.3 Systematisches Verhältnis von Datenübermittlung und Nutzung

Diese Erkenntnis bedeutet nicht, dass keine weiteren datenschutzrechtlichen Anforderungen an den Umgang mit den übergehenden personenbezogenen Daten zu stellen wären. Gerade weil die Universalsukzession nach dem soeben gefundenen Ergebnis keine gleichzeitige Datenübermittlung verkörpert, kommt den übrigen Anforderungen des Datenschutzrechts *besondere Bedeutung* zu. Dem soll im Anschluss näher nachgegangen werden. Liegt keine tatbestandsmäßige Datenverarbeitung vor, könnte die Universalsukzession jedoch möglicherweise eine *subsidiäre Nutzung* verkörpern.

Das Gesetz sieht in § 3 Abs. 5 BDSG den *subsidiären Auffangtatbestand* der Nutzung vor. *Per definitionem* ist Nutzung jede Verwendung personenbezogener Daten, soweit es sich nicht um Verarbeitung handelt. Der Begriff ist weit gefasst. Eine Nutzung liegt insbesondere vor, wenn personenbezogene Daten innerhalb der verantwortlichen Stelle – etwa zwischen unterschiedlichen Betriebsabteilungen – weitergegeben werden.[756] Auch eine Datennutzung ist grundsätzlich an das gesetzliche Rechtfertigungserfordernis des § 4 Abs. 1 BDSG geknüpft. Der Nutzung kommt nach der gesetzgeberischen Intention *subsidiärer Charakter*

[756] *Gola/Schomerus*, § 3 Rdnr. 41; *Schild* in: Roßnagel, Handbuch Datenschutzrecht, Kap. 4.2 Rdnr. 87.

zu.[757] Die rechtliche Abgrenzung zur Datenübermittlung bzw. Datenverarbeitung erfolgt negativ. Der Datenübermittlung kann ihre rechtliche Qualität als solche damit nicht bereits unter dem Hinweis darauf abgesprochen werden, es läge andernfalls eine – gleichsam rechtlich relevante – Datennutzung vor. Entscheidend ist, dass die Nutzung de lege lata über § 28 Abs. 1 Nr. 1 BDSG privilegiert ist, soweit sie im Rahmen der Zweckbestimmung des Vertrags- oder vertragsähnlichen Vertrauensverhältnisses erfolgt, unter der die personenbezogenen Daten ursprünglich erhoben wurden. Eine Nutzung der personenbezogenen Daten der übertragenden Gesellschaft innerhalb dieser Zweckbestimmung durch den übernehmenden Verband ist damit stets zulässig.

Die Universalsukzession bedingt jedoch auch *keine* gleichzeitige Datennutzung. Insoweit gelten dieselben Argumente, die bereits im Zusammenhang mit der Datenübermittlung ins Feld geführt wurden. Der Begriff der Nutzung knüpft de lege lata an ein *„Verwenden"* der Daten an. Die Universalsukzession erfüllt *in abstracto* nicht das Merkmal des Verwendens. Sie entzieht sich vielmehr jeglicher datenschutzrechtlicher Ein- und Unterordnung. Die Universalsukzession als solche ist datenschutzrechtlich *neutral.* Das Datenschutzrecht stellt lediglich rechtliche Begleitfaktoren zur Seite, die eine Sicherung der Rechte des Betroffenen um das rechtliche Konstrukt der Universalsukzession herum gewährleisten sollen.

9.4 Zwischenergebnis

Damit bleibt festzustellen: Die gesetzlich vorgesehenen Universalsukzessionen sind *datenschutzrechtlich neutral.* Insbesondere die verschmelzungsrechtliche Vermögensnachfolge stellt *keinen* Fall der Datenübermittlung oder Datennutzung dar. In der Konsequenz bedarf es keiner Prüfung einer datenschutzrechtlichen Verarbeitungserlaubnis.

Die Universalsukzession lässt umgekehrt die Verpflichtung der übernehmenden Gesellschaft über die Einhaltung sämtlicher datenschutzrechtlicher Restriktionen und Pflichten, insbesondere solcher, die bereits in Person des übertragenden Verbandes begründet wurden, unberührt. Hierauf wird sogleich im Anschluss näher einzugehen sein.

---

[757] *Gola/Schomerus*, § 3 Rdnr. 41; *Schild* in: Roßnagel, Handbuch Datenschutzrecht, Kap. 4.2 Rdnr. 86.

10. Gestattung der Datenübermittlung in der Planungs- und Vorbereitungsphase (Due Diligence)

Die Weitergabe personenbezogener Informationen in der Planungs- und Vorbereitungsphase einer Verschmelzung an den jeweils anderen Rechtsträger bzw. dessen Repräsentanten als Dritte im datenschutzrechtlichen Sinne verwirklicht, wie gezeigt[758], den Tatbestand einer *Datenübermittlung*. Für die Verschmelzungspraxis ist von erheblicher Bedeutung, inwieweit die Weitergabe bzw. Offenlegung personenbezogener Daten in der Due Diligence *zulässig* ist und welche weiteren datenschutzrechtlichen Vorgaben es hierbei zu beachten gilt. Unmittelbar hiermit verbunden ist die Frage nach den rechtlichen Folgen eines Verstoßes gegen datenschutzrechtliche Bestimmungen, insbesondere deren möglichen Rechtsfolgenwirkungen auf den Verschmelzungsvorgang.

10.1 Systematische und pragmatische Vorüberlegungen

Den Ausgangspunkt für die datenschutzrechtliche Beurteilung bildet die gesetzliche Systematik des Bundesdatenschutzgesetzes. Diese folgt dem Grundsatz des Verbots der Erhebung, Verarbeitung und Nutzung personenbezogener Daten unter Erlaubnisvorbehalt.[759] Das Bundesdatenschutzgesetz konstituiert und konkretisiert diesen Grundsatz in § 4 Abs. 1 BDSG, indem die Erhebung, Verarbeitung und Nutzung personenbezogener Daten nur so weit für zulässig erklärt wird, wie das Bundesdatenschutzgesetz oder eine andere Rechtsvorschrift diese erlauben, anordnen oder der Betroffene eingewilligt hat. Soweit es im Rahmen der Vorbereitungsphase einer Verschmelzung zu einer datenschutzrechtlich relevanten Bekanntgabe personenbezogener Daten an den beteiligten Rechtsträger als Dritten kommt, bedarf diese in der zwingenden Folge eines gesetzlichen oder gewillkürten *Erlaubnistatbestands*, um rechtlich zulässig zu sein.

Das Bundesdatenschutzgesetz differenziert dabei in § 4 Abs. 1 BDSG zwischen der Einwilligung durch den Betroffenen als de lege lata stärkste Form der Erlaubnis sowie der gesetzlichen Gestattung der Datenverarbeitung, entweder nach dem Bundesdatenschutzgesetz selbst oder infolge einer spezialgesetzlichen Erlaubnisnorm.

10.1.1 Rechtfertigungssystematik des Bundesdatenschutzgesetzes

Die Einwilligung – im Sinne der *vorherigen Zustimmung*[760] – des Betroffenen zur Verarbeitung und Nutzung seiner personenbezogenen Daten stellt die stärkste Form der Erlaubnis dar. Sie verkörpert eine fundamentale Ausprägung des Rechtes auf informationelle Selbstbestim-

---

758 Siehe zuvor unter *7*.

759 *Dammann* in: Simitis/Dammann/Geiger/Mallmann/Walz, § 4 Rdnr. 3; *Gola/Schomerus*, BDSG, § 4 Rdnr. 3 ff.; *Hoeren* in: Roßnagel, Handbuch Datenschutzrecht, Kap. 4.6 Rdnr. 3; *Teichmann/Kießling*, ZGR 2001, 41.

760 Dies ergibt sich sowohl aus der Systematik der §§ 4 Abs. 1, 4a BDSG sowie aus einem Rückgriff auf das zivilrechtliche Institut der Einwilligung nach § 183 S. 1 BGB *analog*.

mung.[761] Die Einwilligung unterliegt den zwingenden Wirksamkeitsanforderungen des § 4a BDSG. Sind diese nicht eingehalten, ist die Einwilligung *rechtlich unbeachtlich.*[762] Insbesondere muss sich die Einwilligung *klar* und *eindeutig* auf die spezifische Verarbeitung oder Nutzung der betroffenen personenbezogenen Daten beziehen. Sie ist von jedem einzelnen Betroffenen gesondert einzuholen und bedarf der *Schriftform*, § 4a Abs. 1 BDSG.[763] Ist eine Einwilligung aus praktischen Gründen nicht einholbar oder soll aufgrund der besonderen Umstände des Einzelfalles eine solche nicht eingeholt werden, kann die Datenverarbeitung *subsidiär* über einen gesetzlichen Erlaubnistatbestand gerechtfertigt sein. § 4 Abs. 1 BDSG sieht vor, dass sich eine Rechtfertigung de lege lata entweder aus spezialgesetzlichen Regelungen außerhalb des Bundesdatenschutzgesetzes (*„andere Rechtsvorschrift"* im Sinne des § 4 Abs. 2 BDSG) oder den Vorschriften des Bundesdatenschutzgesetzes im Dritten Abschnitt für den nicht-öffentlichen Bereich ergeben kann.[764]

Im Bereich der privaten Wirtschaft steht die Rechtfertigung über § 28 BDSG praktisch im Vordergrund, obgleich mit der nach § 28 Abs. 1 Nr. 2 BDSG zu treffenden Abwägungsentscheidung stets ein nicht unerhebliches Maß an *Rechtsunsicherheit* einhergeht.

10.1.2 Erfordernis der Einzeleinwilligung und Umsetzbarkeit in der Verschmelzungspraxis

Die Einholung einer Einzeleinwilligung von sämtlichen von der Verschmelzung betroffenen Personen kommt in der überwiegenden Vielzahl der Verschmelzungsfälle bereits aus rein *pragmatischen* Erwägungen nicht in Betracht.[765] Die Zahl der betroffenen Personen kann – je nach Größe der beteiligten Rechtsträger – nicht selten im fünf- bis sechsstelligen Bereich liegen.[766] Die Einholung von Einzeleinwilligungen würde den Verschmelzungsvorgang damit

---

761 Schon das *BVerfG* stellte in seinem *Volkszählungsurteil* fest, dass der Betroffene grundsätzlich selbst darüber entscheiden können soll, ob und in welchem Umfang er personenbezogene Informationen Preis gibt und deren weitere Nutzung gestattet; *BVerfGE* 65, 1 ff. = NJW 1984, 419 – *Volkszählung.*

762 *Gola*, RDV 2002, 109; *Gola/Schomerus*, BDSG, § 4 Rdnr. 16.

763 Eine andere Form ist nur zugelassen, soweit diese aufgrund besonderer Umstände des Einzelfalles angemessen erscheint, § 4a Abs. 1 S. 2 BDSG. Eine *konkludente* Einwilligung des Betroffenen scheidet aufgrund des Schutzzwecks der Formvorschrift aus.

764 Die Regelung steht dabei in Wechselwirkung mit § 1 Abs. 3 S. 1 BDSG, vgl. *Gola/Schomerus*, BDSG, § 1 Rdnr. 23 ff.; *Walz* in: Simitis/Dammann/Geiger/Mallmann/Walz, BDSG, § 1 Rdnr. 281 ff.; *Bergmann/Möhrle/Herb*, BDSG, § 1 Rdnr. 49; *Marsch-Barner/Mackenthun*, ZHR 165 (2001), 429; *Wengert/Wiedmann/Wengert*, RDV 2000, 49; *dies.* NJW 2000, 2463; *Simitis*, ZHR 165 (2001), 456. Unter Zugrundelegung der gesetzlichen Systematik des BDSG kann die Verweisung in § 4 Abs. 1 BDSG auf andere Rechtsvorschriften nur solche erfassen, die gegenüber Bundesrecht nachrangig sind (einfache Landesgesetze, kommunale Vorschriften, normative Teile von Tarifverträgen, Betriebsvereinbarungen). In allen anderen Fällen greift der Spezialitätsgrundsatz des § 1 Abs. 3 S. 1 BDSG vorrangig ein. Kann auf eine solche Bestimmung rekurriert werden, bestimmt sich die Zulässigkeit der Datenverarbeitung ausschließlich nach deren gesetzlichem Tatbestand; das BDSG wirkt sich unmittelbar nicht mehr auf die Zulässigkeit aus. Voraussetzung ist jedoch, dass die betreffende Norm die Verarbeitung personenbezogener Daten in den einzelnen Phasen *konkret anspricht* und gleichsam *tatbestandlich kongruent* bzw. deckungsgleich ist, *Bergmann/Möhrle/Herb*, BDSG, § 4 Rdnr. 17; *Gola/Schomerus*, BDSG, § 4 Rdnr. 7.

765 *Schaffland*, NJW 2002, 1541 f.; *BGH*, NJW 1984, 1887; *Wengert/Wiedmann/Wengert*, NJW 2000, 1293; *Eul* in: Roßnagel, Handbuch Datenschutzrecht, Kap. 7.2 Rdnr. 76; *Dieckmann/Eul/Klevenz*, RDV 2000, 152.

766 *Schaffland*, NJW 2002, 1541.

schlichtweg *ad absurdum* führen, da eine zeitnahe und wirtschaftlich angemessene Abwicklung nicht mehr gewährleistet wäre. Hält man sich vor Augen, dass die Einwilligung grundsätzlich der *Schriftform* bedarf, müsste in der Folge jeder Kunde, Geschäftspartner und sonstig Betroffene bei der übertragenden Gesellschaft vor der Weitergabe seiner personenbezogenen Informationen an den übernehmenden Verband in Briefform über die Tatsache der Weitergabe, die Identität der empfangenden Stelle sowie die Reichweite seiner Einwilligungserklärung informiert und um Abgabe des schriftlichen Einverständnisses ersucht werden. Dieses Procedere ist sowohl praktisch undurchführbar, als auch rechtlich wenig erfolgversprechend. Das Verschmelzungsvorhaben würde auf geraume Zeit verzögert. Ferner gibt die gesetzliche Systematik vor, dass eine wirksame Einwilligung von *ausnahmslos sämtlichen* Betroffenen einzuholen wäre. Dies ist bei wirtschaftlich großvolumigen Transaktionen mit einer hohen Anzahl an Betroffenen *per se ausgeschlossen.*[767]

In der verschmelzungsrechtlichen Praxis liegt daher das Hauptaugenmerk – entgegen den datenschutzrechtlichen Wertungen de lege lata[768] – auf den *gesetzlichen Gestattungsmöglichkeiten.* Dies entspricht auch dem weiteren Grundsatz des Datenschutzrechts, dass Datenverarbeitungen dann ohne explizite Einwilligung kraft gesetzlicher Gestattung zulässig sein können, wenn die Einholung der Einwilligung nur mit *unverhältnismäßigem Aufwand* möglich ist.[769] Die Vorbereitungsphase einer Verschmelzung stellt insoweit den Paradefall der Unverhältnismäßigkeit der Einholung von Einzeleinwilligungen dar, freilich unter dem Vorbehalt, dass die Praktikabilität der Einholung von Einzeleinwilligungen je nach Ausmaß der Verschmelzung anhand des gegebenen Einzelfalles zu beurteilen ist.

Geht man im Folgenden von der Prämisse aus, dass die Einholung von Einzeleinwilligungen kein verhältnismäßiges, praxisgerechtes Mittel darstellt, kommt es maßgebend auf die gesetzlichen Erlaubnistatbestände an.

---

767 *Eul* in: Roßnagel, Handbuch Datenschutzrecht, Kap. 7.2 Rdnr. 76; *Dieckmann/Eul/Klevenz*, RDV 2000, 152; *Schaffland*, NJW 2002, 1541. Insbesondere kann ein Schweigen der Betroffenen a-majore-ad-minus nicht als Zustimmung interpretiert werden. Das BDSG untersagt eine konkludente Einwilligung; *Gola/Schomerus*, BDSG, § 4a Rdnr. 2.

768 Zur Einwilligung als den stärksten und dogmatisch zu privilegierenden Erlaubnistatbestand, auch wenn dieser gesetzlich nicht an erster Stelle in der Aufzählung des § 4 Abs. 1 BDSG genannt wird, vgl. nur *Gola/Schomerus*, BDSG, § 4 Rdnr. 5.

769 *Schaffland*, NJW 2002, 1541. Dieses Kriterium der Unverhältnismäßigkeit wird vom BDSG in anderem Kontext an verschiedenen Stellen verwendet (vgl. etwa § 3a BDSG, § 4 a Abs. 2 BDSG). In Gesamtschau mit den de lege lata vorgesehenen Erlaubnistatbeständen (§§ 28 ff. BDSG) ist daher eine Einwilligung nicht stets zwingend erforderlich, um die Zulässigkeit der Datenverarbeitung zu erreichen.

10.2 Gesetzliche Gestattung der Datenübermittlung in der Vorbereitungsphase

Die Anforderungen an die Zulässigkeit einer Datenübermittlung nach dem Bundesdatenschutzgesetz [770] richten sich *abschließend* nach § 4 Abs. 1 BDSG. Nach der gesetzlichen Systematik kann die Datenübermittlung gerechtfertigt sein, soweit das Bundesdatenschutzgesetz selbst oder eine andere, spezialgesetzliche Rechtsvorschrift diese gestatten. Als andere Rechtsvorschrift in diesem Sinn wird insbesondere § 20 Abs. 1 Nr. 1 UmwG in seiner Funktion als *lex specialis* zum Bundesdatenschutzgesetz diskutiert.[771]

10.2.1 § 20 Abs. 1 Nr. 1 UmwG als spezialgesetzliche Erlaubnisnorm

Im wissenschaftlichen Schrifttum ist *für die Vollzugsphase* einer Verschmelzung umstritten, ob und inwieweit § 20 Abs. 1 Nr. 1 UmwG als spezialgesetzliche Erlaubnisnorm im Sinne des § 4 Abs. 1 Alt. 1 BDSG herangezogen werden kann.[772] Diskutiert wird dies, soweit ersichtlich, ausschließlich für die Vollzugsphase der Verschmelzung und von jenen Stimmen im Schrifttum, die der Universalsukzession die rechtliche Qualität einer Datenübermittlung bzw. Nutzung – anders als die hier vertretene Auffassung[773] – zusprechen wollen.

A-majore-ad-minus ließe sich insoweit auch in der Vorbereitungsphase einwenden, die Zulässigkeit einer Datenübermittlung, die der Herbeiführung der Eintragungs- und Vollzugsvoraussetzungen diene, könne aus einer *vorgreiflichen Wirkung* des § 20 Abs. 1 Nr. 1 UmwG im Sinne einer *Einzelanalogie* gefolgert werden. Dies setzt jedoch notwendig und ungeachtet der zivilrechtsdogmatischen Voraussetzungen eines Analogieschlusses primär voraus, dass § 20 Abs. 1 Nr. 1 UmwG jedenfalls in der Vollzugsphase einer Verschmelzung als lex specialis zum Datenschutzrecht zu qualifizieren wäre. Andernfalls käme ein erst-recht Schluss von vorne herein nicht in Frage.

---

770 Dass die Weitergabe oder Offenlegung personenbezogene Daten im Vorfeld des Vollzugs einer Verschmelzung, insbesondere in der Due Diligence, an den jeweils anderen Transaktionsparten bzw. dessen Repräsentanten einen tatbestandlichen Übermittlungsvorgang darstellt, dürfte außer Zweifel stehen. Vgl. hierzu unter *7.*; *Schaffland*, NJW 2002, 1541; *Zöllner*, ZHR 165 (2001), 451 f.; *Marsch-Barner/Mackenthun*, ZHR 165 (2001), 427 f.; Bekanntmachung des Innenministeriums Baden-Württemberg (Nr. 38) über Hinweise zum Bundesdatenschutzgesetz für die private Wirtschaft vom 18.1.2000, Az.: 2-0552.1/14, Staatsanzeiger für Baden-Württemberg Nr. 2/2000 vom 18.1.1999, S. 12, 13 = RDV 2000, 83; *Eul* in: Roßnagel, Handbuch Datenschutzrecht, Kap. 7.2 Rdnr. 71; *Büllesbach* in: Roßnagel, Handbuch Datenschutzrecht, Kap. 7.1 Rdnr. 55; *Gola/Schomerus*, BDSG, § 28 Rdnr. 41 ff.

771 Hierzu *Marsch-Barner/Mackenthun*, ZHR 165 (2001), 431 f.; *Simitis*, ZHR 165 (2001), 459; *Dieckmann/Eul/Klevenz*, RDV 2000, 151; *Teichmann/Kießling*, ZGR 2001, 57 f.; *Zöllner*, ZHR 165 (2001), 445 f.; *Lüttge*, NJW 2000, 2464 (nicht explizit hierauf eingehend); *Wengert/Wiedmann/Wengert*, RDV 2000, 50; *dies.* NJW 2000, 2464 (allerdings jeweils bezogen auf die Vollzugsphase der Verschmelzung).

772 *Marsch-Barner/Mackenthun*, ZHR 165 (2001), 431 f.; *Simitis*, ZHR 165 (2001), 459; *Dieckmann/Eul/Klevenz*, RDV 2000, 151; *Teichmann/Kießling*, ZGR 2001, 57 f.; *Zöllner*, ZHR 165 (2001), 445 f.; *Lüttge*, NJW 2000, 2464; *Wengert/Wiedmann/Wengert*, RDV 2000, 50.

773 Ausführlich hierzu unter *9.2* und *9.3*.

10.2.1.1 Vorrangige Gestattungswirkung in der Vollzugsphase

Der Meinungsstand im Schrifttum zu dieser Fragestellung ist uneinheitlich. Vorliegend wurde für die Vollzugsphase unter *9.* herausgearbeitet, dass die verschmelzungsrechtliche Universalsukzession gerade *nicht* zugleich eine tatbestandsmäßige Datenübermittlung oder Nutzung bedingt, sondern als datenschutzrechtlich *neutral* einzustufen ist. Daher stellt sich die Folgefrage, ob § 20 Abs. 1 Nr. 1 UmwG als spezialgesetzliche Gestattungsnorm in der Vollzugsphase vorliegend herangezogen werden kann, nicht mehr unmittelbar. Die Frage könnte eben allenfalls mittelbare Bedeutung entfalten, wenn eine etwaige Gestattungswirkung auf die Vorbereitungsphase erstreckbar wäre.

Vertreten wird, § 20 Abs. 1 Nr. 1 UmwG komme nicht als vorrangige Erlaubnisnorm in Betracht, da es ihm an den notwendigen Merkmalen einer *bereichsspezifischen* Datenschutzregelung fehle.[774] Das Umwandlungsgesetz enthalte insoweit keine Regelung zur Übermittlung von personenbezogenen Daten, die den verfassungsrechtlichen Anforderungen[775] genügen würden. Ein einschlägiger Erlaubnistatbestand müsse zur Wahrung eines überwiegenden Allgemeininteresses *erforderlich* sein, dem Verhältnismäßigkeitsgrundsatz Rechnung tragen und *normenklar* formuliert sein, d.h. zumindest die zu verarbeitenden Datenarten und den Zweck der Verarbeitung benennen.[776] § 20 Abs. 1 Nr. 1 UmwG ordne lediglich die Gesamtrechtsnachfolge an, die den faktischen Übergang der Daten auf den übernehmenden Rechtsträger bewirke. Da sich § 20 Abs. 1 Nr. 1 UmwG jedoch nicht zur Datenübermittlung äußere, handele es sich dabei nicht um eine *„andere Rechtsvorschrift"* im Sinne der §§ 1 Abs. 3 S. 1 BDSG und 4 Abs. 1 BDSG.[777]

Dieser Auffassung wird von anderen Stimmen entgegen getreten.[778] Nach *Teichmann/Kießling*[779] sei § 20 Abs. 1 Nr. 1 UmwG als eine *spezielle* Rechtsvorschrift zu qualifizieren, die eine Übertragung personenbezogener Daten grundsätzlich erlaube. Dies sei für § 20 Abs. 1 Nr. 1 UmwG sogar *offensichtlich*, da die Norm für einen Akt gewillkürter Rechtsnachfolge den Übergang aller Vermögenswerte anordne und damit notwendigerweise auch die Übertragung personenbezogener Daten gestatte. Dieser Befund wird auf einen Vergleich zur zivilrechtlichen Singularsukzession einer Forderung gestützt. Eine Forderungszession erfordere unstreitig die gleichzeitige Offenlegung personenbezogener Daten über die Forderung, deren Inhalt und die Person des Schuldners, welche die Forderung individualisieren und verkehrsfähig machen sowie die Realisierung der Forderung durch den Zessionar sicherstellen sollen.[780] Nichts anders gelte für die weiteren zivilrechtlichen (dinglichen) Einzelübertra-

---

774 *Büllesbach* in: Roßnagel, Handbuch Datenschutzrecht, Kap. 7.1 Rdnr. 53; *Wengert/Widmann/Wengert*, NJW 2000, 1289 ff.; *dies.* in RDV 2000, 50.

775 *BVerfGE* 65, 1 ff. = NJW 1984, 419 – *Volkszählung.*

776 *Wengert/Widmann/Wengert*, NJW 2000, 1289 ff.; *dies.* RDV 2000, 50.

777 *Wengert/Widmann/Wengert*, a.a.O.

778 *Lüttge*, NJW 2000, 2464 f.; *Dieckmann/Eul/Klevenz*, RDV 2000, 151; *Eul* in: Roßnagel, Handbuch Datenschutzrecht, 7.2 Rdnr. 75; *Simitis*, ZHR 165 (2001), 458 f.

779 *Teichmann/Kießling*, ZGR 2001, 57.

780 *Teichmann/Kießling*, ZGR 2001, 56.

gungstatbestände der §§ 929 ff., 873 ff. BGB ebenso, wie für schuldrechtliche Rechtsgeschäfte. So gelangten beim Verkauf eines gebrauchten Pkw notwendigerweise auch die Daten der Vorbesitzer infolge des Übergangs des Eigentums am Fahrzeug und Kfz-Brief entsprechend § 952 Abs. 2 BGB und verbunden mit der Aushändigung desselben zur Kenntnis des Erwerbers.[781] Die zivilrechtlichen Bestimmungen zur Singularsukzession seien damit als *spezialgesetzliche Erlaubnistatbestände* nach § 4 Abs. 1 1.Alt BDSG zu qualifizieren, die Vorrang vor den datenschutzrechtsspezifischen Gestattungsnormen genießen.[782] Wenn schon für die Singularzession einer Forderung die §§ 398 ff. BGB eine spezialgesetzliche Gestattung darstellten, könne für die Universalsukzession – als Bündelung von Einzelzessionen – nichts anderes gelten.

Die datenschutzrechtliche Literatur ist im übrigen zu dieser Frage zurückhaltend.[783] Als vorrangige Gestattungsnormen kämen nur solche in Betracht, die ausdrücklich – *zumindest auch* – die Verarbeitung personenbezogener Daten regelten bzw. diese gestatteten. Soweit eine Rechtsvorschrift *keinerlei* – auch nicht mittelbaren oder verdeckten – Bezug zum Datenschutz aufweise, könne dieser keine Vorrangstellung als spezielle Gestattungsnorm zugesprochen werden.

Diese Haltung leuchtet jedenfalls vor dem verfassungsdogmatischen Hintergrund des Datenschutzrechts ein. Eine spezialgesetzliche Norm, die eine Vorrangwirkung als Gestattungsnorm nach § 4 Abs. 1 1.Alt. BDSG beanspruchen will, muss den verfassungsrechtlichen Anforderungen entsprechend der Maßstäbe des *BVerfG* genügen. Beschränkungen des Rechts auf informationelle Selbstbestimmung bedürfen nach Art. 2 Abs. 1 GG einer verfassungsmäßigen gesetzlichen Grundlage, aus der sich die Voraussetzungen und der Umfang der Beschränkungen *klar* und für den Bürger *erkennbar* ergeben müssen. Diese muss dem rechtsstaatlichen Gebot der Normenklarheit – abgeleitet aus dem allgemeinen Rechtsstaatsprinzip – entsprechen.[784] Hieran gemessen würden weder die zivilrechtlichen Singularsukzessionstatbestände, noch die Universalsukzessionen den Anforderungen an eine vorrangige Gestattungsnorm gerecht. § 20 Abs. 1 Nr. 1 UmwG regelt allgemein und im ausschließlichen Kon-

781 *Teichmann/Kießling*, a.a.O.

782 *Teichmann/Kießling*, a.a.O. Sie betonen jedoch, dass der Grundsatz der Verhältnismäßigkeit und Zweckbindung nach den Anforderungen aus *BVerfGE* 65, 1 ff. zwingend für die weitere Datenverarbeitung und Nutzung zu beachten ist; so auch *Früh*, WM 2000, 501. Dies steht – jedenfalls im Ergebnis – in Einklang mit jenen Stimmen im Schrifttum, die sich entweder von vorne herein gegen die Annahme einer tatbestandlichen Datenübermittlung oder für eine generelle Vorrangigkeit des UmwG de lege lata nach § 1 Abs. 3 S. 1 BDSG aussprechen. Aus Sicht des Betroffenen macht es keinen Unterschied, ob seine personenbezogene Daten infolge der Gesamtrechtsnachfolge nicht „übermittelt" werden und sich in dessen Konsequenz die Frage nach einer Rechtfertigung gar nicht erst stellt, oder das UmwG mit § 20 Abs. 1 Nr. 1 UmwG als vorrangiges Spezialgesetz nach § 1 Abs. 3 S. 1 BDSG oder spezialgesetzliche Erlaubnisnorm nach § 4 Abs. 1 1.Alt BDSG eingeordnet wird; so *Lüttge*, NJW 2000, 2464 f.; *Dieckmann/Eul/Klevenz*, RDV 2000, 151; *Eul* in: Roßnagel, Handbuch Datenschutzrecht, 7.2 Rdnr. 75; *Simitis*, ZHR 165 (2001), 458 f. Ebenso: *Innenministerium Baden-Württemberg*, Erster Tätigkeitsbericht zum Datenschutz nach § 39 Landesdatenschutzgesetz, 90 ff.

783 *Walz* in: Simitis/Dammann/Geiger/Mallmann/Walz, BDSG, § 4 Rdnr. 8 ff.; *Bergmann/Möhrle/Herb*, BDSG, § 4 Rdnr. 17 ff.; *Gola/Schomerus*, BDSG, § 4 Rdnr. 7 ff.; *Auernhammer*, BDSG, § 4 Rdnr. 6.

784 *BVerfGE* 45, 400 ff. – *Oberstufenreform*; *BVerfGE* 65, 1 ff. = NJW 1984, 419 – *Volkszählung*.

text des Verschmelzungsrechts die umfassende Vermögensnachfolge, ohne auf personenbezogene Daten und die damit verbundenen Rechte des Betroffenen Bezug zu nehmen.

Die im übrigen einhellige Auffassung, das Datenschutzrecht dürfe die zivilrechtlichen Übertragungstatbestände – gleich ob Singular- oder Universalsukzession – nicht blockieren, wäre somit auf Ebene der Rechtfertigung im Rahmen des Bundesdatenschutzgesetzes zu begründen.

Die soeben dargestellten Lösungsansätze haben im Kern ihrer Aussagen eines gemein: Das Datenschutzrecht darf Verschmelzungen nicht von vorne herein verhindern. Diesem Postulat ist grundsätzlich zuzustimmen. Nicht weniger entscheidend ist indes der rechtliche Weg der Begründung. Eine Vergleichsziehung zu zivilrechtlichen Singular- und Universalsukzessionstatbeständen liegt nahe,[785] vermag indes *keine Spezialitätswirkung* des § 20 Abs. 1 Nr. 1 UmwG zu begründen. Zutreffend ist, dass die Zession einer Forderung oder dingliche Übertragung einer Sache zugleich die Offenlegung einer Reihe personenbezogener Daten notwendig bedingt, um den Gegenstand verkehrsfähig zu machen bzw. dessen Verkehrsfähigkeit zu erhalten. Ebenso ist der Abschluss eines schuldrechtlichen Vertrages stets notwendig mit der Weitergabe personenbezogener Daten über Vertragsparteien und ggf. Dritte als Bestandteil der „essentialia negotii" verbunden.[786] Das Datenschutzrecht kann dem im Ergebnis nicht entgegenstehen. Ebenso wenig kann es auf die Qualität der offen zu legenden Daten[787] ankommen. Das Zivilrecht muss im Interesse der Verkehrsfähigkeit der Sachen und Rechte Vorrang genießen. Den zivilrechtlichen Singularsukzessionsnormen[788] kommt daher die Rechtswirkung einer spezialgesetzlichen Gestattungsnorm im Rahmen des § 4 Abs. 1 1.Alt BDSG zu.[789]

Dies sagt indes noch nichts darüber aus, ob und inwieweit auch die verschmelzungsrechtliche Universalsukzession nach § 20 Abs. 1 Nr. 1 UmwG als lex specialis nach § 4 Abs. 1 1.Alt BDSG zu qualifizieren ist. Entscheidend ist, inwieweit die Norm den verfassungsrechtlichen Anforderung an eine transparente, klare und bestimmte Erlaubnisnorm, die ausdrücklich auf die Verarbeitung personenbezogene Daten – jedenfalls auch – Bezug nehmen muss, gerecht wird.[790] Diesen Anforderungen genügen im geltenden Zivilrecht streng genommen nur Bestimmungen zu einzelnen öffentlichen Registern (Grundbuch, Handelsregister), die den Parteien exakt mitteilen, welche Daten welchem Personenkreis offen zu legen sind. Für die zivilrechtlichen Singularsukzessionstatbestände wird dies, auch wenn diese nicht unmittelbar auf

785 *Teichmann/Kießling*, ZGR 2001, 56.

786 *Palandt/Heinrichs*, BGB, Überbl. v. § 104 Rdnr. 3 sowie Einf. v. § 145 Rdnr. 3. Gläubiger und Schuldner müssen bestimmt oder bestimmbar sein, *Palandt/Heinrichs*, BGB, § 241 Rdnr. 2.

787 „Herkömmliche" oder „sensible" Daten nach § 3 Abs. 9 BDSG.

788 §§ 398 ff. BGB, §§ 929 ff. BGB, §§ 873 ff. BGB

789 *Wächter* in: Müller/Wächter, Rdnr. 704; ebenso *Innenministerium Baden-Württemberg* in seinem ersten Tätigkeitsbericht zum Datenschutz nach § 39 Landesdatenschutzgesetz (2001), 90 ff., allerdings ohne nähere Begründung in Hinblick auf das Erfordernis einer Tatbestandskongruenz der Regelungen.

790 *Walz* in: Simitis/Dammann/Geiger/Mallmann/Walz, BDSG, § 4 Rdnr. 8 ff.; *Bergmann/Möhrle/Herb*, BDSG, § 4 Rdnr. 17 ff.; *Gola/Schomerus*, BDSG, § 4 Rdnr. 7 ff.; *Auernhammer*, BDSG, § 4 Rdnr. 6.

die Verarbeitung personenbezogener Daten Bezug nehmen, ebenso vertreten.[791] Zutreffend ist indes der Hinweis, dass insoweit bereits die Vorrangwirkung nach § 1 Abs. 3 S. 1 BDSG eingreife, für eine Lösung auf Ebene der datenrechtlichen Verarbeitungserlaubnis kein Raum mehr sei.[792]

Die Zulässigkeit der Datenübermittlung ist damit abschließend anhand der datenschutzrechtlichen Vorgaben des Bundesdatenschutzgesetzes zu beurteilen. § 20 Abs. 1 Nr. 1 UmwG stellt keine Regelung dar, die ausdrücklich zur Zulässigkeit der Datenübertragung Stellung nimmt. Der Zivilgesetzgeber hat den Konflikt mit dem Datenschutzrecht bei Schaffung der einzelnen Übertragungstatbestände offensichtlich nicht erkannt. Umgekehrt steht datenschutzrechtlich fest, dass die Anforderungen an eine spezialgesetzliche Gestattungsnorm sub specie des verfassungsrechtlichen Hintergrundes nicht zu niedrig angesetzt werden dürfen.[793] Der Rückschluss aus einer zivilrechtlichen Notwendigkeit der Offenlegung personenbezogener Daten auf deren generelle Zulässigkeit (gestützt auf die jeweilige zivilrechtliche Übertragungsnorm) überzeugt daher *nicht*.

Entscheidend ist vorliegend jedoch, dass § 20 Abs. 1 Nr. 1 UmwG zuvor nicht gleichzeitig als datenschutzrechtlich relevanter Übermittlungstatbestand qualifiziert wurde.[794] Insoweit ist bereits aus diesem Grund ausgeschlossen, § 20 Abs. 1 Nr. 1 UmwG die rechtliche Qualität einer spezialgesetzlichen datenschutzrechtlichen Gestattungsnorm zuzusprechen, die vorrangig etwaiger Erlaubnistatbestände des Bundesdatenschutzgesetzes nach § 4 Abs. 1 1.Alt BDSG eingreift. Es bedarf insoweit keiner abschließenden Klärung der rechtlichen Qualifizierung des § 20 Abs. 1 Nr. 1 UmwG als spezialgesetzliche Gestattungsnorm nach § 4 Abs. 1 1.Alt. BDSG.

10.2.1.2 Anwendbarkeit in der Vorbereitungsphase

A-majore-ad-minus zu dem zuvor Gesagten kann § 20 Abs. 1 Nr. 1 UmwG auch nicht *in der Vorbereitungsphase* als spezialgesetzliche Gestattungsnorm herangezogen werden. Es sind keine rechtlichen Argumente ersichtlich, die eine Vorgreiflichkeitswirkung des § 20 Abs. 1 Nr. 1 UmwG im rechtstechnischen Sinne einer Analogie auf diese Phase einer Verschmelzung zu begründen vermögen. Es fehlt sowohl an einer planwidrigen Regelungslücke, wie auch der Vergleichbarkeit der Interessenslagen.

---

[791] *Bergmann/Möhrle/Herb*, BDSG, § 4 Rdnr. 17; *Walz* in: Simitis/Dammann/Geiger/Mallmann/Walz, BDSG, § 4 Rdnr. 8; *Gola/Schomerus*, BDSG, § 4 Rdnr. 7; *Auernhammer*, BDSG, § 4 Rdnr. 6; *Teichmann/Kießling*, ZGR 2001, 54 f..

[792] *Walz* in: Simitis/Dammann/Geiger/Mallmann/Walz, BDSG, § 4 Rdnr. 8; *Teichmann/Kießling*, ZGR 2001, 55.

[793] *Bergmann/Möhrle/Herb*, BDSG, § 4 Rdnr. 17; *Walz* in: Simitis/Dammann/Geiger/Mallmann/Walz, BDSG, § 4 Rdnr. 8; *Gola/Schomerus*, BDSG, § 4 Rdnr. 7; *Auernhammer*, BDSG, § 4 Rdnr. 6; *Teichmann/Kießling*, ZGR 2001, 54 f.

[794] Ausführlich hierzu zuvor unter *9.2*. Ebenso wurde § 20 Abs. 1 Nr. 1 UmwG die Qualität als generell vorrangige Regelung unter der Subsidiaritätsklausel des § 1 Abs. 3 S. 1 BDSG abgesprochen, vgl. unter *9.1*.

§ 20 Abs. 1 Nr. 1 UmwG beschränkt sich auf den Vollzug der Verschmelzung. Seine Rechtswirkungen sind *notwendig* an die Bewirkung der *registergerichtlichen Eintragung* geknüpft. Sein Anwendungsbereich ist in zeitlicher Hinsicht *abschließend*. Die Rechtswirkungen treten kraft Gesetz ein und sind der Parteidisposition entzogen. Die Rechtfertigungstatbestände des Bundesdatenschutzgesetzes sind ferner ausreichend. Gegen die Annahme einer Spezialität des § 20 Abs. 1 Nr. 1 UmwG spricht zudem das gesetzliche Regel-Ausnahme-Verhältnis in § 4 Abs. 1 BDSG.

Darüber hinaus ist § 20 Abs. 1 Nr. 1 UmwG bereits *tatbestandlich* in der Vorphase der Due Diligence *unanwendbar*. Werden personenbezogene Informationen im Vorfeld des Vollzugs offen gelegt oder weiter gegeben, ist § 20 Abs. 1 Nr. 1 UmwG bereits verschmelzungsrechtlich (noch) nicht einschlägig. Es liegt eine *schlichte Datenübermittlung* – losgelöst von einer etwaigen Gesamtrechtsnachfolge in Vollzug der Verschmelzung – vor, die anhand der gesetzlichen Systematik des Bundesdatenschutzgesetzes zu beurteilen ist. Dieses Ergebnis überzeugt auch vor dem Hintergrund der Rechte der Betroffenen. Zieht man die Möglichkeit des Scheiterns der Verschmelzung in Betracht, würde eine – aufschiebend oder auflösend – bedingte Datenübermittlung in der Vorbereitungsphase, geknüpft an den späteren Vollzug der Verschmelzung und deren Gestattung nach § 20 Abs. 1 Nr. 1 UmwG zu einer unverhältnismäßigen Beeinträchtigung der schutzwürdigen Interessen der Betroffenen führen. Die personenbezogenen Daten wären *unwiederbringlich* an den vermeintlich übernehmenden Rechtsträger übergeben. Dies ließe sich jedenfalls nach der gesetzlichen Systematik nicht mehr korrigieren.

Eine spezialgesetzliche Gestattung, insbesondere aus einer vorgreiflichen Anwendung des § 20 Abs. 1 Nr. 1 UmwG auf die Vorbereitungsphase der Verschmelzung, greift damit in summa nicht ein. Für eine analoge Anwendung des § 20 Abs. 1 Nr. 1 UmwG fehlt es an einer planwidrigen Regelungslücke im Datenschutzrecht. Zudem wäre § 20 Abs. 1 Nr. 1 UmwG nach der hier vertretenen Auffassung auch in der Vollzugsphase der Verschmelzung, für die er abschließend konzipiert ist, nicht als spezialgesetzliche Gestattung zu qualifizieren.

10.2.2 Spezielle öffentlich-rechtliche Gestattungsnorm

Spezielle öffentlich-rechtliche Erlaubnisnormen, welche die Datenübermittlung im Vorfeld einer Verschmelzung anordnen bzw. gestatten, sind ebenso *nicht* ersichtlich. Im Besonderen begründen die mittelbar aus dem Gesellschaftssachrecht ausfließenden – zudem zivilrechtlichen – Sorgfaltspflichten für Vorstand und Geschäftsleitung der beteiligten Gesellschaften[795] keine Normen, welche die Offenlegung von Informationen *verbindlich anordnen* und damit implizit gestatten würden. Die Art und Weise der Erfüllung der bestehenden gesellschaftsrechtlichen Verpflichtungen im Rahmen einer Verschmelzung steht in der originären Verantwortung der Geschäftsleitung, die nach einer datenschutzkonformen Lösung zu streben hat.

[795] *Kiethe*, NZG 1999, 976 ff.; *Werner*, ZIP 2000, 990 f.; *Stoffels*, ZHR 165 (2001), 368.

10.2.3 Gestattung der Datenübermittlung nach dem Bundesdatenschutzgesetz

Die datenschutzrechtliche Beurteilung der Zulässigkeit der Datenübermittlung in der Vorbereitungsphase der Verschmelzung richtet sich damit abschließend nach den (subsidiären) gesetzlichen Erlaubnistatbeständen des Bundesdatenschutzgesetzes gemäß § 4 Abs. 1 1.Alt i.V.m. §§ 27 ff. BDSG, den Vorschriften über die Datenverarbeitung im nicht-öffentlichen Bereich. Die hierbei maßgebende Erlaubnisnorm verkörpert § 28 BDSG.[796] Dieser differenziert grundlegend nach drei unterschiedlichen Gestattungen, die jeweils an die Übermittlung oder Nutzung als Mittel für die Erfüllung *eigener Geschäftszwecke* anknüpfen.[797] Die Frage der Zulässigkeit der Weitergabe *personenbezogener Daten* in der Vorbereitungsphase der Verschmelzung ist im Schrifttum kontrovers diskutiert und nach derzeitigem Sachstand ungelöst.

10.2.3.1 Derzeitiger Meinungsstand

Die Tendenz in der Verschmelzungspraxis scheint eindeutig: Die Weitergabe von Informationen im Vorfeld einer Verschmelzung muss zulässig sein, um die Verschmelzung sinnvoll abwickeln zu können.[798] Von rechtlicher Relevanz scheint mehr die Frage nach den flankierenden Begleitfaktoren zu sein, als die Zulässigkeit der Datenübermittlung als solche. Unstreitig ist, dass die Weitergabe von anonymisierten Daten oder Strukturdaten datenschutzrechtlich unkritisch ist.[799] Dies gilt ebenso für die Weitergabe nicht personenbezogener Informationen. Sollen jedoch personenbezogene Daten im Vorfeld der Verschmelzung offen gelegt oder weitergegeben werden, ist dieser Vorgang sub specie des Datenschutzrechts zu prüfen.[800]

Dass es im Vorfeld einer Verschmelzung bei der Offenlegung bzw. Weitergabe personenbezogener Informationen an den anderen Verschmelzungspartner bzw. dessen Repräsentanten zu einer tatbestandsmäßigen Datenübermittlung kommt, ist unbestritten. Soweit kein Erlaubnistatbestand de lege lata eingreifen sollte, wäre in der Tat über Alternativlösungen nachzudenken, die den Verschmelzungsvorgang ermöglichen, ohne die schutzwürdigen Interessen der Betroffenen zu tangieren. Derartige Alternativlösungen werden im Schrifttum wiederholt in Form der Anonymisierung der personenbezogenen Daten aufgezeigt.[801] Vorrangig hierzu stellt sich jedoch die Frage nach einer möglichen Gestattung der Datenübermittlung. Die ver-

---

[796] *Gola/Schomerus*, BDGS, § 28 Rdnr. 41.

[797] Die Erfüllung dieses Anknüpfungskriteriums ist im Vorfeld des Vollzugs einer Verschmelzung ohne weiteres gewährleistet, da die beteiligten Gesellschaften im originären Eigeninteresse im Kontext des korporativen Strukturwandels tätig werden.

[798] *Zöllner*, ZHR 165 (2001), 451 f.

[799] Bekanntmachung des Innenministeriums Baden-Württemberg (Nr. 38) über Hinweise zum Bundesdatenschutzgesetz für die private Wirtschaft vom 18.1.2000 Az.: 2-0552.1/14. Die Veröffentlichung erfolgte im Anschluss an die Hinweise Nr. 37 im Staatsanzeiger für Baden-Württemberg Nr. 2 vom 18.1.1999, 13.

[800] *Zöllner*, ZHR 165 (2001), 451 f.

[801] *Gola/Schomerus*, BDSG, § 28 Rdnr. 42; Bekanntmachung des Innenministeriums Baden-Württemberg (Nr. 38) über Hinweise zum Bundesdatenschutzgesetz für die private Wirtschaft vom 18.1.2000, Az.: 2-0552.1/14, Staatsanzeiger für Baden-Württemberg Nr. 2/2000 vom 18.1.1999, 12, 13 = RDV 2000, 83; *Eul* in: Roßnagel, Handbuch Datenschutzrecht, Kap. 7.2 Rdnr. 71.

einzelten Aussagen zum Datenschutz in der Due Diligence bzw. Vorphase einer Verschmelzung sind, soweit überhaupt auf diese Problematik eingegangen wird, von praxis- und zweckorientierten Ansätzen geprägt.

Nach Auffassung des *baden-württembergischen Innenministeriums*[802] sind bei der Fusion von Gesellschaften aus der Kreditwirtschaft neben der Kundenstruktur und der Struktur und Höhe der Einlagen insbesondere die Höhe der vergebenen Kredite sowie die Qualität der Kreditsicherheiten und die Bonität der Kreditschuldner bewertungs- und entscheidungserhebliche Kriterien im Vorfeld einer Verschmelzung. Der an der Übernahme einer anderen Gesellschaft interessierte Rechtsträger oder die an einer Verschmelzung zu einem neuen Unternehmen interessierten Gesellschaften hätten daher grundsätzlich ein berechtigtes Interesse daran, vor der Fusionsentscheidung Kundendaten umfassend prüfen zu können. Auf der anderen Seite hätten die betroffenen Kunden sowohl aus der Sicht des Datenschutzrechts als auch aus der Sicht des bankvertraglich geschützten Bankgeheimnisses ein schutzwürdiges Interesse daran, dass ihre personenbezogenen Daten nicht ohne Einwilligung offen gelegt und übermittelt werden, bevor die Fusionsentscheidung *unwiderruflich* von den Beschlussgremien der Anteilseigner der beteiligten Kreditinstitute bestätigt worden ist. Erst ab diesem Zeitpunkt bestünde hinreichende Gewähr dafür, dass ihre Daten nur dem künftigen Vertragspartner bekannt würden. Nach dieser Auffassung steht vor diesem Zeitpunkt der Übermittlung personenbezogener Daten § 28 Abs. 1 S. 1 Nr. 2 BDSG entgegen, da regelmäßig davon auszugehen sei, dass die schutzwürdigen Interessen der betroffenen Kunden die berechtigten Interessen der beteiligten Kreditinstitute überwiegen. In dieser Vorphase einer Verschmelzung soll es daher den beteiligten Rechtsträgern kraft geltenden Datenschutzrechts verwehrt sein, die sich aus Kundenbeziehungen und Kreditengagements des jeweils anderen Instituts ergebenden personenbezogenen Daten zu prüfen. Auch die vorübergehende Integration von Mitarbeitern des übernahmeinteressierten Rechtsträgers in den Mitarbeiterstamm des die Übernahme anstrebenden Rechtsträgers zum Zweck der Gewinnung personenbezogener Informationen über die Kunden sei unzulässig. Die Mitarbeiter würden vor der Fusionsentscheidung wieder in das entsendende Kreditinstitut aufgenommen und unterlägen dort den Weisungen des Vorstands.

Als Datenbasis für die Fusionsverhandlungen kämen daher nur zusammengefasste *strukturelle Daten* sowie *anonymisierte* Einzeldaten in Frage. Das berechtigte Interesse des übernahmeinteressierten Kreditinstituts an der Korrektheit der aggregierten und anonymisierten kundenrelevanten Daten sowie der betriebswirtschaftlich zutreffenden Bewertung dieser Daten könne durch die Einschaltung *unabhängiger Wirtschaftsprüfer* oder verbandseigener Prüfer sichergestellt werden. Auf eigene Prüfberichte des übertragenden Rechtsträgers könne nicht zurückgegriffen werden, weil diese regelmäßig personenbezogene Kundendaten enthielten, die sich nur schwer anonymisieren ließen. So seien insbesondere bei problematischen Krediten-

802 Bekanntmachung des Innenministeriums (Nr. 38) über Hinweise zum Bundesdatenschutzgesetz für die private Wirtschaft vom 18.1.2000, Az.: 2-0552.1/14, Staatsanzeiger für Baden-Württemberg Nr. 2/2000 vom 18.1.1999, 12, 13 = RDV 2000, 83; *Eul* in: Roßnagel, Handbuch Datenschutzrecht, Kap. 7.2 Rdnr. 71.

gagements auch die Personalien der Kreditnehmer ersichtlich. Soweit eine Sonderprüfung des zu übernehmenden Kreditinstituts veranlasst ist, sei darauf zu achten, dass Kundendaten in dem für die Fusionsverhandlungen verwendeten Prüfbericht abschließend anonymisiert sind. Erforderlichenfalls sei ein *Treuhänder* einzuschalten, der die Korrektheit der anonymisierten Unterlagen gewährleistet, die die Grundlage der Fusionsverhandlungen bilden.[803]

Zöllner hingegen sieht die Haltung der Aufsichtsbehörden kritisch.[804] Die Zugänglichmachung mitunter personenbezogener Informationen sei hinsichtlich prägender Elemente der Due Diligence Prüfung im Vorfeld der Verschmelzung *unerlässlich* und könne in der Folge auch datenschutzrechtlich nicht zu beanstanden sein.[805] Dem folgt auch *Schaffland*.[806] Nach ihm sollen im Falle der Verschmelzung die berechtigten Interessen der beteiligten Rechtsträger den schutzwürdigen Interessen der Betroffenen im Rahmen des § 28 Abs. 1 S. 1 Nr. 2 BDSG überwiegen. Insbesondere soll die Verschmelzung und die damit verbundene reibungslose Fortführung der Vertragsverhältnisse auch im Interesse des Kunden liegen.[807] Die übrigen Beiträge im Schrifttum setzen sich nicht weiter mit dem Problem der Offenlegung personenbezogener Daten im Vorfeld der Verschmelzung auseinander.[808] Dies mag daran liegen, dass die Thematik keine spezifischen kollisionsrechtlichen Problemstellungen mit dem Ver-

803 Bekanntmachung des Innenministeriums Baden-Württemberg (Nr. 38) über Hinweise zum Bundesdatenschutzgesetz für die private Wirtschaft vom 18.1.2000, Az.: 2-0552.1/14, Staatsanzeiger für Baden-Württemberg Nr. 2/2000 vom 18.1.1999, 12, 13 = RDV 2000, 83; *Eul* in: Roßnagel, Handbuch Datenschutzrecht, Kap. 7.2 Rdnr. 71. Das Innenministerium Baden-Württemberg relativiert diese grundlegende Aussage jedoch, indem es schließlich anführt, dass soweit wegen besonderer Umstände eine zuverlässige Anonymisierung von Kundendaten nicht möglich sei, wie beispielsweise bei einem einzelnen großen Kreditengagement, über das bereits die Presse berichtet hat, das berechtigte Interesse der übernahmeinteressierten Gesellschaft an der Kenntnis der personenbezogenen Daten das schutzwürdige Interesse des betroffenen Kunden an der Geheimhaltung seiner Daten überwiege, eine Übermittlung in diesem Fall zulässig sein soll. Es weist weiter darauf hin, dass so weit wie möglich vermieden werden sollte, dass Kundendaten für die wirtschaftliche Bewertung des an der Übertragung des Geschäfts interessierten Kreditinstituts offen gelegt werden, wenn die Fusionsentscheidung noch weitgehend offen ist. Den betroffenen Kunden sei es nicht zumutbar, dass ihre Daten über die ihnen vertraglich verbundene Gesellschaft hinaus bekannt würden, wenn nach der Prüfung der Kreditengagements die Fusionsverhandlungen abgebrochen würden; vgl. Bekanntmachung des Innenministeriums Baden-Württemberg (Nr. 38) über Hinweise zum Bundesdatenschutzgesetz für die private Wirtschaft vom 18.1.2000, Az.: 2-0552.1/14, Staatsanzeiger für Baden-Württemberg Nr. 2/2000 vom 18.1.1999, 12, 13 = RDV 2000, 83; *Eul* in: Roßnagel, Handbuch Datenschutzrecht, Kap. 7.2 Rdnr. 71; so im Ergebnis auch *Büllesbach* in: Roßnagel, Handbuch Datenschutzrecht, Kap. 7.1 Rdnr. 49 ff.

804 *Zöllner*, ZHR 165 (2001), 451 f.

805 *Zöllner*, a.a.O. Eine nähere Begründung dieses Ergebnisses bleibt er jedoch schuldig. Die Aufsichtsbehörde geht von einem grundsätzlich überwiegenden Interesse der Betroffenen an der Geheimhaltung ihrer personenbezogenen Informationen aus, was im Übrigen der gesetzlichen Wertung des § 28 Abs. 1 S. 2 Nr. 3 BDSG entspricht. Die Kritik *Zöllners* kann daher nur dahingehend zu deuten sein, dass er das Regel-Ausnahme Prinzip des § 28 Abs. 1 S. 2 Nr. 3 BDSG zu Gunsten der berechtigten Interessen der an der Verschmelzung beteiligten Rechtsträger umkehren will. Dass die Gegenseite rechtlich verpflichtet ist, über ihr bekannt gewordene Daten Schweigen zu bewahren und diese Daten bei gegebenenfalls notwendiger Speicherung getrennt und besonders gesichert zu speichern und sie bei Scheitern der Verschmelzung wieder zu löschen, versteht sich von selbst; *Zöllner*, ZHR 165 (2001), 451 f.; ähnlich *Stoffels*, ZHR 165 (2001), 362.

806 *Schaffland*, NJW 2002, 1541 f.

807 *Schaffland*, a.a.O.

808 *Marsch-Barner/Mackenthun*, ZHR 165 (2001), 426 ff.; *Simitis*, ZHR 165 (2001), 453 ff.; *Dieckmann/Eul/Klevenz*, RDV 2000, 149 ff.; *Teichmann/Kießling*, ZGR 2001, 33 ff.; *Lüttge*, NJW 2000, 2463 ff.; *Wengert/Wiedmann/Wengert*, RDV 2000, 47 ff. = NJW 2000, 2463 ff.

schmelzungsrecht aufweist und über die „bekannten, herkömmlichen" Mechanismen des Datenschutzrechts zu lösen sind. Ungeachtet dessen ist die Frage nach der Zulässigkeit der Offenlegung von personenbezogenen Informationen im Vorfeld einer Verschmelzung von enormer praktischer Relevanz, zumal dies nicht auf den Bereich der Verschmelzungen beschränkt gilt, sondern auch bei sonstigen Transaktionen – wie Unternehmenskäufen o.ä. – relevant wird. Die besondere Brisanz der Materie ergibt sich aus den diametral gegensätzlichen Anknüpfungspunkten des Datenschutz- und Gesellschaftsrechts. Während datenschutzrechtlich die Verpflichtung besteht, personenbezogene Informationen nicht bzw. nur im Rahmen des gesetzlich Zulässigen offen zu legen, obliegt den Geschäftsleitungen der beteiligten Gesellschaften die Rechtspflicht gegenüber der eigenen Gesellschaft sowie den Gesellschaftern, eine umfassende Due Diligence Prüfung und Bewertung im Vorfeld der Verschmelzung durchzuführen.[809]

Die Auflösung dieser Pflichtenkollision, ausfließend aus zwei unterschiedlichen Rechtsmaterien, muss einerseits darauf gerichtet sein, den ungehinderten Ablauf der Verschmelzung nicht zu blockieren. Andererseits müssen die schutzwürdigen Interessen der Betroffenen in einen sach- und interessengerechten Ausgleich gebracht werden.

10.2.3.2 Gesetzlicher Rahmen – Grundsatz der Zweckbindung

Grundlegender datenschutzrechtlicher Eckpfeiler der Zulässigkeitsbeurteilung ist der *konkrete Zweck* der Übermittlung sowie der die Zweckbestimmung der personenbezogenen Daten in Hinblick auf sekundäre Nutzungen durch den Empfänger. Im Vordergrund der Übermittlung steht die Schaffung von *Transparenz* für eine korrekte Unternehmensbewertung im Rahmen der Due Diligence, um die rechtlich wie wirtschaftlich entscheidungserheblichen Faktoren und Risiken der Verschmelzung aufzudecken und in die Verschmelzungsprüfung einfließen lassen zu können. Dem Verschmelzungspartner ist die Möglichkeit einzuräumen, den gesellschaftsrechtlichen Prüfungsverpflichtungen nachzukommen.

Die Zwecksetzung der Übermittlung von personenbezogenen Kunden-, Lieferanten und Arbeitnehmerdaten ist damit *strikt* begrenzt auf die gesellschaftsrechtlich korrekte *Vorbereitung* und *Ermöglichung* der Verschmelzung. Eine weitergehende Nutzung etwaig offen gelegter Informationen über diese eigentliche Zwecksetzung hinaus ist von vorne herein kraft der gesetzlichen Systematik ausgeschlossen. Dies ist von den Parteien sicherzustellen. Der datenschutzrechtliche *„Grundsatz der Zweckbindung"* als allgemeiner, normenübergreifender Grundsatz aus § 4 Abs. 3 Nr. 2 BDSG, § 28 Abs. 1 S. 1 Nr. 1 BDSG, § 28 Abs. 1 S. 2 BDSG, § 28 Abs. 2 und 3 BDSG verbietet eine zweckentfremdete Nutzung und Weiterverarbeitung übermittelter Daten entsprechend der gesetzlichen Regel-Ausnahme Systematik. Aus datenschutzrechtlicher Sicht versteht sich von selbst, dass die offen gelegten personenbezogenen

809 Zur den gesellschaftsrechtlichen Pflichten der Geschäftsleitung in der Due Diligence bzw. im Vorfeld einer Verschmelzung *Stoffels*, ZHR 165 (2001), 362 f.; siehe zuvor unter *2.2.2.*

Informationen, nachdem sie ihren Zweck erfüllt haben und die Due Diligence abgeschlossen wurde, vom Empfänger nicht weiter verarbeitet oder genutzt werden dürfen und in der Folge zu löschen sind, § 35 Abs. 2 Nr. 3 BDSG. Im Folgenden wird zu untersuchen sein, inwieweit die Offenlegung personenbezogener Daten in der Vorbereitungsphase einer Verschmelzung nach § 28 BDSG gestattet ist.

10.2.3.3 Gestattung infolge Zweckbestimmung eines Vertragsverhältnisses oder vertragsähnlichen Vertrauensverhältnisses

Eine Gestattung könnte nach § 28 Abs. 1 S. 1 Nr. 1 BDSG i.V.m. § 28 Abs. 2 BDSG in Betracht kommen. Diese erlauben die Übermittlung personenbezogener Informationen, wenn es der *Zweckbestimmung eines Vertragsverhältnisses* oder *vertragsähnlichen Vertrauensverhältnisses* mit dem Betroffenen *dient.*

Die Auslegung des gesetzlichen Wortlauts wird im *Schrifttum* unterschiedlich gesehen. Keine der vertretenen – extensiven oder restriktiven – Interpretationen führt indes im Ergebnis dazu, die Datenübermittlung *in der Vorbereitungsphase* einer Verschmelzung unter die Zweckbestimmung des Vertragsverhältnisses zu subsumieren. Interpretiert man den Wortlaut extensiv, so ist darauf abzustellen, dass die Datenübermittlung zur Erfüllung der Pflichten und zur Wahrnehmung der Rechte aus dem Vertrag mit dem Betroffenen vorgenommen werden und hierfür *erforderlich* sein muss.[810] Der Begriff der Erforderlichkeit sei dabei nicht im Sinne einer absoluten Unverzichtbarkeit, sondern der *„Sinnhaftigkeit"* zu verstehen.[811] Maßgebend bleibt jedoch die ursprüngliche Zweckbestimmung der personenbezogenen Daten zum Erhebungszeitpunkt. Nur soweit die Übermittlung der Anbahnung oder Erfüllung eines Vertragsverhältnisses innerhalb dieser Zweckbestimmung dienlich ist, wird sie de lege lata nach § 28 Abs. 1 S. 1 Nr. 1 BDSG gestattet.

Praktisch ist kein Fall denkbar, in dem die Zweckbestimmung eines rechtsgeschäftlichen Kontakts mit dem Betroffenen die Maßnahme einer Verschmelzung der verantwortlichen Stelle mit einem anderen Rechtsträger abdecken würde.[812] Die speichernde Stelle ist zwar frei in der Festlegung des Verwendungsrahmens der im Zusammenhang mit einem Vertragsverhältnis mitgeteilten personenbezogenen Daten. Die Grenze für diese Informations- und Verwertungsfreiheit wird indes durch die Zweckbestimmung des Vertragsverhältnisses mit dem

---

810 *Schaffland/Wiltfang*, BDSG, § 28 Rdnr. 18; *Zöllner*, ZHR 165 (2001), 447.

811 *Zöllner*, ZHR 165 (2001), 447; *Simitis* in: Simitis/Dammann/Geiger/Mallmann/Walz, BDSG, § 28 Rdnr. 80 ff.; so im Ergebnis auch *Gola/Schomerus*, BDSG, § 28 Rdnr. 49. Nach *Zöllner*, ZHR 165 (2001), 447, soll daher eine Datenübermittlung infolge des Vollzugs der Verschmelzung *voll* von § 28 Abs. 1 S. 1 Nr. 1 BDSG gedeckt sein; so auch *Lüttge*, NJW 2000, 2465.

812 Die Ausführungen von *Zöllner*, ZHR 165 (2001), 447, *Gola/Schomerus*, BDSG, § 28 Rdnr. 49, *Lüttge*, NJW 2000, 2465 und *Teichmann/Kießling*, ZGR 2001, 52 f.; *Wengert/Wiedmann/Wengert*, RDV 2000, 50 beschränken sich indes auf die (unterstellte) Datenübermittlung infolge des Vollzugs der Verschmelzung und treffen keine Aussage über die hier relevante Vorbereitungsphase.

Betroffenen auf *objektiver Ebene* gezogen.[813] Nur wenn die Datenverarbeitung objektiv innerhalb dieser Grenzen liegt, ist sie über § 28 Abs. 1 S. 1 Nr. 1 BDSG gerechtfertigt. Die Übermittlung der personenbezogenen Daten in der Vorbereitungsphase der Verschmelzung zum Primärzweck der Durchführung einer Due Diligence erfolgt indes *nie* innerhalb der ursprünglichen Zweckbestimmung der betroffenen Daten. Insbesondere liegt die primäre Zweckbestimmung der Übermittlung in dieser Phase nicht darin, dem Empfänger die Fortführung und Konsolidierung der Geschäftsprozesse zu ermöglichen. Dies mag sekundäre Zwecksetzung der Übermittlung sein, soweit man die Speicherung der Daten über die Phase der Due Diligence hinaus für zulässig erachten würde. Entscheidend ist jedoch einzig der Primärzweck der Übermittlung, der sich auch in extensiver Interpretation nicht mit dem ursprünglichen Erhebungszweck in Einklang bringen lässt.[814]

Diskutiert wird ferner eine *analoge Anwendung* des § 28 Abs. 1 S. 1 Nr. 1 UmwG im Wege einer *teleologischen Extension* des Wortlautes. Es soll dabei nicht auf die Zweckbestimmung der Vertragsverhältnisse mit den Betroffenen, sondern die *Zweckbestimmung des Verschmelzungsvertrages* abgestellt werden.[815] Dahinter steht die Überlegung, dass die Zweckbestimmung des Verschmelzungsvertrages zugleich das zwingende Erfordernis der Offenlegung personenbezogener Daten im Verschmelzungsvorgang bedingt.[816] Dies mag zutreffen. Gleichwohl lässt sich hieraus nicht die datenschutzrechtliche Zulässigkeit der Weitergabe personenbezogener Informationen im Vorfeld des Abschlusses des Verschmelzungsvertrages herleiten.[817] In der Vorbereitungsphase einer Verschmelzung ist der Verschmelzungsvertrag (noch) nicht rechtswirksam geschlossen. Bereits aus diesem Grund kann dessen (künftige) Zweckbestimmung nicht als Rechtfertigungsgrund angeführt werden. Ihm käme allenfalls unter dem Gesichtspunkt des *vertragsähnlichen Vertrauensverhältnisses* im Rahmen des § 28 Abs. 1 S. 1 Nr. 1 2.Alt BDSG Bedeutung zu. Die Systematik und Rechtsdogmatik des Bundesdatenschutzgesetzes verbietet es jedoch, auf die Zweckbestimmung eines vertragsähnli-

---

813 *BGH*, NJW 1986, 2505; *Gola/Schomerus*, BDSG, § 28 Rdnr. 49 ff.; *Wengert/Wiedmann/Wengert*, RDV 2000, 50.

814 So im Ergebnis auch *Teichmann/Kießling*, ZGR 2001, 52 f.; *Wengert/Wiedmann/Wengert*, RDV 2000, 50; *Marsch-Barner/Mackenthun*, ZHR 165 (2001), 436; a.A. *Zöllner*, ZHR 165 (2001), 446 ff.

815 *Teichmann/Kießling*, ZGR 2001, 53.

816 *Teichmann/Kießling*, a.a.O. Gleiches gelte für parallele Beispielsfälle aus dem zivilrechtlichen Bereich, die der Konstellation einer Verschmelzung scheinbar entsprechen. Der Bankkunde müsse bei einer Überweisung oder bei einem Auftrag zur Einziehung einer Forderung gegenüber der beauftragten Bank zugleich auch den Namen, Wohnort, Kontonummer und Kundennummer seines Gläubigers/Schuldners angeben. Der Rechtsanwalt müsse die Daten des Prozessgegners im Rahmen des Mandantenvertrages in der Prozessakte mit ablegen; das Versicherungsunternehmen müsse die Daten von Angehörigen des Versicherungsnehmers, etwa im Rahmen einer Lebensversicherung die des Begünstigten, ermitteln und speichern. Das Einverständnis des am Vertrag zwischen dem Betroffenen und der speichernden Stelle nicht beteiligten Dritten in eine Offenlegung und Speicherung seiner Daten sei dabei grundsätzlich nicht erforderlich; *Simitis* in: Simitis/Dammann/Geiger/Mallmann/Walz, BDSG, § 28 Rdnr. 83 ff. Dies bedingt jedoch nicht zugleich die Gestattung der Offenlegung der personenbezogenen Daten unter Rekurrierung auf die Zweckbestimmung des Vertragsverhältnisses *unter Dritten ohne Beteiligung des Betroffenen.*

817 Kritisch auch *Zöllner*, ZHR 165 (2001), 447, mit dem zutreffenden Hinweis, dass eine Gleichstellung allenfalls in Betracht kommt, wenn zwischen dem Erstvertrag und dem Drittvertrag (Verschmelzungsvertrag) eine vom Willen des Betroffenen getragene Beziehung besteht.

chen Verhältnisses abzustellen, das nicht zwischen übermittelnder Stelle und dem Betroffenen selbst, sondern einem Dritten (hier: dem übernehmenden Rechtsträger) besteht.[818]

Für eine Einzelanalogie zu § 28 Abs. 1 S. 1 Nr. 1 BDSG fehlt es sowohl an einer planwidrigen Gesetzeslücke, als auch der Vergleichbarkeit der Interessenlagen.[819] § 28 Abs. 1 S. 1 Nr. 1 BDSG stellt unmissverständlich auf die Zweckbestimmung des Vertragsverhältnisses zwischen dem *Betroffenen* und der *verantwortlichen Stelle* ab. Die Rechtfertigungstatbestände des Bundesdatenschutzgesetzes sind aufgrund ihres verfassungsrechtlichen Hintergrundes *restriktiv* auszulegen. Der Katalog des § 28 BDSG ist grundsätzlich *abschließend.* Insbesondere ist der Weg über eine Einzelanalogie allenfalls dann anzudenken, soweit kein anderweitiger Erlaubnistatbestand einzugreifen vermag. Der Zweckbestimmung des Verschmelzungsvertrages kann allenfalls im Rahmen der Interessenabwägung nach § 28 Abs. 1 S. 1 Nr. 3 BDSG und § 28 Abs. 3 S. 1 Nr. 1 BDSG Bedeutung beigemessen werden. Zudem steht der Telos der Norm einer Einzelanalogie entgegen. Das Datenschutzrecht dient dem Schutz und der Ausgestaltung des Rechts des Einzelnen auf informationelle Selbstbestimmung als verfassungsmäßig verbürgtes Fundamentalrecht. Das *BVerfG*[820] stellte wiederholt klar, dass Eingriffe in dieses Recht einer *gesetzlichen*, *transparenten* und *bestimmten* Rechtsgrundlage bedürfen. Die Rechtfertigung nach § 28 Abs. 1 S. 1 Nr. 1 BDSG basiert auf dem Gedanken, dass der Betroffene in rechtsgeschäftlichem Kontakt mit der verantwortlichen Stelle steht – gleich ob im vertraglichen oder vorvertraglichen Bereich[821] – und die weitere Erhebung, Verarbeitung oder Nutzung seiner personenbezogenen Daten der *Zweckbestimmung* und *Zweckerfüllung* dieses Vertragsverhältnisses dient. Dies steht unter der Prämisse, dass der Betroffene willentlich den rechtsgeschäftlichen Kontakt eingegangen ist und vernünftigerweise mit einer Verarbeitung seiner offen gelegten Daten zum Zwecke der Erfüllung des Vertragsverhältnisses rechnen muss – gleich in welchen Grenzen. Dies liegt in seinem originären Interesse und ist zugleich zivilrechtliches Primärrecht (Erfüllungsanspruch). Letztlich spricht auch ein argumentum e contrario zu § 28 Abs. 3 S. 1 Nr. 1 BDSG, der explizit auf die Person des Dritten abstellt, gegen einen Analogieschluss.

Eine Gestattung über § 28 Abs. 1 S. 1 Nr. 1 BDSG (analog) infolge der Zweckbestimmung des Vertragsverhältnisses oder vertragsähnlichen Vertrauensverhältnisses kommt somit in der Vorbereitungsphase der Verschmelzung *nicht* in Betracht.

10.2.3.4 Gestattung kraft Interessenabwägung

Eine Gestattung könnte sich aus § 28 Abs. 1 S. 1 Nr. 3 BDSG bzw. § 28 Abs. 3 S. 1 Nr. 1 BDSG ergeben. Nach § 28 Abs. 3 S. 1 Nr. 1 BDSG ist die Übermittlung für einen anderen

---

818 *Zöllner*, ZHR 165 (2001), 447.

819 Zu den Erfordernissen einer Analogie vgl. *BGHZ* 105, 143; *BGHZ* 46, 76; *Palandt/Heinrichs*, BGB, Einl. v. § 1 Rdnr. 40 (m.w.N.).

820 *BVerfGE* 65, 1 ff. = NJW 1984, 419 – *Volkszählung.*

821 § 311 Abs. 1, 2 BGB *entsprechend.*

Zweck (als den ursprünglichen Erhebungszweck) auch[822] zulässig, soweit diese zur Wahrung berechtigter Interessen *eines Dritten* erforderlich ist und kein Grund zu der Annahme besteht, dass der Betroffene ein schutzwürdiges Interesse an dem Ausschluss der Übermittlung hat. § 28 Abs. 1 S. 1 Nr. 2 BDSG rekurriert ebenfalls auf den Gedanken der Interessenabwägung, stellt jedoch im Gegensatz zu § 28 Abs. 3 S. 1 Nr. 1 BDSG auf das berechtigte Interesse *der übermittelnden Stelle* ab.

In beiden Rechtfertigungskonstellationen ist das Ergebnis einer Interessenabwägung im Verhältnis Betroffener – Dritter (empfangende Stelle) oder Betroffener – verantwortlicher (übermittelnder) Stelle entscheidend. Dritter ist der jeweils andere Rechtsträger, soweit Informationen wechselseitig zur Verfügung gestellt werden.[823]

10.2.3.4.1 Berechtigte Interessen der beteiligten Rechtsträger

Wann ein berechtigtes Interesse des übertragenden oder übernehmenden Rechtsträgers entsprechend den datenschutzrechtlichen Anforderungen de lege lata anzunehmen ist, lässt sich nicht einheitlich beantworten.[824] Die überwiegende Ansicht im *Schrifttum* definiert das berechtigte Interesse als ein nach vernünftigen Erwägungen durch die Sachlage gerechtfertigtes, tatsächliches Interesse wirtschaftlicher oder ideeller Natur.[825] Erforderlich ist eine Zweckverfolgung, die vom *gesunden Rechtsempfinden* gebilligt wird.[826] Diese muss indes nicht ausdrücklich von der Rechtsordnung geschützt zu sein.[827] Zu den wirtschaftlich berechtigten Interessen zählen insbesondere betriebswirtschaftliche Vorteile, z. B. die Vermeidung oder Minimierung von Risiken und Verlusten.[828] Aufgrund dieses weit gefassten Interessensspektrums ist jedes legitime, von der Rechtsordnung gebilligte – auch rein wirtschaftliche – Interesse grundsätzlich als *„berechtigtes"* zu qualifizieren.[829]

Das maßgebende Interesse der beteiligten Rechtsträger an einer umfassenden Kenntnis aller bewertungserheblichen Informationen in der Vorbereitungsphase einer Verschmelzung besteht in der zweifellos legitimen Zweckverfolgung, eine ordnungsgemäße – und darüber hinaus den korporativen Pflichten der Geschäftsleitung genügenden – Prüfung und Bewertung der rechtlichen wie wirtschaftlichen Risiken der Verschmelzung für die eigene Gesellschaft in Form der Bewertung des jeweils anderen Rechtsträgers.[830] In der Vorbereitungsphase einer

822 Ergänzend zu § 28 Abs. 2 i.V.m. § 28 Abs. 1 BDSG.

823 *Dammann* in: Simitis/Dammann/Geiger/Mallmann/Walz, BDSG, § 3 Rdnr. 227; *Auernhammer*, BDSG, § 3 Rdnr. 51; *Gola/Schomerus*, BDSG, § 3 Rdnr. 52.

824 *Gola/Schomerus*, BDSG, § 28 Rdnr. 33.

825 *Auernhammer*, BDSG, § 28 Rdnr. 18; *Gola/Schomerus*, BDSG, § 28 Rdnr. 33; *Schaffland/Wiltfang*, BDSG, § 28 Rdnr. 85; *Schaffland*, NJW 2002, 1541.

826 *Schaffland*, a.a.O.

827 *BGH*, NJW 1984, 1886; *Gola/Schomerus*, BDSG, § 28 Rdnr. 33; *Schaffland*, NJW 2002, 1541.

828 *Bergmann/Möhrle/Herb*, BDSG, § 28 Rdnr. 66 ff.; *Ehmann*, AcP 188 (1988), 366; *Simitis* in: Simitis/Dammann/Geiger/Mallmann/Walz, BDSG, § 28 Rdnr. 140; *Schaffland*, NJW 2002, 1541.

829 *Schaffland/Wiltfang*, BDSG, § 28 Rdnr. 85; *Gola/Schomerus*, BDSG, § 28 Rdnr. 33.

830 *Schaffland*, NJW 2002, 1541 bringt es treffend auf den Punkt: *„Wer fusioniert schon mit einem Rechtsträger, dessen wirtschaftliche Situation nicht bekannt ist?"*

Verschmelzung besteht somit ein *berechtigtes Interesse* der beteiligten Rechtsträger an der Kenntnis personalisierter Daten des jeweils anderen, wenn diese *spezifische* Kenntnis für die ordnungsgemäße Unternehmensbewertung, die Bewertung rechtlicher und wirtschaftlicher Risiken sowie der Erfüllung der bestehenden korporativen Sorgfaltspflichten der Geschäftsleitung nach vernünftigen Erwägungen geboten ist.

10.2.3.4.2 Schutzwürdige Interessen der Betroffenen am Ausschluss der Übermittlung

Die Schutzwürdigkeit der Interessen der einzelnen Betroffenen ergibt sich primär bereits aus dem tragenden Grundsatz des Datenschutzrechts sowie dessen verfassungsrechtlichen Wurzeln im informationellen Selbstbestimmungsrecht. Der Betroffene soll grundsätzlich *selbst* und *autonom* darüber entscheiden können, gegenüber wem er welche Informationen offen legt.[831] Werden die Betroffenen dabei nicht beteiligt, sind deren schutzwürdige Interessen *per se* betroffen. In die Betrachtung mit einzustellen sind sowohl die Art der betroffenen personenbezogenen Daten, insbesondere deren Einordnung in die Stufensystematik des allgemeinen Persönlichkeitsrechts,[832] als auch die möglichen Auswirkungen der Datenverarbeitung in einer hypothetischen Rechtsfolgenbetrachtung.[833] Eine pauschale Beurteilung ist an dieser Stelle kraft Natur der Sache nicht möglich. Maßgebend ist die Zusammensetzung der personenbezogenen Daten im Einzelfall, die sich wiederum am wirtschaftlichen Betätigungsfeld der betroffenen Unternehmen orientiert.[834] Der Kern der Abwägung konkretisiert sich auf die Frage, wann eine Beeinträchtigung der schutzwürdigen Interessen *infolge* der Datenübermittlung gegeben ist, die nicht durch überwiegende berechtigte Interessen der verarbeitenden Stelle oder des Dritten gerechtfertigt sind.

Zu undifferenziert ist die Auffassung *Schafflands*[835], nach der die Frage nach der Beeinträchtigung schutzwürdiger Interessen nur noch relevant werden soll, wenn die Fusionsverhandlungen abgebrochen würden, nicht jedoch, wenn es später tatsächlich zur Fusion kommt.[836] Die Verschmelzung wird erst mit registergerichtlicher Eintragung vollzogen. Vor dieser besteht stets die – jedenfalls hypothetische – Möglichkeit, dass der Antrag auf Eintragung der Verschmelzung abgelehnt wird oder das Registergericht einzelne Punkte des Antrags *beanstandet* und dem nicht abgeholfen wird – auch wenn die Zahl gescheiterter Fusionen überschaubar ist. Einen exakten Zeitpunkt vor Eintragung, in dem die Verschmelzung unwiederbringlich erfolgreich auf den Weg gebracht wurde, gibt es nicht. Der *fehlende* Abbruch der

---

831 *BVerfGE* 65, 1 ff. = NJW 1984, 419 ff. – *Volkszählung*.

832 Betroffenheit der Privat-, Intims- oder Vertraulichkeitssphäre, vgl. *Gola/Schomerus*, BDSG, § 28 Rdnr. 35.

833 Zu erwartende wirtschaftliche oder berufliche Nachteile; *Schaffland/Wiltfang*, BDSG, § 28 Rdnr. 88 ff.; *Gola/Schomerus*, BDSG, § 28 Rdnr. 35.

834 In aller Regel sind keine personenbezogenen Daten der Intimsphäre betroffen.

835 *Schaffland*, NJW 2002, 1542.

836 *Schaffland*, a.a.O.; *Zöllner*, ZHR 165 (2001), 448 f. (jedoch für die Vollzugsphase der Verschmelzung).

Fusionsverhandlungen ist damit in zeitlicher Hinsicht kein tauglicher Anknüpfungspunkt und kann keinen maßgebenden Einfluss auf die Interessenabwägung nehmen.[837]

10.2.3.4.3 Grundsatz der Verhältnismäßigkeit

Das berechtigte Interesse der übermittelnden Stelle muss *spezifisch* in Hinblick auf die vorgesehene Datenverarbeitung bestehen.[838] Die Verarbeitung muss zur Wahrung dieser Interessen *erforderlich* sein. Diese einfachgesetzliche Ausprägung des Verhältnismäßigkeitsgrundsatzes stellt sicher, dass eine Datenübermittlung nur erfolgt, soweit die Interessen des Dritten nicht ebenso effektiv auf *anderem* Weg gewahrt werden können.[839] Nach *Simitis* soll eine Interessenabwägung stets dann ausscheiden, wenn die verarbeitende Stelle die benötigten Angaben auch ebenso einfach mit Hilfe des Betroffenen bekommen kann. Daher sei im Vorfeld einer Datenverarbeitung zu prüfen, inwieweit die Betroffenen an dieser mitwirken könnten.[840] Die hierzu angeführten Beispiele sind indes geprägt von *einzelnen Fällen von* Datenübermittlungen. Die *hypothetische* Möglichkeit, die relevanten personenbezogenen Daten direkt vom Betroffenen zu erlangen, stellt jedenfalls im Kontext einer Verschmelzung *keine adäquate Alternative* dar. Die im Rahmen einer Verschmelzung betroffenen Informationen erreichen schnell Größenordnungen einer fünf- bis sechsstelligen Zahl.[841] Die Einholung von Einzeleinwilligungen stellt hier keine zumutbare und praktisch umsetzbare Alternative dar.[842] Der Grundsatz der Erforderlichkeit darf insoweit nicht überinterpretiert werden. Es ist eine unter vernünftiger Betrachtung *angemessene* Zweck-Mittel Relation zugrunde zu legen. Die Datenübermittlung ist erforderlich, wenn sie geeignet ist, den angestrebten (legitimen) Übermittlungszweck zu erreichen und keine zumutbare bzw. sinnvolle Alternative für die übermittelnde Stelle besteht.[843] Die Einholung von Einzeleinwilligungen stellt dabei in aller Regel keine zumutbare Alternative für die beteiligten Rechtsträger dar.

Ist die Kenntnis spezifisch *personenbezogener* Informationen von keinem nennenswerten Gewicht für den Prüf- und Bewertungsvorgang, ist eine Weitergabe dieser *personenbezogenen* Daten am Maßstab des Verhältnismäßigkeitsgrundsatzes *ausgeschlossen*.[844] Informationen dürfen insoweit nur in Form zusammengefasster und *anonymisierter* Struktur- bzw. Ein-

---

837 A.A. *Schaffland*, NJW 2002, 1542.

838 *Gola/Schomerus*, BDSG, § 28 Rdnr. 34.

839 *Auernhammer*, BDSG, § 28 Rdnr. 18; *Gola/Schomerus*, BDSG, § 28 Rdnr. 34.

840 *Simitis* in: Simitis/Dammann/Geiger/Mallmann/Walz, BDSG, § 28 Rdnr. 135; so auch *Wengert/Wiedmann/Wengert*, NJW 2000, 1294; a.A. *Zöllner*, ZHR 165 (2001), 448.

841 *Schaffland*, NJW 2002, 1541.

842 *BGH*, NJW 1984, 1887; *Schaffland*, NJW 2002, 1541; so auch *Wengert/Wiedmann/Wengert*, NJW 2000, 1293.

843 *Schaffland/Wiltfang*, BDSG, § 28 Rdnr. 110; *Tiedemann*, NJW 1981, 945; *Gola/Schomerus*, BDSG, § 28 Rdnr. 34.

844 *Schaffland/Wiltfang*, BDSG, § 28 Rdnr. 18; *Gola/Schomerus*, BDSG, § 28 Rdnr. 34; so im Ergebnis auch die Auffassung der Landesdatenschutzaufsichtsbehörde Baden-Württemberg, vgl. Bekanntmachung des Innenministeriums Baden-Württemberg (Nr. 38) über Hinweise zum Bundesdatenschutzgesetz für die private Wirtschaft vom 18.1.2000, Az.: 2-0552.1/14, Staatsanzeiger für Baden-Württemberg Nr. 2/2000 vom 18.1.1999, S. 12, 13 = RDV 2000, 83; *Eul* in: Roßnagel, Handbuch Datenschutzrecht, Kap. 7.2 Rdnr. 71.

zeldaten weitergegeben werden. Für die praktische Abwicklung der Verschmelzung wird dies jedoch ohnehin nicht ins Gewicht fallen, so dass sich hieraus kein Hindernis für den Vollzug der Verschmelzung ergeben dürfte.

10.2.3.4.4 Summarische Abwägung der Interessen

Die beteiligten Gesellschaften dürfen bewertungsrelevante Daten – so weit möglich und zumutbar – nur in *anonymisierter* Form zur Verfügung stellen. Im Einzelfall ist zu hinterfragen, ob die Kenntnis von spezifisch personenbezogenen Informationen *zwingend erforderlich* ist oder eine korrekte sowie den gesellschaftsrechtlichen Sorgfaltpflichten genügende Prüfung auch unter Zugrundelegung anonymisierten Daten erfolgen kann.[845] Dies entspricht den tragenden datenschutzrechtlichen Vorgaben und weist insoweit kein Spannungsverhältnis zu den korporativen Sorgfaltspflichten der Geschäftsleitung auf. Letztere können nur so weit reichen, wie eine Prüfung im Rahmen der Gesetze überhaupt zugelassen und notwendig ist. Soweit die Kenntnis personenbezogener Informationen nicht erforderlich ist, werden die gesellschaftsrechtlichen Sorgfaltspflichten der Geschäftsleitung nicht verletzt. Geschäfts- und Lageberichte, die personenbezogene Informationen enthalten, sind entsprechend zu überarbeiten, ungeachtet des wirtschaftlichen wie tatsächlichen Aufwandes.

Ebenfalls als rechtlich unkritisch erweist sich die Konstellation, in der ein *gewichtiges* Interesse der beteiligten Rechtsträger an der Offenlegung *einzelner* personenbezogener Informationen besteht, aus denen heraus *einzelne Personen individualisierbar* sind. Hier können ohne großen Aufwand Einzeleinwilligungen der Betroffenen in die Offenlegung der Informationen vor der Fusionsentscheidung eingeholt werden. Soweit die Einwilligung verweigert wird, dürfen die betroffenen personenbezogenen Daten nur offen gelegt werden, wenn dies alternativ zu § 4a BDSG kraft Gesetz gestattet ist. Die Verweigerung der Einwilligung, etwa von Führungs- oder Managementkräften, wird praktisch ohnehin die absolute Ausnahme darstellen. Damit bleibt offen, wann das Interesse der Gesellschaft an der Offenlegung spezifisch personenbezogener Informationen derart gewichtig ist, dass die Datenübermittlung in summa gerechtfertigt sein kann. Dies richtet sich vorrangig nach der Intensität des betroffenen Interesses.

Gegen diese zuvor angestellten Überlegungen mag man folgendes einwenden: Seitens der betroffenen Gesellschaft kann ein hochrangiges Interesse an der *Geheimhaltung* der geplanten Fusion aus strategischen Gründen bestehen, so dass schon aus diesem Grund die Einholung von Einzeleinwilligungen nicht in Betracht kommen kann. Dieses Geheimhaltungsinteresse muss ebenfalls notwendigen Eingang in die Interessenabwägung finden. Eine Offenlegung der Verschmelzungsinformationen infolge der Einholung von Einzeleinwilligungen, auch wenn diese nur einzelne Personen betreffen mag, läuft diesem Geheimhaltungsinteresse dia-

---

845 *Gola/Schomerus*, BDSG, § 3 Rdnr. 43; *Dammann in:* Simitis/Dammann/Geiger/Mallmann/Walz, BDSG, § 3 Rdnr.197.

metral entgegen. Das Geheimhaltungsinteresse muss es in diesen Ausnahmefällen gestatten, die betreffenden Daten auch ohne vorherige Einwilligung durch den Betroffenen *ausnahmsweise* offen zu legen. Dies kommt indes nur unter der Prämisse in Betracht, dass andere weniger intensive Maßnahmen, etwa die Verpflichtung auf eine strikte Geheimhaltung bis zum Zeitpunkt der gezielten öffentlichen Kommunikation der Verschmelzung in der Presse, *ex ante* betrachtet nicht Erfolg versprechend sind.

Soweit daher weder die Einholung von Einzeleinwilligungen, noch die Bereitstellung der für die Abwicklung der Verschmelzung relevanten Informationen ohne Personenbezug zumutbar ist, kann eine Offenlegung personenbezogener Daten *ausnahmsweise* erforderlich und gesetzlich gerechtfertigt sein. Das Datenschutzrecht soll Verschmelzungsprozesse nicht blockieren. Das Spannungsverhältnis des Datenschutz- mit dem Verschmelzungssachrecht muss über einen interessengerechten Ausgleich im Wege der *praktischen Konkordanz* aufgelöst werden.[846] Den datenschutzrechtlich schutzwürdigen Interessen der Betroffenen ist ebenso Rechnung zu tragen, wie den gesellschaftsrechtlichen und wirtschaftlichen Interessen der beteiligten Rechtsträger im Zuge der Verschmelzung. Die Auflösung des Spannungsverhältnisses hängt ferner entscheidend vom wirtschaftlichen Betätigungsfeld der betroffenen Unternehmen ab. Nur wenn und soweit etwa die Kenntnis des *personalisierten Kundenstammes* einen entscheidenden und für den Verschmelzungsvorgang unabdingbar erheblichen Faktor darstellt, kommt eine personalisierte Offenlegung *grundsätzlich* in Betracht. Das datenschutzrechtliche Regel-Ausnahme Prinzip des § 4 Abs. 1 BDSG ist zwingend zu beachten, auch wenn dies in der Verschmelzungspraxis oftmals infolge ergebnisorientierter Betrachtungsweisen verschwimmen mag. So stellt *Zöllner*[847] zutreffend fest, dass das Zugänglichmachen bestimmter Informationen mit Personenbezug hinsichtlich prägender Elemente der Due Diligence-Prüfung unter bestimmten Umständen *unerlässlich* sein kann. Allein dieses praktische Erfordernis trägt jedoch nicht den weiteren Schluss, dass diese Vorgehensweise damit auch datenschutzrechtlich nicht zu beanstanden ist.[848] De lege lata darf *„kein Grund zu der Annahme"* bestehen, dass die schutzwürdigen Interessen der Betroffenen den berechtigten Interessen der verantwortlichen Stelle an einer Datenübermittlung überwiegen, § 28 Abs. 1 S. 1 Nr. 2 BDSG.[849] Die schutzwürdigen Interessen dürfen *nicht von vorne* herein durch die konkrete

---

846 *Roßnagel*, NJW 1989, 2307, im Zusammenhang mit der Übergabe von Arztpraxen.

847 *Zöllner*, ZHR 165 (2001), 451.

848 *Zöllner*, a.a.O.

849 Hieraus wird deutlich, dass das Datenschutzrecht wirtschaftliche Transaktionen nicht *generell* blockieren soll. Dies entspricht auch den Grundwertungen der EG-Datenschutzrichtlinie, deren primäres Ziel nicht der Schutz des informationellen Selbstbestimmungsrechts des Einzelnen auf europäischer Ebene ist (nach Erwägungsgrund 3 zur EG-Datenschutzrichtlinie ist selbstredend auch der Schutz der Grundrechte der Person bezweckt; vgl. ABl./EG L 144 vom 4.6.1997, 19 ff.), sondern die Ermöglichung und Verwirklichung eines ungehinderten, freien Warenverkehrs entsprechend den Grundgedanken des EG Vertrags (Art. 3 EG). Die EG-Datenschutzrichtlinie implementiert jedoch ein europaweit einheitliches Datenschutzniveau unter der primären Zwecksetzung, Handelshemmnisse, die aus den unterschiedlichen vorherrschenden Datenschutzniveaus in den einzelnen Mitgliedstaaten und den damit verbundenen Restriktionen der freien Zirkulation von Informationen sowie den damit verbundenen Waren und Dienstleistungen resultierten, zu beseitigen; vgl. Erwägungsgrund 7 zur EG-Datenschutzrichtlinie, ABl./EG L 144 vom 4.6.1997, 19 ff.

Datenübermittlung beeinträchtigt werden.[850] Anerkannt ist, dass nicht jede theoretisch denkbare Annahme einer möglichen Interessenverletzung der Zulässigkeit der Datenverarbeitung entgegenstehen soll. Dies käme praktisch einem völligen Ausschluss der Verarbeitung gleich.[851] Im Ergebnis reduziert sich die Abwägung auf eine *summarische Pauschalprüfung* der schutzwürdigen Interessen. Sind in deren Rahmen keine Anhaltspunkte für Persönlichkeitsverletzungen erkennbar, liegt mithin kein triftiger Grund vor, der konkrete Hinweise auf eine Persönlichkeitsverletzung gibt, ist die Datenübermittlung zulässig. Besonderheiten des Einzelfalles könnten über ein Widerspruchsrecht grundsätzlich hinreichend berücksichtigt werden.[852]

Übertragen auf die Due Diligence bedeutet dies: Der Rechtsträger muss bei vernünftiger Betrachtung auf die Weitergabe personenbezogener Daten angewiesen sein, um sein Recht auf Verschmelzung wahrnehmen zu können. Die Verschmelzung insgesamt dürfte unter *objektiver* Betrachtung sonst nicht realisierbar sein. Die Kenntnis der Informationen gerade unter *Personenbezug* sowie deren Erheblichkeit für die Durchführung der Due Diligence muss unter vernünftiger Betrachtung erforderlich sein. Dies ist dann nicht (mehr) der Fall, wenn die Verwendung anonymisierter Daten eine rechtlich zumutbare Alternative darstellt. Der *BGH* präzisierte die inhaltlichen Anforderungen an die Interessensabwägung in einer grundlegenden Entscheidung aus dem Jahre 1986 wie folgt : „*Der wertausfüllende Begriff der schutzwürdigen Belange verlangt eine Abwägung des Persönlichkeitsrechts des Betroffenen und des Stellenwertes, den die Offenlegung der Daten für ihn hat, gegen die Interessen der speichernden Stelle und der Dritten (...). Dabei sind Art, Inhalt und Aussagekraft der beanstandeten Daten an den Angaben und Zwecken zu messen, denen ihre Speicherung dient. Nur wenn diese am Verhältnismäßigkeitsgrundsatz ausgerichtete Abwägung (...) keinen Grund zu der Annahme bietet, dass die Speicherung der in Frage stehenden Daten zu dem damit verfolgten Zweck schutzwürdige Belange des Betroffenen beeinträchtigt, ist die Speicherung zulässig.*“[853]

Nur, soweit die berechtigten Interessen der übermittelnden bzw. empfangenden Stelle den schutzwürdigen Interessen in einer Gesamtschau aller Umstände überwiegen, dürfen die Informationen personalisiert in der Vorbereitungsphase der Verschmelzung offen gelegt werden. Dabei sind die Grundwertungen des Datenschutzrechts, insbesondere die grundsätzliche *Gemeinschaftsbezogenheit* personenbezogener Informationen,[854] ebenfalls mit einzustellen.

In summa bedeutet dies: Auf Seiten der beteiligten Rechtsträger besteht ein *legitimes* Interesse an der Weitergabe von Informationen im Rahmen der Due Diligence der Vorbereitungs-

850 *Gola/Schomerus*, BDSG, § 28 Rdnr. 37.
851 *Gola/Schomerus*, a.a.O.
852 *Gola/Schomerus*, a.a.O.
853 *BGH*, NJW 1986, 2505 = RDV 1986, 81 = DB 1986, 855.
854 *BVerfGE* 65, 1 ff. = NJW 1984, 419 f. – *Volkszählung*, wobei auch der Art der Daten, insbesondere den sog. besonderen Arten personenbezogener Daten (Angaben über die rassische und ethnische Herkunft, politische Meinungen, religiöse oder philosophische Überzeugungen, Gewerkschaftszugehörigkeit, Gesundheit oder Sexualleben) gemäß § 3 Abs. 9 BDSG Rechnung zu tragen ist.

phase einer Verschmelzung. Per se zulässig ist die Weitergabe *nicht personenbezogener* Informationen. Rein *sachbezogene Informationen* sind datenschutzrechtlich irrelevant.[855] Personalisierte Informationen sind hingegen grundsätzlich zu anonymisieren und dürfen nur in anonymisierter Form gemäß § 3 Abs. 6 BDSG unter Ausschluss der Personenbeziehbarkeit weitergegeben werden.[856] Eine Ausnahme gilt, wenn auf Seiten der beteiligten Gesellschaften ein *gewichtiges* Interesse an der Kenntnisnahme *personalisierter Informationen* besteht. Dies ist anzunehmen, wenn die Kenntnis personenbezogener Daten *unabdingbar* für die ordnungsgemäße und den gesellschaftlichen Sorgfaltspflichten entsprechende Durchführung der Due Diligence ist. Das Datenschutzrecht darf insoweit nicht die wirtschaftliche Möglichkeit der sinnvollen und den korporativen Pflichten entsprechende Durchführung von Verschmelzungen nach den gesetzlichen Vorgaben des Umwandlungsgesetzes blockieren. Den beteiligten Rechtsträgern muss es möglich sein, die Due Diligence im gesellschaftsrechtlich vorgegebenen Rahmen durchzuführen. Dieses Interesse ist mit den schutzwürdigen Interessen der Betroffenen in einen möglichst schonenden Ausgleich zu bringen. Der Kerngehalt des informationellen Selbstbestimmungsrechts ist zu wahren und möglichst weitgehend vor Eingriffen zu schützen. Soweit nur die Kenntnis personalisierter Informationen *einzelner, individualisierbarer Personen* erforderlich ist, hat die Einholung einer ausdrücklichen Einwilligung *Vorrang*. Für die beteiligten Rechtsträger ist die Einholung von Einzeleinwilligungen in dieser Konstellation eine zumutbare Alternative, soweit diese nicht ihrerseits durch das berechtigte Interesse an einer strikten, strategischen *Geheimhaltung* überlagert wird.

10.2.4 Vergleichsziehung zur Veräußerung von Unternehmen und Arztpraxen

Die vorliegend zu beurteilende Konstellation der Verschmelzung zweier Unternehmen weist engen rechtlichen Bezug zur Veräußerung von Unternehmen, Arztpraxen und Rechtsanwaltskanzleien auf. Diese sind bereits seit geraumer Zeit Gegenstand rechtlicher Diskussion.[857]

Nach § 28 Abs. 3 S. 1 Nr. 1 BDSG kann die Übermittlung personenbezogener Daten (auch) durch berechtigte Interessen *Dritter* gerechtfertigt sein, soweit kein Grund zu der Annahme besteht, dass schutzwürdige Interessen der Betroffenen der Übermittlung entgegenstehen.[858] Solche Interessen seien indes nicht anzunehmen, wenn ein Installateur seinen Betrieb nebst Kundendaten nach entsprechender *Ankündigung* und Einräumung eines *Widerspruchsrechts* an einen Nachfolger übergebe.[859] Die Übergabe von Arztpraxen oder einer Kanzlei eines

855 Dies gilt jedenfalls nach deutschem Datenschutzrecht. Abweichend etwa die Datenschutzgesetze von *Dänemark*, *Luxemburg*, *Norwegen* und *Österreich*, die ebenfalls den Schutz von Angaben über juristische Personen in ihren Schutzbereich aufgenommen haben; hierzu *Niethammer-Jürgens*, S. 126 f.

856 So auch *Gola/Schomerus*, BDSG, § 28 Rdnr. 42 zur Übermittlung personenbezogener Kunden- und Personaldaten in der Due Diligence.

857 Vgl. hierzu nur *Gola/Schomerus*, BDSG, § 28 Rdnr. 50; *Roßnagel*, NJW 1989, 2303; *BGH*, NJW 1974, 604; *Grömig*, NJW 1970, 1211 f.; *Laufs*, NJW 1975, 1433 ff.; *BGH*, NJW 2001, 2462 (zur Veräußerung einer Rechtsanwaltskanzlei) nach *OLG München*, NJW 2000, 2595 f.

858 *Gola/Schomerus*, BDSG, § 28 Rdnr. 50.

859 *Gola/Schomerus*, a.a.O.

Steuerberaters bzw. Rechtsanwaltes erfordere infolge der de lege lata bestehenden und strafbewehrten[860], berufsspezifischen Schweigepflichten hingegen in aller Regel die *Einwilligung* der Patienten bzw. Klienten.[861]

10.2.4.1 Veräußerung eines Unternehmens

Die Veräußerung eines Unternehmens macht – ebenso wie die Verschmelzung auf ein anderes Unternehmen – die Analyse und Bewertung der rechtlichen wie wirtschaftlichen Faktoren und Risiken im Rahmen einer Due Diligence erforderlich. Die Bewertung dient in erster Linie der Festlegung des angemessenen Kaufpreises. Soweit in dieser Phase des Unternehmenskaufs personenbezogene Daten an den potentiellen Käufer weitergegeben werden, stellt sich die vergleichbare rechtliche Problematik der Rechtfertigung dieser Datenübermittlung.

Sie kann unter dem Oberbegriff *„Zulässigkeit der Weitergabe von Daten in einer Due Diligence"* verallgemeinert werden.[862] Neben Kundendaten sind auch Daten über Arbeitnehmer, Lieferanten etc. betroffen, die gegenüber dem potentiellen Erwerber temporär offen gelegt werden müssen, um eine ordnungsgemäße Unternehmensbewertung sicherzustellen. In Bezug auf die zivilrechtlichen Rechtsfolgen sieht § 613a Abs. 1 BGB vor, dass der Erwerber eines Betriebs oder Teilbetriebs in Rechtsnachfolge des Veräußerers tritt und bestehende Arbeitsverhältnisse ipso iure auf diesen übergehen. Diese ratio des Bestandsschutzes von Arbeitsverhältnissen macht zugleich die Weitergabe von Informationen über die betreffenden Arbeitnehmer erforderlich. Eine Kündigung wird korrespondierend mit der Rechtsnachfolge aufgrund der Sonderkündigungsschutzvorschrift des § 613a Abs. 4 BGB gestützt auf den Betriebsübergang für unzulässig erklärt.

Gola/Schomerus[863] stellen zutreffend fest, dass die praktische Erforderlichkeit der Übermittlung von Kunden- oder Arbeitnehmerdaten in der Due Diligence-Phase eines Unternehmenskaufs nicht zugleich deren – gesetzlich geforderte – *zwingende Notwendigkeit* zu begründen vermag. Der Betriebsinhaber hat ein bestehendes Recht auf Betriebsveräußerung, resultierend aus seinem Eigentumsrecht (Art. 14 Abs. 1 GG) sowie der zivilrechtlichen Verkehrsfähigkeit des Unternehmens.[864] Dies bedingt zugleich die grundsätzliche Zulässigkeit sämtlicher Begleitmaßnahmen, die für die Realisierung seines Rechtes anhand eines objektiven Maßstabs

---

860 Vgl. § 203 StGB.

861 *BGH*, NJW 1996, 2026; *BGH*, NJW 1992, 737; zu den Ausnahmen vgl. *BGH*, NJW 1996, 773; *OLG Koblenz*, NJW 1996, 176.

862 *Gola/Schomerus*, BDSG, § 28 Rdnr. 43.

863 *Gola/Schomerus*, BDSG, § 28 Rdnr. 41.

864 Insbesondere kann ein Unternehmen Gegenstand eines Kaufvertrages sein; st. RSpr. seit *RGZ* 67, 86; *BGH*, NJW 1970, 653 (655); *BGH*, WM 1974, 51; *BGH*, NJW 1977, 1536; *BGH*, WM 1988, 1700; *BGH*, NJW-RR 1996, 429; *BGH*, LM § 463 BGB Nr.18, *BGH*, NJW 1990, 1659; *BGH*, NJW-RR 1989, 306; *BGH*, NJW 2002, 1042 ff.; *Hiddemann*, ZGR 1982, 438 f.; *Canaris*, ZGR 1982, 395 ff.; *Hommelhoff*, ZGR 1982, 366 ff.; vgl. jetzt auch § 453 Abs. 1 2. Alt BGB (Unternehmen als „sonstiger Gegenstand"); hierzu *Dauner-Lieb/Thiessen*, ZIP 2002, 108 ff.; *Triebel/Hölzle*, BB 2002, 521 ff.; *Gronstedt/Jörgens*, ZIP 2002, 52 ff., *Wolf/Kaiser*, DB 2002, 411 ff., *Wunderlich*, WM 2002, 981 ff.; *Haas* in: Haas/Medicus/Schäfer/Wendtland, Rdnr. 541; umfassend hierzu *Schröcker*, ZGR 2005, 63 ff.

erforderlich sind. Dieses Recht auf bzw. an einer Betriebsveräußerung ist jedoch im Wege der *praktischen Konkordanz* mit den schutzwürdigen Interessen der Betroffenen am Ausschluss einer Weitergabe ihrer personenbezogenen Informationen in Einklang zu bringen. Die Übermittlung personalisierter Kunden- oder Personaldaten ist demnach unzulässig, wenn und soweit das Informationsinteresse des Erwerbers ebenso gut durch *anonymisierte* Daten oder Strukturdaten gestillt zu werden vermag. Praktisch stellt dies die Regel dar. Auf der anderen Seite ist zu berücksichtigen, dass ein Unternehmen regelmäßig nicht zu veräußern sein wird, ohne dem potentiellen Erwerber Informationen über das Management, fachliche Experten und das Humankapital zur Verfügung zu stellen.[865] Ferner soll die Weitergabe von Personaldaten zu akzeptieren sein, wenn der Mitarbeiterbestand so klein ist, dass eine *effektive Anonymisierung* praktisch ausgeschlossen ist.[866] Umgekehrt muss sich diese Auffassung Fragen lassen, warum nicht gerade in diesem Fall die Einholung von Einzeleinwilligungen ein probates Mittel darstellt.

Aus diesen systematischen und dogmatischen Reflexionen wird deutlich, dass eine Abweichung vom Grundsatz der Einwilligung nur gestattet ist, soweit besondere Umstände auf Seiten des Erwerbers dies zwingend erforderlich machen. Die datenschutzrechtlichen Grundwertungen sind auch im Kontext des Unternehmenskaufs zu beachten.

Auf Seiten des Veräußerers steht das korrespondierende Recht, seinen Betrieb als verkehrsfähigen Gegenstand im Rechtsverkehr an dritte Interessenten zu veräußern. Die ordnungsgemäße und transparente Bewertung der Unternehmens-Assets, zu denen u.a. der Kundenstamm und das Humankapital zählen, stellt eine für die Festlegung des angemessenen Kaufpreises – und letztlich damit die Realisierung der Transaktion – essentielle Voraussetzung dar.

Aus Sicht des Datenschutzrechts ergibt sich daher an dieser Stelle das identische Ergebnis wie in der Vorbereitungsphase einer Verschmelzung: Die betroffenen Informationen sind grundsätzlich zu anonymisieren oder dürfen, falls dies nicht dem Interesse des Veräußerers entspricht, erst nach Einholung von Einzeleinwilligungen übermittelt werden. Eine Ausnahme gilt, soweit die Einholung von Einzeleinwilligungen aufgrund des Einzelfalles nicht zumutbar ist. Kommt es entscheidend auch auf die personenbezogenen Informationen an, können diese u.U. über die Einschaltung externer Prüfer in ihrer Funktion als Datentreuhänder bewertet werden, so dass es zu keinem rechtfertigungsbedürftigen Übermittlungsvorgang kommt. Eine Übermittlung ohne vorherige Einwilligung ist nur ausnahmsweise gestattet, wenn ein dringendes Bedürfnis an der Geheimhaltung des geplanten Unternehmens(ver)kaufs besteht, das infolge der Offenlegung der Information über die Einwilligungsersuchen unterlaufen würde.

---

865 *Gola/Schomerus*, BDSG, § 28 Rdnr. 42; *Schaffland*, NJW 2002, 1541 *(„wer fusioniert schon mit einem Rechtsträger, dessen wirtschaftliche Situation nicht bekannt ist?")*.

866 *Gola/Schomerus*, BDSG, § 28 Rdnr. 42.

10.2.4.2 Veräußerung einer Arztpraxis

Im Bereich der Nachfolge eines Erwerbers in die Arztpraxis des Veräußerers werden im Besonderen *sensitive personenbezogene Daten* betroffen. Die Übergabe einer Praxis bedingt den gleichzeitigen Übergang sämtlicher Krankenblätter und (elektronischen) Patientenkarteien auf den Käufer. Werden die betroffenen Patienten weder von der Übergabe unterrichtet, noch um ihre vorhergehende Einwilligung ersucht, stellt sich die Frage nach der rechtlichen Zulässigkeit und den Auswirkungen auf die einzelnen Rechtsgeschäfte. Die Vereinbarkeit dieser ständigen Übung mit dem geltenden Datenschutzrecht sowie der standesrechtlichen Schweigepflicht war und ist heftig umstritten.[867]

Einigkeit besteht, dass die Weitergabe der Patientendaten eine tatbestandliche Datenübermittlung im Sinne des § 3 Abs. 4 S. 2 Nr. 3 BDSG darstellt[868] und infolge der Beeinträchtigung des informationellen Selbstbestimmungsrechts des Betroffenen grundsätzlich eine wirksame Einwilligung erfordert. Diese wird indes in den seltensten Fällen von *allen* Patienten und *vor* Übergabe der Praxis eingeholt, weshalb sich die datenschutzrechtliche Diskussion auf die Gestattung der Datenübermittlung infolge (spezial-)gesetzlicher Erlaubnisnormen fokussierte. Eine Rechtfertigung über geltendes Standesrecht, etwa die BerufsO für Ärzte, wurde zu Recht unter Hinweis auf die inhaltliche Ungeeignetheit[869] sowie kompetenzrechtliche Restriktionen, die sich aus dem Satzungscharakter des Standesrechts und den damit verbundenen Normgebungskompetenzen gegenüber Dritten ergeben, abgelehnt.[870]

Auch eine Rechtfertigung über die de lege lata bestehenden Rechtfertigungstatbestände des Bundesdatenschutzgesetzes kommt richtigerweise[871] nicht in Betracht, zumal besondere Arten personenbezogener Daten, z.B. Gesundheitsdaten nach § 3 Abs. 9 BDSG betroffen sind.

Damit verbleibt es bei dem datenschutzrechtlichen Grundsatz: Eine *Einzeleinwilligung* in die Weitergabe seiner Daten ist von jedem betroffenen Patienten einzuholen. Die schutzwürdigen Interessen überwiegen die berechtigten Interessen der Parteien, so dass eine Datenübermittlung ohne Einwilligung gegen das Übermaßverbot bzw. den Grundsatz der Verhältnismäßigkeit verstößt.[872] Dieses Ergebnis überzeugt auch vor dem Hintergrund der rechtsdogmatischen

---

867 *Roßnagel*, NJW 1989, 2303; *BGH* NJW 1974, 604; *Grömig*, NJW 1970, 1211 f.; *Laufs*, NJW 1975, 1433 ff.; *BGH*, NJW 2001, 2462 (zur Veräußerung einer Rechtsanwaltskanzlei) nach *OLG München*, NJW 2000, 2595 f.

868 *Roßnagel*, NJW 1989, 2303 f.

869 Diese entsprechen nicht den Vorgaben des *BVerfG* in seinem Volkszählungsurteil an eine klare, transparente, inhaltlich bestimmte und verhältnismäßige Eingriffsgrundlage, *BVerfGE* 65, 1 ff. = NJW 1984, 419 ff. – *Volkszählung*.

870 *Roßnagel*, NJW 1989, 2305; *BVerfGE* 12, 325 ff. = NJW 1961, 1155 ff.; *BVerfGE* 33, 125 ff.= NJW 1972, 1504 ff.

871 *Roßnagel*, NJW 1989, 2304 ff.

872 *Roßnagel*, NJW 1989, 2308; *Grömig*, NJW 1970, 1211 f. Auch die höchstrichterliche Rechtsprechung des *BGH* steht dabei im Zeichen des Wandels bei der Beurteilung der Frage der Zulässigkeit der Weitergabe von Patientendaten an den Übernehmer einer Praxis. Während der *BGH* in frühen Urteil aus dem Jahre 1973 (*BGH*, NJW 1974, 602; hierzu *Roßnagel*, NJW 1989, 2307) noch annahm, die Überlassung der Patientenkarteien könne in Praxisüberlassungsverträgen rechtswirksam ohne Verstoß gegen § 303 StGB (heute: § 203 StGB) vereinbart werden (die Argumentation des BGH in *BGH*, NJW 1974, 602 ließ jedoch sei-

Vorgaben. Wesentlicher Gehalt des informationellen Selbstbestimmungsrechts ist die Befugnis des Betroffenen, grundsätzlich selbst über die Preisgabe und Verwendung seiner persönlichen Informationen zu bestimmen.[873] Dieses Recht ist umso intensiver ausgeprägt, je sensibler die betroffenen Daten einzustufen sind.[874] Auf der anderen Seite betont das *BVerfG* die *Gemeinschaftsbezogenheit* des informationellen Selbstbestimmungsrechts sowie die grundsätzliche verfassungsrechtliche Entscheidung *für* diese Gemeinschaftsbindung.[875] Diese Grundwertung gilt es auch im Rahmen der subsidiären gesetzlichen Rechtfertigung zu beachten. Eine Gestattung über die gesetzlichen Erlaubnistatbestände des Bundesdatenschutzgesetzes muss sich jedoch zugleich am verfassungsrechtlichen Grundsatz der Verhältnismäßigkeit messen lassen. Danach ist eine Weitergabe der Daten nur gerechtfertigt, wenn kein milderes und gleich effektives Mittel zur Verfügung steht, das die Grundrechte des Patienten weniger belastet und zugleich die berechtigten Interessen des Übergebenden wahrt. Da die betroffenen Akten zwischenzeitlich (bis zur Einholung der Einwilligung bzw. deren endgültiger Verweigerung) bei einem *Datentreuhänder* hinterlegt werden können, kommt eine Einsichtnahme und Nutzung der Daten erst nach der ausdrücklichen Entscheidung des Patienten / Mandanten für oder gegen die Fortführung der geschäftlichen Beziehungen mit dem Übernehmer in Betracht. Dies stellt ein milderes und zugleich zumutbares Mittel dar; eine vorherige Übermittlung ist als unverhältnismäßig ausgeschlossen.[876]

Nichts Abweichendes kann für die Übergabe einer Rechtsanwaltssozietät oder Einzelkanzlei gelten. Der BGH betonte wiederholt das enge persönliche Verhältnis zwischen Mandant und Einzelanwalt, das auf *besonderem persönlichem Vertrauen* basiere. Eine „Auswechslung“ des einzelnen Rechtsanwalts ohne oder gegen den Willen des Mandanten kommt grundsätzlich nicht in Betracht.[877] Die genannten Transaktionen stehen zudem unter dem Damoklesschwert des § 203 Abs. 1 StGB. Hierauf wird sogleich im Anschluss näher einzugehen sein.[878]

10.2.5 Zwischenergebnis

In summa bleibt an dieser Stelle festzuhalten: Die Offenlegung personenbezogener Daten in der *Due Diligence* – gleich ob vor Durchführung eines Unternehmenskaufs, der Übertragung einer Rechtsanwalts-/Steuerberaterkanzlei oder Arztpraxis oder der Verschmelzung auf einen

---

nerzeit Aspekte des Datenschutzes völlig außer Acht), fordert er in neueren Entscheidungen ebenfalls grundsätzlich die Einwilligung des Betroffenen (vgl. *BGH*, NJW 1995, 2026; *BGH*, NJW 1992, 737; zu den Ausnahmen vgl. *BGH*, NJW 1996, 773; *OLG Koblenz*, NJW 1996, 176).

873 *BVerfGE* 65, 1 ff. = NJW 1984, 419 – *Volkszählung*; *Roßnagel*, NJW 1989, 2306.

874 Insbesondere im Gesundheitsbereich sind sensible Daten über den Gesundheitszustand des Betroffenen betroffen, § 3 Abs. 9 BDSG.

875 *BVerfGE* 65, 1 ff. = NJW 1984, 419 – *Volkszählung*.

876 *Roßnagel*, NJW 1989, 2308. Demnach komme die Zwischenlagerung der Patientenkarteien in einem Archiv bei der Ärztekammer – als Datentreuhänder – unter Ausschluss des Zugriffs des Erwerbers in Betracht, der nur dann auf die Daten zugreifen dürfe, wenn zuvor die Einwilligung des betreffenden Patienten eingeholt wurde.

877 *BGH*, JA 2004, 508 = NJW-RR 2004, 505.

878 Siehe sogleich unter *10.3.5*.

anderen Verband – ist grundsätzlich nur unter *vorheriger Einwilligung* sämtlicher Betroffener, deren personenbezogenen Daten offen gelegt werden sollen, gestattet. Alternativ dürfen Informationen jederzeit *anonymisiert* weitergegeben werden.

Ohne vorherige Einwilligung dürfen personalisierte Informationen im Rahmen von Unternehmensübertragungen nur *ausnahmsweise* offen gelegt werden, wenn die Offenlegung zwingend erforderlich ist, um die Due Diligence ordnungsgemäß durchzuführen, eine Anonymisierung unzumutbar ist und infolgedessen nicht in Frage kommt und die Einholung von Einzeleinwilligung mangels praktischer Umsetzbarkeit ebenfalls als unzumutbar ausscheidet. Hinzu tritt das gewichtige Interesse der beteiligten Rechtsträger an einer *Geheimhaltung* – inter temporis – der geplanten Transaktion in diesem frühen Stadium, das in die Interessenabwägung notwendig auf Seiten des Rechtsträgers mit einzustellen ist.

Besondere Arten personenbezogener Daten im Sinne des § 3 Abs. 9 BDSG sind hiervon stets ausgenommen. Die besonderen Erlaubnistatbestände des § 28 Abs. 6 bis 9 BDSG rechtfertigen es nicht, besondere Arten personenbezogener Daten in der Due Diligence einer Verschmelzung der anderen Seite offen zu legen. Sollten Datenbestände Merkmale im Sinne des § 3 Abs. 9 BDSG enthalten, sind diese entweder aus den Datenbeständen vor deren Übermittlung zu entfernen, oder die zu übermittelnden Datenbestände insgesamt zu *anonymisieren.* Die Möglichkeit der Gestattung über eine ausdrückliche Einwilligung des Betroffenen nach § 4a Abs. 3 BDSG iVm. § 28 Abs. 6 1. Halbs. BDSG bleibt hiervon unberührt.

10.3 Datenschutzrechtliche Begleitfaktoren

Das im Rahmen der Interessenabwägung nach § 28 Abs. 1 S. 1 Nr. 2 BDSG bzw. § 28 Abs. 3 S. 2 Nr. 1 BDSG gefundene Ergebnis wird von flankierenden datenschutzrechtlichen Faktoren ergänzt.

Konkret ist zu klären, ob und wann die Betroffenen vom Verschmelzungsvorhaben und der damit verbundenen Offenlegung ihrer personenbezogene Daten in der Due Diligence zu *unterrichten* sind, ob ein *Widerspruchsrecht* gegen die Datenübermittlung besteht, auf das die Betroffenen zuvor hinzuweisen sind und inwieweit sich Grenzen aus dem Grundsatz der *Zweckbindung* ergeben.

10.3.1 Pflicht der frühzeitigen Unterrichtung der Betroffenen

Bereits in der Diskussionsrunde des Symposiums zum Datenschutz bei Umwandlungen[879] klingt die Forderung nach einer umfassenden und möglichst frühzeitigen Unterrichtung des Betroffenen über die geplante Verschmelzungsmaßnahme und die damit verbundene Offenlegung personenbezogener Daten in der Vorbereitungsphase an.[880]

10.3.1.1 Herleitung de lege lata

Die Teilnehmer sahen es einhellig als *„wünschenswert"* an, dass die Kunden über die geplante Verschmelzungsmaßnahme *rechtzeitig* informiert werden. Dies unabhängig davon, ob die Datenübermittlung mit oder ohne Billigung des Kunden zulässig sein sollte. Damit werde *„der Tradition des Datenschutzrechts"* entsprochen, die Bürger auch bei großen Transaktionen *als Persönlichkeit* und nicht als bloßes *Objekt* wahrzunehmen. Umgekehrt werden die praktischen Schwierigkeiten bei der Bestimmung des richtigen Zeitpunktes der Unterrichtung erkannt.[881]

Der geäußerte *Wunsch* nach frühzeitiger Information verdeutlicht, dass keine geschriebene Rechtsgrundlage existiert, die eine Informationspflicht in Bezug auf alle Betroffenen in der vorliegenden Konstellation festschreibt. § 33 Abs. 1 S. 2 BDSG ist nach seinem Wortlaut nicht einschlägig, da keine *Speicherung* von Daten zu Zwecken der geschäftsmäßigen Datenübermittlung erfolgt. Gleiches gilt für § 4 Abs. 3 BDSG, da die personenbezogenen Daten nicht *erstmalig erhoben* werden, sondern übermittelt werden sollen. Die Forderung wird auf eine *teleologische Extension* der §§ 4 Abs. 3, 33 Abs. 1 BDSG gestützt.[882] § 33 Abs. 1 BDSG

---

879 *Schneider*, Diskussionsbericht, ZHR 165 (2001), 464.
880 *Schneider*, a.a.O.
881 *Schneider*, a.a.O.
882 *Teichmann/Kießling*, ZGR 2001, 70 f.

gebietet es, ebenso wie § 4 Abs. 3 BDSG, den Betroffenen über die *Art der Daten*, die *Zweckbestimmung* der Verarbeitung und die *Identität* der speichernden Stelle zu unterrichten, soweit keine der tatbestandlichen Ausnahmen gemäß § 33 Abs. 2 BDSG eingreift. Insbesondere ist eine Benachrichtigung entbehrlich, wenn der Betroffene auf andere Art und Weise Kenntnis von der *Speicherung* erlangt. Da die übermittelten personenbezogenen Daten durch den übernehmenden Rechtsträger gespeichert werden, soll dieses Erfordernis auch für Verschmelzungsvorgänge gelten, vorausgesetzt, es kommt tatsächlich zu einer Übermittlung personenbezogener Daten.[883]

10.3.1.2 Benachrichtigungspflicht *ex ante*

Das gesetzliche Unterrichtungserfordernis – bezogen auf die *erstmalige Speicherung* personenbezogene Daten – passt jedenfalls nicht unmittelbar auf die Vorbereitungsphase einer Verschmelzung. Die betreffenden Informationen werden nach deren Offenlegung (auch) durch die jeweils andere Seite möglicherweise zeitweise gespeichert. Die Speicherung erfolgt aus Sicht dieser Stelle *erstmalig* und *für eigene Geschäftszwecke*, die Vorbereitung der Verschmelzung.[884]

Die Verpflichtung zur Benachrichtigung entfällt, wenn der Betroffene auf andere Weise Kenntnis von der Speicherung oder Übermittlung seiner personenbezogenen Daten Kenntnis erlangt *hat*, § 33 Abs. 2 Nr. 1 BDSG. Dies wird in aller Regel in dem frühen Stadium der Verschmelzung für sämtliche betroffenen Personenkreise nicht gelten. Die *ex post* Information des Betroffenen *nach* erfolgter Datenübermittlung über die Tatsache der Speicherung der personenbezogenen Daten wird indes den rechtlichen wie tatsächlichen Anforderungen nicht gerecht. Aus Sicht des Betroffenen ist von vorrangiger Bedeutung, inwieweit eine Benachrichtigungspflicht bereits *im Vorfeld* der Übermittlung besteht.[885] Das Gesetz schweigt hierzu.

Eine zeitlich vorgelagerte, *ex ante* Benachrichtigungspflicht könnte sich *de lege ferenda* aus dem Gesamtzusammenhang der Offenlegung personenbezogener Daten in der Vorbereitungsphase einer Verschmelzung ergeben.[886] Soweit die Einholung einer ausdrücklichen Einwilligung im Einzelfall gefordert werden kann, bedingt dies reflexartig die gleichzeitige Unterrichtung der Betroffenen. Soweit eine Einwilligung ausnahmsweise entbehrlich ist und die Zulässigkeit einer Datenübermittlung aus den überwiegenden berechtigten Interessen der beteiligten Rechtsträger gefolgert werden kann, darf dies eingeschränkt nur unter der weiteren Prä-

---

883 *Teichmann/Kießling*, a.a.O.

884 So auch *Teichmann/Kießling*, a.a.O.; *Simitis*, ZHR 165 (2001), 461.

885 Aus diesem Grunde passen die von *Teichmann/Kießling* angestellten Überlegungen nicht auf die Vorbereitungsphase der Verschmelzung; vgl. *Teichmann/Kießling*, ZGR 2001, 70 f.

886 *Simitis*, ZHR 165 (2001), 461, der fordert, dass die Kunden rechtzeitig informiert werden müssten. Der richtige Zeitpunkt sei dabei nicht anhand der Vorstellungen der Bank über eine möglichst ungehinderte Abwicklung der Verschmelzung zu bestimmen, sondern ausschließlich nach den Umwandlungsfolgen für den Kunden. Die Kunden müssten über ausreichend Zeit verfügen, sich persönlich eine Meinung über das weitere Schicksal ihrer Daten bilden zu können. Dem ist grundsätzlich zuzustimmen. Objektive Kriterien für die exakte Bestimmung dieses Zeitpunkts lässt Simitis leider offen, *Simitis*, ZHR 165 (2001), 461.

misse gelten, dass den Rechten der Betroffenen im übrigen hinreichend Rechnung getragen wird. Hierzu zählt die Unterrichtung von der *geplanten* Verschmelzungsmaßnahme *ex ante*, d.h. vor Übermittlung einzelner Daten im Stadium der Vorbereitungsphase. Diese Verpflichtung zur Unterrichtung der Betroffenen ergibt sich dabei aus einem *Analogieschluss* zu § 33 BDSG, gestützt auf die Gesamtbetrachtung der Vorbereitungsphase. Das Datenschutzrecht verbietet es kraft seiner verfassungsdogmatischen Verankerung, die einzelne Person als bloßes Objekt des Wirtschaftsverkehrs wahrzunehmen. Um dem hinreichend Rechnung tragen zu können, sind die Betroffenen jedenfalls von der geplanten Übermittlung ihrer personenbezogene Daten *ex ante* zu unterrichten. Dies entspricht auch dem Telos der Norm. In beiden Fällen werden Daten ohne Kenntnis des Betroffenen verarbeitet, woraus sich ein besonderes Gefährdungspotential für seine Rechte ergibt.

Neben dem Zeitpunkt der Unterrichtung sind ferner deren weitere Rahmenbedingungen herauszuarbeiten.

10.3.1.3 Unterrichtungs-Verpflichteter

In der rechtlichen Unterrichtungspflicht steht in der Vorbereitungsphase – und in Abweichung vom Wortlaut des § 33 Abs. 1 BDSG – die *übermittelnde* Stelle.[887] Die Unterrichtung hat möglichst frühzeitig[888] und notwendig *vor* Offenlegung der Daten zu erfolgen. Dieses Erfordernis bedingt, dass einzig die übermittelnde Stelle eine effektive und umfassende Unterrichtung gewährleisten kann.[889]

Der konkrete Inhalt der Unterrichtung ist ebenfalls in Anlehnung an § 33 Abs. 1 S. 1 BDSG bzw. § 4 Abs. 3 BDSG zu ermitteln. Den Betroffenen sind die *Zweckbestimmung* der übermittelten personenbezogenen Daten sowie die *Identität* der übermittelnden und empfangenden Stelle mitzuteilen. Der einzelne Betroffene muss eine hinreichende Entscheidungsgrundlage bekommen, um sich eine Meinung über das Schicksal seiner personenbezogenen Daten bilden zu können.[890] Dies gestaltet sich in der Vorbereitungsphase der Verschmelzung als nicht allzu schwierig, da die Zweckbestimmung der Daten einzig in der ordnungs- und pflichtgemäßen Durchführung der Due Diligence liegt.

887 De lege lata knüpft die Verpflichtung an die speichernde Stelle als Adressaten an (§ 33 Abs. 1 S. 1 BDSG). Alternativ kann die Verpflichtung jedoch ebenso gut von der übermittelnden Stelle

888 *Simitis*, ZHR 165 (2001), 461; *Zöllner*, ZHR 165 (2001), 451.

889 Nach *Teichmann/Kießling* kann die Benachrichtigung *auch* der übertragende Rechtsträger vornehmen. Im Umkehrschluss legen sie zugrunde, dass die Benachrichtigung in der Regel durch die speichernde Stelle erfolgt, *Teichmann/Kießling*, ZGR 2001, 71 (m.w.N.). Dies gilt indes nicht in der Vorbereitungsphase der Verschmelzung.

890 *Simitis*, ZHR 165 (2001), 461.

10.3.1.4 Modalitäten der Unterrichtung

Offen ist hingegen die *Art und Weise*, wie die Unterrichtung konkret zu erfolgen hat. Denkbar sind grundlegend zwei Alternativen: Die individuelle Adressierung jedes einzelnen Betroffenen mit den erforderlichen Angaben gegenüber der *öffentlichen Bekanntmachung* der Verschmelzung, etwa in den Gesellschaftsblättern und/oder der Tagespresse. Aus datenschutzrechtlicher Sicht ist erste Alternative zu präferieren. Auch das Gesetz geht im Grundsatz von der Individualbenachrichtigung aus.[891] Dies kann wiederum mit der praktischen Umsetzbarkeit konfligieren, soweit ein größerer Personenkreis hiervon betroffen ist. Insoweit gelten dieselben Argumente, die bereits gegen die Einholung von Einzeleinwilligungen ins Feld geführt wurden. Insbesondere bei wirtschaftlich großvolumigen Transaktionen ist es *praktisch unmöglich*, sämtliche Betroffenen umfassend und *individuell* vom geplanten Verschmelzungsvorgang rechtzeitig zu unterrichten. Daher ist wiederum zu differenzieren. Betrifft die Unterrichtung nur einzelne Personen oder Personenkreise, deren individuelle Benachrichtigung ohne größeren Aufwand realisierbar ist, so muss eine Individualbenachrichtigung erfolgen. Ist dies infolge der Größe des betroffenen Personenkreises faktisch nicht mehr möglich und der übermittelnden Stelle unzumutbar, genügt ausnahmsweise die Unterrichtung durch *öffentliche Bekanntmachung*, die die Adressierung der betroffenen Personenkreise nach vernünftigen Erwägungen hinreichend sicherstellen muss. Diese kann durch Veröffentlichung des Vorhabens in den Gesellschaftsblättern, der Tagespresse oder sonstigen Medien umgesetzt werden. Es muss jedoch sichergestellt sein, dass die abstrakte Möglichkeit der Kenntnisnahme infolge der gewählten Mittel der öffentlichen Bekanntmachung für alle Betroffenen gleichermaßen besteht. Die Anforderungen an die Unterrichtung im übrigen zu überspannen, würde auch an dieser Stelle den beiderseitigen Interessen nicht gerecht.

10.3.1.5 Zeitpunkt der Unterrichtung

Die Unterrichtung hat *möglichst frühzeitig* zu erfolgen, um den Betroffenen die Möglichkeit zu geben, weitere Entscheidungen betreffend das Schicksal ihrer personenbezogenen Daten im weiteren Verlauf des geplanten Verschmelzungsvorgangs zu treffen.[892] Angestellte haben so die Möglichkeit, die Suche nach einem neuen Arbeitgeber in die Wege zu leiten, soweit sie nicht bei der übernehmenden Gesellschaft weiter beschäftigt sein wollen.[893] Kunden, die in dauerndem geschäftlichen Kontakt mit dem übernehmenden oder übertragenden Rechtsträger stehen, haben die Möglichkeit zu prüfen, ob und inwieweit die Geschäftsbeziehung aufrechterhalten oder von einem möglichen Sonderkündigungsrecht Gebrauch gemacht werden soll.

---

[891] Vgl. §§ 4 Abs. 3, 33 Abs. 1 BDSG.

[892] Zutreffend *Simitis*, ZHR 165 (2001), 461.

[893] Diese Rechtsfolge ergibt sich de lege lata zwingend für Arbeitnehmer aus § 613a BGB infolge des gleichzeitig mit dem Vollzug der Verschmelzung stattfindenden Betriebsübergangs (vgl. § 325 UmwG).

Die Forderung nach einer möglichst frühzeitigen Unterrichtung der Betroffenen besteht jedoch nicht *schrankenlos*. Dies bedingt bereits die dogmatische Herleitung in Analogie zu § 33 Abs. 1 BDSG. Eine Unterrichtung kann berechtigterweise nach § 33 Abs. 2 Nr. 7 BDSG unterbleiben, wenn die personenbezogenen Daten für eigene Zwecke gespeichert sind und

a) aus allgemein zugänglichen Quellen entnommen sind und eine Benachrichtigung wegen der Vielzahl der betroffenen Fälle *unverhältnismäßig* ist, oder

b) die Benachrichtigung die Geschäftszwecke der verantwortlichen Stelle erheblich gefährden würde, es sei denn, dass das Interesse an der Benachrichtigung die Gefährdung überwiegt.

Der Analogieschluss bedingt zugleich in einer Reflexwirkung, dass auch die geschriebenen Ausnahmetatbestände zur Anwendung gelangen. In der Vorphase einer Verschmelzung besteht mitunter ein *gewichtiges* Interesse der beteiligten Rechtsträger an der Geheimhaltung der Verschmelzungsmaßnahme *per se*. Dieses schließt eine Offenlegung der Maßnahme im Wege der – individuellen oder öffentlichen Benachrichtigung – aus. Bei den betreffenden Daten handelt es sich nicht um ausschließlich öffentlich zugängliche Informationen im Sinne des § 33 Abs. 2 Nr. 7 Buchst. a) BDSG. Gleichwohl kann der Gedanke der Unverhältnismäßigkeit der Unterrichtung aufgrund der Vielzahl an betroffenen Fällen im Einzelfall greifen.

Von weitaus größerer Relevanz ist jedoch § 33 Abs. 2 Nr. 7 Buchst. b) BDSG. Die umfassende Unterrichtung würde die Verschmelzungsmaßnahme als solche oder die betroffenen Geschäftszwecke *erheblich gefährden*. Würden die betroffenen Rechtsträger zur umfassenden Unterrichtung verpflichtet, kann das gewichtige Interesse an einer – jedenfalls temporären – Geheimhaltung nicht effektiv realisiert werden. Je nach Lage des Einzelfalles muss daher von den beteiligten Rechtsträgern das Interesse an der Geheimhaltung im Rahmen der bestehenden Sorgfaltspflichten bewertet und festgeschrieben werden. Solange dieses gewichtige Interesse besteht, scheidet die Benachrichtigung der Betroffenen aus. Spiegelbildlich gilt, dass spätestens mit dem öffentlichen Bekanntwerden der Verschmelzungsmaßnahme – gleich auf welchem Wege – zugleich eine unverzügliche *aktive* Unterrichtungspflicht (individual oder kollektiv) gegenüber den Betroffenen ausgelöst wird.

10.3.2 Widerspruchsrecht des Betroffenen

De lege lata steht den Betroffenen ein Recht auf Widerspruch gegen die Weitergabe ihrer personalisierten Informationen *expressis verbis* nur nach § 28 Abs. 4 BDSG für den Fall der Übermittlung oder Nutzung personenbezogener Daten *zu Zwecken der Werbung, Markt- oder Meinungsforschung* zu. Dieses Widerspruchsrecht korrespondiert systematisch mit der grundsätzlichen *Zulässigkeit* der Verwendung von Listenprivilegsdaten zu den genannten Zwecken gemäß § 28 Abs. 3 S. 1 Nr. 3 BDSG und wird über das Erfordernis der *vorherigen Belehrung* über das Widerspruchsrecht nach § 28 Abs. 4 S. 2 BDSG abgesichert.

Diese gesetzliche Regelung ist als *abschließend* zu betrachten und *keiner Einzelanalogie* in vorliegender Konstellation zugänglich. § 28 Abs. 4 BDSG statuiert das Widerspruchsrecht in Bezug auf eine *konkrete Art* der Verwendung von *privilegierten* Daten und trägt der Ausnahmesystematik des § 28 Abs. 3 S. 1 Nr. 3 BDSG Rechnung. Der Betroffene soll bei einer Ansprache zu Zwecken der Markt- oder Meinungsforschung selbst entscheiden können, ob seine persönlichen Informationen genutzt und übermittelt werden dürfen. Zugleich ist er auf die Möglichkeit des Widerspruchs hinzuweisen. Dies entspricht indes nicht der Situation in der Vorbereitungsphase einer Verschmelzung. Die Offenlegung personenbezogener Daten ist in der Due Diligence nur in engen Grenzen und anhand einer einzelfallbasierten, umfassenden Interessenabwägung zulässig. Die Betroffenen haben des Weiteren ohnehin die – *nicht abdingbaren* – Rechte auf jederzeitige Auskunft, Berichtigung, Sperrung und Löschung ihrer personenbezogenen Daten, § 6 Abs. 1 i.V.m. §§ 20, 35 BDSG. Entscheidend ist, dass die geplante Verschmelzungsmaßnahme rechtzeitig zur Kenntnis der Betroffenen gelangt. Ein darüber hinaus bestehendes Erfordernis der Belehrung über ein etwaiges Widerspruchsrecht wäre überdies auch in der Praxis schwerlich umsetzbar.

10.3.3 Grundsatz der Zweckbindung

Von den empfangenden Stellen ist ferner der Grundsatz der Zweckbindung der übermittelten personenbezogenen Daten zwingend zu achten. In der Vorbereitungsphase einer Verschmelzung besteht der alleinige Zweck der Offenlegung darin, der jeweils anderen Gesellschaft die ordnungsgemäße, sorgfältige Bewertung unter Einbezug sämtlicher wirtschaftlicher und rechtlicher Risikofaktoren in der Due Diligence zu ermöglichen. Die übermittelten Daten sind, die Zulässigkeit der Übermittlung vorausgesetzt, strikt an diese Zwecksetzung gebunden. Eine darüber hinaus gehende Nutzung oder Verarbeitung ist ausgeschlossen. Dies ist von der übernehmenden Stelle sicherzustellen. Erlaubnistatbestände, die eine weitere Nutzung der übermittelten personenbezogenen Daten in der Vorbereitungsphase der Verschmelzung gestatten würden, sind nicht ersichtlich. Diese spezielle Zwecksetzung überlagert insbesondere die ursprüngliche Zweckbestimmung bei Erhebung der personenbezogenen Daten, die in aller

Regel die Datenübermittlung nicht abdeckt. Sie bildet die zwingende *normative Schranke* der weiteren Verwendungsmöglichkeiten.[894]

10.3.4 Löschungsverpflichtung

Nach der gesetzlichen Systematik des § 35 Abs. 2 Nr. 3 BDSG *sind* die übermittelten Daten zu *löschen* bzw. an den anderen Rechtsträger zurückzugewähren, wenn sie ihre Zweckbestimmung erfüllt haben oder diese endgültig entfällt. Die Zweckbestimmung der Übermittlung liegt einzig in der ordnungsgemäßen und den Sorgfaltpflichten entsprechenden Durchführung der Due Diligence. Mit deren Abschluss bzw. endgültigem Scheitern entfällt diese Zweckbestimmung durch Erfüllung oder infolge Unmöglichkeit.[895] Die über den Abschluss der Due Diligence hinausgehende Aufbewahrung der personenbezogenen Daten *„auf Vorrat"* in Hinblick auf den späteren Vollzug der Verschmelzung stellt ein praktisch bedeutsames Motiv dar. Datenschutzrechtlich hingegen ist die Zulässigkeit einer weiteren Speicherung nur schwer zu begründen. De lege lata *sind* die personenbezogene Daten zu löschen, wenn ihre Kenntnis für die Erfüllung des Zwecks der Speicherung nicht mehr erforderlich ist, § 35 Abs. 2 Nr. 3 BDSG.

Um ein unnötiges hin und her Wandern der personenbezogenen Daten zu vermeiden, könnte § 35 Abs. 2 Nr. 3 BDSG jedoch in *teleologischer Extension* dahingehend auszulegen sein, dass die weitere Aufbewahrung der personenbezogenen Daten jedenfalls solange zulässig ist, als die Verschmelzung *nicht vollzogen oder endgültig gescheitert* ist bzw. von den Parteien noch weiter betrieben wird.[896] Schutzwürdige Interessen der Betroffenen sind hierdurch nicht tangiert. Die personenbezogenen Daten dürfen nur aufbewahrt, nicht aber genutzt oder verarbeitet werden. Sie sind *getrennt* von den übrigen Datenbeständen des Empfängers aufzubewahren. Eine Vermischung mit den Datenbeständen des Empfängers oder ein Abgleich in Form des Data-Mining bzw. Cross-Checking[897] ist unzulässig. Insbesondere dürfen die personenbezogenen Daten auch nicht im Rahmen ihres ursprünglichen Erhebungszwecks verarbeitet oder genutzt werden. Der Erhebungszweck, in der Regel die Erfüllung eines Vertragsverhältnisses, wird insoweit vom Übermittlungszweck bis zum Vollzug der Verschmelzung *überlagert*.

---

894 *Simitis*, ZHR 165 (2001), 458 ff. Die weitere Verarbeitung und Nutzung der übermittelten personenbezogenen Daten ist durch diese Übermittlungszweckbindung begrenzt, soweit kein neuerlicher Erlaubnistatbestand die zweckentfremdete Nutzung gestattet.

895 Dies gilt vorbehaltlich spezialgesetzlicher Aufbewahrungspflichten. Ist insbesondere die Aufnahme einzelner personenbezogener Details aufgrund deren wirtschaftlicher Bedeutung für den Verschmelzungsvorgang in die Erläuterungen des Verschmelzungsberichts nach § 8 Abs. 1 UmwG aufzunehmen und der registergerichtlichen Anmeldung beizufügen, dürfen die personenbezogene Daten auch für diesen weiteren Zeitraum gespeichert werden.

896 Andernfalls besteht kein rechtlich oder tatsächlich legitimes Interesse mehr an der weiteren Aufbewahrung der Informationen. Vielmehr haben beide Seiten ein gewichtiges Interesse daran, ihre unternehmens- und personenbezogenen Informationen nur unter der Prämisse offen zu legen, dass die Verschmelzung auch tatsächlich zustande kommt. Die Löschungspflicht besteht damit sowohl im Interesse der Betroffenen als auch der beteiligten Rechtsträger.

897 Zu Data-Mining und Cross-Checking vgl. *Breinlinger*, RDV 1997, 247 ff.; *Holland*, CR 1995, 184 ff.

Die Einhaltung dieser Restriktionen ist von der speichernden Stelle sicherzustellen.

10.3.5 Verletzung von § 203 StGB und dessen straf- und zivilrechtliche Konsequenzen für den Verschmelzungsvorgang

Nach § 203 Abs. 1 StGB macht sich ein Angehöriger der dort aufgezählten Katalogberufe strafbar, wenn er unbefugt ein fremdes Geheimnis, namentlich einen zum persönlichen Lebensbereich gehörenden Umstand offenbart, der ihm in seiner beruflichen Sphäre anvertraut worden ist. [898] Anknüpfungspunkt des Verbots ist das *Geheimnis*. Der Begriff ist im Sinne von Tatsachen und Informationen zu verstehen, die sich auf die Person des Betroffenen sowie seine (vergangenen und bestehenden) Lebensverhältnisse beziehen.[899] Die Tatsachen müssen *geheim* sein, d.h. nur einem beschränkten Personenkreis bekannt.[900] Der Begriff ist insoweit enger als der des personenbezogenen Datums, da nur diejenigen Daten umfasst werden, die dem beschränkten Personenkreis bekannt sind. Kraft der systematischen Ausgestaltung als Sonderdelikt können Täter des § 203 Abs. 1 StGB nur Angehörige der in § 203 Abs. 1 Nr. 1 bis 7 StGB genannten Berufsgruppen sein.[901]

In der Verschmelzung ist relevant, inwieweit die betroffenen Gesellschaften Geschäftstätigkeiten wahrnehmen oder Personengruppen zusammenfassen, die unter den Katalog des § 203 Abs. 1 StGB fallen. Ist dies de facto der Fall, dürfen personalisierte Informationen („Geheimnisse") im Vorfeld der Verschmelzung grundsätzlich nicht offen gelegt werden, soweit keine Einzeleinwilligung der betroffenen Personen eingeholt wurde. § 203 Abs. 1 StGB kommt insoweit eine Doppelfunktion als Straftatbestand, der die Leitungsorgane der Gesellschaft adressiert, sowie als zivilrechtliches Verbotsgesetz im Sinne des § 134 BGB zu, der die Nichtigkeit von Rechtsgeschäften – insbesondere des Verschmelzungsvertrages – nach sich ziehen kann. Die Situation ist mit der Übergabe einer Anwaltskanzlei oder Abtretung von Honoraransprüchen unter Offenlegung personenbezogener Daten vergleichbar.[902] Die Offenlegung ist nur *„befugt"*[903], wenn das im übrigen tatbestandsmäßige Verhalten nach den einschlägigen gesetzlichen Regelungen und allgemeinen Rechtsgrundsätzen straflos ist,[904] mithin eine *Offenbarungspflicht* oder eine rechtfertigende *Offenbarungsbefugnis* besteht. § 203 StGB korre-

---

898 Ausführlich hierzu auch *Dobmeier*, 7 ff. Insbesondere: Psychologen, Rechtsanwälte, Steuerberater, Angehörige des Unternehmens einer privaten Kranken-, Unfall- oder Lebensversicherung oder einer privatärztlichen Verrechnungsstelle.

899 *Tröndle/Fischer*, StGB, § 203 Rdnr.4.

900 Sog. personell-relativer Geheimnisbegriff, vgl. *BGH* 7, 234; *BGH* 20, 377; *BGH*, NJW 1965, 1190; *Tröndle/Fischer*, StGB, § 93 Rdnr. 3 und § 203 Rdnr. 5.

901 Ihnen stehen berufsmäßig tätige Gehilfen über § 203 Abs. 3 S. 2 StGB gleich, soweit diese in den organisatorischen und weisungsgebundenen internen Bereich der vertrauensbegründenden Sonderbeziehung einbezogen sind; *Tröndle/Fischer*, StGB, § 203 Rdnr. 21.

902 Der bloße Verkauf einer Kanzlei unter Verpflichtung zur Aktenübergabe verstößt gegen § 203 StGB; *BGH*, NJW 1996, 2087; *BGH*, NJW 1999, 1404, 1406; *Tröndle/Fischer*, StGB, § 203 Rdnr. 30.

903 Das Tatbestandsmerkmal „unbefugt" in § 203 Abs. 1 StGB stellt nach wohl h.M. einen Rechtfertigungsgrund dar, vgl. *Tröndle/Fischer*, StGB, § 203 Rdnr. 31 (m.w.N.); nach dem BGH ist ein Einverständnis des Geschützten als tatbestandsausschließend zu werten; vgl. *BGH* 4, 355 f.

904 *Tröndle/Fischer*, StGB, § 203 Rdnr. 31 (m.w.N.).

liert insoweit mit dem Datenschutzrecht, als dass die datenschutzrechtliche Einwilligung in eine Datenübermittlung regelmäßig eine rechtfertigende Offenbarungsbefugnis darstellt.[905]

Nach der Rechtsprechung des *BGH* verletzt ein Vertrag über die Veräußerung einer Anwalts- oder Steuerberatungskanzlei, in der sich der Veräußerer zur Übergabe der Mandantenakten ohne Einwilligung der betroffenen Mandanten verpflichtet, deren informationelles Selbstbestimmungsrecht und die dem Veräußerer nach § 203 StGB auferlegte Schweigepflicht.[906] Durch die zivilrechtliche Sanktion der Nichtigkeit eines solchen Vertrages gemäß § 134 BGB[907] sollen die Mandanten vor einer Weitergabe von "Geheimnissen", die sie einem Angehörigen der genannten Katalogberufe anvertraut haben, ohne Vorliegen einer entsprechenden Zustimmungserklärung geschützt werden.[908] Dieses grundsätzliche Postulat unterliegt jedoch gleichzeitig wesentlichen Einschränkungen. Kein Geheimnis mehr ist, was für jeden wahrnehmbar ist oder wird, unabhängig davon, wie viele Personen tatsächlich Kenntnis nehmen.[909] Insbesondere sind Tatsachen, die bereits in öffentlicher Verhandlung vor Gericht erörtert wurden, nicht mehr geheim, ungeachtet dessen, ob tatsächlich Zuhörer anwesend waren.[910] Normativ ist der Geheimnisbegriff dadurch einzugrenzen, dass der Betroffene ein sachlich begründetes, schutzwürdiges Interesse an der Geheimhaltung haben muss.[911] Ferner setzt die Tathandlung des Offenbarens voraus, dass die offen gelegten Tatsachen Rückschlüsse auf eine bestimmte Person zulassen. Anonymisierte Daten unterfallen daher nicht dem Geheimnisschutz des § 203 StGB.[912] Parallel wurde indes auch die Rechtfertigung über eine *mutmaßliche / konkludente Einwilligung* in Betracht gezogen, soweit diese erkennbar infolge des Interesses des Mandaten in Frage komme.[913]

Ferner gelten die Ausführungen des *BGH* beschränkt auf die Veräußerung einer *Einzelkanzlei*, soweit keine Sozietät im Außenverhältnis auftritt.[914] Nur in diesem Fall steht das besondere persönliche Verhältnis des Mandanten zu seinem ausgewählten Rechtsanwalt im Vordergrund und begründet ein schutzwürdiges Vertrauen der Mandanten auf Beibehaltung der personellen

---

905 *Tröndle/Fischer*, StGB, § 203 Rdnr. 43 (a. E.), Rdnr. 44.

906 *BGH*, NJW 2001, 2462 f. (nach *OLG München*, NJW 2000, 2592 ff.).

907 St. RSpr., vgl. zuletzt *BGH*, NJW 2001, 2462 ff. (m.w.N.); zugleich wird § 203 Abs. 1 StGB auch als Schutzgesetz i.S.v. § 823 Abs. 2 BGB qualifiziert, vgl. *Palandt/Heinrichs*, BGB, § 823 Rdnr. 149; *Teichmann/Kießling*, ZRG 2001, 63.

908 *BGH*, NJW 2001, 2462 f.; *BGHZ* 116, 268, 272 ff.; *BGH*, WM 1995, 1357; *BGH*, WM 1996, 22; *BGH*, WM 1996, 1815; siehe auch *BGH*, WM 1999, 1034.

909 *Jähnke* in: Leipziger Kommentar zum StGB, § 203 Rdnr. 23; *Dobmeier*, 8.

910 *BGH*, NJW 1993, 1638 ff.; *Dobmeier*, 8.

911 *Lencker* in: Schönke/Schröder, StGB, § 203 Rdnr. 6.

912 *Sieber* in: Hoeren/Sieber, Kap. 19, Rdnr. 473.

913 *BGH*, NJW 1974, 692 – überholt infolge des *Volkszählungsurteils* des *BVerfG* (a.a.O.); *Dobmeier*, S. 11 (m.w.N.).

914 Neben der Veräußerung von Rechtsanwalts- und Steuerberaterkanzleien sowie Arztpraxen im Wege der Singularsukzession (*BGH*, NJW 2001, 2462 f.; *BGHZ* 116, 268, 272 ff.; *BGH*, WM 1995, 1357; *BGH*, WM 1996, 22; *BGH*, WM 1996, 1815; *BGH*, WM 1999, 1034) hatte die Rechtsprechung vorrangig über Verträge betreffend die isolierte Datenübermittlung als Annex zur Zession von Einzelforderungen zu befinden, die ihrerseits auf einem der Schweigepflicht (nach § 203 StGB) unterfallenden Sachverhalt basieren; vgl. *BGH*, NJW 1991, 2955; *BGH*, NJW 1992, 2348; *BGH*, NJW 1993, 1912; *BGH*, NJW 1993, 2795; *Teichmann/Kießling*, ZGR 2001, 63.

Strukturen. Nichtig gemäß § 134 BGB sind dann sowohl das Kausalgeschäft[915] als auch das Erfüllungsgeschäft;[916] die Nichtigkeit muss aufgrund des Schutzzwecks des § 203 StGB auf die dingliche Ebene durchschlagen. Ist die Verpflichtung zur Übertragung des Aktenbestandes als Klauselbestandteil eines Übertragungsvertrages aufgenommen, beschränkt sich die Nichtigkeitswirkung grundsätzlich auf diese Klausel. Die Nichtigkeit auch der übrigen Bestimmungen ist entweder anhand von § 139 BGB oder einer speziellen salvatorischen Klausel zu ermitteln.[917]

Abweichendes gilt für die Veräußerung einer *Anwaltssozietät.* Hier erstreckt sich das erteilte Mandat in der Regel auf die Sozietät als solche und somit alle Sozietätsmitglieder gleichermaßen, selbst wenn diese erst später in die Sozietät eintreten. Denn bei einer Mandatserteilung an eine Sozietät haben wegen der mit einer Sozietät verbundenen Vorteile hinsichtlich der Organisation und Arbeitsteilung[918] im Zweifel sowohl der Mandant als auch die Sozietät den Willen, im Falle einer Sozietätserweiterung das hinzutretende Mitglied von diesem Zeitpunkt an in das Auftragsverhältnis einzubeziehen. Da somit alle Sozietätsmitglieder aufgrund des bestehenden Mandatsverhältnisses zur Einsichtnahme in die Mandantenakten berechtigt sind und von Anfang an der anwaltlichen Schweigepflicht unterliegen, scheidet ein unbefugtes Offenbaren eines Geheimnisses im Sinne des § 203 Abs. 1 Nr. 3 StGB ihnen gegenüber seitens der bisherigen Sozietätsmitglieder aus.[919] Demnach ist auch ein etwaig geschlossener Kanzleiveräußerungsvertrag *nicht* wegen Verstoßes gegen § 203 Abs. 1 Nr. 3 StGB in Verbindung mit § 134 BGB *nichtig.* Der *mutmaßliche* Wille der Mandanten, welche die als Sozietät auftretende Kanzlei beauftragen, umfasst auch die Einbeziehung neu hinzutretender Mitglieder in die bestehenden Mandatsverhältnisse mit der Folge, dass vorhandene Mandantenakten an diesen herausgegeben werden durften.

Ein weiter gehendes Schutzbedürfnis der Mandanten besteht auch in den Fällen einer *Sozietätserweiterung* oder *Kanzleifusion* nicht.[920] Vielmehr haben sämtliche Mitglieder einer Kanzlei, wenn sich die erteilten Mandate auf sie erstrecken, ungehinderten Zugang zu den Mandantenakten, so dass ein unbefugtes Offenbaren von "Geheimnissen" durch die bisherigen Sozietätsmitglieder nicht erfolgt. Das gleiche muss für den Fall gelten, dass der bisherige Kanzleiinhaber – unter Fortbestand der (Außen-)Sozietät – aus der Kanzlei ausscheidet, an seiner Stelle ein neuer Inhaber eintritt oder die Kanzlei mit einer anderen Sozietät fusioniert. Auch mit einer solchen, nicht ungewöhnlichen Veränderung muss der Mandant, der im Regelfall keinen Einblick in die internen Verhältnisse der Kanzlei hat, rechnen. Schutzwürdige Interes-

---

915 Mit dem Zweck des Verbots(gesetzes) wäre es unvereinbar, die rechtsgeschäftliche Verpflichtung zur (widerrechtlichen) Offenlegung der Informationen fortbestehen zu lassen. Ob es anschließend tatsächlich zu einer Offenlegung der Informationen kommt, könne indes keine Rolle mehr spielen; *BGH* NJW 1992, 737 f.; *BGH,* NJW 1993, 1912; *BGH,* NJW 1995, 2027; *BGH,* NJW 1996, 773 f.; *BGH,* NJW 1996, 2087 f.; *Teichmann/Kießling*, ZGR 2001, 68 f.

916 *BGH,* NJW 1991, 2957; *BGH,* NJW 1992, 2349; *BGH,* NJW 1995, 2026; *BGH,* NJW 1996, 703 f.

917 *BGH,* NJW 1996, 2087 f.; *BGH,* NJW 1999, 1404 ff. (wegen salvatorischer Klausel verneint).

918 *BGHZ* 56, 355, 360.

919 *BGH,* NJW 2001, 2462 f.

920 *BGH,* NJW 2001, 2462 f.

sen des Mandanten werden im Grundsatz ebenso wenig berührt, wie im Falle einer Sozietätserweiterung durch die Veränderung der Eigentumsverhältnisse an der Kanzlei. Deshalb ist auch in einem solchen Fall grundsätzlich nicht nur von der Erstreckung des Mandatsverhältnisses auf den neuen Kanzleiinhaber, sondern auch von einer Einwilligung der Mandanten in die Aktenherausgabe an diesen auszugehen.[921] Eine Offenlegung der Mandatsverhältnisse im Vorfeld der Veräußerung in einer Due Diligence ist hingegen ausgeschlossen. Es muss auf anonymisierte Informationen zurückgegriffen werden, deren Authentizität und Wahrheitsgehalt über spezielle Datentreuhänder sichergestellt werden kann.

Eine Rechtfertigung der Offenlegung persönlicher, dem § 203 StGB unterfallenden Informationen über die gesetzlichen Rechtfertigungstatbestände des Bundesdatenschutzgesetzes kommt nicht in Betracht, auch wenn das informationelle Selbstbestimmungsrecht nicht grenzenlos gewährleistet ist.[922] Das Datenschutzrecht dient dazu, die Privatsphäre zu stärken und nicht durch Schaffung zusätzlicher Rechtfertigungstatbestände dieselbe zu schmälern.[923] Dieser zwingende Schluss ergibt sich schon aus der gesetzlichen Systematik des Bundesdatenschutzgesetzes.[924] Umgekehrt kann gesagt werden: Ist die Offenbarung eines Geheimnisses unter § 203 StGB gestattet, bedingt dies zugleich deren grundsätzlich datenschutzrechtliche Zulässigkeit – ungeachtet der weiteren Bestimmungen des Bundesdatenschutzgesetzes.[925]

Diese Erkenntnisse sind auf die *Vorbereitungsphase* einer Verschmelzung zweier Gesellschaften übertragbar. Zwar fehlt es hier in aller Regel an einer rechtsgeschäftlichen Verpflichtung, deren Wirksamkeit berührt sein könnte. Besonderes Augenmerk ist auf § 203 StGB i.V.m. § 134 BGB daher erst in der Zwischenphase der Verschmelzung zu legen, soweit die Verschmelzung ein Unternehmen zum Gegenstand hat, deren Datenbestände unter den Geheimnisschutz des § 203 Abs. 1 StGB fallen. Dies wird an späterer Stelle nochmals aufzugreifen sein.[926] Im übrigen gilt das strafrechtliche Verbot, personenbezogene Daten, die dem Geheimnisschutz des § 203 StGB unterfallen, unter o.g. Einschränkungen ebenso ausnahmslos in der Vorbereitungsphase der Verschmelzung. Es ist daher sorgsam zu prüfen, ob die wirtschaftlichen Betätigungsfelder der betroffenen Rechtsträger einem der genannten Katalogberufe unterfallen. Soweit dem so ist, darf eine Offenlegung der Informationen an die andere Seite nur mit vorheriger ausdrücklicher Einwilligung der Betroffenen erfolgen.

---

921 *LG Baden-Baden*, NJW-RR 1998, 202, 203; *BGH*, NJW 2001, 2462 f.
922 So aber *Heckel*, NVwZ 1994, 224, 228; *Lencker* in: Schönke/Schröder, StGB, § 203 Rdnr. 53 c.
923 Zutreffend *Dobmeier*, 13.
924 § 1 Abs. 3 BDSG.
925 Umfassend zum Verhältnis zwischen Straf-, anwaltlichen Berufs- und Datenschutzrecht *Dobmeier*, 9 ff.
926 Siehe hierzu sogleich unter *11.2.2.2.4*.

Soweit besondere Arten personenbezogener Daten im Sinne von § 3 Abs. 9 BDSG von der Verschmelzung betroffen sein sollten, dürfen diese bereits aus datenschutzrechtlichen Gründen nicht in der Vorbereitungsphase der anderen Seite offen gelegt werden. Ein besonderer Rechtfertigungsgrund nach § 28 Abs. 6 bis 9 BDSG greift nicht ein.[927]

10.3.6 Zivilrechtliche Sonderkündigungsrechte

Für bestehende (Dauer-)Schuldverhältnisse der Kunden mit den jeweils beteiligten Rechtsträgern wird angedacht, den Kunden ein Recht auf außerordentliche Kündigung nach § 626 BGB / § 314 BGB oder Vertragsauflösung nach den Regeln der Störung der Geschäftsgrundlage, nunmehr kodifiziert in § 313 BGB einzuräumen, soweit ein weiteres Festhalten am Vertrag mit dem übernehmenden Rechtsträger nicht zumutbar ist.[928] Die Diskussion steht in engem Zusammenhang mit der Vermögensnachfolge gemäß § 20 Abs. 1 Nr. 1 UmwG und trägt als Schutzmechanismus der Tatsache Rechnung, dass der übernehmende Rechtsträger auf diesem Wege de lege lata in bestehende Vertragsverhältnisse eintritt. Soweit dem Dritten ein Festhalten am Vertrag nach Vollzug der Verschmelzung *unzumutbar* ist, sind Sonderkündigungsrechte (bzw. eine Lösung nach den Grundsätzen der Störung der Geschäftsgrundlage) als Einzelfallkorrektiv erwägenswert.[929]

Dies ist indes auf die Vorbereitungsphase einer Verschmelzung nicht übertragbar. In diesem Stadium ist nicht absehbar, ob die geplante Verschmelzung das Vollzugsstadium erreichen wird oder zuvor noch (endgültig) scheitert. Sowohl aus Sicht des Kunden als auch der beteiligten Rechtsträger sind Korrektive in Form von Kündigungs- oder Vertragsanpassungsrechten in diesem Stadium nicht erforderlich. Dem Dritten ist es grundsätzlich zumutbar abzuwarten, ob die Verschmelzung zum Vollzug gelangt; Rechtsbeeinträchtigungen sind hiermit nicht verbunden, so dass eine Sonderkündigung auch mit bzw. nach Vollzug der Verschmelzung erfolgen kann.

Denkbar wäre lediglich die Konstruktion einer *Kündigung* unter der (zulässigen) *Rechtsbedingung* des späteren Eintritts des übernehmenden Rechtsträgers in den Vertrag nach § 20 Abs. 1 Nr. 1 UmwG. Dies wäre nicht schon infolge der der grundsätzlichen Bedingungsfeindlichkeit einer Kündigung als Gestaltungsrecht zum Scheitern verurteilt[930], da sie als Rechtsbedingung den Erklärungsempfänger in keine unsichere Rechtlage versetzt und damit dessen

---

927 Siehe bereits zuvor unter *10.2.3.*

928 *Kraft* in: Kölner-Kommentar/AktG, § 246 Rdnr. 16, 19; *Riedle*, ZIP 1997, 301; *Stratz* in: Stratz in: Schmitt/Hörtnagl/Stratz, UmwG, § 20 Rdnr. 27; *Grunewald* in: Lutter, UmwG, § 20 Rdnr. 49 ff.; *Teichmann* in: Lutter, UmwG, § 132 Rdnr. 15, 40; *Wengert/Wiedmann/Wengert*, NJW 2000, 1294; *Teichmann/Kießling*, ZGR 2001, 72 f.

929 Ungeachtet der exakten dogmatischen Begründung und systematischen Ausgestaltung; hierzu *Wengert/Wiedmann/Wengert*, NJW 2000, 1294; kritisch *Teichmann/Kießling*, ZGR 2001, 72 f.; hierzu bereits zuvor unter *3.3.2.2.1.*

930 *BAG*, NJW 1995, 1982; *BAG*, NJW 2001, 3335; *Palandt/Heinrichs*, BGB, Einf. v. § 158 Rdnr. 13.

Interessen nicht in unzumutbarer Weise beeinträchtigen.[931] Hierfür besteht indes nach zuvor Gesagtem schon kein praktisches Erfordernis. Dies steht auch nicht im Widerspruch mit der Tatsache, dass der Betroffene grundsätzlich die Löschung seiner personenbezogenen Daten nach oben Gesagtem verlangen kann. Die Löschung bezieht sich auf die *übermittelten* Daten, die sich nunmehr in Besitz des Empfängers (Dritten) befinden. Deren Löschung ist ohne Einfluss auf die – nach wie vor – mit der übermittelnden Stelle bestehenden Vertragsbeziehungen.

10.4 Auswirkungen des Scheiterns der Verschmelzung auf die datenschutzrechtliche Rechtslage

Scheitert die Verschmelzungsmaßnahme *endgültig*, gleich in welchem Stadium, sind etwaig offen gelegte personenbezogene Daten *ausnahmslos*[932] zu löschen, § 35 Abs. 2 Nr. 3 BDSG, und an die übermittelnde Stelle zurückzugewähren. Eine weitere Speicherung, Verarbeitung oder Nutzung ist nicht gestattet. Der Übermittlungszweck entfällt spätestens in diesem Zeitpunkt. Ein berechtigtes Interesse in Hinblick auf die Abwicklung der Verschmelzung entfällt mit sofortiger Wirkung. Den schutzwürdigen Interessen der Betroffenen ist *uneingeschränkter Vorrang* einzuräumen.

931 *Palandt/Heinrichs*, BGB, Einf. v. § 158 Rdnr. 13. Der Eintritt des übernehmenden Rechtsträgers in den bestehenden Vertrag als Anknüpfungspunkt stellt eine Potestativbedingung dar (*BGH*, LM § 609, Nr.4 Bl. 3; *BAG*, NJW 1995, 1982; *Palandt/Heinrichs*, BGB, Einf. v. § 158 Rdnr. 13.), da sie (weitgehend) im steuerbaren Bereich der beteiligten Rechtsträgers liegt. Zum anderen knüpft die Bedingung an eine gesetzliche Rechtsfolge, nämlich den Vermögensübergang ispo iure nach § 20 Abs. 1 Nr. 1 UmwG an, und ist damit zulässige Rechtsbedingung (*BGHZ* 1999, 239; *BAG*, DB 1980, 1601; *Palandt/Heinrichs*, BGB, Einf. v. § 158 Rdnr.13).

932 Vorbehaltlich spezialgesetzlicher Aufbewahrungspflichten.

10.5 Auswirkungen einer unzulässigen Datenübermittlung auf den Verschmelzungsvorgang

Von erheblicher praktischem Interesse sind ferner die rechtlichen Auswirkungen einer unzulässigen Datenübermittlung, die entgegen den zuvor dargestellten Grundsätzen erfolgt. Dies gilt insbesondere in Hinblick auf die Rechtswirkungen für den Verschmelzungsvorgang als solchen.

10.5.1 Sanktionen aus dem Datenschutz- und Zivilrecht

Werden personenbezogene Daten ohne gewillkürte oder gesetzliche Gestattung übermittelt, liegt ein Verstoß gegen § 4 Abs. 1 BDSG vor. Dieser stellt nach § 43 Abs. 2 Nr. 1 BDSG eine Ordnungswidrigkeit dar und ist mit Bußgeld bis zu EUR 250.000,00 im Einzelfall bewehrt. Wird die Datenübermittlung vorsätzlich gegen Entgelt oder mit der Absicht, sich oder einen Dritten zu bereichern oder einen anderen zu schädigen vollzogen, sieht das Bundesdatenschutzgesetz einen spezialgesetzlichen Straftatbestand in § 44 Abs. 1 BDSG vor. Letzteres wird bei einer unbefugten Offenlegung personenbezogener Daten in der Vorbereitungsphase der Verschmelzung i.d.R. nicht anzunehmen sein. Angedacht wird ferner, auch Vorschriften des Bundesdatenschutzgesetzes als Verbotsgesetz im Sinne des § 134 BGB zu qualifizieren, mit der rechtlichen Folge, dass eine rechtswidrige Datenverarbeitung – auch außerhalb des § 203 StGB – die Nichtigkeit des zugrunde liegenden Rechtsgeschäfts nach sich ziehen kann. Dies setzt indes ebenso voraus, dass überhaupt ein Rechtsgeschäft der Datenverarbeitung zugrunde liegt, das die Nichtigkeitsfolge treffen könnte, was jedenfalls in der Vorbereitungsphase nicht der Fall ist. Als Verbotsnormen ließen sich ferner allenfalls die Strafvorschriften des § 44 Abs. 1 BDSG qualifizieren, die in den seltensten Fällen erfüllt sein dürften. Die bloße rechtswidrige Datenverarbeitung unter Verstoß gegen Bestimmungen des Bundesdatenschutzgesetzes genügt nicht, um die Nichtigkeitsfolge nach § 134 BGB herbeizuführen. Das Bundesdatenschutzgesetz ist – abgesehen von den strafrechtlichen Bestimmungen – nicht als Verbotsgesetz einzustufen, das spezifisch die Unwirksamkeit eines Rechtsgeschäfts herbeizuführen bezweckt.

Erwächst dem einzelnen Betroffenen aus der unzulässigen Datenverarbeitung ein (materieller) Schaden[933], ist dieser über die spezialgesetzliche Anspruchsgrundlage des § 7 Abs. 1 BDSG ersatzfähig.[934] Auch dies ist im Vorfeld einer Verschmelzung weitgehend ausgeschlossen.

Im Bereich des allgemeinen Zivilrechts stehen die bekannten, *universell* anwendbaren Schutzmechanismen auch im Falle der gesetzeswidrigen Verarbeitung personenbezogener Daten zur Verfügung. Individuelle Unterlassungs- oder Auskunftsansprüche können sich insbesondere auf vertraglicher[935] oder deliktischer[936] Grundlage ergeben. Regelmäßig besteht im Rahmen vertraglicher Beziehungen zwischen den Parteien (sowie unter Umständen schon im Vorfeld dazu)[937] ein besonderes Interesse an der Geheimhaltung von Informationen, die den Beteiligten im Vorfeld des Vertragsschlusses oder während dessen tatsächlicher Durchführung bekannt werden. Dieses Interesse kann sich zu einer Vertragspflicht *post contractum finitum* verdichten und zeitlich über die Beendigung des Vertrages (durch Erfüllung der beiderseitigen Leistungspflichten) hinausreichen.[938] Die zivilrechtlichen Institute und Ansprüche laufen indes weitgehend gleich mit den spezialgesetzlichen Rechten des Betroffenen aus dem Bundesdatenschutzgesetz.

Diese – partiell – spezialgesetzlichen Sanktionen stellen indes nicht die Kernproblematik einer unzulässigen Datenübermittlung in der Vorbereitungsphase einer Verschmelzung dar. Von maßgebender praktischer Bedeutung ist vielmehr, welche Auswirkungen sich aus einer möglicherweise unzulässigen Datenverarbeitung /-übermittlung auf den Verschmelzungsvorgang und dessen Wirksamkeit ergeben.

---

933 Immaterielle Schäden werden *expressis verbis* nicht von § 7 BDSG erfasst. Immaterieller Schadensersatz ist allenfalls auf Grundlage des § 823 Abs. 1 BGB i.V.m. einer Verletzung des allgemeinen Persönlichkeitsrechts als anerkanntes Rahmenrecht (*Palandt/Heinrichs*, BGB, § 823 Rdnr. 176 ff.; *BGH* 24, 72 ff.; *BGH* 27, 284) i.V.m. § 253 Abs. 2 BGB denkbar; vgl. auch *Niedermeier/Schröcker*, RDV 2002, 217 ff. Ein Verstoß gegen das BDSG kann, muss indes nicht zugleich eine Verletzung des allgemeinen Persönlichkeitsrechts darstellen; *Palandt/Heinrichs*, BGB, § 823 Rdnr. 179. Geldentschädigung für immaterielle Schäden setzt nach st. RSpr. Eine *schwere* Verletzung des Persönlichkeitsrechts voraus, für eine Genugtuung nicht durch Unterlassung, Gegendarstellung oder Widerruf erlangt werden kann; *BGH*, NJW 1985, 1617; *Palandt/Heinrichs*, BGB, § 823 Rdnr. 200.

934 Hierzu *Niedermeier/Schröcker*, RDV 2002, 217 ff.; zu Ersatzansprüchen allgemein *AG Kassel* in CR 1999, 749 f.; *AG Frankfurt am Main*, RDV 2002, 86 f.; *OLG Hamm*, MDR 1983, 667; *OLG Hamm*, NJW 1996, 131.

935 §§ 280 ff. i.V.m. § 249 Abs.1 BGB im Rahmen des Schadensersatzes neben der Leistung (ehemals pFV), § 311 Abs. 2 BGB (c.i.c.); § 1004 Abs. 1 BGB.

936 §§ 823 Abs. 1 BGB i.V.m. § 249 Abs. 1 BGB (gerichtet auf Naturalrestitution), § 823 Abs. 2 BGB i.V.m. strafrechtlich Normen als Schutzgesetze (§§ 203 ff. StGB) sowie Normen des BDSG, gegen die verstoßen wurde (insbesondere § 4 Abs. 1 BDSG als Schutzgesetz); § 826 Abs. 1 BGB, jeweils i.V.m. § 249 Abs. 1 BGB. Petitorische Ansprüche aus dem Eigentum (§§ 903 ff., 985 ff. BGB) scheiden aus, da personenbezogene Daten – soweit sie nicht auf einem Datenträger verkörpert sind – keine unter den Schutz des Eigentums fallenden körperlichen Sachen darstellen, *Palandt/Heinrichs*, BGB, § 90 Rdnr. 1; *Palandt/Bassenge*, BGB, Überbl. v. § 903 Rdnr. 1; *LG Konstanz*, NJW 1996, 2662 (für Computerdaten); umfassend Ansprüchen wegen rechtswidriger Datenverarbeitung *Niedermeier/Schröcker*, RDV 2002, 217 ff.

937 Vgl. § 311 Abs. 2 BGB, nach dem bereits im Bereich prä-contractum ein rechtliches „*Schuldverhältnis*" vorliegt.

938 *Junker*, DStR 1996, 225; *Steindorf*, ZHR 149, 152 ff.; *Teichmann/Kießling*, ZGR 2001, 39.

10.5.2 Auswirkungen auf den Verschmelzungsvorgang

De lege lata bestehen keine Anhaltpunkte dafür, dass die unbefugte Weitergabe personenbezogener Daten im Stadium der Vorbereitungsphase die *Verschmelzung als solche* unwirksam werden lassen. Die zuvor angeführten gesetzlichen Sanktionen weisen individualbezogenen Charakter auf und richten sich entweder gegen die verantwortliche Stelle oder die verantwortliche Person. Die Wirksamkeit der Verschmelzung als solche ist nicht betroffen.

Diskutiert wird ferner, wie bereits zuvor dargestellt, ob ein Verstoß gegen § 203 Abs. 1 StGB bzw. Vorschriften des Bundesdatenschutzgesetzes über § 134 BGB zugleich die *Nichtigkeit* des Verschmelzungsvertrages als solchen und der dinglichen Rechtsübertragung nach § 20 Abs. 1 Nr. 1 UmwG herbeizuführen vermag.[939] Diese Überlegungen finden indes in der Vorbereitungsphase noch keine Anwendung. Auch eine Vorgreiflichkeit scheidet aus, so dass an späterer Stelle[940] hierauf zurückzukommen sein wird.

10.6 Zwischenergebnis

In Bezug auf die Zulässigkeit der Übermittlung personenbezogener Daten in der Vorbereitungsphase einer Verschmelzung lässt sich somit festhalten: Eine Gestattung der Datenübermittlung aus einer spezialgesetzlichen Norm im Sinne des § 4 Abs. 1 1.Alt BDSG ist nicht ersichtlich. Insbesondere kann § 20 Abs. 1 Nr. 1 UmwG in der Vorbereitungsphase weder direkt noch analog herangezogen werden. Da die Einholung umfassender Einzeleinwilligungen nach § 4a BDSG aus praktischen Gründen je nach Größe der Transaktion in Bezug auf die betroffenen Datenbestände ausgeschlossen ist, ist die Zulässigkeitsfrage abschließend anhand der gesetzlichen Erlaubnistatbestände des Bundesdatenschutzgesetzes zu beantworten.

Die Offenlegung personenbezogener Daten ist dabei nicht bereits von § 28 Abs. 1 S. 1 Nr. 1 BDSG gedeckt. Sie liegt in aller Regel nicht innerhalb der Zweckbestimmung der zugrunde liegenden Vertrags- oder vertragsähnlichen Vertrauensverhältnisse. Eine Gestattung kommt somit nur über § 28 Abs. 1 S. 1 Nr. 2 BDSG infolge *umfassender Interessenabwägung* in Betracht. Seitens der übermittelnden Stelle besteht dabei zweifellos ein berechtigtes, legitimes Interesse, personenbezogene Daten zum Zwecke der ordnungsgemäßen Prüfung in der Due Diligence mitzuteilen. Dieses Interesse besteht indes eingeschränkt über das Kriterium der Erforderlichkeit und kann durch überwiegende schutzwürdige Interessen des Betroffenen ausgeschlossen werden. Es bedarf daher einer differenzierteren Betrachtung.

---

[939] *Teichmann/Kießling*, ZGR 2001, 68 f.; *OLG München*, NJW 2000, 2592; hierzu *BGH*, NJW 2001, 2462 f. (Übertragung einer Anwaltssozietät).

[940] Siehe unter *11.2.2.2.4*.

Soweit die Due Diligence-Prüfung und Bewertung des jeweils anderen Rechtsträgers in der Vorbereitungsphase einer Verschmelzung ohne weiteres mittels *anonymisierter* Daten durchgeführt werden kann und kein spezifisches Interesse der Beteiligten an einer Offenlegung der Informationen gerade in personalisierter Form besteht, überwiegt generell das schutzwürdige Interesse des Betroffenen. Dies gilt unabhängig davon, ob es sich bei den betreffenden Daten um „herkömmliche" oder besondere Arten personenbezogener Daten handelt, zumal die theoretische Differenzierung praktisch ohnehin kaum nachvollziehbar ist. In der Praxis wird diese Konstellation regelmäßig vorliegen, wenn der Kundenstamm oder das Humankapital nur eine weit untergeordnete Rolle für die Bewertung des Unternehmens spielen und die Unternehmens-Assets im Vordergrund der Bewertung stehen, da sie den wesentlichen Unternehmenswert verkörpern.

Soweit die Human Resources oder der Kundenstamm die Schwelle der weitestgehenden Unerheblichkeit für die Unternehmensbewertung im Rahmen der Due Diligence überschreiten, besteht ein grundsätzlich berechtigtes Interesse der beteiligten Rechtsträger, personalisierte Informationen im Vorfeld der Verschmelzungsentscheidung offen zu legen. In dieser Konstellation hat die Kenntnis personenbezogener Informationen Einfluss auf die Risikobewertung und wirtschaftliche Analyse der beteiligten Rechtsträger von unterschiedlichem Gewicht. Daher ist weiter zu differenzieren.

Betrifft das Interesse der beteiligten Rechtsträger im Wesentlichen nur *einzelne* personenbezogene Informationen eines abgrenzbaren, bestimmbaren Personenkreises, die für die Bewertung von Relevanz sind, gilt der Vorrang der Einholung von Einzeleinwilligungen uneingeschränkt. Diese ist ohne größeren Aufwand tatsächlich möglich und zumutbar. Im Einzelfall können jedoch mit der Einholung der Einwilligung erhebliche *unternehmensstrategische* Risiken bezüglich der *Geheimhaltung* der geplanten Fusion zusammenspielen. Die Vorab-Information einzelner Arbeitnehmer und insbesondere externer Kunden kann insoweit unzumutbar sein. Die außerplanmäßige Offenlegung der Fusionsverhandlungen kann rechtlich wie wirtschaftlich erheblichen Einfluss auf den weiteren Verschmelzungsablauf nehmen. Aus diesem Grund muss wiederum unterschieden werden, ob die Einholung einer Einwilligung – in Abwägung mit dem Geheimhaltungsinteresse und der Geheimhaltungsbedürftigkeit der Fusionsverhandlungen – zumutbar oder nicht vielmehr ausgeschlossen ist. Sind die Pläne der Fusion bereits in der Öffentlichkeit bekannt, ist vorrangig die Einwilligung einzuholen, da ein schutzwürdiges Geheimhaltungsinteresse dann nicht mehr entgegen gehalten werden kann. Soweit ein Verschmelzungsvorgang aufgrund der Geschäftstätigkeit der beteiligten Rechtsträger, dem besonderen wirtschaftlichen Wert des Kundenstammes oder der human resources die Offenlegung personalisierter Informationen generell *unabdingbar* für die ordnungsgemäße Durchführung der Due Diligence Prüfung in der Vorbereitungsphase der Verschmelzung macht, besteht ein gewichtiges legitimes Interesse der beteiligten Rechtsträger, diese Informationen offen zu legen. Die Weitergabe ist in diesem Fall zulässig, soweit nicht besonders gewichtige schutzwürdige Interessen einzelner Kunden oder Arbeitnehmer an der Weitergabe der Daten entgegenstehen. Das Regel-Ausnahme Verhältnis kehrt sich insoweit um. Die schutzwürdigen Interessen müssen sich gerade in Hinblick auf den Ausschluss der Übermittlung bestehen.

Eine zentrale Rolle nehmen diesbezüglich wiederum der Übermittlungszweck und das weitere Gefährdungspotential für die Daten beim Empfänger ein. Die Übermittlung beschränkt sich einzig auf den Zweck, eine ordnungsgemäße Unternehmensbewertung und Durchführung der Due Diligence zu ermöglichen. Aufgrund dieser Zwecksetzung ist jegliche weitergehende Verarbeitung oder Nutzung der offen gelegten Daten nach Abschluss der Due Diligence strikt untersagt; die empfangende Stelle ist hierauf hinzuweisen. Aufgrund dieser strikten Zweckbindung nimmt die Beachtlichkeit der möglicherweise entgegenstehenden schutzwürdigen Interessen des Betroffenen weiter ab. Das Gefährdungspotential der offen zu legenden personenbezogenen Daten ist angesichts des eng gefassten Übermittlungszwecks als gering einzustufen. Das Umwandlungsgesetz sieht in §§ 2 ff. UmwG für Unternehmen die rechtliche wie wirtschaftliche Möglichkeit und damit das Recht vor, sich auf einen anderen Rechtsträger zu verschmelzen. Diese grundlegende gesetzliche Wertung muss auch in die datenschutzrechtliche Beurteilung mit einfließen. Allein der Hinweis darauf, eine Verschmelzung dürfe aufgrund des informationellen Selbstbestimmungsrechts des Betroffenen nicht ohne seine vorhergehende ausdrückliche Einwilligung vollzogen werden, ginge daher völlig fehl. Verschmelzungen wären unter dieser Prämisse praktisch nicht durchführbar.

Soweit besondere Arten personenbezogener Daten im Sinne des § 3 Abs. 9 BDSG betroffen sind, dürfen diese nicht in der Due Diligence weitergegeben werden. Einer Übermittlung steht § 28 Abs. 6 bis 9 BDSG entgegen; ein diesbezüglicher besonderer Erlaubnistatbestand ist nicht ersichtlich. Eine Weitergabe ist damit nur in anonymisierter Form zulässig.

Parallel zur Frage der Zulässigkeit der Übermittlung der personenbezogenen Informationen besteht eine Verpflichtung de lege ferenda der beteiligten Rechtsträger, sämtliche Betroffenen möglichst *frühzeitig* von der Tatsache der Verschmelzung und der damit verbundenen Offenlegung personenbezogener Informationen zu *benachrichtigen*. Spiegelbildlich gilt, dass soweit ausschließlich unternehmens- und sachbezogene Informationen offen gelegt werden, keine korrespondierende Benachrichtigungspflicht besteht. In der Pflicht steht die jeweilige Gesellschaft für die eigenen betroffenen Personenkreise. Die Unterrichtung hat, soweit zumutbar, individuell unter Angabe der Tatsache der Verschmelzung, des übertragenden und übernehmenden Rechtsträgers, der Tatsache der hiermit verbundenen Datenübermittlung sowie der Art der betroffenen Daten zu erfolgen. Soweit eine individuelle und spezielle Benachrichtigung im Einzelfall aufgrund des praktischen und zeitlichen Aufwandes nicht zumutbar ist, kann die Unterrichtung durch eine *öffentliche Bekanntmachung* der Verschmelzung in den Gesellschaftsblättern oder/und der Tagespresse ersetzt werden. Diese muss jedoch geeignet sein, allen Betroffenen die adäquate Möglichkeit der Kenntnisnahme einzuräumen. Die Benachrichtigung erfährt ihre *Schranken* in der Zumutbarkeit für die beteiligten Gesellschaften. Soweit ein überwiegendes, berechtigtes Interesse an einer *Geheimhaltung – inter temporis –*

des Verschmelzungsvorgangs besteht, muss das schutzwürdige Interesse der Betroffenen an einer Benachrichtigung dahinter zurücktreten. Die mit einem vorzeitigen Bekanntwerden der Verschmelzung verbundenen wirtschaftlichen wie rechtlichen Risiken für die beteiligten Gesellschaften überwiegen in diesem Fall das Informationsinteresse der Betroffenen. Dies gilt jedoch nur solange, wie die Tatsache der Verschmelzung – gleich auf welchem Wege – noch nicht zur Kenntnis der Öffentlichkeit gelangt ist.

Ein *Widerspruchsrecht* der Betroffenen gegen die Offenlegung der Daten besteht indessen ebenso wenig, wie ein abstrakter Anspruch auf *Löschung* oder *Sperrung*.

Die Daten unterliegen jedoch einer *strikten Zweckbindung* bei der empfangenden Stelle. D.h. die Daten dürfen nur innerhalb der – engen – Zweckbestimmung der Übermittlung verwendet werden. In der Vorbereitungsphase der Verschmelzung ist die Nutzung daher ausschließlich auf die Durchführung der Due Diligence beschränkt. Jede weitergehende Verarbeitung oder Nutzung ist ausgeschlossen und würde einen unzulässigen Eingriff in die Rechte der Betroffenen darstellen. Dies ist über entsprechende Hinweise und interne Maßnahmen sicher zu stellen. Die personenbezogenen Informationen dürfen solange gespeichert werden, wie es deren Zweckbestimmung erfordert. Auch nach Durchführung der Due Diligence dürfen die Daten berechtigterweise gespeichert werden, solange der Verschmelzungsvorgang nicht endgültig gescheitert ist.

Zu beachten ist ferner das strafrechtliche Verbot der Offenbarung fremder Geheimnisse ohne vorherige Einwilligung des Betroffenen gemäß § 203 StGB, soweit an der Verschmelzung Rechtsträger beteiligt sind, deren wirtschaftliches Betätigungsfeld einem der in § 203 StGB genannten Katalogberufe entspricht. § 203 StGB verbietet es grundsätzlich, personenbezogene Informationen offen zu legen, soweit keine vorherige Einwilligung des Betroffenen eingeholt wurde. Insbesondere kommen die datenschutzrechtlichen Erlaubnistatbestände nicht zugleich als Rechtfertigung im strafrechtlichen Sinn in Betracht. Zwar kann § 203 StGB in der Vorbereitungsphase seine zivilrechtliche Wirkung als Verbotsgesetz im Sinne des § 134 BGB, verbunden mit der Nichtigkeitsfolge für übertragende oder verpflichtende Rechtsgeschäfte, noch nicht entfalten, da die Datenübermittlung in der Due Diligence losgelöst von einer rechtsgeschäftlichen Grundlage erfolgt. Die Norm entfaltet jedoch ihre primäre Wirkung als strafrechtliche Sanktion und adressiert insoweit die Geschäftsleitung als Verantwortliche in diesem Sinne. Es empfiehlt sich daher, personenbezogene Daten, die unter § 203 StGB fallen, nur offen zu legen, wenn tatsächlich eine *vorherige Einwilligung* eingeholt wurde. Andernfalls kommt nur eine Offenlegung in anonymisierter Form in Betracht.

Scheitert die Verschmelzungsmaßnahme noch vor deren Vollzug durch registergerichtliche Eintragung endgültig, sind die übermittelten personenbezogenen Informationen zu löschen, soweit keine vorrangigen gesetzlich zwingenden Vorschriften deren weitere Speicherung vorschreiben.

Eine unzulässige Datenübermittlung zieht, vorbehaltlich des § 203 StGB, primär zivilrechtliche Unterlassungs- und Schadensersatzansprüche nach sich, soweit ein materieller Schaden tatsächlich nachgewiesen werden kann. Die Wirksamkeit der Verschmelzung als solche wird hierdurch insgesamt nicht berührt. Die rechtswidrige Datenverarbeitung stellt schon keinen „technischen" Mangel der Verschmelzung dar, sondern ist grundsätzlich losgelöst von dieser zu betrachten. Darüber hinaus würde ein Mangel – ein solcher infolge rechtwidriger Datenverarbeitung unterstellt – gemäß § 20 Abs. 2 UmwG infolge registergerichtlicher Eintragung *ex nunc* geheilt werden.

11. Gestattung der Datenübermittlung in der Zwischenphase- nach Fusionsentscheidung, vor Eintragung

Die praktische Notwendigkeit, bereits *vor* Vollzug der Verschmelzung personenbezogene Informationen auszutauschen, besteht nicht nur im Rahmen der Due Diligence.[941] In der Zwischenphase – nach Abschluss der Due Diligence und den erforderlichen Beschlussfassungen der beteiligten Gesellschaften, jedoch vor deren Wirksamwerden mit registergerichtlicher Eintragung – besteht ein *erhebliches praktisches* Bedürfnis für einen umfassenden Informationsaustausch.[942] Diese Notwendigkeit basiert auf der Tatsache, dass die komplexe gesellschaftsrechtliche Maßnahme einer Verschmelzung mit nachhaltigen Auswirkungen auf die internen organisatorischen Abläufe im Unternehmen des übernehmenden Rechtsträgers verbunden ist. Die hierbei erforderlich werdende Konsolidierung der Geschäftsprozesse und gesellschaftsinternen Organisation ist nicht in der *juristischen Sekunde* der Registereintragung umsetzbar, sondern bedarf eines nicht unerheblichen Vorlaufzeitraums. Der Vollzug der Verschmelzung durch konstitutiv wirkende Registereintragung mit der Rechtsfolge des § 20 Abs. 1 Nr. 1 UmwG muss vorbereitet werden.[943] Die internen Strukturen sowie Prozessabläufe müssen an die geänderte unternehmerische Situation angepasst werden. Dies bedingt notwendig die Umstellung der gesamten Datenverarbeitung bezogen auf die Datenbestände des übertragenden Rechtsträgers über Kunden, Lieferanten und Arbeitnehmer infolge der verschmelzungsbedingten Zusammenführung der Unternehmen zweier Rechtsträger. Der Kundenkontakt muss neu organisiert und ausgerichtet, bestehende Lieferantenbeziehungen geprüft und umgeleitet werden. Für alle Beteiligten – Kunden, Lieferanten, Arbeitnehmer sowie die Gesellschaft gleichermaßen – besteht a priori ein gewichtiges Interesse an der reibungslosen Fortführung bestehender Vertragsbeziehungen nach deren Übergang auf den übernehmenden Rechtsträger *infolge* des Vollzugs der Verschmelzung.

Diese Maßnahmen der Anpassung machen es praktisch erforderlich, personenbezogene Daten in nicht unerheblichen Umfang bereits *vor Eintragung* der Verschmelzung an den übernehmenden Rechtsträger zu überlassen.[944]

11.1 Vorüberlegungen

Datenschutzrechtlich betrachtet handelt es sich dabei um die Weitergabe von personenbezogenen Daten an einen *Dritten*, mithin den Vorgang einer Datenübermittlung.[945] Der übernehmende Rechtsträger ist Dritter, stellt er – jedenfalls noch – eine Stelle außerhalb der verantwortlichen Stelle (übertragender Verband) dar. Die Weitergabe personalisierter oder personenbeziehbarer Informationen über Kunden, Lieferanten oder Arbeitnehmer des übertragen-

---

941 Hierzu bereits ausführlich unter *2.*

942 *Eul* in: Roßnagel, Handbuch Datenschutzrecht, Kap. 7.2 Rdnr. 69.

943 *Zöllner*, ZHR 165 (2001), 450.

944 So auch *Zöllner*, ZHR 165 (2001), 450; undifferenziert *Schaffland*, NJW 2002, 1540 ff.

945 *Eul* in: Roßnagel, Handbuch Datenschutzrecht, Kap. 7.2 Rdnr. 70.

den Rechtsträgers *vor* Eintragung der Verschmelzung stellt somit zweifellos einen tatbestandlichen Übermittlungsvorgang dar.[946] Dieser bedarf in der zwingenden Folge einer – gesetzlichen oder gewillkürten – Gestattung nach § 4 Abs. 1 BDSG.

11.2 Gestattung der Datenübermittlung de lege lata

Das Datenschutzrecht stellt auch in dieser Zwischenphase der Verschmelzung eine Barriere dar, die nur unter engen Voraussetzungen überschritten werden darf. Die Datenübermittlung bedarf einer gesetzlichen Gestattung. Wie bereits für die Vorbereitungsphase dargelegt,[947] kommt die Einholung von Einzeleinwilligungen auch in dieser Phase aus praktischen Überlegungen nicht in Betracht. Das Hauptaugemerk ist daher auf die geschriebenen Erlaubnistatbestände zu legen, wobei in diesem Stadium der Verschmelzung ein besonderes Geheimhaltungsinteresse i.d.R. entfallen sein dürfte.

11.2.1 Spezialgesetzliche Gestattungsnormen

Im Kontext der Vorbereitungsphase wurde herausgearbeitet, dass die Frage, ob und inwieweit § 20 Abs. 1 Nr. 1 UmwG die rechtliche Qualität einer spezialgesetzlichen Gestattungsnorm nach § 4 Abs. 1 2.Alt BDSG zu entnehmen ist, nur für die *Vollzugsphase* der Verschmelzung umstritten ist.[948] *E contrario* kann der Vorschrift des § 20 Abs. 1 Nr. 1 UmwG, die systematisch wie rechtsdogmatisch notwendig an die registergerichtliche Eintragung der Verschmelzung bezüglich ihrer Rechtsfolgewirkungen anknüpft, keine Rechtswirkung *vor* diesem Zeitpunkt zukommen. Eine direkte Anwendung der Norm scheidet aus. Ebenso ist eine Analogie im Sinne einer vorgreiflichen Wirkung abzulehnen. Darüber hinaus wurde § 20 Abs. 1 Nr. 1 UmwG ebenso bereits die erforderliche tatbestandliche Qualität für eine vorrangige spezialgesetzliche Gestattungsnorm abgesprochen. § 20 Abs. 1 Nr. 1 UmwG weist nicht die erforderliche Tatbestandskongruenz auf, die eine lex specialis mit Verdrängungswirkung zum Bundesdatenschutzgesetz notwendig aufweisen muss. Die Norm ist *abschließend* auf das Verschmelzungsrecht zugeschnitten. Eine datenschutzrechtliche Regelung kann auch bei extensiver Auslegung nicht hineininterpretiert werden. Nach dem geltenden Datenschutzrecht sind an eine

946 Hierzu zuvor unter *7.*

947 Zur Unpraktikabilität der Einholung einer Einwilligung siehe bereits ausführlich unter *10.1.2.*; *Eul* in: Roßnagel, Handbuch Datenschutzrecht, Kap. 7.2 Rdnr. 76; *Dieckmann/Eul/Klevenz*, RDV 2000, 152.

948 Hierzu *Marsch-Barner/Mackenthun*, ZHR 165 (2001), 431 f.; *Simitis*, ZHR 165 (2001), 459; *Dieckmann/Eul/Klevenz*, RDV 2000, 151; *Teichmann/Kießling*, ZGR 2001, 57 f.; *Zöllner*, ZHR 165 (2001), 445 f.; *Lüttge*, NJW 2000, 2464 (nicht explizit hierauf eingehend); *Wengert/Wiedmann/Wengert*, RDV 2000, 50; *dies.* NJW 2000, 2464, jeweils unter der Prämisse, dass es in der Vollzugsphase *infolge* Gesamtrechtsnachfolge zugleich zu einer tatbestandlichen Datenübermittlung im Sinne des § 3 Abs. 4 S. 2 Nr. 3 BDSG kommt, was nach der hier vertretenen Auffassung *nicht* der Fall ist.

lex specialis nach § 4 Abs. 1 2. Alt. BDSG hohe Anforderungen zu stellen.[949] Diesen wird § 20 Abs. 1 Nr. 1 UmwG nicht gerecht.

Auch in der Zwischenphase der Verschmelzung liegt eine *schlichte Datenübermittlung* außerhalb des Kontexts der Vermögensgesamtrechtsnachfolge vor. Für diese kann § 20 Abs. 1 Nr. 1 UmwG ungeachtet seiner rechtsdogmatischen Interpretation für die Vollzugsphase keine Gestattungswirkung entfalten. Eine spezielle öffentlich-rechtliche Erlaubnis gemäß § 4 Abs. 1, 3.Alt BDSG ist ebenso wenig ersichtlich. Damit kommt es auch in der Zwischenphase entscheidend auf die gesetzlichen Gestattungsnormen des Bundesdatenschutzgesetzes an.

11.2.2 Erlaubnis nach dem Bundesdatenschutzgesetz

Das Bundesdatenschutzgesetz stellt mit § 4 Abs. 1 1.Alt i.V.m. §§ 28 ff. BDSG die maßgebenden Regelungen für die Beurteilung der Zulässigkeit der Datenübermittlung auf. *Prima facie* kommen zwei geschriebene Erlaubnistatbestände für die Rechtfertigung der Datenübermittlung maßgebend in Betracht: Die Gestattung der Datenübermittlung im Rahmen der *Zweckbestimmung eines Vertrags- oder vertragsähnlichen Vertrauensverhältnisses*, § 28 Abs. 1 S. 1 Nr. 1 BDSG, sowie die Gestattung infolge umfassender *Interessenabwägung* nach § 28 Abs. 1 S. 1 Nr. 2 BDSG bzw. § 28 Abs. 3 Nr. 1 BDSG. Das Eingreifen dieser Erlaubnisnormen ist im Schrifttum kontrovers diskutiert, soweit diese Frage überhaupt behandelt wird.[950]

11.2.2.1 Diskussionsstand

Dass in der Zeitspanne zwischen der Fusionsentscheidung durch die Beschlussorgane und dem Übergang der Vertragsbeziehungen mit den Kunden, Lieferanten und Arbeitnehmern auf den übernehmenden Rechtsträger die Vorbereitung hierauf und Konsolidierung der Geschäftsprozesse ein praktisch wichtiges Erfordernis darstellt, ist unbestritten.[951] Diese pragmatischen Überlegungen können indes nicht zugleich ohne weiteres bedingen, dass ein überwiegend *berechtigtes Interesse* der beteiligten Rechtsträger an der Weitergabe der personalisierten Kunden-, Lieferanten- und Arbeitnehmerdaten *bereits vor Vollzug* der Verschmelzung besteht.

Vertreten wird, eine Übermittlung sei auch ohne Einwilligung der betroffenen Kunden in dieser Phase zulässig.[952] Bei der Fusion von Kreditinstituten sei beispielsweise erforderlich, die Kontoführung zu vereinheitlichen oder den Kunden neue Kontonummern zuzuordnen. Als Vertragspartner des Kunden habe das Kreditinstitut ein berechtigtes Interesse an der Vorberei-

---

949 *Bergmann/Möhrle/Herb*, BDSG, § 4 Rdnr. 17; *Walz* in: Simitis/Dammann/Geiger/Mallmann/Walz, BDSG, § 4 Rdnr. 8; *Gola/Schomerus*, BDSG, § 4 Rdnr. 7; *Auernhammer*, BDSG, § 4 Rdnr. 6; *Teichmann/Kießling*, ZGR 2001, 54 f.

950 *Zöllner*, ZHR 165 (2001), 450; *Eul* in: Roßnagel, Handbuch Datenschutzrecht, Kap. 7.2 Rdnr. 73; *Raiser*, § 48 Rdnr. 10 ff.

951 Vgl. *Zöllner*, ZHR 165 (2001), 450; *Eul* in: Roßnagel, Handbuch Datenschutzrecht, Kap. 7.2 Rdnr. 73; *Raiser*, § 48 Rdnr. 10 ff.

952 *Eul* in: Roßnagel, Handbuch Datenschutzrecht, Kap. 7.2 Rdnr. 73.

tung der verschmelzungsbedingten Umstellung des Geschäftsbetriebs. Schutzwürdige Belange des Betroffenen seien nicht erkennbar. Sein originäres (Vertrags-) Interesse sei regelmäßig ebenso auf die reibungslose Fortführung bestehender Vertragsbeziehungen mit dem übernehmenden Rechtsträger gerichtet. Die Datenübermittlung sei daher nach § 28 Abs. 1 S. 1 Nr. 2 BDSG zulässig.[953] Diese Auffassung wird auch vom *Innenministerium Baden-Württemberg* als oberste Landesdatenschutz-Aufsichtsbehörde[954] geteilt. In der Phase *nach* Beschlussfassung sei die Weitergabe der Kundendaten nach § 28 Abs. 1 S. 1 Nr. 2 BDSG ohne Einwilligung des Betroffenen zulässig, da die beteiligten Rechtsträger ein *berechtigtes Interesse* an der notwendig verschmelzungsbedingten Konsolidierung der Geschäftsprozesse hätten. Dagegenstehende schutzwürdige Belange des Kunden seien nicht erkennbar.[955]

Soweit ersichtlich, wird diese Problematik von erheblicher Praxisrelevanz in der übrigen Beitrags- und Kommentarliteratur *nicht* näher behandelt.[956] Dies mag daran liegen, dass die Thematik keine *spezifisch rechtliche Kollision* mit dem Verschmelzungssachrecht aufwirft, sondern grundsätzlich über die allgemeinen Mechanismen des Datenschutzrechts zu lösen ist, wie im Folgenden zu zeigen sein wird.

11.2.2.2 Zweckbestimmung und summarische Interessenabwägung

Schon die gesetzliche Systematik des Bundesdatenschutzgesetzes gebietet es, eine differenzierte Lösung zu suchen, die sämtlichen betroffenen Interessen des Einzelfalles gerecht wird. Die praktischen Motivationen, die hinter einer umfassenden Offenlegung personenbezogener Daten in der Zwischenphase der Verschmelzung stehen, sind unbestritten. Sie können indes gleichwohl nicht als *einziges* Abwägungskriterium in einen komplexen Abwägungsvorgang einfließen.

11.2.2.2.1 Vergleichsziehung zur Vorbereitungsphase

Bestünden aus datenschutzrechtlicher Sicht in vorliegender Konstellation keine Abweichungen zu der Beurteilung der Datenübermittlung in der Vorbereitungsphase, könnte ohne weite-

---

953 *Eul*, a.a.O.

954 Bekanntmachung des Innenministeriums Baden-Württemberg (Nr. 38) über Hinweise zum Bundesdatenschutzgesetz für die private Wirtschaft vom 18.1.2000, Az.: 2-0552.1/14, Staatsanzeiger für Baden-Württemberg Nr. 2/2000 vom 18.1.1999, Seite 12, 13 = RDV 2000, 83 – bezogen wiederum auf die Verschmelzung von *Kreditinstituten*.

955 Das Interesse des Kunden sei regelmäßig auf die problemlose Fortsetzung seiner Vertragsbeziehungen mit dem Fusionsunternehmen gerichtet; vgl. Bekanntmachung des Innenministeriums Baden-Württemberg (Nr. 38) über Hinweise zum Bundesdatenschutzgesetz für die private Wirtschaft vom 18.1.2000, Az.: 2-0552.1/14, Staatsanzeiger für Baden-Württemberg Nr. 2/2000 vom 18.1.1999, 12, 13 = RDV 2000, 83.

956 Keine explizite Stellungnahme etwa bei *Marsch-Barner/Mackenthun*, ZHR 165 (2001), 426 ff.; *Simitis*, ZHR 165 (2001), 453 ff.; *Dieckmann/Eul/Klevenz*, RDV 2000, 149 ff.; *Teichmann/Kießling*, ZGR 2001, 33 ff.; *Lüttge*, NJW 2000, 2463 ff.; *Wengert/Wiedmann/Wengert*, RDV 2000, 47 ff.; *dies.* NJW 2000, 2463 ff.; *Zöllner*, ZHR 165 (2001), 451 f.; *Büllesbach* in: Roßnagel, Handbuch Datenschutzrecht, Kap. 7.1 Rdnr. 49 ff.

res auf vorstehende Ausführungen hierzu verwiesen werden.[957] Die datenschutzrechtlichen Erlaubnistatbestände des § 28 BDSG sind *einzelfallorientiert*. Eine unreflektierte Gleichsetzung der Due-Diligence-Phase mit der Zwischenphase kommt nicht in Betracht. Der hinter den zuvor geschilderten Auffassungen[958] stehende *pragmatische* Ansatz leuchtet grundsätzlich ein. Das Umwandlungsgesetz gestattet die Verschmelzung von Unternehmensträgern. Die ordnungsgemäße und wirtschaftlich sinnvolle Vorbereitung und Abwicklung einer Verschmelzung, insbesondere unter Beteiligung größerer Unternehmen, macht es unabdingbar, bereits im Vorfeld der Eintragung Geschäftsprozesse umzustellen. Maßnahmen müssen getroffen werden, um einen reibungslosen Übergang der Geschäfte – obgleich der korporativen Umstrukturierung – zu gewährleisten. Eine *punktuelle Betrachtungsweise* alleinig bezogen auf den Zeitpunkt des Vollzugs der Verschmelzung infolge registergerichtlicher Eintragung wird der Komplexität eines Verschmelzungsvorgangs in tatsächlicher wie rechtlicher Hinsicht nicht gerecht. Eben diese rechtliche Komplexität verbietet indes gleichermaßen pauschale Lösungsansätze. Eine undifferenzierte Aussage, die nicht weiter nach den rechtlich vorgegebenen Strukturen differenziert und ohne weitere Begründung die Interessen der beteiligten Rechtsträger an der Aufrechterhaltung oder dem Ausbau des Geschäftsbetriebes den uneingeschränkten Vorrang vor den schutzwürdigen Interessen der Betroffenen einräumt, kann nicht zielführend sein.[959] Die Zulässigkeit der Übermittlung von Kunden-, Lieferanten- und Arbeitnehmerdaten ist in dieser Phase der Verschmelzung ausschließlich anhand des Bundesdatenschutzgesetzes zu beurteilen. Die datenschutzrechtlichen Anforderungen sind mit den praktischen Erfordernissen an einer reibungslosen Abwicklung der Verschmelzung in einen möglichst schonenden Ausgleich im Wege praktischer Konkordanz zu bringen.[960]

11.2.2.2.2 Gestattung infolge Zweckbestimmung der Vertragsverhältnisse

§ 28 Abs. 1 S. 1 Nr. 1 BDSG gestattet die Übermittlung personenbezogener Daten, soweit diese der Zweckbestimmung eines Vertragsverhältnisses oder vertragsähnlichen Vertrauensverhältnisses mit dem Betroffenen dient. Für die Datenübermittlung in der Vorbereitungsphase wurde dies verneint, da die Zweckbestimmung bestehender Vertragsverhältnisse *nie* zugleich die Offenlegung personenbezogener Daten als Instrument für eine ordnungsgemäße

---

957 Vgl. hierzu unter *10.*

958 *Eul* in: Roßnagel, Handbuch Datenschutzrecht, Kap. 7.2 Rdnr. 73; Bekanntmachung des *Innenministeriums Baden-Württemberg* (Nr. 38) über Hinweise zum Bundesdatenschutzgesetz für die private Wirtschaft vom 18.1.2000, Az.: 2-0552.1/14, Staatsanzeiger für Baden-Württemberg Nr. 2/2000 vom 18.1.1999, 12, 13 = RDV 2000, 83.

959 So jedoch *Eul* in: Roßnagel, Handbuch Datenschutzrecht, Kap. 7.2 Rdnr. 73; Bekanntmachung des *Innenministeriums Baden-Württemberg* (Nr. 38) über Hinweise zum Bundesdatenschutzgesetz für die private Wirtschaft vom 18.1.2000, Az.: 2-0552.1/14, Staatsanzeiger für Baden-Württemberg Nr. 2/2000 vom 18.1.1999, 12, 13 = RDV 2000, 83.

960 Die Übermittlung kann nur soweit zulässig sein, wie schutzwürdige Interessen der Betroffenen dieser nicht überwiegend entgegenstehen. Umgekehrt dürfen die schutzwürdigen Interessen die ordnungsgemäße Abwicklung eines Verschmelzungsvorgangs nicht blockieren, soweit ihnen kein besonderes Gewicht zukommt, das die berechtigten Interessen der beteiligten Rechtsträger ausschließt.

Unternehmens- und Risikobewertung umfasst. In der Zwischenphase könnte dies anders sein. Die Übermittlung personenbezogener Daten dient hier vorrangig der Aufrechterhaltung bestehender Geschäftsprozesse. Bestehende Vertragsverhältnisse mit Kunden-, Lieferanten und Arbeitnehmern sollen nach deren Übergang im Wege der Universalsukzession ungehindert und zeitlich ununterbrochen mit dem neuen Rechtsträger fortgeführt werden. Diese Konsolidierung der Vertragsverhältnisse macht es grundsätzlich erforderlich, bereits im Vorfeld des Vollzugs entsprechende Maßnahmen in die Wege zu leiten und Informationen über bestehende Vertragsverhältnisse an den übernehmenden Verband rechtzeitig mitzuteilen. Der genaue Zeitpunkt ergibt sich – unter rein praktischen Erwägungen – aus der individuellen Ablaufplanung der Parteien. Die Offenlegung der personenbezogenen Daten dient somit dem originären Zweck, den Übergang der bestehenden Vertragsbeziehungen infolge Universalsukzession zu begleiten und eine ungehinderte Fortführung zu ermöglichen. Dies liegt gleichsam im vordergründigen (vertragsrechtlichen) Interesse des Vertragspartners.[961]

Maßgebend ist, inwieweit die ursprüngliche Zweckbestimmung bestehender Vertragsverhältnisse die Zwecke der Datenübermittlung umfasst oder diese darüber hinausgehen. Dies ist primär anhand der Auslegung des *terminus technicus* der Zweckbestimmung zu ermitteln. Dem Gesetzeswortlaut nach muss die Datenübermittlung der Zweckbestimmung *dienen*. Die Zweckbestimmung eines Vertragsverhältnisses hängt von dessen Rechtsnatur, dem Inhalt und der Art des individuellen Vertrages bzw. vertragsähnlichen Vertrauensverhältnis ab. Eine pauschale Beurteilung ist nicht möglich. Unbestritten wird eine Datenverarbeitung von § 28 Abs. 1 S. 1 Nr. 1 BDSG gedeckt, wenn diese für die Erfüllung der *vertraglichen Primärpflichten*, mithin die Erbringung der geschuldeten Leistungen *erforderlich* ist. Das Datenschutzrecht kann und will der Erfüllung der vertraglichen Primärpflichten nicht im Wege stehen. Welche Datenverarbeitungen für die Leistungserbringung erforderlich sind, hängt wiederum vom Einzelfall ab.

Die Gestattung der Datenverarbeitung kann indes nicht auf die Erbringung der geschuldeten Primärleistungen beschränkt sein. Dies würde den Interessen der Vertragsparteien nicht hinreichend gerecht. Auch die Erfüllung bzw. Einhaltung der *Sekundärpflichten*, die mit dem Vertrag und dessen Erfüllung in Zusammenhang stehen, muss eine Datenverarbeitung legitimieren. Die Datenübermittlung muss insoweit für die Wahrung der Rechte aus dem Vertrag mit dem Betroffenen vorgenommen werden und für diese *geeignet* sein.[962] Die Datenübermittlung muss ferner *objektiv erforderlich* sein.[963] Dabei ist die Erforderlichkeit nicht im Sinne einer *absoluten Notwendigkeit* zu verstehen, sondern in extensiver Auslegung im Sinne der *„Sinnhaftigkeit"*.[964] Die Besonderheit der Situation im Vorfeld des Vollzugs der Verschmelzung liegt indes darin, dass die betreffenden Daten an einen Dritten (den übernehmenden

---

961 *Zöllner*, ZHR 165 (2001), 450; *Eul* in: Roßnagel, Handbuch Datenschutzrecht, Kap. 7.2 Rdnr. 73.

962 *Zöllner*, ZHR 165 (2001), 447; *Schaffland/Wiltfang*, BDSG, § 28 Rdnr. 18.

963 *Simitis* in: Simitis/Dammann/Geiger/Mallmann/Walz, BDSG, § 28 Rdnr. 80 ff.; *Gola/Schomerus*, BDSG, § 28 Rdnr. 49; *Lüttge*, NJW 2000, 2465; *Zöllner*, ZHR 165 (2001), 447.

964 *Zöllner*, ZHR 165 (2001), 447; so schon oben unter *10.2.3.3*.

Rechtsträger) weitergegeben werden, der unter ungehindertem Ablauf der Verschmelzung ohnehin zeitnah als neue Vertragspartei an die Stelle des bisherigen Vertragspartners (übertragender Rechtsträger) tritt. Gleichzeitig erlischt der übertragende Verband als bisheriger Vertragspartner; er entfällt ersatzlos. Um hier das Erlöschen bestehender Vertragsverhältnisse mitsamt der bereits begründeten Rechte und Pflichten, Forderungen und Verbindlichkeiten zu vermeiden, sieht das Gesetz in § 20 Abs. 1 Nr. 1 UmwG die Vermögensuniversalsukzession vor. Diese Situation weicht erheblich von der herkömmlichen datenschutzrechtlichen Ausgangslage im Rahmen des § 28 Abs. 1 S. 1 Nr. 1 BDSG ab. Üblicherweise stellt sich hier die Frage, inwieweit die Weitergabe personenbezogener Daten vom Vertragspartner des Betroffenen an einen Dritten zur Erfüllung der vertraglichen Pflichten erforderlich ist. Der Dritte tritt dabei nicht *an die Stelle* des Vertragspartners, sondern wird regelmäßig für die ordnungsgemäße Erfüllung, etwa als Subunternehmer, herangezogen oder durch die verantwortliche Stelle im Vorfeld zur Bewertung etwaiger Risikofaktoren zugezogen.[965] Er tritt *neben* diesen. Die verantwortliche Stelle bleibt Vertragspartner des Betroffenen. Je nach Art und Umfang des individuellen Vertragsverhältnisses sind Unschärfen nicht zu vermeiden.[966]

In der Zwischenphase der Verschmelzung erfolgt die Datenübermittlung unter gänzlich anderer Prämisse. Sie soll die ungehinderte Fortführung bestehender Vertragsverhältnisse, die *infolge* der Gesamtrechtsnachfolge auf den übernehmenden Rechtsträger übergehen, ermöglichen. Der Übergang der Rechtsverhältnisse, bedingt durch die verschmelzungsrechtliche Gesamtrechtsnachfolge, ist ebenso wie der Übergang der personenbezogenen Daten von der Zustimmung der Betroffenen *unabhängig*.[967] Eine tatbestandliche Datenübermittlung liegt nicht vor.[968] Aufgrund dieser gesetzlichen Regelsystematik liegt die Übermittlung personenbezogener Daten in der Zwischenphase der Verschmelzung innerhalb der Zweckbestimmung des Vertragsverhältnisses mit den Betroffenen. Die Zweckbestimmung des Vertragsverhältnisses ist dahingehend auszulegen, dass jedenfalls diejenigen Maßnahmen der Datenverarbeitung gestattet sind, die der ungehinderten Fortführung des Vertragsverhältnisses infolge korporativer Umstrukturierungsmaßnahmen dienen, insbesondere, da dieses Vertragsverhältnis – vorbehaltlich eines Sonderkündigungsrechtes – ebenfalls im Wege der Universalsukzession und unabhängig vom Willen des Betroffenen übergeht.[969] Die Verschmelzung fällt als eine – freilich vom Gesetzgeber seinerzeit bei Schaffung des § 28 Abs. 1 S. 1 Nr. 1 UmwG nicht erkannte – korporative Maßnahme darunter.

Dieses Zwischenergebnis bedarf indes der weiteren Konkretisierung und gebotenen Einschränkung. Den schutzwürdigen Interessen der Betroffenen würde nicht hinreichend Rech-

---

965 So etwa die Beispiele von *Lüttge*, NJW 2000, 2465. Eine Bank muss im Rahmen eines Bankvertrages etwa die Möglichkeit haben, die persönlichen und wirtschaftlichen Verhältnisse des Kunden (im beiderseitigen Interesse) zu bewerten, um Bonitätsprüfungen, Kreditvergabeentscheidungen, Bewertung von Sicherheiten etc. durchführen zu können.

966 So zutreffend *Lüttge*, NJW 2000, 2465.

967 *Grunewald* in: Lutter, UmwG, § 2 a Rdnr. 11; hierzu zuvor unter *3.3.1.1.*

968 Hierzu ausführlich unter *9.2.*

969 So auch *Lüttge*, NJW 2000, 2465 f.; *Zöllner*, ZHR 165 (2001), 450 f.; *Schaffland*, NJW 2002, 1540 f.

nung getragen werden, wenn man die umfassende Übermittlung sämtlicher Datenbestände schon nach Beschlussfassung der zur Entscheidung berufenen Organe ohne weitere Einschränkungen gestatten würde. *De facto* würde der verschmelzungsrechtlichen Gesamtrechtsnachfolge eine Vorwirkung eingeräumt, die in dieser Form weder mit der Systematik des Umwandlungsgesetzes, noch des Bundesdatenschutzgesetzes vereinbar ist. Übermittelt werden dürfen daher alle personenbezogenen Daten, die für die *ungehinderte Fortführung* der vertraglichen Beziehungen unmittelbar nach Vollzug der Verschmelzung *erforderlich* sind. Dies werden in der Regel bei weitem nicht alle über einen Kunden oder Lieferanten gespeicherten Daten sein. Ausgenommen sind ferner jene Datenbestände, die unter den Katalog des § 203 Abs. 1 StGB fallen.[970] Die Gestattung der Übermittlung beschränkt sich auf die *interne* Umstellung der Geschäftsprozesse. Sie legitimiert indes *nicht* zugleich die Aufnahme des Kontakts zu den Kunden und Lieferanten des übertragenden Rechtsträgers noch vor Eintragung der Verschmelzung. Die gleichzeitige Umstellung der Außenkommunikation darf erst nach Vollzug der Verschmelzung erfolgen. Das Bundesdatenschutzgesetz gestattet nicht zugleich die weitere Nutzung und Verarbeitung der in zulässiger Weise übermittelten personenbezogenen Daten, abgesehen von deren *Speicherung*.

Auch in zeitlicher Hinsicht bedarf die Gestattung der Übermittlung nach § 28 Abs. 1 S. 1 Nr. 1 BDSG der weiteren Einschränkung. Die umfassende Bekanntgabe der personenbezogenen Informationen an den übernehmenden Rechtsträger als Dritten berührt zugleich die schutzwürdigen Interessen der Betroffenen mit Blick auf deren informationelles Selbstbestimmungsrecht. Die Übermittlung *vor* der registergerichtlichen Eintragung ist zwar grundsätzlich von der Zweckbestimmung bestehender Vertragsverhältnisse gedeckt. Bis zur Bewirkung der registergerichtlichen Eintragung der Verschmelzung besteht jedoch die – jedenfalls theoretische – Möglichkeit, dass die Verschmelzung insgesamt *scheitert*. Die Übermittlung der personenbezogenen Daten darf daher in zeitlicher Hinsicht nicht bereits unmittelbar im Anschluss an die Beschlussfassungen erfolgen. Umgekehrt zu fordern, die Verschmelzung dürfe *de facto* nicht mehr aufzuhalten sein und keine Hindernisse mehr entgegenstehen, wird den praktischen Bedürfnissen ebenso wenig gerecht. Ein Scheitern der Verschmelzung ist bis zum Schluss möglich. Denkbar ist dies etwa infolge einer ablehnenden Entscheidung des Registergerichts auf den Eintragungsantrag hin aufgrund eines unbehebbaren Eintragungshindernisses. Mag diese Möglichkeit praktisch auch noch so wenig wahrscheinlich sein, ist sie jedenfalls mit in Betracht zu ziehen. Im Ergebnis würde dies allerdings bedeuten, dass der Verschmelzung erst dann endgültig keine Hindernisse mehr im Wege stünden, wenn diese von beiden beteiligten Registergerichten „bewilligt" wird. Dies entspräche aber nahezu dem Zeitpunkt der registergerichtlichen Eintragung durch Veröffentlichung im Bundesanzeiger. Eine Datenübermittlung vor diesem Zeitpunkt wäre unzulässig, die praktische Konsolidierung der Geschäftsprozesse vor Eintragung damit ausgeschlossen.

---

970 Das Verbot der unbefugten Offenbahrung von Geheimnissen aus der persönlichen Lebenssphäre greift auch in der Zwischenphase der Verschmelzung uneingeschränkt.

Eine sachgerechte Lösung kann nur in einer vermittelnden Position liegen. Die Wahrscheinlichkeit der Faktoren, die der Verschmelzungsmaßnahme im Ergebnis (theoretisch) noch entgegengehalten werden oder die Beschlussfassungen vernichten können, muss in Relation zum praktischen Bedürfnis an einer vorzeitigen Datenübermittlung – im zuvor dargestellten, eingeschränkten Umfang – gebracht werden. Maßgebend kommen – in abstracto – *drei* mögliche Zeitpunkte in Betracht: Die Bestandskraft des zuletzt gefassten Verschmelzungsbeschlusses, die zeitlich letzte, unwiderrufliche Antragsstellung beim Registergericht sowie die Bewilligung der Verschmelzung durch das Registergericht.

Richtigerweise muss auf den Zeitpunkt der *Bestandskraft des zeitlich zuletzt gefassten Verschmelzungsbeschlusses* sowie die hieran anschließende *zeitlich zuletzt erfolgende Anmeldung* der Verschmelzung beim jeweils zuständigen Registergericht abgestellt werden. Der Verschmelzungsbeschluss wird mit Ablauf eines Monats nach Beschlussfassung bestandskräftig, § 14 Abs. 1 UmwG. Überdies muss die Verschmelzung von beiden beteiligten Rechtsträgern zur Eintragung an das jeweils zuständige Handelsregister angemeldet worden sein (§§ 16, 17 UmwG). Erst mit der zeitlich letzten Anmeldung ist die Verschmelzung von den beteiligten Rechtsträgern *unwiderruflich* auf den Weg gebracht. Ihr weiteres Schicksal liegt fortan in den Händen des Registergerichts. Die Parteien haben keinen Einfluss mehr auf deren weiteres Schicksal. Erst ab diesem Zeitpunkt erscheint es sachgerecht, die Übermittlung der personenbezogenen Daten in großem Umfang an den übernehmenden Rechtsträger zu gestatten, um die Möglichkeit der Konsolidierung der Geschäftsprozesse einzuleiten. Es versteht sich von selbst, dass übermittelte personenbezogene Daten zu löschen bzw. zurückzugewähren sind, sollte die Verschmelzung tatsächlich noch an der Registereintragung scheitern.

11.2.2.2.3 Schutzwürdige Interessen der Betroffenen

Der dargestellte Lösungsansatz entspricht sämtlichen betroffenen Interessen. De lege lata sind sowohl die berechtigten Interessen der übermittelnden Stelle, die schutzwürdigen Interessen der Betroffenen als auch die berechtigten Interessen Dritter, in die Interessenabwägung einzustellen. Eine Datenverarbeitung ist gestattet, wenn die berechtigten Interessen die schutzwürdigen Interessen der Betroffenen überwiegen. Auch wenn es nach dem vorliegend gefundenen Ergebnis nicht mehr auf die Gestattung der Datenübermittlung infolge Interessensabwägung nach § 28 Abs. 1 S. 1 Nr. 2 BDSG ankommen mag, kann diese im Wege einer Kontrollüberlegung ergänzend herangezogen werden.

Die Abwägung *in concreto* hat auf den jeweiligen Einzelfall bezogen zu erfolgen. Dies bedeutet indes nicht, dass jede individuelle Kunden- oder Lieferantenbeziehung zu überprüfen und in eine Einzelabwägung einzustellen ist.[971] Insoweit genügt eine *summarische Prüfung* der Belange des Betroffenen[972] unter Zugrundelegung von Erfahrungswerten.[973] Im Rahmen die-

[971] *Schaffland*, NJW 2002, 1542.

[972] *BGH*, NJW 1984, 1889; *Simitis* in: Simitis/Dammann/Geiger/Mallmann/Walz, BDSG, § 28 Rdnr. 148 ff.; *Schaffland/Wiltfang*, BDSG, § 28 Rdnr. 128; *Schaffland*, NJW 2002, 1542.

ser summarischen Prüfung müssten Umstände ins Auge springen, die ein überwiegendes schutzwürdiges Interesse der Betroffenen ergeben.[974] Die einzelnen Betroffenen sind in Einzelgruppen zusammenzufassen, differenzierend nach Kunden, Lieferanten und Arbeitnehmer. Den rechtlichen Beziehungen liegen unterschiedliche Vertragsverhältnisse zugrunde, die zugleich differente datenschutzrechtliche Interessen bedingen können.

Vorliegend ist nicht erkennbar, dass ein überwiegendes schutzwürdiges Interesse der betroffenen Kunden, Lieferanten oder Arbeitnehmer am Ausschluss der Datenübermittlung begründet wäre, stets vorausgesetzt, die zuvor aufgestellten Restriktionen der Datenübermittlung werden beachtet. Insbesondere stellt auch die Möglichkeit der Anonymisierung der betroffenen Daten keinen alternativ gangbaren Weg dar. Dem übernehmenden Rechtsträger kommt es gerade auf die Kenntnis der personenbezogenen Informationen an, um die Kunden- und Lieferantenbetreuung neu ausrichten zu können.

[973] *Schaffland/Wiltfang*, BDSG, § 28 Rdnr. 128; *Schaffland*, NJW 2002, 1542.
[974] *Auerhammer*, BDSG, § 28 Rdnr. 26 (m.w.N.); *Schaffland*, NJW 2002, 1542.

11.3 Auswirkungen einer rechtswidrigen Datenverarbeitung auf die Wirksamkeit der Verschmelzung

Eine Datenverarbeitung unter Verstoß gegen die zwingenden Vorgaben des Bundesdatenschutzgesetzes, insbesondere eine nicht gerechtfertigte Datenübermittlung, zieht die bereits unter *10.5* beschriebenen, allgemeinen Rechtsfolgen auch in der Zwischenphase der Verschmelzung nach sich.

Ferner ist auch in der Zwischenphase der Verschmelzung § 203 StGB zwingend zu beachten. Hier vermag § 203 StGB seine Rechtswirkungen als Verbotsnorm im Sinne des § 134 BGB zu entfalten, da der Verschmelzungsvertrag in dieser Phase bereits abgeschlossen ist. Werden personenbezogene Daten, die dem Geheimnisschutz des § 203 Abs. 1 StGB unterfallen, *ohne* ausdrückliche Einwilligung der Betroffenen vor Vollzug der Verschmelzung weitergegeben, kann dies die Nichtigkeit des Verschmelzungsvertrages über § 134 BGB nach sich ziehen. Schon aus Gründen der Rechtssicherheit empfiehlt sich für die Verschmelzungspraxis, in jenen Fällen Einwilligungen einzuholen oder von einer Offenlegung dieser Informationen an die andere Seite – die ohnehin nur in den zuvor dargestellten, engen Grenzen zulässig ist – abzusehen.

§ 134 BGB ist gleichermaßen anwendbar, wenn personenbezogene Daten in rechtswidriger Weise derart verarbeitet werden, dass eine Verletzung der speziellen Strafnorm des § 44 BDSG vorliegt. Auch dieser entfaltet insoweit die rechtliche Qualität einer Verbotsnorm im Sinne des § 134 BGB. Entsprechend der tatbestandlichen Voraussetzungen ist jedoch ein qualifizierter Verstoß erforderlich; die rein rechtswidrige Datenübermittlung genügt hierfür nicht und führt nicht zur Nichtigkeit des Verschmelzungsvertrages.

11.4 Zwischenergebnis

In summa ist für die Zwischenphase der Verschmelzung festzuhalten: Eine Datenübermittlung ist grundsätzlich auch ohne Einzeleinwilligung sämtlicher Betroffener zulässig. Die Gestattung ergibt sich de lege lata aus dem Bundesdatenschutzgesetz. Spezialgesetzliche Gestattungsnormen, die dem Bundesdatenschutzgesetz im Wege der Spezialität gemäß § 4 Abs. 1 1.Alt BDSG vorgehen würden, sind nicht ersichtlich.

Die Übermittlung liegt im Rahmen der *Zweckbestimmung* bestehender Vertrags- oder vertragsähnlicher Vertrauensverhältnisse und ist über § 28 Abs. 1 S. 1 Nr. 1 BDSG gestattet. Die Aufrechterhaltung bestehender Vertragsbeziehungen, die im Wege der verschmelzungsrechtlichen Universalsukzession automatisch und vom Willen des Vertragspartners unabhängig auf den übernehmenden Verband übergehen, macht es erforderlich, Vertragsdaten bereits vor diesem Übergang der Vertragsverhältnisse in der Vollzugsphase zur Verfügung zu stellen, um die bestehenden Geschäftsbeziehungen in die Unternehmensorganisation des übernehmenden Verbandes zu integrieren und Organisationsabläufe zu konsolidieren. Dies erfordert in zeitlicher Hinsicht insbesondere eine gewisse Vorlaufzeit und lässt sich nicht in der juristischen

Sekunde des Vollzugs der Verschmelzung durch Bewirken der registergerichtlichen Eintragung bewerkstelligen. Um die schutzwürdigen Interessen der Betroffenen zu wahren, sind jedoch nicht unerhebliche Einschränkungen zu beachten. Übermittelt werden dürfen nur diejenigen Datenbestände, die für die organisatorischen Maßnahmen der Konsolidierung interner Unternehmensabläufe und bestehender Geschäftsbeziehungen *erforderlich* sind. Die übermittelten personenbezogenen Daten dürfen ausschließlich zu Zwecken der internen Umorganisation gespeichert werden. Eine Nutzung oder weitere Verarbeitung vor Vollzug der Verschmelzung ist ausgeschlossen. Dies muss von der übernehmenden Gesellschaft durch geeignete Maßnahmen sichergestellt sein. Insbesondere ist die Aufnahme geschäftlichen Kontakts mit den (noch) Kunden des übertragenden Verbandes vor Eintragung der Verschmelzung unzulässig. Der Universalsukzession des § 20 Abs. 1 Nr. 1 UmwG darf insoweit nicht vorweg gegriffen werden. In zeitlicher Hinsicht sind ebenfalls Restriktionen zu beachten. Aus datenschutzrechtlicher Sicht wäre es wünschenswert, wenn die personenbezogenen Daten erst dann in der Zwischenphase offen gelegt würden, wenn die Verschmelzung unwiederbringlich auf den Weg gebracht wurde. Dies ist indes erst der Fall, wenn beide beteiligten Registergerichte die Verschmelzung bewilligt und die Eintragung zur Bekanntmachung weitergeleitet haben. Zeitlich würde dies de facto mit dem Vollzug zusammenfallen und den praktischen Bedürfnissen nach einem beschränkten Informationsaustausch bereits in der Zwischenphase nicht gerecht werden. Ebenso steht fest, dass eine umfassende Informationsweitergabe unmittelbar im Anschluss an die maßgebenden Beschlussfassungen bei den beteiligten Rechtsträgern nicht in Betracht kommt. Die Verschmelzung kann jederzeit auch nach der Beschlussfassung von einem Rechtsträger nicht mehr weiter betrieben werden oder infolge sonstiger Umstände endgültig scheitern. Die im Vorfeld hierzu übermittelten personenbezogenen Informationen wären unwiederbringlich „verloren". Richtig erscheint es daher, auf einen vermittelnden Zeitpunkt abzustellen. Maßgebend muss zum einen sein, dass die gefassten Zustimmungsbeschlüsse umwandlungsrechtlich *nicht mehr anfechtbar* sind. Dies ist nach Ablauf eines Monats nach Beschlussfassung der Fall. Zugleich müssen die Rechtsträger alles ihrerseits Erforderliche getan haben, um die Verschmelzung auf den Weg zu bringen. Maßgebend ist daher der Zeitpunkt der letzten Antragsstellung beim zuständigen Registergericht. Die Parteien geben hiermit das weitere Schicksal der Verschmelzung endgültig aus ihren Händen. Freilich sind auch nach diesem Zeitpunkt Fallgestaltungen denkbar, in denen die Verschmelzung scheitern könnte. Dies ist jedoch im Interesse einer sach- und interessensgerechten Risikoverteilung datenschutzrechtlich hinnehmbar. Es darf nicht vergessen werden, dass ein Scheitern der Verschmelzung nach Stellung der Eintragungsanträge erhebliche Auswirkungen in allen anderen Bereichen des Unternehmens entfalten würde, so dass der Korrektur einer erfolgten Datenübermittlung – jedenfalls aus Sicht der beteiligten Rechtsträger – lediglich die Qualität eines *rechtlichen Begleitschadens* zukäme.

12. Datenschutzrechtliche Rechtslage in der Vollzugsphase

Die datenschutzrechtliche Situation in der Vollzugsphase der Verschmelzung wird entscheidend durch die vorstehend getroffenen Einschätzungen – keine Datenübermittlung und Nutzung infolge verschmelzungsrechtlicher Universalsukzession[975] – geprägt.

12.1 Schicksal personenbezogener Daten in der verschmelzungsrechtlichen Universalsukzession

Unter *9.2* wurde herausgearbeitet, dass die mit der registergerichtlichen Eintragung der Verschmelzung akzessorisch verbundene Universalsukzession nicht zugleich eine tatbestandsmäßige Datenübermittlung in Hinblick auf die von der Vermögensnachfolge erfassten Datenbestände verkörpert.[976] Ebenso wurde festgestellt, dass die Regelungen des UmwG, insbesondere die verschmelzungsrechtliche Gesamtrechtsnachfolge, keine leges specialis zum Bundesdatenschutzgesetz darstellen, welche die Vorschriften des Bundesdatenschutzgesetzes insgesamt und bereits auf Ebene des Anwendungsbereiches über die gesetzliche Subsidiaritätsklausel des § 1 Abs. 3 S. 2 BDSG verdrängen.[977]

Im Anschluss hieran ergeben sich weitere grundlegende Konsequenzen. Die Frage nach der Rechtfertigung der Datenverarbeitung für die Vollzugsphase der Verschmelzung stellt sich jedenfalls in Hinblick auf eine mit der Universalsukzession verbundenen Übergang der personenbezogenen Daten nicht. Es liegt kein rechtfertigungsbedürftiger Übermittlungsvorgang vor. Ungeachtet dessen sind die sonstigen Vorgaben des Bundesdatenschutzgesetzes umfassend zu beachten.

12.2 Weitere Verarbeitung und Nutzung der Daten durch den übernehmenden Rechtsträger nach Vollzug der Verschmelzung

Der übernehmende Rechtsträger ist hinsichtlich der zulässigen Möglichkeiten einer weiteren Verarbeitung und Nutzung der hinzugewonnenen Daten des im Zuge des Vollzugs der Verschmelzung erloschenen, übertragenden Verbandes weitgehend restrigiert.

Das rechtliche Ergebnis, die Gesamtrechtsnachfolge verkörpere nicht zugleich eine akzessorische Datenübermittlung, bedeutet nicht etwa zugleich, dass die hinzugewonnenen personen-

---

975 Siehe ausführlich unter *9.2*.

976 A.A. *Zöllner*, ZHR 165 (2001), 442 f.; *Wengert/Wiedmann/Wengert*, RDV 2000, 49 f.; *dies.* NJW 2000, 2463 ff.; *Teichmann/Kießling*, ZGR 2001, 49 f.; *Büllesbach* in: Roßnagel, Handbuch Datenschutzrecht, Kap. 7.1 Rdnr. 49 ff.

977 Hierzu zuvor *9.1*; a.A. *Diekmann/Eul/Klevenz*, RDV 2000, 151; 13. Tätigkeitsbericht der *Datenschutzaufsichtsbehörde in Hessen* über ihre Tätigkeit im nicht-öffentlichen Bereich vom 30.08.2000, Hessischer Landtag Drucks. 15/1539 vom 30.8.2000, 10; Bericht des *Bundesbeauftragten für den Datenschutz* vom 6.4.2001, BT-Drucks. 14/5555, 182 (Nr. 31.2.); *Marsch-Barner/Mackenthun*, ZHR 165 (2001), 429; wie hier: *Lüttge*, NJW 2000, 2464; *Wengert/Wiedmann/Wengert*, RDV 2000, 48 f.; *dies.* NJW 2000, 2463; *Teichmann/Kießling*, ZGR 2001, 40 f.; *Simitis*, ZHR 165 (2001), 455 f.; *Zöllner*, ZHR 165 (2001), 442 f.; dahingehend auch *Eul* in: Roßnagel, Handbuch Datenschutzrecht, Kap. 7.2 Rdnr. 74 ff.; *Büllesbach* in: Roßnagel, Handbuch Datenschutzrecht, Kap. 7.1 Rdnr. 49 ff.

bezogenen Daten nunmehr uneingeschränkt genutzt und weiter verarbeitet werden dürften. Maßgebende *Schranken* ergeben sich sowohl aus dem normübergreifenden Grundsatz der Zweckbindung sowie den weiteren Rechten des Betroffenen.

12.2.1 Kontinuität in der Legitimation durch bestehende Einwilligungen und Zweckbestimmung der Daten

Das Bundesdatenschutzgesetz knüpft mit seinem System des grundsätzlichen Verbots der Erhebung, Verarbeitung und Nutzung personenbezogener Daten unter Erlaubnisvorbehalt[978] individuell an jede *Singularverarbeitung*[979] an und differenziert zugleich zwischen den einzelnen personenbezogenen Informationen eines jeden Betroffenen.[980] Sollen im Zuge der Gesamtrechtsnachfolge übergegangene personenbezogene Daten durch den übernehmenden Verband verarbeitet oder genutzt werden, stellt dies einen sub specie des Bundesdatenschutzgesetzes beachtlichen Vorgang dar, der seinerseits nach der gesetzlichen Systematik einer neuerlichen Rechtfertigung bedarf. Die datenschutzneutrale Universalsukzession erstreckt sich hierauf nicht mehr.

In Ermangelung einer Datenübermittlung infolge Gesamtrechtsnachfolge erfolgt unmittelbar hieran anschließend auch *keine Speicherung* der personenbezogenen Daten durch den übernehmenden Verband gemäß § 3 Abs. 4 S. 2 Nr. 1 BDSG. Es wird lediglich die berechtigte Person / Stelle an den personenbezogenen Daten ausgewechselt. Der physikalische Speicherort der Daten verändert sich ebenso wenig, wie die Tatsache der Speicherung an sich. Auch hier entfaltet die verschmelzungsrechtliche Universalsukzession eine *Kontinuitätswirkung*. Der übernehmende Verband tritt in die Rechtsposition der übertragenden Gesellschaft als verantwortliche und speichernde Stelle ein, ohne dass es zu einer neuerlichen Datenspeicherung im gesetzestechnischen Sinne kommt. Ein Eingehen auf diesbezügliche Rechtfertigungstatbestände erübrigt sich somit.

Anders verhält es sich, wenn die personenbezogenen Daten von der übernehmenden Gesellschaft verarbeitet oder genutzt[981] werden sollen. Jede weitere tatbestandlich Phase der Verwendung der betreffenden Daten ist gesondert auf die erforderliche Rechtfertigung hin zu überprüfen.[982] Die Einholung von Einzeleinwilligungen nach § 4 Abs. 1 i.V.m. § 4a BDSG wird auch hier – ebenso wie in der Vorbereitungs- und Zwischenphase – an der mangelnden Praktikabilität scheitern. Das Gesetz selbst gibt den weiteren Rahmen einer zulässigen Datenverarbeitung vor. Die weitere Verarbeitung und Nutzung ist insbesondere im Rahmen der

---

978 Siehe bereits zuvor unter *10.1.1.*; Gola/Schomerus, BDSG, § 4 Rdnr. 2.

979 *Gola/Schomerus*, BDSG, § 4 Rdnr. 5.

980 *BGH*, NJW 1984, 1890; *OLG München*, NJW 1982, 245; *BGH*, NJW 1984, 436 = WM 1983, 1188. Insbesondere sind Art, Inhalt und Aussagekraft der einzelnen personenbezogene Daten an den Aufgaben und Zwecken zu messen, denen ihre Verarbeitung dient; *BGH*, NJW 1984, 1890.

981 Ist ein einzelner Verwendungsvorgang nicht unter die gesetzlichen Begrifflichkeiten der *Verarbeitung* subsumierbar, liegt eine *subsidiäre Nutzung* (§ 3 Abs. 5 BDSG) vor; hierzu zuvor unter *9.3*; *Gola/Schomerus*, BDSG, § 3 Rdnr. 42; *Bergmann/Möhrle/Herb*, BDSG, § 3 Rdnr. 7.

982 *Gola/Schomerus*, BDSG, § 4 Rdnr. 5.

ursprünglichen Erhebungszweckbestimmung zugelassen, § 28 Abs. 1 S. 2 BDSG i.V.m. Art. 6 Abs. 1 Buchst. b) der EG-Datenschutzrichtlinie. Auch in diesem Punkt entfaltet die verschmelzungsrechtliche Gesamtrechtsnachfolge eine Kontinuitätswirkung. Die ursprüngliche Zweckbestimmung bleibt erhalten und entfaltet fortan eine Bindungswirkung bezogen auf die übernehmende Gesellschaft als „neue" verantwortliche und speichernde Stelle.[983] Eine Verarbeitung und Nutzung der personenbezogenen Daten ist de facto durch den übernehmenden Rechtsträger innerhalb der identischen Grenzen möglich, die bereits für den im Zuge des Vollzugs der Verschmelzung erloschenen übertragenden Verband galten.

Umstritten ist, inwieweit vorhandene Einwilligungen in die Datenverarbeitung ebenfalls im Wege der Gesamtrechtsnachfolge auf die übernehmende Gesellschaft übergehen.[984] Die Frage ist im Schrifttum bislang kaum behandelt.[985] Vertreten wird, die Frage des Übergangs bestehender datenschutzrechtlicher Einwilligungen nach § 4a BDSG in einem Analogieschluss zu sonstigen öffentlich-rechtlichen, personengebundenen Erlaubnissen und Genehmigungen zu beantworten. Da diese, nach der wohl h.M.,[986] nicht von der Universalsukzession – eben aufgrund der strikten Personengebundenheit – erfasst würden, müsse dies auch für die Einwilligung nach § 4a BDSG gelten.[987]

Dem kann nicht gefolgt werden. Die Einwilligungserklärung stellt rechtdogmatisch eine der zivilrechtlichen Willenserklärung vergleichbare Rechtshandlung dar, die im Datenschutzrecht eine legitimierende Wirkung, konkretisiert durch ihren Inhalt, erhält. Sie ist *keine öffentlich-rechtliche* Gestattung und darüber hinaus – jedenfalls im Regelfall – nicht höchstpersönlicher Natur oder strikt gebunden an die Person der verarbeitenden Stelle. Aus Sicht des Betroffenen macht es in der Regel keinen Unterschied, durch welche konkrete Person im Organisationsgefüge der verantwortlichen Stelle seine personenbezogenen Daten verarbeitet werden, soweit ihm eine juristische Person gegenübersteht. Ebenso ist für ihn in der Regel nicht von Interesse, welche Rechtsform die verarbeitende Stelle inne hat und wer temporär als Geschäftsleiter berufen ist. Entscheidend ist vielmehr – und dies steht im Einklang mit den Wertungen des Datenschutzrechts, ob sich die Datenverarbeitung im Rahmen des Umfangs der erteilten Einwilligung sowie der Zweckbestimmung der Offenlegung der personenbezogenen Daten bewegt. Auch aus Sicht der verschmelzungsrechtlichen Universalsukzession ist der Übergang bestehender Einwilligungen nach § 4a BDSG grundsätzlich zwingend. Ausnahmen sind nur im Einzelfall denkbar, wenn es dem Betroffenen gerade und ausschließlich auf die konkrete Person der verarbeitenden Stelle (übertragender Rechtsträger) ankam und ein Übergang auf den übernehmenden Rechtsträger als unzumutbar ausgeschlossen werden muss. Dies wird

---

983 *Simitis*, ZHR 165 (2001), 458 f.; so im Ergebnis auch *Schaffland*, NJW 2002, 1540 f. (wenngleich ohne nähere Differenzierung); *Teichmann/Kießling*, ZGR 2001, 60.

984 *Duisberg*, RDV 2004, 104 ff.

985 *Duisberg*, RDV 2004, 109; *Essers/Hartung*, RDV 2002, 278 ff.

986 *Duisberg*, RDV 2004, 109 (m.w.N.); *Bremer*, GmbHR 2002, 865 ff.; *Gaiser*, DB 2000, 361 ff.; *Bermel* in: Goutier/Knopf/Tulloch, UmwG, § 20 Rdnr. 36; *Marsch-Barner* in: Kallmeyer, UmwG, § 20 Rdnr. 26; *Grunewald* in: Lutter, UmwG, § 20 Rdnr. 7; *Stratz* in: Schmitt/Hörtnagl/Stratz, UmwG, § 1 Rdnr. 86.

987 So *Duisberg*, RDV 2004, 109.

jedoch die absolute Ausnahme darstellen und ist anhand des jeweiligen Einzelfalles zu überprüfen. In der Folge würde die Einwilligung zusammen mit dem übertragenden Rechtsträger erlöschen.[988]

Duisberg stellt zutreffend fest, dass es sich bei der datenschutzrechtlichen Einwilligung um eine persönliche und jederzeit widerrufliche Privatentscheidung des Betroffenen handelt. Sie ist indes nicht „höchstpersönlicher" Natur dahingehend, dass diese einen Übergang im Wege der Universalsukzession auszuschließen vermag. Auch bei sonstigen, zivilrechtlichen Erklärungen handelt es sich insoweit um persönliche Rechtshandlungen des Erklärenden, die autonom vorgenommen werden. Im Unterschied zu diesen entfaltet die datenschutzrechtliche Einwilligung zwar für den Betroffenen keinerlei Bindungswirkung. Sie kann *jederzeit widerrufen* werden mit der Folge, dass die Datenverarbeitung dann unverzüglich einzustellen ist. Auf eine etwaige zivil- oder öffentlich-rechtliche Bindungswirkung kann es indes für die Frage, ob eine Erklärung in der Universalsukzession übergeht oder nicht, nicht ankommen. Gerade weil die Einwilligung jederzeit frei widerruflich ist, entspricht es insbesondere auch dem grundsätzlichen Interesse des Betroffenen, diese im Wege der Kontinuität in der Universalsukzession fortbestehen zu lassen. Will der Betroffene seine personenbezogenen Daten nicht mehr durch den übernehmenden Rechtsträger verarbeitet sehen, steht es ihm frei, die Einwilligung jederzeit zu widerrufen. Würde die Einwilligung jedoch nach der Auffassung von Duisberg mit Vollzug der Verschmelzung automatisch erlöschen, könnten die personenbezogenen Daten auch dann nicht weiter verarbeitet werden, wenn dies dem *mutmaßlichen Willen* des Betroffenen entspräche. Ein solches Ergebnis erscheint unter keinem Gesichtspunkt sachgerecht.

In summa gilt damit verschmelzungsrechtlich auch in Hinblick auf datenschutzrechtliche Einwilligungen der Grundsatz der Kontinuität. Diese gehen im Wege der Universalsukzession ebenso wie alle anderen Rechte und Rechtsverhältnisse des übertragenden Verbandes auf den übernehmenden Rechtsträger über. Die verschmelzungsrechtliche Gesamtrechtsnachfolge selbst gibt dieses Ergebnis vor. Sie ordnet das Vermögen einem neuen Rechtsträger zu, lässt jedoch zugleich die bestehenden Rechte und Pflichten in Bezug auf das Vermögen – und damit auch die personenbezogenen Daten – unberührt.[989] Die universelle Vermögensnachfolge samt des akzessorischen und akzidentiellen Übergangs der personenbezogene Daten ist insoweit zweckneutral.[990] Dies ergibt sich auch aus einer ergänzenden Heranziehung des § 28 Abs. 5 BDSG a-majore-ad-minus, der die Verarbeitung und Nutzung in zulässiger Weise übermittelter personenbezogener Daten auch durch den Dritten innerhalb der Zweckbestimmung der Übermittlung vorsieht.[991] Dies steht unter dem Vorbehalt im Einzelfall, dass die

988 *Duisberg*, RDV 2004, 109.

989 *Simitis*, ZHR 165 (2001), 458 f.

990 *Simitis*, a.a.O.

991 Hiervon abweichend kommt es im Rahmen des § 28 Abs. 5 BDSG auf die Zweckbestimmung der Übermittlung an, die ihrerseits einer gesonderten Rechtfertigung bedarf; *Gola/Schomerus*, BDSG, § 28 Rdnr. 52. Eine Verwendung für außerhalb dieses Rahmens liegende Zwecke ist indes wiederum vom Eingreifen

Einwilligung durch die Person oder höchstpersönlichen Beziehung des Einwilligenden mit der verantwortlichen Stelle geprägt ist. Diese wird dann ausnahmsweise nicht von der Vermögensuniversalsukzession erfasst und erlischt.

12.2.2 Keine informationelle Einheit infolge verschmelzungsrechtlicher Universalsukzession

Die veränderte Unternehmensstruktur begründet trotz aller rechtlichen Vereinheitlichungen unter dem Dach der übernehmenden Stelle indes *keine Informationseinheit.*[992] Das geltende Datenschutzrecht kennt weder ein Konzernprivileg noch die barrierefreie Zirkulation personenbezogener Daten innerhalb eines Unternehmens mit unterschiedlichen Teilbereichen. Die Weitergabe personenbezogener Daten ist stets am konkreten Aufgabenbereich, in deren Rahmen sie erhoben wurden, sowie den konkret und erkennbar zugrunde gelegten Verarbeitungszwecken zu orientieren.

Diese Erkenntnis bedingt zugleich, dass die Verarbeitung und Nutzung der personenbezogenen Daten für die Fortführung oder Abwicklung bestehender Vertragsverhältnisse mit den Betroffenen im Rahmen der jeweiligen Zweckbestimmung gestattet ist. Wird dieser gesetzlich vorgegebene Rahmen der Zweckbestimmung der personenbezogenen Daten innerhalb eines Vertrags- oder vertragsähnlichen Vertrauensverhältnisses[993] verlassen, bedarf die Verarbeitung einer neuerlichen Rechtfertigung. Diese ist anhand des Einzelfalles zu ermitteln und wird in Ermangelung einer Einwilligung der Betroffenen in der Regel in der Interessenabwägung nach § 28 Abs. 1 S. 1 Nr. 2 BDSG zu suchen sein.

Wird die Verschmelzung zwischen zwei Unternehmen abgewickelt, die ein identisches wirtschaftliches Betätigungsfeld aufweisen, z.B. zwei Großbanken, erweist sich die Verarbeitung und Nutzung der personenbezogenen Daten durch den übernehmenden Verband als grundsätzlich unkritisch. Das wirtschaftliche Betätigungsfeld, das zugleich die Zweckbestimmung der personenbezogenen Daten bei Erhebung maßgebend mitbestimmt, ändert sich nicht infolge der Verschmelzung. Eine Ausnahme gilt wiederum, soweit den personenbezogenen Daten eine höchstpersönliche Bindung an die verantwortliche Stelle zugrunde liegt und diese aufgrund besonderen persönlichen Vertrauens an den Empfänger offen gelegt wurden.

---

eines neuerlichen Erlaubnistatbestandes abhängig, § 28 Abs. 5 S. 2 BDSG; *Gola/Schomerus*, BDSG, § 28 Rdnr. 52; kritisch *Simitis* in: Simitis/Dammann/Geiger/Mallmann/Walz, BDSG, § 28 Rdnr. 289 unter Hinweis auf die Gefahr einer grenzenlosen Zweckentfremdung des Art. 6 Abs. 1 Buchst. b) der EG-Datenschutzrichtlinie.

992 Zutreffend *Simitis*, ZHR 165 (2001), 459.

993 § 28 Abs. 1 S. 1 Nr. 1 BDSG bzw. § 28 Abs. 1 S. 2 BDSG sowie Art. 6 Abs. 1 Buchst. b) der EG-Datenschutzrichtlinie.

12.2.3 Erfordernis neuerlicher Rechtfertigungstatbestände

Anders verhält es sich, wenn an der Verschmelzung zwei Unternehmen mit unterschiedlichen wirtschaftlichen Betätigungsfeldern beteiligt sind. Hier entfaltet der Grundsatz der Zweckbindung[994] seine eigentlichen Wirkungen. Infolge des Vollzugs der Verschmelzung vermischen sich zwei unterschiedliche Betätigungsfelder in einer Rechtsperson, dem übernehmenden Rechtsträger.

Datenschutzrechtlich wirkt sich dies dahingehend aus, dass die Datenbestände des übertragenden Verbandes grundsätzlich nicht mit den eigenen Datenbeständen des übernehmenden Verbandes vermischt, abgeglichen oder zentral gespeichert werden dürfen, und die Datenbestände des übertragenden Verbandes nur im vorgegeben Rahmen der ursprünglichen Zweckbestimmung zu Zwecken der Fortführung oder Abwicklung der übergegangenen, bestehenden Vertragsverhältnisse mit den Betroffenen verwendet werden dürfen, und insbesondere *nicht* zur Anbahnung neuer geschäftlicher Kontakte im Rahmen des – aus Sicht des Betroffenen – wirtschaftlichen Betätigungsfeldes des übernehmenden Verbandes genutzt werden dürfen.

Dieser Grundsatz gilt uneingeschränkt, soweit keine Gestattung im Einzelfall nachweisbar ist. Fusioniert eine Großbank auf ein Versicherungsunternehmen, dürfen die personenbezogenen Datenbestände der übertragenden Bank nicht dazu eingesetzt werden, um versicherungsvertragliche Verhältnisse mit den Kunden anzubahnen oder im Vorfeld hierzu den Bedarf auszuloten.[995]

Von erheblichem praktischem Interesse ist, wie der Zweck bzw. die Zweckbestimmung des Vertrags- oder vertragsähnlichen Vertrauensverhältnisses zu bestimmen und zu interpretieren ist. Maßgebend hierfür ist primär die konkrete Zweckfestlegung zum Zeitpunkt der Erhebung der personenbezogenen Daten durch die vormals übertragende Gesellschaft.[996] Die Zwecke der Erhebung und Verarbeitung sind von der erhebenden Stelle zum Erhebungszeitpunkt festzulegen und zu dokumentieren.[997] Die Dokumentation ist sowohl aus Sicht der verantwortlichen Stelle in Hinblick auf die Nachweismöglichkeit einer datenschutzkonformen Verarbeitung, als auch für die Kontrolle durch interne und externe Kontrollinstanzen unerlässlich.[998] Sie bildet überdies die Grundlage für die Erfüllung der bestehenden gesetzlichen Hinweispflicht nach § 4 Abs. 3 S. 1 Nr. 2 BDSG.

Ist die Zweckbestimmung der personenbezogenen Datenbestände in Hinblick auf den Betroffenen nicht hinreichend dokumentiert, ist diese im Einzelfall durch Auslegung der rechtsgeschäftlichen oder tatsächlichen Beziehungen des übertragenden Verbandes zum jeweiligen Betroffenen zu ermitteln. Die detaillierten vertraglichen Vereinbarungen sind ergänzend zu

---

994 *Gola/Schomerus*, BDSG, § 28 Rdnr. 48.

995 *Simitis*, ZHR 165 (2001), 459.

996 *Gola/Schomerus*, BDSG, § 28 Rdnr. 48.

997 *Gola/Schomerus*, a.a.O.

998 Die Festlegung der konkreten Verarbeitungszwecke sowie deren Dokumentation stellt zugleich eine ergänzende Anforderung an eine datenschutzkonforme Organisation der Datenverarbeitung im Unternehmen – entsprechend den Vorgaben der *Anlage zu § 9 BDSG* – dar.

Rate zu ziehen.[999] Die Datenverarbeitung soll nach der gesetzgeberischen Intention nur für einen bestimmten und dem Betroffenen gegenüber erkennbaren Zweck erfolgen, um die Transparenz der Datenverarbeitung zu gewährleisten.[1000] Die Verarbeitung und Nutzung muss daher in unmittelbarem – rechtlichen wie tatsächlichen – Zusammenhang mit dem jeweiligen Vertragszweck stehen. Die kraft des tragenden zivilrechtlichen Grundprinzips der Privatautonomie[1001] bestehende Dispositivität der vertraglichen Abreden wird über diese zwingenden Vorgaben des Bundesdatenschutzgesetzes eingeschränkt. Dementsprechend ist strikt zwischen den unterschiedlichen Inhalten etwaiger vertraglicher oder vertragsähnlicher Schuldverhältnisse[1002] mit Kunden, Lieferanten, Arbeitnehmern oder sonstigen Personen zu unterscheiden. Das Datenschutzrecht knüpft notwendig an die Zweckbestimmung als Ausfluss aus einem konkret bestehenden Vertragsverhältnis an. Auch soweit personenbezogene Daten auf sonstiger Grundlage erworben wurden, sind die in diesem tatsächlichen Verhältnis bestehenden Zweckbindungen zu beachten und binden zugleich die verantwortliche Stelle.

Der von einem Einwilligungs- bzw. Rechtfertigungsvorbehalt befreite Übergang der personenbezogenen Daten in der verschmelzungsrechtlichen Universalsukzession ist damit aus Sicht des übernehmenden Verbandes – mit Blick auf dessen Interesse an einer weitgehenden informatorischen Einheit – ein Pyrrhussieg. Die Gesamtrechtsnachfolge garantiert nicht die uneingeschränkte Verwertbarkeit der erlangten Datenbestände. Sie stellt insbesondere keine Blanko-Ermächtigung für weitergehende Verarbeitungen dar,[1003] sondern erlegt dem übernehmenden Verband umfassende Pflichten zur organisatorischen Sicherstellung der Einhaltung der Datenschutzgrundsätze auf. Der Grundsatz der Zweckbindung verkörpert nachhaltig die maßgebende Schranke für weitere Verarbeitungen und Nutzungen der personenbezogenen Daten. Die Fortführung oder Abwicklung bestehender Vertragsverhältnisse mit Kunden, Lieferanten und Arbeitnehmern ist unter der Voraussetzung der Kongruenz zur Zweckbestimmung der Daten ohne weiteres gestattet. Der Einsatz der neu hinzugewonnenen personenbezogenen Daten im Rahmen eines abweichenden wirtschaftlichen Betätigungsfeldes der übernehmenden Gesellschaft, der mitunter die primäre Motivation für die Verschmelzung darstellen mag, ist sub specie des Zweckbestimmungsgrundsatzes untersagt. Die Erweiterung der Einsatzmöglichkeiten der personenbezogenen Daten steht und fällt mit der Mitwirkung der Betroffenen.[1004]

---

999 *Wächter* in: Müller/Wächter, Rdnr. 700.

1000 *Wächter* in: Müller/Wächter, Rdnr. 572.

1001 *Palandt/Heinrichs*, BGB, Überbl. v. § 104 Rdnr. 1.

1002 Insbesondere der vorvertragliche Kontakt, der nunmehr auch als Schuldverhältnis einzuordnen ist, vgl. § 311 Abs. 2 BGB.

1003 Zutreffend beschreibt *Simitis*, ZHR 165 (2001), 459 die Gesamtrechtsnachfolge als datenschutzrechtliche *„Sackgasse"*.

1004 So auch *Simitis*, ZHR 165 (2001), 459.

12.3 Verletzung von § 203 StGB und dessen straf- und zivilrechtliche Konsequenze für den Verschmelzungsvorgang

Bereits zuvor[1005] wurde wiederholt auf die Bedeutung des § 203 StGB in diesem Kontext hingewiesen. Nach § 203 Abs. 1 StGB macht sich ein Angehöriger der dort aufgezählten Katalogberufe strafbar, wenn er unbefugt ein fremdes Geheimnis, namentlich einen zum persönlichen Lebensbereich gehörenden Umstand, offenbart, das ihm in seiner beruflichen Sphäre anvertraut worden ist.

12.3.1 § 203 StGB als zivilrechtliche Verbotsnorm im Sinne des § 134 BGB

In der Vollzugsphase der Verschmelzung entfaltet § 203 StGB in erster Linie Bedeutung in seiner anerkannten Funktion als *zivilrechtliches Verbotsgesetz* im Sinne des § 134 BGB.[1006] Ein qualifizierter Verstoß könnte insoweit die Nichtigkeit des Verschmelzungsvertrages sowie der verschmelzungsrechtlichen Vermögensgesamtrechtsnachfolge als umfassenden, schuldrechtlich wie dinglich wirkenden Übertragungsakt nach sich ziehen.[1007]

Voraussetzung wäre, dass infolge des universalsukzessiven Übergangs der personenbezogenen Daten eine Verletzung des § 203 Abs. 1 StGB einträte, indem unbefugt fremde Geheimnisse offenbart würden, die einem Angehörigen der Katalogberufe des § 203 Abs. 1 StGB

1005 Siehe unter *10.3.5* für die Vorbereitungsphase und *11.2.2.2.4* für die Zwischenphase der Verschmelzung.

1006 St. RSpr., vgl. zuletzt *BGH*, NJW 2001, 2462 ff. (m.w.N.); zugleich wird § 203 Abs. 1 StGB auch als Schutzgesetz i.S.v. § 823 Abs. 2 BGB qualifiziert, vgl. *Palandt/Heinrichs*, BGB, § 823 Rdnr. 149; *Teichmann/Kießling*, ZRG 2001, 63. Nach der Rechtsprechung des BGH verletzt ein Vertrag über die Veräußerung einer Anwalts- oder Steuerberatungskanzlei, in der sich der Veräußerer zur Übergabe der Mandantenakten ohne Einwilligung der betroffenen Mandanten verpflichtet, deren informationelles Selbstbestimmungsrecht und die dem Veräußerer nach § 203 StGB auferlegte Schweigepflicht; vgl. *BGH*, NJW 2001, 2462 f. (nach *OLG München*, NJW 2000, 2592 ff.). Durch die zivilrechtliche Sanktion der Nichtigkeit eines solchen Vertrages (§ 134 BGB) sollen die Mandanten vor einer Weitergabe von "Geheimnissen", die sie einem Angehörigen der genannten Berufsgruppe anvertraut haben, ohne Vorliegen einer entsprechenden Zustimmungserklärung geschützt werden; *BGH*, NJW 2001, 2462 f.; *BGHZ* 116, 272 ff.; *BGH*, WM 1995, 1357; *BGH*, WM 1996, 22; *BGH*, WM 1996, 1815; siehe auch *BGH*, WM 1999, 1034.

1007 Mit dem Zweck des Verbotsgesetzes wäre es unvereinbar, die rechtsgeschäftliche Verpflichtung zur widerrechtlichen Offenlegung der Informationen fortbestehen zu lassen. Ob es anschließend tatsächlich zu einer Offenlegung der Informationen kommt, spielt indes nach der Rechtsprechung keine Rolle mehr; *BGH*, NJW 1992, 737 f.; *BGH*, NJW 1993, 1912; *BGH*, NJW 1995, 2027; *BGH*, NJW 1996, 773 f.; *BGH*, NJW 1996, 2087 f.; *Teichmann/Kießling*, ZGR 2001, 68 f. Zur Nichtigkeit des Erfüllungsgeschäfts vgl. *BGH*, NJW 1991, 2957; *BGH*, NJW 1992, 2349; *BGH*, NJW 1995, 2026; *BGH*, NJW 1996, 703 f.

anvertraut wurden.[1008]

Der Tatbestand des § 203 Abs. 1 StGB wird indes in der Vollzugsphase einer Verschmelzung durch die gesetzlich angeordnete Gesamtrechtsnachfolge überlagert und ist *nicht* erfüllt.[1009] Sind an der Verschmelzung Gesellschaften beteiligt, deren Tätigkeitsbereich sich in einem der in § 203 Abs. 1 StGB genannten Katalogberufe erschöpft, würde die Nichtigkeitsfolge die Verschmelzung *ad absurdum* führen.[1010] Eine Verschmelzung dieser Rechtsträger wäre – ohne vorherige Einwilligung sämtlicher Betroffener – trotz der de lege lata angeordneten und im übrigen nicht dispositiven Universalsukzession unmöglich, der Übergang der Datenbestände nach § 134 BGB i.V.m. § 203 StGB nichtig. Da eine Einholung aller hypothetisch erforderlichen Einzeleinwilligungen praktisch nicht umsetzbar ist, wäre die Funktionstauglichkeit des Umwandlungsgesetzes weitgehend ausgeschaltet.

12.3.2 Einschränkungen de lege ferenda

Die Anwendbarkeit des § 203 StGB auf die verschmelzungsrechtliche Gesamtrechtsnachfolge wurde von der Rechtsprechung bislang nicht explizit thematisiert.[1011] Auch im *Schrifttum* finden sich lediglich vereinzelte Ausführungen hierzu.[1012] Der *BGH* befand jedoch in einer richtungsweisenden Entscheidung aus dem Jahre 2001 die Veräußerung einer Rechtsanwaltssozietät ohne Einwilligung sämtlicher Mandanten für zulässig und wirksam. Ein Verstoß gegen § 203 StGB wurde verneint. Die hierzu gegebene Begründung ist auf die Situation einer Verschmelzung im Wege eines *Erst-Recht-Schlusses* übertragbar.

Der BGH führte aus, dass sich bei einer Rechtsanwaltssozietät das erteilte Mandat – anders als bei der Einzelkanzlei – in der Regel auf die Sozietät als solche und somit alle Sozietäts-

---

1008 Nach *Wengert/Wiedmann/Wengert* sei die Rechtsprechung des BGH zur Nichtigkeit von Kanzleiübertragungsverträgen unter Verstoß gegen § 203 StGB i.V.m. § 134 BGB *analog* auf Verstöße gegen Verbotsnormen des BDSG (insbesondere §§ 4, 43 BDSG) übertragbar mit der Folge, dass der Verschmelzungsvertrag sowie der Vermögensübergang *nichtig* sind, soweit keine Einzeleinwilligung sämtlicher Betroffener eingeholt wurde; *Wengert/Wiedmann/Wengert*, RDV 2000, 52 f. Dem kann nicht gefolgt werden. *Schaffland* weist zutreffend darauf hin, dass – sollte diese Auffassung zutreffen – sämtliche Bankenverschmelzungen der vergangenen Jahre *nichtig* seien – vorbehaltlich der Heilung nach § 20 Abs. 2 UmwG, da in keinem Fall die Zustimmung aller Kunden eingeholt wurde; *Schaffland*, NJW 2002, 1540 f. Dies muss überdies für alle Fusionen auch in anderen Bereichen gelten. *Lüttge* weist zutreffend auf die Folgewirkung dieser Auffassung hin: Das UmwG wäre zu weiten Teilen torpediert. Das vom Gesetz bereitgestellte Instrumentarium wäre weithin effektiv unbrauchbar; *Lüttge*, NJW 2000, 2463. Die Einholung aller hypothetisch erforderlichen Einzeleinwilligungen wird praktisch – je nach Größe der Transaktion – nie umsetzbar sein; *Lüttge*, NJW 2002, 2464.

1009 So auch *Lüttge*, NJW 2000, 2463 f.; *Schaffland*, NJW 2002, 1540 f.; *Teichmann/Kießling*, ZGR 2001, 62 ff. (die einen differenzierteren Ansatz vertreten).

1010 *Lüttge*, NJW 2000, 2463; *Schaffland*, NJW 2002, 1540.

1011 Die Ausführungen in der Rechtsprechung beschränken sich auf die Veräußerung von Rechtsanwalts- und Steuerberaterkanzleien sowie Arztpraxen im Wege der Singularsukzession, *BGH*, NJW 2001, 2462 f.; *BGHZ* 116, 272 ff.; *BGH*, WM 1995, 1357; *BGH*, WM 1996, 22; *BGH*, WM 1996, 1815; *BGH*, WM 1999, 1034 sowie die Beurteilung von Verträgen über die isolierte Datenübermittlung als Annex zur Zession von Einzelforderungen, die ihrerseits auf einem der Schweigepflicht (nach § 203 StGB) unterfallenden Sachverhalt basierten; vgl. *BGH*, NJW 1991, 2955; *BGH*, NJW 1992, 2348; *BGH*, NJW 1993, 1912; *BGH*, NJW 1993, 2795; *Teichmann/Kießling*, ZGR 2001, 63.

1012 *Teichmann/Kießling*, ZGR 2001, 62 ff.

mitglieder gleichermaßen erstrecke, selbst wenn diese erst später in die Sozietät einträten. Bei einer Mandatserteilung an eine Sozietät hätten wegen der mit einer Sozietät verbundenen Vorteile hinsichtlich der Organisation und Arbeitsteilung[1013] im Zweifel sowohl der Mandant als auch die Sozietät den Willen, im Falle einer Sozietätserweiterung das hinzutretende Mitglied von diesem Zeitpunkt an – sein vermutetes Einverständnis vorausgesetzt – in das Auftragsverhältnis einzubeziehen. Somit besäßen alle Sozietätsmitglieder aufgrund des bestehenden Mandatsverhältnisses ein Recht zur Einsichtnahme in die Mandantenakten. Sie unterlägen überdies von Anfang an der anwaltlichen Schweigepflicht, so dass ein unbefugtes Offenbaren eines Geheimnisses im Sinne des § 203 Abs. 1 Nr. 3 StGB bezogen auf die bisherigen Sozietätsmitglieder ausscheiden müsse.[1014] In der Folge sei der Sozietätsveräußerungsvertrag nicht wegen Verstoßes gegen § 203 Abs. 1 Nr. 3 StGB i.V.m. § 134 BGB nichtig. Der mutmaßliche Wille der Mandanten, welche die als Sozietät auftretende Kanzlei beauftragten, umfasse auch die Einbeziehung neu hinzutretender Mitglieder in die bestehenden Mandatsverhältnisse mit der Folge, dass vorhandene Mandantenakten an diesen herausgegeben werden dürften.

Ein weitergehendes Schutzbedürfnis zugunsten der Mandanten besteht auch in den Fällen einer Sozietätserweiterung oder Kanzleifusion nicht.[1015] Vielmehr haben sämtliche Mitglieder einer Kanzlei, wenn sich die erteilten Mandate auf sie erstrecken, ungehinderten Zugang zu den Mandantenakten, so dass ein unbefugtes Offenbaren von "Geheimnissen" durch die bisherigen Sozietätsmitglieder nicht erfolgt. Das gleiche müsse für den Fall gelten, dass der bisherige Kanzleiinhaber – unter Fortbestand der (Außen-)Sozietät – aus der Kanzlei ausscheide und an seiner Stelle ein neuer Inhaber eintrete. Auch mit einer solchen, nicht ungewöhnlichen Veränderung innerhalb der beauftragten Sozietät müsse der Mandant, der im Regelfall keinen Einblick in die internen Verhältnisse der Kanzlei habe, rechnen. Schutzwürdige Interessen des Mandanten würden ebenso wie im Falle einer Sozietätserweiterung durch die Veränderung der Eigentumsverhältnisse an der Kanzlei im Regelfall nicht berührt. Deshalb sei auch in einem solchen Fall grundsätzlich nicht nur von der Erstreckung des Mandatsverhältnisses auf den neuen Kanzleiinhaber, sondern von einem (mutmaßlichen) *Einverständnis* der Mandanten in die Aktenherausgabe an diesen auszugehen.[1016]

[1013] *BGHZ* 56, 360.

[1014] *BGH*, NJW 2001, 2462 f.

[1015] *BGH*, NJW 2001, 2462 f.

[1016] So auch *LG Baden-Baden*, NJW-RR 1998, 203; *BGH*, NJW 2001, 2462 f.

12.3.3 Folgewirkungen für die Universalsukzession und den Verschmelzungsvorgang

Diese Überlegungen sind auf die Situation einer Verschmelzung a-majore-ad-minus übertragbar. Im wirtschaftlichen Verkehr müssen die Kunden einer Gesellschaft, die ein nach § 203 Abs. 1 StGB qualifiziertes Tätigkeitsfeld aufweist, mit einer gesellschaftsrechtlichen Umstrukturierung bis hin zur Verschmelzung auf einen neuen Rechtsträger rechnen. Da diese Möglichkeit gesetzlich im Umwandlungsgesetz eröffnet wird, ist ein Gebrauchmachen von ihr nur legitim. Die personenbezogenen Daten sind in aller Regel der Gesellschaft als solcher und nicht einer Einzelperson im Sinne des § 203 Abs. 1 StGB zur Verfügung gestellt worden. Die Befugnis zur Datenverarbeitung erstreckt sich somit auf die jeweilige *Stelle*. Interne Personalmaßnahmen lassen die Berechtigung zur Datenverarbeitung ebenso unberührt, wie die Auswechslung des Inhabers. Bei börsennotierten Unternehmen ist der Wechsel der Mehrheitsbeteiligung aufgrund des weiten Streubesitzes der Aktien z.T. ohnehin nicht kontrollierbar. Entscheidend muss daher auch hier sein, inwieweit die Geschäftstätigkeit durch den übernehmenden Rechtsträger kontinuierlich fortgeführt wird und die personenbezogenen Daten innerhalb ihrer ursprünglichen Zweckbestimmung weiter verarbeitet werden. Dies gilt insbesondere unter der gesetzlichen Privilegierung der Verschmelzung durch die de lege lata angeordnete Universalsukzession. Entfaltet schon die Veräußerung einer Sozietät unter Singularsukzessionen keine Auswirkungen sub specie des § 203 Abs. 1 StGB, muss dies *a-majore-ad-minus* für die verschmelzungsrechtliche Universalsukzession gelten.

§ 203 StGB adressiert darüber hinaus als strafrechtliche Norm grundsätzlich natürliche Personen, nicht jedoch die verantwortliche Stelle im Sinne des Bundesdatenschutzgesetzes. Eine unbefugte Weitergabe von Informationen liegt somit ungeachtet des zugrunde liegenden zivilrechtlichen Konstrukts (Singular- oder Universalsukzession) bereits dann vor, wenn die Informationen einer anderen Person als jener, der sie ursprünglich anvertraut wurden, weitergereicht werden.[1017] Irrelevant ist, ob die andere Person an die Stelle des ursprünglichen Informationsadressaten oder neben diese tritt;[1018] ersteres wäre infolge des Erlöschens des übertragenden Rechtsträgers der Fall. Innerhalb der Organisation einer Kanzlei sind die betreffenden Informationen nicht nur dem Einzelanwalt, sondern auch dessen Gehilfen[1019] zugänglich. Hieran besteht ein essentielles und legitimes Interesse. Die Zulässigkeit der Einbeziehung dieser Personen ist über eine entsprechend weit reichende Einwilligungserklärung sicher zu stellen. Praktisch werden Mandate daher nicht auf den Einzelanwalt, sondern die Sozietät als solche erteilt. Die Reichweite der hiermit verbundenen Einwilligung zur Weitergabe der Informationen erstreckt sich damit auf die Sozietät als solche und ist personenunabhängig. Der wechselnde Bestand an Personal oder Mitarbeitern wirkt sich so rechtlich nicht aus, das schutzwürdige Interesse der Mandanten ist nicht betroffen.[1020]

1017 *Tröndle/Fischer*, StGB, § 203 Rdnr. 11 ff.
1018 *Teichmann/Kießling*, ZGR 2001, 64.
1019 Sekretärin, Rechtsreferendar, studentische Hilfskräfte oder schlicht Kollegen.
1020 So *BGH*, NJW 2001, 2462 f. zur Veräußerung einer Rechtsanwaltssozietät.

Nichts anderes kann bei einer Verschmelzung auf eine andere Rechtsanwaltssozietät nach §§ 2 ff. UmwG gelten.[1021] De facto mag sich sowohl die Rechtsform, interne Struktur der Sozietät als auch die Zahl der Beschäftigten dadurch ändern. Dies berührt jedoch grundsätzlich nicht die Interessen der Mandanten, soweit die Fortführung bestehender Mandate innerhalb des ursprünglichen Rahmens erfolgt. Abweichendes mag sich ergeben, soweit die Mandatserteilung auf eine konkrete Person bezogen erfolgte. Dann erfolgt eine unbefugte Offenbarung im Sinne des § 203 StGB jedoch nicht bereits im Vollzug der Verschmelzung, sondern erst, wenn die Informationen tatsächlich an eine andere Person weitergegeben werden. Hier wirkt sich der Personenbezug des § 203 Abs. 1 StGB als Straftatbestand aus. Vor der Offenlegung ist sicherzustellen, dass eine neuerliche Einzeleinwilligung eingeholt wird.[1022]

Ohne diese Einzeleinwilligung würde sich jedoch nicht nur die Einzelperson strafbar machen; möglicherweise würde § 203 Abs. 1 BGB seine Sekundärwirkung als Verbotsnorm im Sinne von § 134 BGB über die Nichtigkeit des Verschmelzungsvertrages entfalten. Der Verschmelzungsvertrag bildet die rechtsgeschäftliche Grundlage für die Vermögensnachfolge, die ihrerseits eine rechtsgeschäftliche darstellt.[1023] Er entzieht sich einer rechtsdogmatischen Einordnung als „Kausalgeschäft" für die später erfolgende Offenbarung der Informationen an den übernehmenden Verband. Eine dahingehende Klausel im Verschmelzungsvertrag erübrigt sich schon deshalb, weil die Vermögensnachfolge keiner *rechtsgeschäftlichen causa* bedarf.[1024] Wird eine Klausel dennoch aufgenommen, hat sie rein deklaratorische Wirkung. Indes ist anerkannt, dass sich der Charakter des § 203 StGB als Verbotsnorm im Sinne des § 134 BGB in seiner Nichtigkeitswirkung grundsätzlich nur auf diejenige Regelung des Kausalgeschäfts erstreckt, die zu einer späteren Offenlegung der Informationen verpflichtet.[1025] Fehlt es an einer schuldrechtlichen Klausel im Verschmelzungsvertrag, scheidet die Annahme der Nichtigkeit des gesamten Verschmelzungsvertrages bereits aus diesem Grund aus.[1026] Für

---

1021 Für den Formwechsel nach §§ 190 ff. UmwG ist anerkannt, dass dieser die Kontinuität sämtlicher rechtlicher wie tatsächlicher Vorgänge unberührt lässt und auch sub specie des § 203 StGB keinerlei Relevanz hat; vgl. *Teichmann/Kießling*, ZGR 2001, 65.

1022 So zutreffend *Teichmann/Kießling*, ZGR 2001, 65 f.

1023 *K. Schmidt*, AcP 191 (1991), 514; *Hennrichs*, ZIP 1995, 794 f.; *Raiser*, § 46 II. 3. Rdnr. 25; nicht explizit hierzu Stellung nehmend *Grunewald in:* Lutter, UmwG, § 20 Rdnr. 7; a.A. *Stratz* in: Schmitt/Hörtnagl/Stratz, UmwG, § 20 Rdnr. 18 (Gesamtrechtsnachfolge *kraft Gesetz*); *Kraft* in: Köln Komm/AktG, § 346 Rdnr. 18; *Werner/Kindermann*, ZGR 1981, 48.

1024 Die Systematik des Verschmelzungsrechts entzieht sich insoweit den bekannten zivilrechtlichen Instrumenten. Grundsätzlich wäre eine „*sine causa*" vorgenommene Verfügung nicht kondiktionsfest. Verschmelzungsrechtlich ist indes alleinig die Frage der registergerichtlichen Eintragung von Bedeutung. Wird die Verschmelzung eingetragen, erlischt der übertragende Rechtsträger gemäß § 20 Abs. 1 Nr. 2 UmwG, die Wirkung der Vermögensnachfolge gemäß § 20 Abs. 1 Nr. 1 UmwG wird automatisch herbeigeführt. Die Verschmelzung ist dann bestandsfest, vgl. § 20 Abs. 2 UmwG. Eine Kondiktion des übergegangenen Vermögens nach §§ 812 ff. BGB scheidet daher aus.

1025 *BGH*, NJW 1996, 2087 f.; *Teichmann/Kießling*, ZGR 2001, 69. Inwieweit dies die Nichtigkeit des gesamten Vertrages bedingt, ist durch Auslegung i.V.m. § 139 BGB bzw. einer etwaigen salvatorischen Klausel zu ermitteln.

1026 Hinzu kommt, dass § 203 StGB diesen Fall nach richtigem Verständnis nicht anspricht (s.o.); so auch *BGH*, NJW 2001, 2462 f.; a.A. *Teichmann/Kießling*, ZGR 2001, 69, nach denen der Verschmelzungsvertrag nach § 203 StGB i.V.m. § 134 BGB unwirksam sein soll. Sie übersehen jedoch, dass § 203 StGB den Fall der Sozietätsübertragung nach richtigem Verständnis nicht erfasst und somit weder auf die Singulardie Verfügungsseite der Verschmelzung in Form der gesetzlichen Universalsukzession fehlt es ebenso an einem übertragenden Rechtsgeschäft. Überdies ordnet § 20 Abs. 2 UmwG die Bestandfestigkeit der Verschmelzung mit deren Eintragung im Handelsregister an. Etwaige Mängel des Verschmelzungsvorgangs werden geheilt.

12.4 Weitere Rechte des Betroffenen

Für die rechtssichere Abwicklung der Verschmelzung ist ferner von praktischer Relevanz, welche weitergehenden Rechte des Betroffenen unter dem geltenden Datenschutzrecht bestehen, die es durch den übernehmenden Rechtsträger zu beachten und einzuhalten gilt. In abstracto kommen insbesondere ein Recht auf Benachrichtigung, Widerspruch sowie auf Auskunft, Sperrung und Löschung der übergegangenen personenbezogenen Daten in Betracht.

12.4.1 Recht auf frühzeitige Unterrichtung

De lege lata ist der Betroffene von der Tatsache der Speicherung, der Art der Daten, der Zweckbestimmung und der Identität der verantwortlichen Stelle zu benachrichtigen, wenn erstmals personenbezogene Daten für eigene Zwecke der verantwortlichen Stelle ohne seine Kenntnis gespeichert werden, § 33 Abs. 1 S. 1 BDSG. Der Benachrichtigungspflicht kommt besonderes Gewicht zu, da sie keine Eigeninitiative der Betroffenen erfordert, sondern diese der verantwortlichen Stelle bei erstmaliger Speicherung auferlegt wird.[1027]

Entgegen der Auffassung von *Teichmann/Kießling*[1028] findet § 33 Abs. 1 S. 1 BDSG indes auf die übernehmende Gesellschaft nach Vollzug der Verschmelzung keine unmittelbare Anwendung. Wie bereits zuvor herausgearbeitet, liegt in der verschmelzungsrechtlichen Gesamtrechtsnachfolge kein Vorgang einer Datenübermittlung. Die Vermögensnachfolge ist geprägt vom Gedanken der Kontinuität. Dementsprechend kann auch von einer erstmaligen Speicherung der betreffenden personenbezogene Daten durch den übernehmenden Verband keine Rede sein; § 33 Abs. 1 S. 1 BDSG ist nicht einschlägig.[1029] Anzudenken ist allenfalls eine analoge Anwendung. Hierfür besteht jedoch im Ergebnis weder ein rechtliches, noch ein praktisches Bedürfnis.

---

sukzession noch die verschmelzungsrechtliche Universalsukzession Anwendung findet. Nach ihnen hätte das Registergericht die Verschmelzung auf den Verstoß gegen ein gesetzliches Verbot hin zu überprüfen (vgl. hierzu *OLG Hamm*, NJW 1977, 666) und die Eintragung abzulehnen. Würde die Verschmelzung dennoch eingetragen, wäre dieser Mangel geheilt, die Maßnahme wäre im Ergebnis endgültig wirksam, vgl. § 20 Abs. 2 UmwG; *Teichmann/Kießling*, ZGR 2001, 70.

1027 *Teichmann/Kießling*, ZGR 2001, 70.

1028 *Teichmann/Kießling*, a.a.O.

1029 So im Ergebnis auch die „Expertenrunde zum Datenschutz", vgl. *Schneider*, Diskussionsbericht, ZHR 165 (2001), 464. Demnach sei es wünschenswert, die Kunden über geplante Umwandlungsmaßnahmen rechtzeitig zu informieren, da hiermit der Tradition des Datenschutzrechts entsprochen werde, den Bürger auch bei großen Transaktionen als Persönlichkeit wahrzunehmen. Dieser *„Wunsch"* bezieht sich indes auf die Phase *vor* Vollzug der Verschmelzung und verdeutlicht, dass eine gesetzliche Grundlage unmittelbar nicht einschlägig ist. Daneben fehlt es regelmäßig auch an einer Speicherung der personenbezogenen Daten zum Zwecke der geschäftsmäßigen Übermittlung, § 33 Abs. 1 S. 2 BDSG.

Sämtliche Betroffenen sind nach vorstehenden Ausführungen und – entsprechend dem Wunsch der Expertenrunde zum Datenschutz[1030] – bereits vor Vollzug der Verschmelzung möglichst frühzeitig zu informieren. Für eine erneute Benachrichtigung nach Vollzug der Verschmelzung, anknüpfend an die fiktive erstmalige Speicherung der personenbezogenen Daten durch den übernehmenden Verband infolge der Gesamtrechtsnachfolge besteht keine Notwendigkeit.

12.4.2 Recht auf Auskunft, Sperrung und Löschung

Die gesetzlichen Rechte des Betroffenen auf Auskunft, Sperrung und Löschung nach §§ 34, 35 BDSG bestehen auch nach Vollzug der Verschmelzung gegenüber dem übernehmenden Verband fort.

Ein Anspruch auf *Sperrung* und *Löschung* der personenbezogenen Daten allein infolge des Vollzugs der Verschmelzung und des damit verbundenen Übergangs der personenbezogenen Daten scheidet indes aus. Die gespeicherten Daten sind nur zu löschen, wenn ihre Speicherung unzulässig ist oder sobald die Daten ihren Verarbeitungszweck erfüllt haben, § 35 Abs. 2 Nr. 1 und 3 BDSG. Die Verschmelzungsmaßnahme hat infolge ihrer Kontinuitätswirkung keine Auswirkungen auf die Speicherung – deren ursprüngliche Zulässigkeit bei der übertragenden Gesellschaft unterstellt – oder die zugrunde liegenden Verarbeitungszwecke. Der übernehmende Verband tritt an die Stelle der ursprünglich verantwortlichen Stelle. Eine Datenübermittlung oder neuerliche Speicherung der personenbezogenen Daten durch die übernehmende Gesellschaft ist hiermit nicht verbunden.[1031]

1030 *Schneider*, Diskussionsbericht, ZHR 165 (2001), 464. Die Teilnehmer sprachen sich einhellig dafür aus, die Kunden sowie sämtliche weiteren Betroffenen über die *geplante* Umwandlungsmaßnahme *möglichst frühzeitig* zu informieren, um diesen die Entscheidungsmöglichkeit dahingehend zu eröffnen, nach Übergang der Vertragsverhältnisse und Informationen auf den übernehmenden Rechtsträger an den Vertragsbeziehungen festzuhalten, oder nicht. Insoweit bestünde kein Bedürfnis nach einem *ex post Löschungsanspruch*, vgl. § 35 Abs. 2 BDSG.

1031 Unzutreffend *Teichmann/Kießling*, ZGR 2001, 71, die von einer Datenübermittlung und anschließender (zudem erstmaliger) Speicherung durch den übernehmenden Verband ausgehen.

12.4.3 Recht auf außerordentliche Kündigung bestehender Vertragsverhältnisse

Die Betrachtung der rechtlichen Auswirkungen einer Verschmelzung darf nicht beschränkt auf die rein datenschutzrechtliche Lage erfolgen. Notwendig mit einzubeziehen ist zugleich die zivilrechtliche Seite. Im Schrifttum wird daher ein weiterer Weg angedacht. Ist dem Dritten[1032] die Fortführung bestehender und im Zuge der Verschmelzung übergehender Vertragsverhältnisse mit dem übernehmenden Verband unzumutbar, könne ausnahmsweise und im Einzelfall ein Recht auf außerordentliche Kündigung gemäß § 314 Abs. 1 BGB direkt bzw. infolge Störung der Geschäftsgrundlage über § 313 Abs. 3 BGB bestehen.[1033] Dies setze jedoch die sorgsame Abwägung im Einzelfall voraus, ob die Fortführung des vertraglichen (Dauer-) Schuldverhältnisses gerade infolge der Verschmelzung und der hiermit verbundenen Auswechslung des Vertragspartners unter Aufrechterhaltung des Inhaltes und Vertragsumfeldes im übrigen unzumutbar geworden ist.[1034] Dies werde nur ausnahmsweise und in wenigen Einzelfällen zu bejahen sein. Ein generelles Recht auf Vertragsaufkündigung, gestützt auf die bloße Tatsache der Verschmelzung, resultiere hieraus nicht.[1035]

12.4.3.1 Ausnahmecharakter

Der Vollzug der Verschmelzung bewirkt den umfassenden Übergang bestehender Vertragsverhältnisse mit Kunden, Lieferanten und Arbeitnehmern auf den übernehmenden Verband. Im Regelfall entspricht die ungehinderte Fortführung bestehender Vertragsbeziehungen mit dem übernehmenden Verband als neuem Vertragspartner auch den Interessen der Kunden. Dies gilt insbesondere, wenn der Vertragsbeziehung kein besonderes persönliches Verhältnis des Kunden / Lieferanten zum ursprünglichen Rechtsträger zugrunde lag. Die Frage, inwieweit schutzwürdige Interessen der Kunden oder Lieferanten einer Fortführung der rechtsgeschäftlichen Beziehungen mit dem übernehmenden Rechtsträger entgegenstehen können, entzieht sich jedoch ebenso einer pauschalen Beantwortung, wie die Beurteilung der datenschutzrechtlichen Situation.[1036]

Zivilrechtlich betrachtet bekommen die Schuldner des übertragenden Rechtsträgers einen neuen Gläubiger, dessen Gläubiger einen neuen Schuldner. Soweit sich die Universalsukzes-

---

1032 Kunden, Lieferanten oder Arbeitnehmer des übertragenden Rechtsträgers.

1033 *Grunewald* in: Lutter, UmwG, § 20 Rdnr. 49 ff.; *Riedle*, ZIP 1997, 308 ff.; *Teichmann/Kießling*, ZGR 2001, 73; *Stratz* in: Schmitt/Hörtnagl/Stratz, UmwG, § 20 Rdnr. 36 ff. Die Umwandlung soll etwa keinen wichtigen Grund zur außerordentlichen Kündigung des Anstellungsvertrages von Organen des übertragenden Rechtsträgers darstellen; vgl. *Hueck*, DB 1957, 1260 ff.

1034 Selbst bei der Entstehung unvereinbarer Verpflichtungen in Person des übernehmenden Rechtsträgers infolge der Verschmelzungsmaßnahme, etwa infolge Zusammentreffen von Liefer- und Abnahmeverpflichtungen, die ursprünglich zwischen den beteiligten Rechtsträgern und Dritten bestanden haben und sich nun in der Person des übernehmenden Rechtsträgers vereinen, besteht vorrangig ein Anspruch auf *Vertragsanpassung* aus dem Institut der Störung der Geschäftsgrundlage, § 313 Abs. 1 BGB, nicht jedoch ein *sofortiges* Kündigungsrecht; so auch der zutreffende Hinweis von *Stratz* in: Schmitt/Hörtnagl/Stratz, UmwG, § 20 Rdnr. 43.

1035 Zutreffend *Teichmann/Kießling*, ZRG 2001, 73.

1036 *Schneider*, Diskussionsbericht, ZHR 165 (2001), 464.

sion und die damit verbundene Auswechslung des Vertragspartners auf die Leistungsinhalte bestehender Verträge auswirkt, was insbesondere bei Dauerschuldverhältnissen sowie Verträgen denkbar ist, die an die Bonität des Schuldners besondere Anforderungen stellen, kann dem Vertragspartner ein außerordentliches Kündigungsrecht aus wichtigem Grund gemäß § 314 BGB bzw. infolge Störung der Geschäftsgrundlage nach § 313 Abs. 3 BGB zustehen. Das Gesetz selbst geht jedoch in § 22 UmwG von dem Grundsatz aus, dass die Interessen der Gläubiger gewahrt sind, sofern Sicherheit verlangt werden kann.

Soweit die Vertragsverhältnisse – und zugleich akzessorisch sowie akzidentiell die personenbezogenen Daten der Betroffenen – infolge der gesetzlichen Universalsukzession auf den übernehmenden Rechtsträger übergehen, ohne dass dies ein Zustimmungserfordernis seitens der Betroffenen auslöst, besteht im Grundsatz kein Erfordernis, ein außerordentliches Kündigungsrecht de lege ferenda[1037] zu gewähren.[1038] Zu weit geht eine Auffassung, die dem Betroffenen das de lege lata eingeräumte Recht, einer unbefugten Datenverarbeitung (hier: in Form einer etwaigen Datenübermittlung in der Vollzugsphase, die jedoch vorliegend verneint wurde) zu widersprechen, zugleich als ein *Recht auf außerordentliche Kündigung* der bestehenden vertraglichen Beziehungen insgesamt auslegen will.[1039] Der Betroffene müsse sich eine gesetzeswidrige Datenübermittlung nicht gefallen lassen.[1040]

Dem ist nicht zuzustimmen.[1041] Für die Vollzugsphase entbehrt diese Ansicht nach der vorliegend vertretenen Auffassung schon jeglicher rechtlichen Grundlage. Die Gesamtrechtsnachfolge bewirkt keine tatbestandsmäßige Datenübermittlung. Diese kann daher keine *unzulässige* Datenübermittlung darstellen. Des Weiteren stellt die außerordentliche Kündigung eines Dauerschuldverhältnisses die gesetzliche *ultima ratio* dar. § 314 Abs. 1 BGB knüpft die Kündigungsmöglichkeit an einen wichtigen Grund, der anhand einer umfassenden Interessenabwägung zu ermitteln ist. Dem Kündigenden darf *in concreto* die Fortsetzung des Vertragsverhältnisses bis zum ordentlichen / vereinbarten Beendigungszeitpunkt unter Berücksichtigung sämtlicher Umstände des Einzelfalles sowie unter Abwägung der beiderseitigen Interessen nicht zumutbar sein. Die Grundlage eines wichtigen Kündigungsgrundes liegt indes in der Regel in einem pflichtwidrigen, nicht notwendig schuldhaften Verhalten einer Vertragspartei unter Verstoß gegen die vertraglichen (Sorgfalts-)pflichten.[1042]

1037 *Teichmann/Kießling*, ZGR 2001, 73.

1038 A.A. *Schneider*, Diskussionsbericht, ZHR 165 (2001), 464. Soweit die Datenübermittlung von der Zustimmung des Datenschutzberechtigten abhängig sei (was nach der hier vertretenen Auffassung in der Vollzugsphase stets ausscheidet), soll den Parteien ein Sonderkündigungsrecht zustehen.

1039 *Wengert/Wiedmann/Wengert*, NJW 2000, 1294.

1040 *Wengert/Wiedmann/Wengert*, a.a.O.

1041 So auch *Teichmann/Kießling*, ZGR 2001, 73.

1042 *Palandt/Heinrichs*, BGB, § 314 Rdnr. 7 ff.

12.4.3.2 Rechtswidrige Datenverarbeitung als wesentliche Pflichtverletzung?

Allein der Vollzug einer Verschmelzung unter Befolgung der gesetzlichen Vorgaben des Umwandlungsgesetzes vermag eine außerordentliche Kündigung somit nicht zu stützen. Auch die rechtswidrige Verarbeitung personenbezogener Daten, deren unberechtigte Weitergabe im Rahmen der Verschmelzung unterstellt, begründet per se keinen wichtigen Grund. Je nach Art des Vertragsverhältnisses besteht die Verpflichtung zur Vertraulichkeit in unterschiedlicher Intensität.[1043] Die Vertraulichkeit bezieht sich jedoch primär auf die nicht personenbezogenen Vertragsinhalte und allenfalls sekundär auf die personenbezogenen Informationen über den Schuldner oder Gläubiger. Nur deren Integrität und Vertraulichkeit wird indes über die gesetzlichen Mechanismen des Datenschutzrechts gewährleistet. Ein Recht auf außerordentliche Kündigung setzt als ultima ratio voraus, dass eine Restitution bzw. ein Schutz nicht über weniger belastende Mittel ebenso wirkungsvoll gewährleistet werden kann.[1044] Datenschutzrechtlich besteht ein Anspruch auf Sperrung und Löschung gemäß § 35 BDSG. Dieser ist grundsätzlich als ausreichend anzusehen, um die schutzwürdigen Interessen des Betroffenen hinreichend abzusichern. Eines generellen außerordentlichen Kündigungsrechts, anknüpfend an die Tatsache der rechtswidrigen Datenverarbeitung, bedarf es nicht. Dieses würde ferner weit über das gesetzliche Ziel hinausschießen und wäre mit der bestehenden Systematik des Datenschutz- und Zivilrechts weitgehend unvereinbar.[1045] Nach der gesetzlichen Konzeption richten sich die Rechte des Betroffenen im Falle einer rechtswidrigen Datenverarbeitung grundsätzlich abschließend nach dem Bundesdatenschutzgesetz. Ein Recht auf außerordentliche Kündigung bestehender Vertragsverhältnisse ist hier nicht festgeschrieben. Die universell anwendbaren, allgemeinen Vorschriften zur Lösung von vertraglichen Bindungen, insbesondere die §§ 313 Abs. 3, 314 BGB, stellen als ultima ratio hohe Anforderungen an einen wichtigen Grund zur außerordentlichen Kündigung. Die unberechtigte Verarbeitung personenbezogene Daten unter Verstoß gegen das Bundesdatenschutzgesetz wird in aller Regel zugleich eine Verletzung bestehender Vertragspflichten darstellen. Inwieweit diese insbesondere bei besonderen Arten personenbezogener Daten nach § 3 Abs. 9 BDSG derart erheblich ist, um eine außerordentliche Kündigung zu rechtfertigen, ist über eine einzelfallbezogene Interessenabwägung zu bestimmen und entzieht sich einer pauschalen Beurteilung.

Werden bestehende Vertragsverhältnisse berechtigter Weise aufgekündigt, sind infolge dessen auch die gespeicherten, dem Vertragsverhältnis zugrunde liegenden personenbezogenen Daten zu löschen, § 35 Abs. 2 Nr. 3 BDSG.

[1043] Bei Bankverträgen des Kunden tritt etwa das Bankgeheimnis als wesentliche vertragliche Nebenpflicht neben den Datenschutz; hierzu *Claussen*, 7; *Fischer/Klanten*, Rdnr. 1.22, 1.43; *Früh*, WM 2000, 500; *Junker*, DStR 1996, 224.

[1044] *Teichmann/Kießling*, ZGR 2001, 73. Liegt ein steuerbares Verhalten zugrunde, hat zudem eine Abmahnung nach dem Grundsatz der Verhältnismäßigkeit zu erfolgen, soweit diese nicht ausnahmsweise entbehrlich ist.

[1045] So auch *Teichmann/Kießling*, ZGR 2001, 73; ablehnend die Auffassung von *Wengert/Wiedmann/Wengert*, NJW 2000, 1294. Überdies stellte dies kein spezifisch verschmelzungsrechtliches Problem dar, sondern wäre auf sämtliche Datenverarbeitungsvorgänge innerhalb bestehender Vertragsbeziehungen übertragbar.

12.5 Zwischenergebnis

Die Vollzugsphase der Verschmelzung ist geprägt von der Kontinuität bestehender Rechte und Rechtsverhältnisse. Diese gehen einheitlich infolge der gesetzlichen Universalsukzession gemäß § 20 Abs. 1 Nr. 1 UmwG auf den übernehmenden Verband über. Da die Gesamtrechtsnachfolge, welche auch die beim übertragenden Verband gespeicherten personenbezogenen Daten erfasst, keine tatbestandsmäßige Datenübermittlung (bezogen auf die übergehenden Daten) darstellt, besteht kein Erfordernis einer Rechtfertigung. Für den übernehmenden Verband gilt es indes, die de lege lata bestehenden Vorgaben des Datenschutzrechts in Betreff der übergehenden personenbezogenen Daten umfassend zu beachten.

Das Datenschutzrecht konstituiert mit dem *normübergreifenden Grundsatz der Zweckbindung* ein Verbot der zweckfremden Verarbeitung und Nutzung der Daten, insbesondere für eigene Geschäftszwecke, soweit das wirtschaftliche Betätigungsfeld des übernehmenden Verbandes nicht mit jenem der übertragenden Gesellschaft identisch ist. Insbesondere begründet die Verschmelzung datenschutzrechtlich keine Informationseinheit in Person des übernehmenden Rechtsträgers, auch wenn Datenbestände in einem Rechtssubjekt zusammengeführt werden. Ebenso wenig, wie das Datenschutzrecht ein Konzernprivileg kennt, begründet es eine Informationseinheit beim übernehmenden Rechtsträger.

Von der Universalsukzession erfasst werden ebenfalls bestehende Einwilligungen beim übertragenden Rechtsträger. Diese gehen stets mitsamt dem Vermögen und den personenbezogenen Daten über, soweit die Einwilligung ursprünglich nicht höchstpersönlicher Natur war. Dies ist lediglich dann anzunehmen, wenn die Einwilligung erkennbar spezifisch an die Person der verantwortlichen Stelle oder einen spezifischen Inhalt anknüpfte, dessen Fortbestand unter Eintritt eines anderen Rechtssubjektes als von den Parteien bzw. dem Betroffenen nicht gewollt anzusehen ist. Eine dahingehende Prüfung muss im jeweiligen Einzelfall erfolgen. Dies wird jedoch die absolute Ausnahme darstellen. Im übrigen stellt die Einwilligung keine öffentlich-rechtliche Gestattung vergleichbar einer behördlichen Erlaubnis oder Genehmigung dar, was dem Übergang entgegenstehen könnte. Da sie vom Betroffenen jederzeit gegenüber dem übernehmenden Rechtsträger widerrufen werden kann, entspricht dieses Ergebnis auch am ehesten den Interessen aller Beteiligten.

Datenverarbeitungen und Nutzungen, die über die Zweckbestimmung der personenbezogenen Daten, des Vertragsverhältnisses oder den Inhalt einer Einwilligung hinausgehen, bedürfen in jedem Einzelfall wiederum der gesonderten Gestattung. Im Zweifel ist eine ausdrückliche Einwilligung vom Betroffenen einzuholen.

Eine Verletzung von § 203 Abs. 1 StGB, dem Verbot der Offenbarung persönlicher Geheimnisse für bestimmte Berufsgruppen, insbesondere in seiner zivilrechtlichen Funktion als Verbotsgesetz nach § 134 BGB, tritt nicht ein, auch wenn von der Universalsukzession

Informationen erfasst werden, die in abstracto unter § 203 Abs. 1 StGB fallen mögen. Die gesetzliche und nicht dispositive Universalsukzession überlagert das Verbot des § 203 Abs. 1 StGB. Andernfalls wären Fusionen von Rechtsträgern, die eine Tätigkeit ausüben, die unter einen der in § 203 Abs. 1 StGB genannten Katalogberufe fallen, stets ausgeschlossen. Dies kann schon rein praktisch in Hinblick auf die Verschmelzung von Versicherungsgesellschaften nicht einleuchten. Richtig erscheint es daher einzig, § 203 Abs. 1 StGB auf Verschmelzungen generell nicht anzuwenden. Dies steht auch in Einklang mit der Begründung einer jüngsten Entscheidung des *BGH* zur Veräußerung einer *Rechtsanwaltssozietät*, soweit die Informationen der Sozietät als solcher und nicht einzelnen Personen anvertraut wurden. Ein schutzwürdiges Interesse der Mandanten am unveränderten Fortbestand der Sozietät bestünde hier – zutreffend – nicht. Eine Ausnahme gilt nur, soweit Informationen nicht einer Gesellschaft, sondern einer Einzelperson innerhalb dieser offenbart wurden. Dies dürfte jedoch in der Verschmelzungspraxis in aller Regel ausscheiden.

Parallel bestehen selbstredend die Rechte des Betroffenen auf Auskunft, Sperrung und Löschung seiner personenbezogenen Daten. Eine Benachrichtigung der Betroffenen vom Vollzug der Verschmelzung erübrigt sich schon deshalb, weil eine Benachrichtigungspflicht de lege ferenda bereits im Vorfeld des Vollzugs für die Zwischenphase angenommen wurde.

Von der datenschutzrechtlichen Situation unberührt bleiben mögliche zivilrechtliche Rechte des Betroffenen, insbesondere auf außerordentliche Kündigung bestehender Vertragsbeziehungen mit dem übertragenden Rechtsträger aufgrund dessen Verschmelzung auf einem anderen Rechtsträger. Bereits die zivilrechtliche Systematik bedingt, dass dies als ultima ratio die absolute Ausnahme darstellen muss. Nur, soweit die Fortführung eines Vertragsverhältnisses mit dem übernehmenden Rechtsträger bis zum gedachten, hypothetischen ordentlichen Ende unzumutbar ist, kommt ein außerordentliches Kündigungsrecht ausnahmsweise in Betracht. Insbesondere genügt hierfür nicht bereits eine etwaige rechtswidrige Datenverarbeitung, zumal es infolge des Vollzugs der Verschmelzung und der dadurch bedingten Universalsukzession zu keiner Datenverarbeitung kommt. Wird ein bestehendes Vertragsverhältnis berechtigterweise aufgekündigt, versteht es sich von selbst, dass die zugrunde liegenden personenbezogenen Daten zu löschen sind, soweit deren weitere Speicherung nicht infolge zwingender gesetzlicher Bestimmungen vorgeschrieben wird.

13. Datenübermittlung und Datenschutz bei transnationalen Verschmelzungen

Die zuvor getroffene datenschutzrechtliche Beurteilung setzt immanent voraus, dass *deutsches Datenschutzrecht* auf den Verschmelzungsvorgang und die hierbei auftretenden Datenbewegungen Anwendung findet. Unter *5.* wurde bereits dargestellt, in welchen Fallkonstellationen das deutsche Bundesdatenschutzgesetz oder ausländisches Datenschutzrecht kollisionsrechtlich – und in abstracto – berufen ist. Damit ist jedoch nichts über die Zulässigkeit einer grenzüberschreitenden Datenübermittlung im Rahmen einer transnationalen Verschmelzung, gleich ob in Richtung auf einen anderen Mitgliedstaat der EU oder einen Drittstaat gesagt. Dem soll im Folgenden nachgegangen werden. Eine Aussage kann freilich nur für jene Datenübermittlungen getroffen werden, die sich nach dem Bundesdatenschutzgesetz beurteilen, mithin vom deutschen Rechtsträger in Richtung auf den ausländischen Verband. In umgekehrter Richtung findet das Bundesdatenschutzgesetz kollisionsrechtlich keine Anwendung; die Zulässigkeit der Informationsweitergabe beurteilt sich anhand des Sachrechts im jeweiligen Mitglied- oder Drittstaat und kann nur anhand einer Einzelfallbetrachtung beurteilt werden. Diese entzieht sich einer Aufarbeitung im Rahmen dieser Arbeit.

13.1 Kollisionsrechtlich anwendbares Datenschutzrecht

Auch in der datenschutzrechtlichen Beurteilung transnationaler Verschmelzungen gilt es grundlegend zwischen der Herein- und der Heraus-Verschmelzung (jeweils aus Sicht des deutschen Rechtsträgers) zu differenzieren. Für die Frage, welches Datenschutzrecht bei einem Datenaustausch berufen ist, kommt es primär darauf an, in welche Richtung die personenbezogenen Daten übermittelt und offen gelegt werden sollen. Anknüpfungspunkt ist stets der Sitz der verantwortlichen, speichernden Stelle, deren personenbezogene Daten offen gelegt werden. Das Bundesdatenschutzgesetz hält mit § 1 Abs. 5 BDSG zudem die maßgebende Datenschutzkollisionsnorm für die Bestimmung des anwendbaren Rechts vor,[1046] die das Sitzprinzip festschreibt. Für jeden beteiligten Rechtsträger gilt im Grundsatz dessen jeweiliges nationales Sachrecht. Wie bereits ausgeführt, knüpft der Begriff der Datenübermittlung nach § 3 Abs. 4 S. 2 Nr. 3 BDSG alternativ entweder an die Weitergabe von personenbezogenen Informationen oder aber deren Offenlegung bzw. Bereithaltung zum Abruf bzw. zur Einsichtnahme durch den Empfänger, soweit dieser die Daten tatsächlich zur Kenntnis nimmt oder einsieht. Dieser Differenzierung ist auch im transnationalen Kontext zu folgen.

Werden personenbezogene Daten im Rahmen einer Herein-Verschmelzung von der Gesellschaft mit Sitz in einem Drittstaat in Richtung der deutschen Gesellschaft weitergegeben bzw. offen gelegt, gilt dem kollisionsrechtlichen Sitzprinzip zufolge ausschließlich das Recht des Drittstaates für den Übermittlungsvorgang. Umgekehrt findet auf eine Datenübermittlung in der Heraus-Verschmelzung, ausgehend vom deutschen Rechtsträger in Richtung des Dritt-

[1046] Hierzu ausführlich unter *5.*

staates, ausschließlich deutsches Recht Anwendung. Unerheblich ist, auf welche Art und Weise die Weitergabe bzw. Offenlegung der Informationen erfolgt. Ausreichend ist, dass die Informationen tatsächlich in den Macht- und Kenntnisbereich der anderen Seite gelangen, um die Übermittlung tatbestandlich zu vollenden.[1047]

Das Bundesdatenschutzgesetz selbst trifft nun, basierend auf den Vorgaben der EG-Datenschutzrichtlinie, ergänzende Regelungen für die Gestattung der grenzüberschreitenden Datenübermittlung, die es bei transnationalen Verschmelzungen zu beachten gilt.

13.2 Datenschutzrechtliche Restriktionen für transnationale Datenübermittlungsvorgänge

Für die Übermittlung personenbezogener Daten von einer deutschen Gesellschaft über die Grenze an einen Empfänger mit Sitz im Ausland enthält § 4b BDSG weitere Einschränkungen, die ergänzend zu den gesetzlichen Erlaubnistatbeständen der §§ 28 ff. BDSG gelten und zugleich die freie grenzüberschreitende Datenzirkulation einschränken.[1048] Rechtsdogmatischer Hintergrund der Bestimmung sind die Vorgaben der Artt. 25, 26 EG-Datenschutzrichtlinie zur Übermittlung personenbezogener Daten in Drittländer. § 4b BDSG differenziert grundlegend zwischen der Datenübermittlung an Empfänger, die in einem anderen Mitgliedstaat der EU oder des EWR belegen sind und verantwortlichen Stellen in Drittstaaten. Bevor auf die Zulässigkeit der Cross-Boarder-Datenübermittlungen im Einzelnen, differenzierend nach den einzelnen Phasen der Verschmelzung eingegangen wird, soll vorab die einschlägige Systematik des Bundesdatenschutzgesetzes herausgearbeitet werden.

[1047] *Dammann in:* Simitis/Dammann/Geiger/Mallmann/Walz, BDSG, § 3 Rdnr. 152; *Bergmann/Möhrle/Herb*, BDSG, § 3 Rdnr. 84 f.; *Gola/Schomerus*, BDSG, § 3 Rdnr. 32; *Teichmann/Kießling*, ZGR 2001, 44.

[1048] *Gola/Schomerus*, BDSG, § 4b Rdnr. 1 und § 4 c Rdnr. 3.

13.2.1 Cross-Boarder-Datenübermittlungen innerhalb der EU und des EWR

Hat die empfangende Gesellschaft ihren Sitz in einem anderen Mitgliedstaat der EU oder einem anderen Vertragsstaat des EWR, nimmt § 4b Abs. 1, 2. Halbs. BDSG lediglich *deklaratorischen* Bezug auf die §§ 28 ff. BDSG. Er normiert insoweit keine weitergehenden *konstitutiven* Zulässigkeitsvoraussetzungen der grenzüberschreitenden Datenübermittlung. Dies steht unter der einzigen Einschränkung, dass die Übermittlung im Rahmen von Tätigkeiten erfolgt, die ganz oder teilweise in den Anwendungsbereich europäischen Datenschutzrechts fallen.[1049] Die Zulässigkeit der Datenübermittlung im europäischen Rechtsraum richtet sich somit *abschließend* nach den §§ 28 ff. BDSG bzw. deren entsprechenden Pendantregelungen im ausländischen Sachrecht in umgekehrter Richtung.[1050]

13.2.2 Cross-Boarder-Datenübermittlungen in Drittstaaten

Seine eigentliche rechtliche Bedeutung erlangt § 4b Abs. 2 BDSG für die Beurteilung grenzüberschreitender Verschmelzungen im internationalen Rechtsraum, soweit einer der beteiligten Rechtsträger seinen Sitz in einem *Drittstaat* hat. Basierend auf den europäisch-sekundärrechtlichen Vorgaben der Artt. 25, 26 EG-Datenschutzrichtlinie bezweckt die Regelung, Datenübermittlungen aus Sicht der Betroffenen nur so weit zu gestatten, wie die Einheitlichkeit des Datenschutzniveaus auch über den Geltungsbereich der EG-Datenschutzrichtlinie hinaus gewährleistet ist.[1051]

Nach Art. 25 EG-Datenschutzrichtlinie darf eine Übermittlung personenbezogener Daten zum Zwecke der anschließenden Verarbeitung aus dem europäischen Rechtsraum in Richtung eines Drittstaates vorbehaltlich der Zulässigkeit der Übermittlung nach dem allgemeinen Sachrecht des Bundesdatenschutzgesetzes nur erfolgen, wenn der Drittstaat ein *angemessenes Datenschutzniveau* aufweist. Korrespondierend hierzu sieht § 4b Abs. 2 S. 2 BDSG vor, dass die Übermittlung – ungeachtet deren Zulässigkeit nach den §§ 28 ff. BDSG – unterbleibt, soweit der Betroffene ein schutzwürdiges Interesse an dem Ausschluss der Übermittlung hat. Letzteres ist insbesondere dann anzunehmen, wenn bei den im Drittstaat belegenen *Stellen* ein angemessenes Datenschutzniveau nicht gewährleistet ist.[1052] Die Ausnahmen de lege lata nach § 4b Abs. 2 S. 3 BDSG greifen dabei für vorliegende Konstellation einer grenzüberschreitenden Verschmelzung von Privatrechtssubjekten von vorne herein nicht ein.

Die Frage des angemessenen Schutzniveaus ist ein eigener systematischer Prüfungspunkt außerhalb des § 28 BDSG. Die Interessen des Betroffenen richten sich hierbei abschließend

---

[1049] Ausgenommen sind Verarbeitungen, für die weiterhin ausschließlich nationales Recht gilt. Betroffen sind im Wesentlichen Sicherheitsbehörden, so dass hierauf nicht vertieft einzugehen ist; vgl. *Gola/Schomerus*, BDSG, § 4b Rdnr. 1.

[1050] Hintergrund der Regelung sind die Vorgaben der EG-Datenschutzrichtlinie, innerhalb der EU den freien Datenverkehr als Teil des Waren- und Wirtschaftsverkehrs zu gewährleisten, Art. 1 Abs. 2 EG-Datenschutzrichtlinie; hierzu *Gola/Schomerus*, BDSG, § 4b Rdnr. 2.

[1051] Dies findet auch in Erwägungsgründen 7 und 20 zur EG-Datenschutzrichtlinie Niederschlag, ABl. EG Nr. L 281 vom 23. November 1995, S. 31 ff.

[1052] *Gola/Schomerus*, BDSG, § 4 b Rdnr. 4.

nach der Angemessenheit des Datenschutzniveaus am Sitz der empfangenden Gesellschaft. Dieses ist unter Berücksichtigung sämtlicher Umstände des Einzelfalles zu beurteilen, die bei einer Datenübermittlung von Bedeutung sein können. Insbesondere sind hierbei

- die Art der Daten,
- die Zweckbestimmung der Daten,
- die Dauer der geplanten Verarbeitung,
- das Herkunfts- und das Endbestimmungsland,
- die für den Empfänger geltenden Rechtsnormen sowie
- die für ihn geltenden Standesregeln und Sicherheitsmaßnahmen

heranzuziehen.[1053]

Für die Ermittlung des angemessenen Schutzniveaus kommen de lege lata zwei unterschiedliche Anknüpfungspunkte in Betracht: Dem betreffenden Drittstaat kann entweder *abstrakt-generell* aufgrund der dortigen Datenschutzgesetze ein angemessenes Datenschutzniveau attestiert sein. Die Einschätzungs- und Feststellungsprärogative hierzu obliegt der EU-Kommission, Art. 25 Abs. 4 i.V.m. Art. 31 Abs. 2 EG-Datenschutzrichtlinie. Besteht für den betreffenden Drittstaat kein Positivattest der EU-Kommission, welches das angemessene Schutzniveau bindend anerkennt, kann dieses *individuell-konkret* im Verhältnis zwischen übermittelnder und empfangender Stelle durch Festlegung und gegenseitige Anerkennung von Datenschutzmindeststandards geschaffen werden.

13.2.2.1 Abstrakt-generelle Einschätzungsprärogative der EU-Kommission

Der Prüfungs- und Beurteilungsvorbehalt zugunsten der EU-Kommission, ausfließend aus der EG-Datenschutzrichtlinie, soll die einheitliche Rechtsanwendung im Bereich der Europäischen Union gewährleisten. Bislang wurde die Angemessenheit des Schutzniveaus für folgende Drittstaaten kraft Kommissionsentscheidung bindend anerkannt:[1054] Ungarn[1055], Schweiz[1056], Kanada[1057], Guernsey[1058], Insel Man[1059] und Argentinien.[1060] Eine grenzüberschreitende Datenübermittlung aus dem europäischen Rechtsraum an einen Rechtsträger mit Sitz in einem dieser (Dritt)Staaten ist damit nach § 4b Abs. 2, 3 BDSG grundsätzlich gestattet, soweit im Einzelfall nicht weitere schutzwürdige Interessen des Betroffenen hinzutreten, die

---

1053 § 4 b Abs.3 BDSG bzw. Art.25 Abs.2 EG-Datenschutzrichtlinie.

1054 *Büllesbach*, RDV 2002, 59 ff.; *Klug*, RDV 2000, 212 ff.; *Dammann*, RDV 2002, 73; *Elger*, 584 ff.; *Bergmann*, Grenzüberschreitender Datenschutz, 230 ff.; *Däubler*, CR 1999, 50 f.

1055 *Entscheidung der Kommission* Nr. 2000/519/EG.

1056 *Entscheidung der Kommission* Nr. 2000/518/EG vom 26.7.2000, ABl. EG L 215/1 vom 25.8.2000 kraft der bei Inkrafttreten des § 4b BDSG vorliegenden „Positivliste".

1057 *Entscheidung der Kommission* Nr. 2002/2/EG vom 20.12.2001, ABl. EG L 2/13 vom 4.1.2002.

1058 *Entscheidung der Kommission* vom 21.11.2003, ABl. EG L 308 vom 25.11.2003.

1059 *Entscheidung der Kommission* 2004/411/EC vom 28.4.2004, ABl. EG L 151.

1060 *Entscheidung der Kommission* C(2003)1731 vom 30.6.2003 - Abl. L 168, 5.7.2003; Entscheidungen jeweils abrufbar unter *www.europa.eu.int*.

einer Datenübermittlung entgegenstehen. Jedenfalls die Angemessenheit des Schutzniveaus als maßgebende Qualifikation für die Interessen des Betroffenen gemäß § 4b Abs. 2 S. 1, 1. Halbs. BDSG steht der Übermittlung nicht (mehr) entgegen. Die Zulässigkeit der Datenübermittlung beurteilt sich in diesen Fällen nach der allgemeinen Systematik des Bundesdatenschutzgesetzes, § 4 Abs. 1 BDSG i.V.m. §§ 28 ff. BDSG.

13.2.2.2 Sonderrolle der USA

Auffällig bei der zuvor angeführten Positivliste ist, dass insbesondere die Vereinigten Staaten von Amerika als einer der wichtigsten Wirtschaftspartner Europas, die auch in der transnationalen Verschmelzungspraxis eine zentrale Rolle einnehmen, nicht aufgeführt sind. Dies erklärt sich, wenn man sich die Systematik der Datenschutzgesetzgebung in den USA vor Augen führt. Das dortige Datenschutzrecht ist von einem grundlegend differenten Ansatz der Gesetzgebung geprägt.[1061] Nach amerikanischen Rechtsverständnis hat der de lege lata geregelte Datenschutz in erster Linie eine Abwehrfunktion und soll den Bürger vor Eingriffen durch den Staat zu schützen. Eine Regelung auf horizontaler Ebene mit Geltung unter Privaten, vergleichbar dem deutschen Bundesdatenschutzgesetz, soll weitestgehend vermieden werden.[1062] Infolge dieses Ansatzes existieren in den USA, zumal differenzierend nach den einzelnen Bundesstaaten, für den privaten Bereich nur wenige und stark bereichsspezifische Regelungen. Im Übrigen verfolgt das dortige Recht im privaten Sektor einen Ansatz über den Grundsatz der Selbstregulierung durch unternehmenseigene *„Privacy Policies"* und *„Codes of Conduct"*, deren Einhaltung hoheitlich durch die Federal Trade Commission überprüft werden kann.[1063] Angesichts dieses grundlegend unterschiedlichen Datenschutz-Ansatzes verglichen mit dem europäischen Rechtsraum stieß die Feststellung eines einheitlichen Datenschutzniveaus durch die Europäische Kommission in Gesamtnordamerika auf praktische wie rechtliche Schwierigkeiten. Infolge der zentralen Bedeutung der USA als einer der wichtigsten Handelspartner der Europäischen Union wurde jedoch eine Alternativlösung über die sog. *„Grundsätze des sicheren Hafens"* (*„Safe-Harbor-Principles"*) entwickelt.[1064]

Diese Grundsätze enthalten spezifische Vorgaben zum Datenschutz in Anlehnung an die EG-Datenschutzrichtlinie und damit das europäische Datenschutzniveau. Die Safe-Harbor-Principles wirken dabei nicht generell-abstrakt, so dass deren Ratifizierung durch die USA nicht die generelle Anerkennung eines angemessenen Datenschutzniveaus in den USA bedeutet. Sie bedürfen vielmehr der individuellen Ratifizierung im Einzelfall durch die empfangende Stelle mit Sitz in den USA. Das System wirkt vergleichbar einer Einzelgestattung. Die empfangende Stelle mit Sitz in den USA hat die Safe-Harbor-Principles in einem ersten Schritt anzuerkennen und zugleich zu versichern, dass die in den Grundsätzen nebst den be-

---

1061 *Büllesbach*, RDV 2002, 59 ff.; *Klug*, RDV 2000, 212 ff.
1062 *Büllesbach*, a.a.O.
1063 *Büllesbach*, a.a.O.
1064 *Entscheidung der Kommission* 2000/520/EG vom 26.7.2000 - ABl. L 215/7 vom 25.8.2000; abrufbar unter *www.europa.eu.int.*

gleitenden Leitlinien und FAQs festgelegten Datenschutzbestimmungen im Unternehmen umgesetzt und eingehalten werden. In einem zweiten Schritt sind die in den Grundsätzen enthaltenen Vorgaben zum Datenschutz individuell von der empfangenden Gesellschaft umzusetzen und kontinuierlich sicherzustellen. Erst ab diesem Zeitpunkt ist aus Sicht des europäischen Rechts ein angemessenes Schutzniveau individuell-konkret für die empfangende Stelle anerkannt, eine Datenübermittlung sub specie des § 4b Abs. 2, 3 BDSG grundsätzlich gestattet. Die Angemessenheit des Schutzniveaus bei der empfangenden Stelle infolge Unterwerfung unter und Einhaltung der Safe-Harbor-Principles wurde durch Entscheidung der Kommission 2000/520/EG vom 26.7.2000[1065] anerkannt.

Die Anerkennung gilt systematisch aufschiebend bedingt durch die Ratifizierung der Safe-Harbor-Principles durch den empfangenden amerikanischen Verband und nicht per se für Gesamt-Nordamerika.[1066] Die ratifizierende Gesellschaft wird nach verbindlicher Anerkennung in eine Positivliste aufgenommen, die vom US Handelsministerium stetig fortgeführt wird.[1067]

Soweit die Angemessenheit des Schutzniveaus eines Drittstaates – unmittelbar oder über den Weg des „Safe-Harbors" – von der Kommission bindend anerkannt wurde, impliziert diese Entscheidung, dass ein schutzwürdiges Interesse des Betroffenen jedenfalls unter diesem Gesichtspunkt der Datenübermittlung nicht mehr entgegengehalten werden kann.[1068] Nach der Gesetzessystematik ist die Angemessenheit des Schutzniveaus jedoch nur ein – wenngleich der zentrale – Aspekt, um die schutzwürdigen Interessen des Betroffenen zu bestimmen. In abstracto sind weitere schutzwürdige Interessen des Betroffenen denkbar, die eine Datenübermittlung in Richtung eines Drittstaates auszuschließen vermögen. Insoweit gelten dieselben Maßstäbe, wie im Rahmen des § 28 Abs. 1 S. 1 Nr. 2 BDSG. Soweit die Angemessenheit des Schutzniveaus in einem Drittstaat nicht bindend von der EU-Kommission anerkannt wurde, steht der Datenübermittlung das schutzwürdige Interesse des Betroffenen *per se* entgegen. Maßgebend hierfür sind die Gefahren eines *Rechts-* und eines *Kontrolldefizits* für den Betroffenen und seine personenbezogenen Daten im Drittstaat. Die Datenübermittlung hat trotz einer möglichen Rechtfertigung über §§ 28 ff. BDSG zu unterbleiben.

13.2.2.3 Individuell-konkrete Erreichung eines angemessenen Schutzniveaus und gesetzliche Ausnahmen

Neben der Möglichkeit einer verbindlichen Entscheidung der EU-Kommission über die Angemessenheit des rechtlichen Schutzniveaus in einem Drittstaat sieht das Gesetz weitere Möglichkeiten *individuell-rechtsgeschäftlicher Art* vor, um die Angemessenheit des Schutzniveaus für den *einzelnen Übermittlungsvorgang* oder die einzelne Transaktion zu erreichen. Ferner sind de lege lata Ausnahmetatbestände vorgesehen, die unter bestimmten Voraussetzungen

1065 ABl. L 215/7 vom 25.8.2000; abrufbar unter *www.europa.eu.int.*
1066 *Büllesbach*, RDV 2002, 59; *Klug*, RDV 2000, 212; *Gola/Schomerus*, BDSG, § 4b Rdnr. 9.
1067 Die Liste ist allgemein einsehbar; vgl. im Internet unter *www.export.gov/safeharbor.htm.*
1068 *Gola/Schomerus*, BDSG, § 4b Rdnr. 6.

vermuten, dass schutzwürdige Interessen der Betroffenen der Übermittlung – trotz Nichtbestehens eines angemessenen Schutzniveaus im Drittstaat – nicht entgegenstehen.

13.2.2.3.1 Ausnahmen de lege lata

Um den grenzüberschreitenden Datenverkehr auch mit Drittstaaten, deren Datenschutzniveau (derzeit noch) nicht als angemessen anerkannt ist, nicht grundsätzlich zu verbieten und den Beteiligten an der Datenübermittlung eine dem Grundsatz der Verhältnismäßigkeit entsprechende, flexible Lösung an die Hand zu geben, sieht § 4c BDSG auf der Grundlage von Art. 26 EG-Datenschutzrichtlinie einen Katalog von Ausnahmetatbeständen vor, unter denen eine Datenübermittlung auch in einen „unsicheren" Drittstaat ausnahmsweise zulässig ist. Demnach ist die Datenübermittlung in Richtung einer in einem Drittstaat belegenen Stelle ohne angemessenes Datenschutzniveau gemäß § 4c Abs. 1 S. 1 BDSG – jeweils alternativ – gestattet, sofern

1. der Betroffene ohne Zweifel seine Einwilligung gegeben hat,
2. die Übermittlung für die Erfüllung eines Vertrages zwischen dem Betroffenen und der verantwortlichen Stelle oder zur Durchführung von vorvertraglichen Maßnahmen, die auf Veranlassung des Betroffenen getroffen worden sind, erforderlich ist,
3. die Übermittlung zum Abschluss oder zur Erfüllung eines Vertrages erforderlich ist, der im Interesse des Betroffenen von der verantwortlichen Stelle mit einem Dritten geschlossen wurde oder geschlossen werden soll,
4. die Übermittlung für die Wahrung eines wichtigen öffentlichen Interesses oder zur Geltendmachung, Ausübung oder Verteidigung von Rechtsansprüchen vor Gericht erforderlich ist,
5. die Übermittlung für die Wahrung lebenswichtiger Interessen des Betroffenen erforderlich ist oder
6. die Übermittlung aus einem Register erfolgt, das zur Information der Öffentlichkeit bestimmt ist und entweder der gesamten Öffentlichkeit oder allen Personen, die ein berechtigtes Interesse nachweisen können, zur Einsichtnahme offen steht, soweit die gesetzlichen Voraussetzungen im Einzelfall gegeben sind.

Inwieweit diese auf Art. 26 der EG-Datenschutzrichtlinie basierenden Ausnahmetatbestände für die Beurteilung der Zulässigkeit einer Datenübermittlung in den einzelnen Phasen einer grenzüberschreitenden Verschmelzungen herangezogen werden können, wird im Anschluss herauszuarbeiten sein. Fest steht, dass die Einholung einer Einwilligung des Betroffenen nach § 4a BDSG, wie bereits dargelegt, aus Praktikabilitäts- und Rechtsgründen für die beteiligten Rechtsträger nicht in Betracht kommt. Dies gilt erst-recht im grenzüberschreitenden Verschmelzungskontext.

13.2.2.3.2 Gestattung kraft Genehmigung aufgrund anderweitiger, individuell „ausreichender Garantien"

Greift keiner der genannten Ausnahmetatbestände ein, bedeutet dies noch nicht, dass jegliche Datenübermittlung in den betreffenden unsicheren Drittstaat *per se* ausgeschlossen wäre. Weitere Gestaltungsmöglichkeiten, unter denen die Zulässigkeit einer Datenübermittlung im beschriebenen Sinne erreicht werden kann und infolgedessen schutzwürdige Interessen der Betroffenen kraft der gesetzlichen Wertungen nicht entgegen stehen, sind über *Selbstregulierungen* in § 4c Abs. 2 BDSG vorgesehen. Die übermittelnde Stelle kann dabei unter Einschaltung der zuständigen Aufsichtsbehörde „ausreichende Garantien" auf *individualvertraglicher Basis* mit der empfangenden Stelle schaffen, die eine Einhaltung der Rechte und Schutzansprüche der Betroffenen gewährleisten.[1069]

Diese weitere Regelung trägt dem praktischen Bedürfnis Rechnung, dass die in § 4c Abs. 1 BDSG angeführten gesetzlichen Ausnahmetatbestände zwar bei einer Vielzahl von Alltagsgeschäften einschlägig sein mögen, bei grundlegenden strukturändernde Maßnahmen in Unternehmen jedoch versagen.[1070] In den geschriebenen Rechtfertigungstatbeständen spielen wirtschaftliche oder finanzielle Erwägungen als Grundlage unternehmerisch wichtiger oder sinnvoller Entscheidungen, selbst wenn diese grundlegend die Gesellschaftsstruktur betreffen, eine weitestgehend untergeordnete bzw. überhaupt keine Rolle. Das unternehmenspolitische Erfordernis einer Datenübermittlung in einen Drittstaat weist darüber hinaus in der Regel keinerlei Bezug zu dem im jeweiligen Drittstaat vorherrschenden Schutzniveau auf, so dass es sich schon praktisch nicht hieran orientieren kann.

So stellt die EU-Kommission selbst in Erwägungsgrund 4 zu Ihrer Entscheidung vom 15.6.2001[1071] fest, dass Art. 26 Abs. 2 der EG-Datenschutzrichtlinie einer Organisation, die Daten in Drittländer übermitteln will, Flexibilität bieten soll. Art. 26 Abs. 4 EG-Datenschutzrichtlinie sei mit dem Hinweis auf die vorgegebenen Standardvertragsklauseln *wesentlich*, um den notwendigen Strom personenbezogener Daten zwischen der EU und Drittländern ohne unnötige Belastung der Wirtschaftsakteure aufrechtzuerhalten. Dies unterstreicht auch die weitere Zwecksetzung der EG-Datenschutzrichtlinie, den freien Datenverkehr ohne wirtschaftliche Beschränkungen zu ermöglichen. Beide Bestimmungen tragen der Tatsache Rechnung, dass nach Einschätzung der Kommission nur für eine begrenzte Zahl von Ländern kurz- oder mittelfristig die Angemessenheit des Schutzniveaus festgestellt wird werden können. Um die genannten wirtschaftlich und unternehmenspolitisch bedeutsamen Maßnahmen jedoch nicht vollständig zu blockieren, schafft das Gesetz einen praktisch erforderlichen Ausgleichsmechanismus über die staatlich kontrollierte Selbstregulierung.[1072]

1069 *Gola/Schomerus*, BDSG, § 4c Rdnr. 2.
1070 *Büllesbach*, RDV 2002, 58.
1071 *Entscheidung der Kommission* vom 15.6.2001, ABl. L 281 vom 23.11.1995, S. 31.
1072 *Büllesbach*, RDV 2002, 58 f.

Dieser sieht vor, dass die zuständige nationale Datenschutz-Aufsichtsbehörde unbeschadet des gesetzlichen Ausnahmenkatalogs in § 4c Abs. 1 S. 1 BDSG einzelne Übermittlungen oder bestimmte Arten von Übermittlungen personenbezogener Daten an andere als die in § 4b Abs. 1 BDSG genannten Stellen *genehmigen* kann, wenn und soweit die verantwortliche Stelle *ausreichende Garantien* hinsichtlich des Schutzes des Persönlichkeitsrechts und der Ausübung der damit verbundenen Rechte des Betroffenen vorzuweisen vermag. Diese Garantien können sich entweder aus *Vertragsklauseln*[1073] oder *verbindlichen Unternehmensregelungen* ergeben. Die Garantien müssen sich entsprechend dem Schutzzweck der EG-Datenschutzrichtlinie auf den Schutz des informationellen Selbstbestimmungsrechts und speziell die damit verbundenen Ausübungsrechte erstrecken.[1074] Klarzustellen ist dabei, dass sich eine etwaige erteilte Ausnahmegenehmigung ausschließlich auf die Feststellung des angemessenen Schutzniveaus *bei der empfangenden Stelle* bezieht und die Feststellung der Zulässigkeit der Übermittlung nach §§ 28 ff. BDSG nicht impliziert. Allein auf Grundlage einer nach § 4c BDSG erteilten Genehmigung steht somit die Zulässigkeit der Übermittlung – entgegen dem ersten Anschein des gesetzlichen Wortlauts – *nicht insgesamt* fest.

Zuständig für die Erteilung der Genehmigung – als nationaler Verwaltungsakt mit Drittwirkung[1075] – ist die Aufsichtsbehörde, in deren Bezirk die *übermittelnde Stelle* ihren Sitz hat. Vor bestandskräftiger Erteilung[1076] der Genehmigung *hat* eine Weitergabe der Daten ungeachtet der Zulässigkeit der Übermittlung im übrigen zu unterbleiben.

13.2.2.3.3 Standardvertragsklauseln nach der Kommissionsentscheidung 2001/497/EG

Eine Alternativlösung, um ausreichende Garantien sicherzustellen, bietet die Vereinbarung von Vertragsklauseln, ggf. unter Verwendung von Standardvertragsklauseln, die von der EU-Kommission zur Verfügung gestellt werden. Die Vertragsklauseln stellen Regelungen dar, die zwischen den an der Datenübermittlung beteiligten Stellen auf rechtsgeschäftlicher Basis zu schließen sind. Die empfangende Stelle unterwirft sich darin weitgehend den europäischen Datenschutzstandards hinsichtlich des weiteren Umgangs mit den empfangenen Daten und den Rechten des Betroffenen.[1077] Die Vertragsklauseln müssen, um *genehmigungsfähig* zu sein, umfassend die Rechte der Betroffenen auf informationelle Selbstbestimmung wahren und deren Vollzug sicherstellen. Die empfangende Stelle, an deren Sitz kraft des vorherrschenden Rechts kein angemessenes Schutzniveau besteht, muss diese Lücke durch vertragliche Unterwerfung unter die europäischen Datenschutzstandards schließen.[1078] Zentraler Punkt

---

[1073] Insbesondere für international tätige Konzerne; *Gola/Schomerus*, BDSG, § 4c Rdnr. 2.
[1074] *Gola/Schomerus*, BDSG, § 4c Rdnr. 6; *Wuermeling*, Handelshemmnis Datenschutz, S. 155 ff.
[1075] *Gola/Schomerus*, BDSG, § 4c Rdnr. 10.
[1076] Eine gesetzliche Regelung über die sofortige Vollziehbarkeit existiert nicht.
[1077] Kritisch zur Lösung über vertragliche Regelungen: *Körner/Dammann*, RDV 1993, 14; *Simitis*, RDV 1990, 3; *Wohlgemut*, BB 1996, 690.
[1078] *Gola/Schomerus*, BDSG, § 4c Rdnr. 7.

in diesem Kontext ist – aus Sicht der Betroffenen – insbesondere, wer die Einhaltung der vertraglichen Bestimmungen rechtlich wie tatsächlich *kontrollieren* und *durchsetzen* kann.[1079]

Die EU-Kommission legte mit ihrer *Entscheidung 2001/497/EG vom 15.6.2001*[1080], zuletzt geändert durch *Entscheidung 2004/915/EG vom 27.12.2004,*[1081] Standardvertragsklauseln für die Übermittlung personenbezogener Daten in Drittländer vor. Die Standardvertragsklauseln stellen dabei nur eine unter mehreren gesetzlichen Möglichkeiten dar[1082] und regeln den rein datenschutzrechtlichen Teil des Datenaustauschs.[1083] Erklärte Zielsetzung ist es, die wesentlichen Grundsätze des Datenschutzes im Verhältnis zwischen den Parteien[1084] zu verankern und die Parteien einer kontrollfähigen Selbstbindung zu unterwerfen.[1085] Die Unterzeichnung und Einhaltung des vorgesehenen Mindeststandards bewirkt rechtstechnisch, dass von der Kommission kraft bindender Entscheidung ein angemessenes Schutzniveau *bei der empfangenden Gesellschaft* im Drittstaat als anerkannt gilt. Die Verwendung der Standardvertragsklauseln führt, anders als der Einsatz anderweitiger Vertragsregelungen oder Codes of Conduct dazu, dass die Vereinbarung keiner Vorlage und Genehmigung durch die zuständige nationale Aufsichtsbehörde mehr bedarf.[1086] Die *Entscheidung 2001/497/EG der Kommission vom 15.6.2001*[1087] folgt insoweit einem *repressiven* und keinem präventiven Ansatz, indem in Art. 4 Abs. 1 der Entscheidung Umstände festgelegt werden, unter denen von der zuständigen Kontrollstelle die Datenübermittlung in Drittstaaten trotz Unterzeichnung der Standardvertragsklauseln, insbesondere bei tatsächlicher Nichtbefolgung, ausgesetzt oder untersagt werden kann. Die Kommissionsentscheidung verpflichtet kraft ihres verbindlichen Charakters, Art. 249 Abs. 4 EG, die Aufsichtsbehörden der Mitgliedstaaten, das angemessene Schutzniveau bei der ratifizierenden Stelle im Drittstaat grundsätzlich anzuerkennen, räumt jedoch umgekehrt weit reichende Kontrollbefugnisse ein.

Eine Abänderung der Inhalte der Standardvertragsklauseln ist grundsätzlich unzulässig, Art. 1 der Kommissionsentscheidung 2004/915/EG, und lässt die generelle Gestattungswirkung ex ante entfallen. Abweichende Regelungen sind dann der zuständigen Aufsichtsbehörde zur

1079 *Gola/Schomerus*, a.a.O.

1080 *Entscheidung 2001/497/EG der Kommission* vom 15.6.2001, ABl. EG L 181/19 vom 4.7.2001.

1081 *Entscheidung 2004/915/EG der Kommission* vom 27.12.2004, K (2004) 5271, Abl. EG L 385/74 vom 29.12.2004.

1082 Erwägungsgrund 5 zur *Entscheidung 2001/497/EG der Kommission* vom 15.6.2001, ABl. EG L 181/19 vom 4.7.2001.

1083 Erwägungsgrund 11 zur *Entscheidung 2001/497/EG der Kommission* vom 15.6.2001, ABl. EG L 181/19 vom 4.7.2001.

1084 Datenexporteur, Datenimporteur und Betroffenen.

1085 Vgl. die beiden Alternativen zu Standardvertragsklauseln aus der *Entscheidung 2004/915/EG der Kommission* vom 27.12.2004, K (2004) 5271, Abl. EG L 385/74 vom 29.12.2004 im Anhang. Die Vertragsklauseln können alternativ eingesetzt werden. Eine Abänderung oder Kombination – auch einzelner Klauseln – ist nicht gestattet, vgl. Art. 1 der Entscheidung. Die Klauseln erklären ferner das Recht am Sitz des Datenexporteurs auf den Vertrag anwendbar und sehen eine gesamtschuldnerische Verpflichtung beider Parteien gegenüber dem Betroffenen vor.

1086 Vgl. hierzu Art. 26 Abs. 4 i.V.m. Art. 31 Abs. 2 EG-Datenschutzrichtlinie; so auch die Aufsichtsbehörde Baden-Württemberg, Hinweise zum BDSG Nr. 40, Ziff. 2.8, Staatsanzeiger Baden-Württemberg v. 18.2.2002 = RDV 2002, 138; *Gola/Schomerus*, BDSG, § 4 c Rdnr. 8.

1087 *Entscheidung 2001/497/EG der Kommission* vom 15.6.2001, ABl. EG L 181/19 vom 4.7.2001.

Genehmigung im Einzelfall vorzulegen. Erst wenn die Genehmigung erteilt ist, kann eine Datenübermittlung in zulässiger Weise erfolgen. Letztgenannte Alternative birgt für Unternehmen ein hohes Maß an Rechtsunsicherheit, da im Falle von Abweichungen zu den vorgelegten Standardvertragsklauseln nicht absehbar ist, ob und inwieweit die vorgelegten Vereinbarungen von der zuständigen Aufsichtsbehörde beanstandet oder zurückgewiesen werden. Da im Rahmen einer Verschmelzung die zeitliche Komponente eine gewichtige Rolle spielt, empfiehlt es sich für die Praxis, die vorgegebenen Standardvertragsklauseln zu verwenden und deren Einhaltung entsprechend sicherzustellen.

13.2.2.3.4 Selbstverpflichtungen der Unternehmen

Neben der Vereinbarung individueller Datenschutzregelungen oder der Verwendung der Standardvertragsklauseln kann die Angemessenheit des Schutzniveaus beim Empfänger schließlich über Selbstverpflichtungen der Unternehmen, beispielsweise in verbindlichen Unternehmensrichtlinien (Codes of Conduct) nachgewiesen werden. Diese gesetzliche Alternativlösung über Codes of Conduct beschränkt sich kraft Natur der Sache auf den Datenfluss zwischen Konzerngesellschaften und besitzt daher vorliegend auch nur für den Ausschnitt der Verschmelzung von Konzerngesellschaften Relevanz. Die Codes of Conduct müssen dabei den Betroffenen ebenso rechtlich garantierte und durchsetzbare Positionen einräumen, wie dies in den Standardvertragsklauseln vorgesehen ist. Darüber hinaus bedürfen die einzelnen, auf Grundlage der Codes of Conduct vorzunehmenden Datenübermittlungen in Drittstaaten der *einzelfallbezogenen Genehmigung* durch die zuständige Aufsichtsbehörde am Sitz der übermittelnden Gesellschaft. Gegenstand der Genehmigung ist ferner der *einzelne Übermittlungsvorgang* – und nicht die Richtlinie an sich.[1088] Dies stellt einen zentralen Unterschied zur Vertragslösung dar. Die unternehmensinterne Richtlinie ist jedoch bei der Prüfung der zu genehmigenden Übermittlungen für die Feststellung ausreichender Garantien im Sinne des § 4c BDSG heranzuziehen.[1089] Soweit sich die einzelnen Übermittlungen oder Arten von Übermittlungen nicht aus der Richtlinie selbst ergeben, sind diese Angaben zwingend im Genehmigungsantrag zu machen. Die Erteilung einer Blanko-Genehmigung ist schon aufgrund der verwaltungsrechtlichen Einordnung als Verwaltungsakt rechtlich unmöglich.

Die soeben abstrakt dargestellten Erkenntnisse gilt es nunmehr im Folgenden auf die Herein- und Heraus-Verschmelzung in ihren einzelnen Phasen zu übertragen.

1088 *Gola/Schomerus*, BDSG, § 4 c Rdnr. 9.

1089 Aufsichtsbehörde Baden-Württemberg, Hinweis zum BDSG Nr. 40, Ziff. 2.2, abgedruckt in Staatsanzeiger v. 18.2.2002 = RDV 2002, 138; *Gola/Schomerus*, BDSG, § 4 c Rdnr. 9.

13.3 Differenzierte Betrachtung von Herein- und Heraus-Verschmelzung

Da im Falle der Herein-Verschmelzung auf die Übermittlung personenbezogener Informationen in Richtung des deutschen Rechtsträgers kollisionsrechtlich ausschließlich das ausländische Sachrecht am Sitz des übertragenden Rechtsträgers heranzuziehen ist,[1090] kann an dieser Stelle keine weitergehende datenschutzrechtliche Beurteilung erfolgen. Die konkreten Zulässigkeitsanforderungen sind dem jeweiligen ausländischen Sachrecht zu entnehmen. Umgekehrt mag es vorkommen, dass auch seitens der deutschen übernehmenden Gesellschaft im Falle der Herein-Verschmelzung personenbezogene Daten in Richtung des ausländischen Rechtsträgers offen gelegt werden. Auf diesen Vorgang findet nach zuvor Gesagtem ausschließlich deutsches Recht Anwendung. Typischerweise kommt es im Vorfeld des Vollzugs einer Verschmelzung zu einer gegenseitigen Bewertung und Risikoanalyse, so dass nicht ausgeschlossen ist, dass Daten in beide Richtungen zirkulieren. Sind die Daten bei der übernehmenden, deutschen Gesellschaft angelangt, setzt sich die ursprüngliche Zweckbestimmung an ihnen fort.[1091] Die weiteren rechtlichen Restriktionen und Rechte der Betroffenen richten sich fortan nach deutschem Sachrecht.[1092]

Spiegelbildlich stellt sich die Konstellation bei der Heraus-Verschmelzung dar. Der in Deutschland ansässige Rechtsträger legt seine Informationen gegenüber dem ausländischen Rechtsträger offen. Hier ist a priori deutsches Datenschutzrecht für die Beurteilung der Zulässigkeit heranzuziehen.

1090 Soweit das ausländische Kollisionsrecht nicht im Wege des international-privatrechtlichen Renvoi auf deutsches Recht zurückverweist.

1091 *Gola/Schomerus*, BDSG, § 28 Rdnr. 52; *Simitis* in: Simitis/Dammann/Geiger/Mallmann/Walz, BDSG, § 28 Rdnr. 289. Die Aussage gilt unter der Prämisse, dass das ausländische Sachrecht einen dem deutschen Recht vergleichbaren Grundsatz der Zweckbindung enthält. Dies ist im europäischen Rechtsraum aufgrund Art. 6 Abs.1 Buchst. b) der EG-Datenschutzrichtlinie gewährleistet.

1092 *Gola/Schomerus*, BDSG, § 28 Rdnr. 52; *Simitis* in: Simitis/Dammann/Geiger/Mallmann/Walz, BDSG, § 28 Rdnr. 289; eine Verarbeitung oder Nutzung der übermittelten Daten, die über die Übermittlungszwecksetzung hinausgeht, bedarf einer neuerlichen Rechtfertigung.

13.4 Zulässigkeit der Cross-Boarder-Datenübermittlung nach dem Bundesdatenschutzgesetz

Die Zulässigkeit der cross-boarder Datenübermittlung unter dem Bundesdatenschutzgesetz ist in drei grundlegenden Schritten zu beurteilen:

1. Zulässigkeit der Datenübermittlung nach §§ 28 ff. BDSG – entsprechend den rein nationalen Sachverhalten.
2. Gestattung unter den speziellen Voraussetzungen des Bundesdatenschutzgesetzes für grenzüberschreitende Datenübermittlungen.
3. In diesem Kontext: Differenzierung nach cross-boarder Datenübermittlungen in anderen EU- oder EWR-Mitgliedstaaten und „unsichere“ Drittstaaten.

Diese schrittweise Zulässigkeitsbeurteilung gilt es in den einzelnen Phasen der Verschmelzung gesondert zu prüfen.

13.4.1 Vorbereitungsphase

Die Voraussetzungen der Zulässigkeit einer Datenübermittlung im rein nationalen Rechtsraum nach §§ 28 ff. BDSG sowie die begleitend zu beachtenden, datenschutzrechtlichen Faktoren, wurden bereits unter *10.* eingehend herausgearbeitet. Die dortigen Aussagen gelten entsprechend. Das Hauptaugenmerk ist daher an dieser Stelle auf die weiteren Vorgaben des Bundesdatenschutzgesetzes zu cross-boarder Datenübermittlungen zu legen.

13.4.1.1 Innereuropäisch-transnationale Verschmelzungen

Erfolgt die Datenübermittlung an den Verschmelzungspartner mit Sitz in einem anderen Mitgliedstaat der EU oder des EWR, ergeben sich keine besonderen Schwierigkeiten. § 4b Abs. 1 BDSG erklärt die §§ 28 ff. BDSG abschließend für die Beurteilung der Zulässigkeit der Datenübermittlung für anwendbar. Die EG-Datenschutzrichtlinie hat europaweit ein weitestgehend einheitliches Schutzniveau geschaffen, so dass sich trotz der grenzüberschreitenden Datenübermittlung kein besonderes Gefährdungspotential für die personenbezogenen Daten der Betroffenen ergibt. Die maßgebenden Schranken einer freien Datenweitergabe ergeben sich indes aus den §§ 28 ff. BDSG, die gleichsam für grenzüberschreitende Datenübermittlungen in der Due Diligence der Verschmelzung Anwendung finden.

Auch für grenzüberschreitende Verschmelzungen gilt, dass eine Weitergabe personenbezogener Daten nur ausnahmsweise und in engen Grenzen in der Due Diligence erfolgen darf. Aus dem grenzüberschreitenden Charakter der Transaktion ergeben sich keine Besonderheiten.

13.4.1.2 Transnationale Verschmelzung unter Beteiligung von Gesellschaften mit Sitz in einem Drittstaat

Anders verhält es sich bei Verschmelzungen unter Beteiligung von Gesellschaften mit Sitz in einem Drittstaat. Soweit die Offenlegung personenbezogener Daten in der Due Diligence ausnahmsweise infolge überwiegender berechtigter Interessen des übertragenden Verbandes nach § 28 Abs. 1 S. 1 Nr. 2 BDSG gerechtfertigt sein sollte, sind vor Vollzug der Übermittlung die ergänzenden Anforderungen nach § 4b Abs. 2, 3 BDSG zwingend zu beachten. Zusätzlich zu der Gestattung nach § 28 BDSG muss hinzutreten, dass ein angemessenes Schutzniveau entweder generell-abstrakt aufgrund der geltenden Rechtslage im Drittstaat oder individuell-konkret aufgrund getroffener und ggf. vorher genehmigter Vereinbarungen zwischen den Verschmelzungsparteien sichergestellt wurde. In der Verschmelzungspraxis ist daher wie folgt vorzugehen: Zuerst ist zu prüfen, ob der betroffene Drittstaat kraft bindender Kommissionsentscheidung hinsichtlich des vorherrschenden gesetzlichen Datenschutzniveaus als „sicher" eingestuft und in die Positivliste sicherer Drittstaaten aufgenommen wurde. Soweit dem so ist, kann eine Datenübermittlung ohne weitere Einschränkungen vollzogen werden.

In den weitaus meisten Fällen wird sich der Drittstaat nicht in der genannten Positivliste wieder finden. Dann muss von den Verschmelzungsparteien *vor* Vollzug der Datenweitergabe sichergestellt werden, dass auf den zuvor unter *13.2.2.3* dargestellten Wegen die Angemessenheit des Datenschutzniveaus bei der empfangenden Gesellschaft sichergestellt ist. Die zuvor aufgezeigten Alternativen stehen zur freien Auswahl der Parteien. Aus Gründen der Rechtssicherheit empfiehlt sich jedoch dringend, den von der Kommission vorgelegten Standardvertrag einer Datenübermittlung zugrunde zu legen. Dieser bedarf nicht der individuellen Genehmigung durch die national zuständige Aufsichtsbehörde am Sitz der übermittelnden Stelle. Neben der Unterzeichnung muss durch geeignete technische und organisatorische Maßnahmen beim Empfänger sichergestellt sein, dass die vertraglichen Verpflichtungen auch tatsächlich umgesetzt werden.

Insbesondere kommt eine Legalausnahme nach § 4c Abs. 1 BDSG nicht in Betracht. Allenfalls denkbar wäre, auf § 4c Abs. 1 Nr. 3 BDSG zurückzugreifen. Die Übermittlung dient zwar in erster Linie der Bewertung des Unternehmens im Zusammenhang mit dem Abschluss des Verschmelzungsvertrages zwischen den Parteien und ist hierfür auch erforderlich. Der Verschmelzungsvertrag wird jedoch nicht im Interesse der einzelnen Betroffenen, deren personenbezogene Daten übermittelt werden sollen, abgeschlossen, sondern grundsätzlich im ureigenen Unternehmensinteresse. Dass dieses Unternehmensinteresse mittelbar auch die Interessen der Kunden, Arbeitnehmer und Lieferanten widerspiegelt, da die Verschmelzung schließlich in erster Linie dazu bestimmt ist, die wirtschaftliche und strategische Positionierung des Unternehmens zu verbessern, mag zutreffen. Allein diese mittelbare Interessenskonformität vermag indes keinen Rechtfertigungsgrund für eine Übermittlung der personenbezogenen Daten zu begründen. Die Ausnahmen nach § 4c Abs. 1 BDSG verkörpern einen Ausnahmetatbestand und sind eng auszulegen. Nur soweit der Abschluss eines Vertrages mit einem Dritten *unmittelbar* dem Interesse des Betroffenen dient, kommt eine Gestattung nach dieser Vorschrift in Betracht.

Umgekehrt liegt es auch im gewichtigen Interesse der Verschmelzungsparteien, die datenschutzrechtlichen Rahmenbedingungen in schriftlicher Form zu fixieren und auf diese Weise Rechtssicherheit in Bezug auf die datenschutzrechtliche Abwicklung der Verschmelzung zu erlangen. Die Standardvertragsklauseln der EU-Kommission stellen hierfür ein einfaches und effektives Mittel dar.

13.4.2 Zwischenphase

Auch in der Zwischenphase einer transnationalen Verschmelzung kann vorrangig auf die Ausführungen unter *11.* zur Zulässigkeit der Weitergabe personenbezogener Daten nach §§ 28 ff. BDSG verwiesen werden. Diese gelten an dieser Stelle entsprechend. Ferner gilt die zuvor unter *13.4.1* zur Vorbereitungsphase getroffene Differenzierung zwischen der grenzüberschreitenden Verschmelzung im europäischen Rechtsraum und unter Beteiligung von Gesellschaften mit Sitz in Drittstaaten entsprechend. Die Datenübermittlung an den aufnehmenden Rechtsträger mit Sitz in einem anderen Mitgliedstaat der EU / des EWR ist nach § 4b Abs. 1 BDSG ohne weitere Einschränkungen zulässig, soweit nach § 28 BDSG gestattet.

Soweit der Verschmelzungspartner seinen Sitz in einem Drittstaat hat, ist wie zuvor aufgezeigt zu differenzieren. Die einmal ratifizierten Standardvertragsklauseln können – unter einer entsprechenden inhaltlichen Klarstellung – von Beginn an für die Datenübermittlung in der Vorbereitungsphase und der Zwischenphase universell eingesetzt werden. Ein abermaliger Abschluss ist für die Zwischenphase nicht notwendig indiziert.

13.4.3 Vollzugsphase

Grundlegend anders stellt sich die datenschutzrechtliche Situation in der Vollzugsphase einer transnationalen Verschmelzung dar. Hier tritt die datenschutzrechtliche Beurteilung in unmittelbare Wechselwirkung zur verschmelzungsrechtlichen Rechtslage. Entscheidend kommt es darauf an, ob es im Rahmen der transnationalen Verschmelzung zu einer Vermögensuniversalsukzession kommt und das Vermögen des übertragenden, deutschen Verbandes uno actu, ispo iure und als Ganzes auf den übernehmenden ausländischen Verband übergeht, oder nicht. Dies ist nach den vorstehend unter *4.* getroffenen Ausführungen zu ermitteln.

Soweit eine Vermögensuniversalsukzession eintritt, da beide betroffenen Rechtsordnungen eine solche vorsehen, liegt schon keine tatbestandsmäßige Datenübermittlung vor, so dass sich auch im transnationalen Bereich die Frage der Rechtfertigung entsprechend *12.* nicht stellt. Sieht die ausländische Rechtsordnung das Institut der Verschmelzung und der Universalsukzession nicht vor, ist eine Verschmelzung ohnehin nicht nach den Vorgaben des Umwandlungsgesetzes abzuwickeln und es ist nach alternativen Ausweichkonstruktionen zu suchen, die wiederum eine Übermittlungsproblematik analog zu *13.4.1* und *13.4.2* aufwerfen. An dieser Stelle kann hierauf nicht näher eingegangen werden.

Die unter *12.* herausgearbeiteten, ergänzenden datenschutzrechtlichen Anforderungen gelten im übrigen entsprechend für grenzüberschreitende Verschmelzungen, soweit es tatsächlich zu einer Universalsukzession nach dem einschlägigen Kollisionsrecht und dem nationalen Sachrecht der betroffenen Gesellschaftsstatute kommt. Insbesondere der Grundsatz der Zweckbindung ist ausnahmslos durch den übernehmenden Rechtsträger zu beachten, dieser ist explizit hierauf hinzuweisen, § 4b Abs. 6 BDSG.

13.5 Zwischenergebnis

Die Beurteilung der Zulässigkeit einer Datenübermittlung in den einzelnen Phasen einer grenzüberschreitenden Verschmelzung wirft innerhalb der Grenzen der EU oder des EWR keine besonderen Schwierigkeiten auf. Das Bundesdatenschutzgesetz geht in § 4b Abs. 1 BDSG selbst davon aus, dass sich die Zulässigkeitsanforderungen abschließend nach den Vorgaben der §§ 28 ff. BDSG richten. Diese wurden bereits eingehend unter *10.*, *11.* und *12.* untersucht und dargestellt, so dass an dieser Stelle hierauf verwiesen sei.

Ist an der transnationalen Verschmelzung eine Gesellschaft mit Sitz in einem Drittstaat beteiligt, sind de lege lata und kraft der Vorgaben der Art. 26, 27 EG-Datenschutzrichtlinie zusätzliche Anforderungen zu beachten. Die Datenübermittlung darf in diese Richtung nur unter der Prämisse erfolgen, dass die Angemessenheit des Datenschutzniveaus *generell-abstrakt* infolge der Gesetzeslage im Drittstaat oder *individuell-konkret* durch Vereinbarung der Verschmelzungsparteien vor Vollzug der Übermittlung sichergestellt wurde. Dies gilt für die Vorbereitungs- und Zwischenphase gleichermaßen.

Daher ist aus Sicht der Verschmelzungspartner primär zu prüfen, ob der betroffene Drittstaat kraft bindender Kommissionsentscheidung in die Positivliste *sicherer Drittstaaten* aufgenommen wurde. Ist dies nicht der Fall, steht es den Parteien frei, die Angemessenheit des Schutzniveaus beim übernehmenden Rechtsträger durch vertragliche Vereinbarung verbindlicher Datenschutzgrundsätze nebst deren Umsetzung herbeizuführen. Soweit hierfür nicht die seitens der EU-Kommission zur Verfügung gestellten Standardvertragsklauseln verwendet oder diese abgeändert werden, bedarf das Vertragswerk der vorherigen Genehmigung durch die zuständige nationale Datenschutzaufsichtsbehörde.

Eine Sonderrolle nehmen insoweit die USA ein. Hier besteht in Form der Safe-Harbor-Principles eine Regelung, bei deren Ratifizierung durch den übernehmenden amerikanischen Rechtsträger vermutet wird, dass ein angemessenes Schutzniveau vorherrscht. In diesem Fall bedarf es keiner gesonderten vertraglichen Vereinbarung mehr, sobald der übernehmende Verband in die Safe-Harbor Liste aufgenommen ist.

In der Vollzugsphase der Verschmelzung kommt es, wie unter *9.2* herausgearbeitet, zu keiner Datenübermittlung. In der Folge erübrigt sich auch die Frage nach der Rechtfertigung. Im transnationalen Bereich besteht die Besonderheit, dass in der weitaus überwiegenden Zahl der denkbaren Fallgestaltungen die ausländische Rechtsordnung entweder das Institut der Verschmelzung oder der Universalsukzession nicht kennt. In diesen Fällen ist schon eine Abwicklung der Verschmelzung nach den Vorgaben des Umwandlungsgesetzes unmöglich; es muss auf alternative Gestaltungsmöglichkeiten ausgewichen werden, die eine Vielzahl von Datenübermittlungen und Singularsukzessionen erforderlich machen. Eine Gesamtrechtsnachfolge wird insoweit allenfalls im europäischen Rechtsraum erfolgen, da nur hier die einzelnen Personalstatute sinnvoll kumulierbar sind. Im europäischen Rechtsraum stellt sich dabei ohnehin keine Zusatzproblematik, da das Datenschutzniveau auf Grundlage der EG-Datenschutzrichtlinie weitestgehend vereinheitlicht ist.

Für die Verschmelzungspraxis ist die Empfehlung auszusprechen, das soeben skizzierte, schrittweise Vorgehen als einen integralen Bestandteil der rechtlichen Komponente der Due Diligence als eigenen Punkt einer „datenschutzrechtlichen Due Diligence“ aufzunehmen.

14. Zusammenfassung

Datenschutz bei Verschmelzungen – (k)ein Problem? Diese Arbeit hat aufgezeigt, dass das Thema des Datenschutzes bei Verschmelzungen weder einen unlösbaren Konflikt zweier Rechtsmaterien, noch ein künstlich erzeugtes Scheinproblem darstellt, wie mancher suggerieren will. Im Ergebnis blockiert das Datenschutzrecht die Abwicklung einer Verschmelzung nach dem Umwandlungsgesetz nicht. Diese Erkenntnis, die mit den Bedürfnissen der Verschmelzungspraxis konform geht, darf jedoch nicht zu dem Trugschluss verleiten, dass das Datenschutzrecht kein Thema der Verschmelzung zweier Rechtsträger sei. Das Gegenteil ist der Fall. Das Datenschutzrecht ist als *eine* beachtenswerte Rechtsmaterie in allen Phasen der Verschmelzung präsent und bestimmt die Abwicklung der Verschmelzung nicht unerheblich mit. Da beide Rechtmaterien einen völlig unterschiedlichen rechtlichen und rechtsdogmatischen Ansatz verfolgen, bedarf es viel Fingerspitzengefühls anhand teleologischer Erwägungen, um die in der Verschmelzung betroffenen Interessen in einen sachgerechten Ausgleich miteinander zu bringen.

14.1 Dabei gibt das Umwandlungsgesetz selbst die grundlegende Differenzierung nach den einzelnen Phasen der Verschmelzung auch für das Datenschutzrecht vor. Die *Planungsphase* einer Verschmelzung wirft aus datenschutzrechtlicher Sicht regelmäßig keine besonderen Schwierigkeiten auf, da es nicht zu datenschutzrechtlich relevanten Geschäftsvorfällen kommt. In der *Vorbereitungsphase* nimmt die Offenlegung mitunter personenbezogener Daten von Lieferanten, Kunden oder Arbeitnehmern des übertragenden Rechtsträgers eine tragende Rolle ein. Dies gilt insbesondere sub specie der gesellschaftsrechtlichen Sorgfaltspflichten der Geschäftleitung in Hinblick auf eine ordnungsgemäße Unternehmens- und Risikobewertung in der Due Diligence. Werden personenbezogene Daten im Vorfeld des Vollzugs offen gelegt, muss sich dieser Vorgang einer anschließenden datenschutzrechtlichen Beurteilung stellen. Gleiches gilt für die Weitergabe personenbezogener Daten in der *Zwischenphase* der Verschmelzung – nach Beschlussfassung und vor registergerichtlicher Eintragung. Die Weitergabe personalisierter Informationen spiegelt ein erhebliches praktisches Interesse des übernehmenden Rechtsträgers wieder, da dieser nach einer möglichst frühzeitigen Konsolidierung der bestehenden Kundenbeziehungen noch vor Vollzug der Verschmelzung strebt, was in der Regel auch den Interessen der Kunden an einer ungehinderten Fortführung bestehender Geschäftsbeziehungen entspricht. In der *Vollzugsphase* geht – der gesetzlichen Systematik des § 20 Abs. 1 Nr. 1 UmwG folgend – das Vermögen des übertragenden Verbandes im Wege der Universalsukzession mit Eintragung der Verschmelzungsbeschlüsse in die jeweiligen Handelsregister auf den übernehmenden Rechtsträger über, verbunden mit dem Erlöschen des übertragenden Rechtsträgers. Die datenschutzrechtliche Einordnung der verschmelzungsrechtlichen Universalsukzession wirft dabei die weitaus größten Schwierigkeiten auf.

14.2 Im *Schrifttum* und der bisherigen Verschmelzungspraxis ist ohne größere Bedenken anerkannt, dass personenbezogene Daten von der verschmelzungsrechtlichen Universalsukzession erfasst werden und mit Vollzug der Verschmelzung auf den übernehmenden Verband übergehen. Man begnügte sich bislang mit dem schlichten Hinweis auf den umfassenden Geltungsanspruch der Universalsukzession. Die Schwierigkeit der Einordnung personenbezogener Daten in das System der Universalsukzession liegt darin, dass personenbezogene Daten nicht mit den bislang anerkannten Gegenständen, Rechten und Rechtsverhältnissen – deren Übergang in der Gesamtrechtsnachfolge anerkannt ist – vergleichbar sind. Das Schicksal personenbezogener Daten in der Gesamtrechtsnachfolge wird von zwei maßgebenden Faktoren geprägt: dem rechtsdogmatischen und rechtssystematischen Verständnis der Universalsukzession sowie dem zugrunde liegenden Vermögensbegriff. Die verschmelzungsrechtliche Universalsukzession ist eine *rechtsgeschäftliche*. Sie basiert auf einem Willensentschluss der Parteien in Form des Verschmelzungsvertrages und der anschließenden Registeranmeldung und ist gesetzlich in § 20 Abs. 1 Nr. 1 UmwG angeordnet. Sie ist eine *zwingende*, d.h. sie kann von den Parteien privatautonom weder abgeändert, noch abbedungen werden. Die Gesamtrechtsnachfolge dient dem primären Zweck, Verschmelzungen zu *erleichtern*, nicht jedoch, diese erst zu ermöglichen. Das Gesetz sieht die Gesamtrechtsnachfolge in das Vermögen des übertragenden Rechtsträgers als Surrogat für ein Bündel von – andernfalls erforderlichen – Singularsukzessionen vor. Diese Systematik erfasst personenbezogene Daten im Grundsatz gleichermaßen. Ausführliche Erläuterungen zur rechtlichen Funktionsweise der Universalsukzession finden sich im *Schrifttum* indes beschränkt auf zivilrechtsdogmatische Rechte und Rechtsverhältnisse sowie einzelne öffentlich-rechtliche Rechtsverhältnisse und Gestattungen. Personenbezogene Daten entziehen sich in abstracto einer Einordnung unter die bekannten zivilrechtsdogmatischen Tatbestände für die Übertragung (unkörperlicher) Gegenstände. Die Universalsukzession ist zugleich geprägt von der *Universalität* und *Unimodalität* des Rechtsübergangs. Der Übergang vollzieht sich *einheitlich* aufgrund eines einheitlichen Übertragungsaktes und erfasst *universell* sämtliche Vermögensbestandteile des übertragenden Verbandes. Sie ist mehr, als nur Surrogat für ein Bündel von Singularsukzessionen. Einschränkungen der Universalsukzession als solche sind weder anerkannt, noch erforderlich. Personenbezogene Daten werden demnach gleichermaßen von ihr erfasst. Die Universalsukzession wählt als Anknüpfungspunkt das Vermögen des übertragenden Rechtsträgers. Einschränkungen können sich somit zwar nicht für die Universalsukzession selbst, wohl aber mittelbar aus der Reichweite des Vermögensbegriffs ergeben. Es ist unbestritten, dass die Universalität der Gesamtrechtsnachfolge nur so weit reichen kann, wie dies die Natur der zugrunde liegenden Vermögensgegenstände zulässt. Schließt die Rechtsnatur des Vermögensgegenstandes dessen Übergangsfähigkeit aus, kommt auch eine Rechtsnachfolge in der gesetzlichen Universalsukzession nicht in Betracht. Für personenbezogene Daten war dies bislang ungeklärt. Vereinzelt fand sich der Hinweis auf die Daten als höchstpersönliche Rechte, die einem Übergang entgegenstünden. Eine vergleichende Betrachtung zu sonstigen Vermögensgegenständen zeigt, dass sich personenbezogene Daten einer kategorisierenden Einordnung entziehen. Dabei hilft eine parallele Betrachtung der zivilrechtlichen Situation weiter. Von der Gesamtrechtsnachfolge wird die eigentums- und besitzrechtliche Neuzuweisung der Speichermedien erfasst, mit denen die unkörperlichen personenbezogenen Informationen akzessorisch verbunden sind. Erfasst werden ferner die zugrunde liegenden schuldrechtlichen Rechtsbeziehungen, in deren Rahmen die personenbezogenen Daten erhoben wurden. Die personenbezogenen Daten gehen insoweit als notwendiger Bestandteil der Rechtsverhältnisse als gespeicherte Informationen auf den neuen Rechtsinhaber über. Andernfalls würde das Institut der Gesamtrechtsnachfolge zu einer wirtschaftlich leeren Hülle degradiert, bezweckt es doch gerade, bestehende Rechte und Rechtsverhältnisse in der Art und Weise überzuleiten, dass diese ungehindert weitergeführt werden können. Der *Kontinuitätsgedanke* steht a priori im Vordergrund der Universalsukzession. Personenbezogene Daten, die nicht im Zusammenhang mit bestehenden zivil- oder öffentlich-rechtlichen Rechtsverhältnissen gespeichert sind, werden ebenfalls von der Universalsukzession erfasst. Die rechtliche Beziehung zwischen dem Betroffenen, der verantwortlichen Stelle und seinen personenbezogenen Daten ist als *Rechtsverhältnis im weiteren Sinne* zu qualifizieren, das gleichermaßen in der Universalsukzession übergeht. Die Beziehung zwischen Betroffenen und verantwortlicher Stelle ist objektiv-rechtlich geprägt durch das Datenschutzrecht, welches mit unmittelbarer horizontaler Drittwirkung einfachgesetzlich ausgestattet wurde. Die Ausnahmen der Universalsukzession für einzelne Vermögensgegenstände, d.h. Rechtsverhältnisse, die an die Person des übertragenden Verbandes anknüpfen und mit dieser „Stehen und Fallen", greifen für die hier zur Beurteilung stehenden personenbezogenen Daten nicht durch. Geschriebene Ausnahmen nach dem Umwandlungsgesetz sind weder direkt noch analog anwendbar. Die zivilrechtlichen Rechtsinstitute der Störung der Geschäftsgrundlage sowie des Rechts zur außerordentlichen Kündigung aus wichtigem Grund bleiben auf ihre zivilrechtliche Wirkung beschränkt und können nicht isoliert auf das Datenschutzrecht übertragen werden. Sie stellen ohnehin die ultima ratio als absolute Ausnahmeregelung dar. Nach wirksamer Kündigung eines bestehenden Vertragsverhältnisses sind die personenbezogenen Daten zu löschen, soweit keine gesetzlichen Aufbewahrungspflichten Abweichendes vorgeben. Personenbezogene Daten verkörpern ferner per se keine höchstpersönlichen Rechtspositionen, die von der Universalsukzession notwendig und generell auszunehmen wären. Sie werden somit von der umfassenden Vermögensnachfolge des § 20 Abs. 1 Nr. 1 UmwG insgesamt erfasst.

14.3 Das Institut der Universalsukzession sowie der Verschmelzung sind nationale Phänomene des deutschen Verschmelzungssachrechts. Vollzieht sich eine Verschmelzung unter Überschreitung der Grenzen des Sitzstaates der Gesellschaft mit einer Gesellschaft, die ihren Sitz in einem anderen Mitgliedstaat der Europäischen Union oder einem Drittstaat hat, kommt eine Abwicklung nach den Vorgaben des Umwandlungsgesetzes nur in wenigen Fällen in Betracht. Die Bestimmung des auf einen transnationalen Verschmelzungsvorgang anwendbaren nationalen Sachrechts ist international-privat- und gesellschaftskollisionsrechtlich nach dem Schwerpunkt des betroffenen Sachverhalts zu bestimmen. Da beide Rechtsträger – in abstracto – gleichermaßen betroffen sind, sind die Personalstatute der beteiligten Rechtsträger miteinander zu kumulieren (sog. Vereinigungstheorie oder Kombinationslehre). Im Falle der Kollision einzelner Bestimmungen setzt sich die jeweils strengere Bestimmung durch. Sind einzelne Bestimmungen nicht miteinander zu vereinbaren, ist eine adäquate Lösung über das kollisionsrechtliche Instrument der *Normanpassung* zu suchen. De lege ferenda sind dabei ungeschriebene Normen zu entwickeln, die dem Regelungsanliegen der betroffenen Statute im Einzelfall am besten entsprechen. Da das IPR nur die Frage nach dem heranzuziehenden Gesellschaftsstatut(en) betrifft, ergeben sich die entscheidenden Abwicklungsprobleme aus der Divergenz der materiellen Rechte. Eine transnationale Verschmelzung ist aus Sicht des deutschen Umwandlungsrechts – derzeit jedenfalls (noch) – nur soweit vollziehbar, als das berufene ausländische Sachrecht das Rechtsinstitut der Verschmelzung kennt und sich Verfahren sowie Rechtswirkungen weitgehend entsprechen. Kennt die ausländische Rechtsordnung das Institut der Verschmelzung oder Gesamtrechtsnachfolge nicht, ist eine Verschmelzung nach dem Umwandlungsgesetz a priori undurchführbar. Insbesondere ist auch die privatautonome Vereinbarung der Rechtsfolge einer Universalsukzession nicht möglich. Soweit ersichtlich, besteht allenfalls im europäischen Rechtsraum vereinzelt die Möglichkeit des Vollzugs grenzüberschreitender Verschmelzungen, soweit die betroffenen Registergerichte mutig genug sind, um diese zusammen mit den betroffenen Rechtsträgern umzusetzen. Einer transnationalen Verschmelzung steht – jedenfalls im europäischen Rechtsraum – auch nicht die sachrechtliche Bestimmung des § 1 Abs. 1 UmwG entgegen. Dieser fordert, dass *alle* an einer Verschmelzung nach dem Umwandlungsgesetz beteiligten Rechtsträger ihren *Sitz im Inland* haben müssen. Der Sitzbegriff ist nach der neueren Rechtsprechung des EuGH zur Niederlassungsfreiheit dahingehend auszulegen, dass er auf den *Satzungssitz* der Gesellschaft (sog. *Gründungstheorie*) Bezug nimmt. Die ehemals von der nationalen Rechtsprechung vertretene *Sitztheorie* ist überholt und wird auch vom *BGH* in seiner jüngsten Rechtsprechung so nicht mehr Aufrecht erhalten und ist im übrigen insgesamt de lege ferenda aufzugeben. Demnach sind alle Gesellschaften, die ihren Satzungssitz in Deutschland haben, beteiligungsfähig nach dem Umwandlungsgesetz – unabhängig von ihrem tatsächlichen Verwaltungssitz. Da ein inländischer Satzungssitz notwendig voraussetzt, dass die Gesellschaft im Inland gegründet wurde, sind alle wirksam in Deutschland errichteten Gesellschaften nach dem Umwandlungsgesetz an der Verschmelzung beteiligungsfähig. Für Gesellschaften, die in einem anderen Staat inkorporiert wurden, gilt deren jeweiliges Gesellschaftsstatut des Inkorporationsstaates.

In seiner weiter umstrittenen Rolle als *Hinderns* oder *Verbot* grenzüberschreitender Verschmelzungen ergibt die Auslegung des § 1 Abs. 1 UmwG nach Wortlaut, Gesetzesbegründung und historischer Entstehungsgeschichte, dass dieser transnationale Verschmelzungen zwar nicht verbieten, jedoch ebenso wenig regeln will. § 1 Abs. 1 UmwG stellt eine *schlichte*

Nichtregelung dar, mit der Konsequenz, dass das Umwandlungsgesetz auf transnationale Verschmelzungen keine Anwendung findet – auch nicht für den beteiligten deutschen Rechtsträger. Im europäischen Rechtsraum stellt die Beschränkung des § 1 Abs. 1 UmwG dabei eine nicht gerechtfertigte Diskriminierung ausländischer Gesellschaften im Lichte der primärrechtlichen Niederlassungsfreiheit dar, was jedenfalls für Herein-Verschmelzungen so vom *EuGH* in seiner *Sevic-Entscheidung* festgestellt wurde. Dies gilt richtigerweise für Fälle der Heraus-Verschmelzung wie der Herein-Verschmelzung gleichermaßen. Die Niederlassungsfreiheit gebietet es, das Erfordernis eines inländischen Sitzes zu ignorieren und das Umwandlungsgesetz auch für grenzüberschreitende Verschmelzungen zu öffnen – freilich entsprechend den international-privatrechtlichen Vorgaben auf den inländischen Tatbestandsteil. Rechtspolitisch ist *insgesamt* – d.h. für europäische wie auch internationale Sachverhalte – zu fordern, den Wortlaut des § 1 Abs. 1 UmwG zeitnah zu korrigieren, indem das Inlandssitzerfordernis *gestrichen* wird. Die Anwendbarkeit des Umwandlungsgesetzes ergibt sich dann abschließend aus dessen international-privatrechtlicher Berufung. Aufgabe des europäischen Gesetzgebers wird es im Anschluss hieran sein, die nach wie vor bestehenden materiell-rechtlichen Unstimmigkeiten durch einheitliche Vorgaben – jedenfalls in Europa – zu beseitigen. Dies gebietet schon das erhebliche praktische Bedürfnis nach rechtssicheren und einfachen Abwicklungsmethoden grenzüberschreitender Fusionen. Für das verschmelzungsrechtliche Prinzip der Gesamtrechtsnachfolge ergibt sich, dass es Anwendung findet, soweit es von beiden international-privatrechtlich berufenen Rechtsordnungen spezialgesetzlich für den Verschmelzungsvorgang vorgesehen ist und das Umwandlungsgesetz (sowie spiegelbildlich die ausländische Rechtsordnung) auf die transnationale Verschmelzungen Anwendung findet. Nach dem zuvor Gesagten ist dies jedenfalls im Europäischen Rechtsraum der Fall. Im internationalen Kontext bedarf dies indes einer sorgfältigen Einzelfallprüfung.

14.4 Steht das auf einen Verschmelzungsvorgang anwendbare Sachrecht und die Anwendbarkeit des deutschen Umwandlungsgesetzes – auch auf grenzüberschreitende Sachverhalte – fest, muss anschließend das anwendbare Datenschutzrecht kollisionsrechtlich bestimmt werden. Dieses richtet sich – in abstracto – nach der speziellen Kollisionsnorm des § 1 Abs. 5 BDSG. Nach der gesetzlichen Systematik findet auf eine *grenzüberschreitende Datenverarbeitung* das Recht am *Sitz der verantwortlichen Stelle* Anwendung, bei der die betreffenden personenbezogenen Daten gespeichert sind und von der aus die Daten über die Grenze übermittelt werden. Das deutsche Bundesdatenschutzgesetz ist dabei kollisionsrechtlich berufen, wenn die Datenübermittlung vom deutschen Rechtsträger über die Grenze ins Ausland erfolgt (Heraus-Verschmelzung). Für die weitere Verarbeitung und Nutzung der übermittelten personenbezogenen Daten durch den ausländischen Rechtsträger gilt anschließend das ausländische Datenschutzsachrecht. Spiegelbildlich verhält es sich für die Übermittlung personenbezogener Daten vom ausländischen an den deutschen Verband (Herein-Verschmelzung), soweit nicht das ausländische Kollisionsrecht deutsches Recht beruft. Ist an der transnationalen Verschmelzung ein Rechtsträger mit Sitz in einem Drittstaat beteiligt, ergibt sich nichts Abweichendes.

14.5 An der Anwendbarkeit des Bundesdatenschutzgesetzes auf Verschmelzungen nach dem *sachlichen* und *persönlichen Anwendungsbereich* bestehen in abstracto ebenso keine Zweifel. Dies gilt vorbehaltlich der Frage nach einer relevanten Datenübermittlung in den einzelnen Phasen der Verschmelzung. Das Bundesdatenschutzgesetz adressiert die beteiligten Rechtsträger als verantwortliche Stellen. In der Abwicklung einer Verschmelzung sind in aller Regel auch umfassende Bestände an personenbezogenen Daten betroffen. Für die Frage nach der relevanten Datenverarbeitung in den einzelnen Phasen einer Verschmelzung gelten folgende Überlegungen.

14.6 Die Weitergabe personenbezogener Informationen in der Due Diligence stellt ohne Zweifel eine *tatbestandliche Datenübermittlung* dar. Soweit personenbezogene Informationen offen gelegt werden, gelten diese als übermittelt, wenn sie derart in den sachlichen oder personellen Herrschaftsbereich der empfangenden juristischen Person gelangt sind, dass sie von einem organschaftlichen Vertreter oder Wissensvertreter zur Kenntnis genommen werden können. In der *Due Diligence* bedeutet dies, dass die Übermittlung vollzogen ist, wenn die Informationen an externe Prüfer, etwa Wirtschaftsprüfer, Rechtsanwälte und Steuerberater der anderen Seite weitergegeben werden. Diese sind *Repräsentanten* des Empfängers und damit dessen Kenntnis- und Machtbereich innerhalb seines Organisationsgefüges – in Analogie zur zivilrechtlichen Rechtsfigur des Wissensvertreters – zuzuordnen. Mit Kenntnisnahme des Inhaltes der personenbezogenen Daten durch diese Personen ist die Übermittlung vollendet. Eine Ausnahme gilt, soweit die Repräsentanten als *Datentreuhänder* von beiden Seiten gleichermaßen beauftragt worden sind und durch entsprechende vertragliche Abreden sichergestellt ist, dass die personenbezogenen Daten nach deren Auswertung nicht an die jeweils andere Seite weitergegeben werden. Aus datenschutzrechtlicher Sicht nicht weiter von Relevanz ist, ob die verkörperten Informationen in Dateiform, auf einem Datenträger oder als Liste, Ausdruck, in Aktenordnern etc. weitergegeben werden. Die äußere Form der personenbezogenen Daten, in der diese in den Herrschaftsbereich des Empfängers gelangen, ist irrelevant. Auch soweit Informationen in einem *nicht verkörperten* Zustand vorliegen, was insbesondere bei der bloßen Einsichtnahme in elektronische Dateien oder Akten der Fall sein kann, liegt eine Übermittlung vor, wenn der Dritte oder dessen Repräsentant Kenntnis von den Daten erlangt. Eine weitere Ausnahme besteht unter dem Vorbehalt, dass *ausschließlich anonymisierte* Informationen bereitgestellt werden, die keinerlei Rückschlüsse auf die Identität oder deskriptive Merkmale einer bestimmten natürlichen Person zulassen.

14.7 Nichts Abweichendes gilt in der *Zwischenphase* einer Verschmelzung *nach* Abschluss des Verschmelzungsvertrages und Fassung der maßgebenden Zustimmungsbeschlüsse, noch *vor* Eintragung der Verschmelzung ins Handelsregister. Werden personenbezogene Daten in diesem Stadium weitergegeben, um insbesondere eine reibungslose Konsolidierung bestehender Geschäftsbeziehungen zu gewährleisten, stellt dies ebenfalls eine tatbestandliche Datenübermittlung dar, die in der Folge ein Rechtfertigungserfordernis auslöst.

14.8 Der Übergang personenbezogener Daten in der *Vollzugsphase infolge* der verschmelzungsrechtlichen Universalsukzession stellt hingegen *keinen* datenschutzrechtlich relevanten Vorgang einer Datenübermittlung dar. Aus der rechtsdogmatischen Auslegung des Übermittlungsbegriffes, dem rechtlichen Konstrukt der Universalsukzession sowie der Interpretation des Vermögensbegriffs ergibt sich, dass der Übergang der personenbezogenen Daten *infolge* der verschmelzungsrechtlichen Gesamtrechtsnachfolge *keine* gleichzeitige Datenübermittlung im gesetzestechnischen Sinne darzustellen vermag. Der Tatbestand einer Datenübermittlung wird ausgefüllt durch den Begriff der *Bekanntgabe* personenbezogener Daten *an einen Dritten*. Der Bekanntgabebegriff ist seinerseits de lege lata konkretisiert durch die Weitergabe von oder Einsichtnahme in und den Abruf von zu diesen Zwecken bereit gehaltenen personenbezogenen Informationen. Der Übergang von Daten in der verschmelzungsrechtlichen Universalsukzession entzieht sich einer Subsumtion unter diese Begrifflichkeiten. Die gesetzliche Systematik ist nicht auf diesen Vorgang zugeschnitten und nicht mit dem herkömmlichen Verständnis einer Datenübermittlung vergleichbar. Die Universalsukzession bewirkt weder eine Ortsveränderung der gespeicherten Daten, noch erfordert sie ein aktives Tun spezifisch in Hinblick auf die übergehenden personenbezogenen Daten. Der Übergang ist ferner nur *mittelbar* bedingt durch einen Willensakt der Parteien, auch wenn die Universalsukzession rechtsdogmatisch als rechtsgeschäftliche einzustufen sein mag, und ferner nicht spezifisch auf den Übergang personenbezogener Daten in der Verschmelzung gerichtet. Jene rechtsgeschäftlichen Handlungen in der Abwicklung einer Verschmelzung, die Ausdruck eines Willensaktes der Parteien sind, mithin der Abschluss des Verschmelzungsvertrages sowie die Registeranmeldung, sind Handlungen, die im *Vorfeld* der Vermögensuniversalsukzession liegen. Ihnen kann nicht entnommen werden, dass auch die betroffenen personenbezogenen Daten willentlich übermittelt würden, da sie sich schon nicht hierauf beziehen. Diesen Schluss tragen auch rechtsdogmatische Erwägungen um die verschmelzungsrechtliche Gesamtrechtsnachfolge. Die Vermögensuniversalsukzession dient dem Zweck, Verschmelzungen umfassend zu *erleichtern* und gegenüber sonstigen Transaktionen außerhalb des Umwandlungsgesetzes zu privilegieren. Der Telos der Universalsukzession ist auf den umfassenden Übergang sämtlicher Vermögensbestandteile gerichtet. Hindernisse aus dem Recht der Singularsukzessionen werden dabei bewusst ausgeblendet. Personenbezogene Daten werden vom Vermögensübergang erfasst, ohne dass dieser Übergang an sich an weitere Restriktionen, insbesondere die Einholung einer vorherigen Zustimmung, gebunden wäre. Ein Vergleich der verschmelzungsrechtlichen zur erbrechtlichen Universalsukzession zeigt die Richtigkeit dieser Erkenntnis. Auch in der erbrechtlichen Universalsukzession folgt der Erbe dem Erblasser *umfassend* in dessen Rechtsstellung nach. Auch hier kommt es zu *keiner Datenübermittlung*. Die Nachfolge in die datenschutzrechtliche Rechtsposition des Erblassers kann schon *strukturell* bedingt nicht von der Zustimmung der betroffenen Dritten abhängig sein. Sie vollzieht sich ungeachtet dieser ipso iure. Die Universalsukzession bedingt dabei weder notwendig die Weitergabe von Nachlassgegenständen oder personenbezogenen Daten, noch setzt sie begrifflich voraus, dass der Erbe die personenbezogenen Daten als „Gegenstände" des Nachlasses einsieht oder abruft. Von einer Datenübermittlung kann keine Rede sein. Der Betroffene wird hierdurch auch nicht unverhältnismäßig in seinen Rechten beeinträchtigt. Im Erbrecht folgt der Erbe in die Rechtsstellung des Erblassers – als verantwortliche Stelle im Sinne des Datenschutzrechts – nach. Gleiches gilt im Verschmelzungsrecht. Hier vollzieht sich die Rechtsnachfolge indes weiter abstrahiert auf das Rechtssubjekt der übernehmenden Gesellschaft. Der Betrieb und die Betriebsmittel des übertragenden Verbandes werden einer neuen Leitung unterstellt. Die personenbezogenen Daten fallen in den einheitlichen Herrschaftsbereich des übernehmenden Rechtsträger, ohne dass sie physisch infolge der Registereintragung der Verschmelzung bewegt oder eingesehen oder abgerufen würden. Arbeitnehmer des übertragenden Rechtsträgers werden Arbeitnehmer des übernehmenden Verbandes und sind im Zweifel nach wie vor mit der Verarbeitung derselben Daten betraut. Es ändert sich lediglich das rechtliche Gebilde um die Daten herum. Der Rechtsnachfolger ist und bleibt an dieselben Restriktionen für die Verarbeitung der Daten gebunden, wie sein Rechtsvorgänger. Der datenschutzrechtliche Spielraum erweitert sich infolge der Universalsukzession nicht. Ferner ist unumstritten, dass personelle Veränderungen innerhalb derselben verantwortlichen Stelle datenschutzrechtlich ebenso irrelevant sind, wie die Auswechslung des Managements oder sonstige *interne* korporative Entscheidungen. Im Falle der Erweiterung oder des Austauschs des Unternehmensgegenstandes hängt die Frage, inwieweit personenbezogene Daten auch für die neuen Unternehmenszwecke ohne weiteres verarbeitet werden dürfen, davon ab, ob dieser neue Unternehmensgegenstand durch die *ursprüngliche Zweckbestimmung* der Daten gedeckt ist. Die Verschmelzung zweier Rechtsträger stellt in der Summe nichts anderes dar, als ein Bündel der soeben beschriebenen Maßnahmen. Sind jedoch die Einzelmaßnahmen jede für sich genommen datenschutzrechtlich unbedenklich, kann für deren Summe nichts anderes gelten. Das rechtliche Konstrukt, unter dem die korporative Änderung erfolgt, kann hierbei keine Rolle spielen. Die verschmelzungsrechtliche Universalsukzession ist somit *datenschutzrechtlich neutral*. Sie stellt weder einen Fall der *Datenübermittlung*, noch der *subsidiären Datennutzung* dar, so dass es keiner datenschutzrechtlichen Rechtfertigung bedarf. Die Universalsukzession lässt umgekehrt die Verpflichtung der übernehmenden Gesellschaft zur Einhaltung sämtlicher datenschutzrechtlicher Restriktionen und Pflichten, insbesondere solcher, die bereits in Person des übertragenden Verbandes begründet wurden, unberührt.

14.9 Die Offenlegung personenbezogener Daten in der *Due Diligence* ist grundsätzlich nur mit *vorheriger Zustimmung (Einwilligung)* sämtlicher Betroffener gestattet, deren personenbezogenen Daten offen gelegt werden sollen. Den beteiligten Rechtsträgern steht es frei, die Informationen jederzeit *anonymisiert* weiterzugeben, was in der Folge die datenschutzrechtliche Unbeachtlichkeit der Weitergabe bewirkt. Ohne vorherige Einwilligung dürfen personalisierte Informationen nur ausnahmsweise offen gelegt werden, wenn die Offenlegung *zwingend erforderlich* ist, um die Due Diligence ordnungsgemäß durchzuführen, eine *Anonymisierung unzumutbar* ist, infolgedessen nicht in Frage kommt und die Einholung von Einzeleinwilligung mangels praktischer Umsetzbarkeit ebenfalls unzumutbar ist. In dieser Abwägungsentscheidung ist ferner das einzelfallabhängige gewichtige Interesse der beteiligten Rechtsträger an der *Geheimhaltung* der geplanten Transaktion in diesem frühen Stadium einzustellen.

Eine Gestattung aufgrund einer spezialgesetzlichen Norm ist nicht ersichtlich, insbesondere kann § 20 Abs. 1 Nr. 1 UmwG in der Vorbereitungsphase weder direkt, noch *analog* herangezogen werden. Die Einholung umfassender Einzeleinwilligungen ist aus praktischen Gründen – in Abhängigkeit von der Größe der Transaktion in Bezug auf die betroffenen Datenbestände – in der Regel nicht umsetzbar. Die Datenübermittlung ist ferner nicht von der *Zweckbestimmung* der zugrunde liegenden Vertrags- oder vertragsähnlichen Vertrauensverhältnisse gedeckt, so dass eine Gestattung nur auf Grundlage einer umfassenden Interessenabwägung in Betracht kommt. Seitens der übermittelnden Stelle besteht dabei zweifellos ein berechtigtes, *legitimes Interesse*, personenbezogene Daten zum Zwecke der ordnungsgemäßen Prüfung in der Due Diligence mitzuteilen. Dieses Interesse ist eingeschränkt über das Kriterium der *Erforderlichkeit* und kann durch überwiegende schutzwürdige Interessen des Betroffenen ausgeschlossen werden. Es bedarf daher einer differenzierteren *summarischen* Betrachtung. Soweit die Due Diligence Prüfung ohne weiteres mittels anonymisierter Daten durchgeführt werden kann und kein *spezifisches Interesse* der Beteiligten an einer Offenlegung gerade personalisierter Informationen besteht, überwiegt *generell* das schutzwürdige Interesse des Betroffenen. Dies gilt unabhängig davon, ob es sich bei den betreffenden Daten um „herkömmliche" oder besondere Arten personenbezogener Daten handelt. In der Praxis wird diese Konstellation regelmäßig vorliegen, wenn der Kundenstamm oder das Humankapital nur eine weit untergeordnete Rolle für die Bewertung des Unternehmens spielen und in die Unternehmens-Assets im Vordergrund der Bewertung stehen, da sie den wesentlichen Unternehmenswert verkörpern. Soweit die human resources oder der Kundenstamm die Schwelle der weitestgehenden Unerheblichkeit für die Unternehmensbewertung überschreiten, besteht ein anerkennenswertes Interesse der beteiligten Rechtsträger, personalisierte Informationen im Vorfeld der Verschmelzungsentscheidung offen zu legen. In dieser Konstellation hat die Kenntnis personenbezogener Informationen Einfluss auf die Risikobewertung und wirtschaftliche Analyse der beteiligten Rechtsträger. Betrifft das Interesse der beteiligten Rechtsträger im Wesentlichen nur *einzelne* personenbezogene Informationen eines abgrenzbaren, bestimmbaren Personenkreises, die für die Bewertung von Relevanz sind, gilt der Vorrang der *Einholung von Einzeleinwilligungen* uneingeschränkt. Im Einzelfall können jedoch mit der Einholung der Einwilligung erhebliche *unternehmensstrategische* Risiken in Hinblick auf die *Geheimhaltungsbedürftigkeit* der geplanten Fusion zusammentreffen, die nicht über entsprechende vertragsstrafenbewehrte Geheimhaltungsvereinbarungen ausgeschaltet werden können. Die Vorab-Information einzelner Arbeitnehmer und externer Kunden kann aus diesem Grunde unzumutbar sein, das unternehmerische Interesse überwiegt. Die außerplanmäßige Offenlegung der Fusionsverhandlungen kann rechtlich wie wirtschaftlich erheblichen Einfluss auf den weiteren Verschmelzungsablauf entfalten. Aus diesem Grund muss unterschieden werden, ob die Einholung einer Einwilligung – in Abwägung mit dem Geheimhaltungsinteresse und der Geheimhaltungsbedürftigkeit der Fusionsverhandlungen – zumutbar oder ausgeschlossen ist. Sind die Pläne der Fusion bereits in der *Öffentlichkeit* bekannt, ist vorrangig die Einwilligung einzuholen, da ein schutzwürdiges Geheimhaltungsinteresse dann nicht mehr entgegen gehalten werden kann. Soweit ein Verschmelzungsvorgang aufgrund der Geschäftstätigkeit der beteiligten Rechtsträger, dem besonderen wirtschaftlichen Wert des Kundenstammes oder der human resources die Offenlegung personalisierter Informationen generell *unabdingbar* für die ordnungsgemäße Durchführung der Due Diligence Prüfung macht, besteht ein *gewichtiges legitimes* Interesse der beteiligten Rechtsträger an der Offenlegung dieser Informationen. Die Weitergabe ist dann zulässig, soweit nicht besonders gewichtige schutzwürdige Interessen einzelner Kunden oder Arbeitnehmer an der Weitergabe der Daten entgegenstehen. Das Regel-Ausnahme Verhältnis kehrt sich um. Eine zentrale Rolle nehmen diesbezüglich wiederum der Übermittlungszweck und das weitere Gefährdungspotential für die Daten beim Empfänger ein. Die Übermittlung beschränkt sich einzig auf den Zweck der Ermöglichung einer ordnungsgemäßen Unternehmensbewertung und Durchführung der Due Diligence. Aufgrund dieser Zwecksetzung ist jegliche weitergehende Verarbeitung oder Nutzung der offen gelegten Daten nach Abschluss der Due Diligence untersagt. Die empfangende Stelle ist hierauf *ausdrücklich hinzuweisen*. Aufgrund der strikten Zweckbindung nimmt die Beachtlichkeit der möglicherweise entgegenstehenden schutzwürdigen Interessen des Betroffenen weiter ab. Das Gefährdungspotential der offen zu legenden personenbezogenen Daten ist angesichts des eng gefassten Übermittlungszwecks als gering einzustufen. Das Umwandlungsgesetz sieht für Unternehmen die gesetzliche Möglichkeit und damit das Recht vor, sich auf einen anderen Rechtsträger zu verschmelzen. Diese grundlegende gesetzliche Wertung muss auch in die datenschutzrechtliche Beurteilung mit einfließen. Allein der Hinweis darauf, eine Verschmelzung dürfe aufgrund des informationellen Selbstbestimmungsrechts des Betroffenen nicht ohne seine vorhergehende ausdrückliche Einwilligung vollzogen werden, ginge daher fehl. Verschmelzungen wären unter dieser Prämisse praktisch nicht durchführbar.

Parallel besteht eine Verpflichtung der beteiligten Rechtsträger *de lege ferenda*, sämtliche Betroffenen möglichst *frühzeitig* von der Tatsache der Verschmelzung und der damit verbundenen Offenlegung personenbezogener Informationen *zu benachrichtigen*. Dies entspricht dem Gebot der Transparenz der Datenverarbeitung als eine Säule des geltenden Datenschutzrechts. In der rechtlichen Pflicht steht die jeweils betroffene Gesellschaft für die eigenen Personenkreise. Die Unterrichtung hat, soweit zumutbar, individuell unter Angabe der Tatsache der Verschmelzung, des übertragenden und übernehmenden Rechtsträgers, der Tatsache der hiermit verbundenen Datenübermittlung sowie der Art der betroffenen Daten zu erfolgen. Soweit eine individuelle Benachrichtigung im Einzelfall aufgrund des zu erwartenden praktischen und zeitlichen Aufwandes nicht zumutbar ist, kann die Unterrichtung durch eine *öffentliche Bekanntmachung* der Verschmelzung ersetzt werden. Diese muss jedoch geeignet sein, allen Betroffenen die adäquate Möglichkeit der Kenntnisnahme einzuräumen. Die Benachrichtigung erfährt ihre *Schranken* in der *Zumutbarkeit* für die beteiligten Gesellschaften. Soweit ein überwiegendes, berechtigtes Interesse an einer – temporären – Geheimhaltung des Verschmelzungsvorgangs besteht, muss das schutzwürdige Interesse der Betroffenen an einer frühzeitigen Benachrichtigung dahinter zurücktreten. Die mit einem vorzeitigen Bekanntwerden der Verschmelzung verbundenen wirtschaftlichen wie rechtlichen Risiken für die beteiligten Gesellschaften überwiegen in diesem Fall das Informationsinteresse der Betroffenen. Dies gilt jedoch nur solange, wie die Tatsache der Verschmelzung – gleich auf welchem Wege – noch nicht zur Kenntnis der Öffentlichkeit gelangt ist. Ein *Widerspruchsrecht* der Betroffenen gegen die Offenlegung der Daten besteht indessen ebenso wenig, wie ein abstrakter Anspruch auf Löschung oder Sperrung. Die Daten unterliegen jedoch einer *strikten Zweckbindung* bei der empfangenden Stelle. Sie dürfen nur innerhalb der – engen – Zweckbestimmung der Übermittlung verwendet werden. In der Vorbereitungsphase der Verschmelzung ist die Nutzung daher *ausschließlich* auf die *Durchführung der Due Diligence* beschränkt. Jede weitergehende Verarbeitung oder Nutzung ist ausgeschlossen und würde einen unzulässigen Eingriff in die Rechte der Betroffenen darstellen. Dies ist über entsprechende *Hinweise* und interne Maßnahmen beim übernehmenden Rechtsträger sicher zu stellen. Die personenbezogenen Informationen dürfen solange gespeichert werden, wie es deren Zweckbestimmung erfordert. Auch nach Durchführung der Due Diligence dürfen die Daten berechtigterweise gespeichert werden, solange der Verschmelzungsvorgang nicht endgültig gescheitert ist. Zu berücksichtigen ist ferner das strafrechtliche Verbot der Offenbarung fremder Geheimnisse ohne vorherige Einwilligung des Betroffenen, § 203 StGB. § 203 StGB verbietet es den Angehörigen der genannten Katalogberufe grundsätzlich, personenbezogene Informationen offen zu legen, soweit keine *vorherige* Zustimmung des Betroffenen eingeholt wurde. Insbesondere kommen die datenschutzrechtlichen Erlaubnistatbestände nicht zugleich als Rechtfertigung im strafrechtlichen Sinn in Betracht. § 203 StGB kann dabei in der Vorbereitungsphase seine zivilrechtliche Wirkung als Verbotsgesetz im Sinne des § 134 BGB, verbunden mit der Nichtigkeitsfolge für übertragende oder verpflichtende Rechtsgeschäfte, noch nicht entfalten, da die Datenübermittlung in der Due Diligence losgelöst von einer rechtsgeschäftlichen Grundlage erfolgt. Es gilt, § 203 StGB in seiner primären Funktion als strafrechtliche Sanktion zu beachten. Er adressiert die Mitglieder Geschäftsleitung als Verantwortliche in diesem Sinne. Es empfiehlt sich daher dringend, personenbezogene Daten, die unter § 203 StGB fallen, nur offen zu legen, wenn tatsächlich eine vorherige Einwilligung eingeholt wurde. Andernfalls kommt nur eine Offenlegung in anonymisierter Form in Betracht. Scheitert die Verschmelzungsmaßnahme noch vor deren Vollzug endgültig, sind die übermittelten personenbezogenen Informationen zu löschen, soweit keine vorrangigen gesetzlich zwingenden Vorschriften eingreifen, die eine weitere Speicherung vorschreiben.

Eine unzulässige Datenübermittlung in der Vorbereitungsphase kann, abgesehen von § 203 StGB, primär zivilrechtliche Unterlassungs- und Schadensersatzansprüche nach sich ziehen, soweit ein materieller Schaden tatsächlich nachgewiesen werden kann. Die Wirksamkeit der Verschmelzung als solche wird nicht berührt. Die rechtswidrige Datenverarbeitung stellt schon keinen „technischen" Mangel der Verschmelzung dar, sondern ist losgelöst von dieser zu betrachten. Darüber hinaus würde ein Mangel – ein solcher infolge rechtwidriger Datenverarbeitung unterstellt – nach § 20 Abs. 2 UmwG infolge registergerichtlicher Eintragung mit Wirkung *ex nunc* geheilt.

14.10 In der *Zwischenphase* ist eine Datenübermittlung grundsätzlich auch *ohne Einzeleinwilligung* sämtlicher Betroffener zulässig. Die Gestattung ergibt sich *de lege lata* aus § 28 Abs. 1 S. 1 Nr. 1 BDSG. Die Übermittlung liegt innerhalb der *Zweckbestimmung* bestehender Vertrags- oder vertragsähnlicher Vertrauensverhältnisse. Die Aufrechterhaltung bestehender Vertragsbeziehungen, die im Wege der verschmelzungsrechtlichen Universalsukzession automatisch und vom Willen des Vertragspartners unabhängig auf den übernehmenden Verband übergehen, rechtfertigt es, Vertragsdaten bereits vor diesem Übergang der Vertragsverhältnisse in der Vollzugsphase zur Verfügung zu stellen, um die bestehenden Geschäftsbeziehungen in die Unternehmensorganisation des übernehmenden Verbandes zu integrieren und Organisationsabläufe zu konsolidieren. Dies erfordert in zeitlicher Hinsicht insbesondere eine gewisse Vorlaufzeit und lässt sich nicht in der juristischen Sekunde des Vollzugs der Verschmelzung durch Bewirken der registergerichtlichen Eintragung bewerkstelligen. Um die schutzwürdigen Interessen der Betroffenen zu wahren, gelten jedoch umfassende Einschränkungen. Übermittelt werden dürfen nur diejenigen Datenbestände, die für die organisatorischen Maßnahmen der Konsolidierung interner Unternehmensabläufe und bestehender Geschäftsbeziehungen *erforderlich* sind. Die übermittelten personenbezogenen Daten dürfen ausschließlich zu Zwecken der *internen Umorganisation* gespeichert werden. Eine Nutzung oder weitere Verarbeitung *vor* Vollzug der Verschmelzung ist ausgeschlossen. Dies muss von der übernehmenden Gesellschaft durch geeignete Maßnahmen sichergestellt werden. Die übermittelnde Gesellschaft hat hierauf gesondert hinzuweisen. Insbesondere ist die Aufnahme geschäftlichen Kontakts mit den Kunden des übertragenden Verbandes vor Eintragung der Verschmelzung auszuschließen. Der Universalsukzession darf nicht vorweg gegriffen werden. Die personenbezogenen Daten dürfen in zeitlicher Hinsicht ferner erst dann offen gelegt werden, wenn die Verschmelzung *unwiederbringlich* auf den Weg gebracht ist. Dies ist grundsätzlich erst dann der Fall, wenn beide beteiligten Registergerichte die Verschmelzung bewilligt und die Eintragung zur Bekanntmachung weitergeleitet haben. Zeitlich würde dies jedoch *de facto* mit dem Vollzug zusammenfallen und den praktischen Bedürfnissen nach einem beschränkten Informationsaustausch bereits in der Zwischenphase nicht gerecht werden. Ebenso steht fest, dass eine umfassende Informationsweitergabe unmittelbar im Anschluss an die maßgebenden Beschlussfassungen bei den beteiligten Rechtsträgern nicht in Betracht kommt. Die Verschmelzung kann jederzeit auch nach der Beschlussfassung von einem Rechtsträger nicht mehr weiter betrieben werden oder infolge sonstiger Umstände endgültig scheitern. Maßgebend muss es daher darauf ankommen, dass die gefassten Zustimmungsbeschlüsse umwandlungsrechtlich *nicht mehr anfechtbar* sind. Dies ist nach Ablauf eines Monats nach Beschlussfassung der Fall. Zugleich müssen die Rechtsträger alles ihrerseits Erforderliche getan haben, um die Verschmelzung auf den Weg zu bringen. Maßgebend ist somit der Zeitpunkt der *letzten Antragsstellung* auf Eintragung beim zuständigen Registergericht. Die Parteien geben hiermit das weitere Schicksal der Verschmelzung endgültig aus der Hand. Für das Verbot des § 203 StGB gelten die unter *14.10* getroffenen Ausführungen entsprechend, wobei § 203 StGB in der Zwischenphase seine rechtliche Qualität als Verbotsnorm im Sinne von § 134 BGB in Hinblick auf den Verschmelzungsvertrag zu entfalten vermag.

14.11 Die Vollzugsphase der Verschmelzung ist geprägt von der *Kontinuität* bestehender Rechte und Rechtsverhältnisse. Diese gehen einheitlich *infolge* der verschmelzungsrechtlichen Universalsukzession auf den übernehmenden Verband über. Da die Gesamtrechtsnachfolge keine tatbestandsmäßige Datenübermittlung bezogen auf die vom Vermögensübergang umfassten Datenbestände darstellt, kommt es auf eine Gestattung nicht weiter an. Der übernehmende Verband hat jedoch die umfassenden weiteren Vorgaben des Datenschutzrechts in Betreff der übergehenden personenbezogenen Daten zu beachten. Das Datenschutzrecht konstituiert mit dem normübergreifenden *Grundsatz der Zweckbindung* ein Verbot der zweckfremden Verarbeitung und Nutzung der Daten, insbesondere für eigene Geschäftszwecke, soweit das wirtschaftliche Betätigungsfeld des übernehmenden Verbandes nicht mit jenem der übertragenden Gesellschaft *identisch* ist. Insbesondere begründet die Verschmelzung datenschutzrechtlich *keine Informationseinheit* in der Rechtsperson des übernehmenden Rechtsträgers, auch wenn Datenbestände in einem Rechtssubjekt zusammengeführt werden. Von der Universalsukzession erfasst werden ebenfalls beim übertragenden Rechtsträger bestehende Einwilligungen. Diese gehen mitsamt dem Vermögen und den personenbezogenen Daten über, soweit die Einwilligung nicht *höchstpersönlicher Natur* ist. Dies ist dann anzunehmen, wenn die Einwilligung *erkennbar spezifisch* an die Person der verantwortlichen Stelle oder einen spezifischen Inhalt anknüpft, dessen Fortbestand unter Eintritt eines anderen Rechtssubjektes als von den Parteien oder dem Betroffenen nicht gewollt anzusehen ist. Eine dahingehende Prüfung muss im jeweiligen Einzelfall erfolgen. Dies wird jedoch die absolute Ausnahme darstellen. Dass sie vom Betroffenen jederzeit gegenüber dem „übernehmenden Rechtsträger" widerrufen werden kann, entspricht dieses Ergebnis den Interessen aller Beteiligten. Datenverarbeitungen und Nutzungen, die über die Zweckbestimmung der personenbezogenen Daten, des Vertragsverhältnisses oder den Inhalt einer Einwilligung hinausgehen, bedürfen in jedem Einzelfall der *gesonderten Gestattung*. Im Zweifel ist eine ausdrückliche Einwilligung vom Betroffenen einzuholen.

Eine Verletzung von § 203 Abs. 1 StGB, dem Verbot der Offenbarung persönlicher Geheimnisse für bestimmte Berufsgruppen, insbesondere in seiner zivilrechtlichen Funktion als Verbotsgesetz nach § 134 BGB, tritt nicht ein, auch wenn von der Universalsukzession Informationen erfasst werden, die unter § 203 Abs. 1 StGB fallen mögen. Die nicht dispositive Universalsukzession *überlagert* das Verbot des § 203 Abs. 1 StGB. Andernfalls wären Fusionen von Rechtsträgern, die eine Tätigkeit im Sinne der Katalogberufe ausüben, stets ausgeschlossen oder an das – praktisch nicht umsetzbare – Erfordernis der Einzeleinwilligung gebunden. Richtig erscheint es daher einzig, § 203 Abs. 1 StGB auf Verschmelzungen *generell* nicht anzuwenden. Dies steht auch in Einklang mit der Begründung einer jüngsten Entscheidung des *BGH* zur Veräußerung einer Rechtsanwaltssozietät, die ebenfalls nicht unter § 203 StGB fallen soll. Eine Ausnahme gilt nur, soweit die betroffenen Informationen nicht einer Gesellschaft, sondern einer *Einzelperson* innerhalb dieser ursprünglich anvertraut wurden.

Parallel bestehen selbstredend die Rechte des Betroffenen auf Auskunft, Sperrung und Löschung seiner personenbezogenen Daten. Eine Benachrichtigung der Betroffenen vom Vollzug der Verschmelzung erübrigt sich schon deshalb, weil eine Benachrichtigungspflicht de lege ferenda bereits im Vorfeld des Vollzugs für die Zwischenphase eingreift. Von der datenschutzrechtlichen Situation unberührt bleiben mögliche zivilrechtliche Rechte des Betroffenen, insbesondere auf außerordentliche Kündigung bestehender Vertragsbeziehungen mit dem übertragenden Rechtsträger aufgrund dessen Verschmelzung auf einem anderen Rechtsträger. Bereits die zivilrechtliche Systematik bedingt, dass dies als *ultima ratio* die absolute Ausnahme darstellen muss. Nur soweit die Fortführung eines Vertragsverhältnisses mit dem übernehmenden Rechtsträger bis zu dessen hypothetischer ordentlicher Beendigung *unzumutbar* ist, kommt ein außerordentliches Kündigungsrecht *ausnahmsweise* in Betracht. Insbesondere genügt hierfür nicht bereits eine etwaige rechtswidrige Datenverarbeitung, zumal es infolge des Vollzugs der Verschmelzung und der dadurch bedingten Universalsukzession zu keiner Datenverarbeitung kommt. Wird ein bestehendes Vertragsverhältnis berechtigterweise aufgekündigt, versteht es sich von selbst, dass die zugrunde liegenden personenbezogenen Daten zu löschen sind, soweit deren weitere Speicherung nicht infolge zwingender gesetzlicher Bestimmungen vorgeschrieben wird.

14.12 Die bisherigen Erkenntnisse basieren auf der Beurteilung von Verschmelzungen anhand des nationalen Sachrechts. Für grenzüberschreitende Verschmelzung gilt ergänzend folgendes: Die Zulässigkeit einer Datenübermittlung in den einzelnen Phasen einer grenzüberschreitenden Verschmelzung wirft innerhalb der Grenzen der europäischen Union keine besonderen Schwierigkeiten auf. Das Bundesdatenschutzgesetz geht in § 4 b Abs. 1 BDSG selbst davon aus, dass sich die Zulässigkeitsanforderungen abschließend nach den Vorgaben der §§ 28 ff. BDSG richten. Diese wurden bereits zuvor umfassend dargestellt. Ist an der transnationalen Verschmelzung eine Gesellschaft mit Sitz in einem Drittstaat beteiligt, sind de lege lata zusätzliche Anforderungen zu beachten. Die Datenübermittlung darf in Richtung des Drittstaates nur unter der Prämisse erfolgen, dass die Angemessenheit des Datenschutzniveaus entweder *generell-abstrakt* infolge der Gesetzeslage im Drittstaat oder *individuell-konkret* auf Grundlage einer Vereinbarung der Verschmelzungsparteien *vor Vollzug der Übermittlung* sichergestellt ist. Dies gilt für die Vorbereitungs- und Zwischenphase gleichermaßen. Daher ist aus Sicht der Verschmelzungspartner zu prüfen, ob der betroffene Drittstaat kraft bindender Kommissionsentscheidung in die Positivliste „sicherer" Drittstaaten aufgenommen wurde. Ist dies nicht der Fall, steht es den Parteien frei, die Angemessenheit des Schutzniveaus beim übernehmenden Rechtsträger durch vertragliche Vereinbarung verbindlicher Datenschutzgrundsätze nebst deren Umsetzung herbeizuführen. Soweit hierfür nicht die seitens der EU-Kommission zur Verfügung gestellten *Standardvertragsklauseln* verwendet oder diese abgeändert werden, bedarf das Vertragswerk der vorherigen Genehmigung durch die zuständige nationale Datenschutzaufsichtsbehörde.

Eine Sonderrolle nehmen die USA ein. Hier besteht in Form der *Safe-Harbor-Principles* eine Regelung, bei deren Ratifizierung durch den übernehmenden amerikanischen Rechtsträger vermutet wird, dass ein angemessenes Schutzniveau vorherrscht. In diesem Fall bedarf es keiner gesonderten vertraglichen Vereinbarung mehr, sobald der übernehmende Verband in die Safe-Harbor Liste aufgenommen ist. Da es in der Vollzugsphase zu keiner Datenübermittlung kommt, erübrigt sich in der Folge auch die Frage nach der Rechtfertigung.

Im transnationalen Bereich besteht die Besonderheit darin, dass in der weitaus überwiegenden Zahl denkbarer Fallgestaltungen die ausländische Rechtsordnung entweder das Institut der Verschmelzung oder der Universalsukzession nicht kennt. In diesen Fällen ist schon eine Abwicklung der Verschmelzung nach den Vorgaben des Umwandlungsgesetzes unmöglich. Es muss auf alternative Gestaltungsmöglichkeiten ausgewichen werden, die eine Vielzahl von Datenübermittlungen und Singularsukzessionen erfordern. Hierauf kann in dieser Arbeit nicht näher eingegangen werden. Eine Gesamtrechtsnachfolge wird insoweit allenfalls im *europäischen Rechtsraum* erfolgen, da nur hier die einzelnen Personalstatute sinnvoll kumulierbar sind. Im europäischen Rechtsraum ergibt sich jedoch ohnehin auch keine datenschutzrechtliche Sonderproblematik, da das Datenschutzniveau auf Grundlage der EG-Datenschutzrichtlinie weitestgehend vereinheitlicht ist.

Literaturverzeichnis

Auernhammer, H., Bundesdatenschutzgesetz, Kommentar, 3. Auflage 1993.

Baumbach, A. / Hueck, A. / Fastrich, L., GmbH-Gesetz, Kommentar, 18. Auflage, München 2005.

Bayer, W., Die EuGH-Entscheidung „Inspire Art" und die deutsche GmbH im Wettbewerb der Rechtsordnungen, BB 2003, S. 2357 ff.

Becht, B., Fusion und Spaltung von Kapitalgesellschaften im europäischen Binnenmarkt, Stuttgart 1996.

Behrens, P., Die Umstrukturierung von Unternehmen durch Sitzverlegung oder Fusion über die Grenze im Lichte der Niederlassungsfreiheit im Europäischen Binnenmarkt (Art. 52 und 58 EWG), ZGR 1994, S. 1 ff.

Behrens, P., Gemeinschaftsrechtliche Grenzen der Anwendung inländischen Gesellschaftsrechts auf Auslandsgesellschaften nach Inspire Art (Anmerkungen zu EuGH Urteil vom 30.09.2003 – Rs. C-167/01 – Kamer van Koophandel en Fabrieken voor Amsterdam / Inspire Art Ltd.), IPRax 2004, S. 20 ff.

Behrens, P., Reaktionen mitgliedstaatlicher Gerichte auf das Centros-Urteil des EuGH (zugleich Anmerkung zu BGH Urteil v. 30.03.2000 – VII ZR 370/98), IPRax 2000, S. 384 ff.

Beitzke, G., Internationalrechtliches zur Gesellschaftsfusion, Festschrift für Walter Hallenstein, Frankfurt a. M. 1966, S. 14 ff.

Berens, W. / Brauner, H. U. / Strauch, J., Due Diligence bei Unternehmensakquisitionen, 4. Auflage, Stuttgart 2005.

Bergmann, L. / Möhrle, R. / Herb, A., Datenschutzrecht, Kommentar, 3. Ordner zur Fortsetzung, Stand: Dezember 2004, Stuttgart.

Bergmann, M., Grenzüberschreitender Datenschutz, 1. Auflage, Baden-Baden 1985.

Binz, M. / Mayer, G., Die ausländische Kapitalgesellschaft & Co. KG im Aufwind? GmbHR 2003, S. 249 ff.

Breinlinger, A., Datenschutzrechtliche Probleme bei Kunden- und Verbraucherbefragungen, RDV 1997, S. 247 ff.

Bremer, J., Öffentlich-rechtliche Rechtspositionen im Rahmen von Spaltungen nach dem Umwandlungsgesetz, GmbHR 2000, S. 865 ff.

Büllesbach, A., Datenschutz in einem globalen Unternehmen, RDV 2000, S. 1 ff.

Büllesbach, A., Finanzdatenschutz in Europa, CR 2000, S. 544 ff.

Büllesbach, A., Überblick über Europäische Datenschutzregelungen bezüglich des Datenaustauschs mit Ländern außerhalb der Europäischen Union, RDV 2002, S. 55 ff.

Bungert, H., Entwicklungen im internationalen Gesellschaftsrecht Deutschlands, AG 1995, S. 489 ff.

Canaris, C.-W., Leistungsstörungen beim Unternehmenskauf, ZGR 1982, S. 395 ff.

Claussen, C. P., Bank und Börsenrecht, 3. Auflage, München 2003.

Creifelds, C. / Kaufmann, H. (Hrsg.), Rechtswörterbuch, 13. Auflage, München 1996.

Crezelius, G., Steuerrecht II, 2. Auflage, München 1994.

Dammann, U. / Stange, H.-J., Reform des Datenschutzes im Kreditinformationssystem, ZIP 1986, S. 488 ff.

Dammann, U., Internationaler Datenschutz, RDV 2002, S. 70 ff.

Däubler, W., Betriebsübergang, Personaldaten und Mandat des betrieblichen Datenschutzbeauftragten, RDV 2004, S. 55 ff.

Däubler, W., Die Übermittlung von Arbeitnehmerdaten ins Ausland, CR 1999, S. 49 ff.

Däubler, W., Gläserne Belegschaften?, 4. Auflage, Frankfurt a.M. 2002.

Dauner-Lieb, B. / Thiessen, J., Garantiebeschränkungen in Unternehmenskaufverträgen nach der Schuldrechtsreform, ZIP 2002, S. 108 ff.

Dauses, M. (Hrsg.), Handbuch des EG-Wirtschaftsrechts, München, Stand: April 1997.

Dehmer, H., Umwandlungsgesetz / Umwandlungssteuergesetz, 2. Auflage, München 1996.

Denninger, E., Verfassungsrechtliche Grenzen polizeilicher Datenverarbeitung insbesondere durch das Bundeskriminalamt, CR 1988, S. 51 ff.

Dieckmann, U. / Eul, H. / Klevenz, B., Verhindert der Datenschutz Fusionen? – Fusionen aus der Sicht der betrieblichen Datenschutzbeauftragten, RDV 2000, S. 149 ff.

Diller, M. / Deutsch, M., Arbeitnehmerdatenschutz contra Due Diligence, K&R 1998, S. 16 ff.

Dobmeier, G., Datenschutz in der Anwaltskanzlei, Regensburg 2004.

Dorr, R. / Stukenborg, G., „Going to the Chapel“: Grenzüberschreitende Ehen im Gesellschaftsrecht – Die ersten transnationalen Verschmelzungen nach dem UmwG (1994), DB 2003, S. 647 ff.

Dötsch, E., Inländische Umwandlungsvorgänge mit Auslandsberührung, DB 1998, S. 1029 ff.

Dreissig, H., Verlegung der Geschäftsleitung einer deutschen Kapitalgesellschaft ins Ausland, DB 2000, S. 893 ff.

Dubovizkaja, E., „Überseering“-Rechtsprechung: Gerichtliche Klarstellung zur Niederlassungsfreiheit von Gesellschaften, GmbHR 2003, S. 694 ff.

Duisberg, A., Bleibt die Einwilligung zur konzerninternen Weitergabe von personenbezogenen Kundendaten im Unternehmenskauf bestehen?, RDV 2004, S. 104 ff.

Ebenroth C. T. / Willburger, A., Kurzkommentar zu OLG Düsseldorf, Urteil v. 15.12.1994 – 6U 59/94 (WM 1995, 808 = DB 1995, 1021), EWiR 1995, S. 583 f.

Ebenroth, C. T. / Auer, T., Die Vereinbarkeit der Sitztheorie mit europäischem Recht, GmbHR 1994, S. 16 ff.

Ebenroth, C. T. / Offenloch, T, Kollisionsrechtliche Untersuchung grenzüberschreitender Ausgliederungen, RIW 1997, S. 1 ff.

Ebke, W. F., Die „ausländische Kapitalgesellschaft & Co. KG" und das europäische Gemeinschaftsrecht – Besprechung der Entscheidung BayObLGZ 1986, 61, ZGR 1987, S. 245 ff.

Ebke, W. F., Die Würfel sind gefallen: Die Sanktionen der Sitztheorie sind europarechtswidrig, BB 2003, S. 1.

Ebke, W. F., Gesellschaften aus Delaware auf dem Vormarsch: Der BGH macht es möglich, RIW 2004, S. 740 ff. (Anmerkung zu *BGH*, Urteil vom 5.07.2004 – II ZR 389/02, RIW 2004, S. 787).

Ehmann, H., Informationsschutz und Informationsverkehr im Zivilrecht, AcP 188 (1988), S. 230 ff.

Ehmann, H., Zur Zweckbestimmung privater Datennutzung – zugleich ein Beitrag zum Rechtsgut des Datenschutzrechts mit einer Stellungnahme zu den Entwürfen des Bundesdatenschutzgesetzes, RDV 1988, S. 169 ff.

Eidenmüller, H., Mobilität und Restrukturierung von Unternehmen im Binnenmarkt, JZ 2004, S. 24 ff.

Eidenmüller, H., Wettbewerb der Gesellschaftsrechte in Europa, ZIP 2002, S. 2233 ff.

Ellger, R., Der Datenschutz im grenzüberschreitenden Datenverkehr, Baden-Baden 1990.

Ennecerus, L. / Nipperdey, H. C., Allgemeiner Teil des Bürgerlichen Rechts, 15. Auflage, Tuebingen 1960.

Erman, W., Bürgerliches Gesetzbuch, 11. Auflage, Münster 2004.

Essers, M. / Hartung, J., Datenschutz bei Unternehmenstransaktionen, RDV 2002, S. 278 ff.

Eyles, U., Das Niederlassungsrecht der Kapitalgesellschaften in der Europäischen Gemeinschaft: Die Überlagerung des deutschen Gesellschaftsrechts und Unternehmenssteuerrechts durch Europäisches Gemeinschaftsrecht, Baden-Baden 1990.

Fischer, R . / Klanten, T., Bankrecht, 3. Auflage, Köln 2000.

Fleischer, H. / Körber, T., Due Diligence und Gewährleistung beim Unternehmenskauf, BB 2001, S. 841 ff.

Forsthoff, U., Internationales Gesellschaftsrecht im Umbruch (zugleich Anmerkung zu BGH Urteil vom 13.03.2003, DB 2003, S. 986), DB 2003, S. 979 ff.

Franzen, M., Privatrechtsangleichung durch die Europäische Gemeinschaft, Berlin 1999.

Früh, A., Abtretungen, Verpfändungen, Unterbeteiligungen, Verbriefungen und Derivate bei Kreditforderungen vor dem Hintergrund von Bankgeheimnis und Datenschutz, WM 2000, S. 497 ff.

Gaiser, A. S., Die Umwandlung und ihre Auswirkungen auf personenbezogene, öffentlich-rechtliche Erlaubnisse – Ein unlösbarer Konflikt zwischen Umwandlungsrecht und Gewerberecht?, DB 2000, S. 361 ff.

Geiger, R., Vertrag zur Gründung der Europäischen Union und Vertrag zur Gründung der Europäischen Gemeinschaft (EUV/EGV), 4. Auflage, München 2004.

Gernhuber, J. / Grunewald, B., Bürgerliches Recht, 6. Auflage, München 2003.

Gernhuber, J., Lehrbuch des Familienrechts, 5. Auflage, München 2005.

Geßler, E. / Hefermehl, W. / Eckardt, U. / Kropff, B., Aktiengesetz, Kommentar, Band IV, München 1994.

Geyrhalter, V. / Gänßler, P., Perspektiven nach „Überseering" – wie geht es weiter?, NZG 2003, S. 409 ff.

Gola, P. / Schomerus, R., Bundesdatenschutzgesetz, Kommentar, 7. Auflage, München 2002.

Gola, P., Die Entwicklung des Datenschutzrechts in den Jahren 1999 / 2000, NJW 2000, S. 3749 ff.

Gola, P., Einwilligung als Legitimation für die Verarbeitung von Arbeitnehmerdaten, RDV 2002, S. 109 ff.

Gola, P., Handwerksrolle und Datenschutz, RDV 1987, S. 225 ff.

Goutier, K. / Knopf, O. / Tulloch, A., Kommentar zum Umwandlungsrecht, Frankfurt a.M. 1996.

Groeben, H. v. d. / Thiesing, J. / Ehlermann, C.-D., Kommentar zum EU-/EG-Vertrag, 5. Auflage, Band 1, Baden-Baden 1997.

Grömig, U., Schweigepflicht der Ärzte untereinander, NJW 1970, S. 1209 ff.

Gronstedt, S. / Jörgens, S., Die Gewährleistungshaftung bei Unternehmensverkäufen nach dem neuen Schuldrecht, ZIP 2002, S. 52 ff.

Gronstedt, S., Anmerkung zu BGH Urteil v. 1.07.2002 – II ZR 380/00 (BGHZ 151, 204), DB 2002, S. 2033 ff.

Großfeld, B. / Jasper, D., Identitätswahrende Sitzverlegung und Fusion von Kapitalgesellschaften in die Bundesrepublik Deutschland, RabelsZ 53 (1989), S. 52 ff.

Großfeld, B. / König, T., Das Internationale Gesellschaftsrecht in der Europäischen Gemeinschaft, RIW 1992, S. 433 ff.

Großfeld, B. / Luttermann, C., Anmerkung zu EuGH Urteil v. 27.09.1988 – Rs. 81/87 – Daily Mail, JZ 1989, S. 386 ff.

Großfeld, B., Internationales Umwandlungsrecht, AG 1996, S. 302 ff.

Großkommentar zum Aktiengesetz, Band 1, 4. Auflage, Berlin, New York 1992.

Grützmacher, M., Vertragliche Ansprüche auf Herausgabe von Daten gegenüber dem Outsourcing-Anbieter, ITRB 2004, S. 260 ff.

Haas, L. / Medicus, D. / Rolland, W. / Schäfer, C. / Wendtland, H., Das neue Schuldrecht, München 2002.

Habersack, M., Europäisches Gesellschaftsrecht, München 1999.

Hachenburg, M., Gesellschaften mit beschränkter Haftung (GmbH-Gesetz), Großkommentar, Band 1, 8. Auflage, Berlin, New York 1992.

Hahn, H., Zum Gläubigerschutz bei der Spaltung von Kapitalgesellschaften, GmbHR 1991, S. 242 ff.

Hansen, H., Strukturwandel der Kreditinstitute, AG (Report) 2000, R 362 bis R 365.

Harbarth, S., Dual Headed Companies – Unternehmenszusammenschlüsse unter Fortbestand rechtlich selbständiger Obergesellschaften, AG 2004, S. 573 ff.

Hasenauer, C., Neue Rechtsprechung des OGH zur grenzüberschreitenden Umwandlung, RdW 2003, S. 357 ff.

Hasse, Ueber Universitas iuris und rerum, und über Universal- und Singular-Succession, AcP 5 (1822), S. 1 ff.

Heckel, C., Behördeninterne Geheimhaltung, NVwZ 1994, S. 224 ff.

Heckschen, H. (Hrsg.), Umwandlungsrecht, Heymanns 2003.

Heidenhain, M., Sonderrechtsnachfolge bei der Spaltung, ZIP 1995, S. 801 ff.

Henn, G., Handbuch des Aktienrechts, 7. Auflage, Heidelberg 2002.

Hennrichs, J., Formwechsel und Gesamtrechtsnachfolge bei Umwandlungen, Berlin 1995.

Hennrichs, J., Zum Formwechsel und zur Spaltung nach dem Umwandlungsgesetz, ZIP 1995, S. 794 ff.

Henze, H., Europäisches Gesellschaftsrecht in der Rechtsprechung des Bundesgerichtshofs, DB 2003, S. 2159 ff.

Hey, C. / Hermeler, A., Entgeltforderungen für Telekommunikationsdienstleistungen – Taugliches Sicherungsmittel?, WM 2002, S. 213 ff.

Hiddemann, H.J., Leistungsstörungen beim Unternehmenskauf aus der Sicht der Rechtsprechung, ZGR 1982, S. 435 ff.

Hirte, H., Datenschutz contra Privatrecht – Zur Auslegung des „berechtigten Interesses" bei der Halterauskunft nach § 26 V StVZO, NJW 1986, S. 1899 ff.

Hoeren, T. / Sieber, U., Handbuch Multimedia-Recht, Loseblatt, München, 10. Ergänzungslieferung, Stand September 2004.

Hoffmann, J., Die Bildung der Aventis S.S. – ein Lehrstück des europäischen Gesellschaftsrechts, NZG 1999, 1077 ff.

Hoffmann, J., Die grenzüberschreitende Verschmelzung im Aufwind!, RIW 2006, S.1.

Höfling, W., Die Unantastbarkeit der Menschenwürde – Annäherung an einen schwierigen Verfassungsgrundsatz, JuS 1995, S. 857 ff.

Hohner, G., Subjektlose Rechte, Bielefeld 1969.

Holland, H., Direktmarketing, CR 1995, S. 184 ff.

Hommelhoff, P., Zur Abgrenzung von Unternehmenskauf und Anteilskauf, ZGR 1982, S. 366 ff.

Horn, N., Die Europa-AG im Kontext des deutschen und europäischen Gesellschaftsrechts, DB 2005, S. 147 ff.

Horn, N., Entwicklungen im internationalen Kapitalgesellschafts- und Fusionsrecht, in: Gedächtnisschrift für A. Lüderitz, München 2002, S. 202 ff.

Horn, N., Internationale Unternehmenszusammenschlüsse, ZIP 2000, S. 473 ff.

Hueck, A., Einfluss der Umwandlung von Kapitalgesellschaften auf die Stellung von Vorstandsmitgliedern und Geschäftsführern, DB 1957, S. 1259 ff.

Hüffer, U., Aktiengesetz, Kommentar, 6. Auflage, München 2004.

Jaeger, G., Kapitalgesellschaften in der EU – dauerhaft Niederlassungsberechtigte 2. Klasse?, NZG 2000, S. 918 ff.

Junker, C., Aktuelle Rechtsfragen zum Bankgeheimnis und zur Bankauskunft, DStR 1996, S. 224 ff.

Kallmeyer, H., Grenzüberschreitende Verschmelzungen und Spaltungen, ZIP 1996, S. 536 ff.

Kallmeyer, H., Tragweite des Überseering-Urteils des EuGH vom 5.11.2002 zur grenzüberschreitenden Sitzverlegung, DB 2002, S. 2521 ff.

Kallmeyer, H., Umwandlungsgesetz, 2. Auflage, Köln 2001.

Kiethe, K., Vorstandshaftung aufgrund fehlerhafter Due Diligence beim Unternehmenskauf, NZG 1999, S. 976 ff.

Kilian, W., Rekonzeptualisierung des Datenschutzrechts durch Technisierung und Selbstregulierung? Zum Modernisierungsgutachten 2002 für den Bundesminister des Inneren, Festschrift für A. Büllesbach 2002, S. 151 ff.

Kilian, W. / Scheja, G., Freier Datenfluss im Allfinanzkonzern?, RDV 2002, S. 177 ff.

Kittner, M., „Human Resources" in der Unternehmensbewertung, DB 1997, S. 2285 ff.

Kleinert, J. / Probst, P., Erneute klare Absage an Wegzugsbeschränkungen durch EuGH und Kommission (Besprechung von *EuGH*, Rs. C-9/02 – de Lasteyrie du Saillant, NJW 2004, 2439), DB 2003, S. 2425 ff.

Kloster, L., EU-grenzüberschreitende Verschmelzungen sind (steuerneutral) durchführbar, GmbHR 2003, S. 1413 ff.

Klug, C., Beispiele richtlinienkonformer Auslegung des Bundesdatenschutzgesetzes, RDV 2001, S. 266 ff.

Klug, C., Persönlichkeitsschutz beim Datentransfer in die USA – Die Safe-Harbor-Lösung, RDV 2000, S. 212 ff.

Knobbe-Keuk, B., Umzug von Gesellschaften in Europa, ZHR 154 (1990), S. 325 ff.

Knüppel, H.-C., Die Auskunft der Zulassungsstellen aus den Kraftfahrzeugkarteien, DÖV 1983, S. 100 ff.

Köhler, H., BGB Allgemeiner Teil, 28. Auflage, München 2004.

Kölner Kommentar zum Aktiengesetz, Band 6 (2. Lieferung), 2. Auflage, Köln, Berlin, Bonn, München 1990.

Koppensteiner, H. G., Internationale Unternehmen im deutschen Gesellschaftsrecht, Frankfurt a.M. 1997.

Koppensteiner, H. G., Umwandlungen über die deutsch-österreichische Grenze, Festschrift für W. Hefermehl, 1976, S. 305 ff.

Kraft, G. / Bron, J., Defizite bei der grenzüberschreitenden Verschmelzung – eine sekundärrechtliche Bestandsaufnahme, RIW 2005, S. 641 ff.

Kraft, A. / Kreutz, P., Gesellschaftsrecht, 12. Auflage 2004.

Kreifels, M., Umwandlung von Kapitalgesellschaften, GmbHR 1957, S. 17 ff.

Kronke, H., Deutsches Gesellschaftsrecht und grenzüberschreitende Strukturänderungen, ZGR 1994, S. 26 ff.

Kropholler, J., Internationales Privatrecht, 4. Auflage, Tuebingen 2001.

Krüger, D. / Kalbfleisch, E., Due Diligence bei Kauf und Verkauf von Unternehmen – rechtliche und steuerliche Aspekte der Vorprüfung beim Unternehmenskauf, DStR 1999, S. 174 ff.

Kruse, V., Sitzverlegung von Kapitalgesellschaften innerhalb der EU, Köln, Berlin, Bonn, München 1997.

Küting, K. / Zündorf, H., Konzerninterne Verschmelzung und ihre Abbildung im konsolidierten Abschluss, BB 1994, S. 1383 ff.

Larenz, K., Lehrbuch des Schuldrechts, Band I, Allgemeiner Teil, 14. Auflage, München 1987.

Laufs, A., Krankenpapiere und Persönlichkeitsschutz, NJW 1975, S. 1433 ff.

Lawall, L., Umwandlungsrecht: Grenzüberschreitende Verschmelzungen innerhalb der Europäischen Wirtschaftsgemeinschaft, IStR 1998, S. 345 ff.

Leibholz, G., Grundgesetz für die Bundesrepublik Deutschland, 7. Auflage, Köln 2003.

Leible, S. / Hoffmann, J., „Überseering“ und das (vermeintliche) Ende der Sitztheorie, RIW 2002, S. 925 ff.

Leible, S. / Hoffmann, J., Grenzüberschreitende Verschmelzungen im Binnenmarkt nach „Sevic“, zugleich Besprechung von EuGH, RIW 2006, 140 – Sevic, RIW 2006, S. 161 ff.

Leipziger Kommentar zum Strafgesetzbuch, Großkommentar, Lfg. 35, §§ 201 – 206, 11. Auflage, Berlin 2001.

Lenering, D. / Simon, S., Die Europäische Aktiengesellschaft – eine neue Rechtsform tritt an, NJW-Spezial, Heft 2 / 2005, S. 75 ff.

Lennerz, U., Die Internationale Verschmelzung und Spaltung unter Beteiligung deutscher Gesellschaften, Köln 2001.

Lenz, L., Due Diligence Handbuch, Frankfurt a.M. 2005.

Loges, R., Der Einfluss der „Due Diligence" auf die Rechtsstellung des Käufers eines Unternehmens, DB 1997, S. 965 ff.

Lüderitz, A., Gedächtnisschrift, München 2000 (zit.: Bearb., GS Lüderitz, S.)

Lutter, M. / Hommelhoff, P., GmbH-Gesetz, Kommentar, 16. Auflage, Köln 2004.

Lutter, M., „Überseering" und die Folgen, BB 2003, S. 7 ff.

Lutter, M., Due diligence des Erwerbers beim Kauf einer Beteiligung, ZIP 1997, S. 613 ff.

Lutter, M., Perspektiven des Gesellschaftsrechts in Deutschland und Europa, BB 2004, S. 1.

Lutter, M., Umstrukturierung von Unternehmen über die Grenze: Versuch eines Resümees, ZGR 1994, S. 87 ff.

Lutter, M., Umwandlungsgesetz, Kommentar, 2. Auflage, Köln 2000.

Lutter, M. / Kollmorgen, A. / Feldhaus, H., Die Europäische Aktiengesellschaft - Satzungsgestaltung bei der „mittelständischen SE", BB 2005, S. 2473 ff.

Lüttge, J. W., Unternehmensumwandlungen und Datenschutz, NJW 2000, S. 2463 ff.

Mankowski, P., Kurzkommentar zu BGH Urteil v. 29.01.2003 – VIII ZR 155/02 (ZIP 2003, 720), EWiR 2003, S. 661 f.

Marsch-Barner, R. / Mackenthun, T., Das Schicksal gespeicherter Daten bei Verschmelzung und Spaltung von Unternehmen, ZHR 165, Band 2001, S. 426 ff.

Maul, S. / Schmidt, C., Inspire Art – Quo vadis Sitztheorie?, BB 2003, S. 2297 ff.

Maunz, T., Grundgesetz, Sonderdruck, München 2004.

Meilicke, W., Die Niederlassungsfreiheit nach „Überseering", GmbHR 2003, S. 793 ff.

Merkt, H., Die Gründungstheorie gewinnt an Einfluss, RIW 2003, S. 458 ff. (Anmerkung zu BGH, Urteil vom 13.03.2003 – VII ZR 370 / 98 – Überseering, RIW 2003, 474 und BGH, Urteil vom 29.01.2003, VIII ZR 155/02 – US-Gesellschaft, RIW 2003, 473).

Mertens, K., Die Information des Erwerbers einer wesentlichen Unternehmensbeteiligung an einer Aktiengesellschaft durch deren Vorstand, AG 1997, S. 541 ff.

Mertens, K., Umwandlung und Universalsukzession. Die Reform von Verschmelzung, Spaltung, Vermögensübertragung und Formwechsel. Rechtsdogmatische Betrachtungen zum Referentenentwurf eines Gesetzes zur Bereinigung des Umwandlungsrechts, Heidelberg 1993.

Michalski, L. (Hrsg.), GmbHG, Kommentar, Band 1, München 2002.

Michalski, L., Grundzüge des internationalen Gesellschaftsrechts, NZG 1998, S. 762 ff.

Mugdan, B., Die gesammelten Materialien zum Bürgerlichen Gesetzbuch für das Deutsche Reich, V. Band, Berlin 1899 (Neudruck 1979).

Müller, J., Spaltung nach dem Umwandlungsgesetz und Übergang von Verträgen mit Abtretungsbeschränkungen, DB 2000, S. 365 ff.

Müller, K. J., Gestattung der Due Diligence durch den Vorstand der Aktiengesellschaft, NJW 2000, S. 3452 ff.

Münchner Kommentar zum Bürgerlichen Gesetzbuch, Band 1, Allgemeiner Teil, §§ 1 – 240, 4. Auflage, München 2001.

Münchner Kommentar zum Bürgerlichen Gesetzbuch, Band 10, Einführungsgesetz zum Bürgerlichen Gesetzbuche (Art. 1 – 38), Internationales Privatrecht, 3. Auflage, München 1998.

Münchner Kommentar zum Bürgerlichen Gesetzbuch, Band 11, Einführungsgesetz zum Bürgerlichen Gesetzbuche (Art. 50 – 237), Internationales Handels- und Gesellschaftsrecht, 3. Auflage, München 1999.

Münchner Kommentar zum Bürgerlichen Gesetzbuch, Band 2a, Schuldrecht Allgemeiner Teil, §§ 241 – 432, 4. Auflage, München 2003.

Münchner Kommentar zum Bürgerlichen Gesetzbuch, Band 3, Schuldrecht Besonderer Teil, §§ 433 - 610, 4. Auflage, München 2004.

Muscheler, K., Die erbrechtliche Universalsukzession (1. Teil), Jura 1999, S. 234 ff.

Muscheler, K., Die erbrechtliche Universalsukzession (2. Teil), Jura 1999, S. 289 ff.

Muscheler, K., Universalsukzession und Vonselbsterwerb, Tübingen 2002.

Neuhaus, P. H., Savigny und die Rechtsfindung aus der Natur der Sache, RabelsZ 15 (1949/1950), S. 364 ff.

Neye, H. W., Das neue Umwandlungsrecht vor der Verabschiedung im Bundestag, ZIP (Report) 1994, S. 919 f.

Neye, H.-W. / Teichmann, C., Der Entwurf für das Ausführungsgesetz zur Europäischen Aktiengesellschaft, AG 2003, S. 169 ff.

Niedermeier, R.. / Schröcker, S., Ersatzfähigkeit immaterieller Schäden wegen rechtswidriger Datenverarbeitung, RDV 2002, S. 217 ff.

Oetker, H., „Partielle Universalsukzession“ und Versicherungsvertrag, VersR 1992, S. 7 ff.

Ossadnik, W. / Maus, S., Die Verschmelzung im neuen Umwandlungsrecht aus betriebswirtschaftlicher Sicht, DB 1995, S. 105 ff.

Otto, H.-J., Fremdfinanzierte Übernahmen – Gesellschafts- und steuerrechtliche Kriterien des Leverage Buy-Out, DB 1989, S. 1389 ff.

Paefgen, W., „Deutsche“ Corporations im System des Gesellschaftskollisionsrechts, DZWIR 2003, S. 441 ff.

Paefgen, W., Kommentar zu BGH Urteil vom 5.07.2004 – II ZR 389/02, ZIP 2004, 1459, in EWiR 2004, S. 919 f.

Paefgen, W., Umwandlung über die Grenze – ein leichtes Spiel?, IPRax 2004, S. 132 ff.

Paefgen, W., Umwandlung, europäische Grundfreiheiten und Kollisionsrecht, GmbHR 2004, S. 463 ff.

Paefgen, W., Wider die gesellschaftsrechtliche Ausländerphobie, ZIP 2004, S. 2253 ff.

Palandt, O., Bürgerliches Gesetzbuch, Kommentar, 64. Auflage, München 2005.

Picot, G. (Hrsg.), Unternehmenskauf und Restrukturierung, 3. Auflage, München 2004.

Picot, G. / Land, V., Der internationale Unternehmenskauf, DB 1998, S. 1601 ff.

Picot, G., Mergers & Acquisitions 2005: Das Fusionsfieber steigt wieder, RIW 2005, S. 1.

Pieroth, B. / Schlink, B., Grundrechte Staatsrecht II, 20. Auflage, Heidelberg 2004.

Pollanz, M., Due Diligence als künftiges Instrument einer risikoorientierten Abschlussprüfung?, BB 1997, S. 1351 ff.

Raiser, T. (Hrsg.), Recht der Kapitalgesellschaften – Ein Handbuch für Praxis und Wirtschaft, 3. Auflage, München 2001.

Reichert, J. / Brandes, M., Mitbestimmung der Arbeitnehmer in der SE: Gestaltungsfreiheit und Bestandsschutz, ZGR 2003, S. 767 ff.

Richardi, R., Die Wissensvertretung, AcP 169 (1969), S. 385 ff.

Rieble, V., Verschmelzung und Spaltung von Unternehmen und ihre Folgen für Schuldverhältnisse mit Dritten, ZIP 1997, S. 301 ff.

Rixen, S. / Böttcher, R., Erfahrungsbericht über eine transnationale Verschmelzung, GmbHR 1993, S. 572 ff.

Roschmann, C. / Frey, J., Geheimhaltungsverpflichtungen der Vorstandsmitglieder von Aktiengesellschaften bei Unternehmenskäufen, AG 1996, S. 449 ff.

Roßnagel, A. (Hrsg.), Handbuch Datenschutzrecht, München 2003.

Roßnagel, A., Datenschutz bei Praxisübergabe, NJW 1989, S. 2303 ff.

Roßnagel, A., Modernisierung des Datenschutzrechts – Empfehlungen eines Gutachtens für den Bundesinnenminister, RDV 2002, S. 61 ff.

Roth, W. H., Die Freiheiten des EG-Vertrags und das nationale Privatrecht, ZEuP 1994, S. 5ff.

Roth, W. H., Die Sitzverlegung vor dem EuGH, ZIP 2000, S. 1597 ff.

Roth, W. H., Internationales Gesellschaftsrecht nach Überseering, IPRax 2003, S. 117 ff.

Rowedder, H. (u.a.), Gesetz betreffend die Gesellschaften mit beschränkter Haftung (GmbHG), 3. Auflage, München 1997.

Ruppmann, E., Der konzerninterne Austausch personenbezogener Daten, Frankfurt 2000.

Sagasser, B. / Bula, T. / Brünger, T., Umwandlungen - Verschmelzung, Spaltung, Formwechsel, Vermögensübertragung, Zivil-, Handels- und Steuerrecht, 3. Auflage, München 2002.

Savigny, F. C. v., System des heutigen Römischen Rechts, Band VIII, zweiter Neudruck der Ausgabe Berlin 1849, Aalen 1981.

Schack, H. (Hrsg.), Gedächtnisschrift für A. Lüderitz, München 2000.

Schack, H., Das IPR – Ein Buch mit sieben Siegeln, reif für das moderne Antiquariat?, Festschrift für G. Kegel, München 2002, S. 179 ff.

Schaffland, H.-J., Datenschutz und Bankgeheimnis bei Fusion – (k)ein Thema?, NJW 2002, S. 1539 ff.

Schaffland, H.-J. / Wiltfang, N., Bundesdatenschutzgesetz, Kommentar, Berlin 2002.

Schapper, C. H. / Dauer, P., Die Entwicklung der Datenschutzaufsicht im nicht-öffentlichen Bereich (I), RDV 1987, S. 169 ff.

Schaumburg, H., Grenzüberschreitende Umwandlungen I, GmbHR 1996, S. 501 ff.

Schmidt, K., Das Handeslrechtsreformgesetz, NJW 1998, S. 2161 ff.

Schmidt, K., Gesellschaftsrecht, 4. Auflage, Köln Berlin Bonn München 2002.

Schmidt, K., Gesetzliche Gestaltung und dogmatisches Konzept eines neuen Umwandlungsgesetzes – Überlegungen zur legislatorischen Praxis und Theorie, ZGR 1990, S. 580 ff.

Schmidt, K., Handelsrecht, 5. Auflage, Köln Berlin Bonn München 1999.

Schmidt, K., Sitzverlegungsrichtlinie, Freizügigkeit und Gesellschaftsrechtspraxis, ZGR 1999, S. 20 ff.

Schmidt, K., Universalsukzession kraft Rechtsgeschäfts – Bewährungsproblem eines zivilrechtsdogmatischen Rechtsinstituts im Unternehmensrecht, AcP 191 (1991), S. 494 ff.

Schmitt, J. / Hörtnagl, R. / Stratz, R.-C., Umwandlungsgesetz, Umwandlungssteuergesetz, Kommentar, 3. Auflage, München 2001.

Schneider, Diskussionsbericht zur Expertenrunde zum Datenschutz vom 5. April 2001 auf Einladung der ZHR zu den Referaten von Zöllner, Marsch-Barner und Simitis, abgedruckt in ZHR 165 (2001), 464.

Scholz, F., GmbH-Gesetz, Kommentar, Band II, 9. Auflage, Köln 2002.

Schönke, A. / Schröder, H., Strafgesetzbuch, Kommentar, 26. Auflage, München 2001.

Schröcker, S., Unternehmens- und Anteilskauf nach der Schuldrechtsreform, ZGR 2005, S. 63 ff.

Schroeder, U., Darf der Vorstand der Aktiengesellschaft dem Anteilskäufer eine Due Diligence gestatten?, DB 1997, S. 2161 ff.

Schultz, M., Zur Vertretung im Wissen, NJW 1990, S. 477 ff.

Schulz, M., (Schein-) Auslandsgesellschaften in Europa – Ein Schein-Problem?, NJW 2003, S. 2705 ff.

Schurig, S., Interessenjurisprudenz contra Interessenjurisprudenz im IPR – Anmerkungen zu Flessners Thesen, RabelsZ 59, S. 229 ff.

Schwarz, G. C., Anmerkung zu OLG Hamm, Beschluss vom 1.02.2001 – 15 W 390/00, NZG 2001, S. 613 ff.

Schwarze, J., EU Kommentar, Baden-Baden 2000.

Schwerdtfeger, A. / Kreuzer, A., Unternehmenskauf und „Due Diligence" – Anspruch des vorkaufsberechtigten Erwerbers?, BB 1998, S. 1801 ff.

Schwerin, C. Frhr. *v.*, Über den Begriff der Rechtsnachfolge nach geltendem Civilrecht, München 1905.

Scott, C., Due Diligence in der Praxis, Wiesbaden 1999.

Semler, J. / Volhard, R. (Hrsg.), Arbeitshandbuch für Unternehmensübernahmen, Band 1, München 2001.

Simitis, S. (Hrsg.), Kommentar zum BDSG, Großkommentar, 5. Auflage, Baden-Baden 2003.

Simitis, S., Die informationelle Selbstbestimmung – Grundbedingung einer verfassungskonformen Informationsordnung, NJW 1984, S. 398 ff.

Simitis, S., Umwandlungen: ein blinder Fleck im Datenschutz?, ZHR 165. Band 2001, S. 453 ff.

Soergel, H. T., Bürgerliches Gesetzbuch mit Einführungsgesetz und Nebengesetzen, Kommentar, Band 10, Internationales Gesellschaftsrecht, 12. Auflage, Stuttgart Berlin Köln Mainz 1999.

Soergel, H. T., Bürgerliches Gesetzbuch mit Einführungsgesetz und Nebengesetzen, Kommentar, Band 1, Allgemeiner Teil (§§ 1 – 240 BGB), 11. Auflage, Stuttgart Berlin Köln Mainz 1997.

Spindler, G., Deutsches Gesellschafts recht in der Zange zwischen Inspire Art und Golden Shares? (Anmerkung zu EuGH, Urteile vom 13.05.2003 – Rs. C-463/00 – Kommission / Spanien, RIW 2003, 869 und Rs. C-98/01 – Kommission / Vereinigtes Königreich Großbritannien und Nordirland, RIW 2003, 872), RIW 2003, S. 850 ff.

Spindler, J. v., Wanderungen gewerblicher Körperschaften von Staat zu Staat als Problem des internationalen Privatrechts, Berlin 1932.

Staudinger, J. v., Kommentar zum Bürgerlichen Gesetzbuch mit Einführungsgesetz und Nebengesetzen; Einführungsgesetz zum Bürgerlichen Gesetzbuch / IPR: Internationales Gesellschaftsrecht, 13. Auflage, Neubearbeitung 1998.

Staudinger, J. v., Kommentar zum Bürgerlichen Gesetzbuch mit Einführungsgesetz und Nebengesetzen; Einführungsgesetz zum Bürgerlichen Gesetzbuch, 3. Buch Sachenrecht, 13. Bearbeitung, Berlin 1995.

Staudingers, J. v. (Hrsg.), Kommentar zum Bürgerlichen Gesetzbuch mit Einführungsgesetz und Nebengesetzen; Internationales Gesellschaftsrecht, 12. Auflage, Berlin 1998.

Steding, R. / Meyer, G., Outsourcing von Bankdienstleistungen: Bank- und datenschutzrechtliche Probleme der Aufgabenverlagerung von Kreditinstituten auf Tochtergesellschaften und sonstige Dritte, BB 2001, S. 1693 ff.

Steindorf, E., Zivilrechtliche Grundlagen von Bankgeheimnis, Bankauskunft und Persönlichkeitsschutz, ZHR 149, S. 151 ff.

Steindorff, E., Dienstleistungsfreiheit und Versicherungswirtschaft – Zugleich ein Beitrag zur Direktwirkung des Europäischen Gemeinschaftsrechts, ZHR 139 (1975), S. 249 ff.

Steindorff, E., EG-Vertrag und Privatrecht, Baden-Baden 1996.

Stieb, S., Aussitzen wird bestraft! EuGH wird jetzt über Sitzverlegung entscheiden, GmbHR 2000, R 213 ff.

Stöcker, M., Rechtsfragen grenzüberschreitender Unternehmenszusammenschlüsse – unter besondere Berücksichtigung des Falles Daimler / Chrysler, Frankfurt a.M. 2003.

Stoffels, M., Grenzen der Informationsweitergabe durch den Vorstand einer Aktiengesellschaft im Rahmen einer „Due Diligence", ZHR 165 (2001), S. 362 ff.

Streck, M., Die Steuerinteressen und Steuermodelle beim Unternehmenskauf, DB 1992, S. 685 ff.

Streinz, R. / Leible, S., Die unmittelbare Drittwirkung der Grundfreiheiten, EuZW 2000, S. 459 ff.

Teichmann, A. / Kiessling, E., Datenschutz bei Umwandlungen, ZGR 2001, S. 33 ff.

Thomas, H. / Putzo, H., Zivilprozessordnung Kommentar, 26. Auflage, München 2004.

Tiedemann, K., Datenübermittlung als Straftatbestand, NJW 1981, S. 945 ff.

Tinnefeld, M.-T. / Ehmann, E. / Gerlin, R. W., Einführung in das Datenschutzrecht, 4. Auflage, Oldenburg 2005.

Tinnefeld, M-.T., Die Novellierung des BDSG im Zeichen des Gemeinschaftsrechts, NJW 2001, S. 3078 ff.

Triebel, V. / Hölzle, G., Schuldrechtsreform und Unternehmenskauf, BB 2002, S. 521 ff.

Triebel, V. / von Hase, K., Wegzug und grenzüberschreitende Umwandlungen deutscher Gesellschaften nach „Überseering" und „Inspire Art", BB 2003, S. 2409 ff.

Tröndle, H. / Fischer, T., Strafgesetzbuch und Nebengesetze, Kommentar, 52. Auflage, München 2004.

Vogelsang, K., Verfassungsregelungen zum Datenschutz, CR 1995, S. 554 ff.

Wächter, M (Hrsg.)., Datenschutz im Unternehmen, 3. Auflage, München 2003.

Wacke, A., Der Tote erbt den Lebendigen. Le mort saisit le vif, JA 1982, S. 242 f.

Walden, D. / Meyer-Landrut, A., Die grenzüberschreitende Verschmelzung zu einer Europäischen Gesellschaft: Planung und Vorbereitung, DB 2005, S. 2119 ff.

Wegmann, J. / Koch, W., Due Diligence – Unternehmensanalyse durch externe Gutachter, DStR 2000, S. 1027 ff.

Wehlau, A., Haftung für Datenverlust – der Datenbestand als sonstiges Recht i.S.d. § 823 Abs. 1 BGB, OLG Report (Kommentar), S. 27 f.

Weitnauer, W., Der Unternehmenskauf nach neuem Kaufrecht, NJW 2002, S. 2511 ff.

Wengert, G. / Widmann, A. / Wengert, K., Bankenfusionen und Datenschutz – eine kritische Betrachtung der Fusionspraxis, RDV 2000, S. 47 ff.; *dies.* NJW 2000, S. 2463 ff.

Wenz, M., Einsatzmöglichkeiten einer Europäischen Aktiengesellschaft in der Unternehmenspraxis aus betriebswirtschaftlicher Sicht, AG 2003, S. 185 ff.

Werner, R., Haftungsrisiken bei Unternehmensakquisitionen: Die Pflicht des Vorstands zur Due Diligence, ZIP 2000, S. 989 ff.

Werner, W. / Kindermann, E., Umwandlung mittelständischer Unternehmen in eine Aktiengesellschaft: Gesellschaftsrechtliche Vor- und Nachteile und Verfahren, ZGR 1981, S. 17 ff.

Westermann, H. P., Das Gesellschaftsrecht in der Methodendiskussion um das Internationale Privatrecht, ZGR 1975, S. 68 ff.

Widmann, S. / Mayer, D., Kommentar zur Umwandlung von Unternehmen nach neuestem Handels- und Steuerrecht unter Einbeziehung auch des ausländischen, vor allem des europäischen Rechts, Loseblattsammlung.

Wiedemann, H., Gesellschaftsrecht I, München 1980.

Wiener, Umwandlung und Fusion von Gesellschaften, ZHR 27 (1882), S. 333 ff.

Wilmowsky, P. v., EG-Freiheit und Vertragsrecht, JZ 1996, S. 590 ff.

Windscheid-Kipp, Lehrbuch des Pandektenrechts, Band. 3, 9. Auflage, Frankfurt a.M. 1906.

Wintrich, J. M., Zur Problematik der Grundrechte, Düsseldorf 1957.

Wolf, M. / Kaiser, J., Die Mängelhaftung beim Unternehmenskauf nach neuem Recht, DB 2002, S. 411 ff.

Wolff, M., Lehrbuch des Bürgerlichen Rechts, Band 1, Allgemeiner Teil , 15. Auflage, Tübingen 1998.

Wuermeling, U., Handelshemmnis Datenschutz, Köln Frankfurt Bonn München 2000.

Wunderlich, N.-C., Die kaufrechtliche Haftung beim asset deal nach dem SchuldRModG, WM 2002, S. 981 ff.

Zimmer, D., Wie es Euch gefällt? Offene Fragen nach dem Überseering-Urteil des EuGH, BB 2003, S. 1 ff.

Zöllner, W., Daten- und Informationsschutz im Arbeitsverhältnis, Köln München 1982.

Zöllner, W., Umwandlung und Datenschutz, ZHR 165 (2001), S. 440 ff.

FSC
www.fsc.org
MIX
Papier | Fördert gute Waldnutzung
FSC® C083411

Kolibri 360 GmbH
Ferdinand-Jühlke-Straße 7
99095 Erfurt, Deutschland
produktsicherheit@kolibri360.de